第12版

高校法学专业
核心课程配套测试

民法
配套测试

解析

教学辅导中心 / 组编　编委会主任 / 刘智慧

编审人员

刘智慧　钟宏声　姚　蕾　胡一铭
陈　功　刘丽泽

中国法治出版社
CHINA LEGAL PUBLISHING HOUSE

目　　录

第一编　总　则

第一章　民法的概念和调整对象 1
第二章　民法基本原则 3
第三章　民事法律关系 7
第四章　自然人 15
第五章　法　人 23
第六章　非法人组织 28
第七章　民事法律行为 30
第八章　代　理 40
第九章　诉讼时效与期间 50

第二编　物　权

第　十　章　物权与物权法概述 54
第十一章　所有权的一般原理 64
第十二章　共　有 74
第十三章　用益物权 78
第十四章　担保物权 82
第十五章　占　有 101

第三编　合　同

第 十 六 章　债的概述 107
第 十 七 章　债的类型 111
第 十 八 章　合同概述 114
第 十 九 章　合同的成立 118
第 二 十 章　合同的履行 128
第二十一章　合同履行中的抗辩权 130
第二十二章　合同的保全 135
第二十三章　合同的变更、转让和权利义务终止 146
第二十四章　合同的解除 151
第二十五章　缔约过失责任与违约责任 155
第二十六章　典型合同 168

第二十七章　无因管理 …… 204
第二十八章　不当得利 …… 209

第四编　人格权

第二十九章　人格权 …… 212
第 三 十 章　人格权的保护 …… 218

第五编　婚姻家庭

第三十一章　婚姻家庭法概述 …… 221
第三十二章　结婚制度 …… 222
第三十三章　家庭关系 …… 225
第三十四章　离婚制度 …… 229
第三十五章　收养制度 …… 233

第六编　继　承

第三十六章　继承概述 …… 236
第三十七章　法定继承 …… 240
第三十八章　遗嘱继承、遗赠与遗赠扶养协议 …… 247
第三十九章　遗产的处理 …… 255

第七编　侵权责任

第 四 十 章　侵权责任概述 …… 260
第四十一章　侵权责任的归责原则 …… 262
第四十二章　损害赔偿 …… 264
第四十三章　一般侵权责任 …… 267
第四十四章　数人侵权责任 …… 269
第四十五章　各类侵权责任 …… 273
综合测试题一 …… 287
综合测试题二 …… 291
综合测试题三 …… 294
综合测试题四 …… 297

第一编 总 则

第一章 民法的概念和调整对象

单项选择题

1. 答案：A。把握广义民法和狭义民法之间、形式民法和实质民法之间的区别。

2. 答案：D。《民法典》第471条规定，"当事人订立合同，可以采取要约、承诺方式"。第483条规定，"承诺生效时合同成立"。本案中，甲请求乙在A站唤醒自己下车，乙虽欣然同意，但并没有受法律约束的意思，因此甲、乙之间并不成立合同。

多项选择题

1. 答案：ABCD。民法调整平等主体自然人、法人和非法人组织之间的财产和人身关系。

2. 答案：CD。本题主要考查我国民法的渊源。我国民法的渊源包括制定法和习惯。其中制定法又包括宪法中的民法规范，民事法律，国务院制定发布的民事法规，地方性法规中的民事规范，特别行政区的民事规范，国家机关对民法规范的解释，国际条约中的民法规范等。《民法典》第10条明确规定，在法律没有规定的情形下，可以适用不违背公序良俗的习惯，即习惯也为我国民法的渊源。我国现行法律并没有明确规定法理和判例是我国民法的渊源，但其在司法实践中起着重要的作用。由此可以判断C、D项应选。

名词解释

1. 答案：是调整平等主体的自然人、法人、非法人组织之间的人身关系和财产关系的法律规范的总称。

2. 答案：是指财产由一人（包括组织）向另一人（包括组织）转移而发生的关系。财产流转的主要内容是带有经济性质的商品交换关系，其典型表现是商品买卖关系。

3. 答案：是与人身不可分离、以人身利益为内容、不直接体现财产利益的社会关系。人身关系包括人格关系和身份关系两类。人格关系是基于人格利益而发生的社会关系。身份关系是以特定的身份利益为内容的社会关系，如配偶关系、父母子女关系等。

4. 答案：是指民法的效力渊源，即根据民法的效力来源而划分的民法的不同形式，包括制定法、判例、习惯以及法理等。我国现行民法的渊源为：（1）制定法：①宪法中的民法规范；②民事法律；③国务院制定发布的民事法规；④地方性法规、自治法规和经济特区法规中的民事规范；⑤特别行政区的民事规范；⑥国家机关对民法规范的解释；⑦国际条约中的民法规范等。（2）习惯：我国《民法典》第10条明确规定，在法律没有规定的情形下，可以适用不违背公序良俗的习惯，即习惯也为我国民法的渊源。另外，我国现行法律并未明文规定判例制，一般判例并无法律拘束力，但最高人民法院发布的指导性案例在我国具有实质民法渊源的地位。

简答题

1. 答案：民法的适用范围包括对人的适用范围、空间适用范围和时间适用范围。民法对人的适用范围，就是法律规范对于哪些人具有法律效力。根据《民法典》第12条规定，中华人民共和国领域内的民事活动，适用中华人民共和国法律。法律另有规定的，依照其规定。关于公民的规定，适用于在我国领域内的外国人、无国籍人，法律另有规定的除外。我国自然人、法人、非法人组织在国外发生的民事法律关系，一般适用所在地的法律规定，但法律另有规定的除外。

民法在空间上的适用范围，就是民法在哪些地方发生法律效力。一般而言，我国民法适用于我国领土、领空、领海，包括我国驻外使馆，以及在我国领域外航行或者飞行的我国船舶和飞行器。

民法在时间上的适用范围，是指民法生效时间和失效时间，以及民事法律规范对其生效前发生的民事法律关系有无溯及力。我国民事法律规范贯彻法律不溯及既往的原则，除法律特别规定外，原则上不具有溯及力。

2. **答案**：民法有时指作为一个部门法的民法，有时指作为法学学科的民法学。民法学是研究民法规范及有关学理的一门法律科学。民法学有狭义与广义之分。狭义的民法学是以阐明现行民法规范为内容的民法学，称民法规范学，又称民法解释学。广义的民法学包括民法哲学、民法社会学、比较民法学等。民法学的表现形式包括教科书、专著、学术论文和演说等。

民法与民法学是两个性质不同的概念。民法是指民法规范的总称，或是指作为一个部门法的民法，也可能是指某个单行民法规范，是由国家强制力保证实施的。民法学只是一种学说，不具国家强制力。民法与民法学互相联系、互相影响，民法学能影响民事立法，民事立法也会影响民法学；这种影响可能是积极的，也可能是消极的。总体来看，两者是相辅相成、相互促进的。

论述题

答案：好意施惠关系与民事法律关系容易混淆。好意施惠关系指当事人之间无意设定法律上的权利义务关系，如代传口信、代接访客、好意领路等。好意施惠关系不是合同关系，无法律上的拘束力，当事人之间不产生债的关系，当然也就不发生给付请求权。好意施惠关系与民事法律关系的主要区别在于，好意施惠的行为人主观上仅有负担某种道义责任（义务）的意思，并无确立某种民事法律关系、使自己承担法律上的义务的意思，也不获得某种利益。因此，行为人的承诺没有法律拘束力，也不因为未践行其承诺而承担法律责任。而民事法律关系则是一种受法律强制力保障的权利义务关系，违反义务将产生民事责任。

第二章 民法基本原则

单项选择题

1. **答案**：D。民事活动应当遵循自愿、平等、公平、诚信等基本原则。本题中姜某违背了诚信原则，隐瞒事实，欺骗了张某。

2. **答案**：B。情势变更原则是指合同依法成立后，因不可归责于双方当事人的原因发生了不可预见的情势变更，致使合同的基础丧失或动摇，若维持合同原有效力则显失公平，因而允许当事人向法院申请变更或解除合同的原则。

3. **答案**：D。自愿原则，是指当事人可以根据自己的判断从事民事活动，国家一般不干预当事人的自由意志，充分尊重当事人的选择，内容包括自己行为和自己责任两个方面。公平原则实质是在民事活动中以利益均衡作为价值判断标准，在民事主体之间发生利益关系摩擦时，以权利和义务是否均衡来平衡双方的利益。平等原则意味着当事人在民事活动中的地位平等。任何自然人、法人在民事法律关系中平等地享有权利、承担义务，其权利平等地受到保护。诚信原则，要求法律上有特殊联系的民事主体应忠诚、守信，做到谨慎维护对方的利益、满足对方的正当期待、给对方提供必要的信息等，发挥行为指引功能、规范解释功能和法律漏洞的填补功能。其中，行为指引功能禁止滥用权利，要求当事人以善意方式行使权利、履行义务。如果当事人违背这种要求，即构成权利的滥用，违背了诚信原则。乙为报复甲，利用自己的宅基地，建起5米高的围墙，其行为违背了以善意方式行使权利、履行义务的要求，构成权利滥用，所以违背了诚信原则。本题所述情况与自愿原则、公平原则、平等原则无关。

4. **答案**：B。公序良俗原则，是指民事主体从事民事活动不得违背公共秩序和善良风俗。公共秩序，是指政治、经济、文化等领域的基本秩序和根本理念，是与国家和社会整体利益相关的基本性原则、价值和秩序。善良风俗，是指基于社会主流道德观念的习俗，是全体社会成员普遍认可、遵循的道德准则。公序良俗原则要求民事主体不得跨越最基本的道德底线。《民法典》第153条第2款规定，违背公序良俗的民事法律行为无效。本题中，蒋某（男）和韩某（女）关于不得再生育孩子的约定属于"违反人格尊严的合意"，因违背道德的公序而无效。

名词解释

1. **答案**：（1）民法基本原则是指导民事立法、民事司法和民事活动的基本准则；（2）民法基本原则是贯穿于各种民事法律制度的基本准则；（3）民法基本原则是民法调整的社会关系与民法观念的综合反映。

2. **答案**：根据《民法典》第5条规定，民事主体从事民事活动，应当遵循自愿原则，按照自己的意思设立、变更、终止民事法律关系。自愿原则也是由民法调整的社会关系性质决定的。我国通说认为，民法规范应体现当事人意思自治，对平等主体的财产关系和人身关系，国家不应过多干预，这符合社会主义市场经济规律的要求，也是社会主义民主在民事法律关系中的体现。自愿原则的含义包括：（1）民法规范民事主体的行为方面，体现当事人意思自治。（2）民事主体根据自己的意愿设立、变更或终止民事法律关系，他人不得非法干预。（3）双方和多方的民事法律行为的内容及形式由当事人自愿协商。

3. **答案**：《民法典》第4条规定，民事主体在民事活动中的法律地位一律平等。第6条规定，民事主体从事民事活动，应当遵循公平原则，合理确定各方的权利和义务。平等原则是民法基本原则，其由民法所调整的财产关系的核心即商品关系这一特点决定。民法上的平等原则，是指在民事活动中，民事主体的法律地位一律平等，具有民事主体资格的双方，在民事活动中的行为均应遵循这样的准则。平等原则主要体现在：（1）民事权利能力平等；（2）民事主体地位平等；（3）民事权益平等地受法律保护。

4. 答案：《民法典》第7条规定，民事主体从事民事活动，应当遵循诚信原则，秉持诚实，恪守承诺。诚信原则主要体现为：（1）民事主体行使民事权利，与他人之间设立、变更或消灭民事法律关系，均应诚实、不作假、不欺诈、不损害他人利益和社会利益。（2）民事主体应恪守信用，履行义务；不履行义务给他人造成损害时，应自觉承担责任。（3）法官及仲裁员处理民事案件时贯彻诚信原则，主要体现在以事实为依据，保护各方当事人的权利，平衡当事人的利益。（4）在立法上，不仅需要在民事基本法上确立诚信为基本原则，而且还应根据需要制定若干体现诚信原则的具体条款。

5. 答案：权利人行使权利超过正当界限，有损他人利益或社会利益的，为权利的滥用。滥用权利不受法律保护。从学理上讲，构成权利滥用需具备三个条件：一是当事人有权利存在；二是权利人有行使权利的行为（包括不行为）；三是当事人的行为有滥用权利的违法性。

简答题

答案：诚信原则是我国民法的基本原则之一，是指当事人在订立和履行合同的过程中应诚实行事、讲求信用，不能有欺诈行为，而法官在平衡当事人之间的利益冲突、解释法律和合同的过程中亦应贯彻这一原则。诚信原则不仅可以各种形式贯彻到具体的法律关系中，还可用来解决立法所未预见的新情况、新问题，具有较大的包容性，因此在法学界又被冠以"透明条款""帝王规则"之称。《民法典》中亦有多处表现出这一原则的精神，如《民法典》合同编中的缔约过失制度即为鲜明的一例。

缔约过失责任是指在合同订立的过程中，一方因其违反诚信原则所产生的义务，给对方造成损失所应承担的损害赔偿责任。其性质介于"违约责任"和"侵权责任"之间。缔约过失责任的构成要件包括：（1）当事人之间存在先合同义务。先合同义务是指合同成立之前，订立合同的当事人依据诚信原则所承担的忠实、照顾、告知等义务。（2）当事人一方违反先合同义务。主要是指当事人违反诚信原则，包括我国合同法上规定的一方假借订立合同恶意进行磋商，以及违反及时通知义务、协助和照顾义务、提供必要条件的义务、保密义务等行为。（3）对方因一方违反先合同义务而受有损害，即对方当事人受有损害且其损害与一方的缔约过失之间存在因果关系。（4）违反先合同义务的一方有过错。可见，缔约过失责任发生在合同关系成立之前，本不属传统民事责任范畴，但确有可能存在一方不正当损害对方利益的情势，正是由于诚信原则的适用，才使当事人之间失衡的利益关系得以矫正。

论述题

1. 答案：民法基本原则的功能，是指民法基本原则在民事立法、民事司法和民事活动中的作用。民法基本原则的功能主要有：（1）指导功能：民法的基本原则是指导民事立法的基本准则；民法的基本原则是指导民事司法的基本准则；民法的基本原则是进行民事活动的基本准则。（2）约束功能：民法的基本原则对民事立法、民事司法和民事活动都有约束力。我国《民法典》规定的民法基本原则对民事单行法、民事特别法均有约束力。民事司法和民事活动都不能违反民法的基本原则。（3）补充功能：在具体民法规范缺乏规定，对某些民事关系用类推也不能解决的情况下，司法机关可以直接根据民法的基本原则处理民事纠纷，民事主体也可以直接依据民法的基本原则进行民事活动。

2. 答案：意思自治也称为私法自治，是指民事主体依法享有在法定范围内的广泛的行为自由，并可以根据自己的意志产生、变更、消灭民事法律关系。尽管在民法的各部分中强度不同，但意思自治原则作为民法的一项基本原则，贯彻于整个民法之中，体现民法的最基本的精神。它具体体现为所有权行使自由、合同自由、婚姻自由、家庭自由、遗嘱自由以及过错责任等民法的基本理念。该原则在民法中的重要作用和地位主要表现在：

第一，该原则奠定了民法作为社会基本法的基本地位。该原则强调私人相互间的法律关系应取决于个人的自由意思。在私法自治原则下，法律原则上承认当事人基于自由意思所为的意思表示具有法之约束力，并对基于此种表示所形成的私法上生活关系赋予法律上之保护。从而给民事主体提供了一种受法律保护的自由，使民事主体获得自主决定的可能性。

第二，该原则最直接地反映了市场经济的本质需要。只有私法充分体现了意思自治原则，才能使市场主体享有在法定范围内的广泛的行为自由，并能依据自身的意志从事各种交易和创造财富的行为。同时，如何优化配给有限的自然资源是社会存在的经济基础，而通过意思自治在市场中分配资源是市场经济的基本运作规律，私法自治是民法调整市场经济关系的必然反映，也是民法作为社会的法律的本质要求。

第三，该原则体现了民事立法的认识论基础。即每个民事主体作为一个理性人，都是自己利益的最佳判断者，法律赋予其广泛的行为自由，他们可以在法定的范围内自主地安排好自己的事务，并维持社会的和谐稳定。

意思自治原则具体体现在民法的各项法律制度中，并具体演化为各个法律制度的原则。例如，意思自治原则在物权法领域中表现为所有权的享有与行使的自由；在合同法中表现为合同自由；在亲属继承法中表现为婚姻自由、遗嘱自由；在侵权法中表现为自己责任原则等。意思自治原则也是民法其他制度构建的基础，民法的主体制度就是在意思自治的基础上形成的。因为法律制度赋予并确保每一个人都具有在一定范围内，通过法律行为特别是合同来调整相互之间关系的可能性。人们把这种可能性称为"私法自治"。意思自治与私法自治基本上是同义词。所谓私法自治，是指当事人可以依其自由意思创设、变更及消灭其私法上之生活关系。但两者有一定的区别。私法自治是私法领域中的最基本原则，私法既包括民法、商法等实体法，也包括民事诉讼法、仲裁法等程序法。而意思自治是民事实体法中的基本原则。所以意思自治应包括在私法自治的内容之中。

意思自治原则的内涵主要体现在如下几方面：

首先，赋予民事主体在法律规定的范围内广泛的行为自由。意思自治的实质就是允许当事人在法律规定的范围内，自主决定自己的事务，自由从事各种民事行为，最充分地实现自己的利益。意思自治原则包括在当事人的意思形成过程中的自由，以及在意思的表达过程中的自由，也就是说当事人可以自由决定其行为，确定参与市民生活的方式，而不受任何非法的干涉。具体包括如下几个方面：（1）当事人有权依法从事某种民事活动和不从事某种民事活动。（2）当事人有权选择其行为的内容和相对人。（3）民事主体有权选择其行为的方式。（4）民事主体有权选择补救方式。

其次，允许当事人通过法律行为调整他们之间的关系。意思自治的一个重要意义就在于，允许主体在进行民事法律行为的过程中，通过自己的意志产生、变更、消灭民事法律关系。这就是民法中的任意性调整方法。该方法的特点主要在于，它并不是确立具体的行为准则，要求每一个民事主体都按照该准则行动，而只是划定了一个界限和范围，要求民事主体在该范围之内自主行动，同时法律承认当事人之间通过自主协商而达成的合意具有优先于法律任意性规范适用的效力。承认民事主体根据其意志自主形成法律关系，并对其通过表达意思产生或消灭法律关系的效果予以承认。私法自治的手段主要是民事法律行为，而民事法律行为制度充分体现了民法精神或私法精神，通过民事法律行为，民事主体可以自主塑造自身与他人之间的法律关系。民事法律行为制度作为观念的抽象，统辖了合同法、遗嘱法和收养法等具体的设权行为规则，形成了民法中不同于法定主义体系的独特的法律调整制度。

最后，确立了行政机关干预与民事主体行为自由的合理界限。根据意思自治原则，法无明文规定即为自由。因此，民事主体在法定的范围内享有广泛的自由，也就是说，只要不违反法律、行政法规的强制性规定和不违背公序良俗，国家就不得对其进行干预，则其享有的利益为法律保护。行政机关也不得限制和干预民事主体依据民事基本法律享有的财产自由和人身自由。所以，意思自治原则划定了民事主体和行政机关的权限，确定了二者之间的正确关系。

任何意思自治都不是绝对的自由，而是相对的、有限制的自由。在19世纪由于个人主义思潮的盛行，意思自治原则曾经被绝对化，但自20世纪以来，私法自治原则受到了越来越多的限制。各国和地区多在民法中扩大了对意思自治的限制，民法的社会化和团体本位的思想越来越明显，这一趋势应当注意。

第三章　民事法律关系

☑ **单项选择题**

1. **答案：D**。自然人的民事权利能力自出生时取得至死亡时丧失，民事权利能力一旦取得都是完全的，现代不少国家和地区已经开始认可胎儿的民事权利能力；而民事行为能力则分为完全民事行为能力、限制民事行为能力、无民事行为能力三种。因此，A、C 都是错误的。自然人的民事权利能力作为自然人享有权利、履行义务、承担责任的资格，实际上是法律对自然人在社会中生存的行为自由与相应限制的反映，因此体现的是人的社会属性，而非自然属性，故 B 错误。民事权利能力的取得不受身体状况的影响，但完全民事行为能力的取得除要求自然人成年外，还要求自然人能够完全辨认自己的行为，因此受权利主体的身体状况的影响，故 D 项正确。

2. **答案：D**。政府向银行贷款属于借贷合同法律关系，在这种法律关系中，政府机关与银行是平等的民事主体。因此，该法律关系应当由民法调整。

3. **答案：D**。张某行使的权利是同时履行抗辩权，同时履行抗辩权是抗辩权的一种。

4. **答案：B**。民事法律事实分为行为和事件两类。其中行为又可以分为事实行为和民事法律行为。民事法律行为又可以分为有效的民事法律行为、效力待定的民事法律行为、可撤销的民事法律行为和无效的民事法律行为。而事件主要有人的出生与死亡、诉讼时效、自然灾害等。杨某的死亡属于民事法律事实中的事件。生活事实、偶发事实不是民法上具有法律含义的概念，故不当选。

5. **答案：C**。《民法典》第 2 条规定，民法调整平等主体的自然人、法人和非法人组织之间的人身关系和财产关系。据此可知，并不是所有的社会关系都属于民法调整的对象。

(1) 选项 A、D 错误。"应允同看演出"与"承诺陪同旅游"都属于道德范畴，不属于民法的调整对象，受道德调整。(2) 选项 B 错误。甲只是向乙转述一下听闻，乙作为成年人应该自己判断该信息的真伪，自己承担擅自依照该信息行事而产生的风险，乙不享有对甲法律意义上的请求权。(3) 选项 C 正确。夫妻之间对出轨导致离婚的补偿协议，符合民法中意思自治的原则，该协议有效，乙依照协议约定主张的请求权能得到支持。

6. **答案：C**。民事法律关系是基于民事法律事实，由民法规范调整而形成的民事权利义务关系。因此 A 选项不正确。根据《民法典》第 2 条的规定，民事法律关系的主体包括自然人、法人和非法人组织，因此 B 选项错误。民事法律关系的客体是指民事法律关系中的权利和义务共同指向的对象，包括物、行为、知识产权和人身利益等，其中行为包括作为和不作为，因此 C 选项正确。民事法律关系是平等主体之间的关系，一般是自愿设立的。只要当事人依其意思实施的行为不违反法律、行政法规的强制性规定，所设立的法律关系就受法律保护。因此，选项 D 不正确。

7. **答案：A**。货物运输合同的客体不是运送的货物，而是运送行为。物主要是物权关系的客体，而债权法律关系的客体是行为，货物运输合同是一个债权法律关系，因此，其客体为行为即运送行为。

8. **答案：D**。行为是人的有意识的活动，按不同的标准可以划分为合法行为和违法行为、表示行为和非表示行为、作为和不作为。

9. **答案：D**。权利救济的方式包括公力救济和私力救济两种。其中私力救济主要有正当防卫、紧急避险和自助行为三种。本题的选项 C，应当注意抗辩权行使的前提是对方有请求权，但是本题中的客人没有请求权，因此也就无所谓抗辩权的问题。

10. **答案**：C。形成权是依权利人单方意思表示即可发生法律效果的权利，追认权系形成权的一种。需要把握形成权的两个构成条件：（1）单方行使；（2）引起民事法律关系产生、变更、消灭。据此本题答案选C。

11. **答案**：C。甲、乙之间的赔偿关系属于财产关系。因此，选项A错误。绝对权是指无须通过义务人实施一定的行为即可实现并可对抗不特定人的权利。甲请求乙赔偿的权利显然不属于绝对权，而属于相对权，即通过义务人实施一定的行为才能实现并只能对抗特定人的权利。因此，选项B错误。甲因遭乙饲养的狗咬伤而取得对乙的赔偿请求权，甲、乙双方形成侵权损害赔偿之债，甲的请求权适用诉讼时效，选项C正确。抗辩权的作用在于对抗而非否认对方的权利，乙拒绝赔偿在性质上为行使否认权。因此选项D错误。正确答案应当是C。

12. **答案**：B。抗辩权是指能够阻止请求权效力的权利，抗辩权主要是针对请求权的。形成权是依权利人单方意思表示就能使权利发生、变更或者消灭的权利。撤销权、解除权、追认权、抵销权等都是形成权。因此，A项说法错误。权利的行使可以是事实行为，也可以是民事法律行为，因此，B项说法正确。支配权是对权利客体进行直接的排他性支配并享受其利益的权利，人身权、物权、知识产权中财产权等都属于支配权。人身权的客体是人身，而不是物。因此，支配权的客体不一定是物，C项说法错误。请求权是特定人得请求特定他人为一定行为或不为一定行为的权利。债权是典型的请求权。因此，D项说法错误。

13. **答案**：B。A项错误，尽管李某搭车的行为与张某之间并没有形成民法上的合同法律关系，张某属于好意施惠，但是，张某在李某搭车后，应尽到一般人之注意义务，否则就对李某遭受的损害存在过错，应当承担侵权责任，构成侵权法律关系。张某违章驾驶，因此明显有过错，应承担侵权责任。B项正确，参与某项具有危险性的文体活动属于自甘冒险行为，不可抗力造成自己的伤害应当责任自负。C项错误，打赌举重物事件，正常人应当想到可能发生损害，尽管吴某的意思能力完整，对方对于吴某的伤害也存在一定过错，应当承担与过错相应的责任。D项错误，尽管何某召集后没有强行劝酒的行为，但在郑某畅饮后，依然让其驾车，何某存在一定的过错，应当承担与过错相应的责任。

14. **答案**：D。自然人的民事权利能力始于出生，终于死亡。自然人死亡后，其特定的人格利益，即姓名、名誉、荣誉、遗体、遗骨依然受法律保护。自然人死亡后，行为人非法利用、损害遗体、遗骨，或以违反社会公共利益、社会公德的其他方式侵害遗体、遗骨的，其近亲属向法院起诉主张请求损害赔偿的，法院应当依法予以受理。本题中，张某非法律规定的李某的近亲属范围，并非适格的原告。因此，法院依法应当不予受理。D项正确。

15. **答案**：A。民事法律关系可依民事法律规范和民事法律事实产生。民事法律行为属于民事法律事实，是民事主体通过意思表示设立、变更、终止民事法律关系的行为。因此D项错误。《民法典》第563条第1款规定了合同当事人的法定解除权，有下列情形之一的，当事人可以解除合同：（1）因不可抗力致使不能实现合同目的；（2）在履行期限届满前，当事人一方明确表示或者以自己的行为表明不履行主要债务；（3）当事人一方迟延履行主要债务，经催告后在合理期限内仍未履行；（4）当事人一方迟延履行债务或者有其他违约行为致使不能实现合同目的；（5）法律规定的其他情形。A项中甲有权提出解除租赁合同，故A项正确。《民法典》第994条规定："死者的姓名、肖像、名誉、荣誉、隐私、遗体等受到侵害的，其配偶、子女、父母有权依法请求行为人承担民事责任；死者没有配偶、子女且父母已经死亡的，其他近亲属有权依法请求行为人承担民事责任。"第1019条规定："任何组织或者个人不得以丑化、污损，或者利用信息技术手段伪造等方式侵害他人的肖像权。未经肖像权人同意，不得制作、使用、公开肖像权人的肖像，但是法律另有规定的除外。未经肖像权人同意，肖像作品权利人不得以发表、复制、发行、出租、展览等方式使用或者公开肖像权人的肖像。"第1020条规定："合理实施下列行为的，可以不经肖像权人同意：（一）为个人学习、艺术欣赏、课堂教学或者科学研究，在必要范围内使用肖像权人已经公开的肖像；（二）为实施新闻报道，不可避免地制作、使用、公开肖像权人的肖像；（三）为依法履行职责，国家机关在必要范围内制作、使用、公开肖像权人的肖像；（四）为展示特定公共环境，不可避免地制作、使用、公开肖像权人的肖像；（五）为维护公共利益或者肖像权人合法权益，制作、使用、公开肖像权人的肖像的其他行为。"同时《民法典》又规定了对自然人声音的保护，参照适用肖像权保护的有关规定。由此可知，高度模仿单某声音做广告牟利行为属于侵权行为，甲依法应当承担侵权责任。因此B项错误。《民法典》第1176条对自甘冒险（自陷风险）行为的法律后果作出了规定，自愿参加具有一定风险的文体活动，因其他参加者的行为受到损害的，受害人不得请求其他参加者承担侵权责任，但是其他参加者对损害的发生有故意或者重大过失的除外。因此，C项中乙的鼻梁骨骨折的后果自负，甲不承担侵权责任，故C项错误。

多项选择题

1. 答案：ACD。B中仅凭赠与人之单方意思并不足以成立赠与关系。
2. 答案：BD。形成权，是指当事人一方可以以自己的行为，使法律关系发生变化的权利。形成权能通过明示的方式或默示的方式行使。效力待定合同中相对人的催告权不是形成权，因为形成权是可以以自己的行为使法律关系发生变化，而催告权只是催告法定代理人或被代理人对合同效力予以追认，只是催告行为不能发生法律关系的变化，所以催告权不是形成权。形成权多由法律赋予，但也可以由当事人约定产生。可撤销民事法律行为中的撤销权属于形成权。由此可知，本题的答案为B、D。
3. 答案：ABCD。民事法律事实包括事件和行为两大类。事件是指与人的意志无关的，能够引起民事法律后果的客观现象，又称自然事实；而行为是指人的有意识的活动。事件与人的意志无关，不以人的主观意志为转移；而行为是人的一种"有目的""有意识"的活动。
4. 答案：ABCD。民事权利可分为绝对权和相对权，绝对权具有排他性，相对权不具有排他性。A选项中，乙对甲享有的权利为债权，债权为相对权，不具有排他性，因此A选项正确。以民事权利的作用为标准，可以将民事权利划分为支配权、请求权、抗辩权和形成权。支配权人可以直接支配权利客体，B选项中，根据《民法典》第373条、第374条规定，丁对丙享有的权利为地役权，地役权是物权的一种，而物权为支配权，因此B选项正确。抗辩权为对抗对方请求权的权利，因此C选项中保证人享有对抗债权人请求履行的权利为抗辩权，C选项正确。形成权是指权利人依单方意思表示使民事法律关系发生、变更、消灭的权利，D选项中债权人享有的撤销权为形成权，不受诉讼时效的限制，故D选项正确。
5. 答案：ABD。本题中存在三个法律关系：（1）委托法律关系；（2）拍卖法律关系；（3）买卖法律关系。因此A项错误。隶属性法律关系，是指在不平等的法律主体之间建立的权力服从关系。拍卖公司和竞拍者之间的法律地位是平等的，因此不属于隶属性法律关系，而是横向法律关系。因此B项错误。本题中涉及的法律关系主体有张某、拍卖公司和竞买者文化公司，既有自然人，也有法人。因此C项正确。本题中导致成交的客观情况是文化公司的竞买行为，属于民事法律行为，而非法律事件。因此D项错误。

不定项选择题

答案：AD。民事权利的保护措施分自我保护

（又称私力救济）和国家保护（又称公力救济）两种。我国法律明文规定的自我保护措施，只有正当防卫和紧急避险两项。紧急避险是指为了使本人或他人的人身或财产免受正在发生的侵害，不得已而采取的损害他人权益的行为。本题中甲的行为属紧急避险，不构成侵权。并且并未给乙造成任何损失，乙不得索取任何费用，乙擅自扣车的行为属于侵权行为。

名词解释

1. **答案**：民事法律关系的主体，简称民事主体，是指参加民事法律关系，享有民事权利和承担民事义务的人。参加民事法律关系的人通常称为当事人。在我国民法上，当事人主要指自然人、法人，以及不具有法人资格的非法人组织。另外，在一定的范围内，国家也是民事主体，可以成为民事法律关系的当事人。民事法律关系的当事人中，享有权利的一方为权利主体，又称权利人；负有义务的一方为义务主体，又称义务人。

2. **答案**：是指民事法律关系的主体享有的民事权利和承担的民事义务所指向的对象。确切地说，民事法律关系的客体是由民事权利和民事义务所产生的事物，如果没有民事法律关系的客体，民事权利和民事义务就无所依托。按照通说，民事法律关系的客体主要有物、行为、智力成果和人身利益。

3. **答案**：是指民事法律关系的主体所享有的民事权利和负有的民事义务。民事法律关系的内容，是民法所调整的社会关系的内容在法律上的反映。

4. **答案**：是指引起民事法律关系的发生、变更或消灭的事实。民事法律事实可分为行为和自然事实两类：（1）行为是指由人的行为所构成的事实。（2）自然事实是指非因人的行为所构成的事实，又可分为事件与状态。事件是指某种客观现象的发生，状态是指某种客观现象的持续。

5. **答案**：是指民事法律规范赋予民事主体满足其利益的法律手段。权利人可以在法定范围内享有某种利益或实施一定的行为。权利人可以请求义务人为一定行为或不为一定行为，以保证其享有或实现某种利益。权利人因他人的行为而使其利益受到侵害时，可以请求有关国家机关采取强制措施予以保护。

6. **答案**：是指权利人依自己单方的意思表示，就能够使民事法律关系发生、变更或消灭的权利。属于形成权的主要有承认权、选择权、撤销权、抵销权、解除权及继承权中的抛弃权等。

7. **答案**：是指请求特定人为一定行为或不为一定行为的权利，它是相对于绝对权而言的，是将民法上的权利按其效力划分而得的权利之一，其特征在于义务人是特定的，所以又叫作对人权。

8. **答案**：是指对抗他人行使权利的权利。根据作用的不同，抗辩权可分为永久性抗辩权和延期性抗辩权。永久性抗辩权，是指权利人有永久阻止他人行使请求权的权利。延期性抗辩权，是指权利人在一定时间、一定条件下可以提出抗辩，而不是可以永久抗辩。

简答题

1. **答案**：民事法律行为，是指民事主体设立、变更、终止民事法律关系的合法行为。民事法律行为是最重要的民事法律事实。在经济生活领域，民事法律行为主要是各种商品交换行为在民法上所采取的法律形式，同时，它也是人们在伦理生活（包括婚姻、家庭生活等）中所实施的诸如子女收养、抚养及赡养等各种行为在民法上所采取的法律形式。因此，民事法律行为是各种民事法律关系产生、变更或消灭最为普遍、最为重要的依据。它不仅适用于商品经济，而且适用于一切民事活动领域。

民事法律行为的法律性质，可以从以下几个方面理解：

第一，民事法律行为是私行为。民事法律行为是由自然人、法人及非法人组织依意思表示作出的变动民事法律关系的行为，而不是利用公权力作出的行为。

第二，民事法律行为可能是合法行为，也可能是违法行为。对于合法的民事法律行为，当事人可实现其期待的法律效果；不合法的民事法律行为，可能不能发生当事人追求的法律效果。

第三，民事法律行为是表示行为。民事法律行为的核心，是意思表示。所谓意思表示，是当事人想要实现一定效果的意思对外表示。任何民事法律行为都必须具备意思表示这一要素。

第四，民事法律行为是由意思表示决定法律效果的行为。民法的基本理念是意思自治，它主张人们在民事生活中自己做主，自己负责。民事法律行为的法律效果的确定，是以民事主体的意思表示作为基础的，意思表示是民事法律行为的核心要素。

2. **答案**：（1）民事责任是因违反民事义务，依法应承担的一种法律后果。（2）民事责任的类型包括财产责任，也包括非财产责任。（3）民事责任主要是法律规定违法行为人对受害人承担的责任。（4）民事责任的范围一般与违法行为造成的权利损害的程度相适应。（5）民事责任是对违法行为的一种民事法律制裁。

3. **答案**：民事法律关系是由民事法律规范所调整的社会关系，也就是由民事法律规范确认和保护的社会关系。其特征主要有：（1）民事法律关系是平等主体之间的法律关系。民法调整的是平等主体之间的人事关系和财产关系。民法调整的社会关系的平等性决定了民事法律关系的平等性。（2）民事法律关系主要是民事主体自主形成的法律关系。在通常情况下，民事法律关系主要是民事主体在自主自愿的基础上形成的。贯彻当事人意思自治的原则，这是民事法律关系区别于其他法律关系的又一特征。（3）民事法律关系主体的权利义务通常是对等的、相互的。民事法律关系从整体和实质上讲，每个民事主体既作为权利主体享有权利，同时又作为义务主体负有义务。这种权利义务是对等的、相互的，如合同关系中当事人之间的权利义务，一般是对等的。当然，有些民事法律关系，权利主体只享有权利，义务主体只负有义务，不具有对等性，如人格权法律关系。

4. **答案**：根据权利的内容，可以将民事权利划分为财产权和人身权。

财产权以财产利益为内容，是通常可以以金钱衡量其价值的利益为内容的民事权利。财产权按照权利的内容又可以分为物权、债权、知识产权、继承权等。

人身权，是指与权利主体的人格、身份不可分离且并不直接具有财产利益的民事权利。人身权一般不具有可转让性，在受到侵害时首先应当以非财产责任的方式予以救济。人身权包括人格权与身份权。

5. **答案**：形成权是依权利人单方意思表示使既存法律关系发生变化的权利。其类型主要有：使法律关系发生效力的形成权，使法律关系效力变更的形成权，使法律关系效力消灭的形成权。

使法律关系发生效力的形成权，我国法律上的相关规定如：法定代理人对于被代理人（被监护人）行为的承认权；被他人无权处分之物的权利人对无权处分的承认权；本人对无权代理的承认权；债权人对债务人与第三人债务承担的同意权；等等。

使法律关系效力变更的形成权，我国法律的相关规定如债权人的选择权。

使法律关系效力消灭的形成权，我国法律上规定比较多，如善意相对人的撤销权，意思表示错误的撤销权，意思表示不自由民事法律行为中的撤销权，债的保全中的撤销权，合同解除权人的解除权，抵销权人的抵销权等。

形成权除可由权利人直接行使的以外，还有法律规定须依诉的方式行使的。比如，根据《民法典》规定，对于因受欺诈、重大误解等实施的行为，可以请求人民法院或仲裁机构予以撤销。

6. **答案**：这两种权利是以民事权利的效力所及相对人的范围为标准而划分的。绝对权是权利效力所及相对人为不特定人的权利，义务人是权利人之外的一切人，故又称"对世权"。物权、人身权等均属绝对权。

相对权是权利效力所及相对人为特定的人的权利。相对权的效力仅及于特定的义务人，故又称"对人权"。债权就是典型的相对权。

两者的主要区别在于：（1）权利实现的方式不同。绝对权，是指无须通过义务人实施一定的行为即可实现，并可以对抗不特定人的权利。相对权，是指必须通过义务人实施一定的行为才能实现，只能对抗特定的人的权利。（2）权利内容之法律上所对抗的人的范围不同。绝对权是对抗一般人之权利，而相对权是对抗特定人之权利。（3）权利适用的领域不同。绝对权指对于一般人请求不作为的权利，如人格权、身份权、物权等。相对权指对于特定人请求其为一定行为的权利，如债权。

论述题

1. 答案：所谓权利取得，是指某项权利归属于某个（或者某几个）当事人的情形。权利取得的样态包括两种：一种是原始取得，即不以他人既存权利为前提的权利取得样态。原始取得是权利的绝对发生。如依先占而取得物的所有权，以及依原物所有权而取得孳息的所有权等。另一种是继受取得，即自前手权利人承受既存权利的权利取得样态。继受取得属于权利的相对发生。继受取得也称"传来取得"。

无论是何种取得权利的方式，都要求具有权利能力的主体。所谓民事权利能力，是指能够作为民事权利义务担当者的法律资格。具有民事权利能力，才能成为民事法律关系的主体，也才有可能取得民事权利。在现代民法国家，自然人的权利能力是与生俱来的，原则上始于出生，终于死亡，而且是平等的，不得抛弃亦不得非法褫夺。而团体履行必要的手续取得法人资格时，便也具有了民事权利能力，可以作为法律主体取得权利。

在权利的继受取得中，当事人除具有民事权利能力外，还须具有民事行为能力，方可通过民事法律行为移转或者创设民事权利。所谓民事行为能力，是民事主体能够独立实施依其意思表示内容发生法律效果的行为的能力。民事行为能力以民事权利能力为基础，以意思能力为前提，就其本质来说，民事行为能力正是民法关于理性人观念的表现。自然人的民事行为能力依其年龄和智力状态而确定，法人的民事行为能力受到自身性质、法律和经营范围的限制。但原则上只有具备相应的民事行为能力，才可能有效地依照当事人的意愿进行权利的移转和设定，而使对方当事人取得权利。

综上，权利取得包括原始取得和继受取得两种样态。这两种样态都需要当事人具有民事权利能力，具有担当法律权利与义务的主体资格。在权利的继受取得中，还需要当事人具备相应的民事行为能力方可通过民事法律行为移转或创设民事权利，使民事法律关系的相对人继受相应的权利。

2. 答案：民事法律行为与事实行为同属于民事法律事实。民事法律事实是指由民事法律规范规定的能够引起民事法律关系的产生、变更或消灭的客观情况。根据客观事实是否与人的意志有关，民事法律事实可分为行为和事件。行为是指受人的意志支配所进行的并能够引起一定民事法律后果的民事法律事实。再进一步，根据实施行为的行为人的意思状态，可将行为分为表示行为和非表示行为。表示行为是以意思表示为要素，旨在产生、变更或消灭民事法律关系的行为，它包括合法的表示行为和不合法的表示行为。根据我国《民法典》的规定，民事法律行为是民事主体通过意思表示设立、变更、终止民事法律关系的行为。根据这一定义的要点，民事法律行为并不限于合法行为，也包括违法行为，只不过违法行为可能被认定为无效的民事法律行为或者可撤销的民事法律行为，不一定发生行为主体期待的法律后果。

非表示行为又称为事实行为，是指行为人主观上并没有产生、变更或消灭民事法律关系的意思，但客观上因法律的规定而产生一定的法律效果的行为，它亦有合法与不合法之分，前者如无因管理，后者如侵权行为。

由上可知，民事法律行为与事实行为都会引起民事法律关系的产生、变更或消灭。两者的主要区别在于行为人的主观状态不同。

民事法律行为是行为人积极运用意思表示的手段主动地设立、变更或终止民事法律关系，而事实行为中，行为人并没有明确地产生法律效果的意思，或者说法律在规定这一行为的效果时并不考虑行为人的主观意思。正是由于这一根本性的区别，民事法律行为才是实现意思自治的根本工具和重要手段。从立法技术上看，民事法律行为制度之采用，表现了法律的抽象化趋势，是立法技术进步的结果。

3. 答案：民事法律关系是基于民事法律事实，由民法规范调整而形成的民事权利义务关系。民事法律关系是民事法律规范调整人身和财产关系所形成的社会关系，是基于民事法律事实而形成的社会关系，是以民事权利义务为内容的社会关系。其与其他法律关系相比较，具有以下主要特征：其一，民事法律关系是平等主体之间的法律关系，调整的是社会关系的平等性质，决定了民事法律关系的平等性。平等的人身关系和财产关系的范围极为广泛，自然人、企业、事业单位、社会团体、国家机关甚至地方政府与国家最高权力机关，在民事法律关系中都以民事主体的身份出现，相互之间不是隶属关系，而是平等关系。其二，民事法律关系大多是民事主体自主形成的法律关系。有民法规范才能有民事法律关系，民事法律是国家制定的，因此民事法律规范反映的是国家意志。另外，民事法律关系在通常情况下都是民事主体在自主自愿基础上形成的，因此也体现了当事人自己的意志，这是民事法律关系区别于其他法律关系的另一特征。其三，民事法律关系主体的权利义务通常是对等的、相互的。民事法律关系有物权法律关系、债权法律关系、知识产权法律关系、人身法律关系、婚姻家庭法律关系及继承法律关系等。从整体和实质上看，大多数民事法律关系中，每个民事主体既作为权利人享有权利，同时又作为义务人负有义务，这种权利义务是对等的、相互的。

民事法律关系是民法学的重要概念，民事法律关系理论是民法学的重要理论。国家制定和颁布各种民事法律规范，目的是要求人们以其为根据设立各种民事法律关系，将人们的行为纳入民法调整的法律轨道。民法学研究的中心问题是民事法律关系，研究作为民事法律关系发生根据的各种民事法律规范，研究发生民事法律关系的各种原因，研究民事法律关系发生、变更与消灭。从这个意义上可以说民法学就是民事法律关系学。民事法律关系理论是民法学理论的基础，也是民法学理论的总纲，是研究民事立法和各种民事法律关系的主线。把握这个基础和主线，对正确理解和适用民事法律有指导意义。

4. 答案：民事法律关系是由民事法律规范调整所形成的以民事权利和民事义务为核心内容的社会关系，是民法所调整的平等主体之间的人身关系和财产关系在法律上的表现。

第一，民事权利，是指民事主体为实现某种利益而依法为某种行为或不为某种行为的自由。其具体内容主要有：（1）权利人依法直接享有某种利益，或者实施一定行为的利益；（2）权利人可以请求义务人为一定行为或不为一定行为，以保证其享有实现某种利益的自由；（3）这种自由是有保障的自由，它表现为在权利受到侵犯时，有权请求国家机关予以保护。

第二，民事义务，是指义务人为满足权利人的利益而为一定行为或不为一定行为的必要性。其具体内容主要有：（1）义务人必须依法或依照合同为或不为一定的行为，以满足权利人的利益；（2）义务人只承担法定的或约定的范围内的义务，除此之外的则不予承担；（3）义务人必须履行其义务。

第三，民事责任，是指民事主体因违反合同或者不履行其他民事义务所应承担的民事法律后果。其法律特征主要有：（1）强制性，即它以国家强制力为保障，保证民事主体在违反义务时承担民事责任；（2）以财产性责任为主，非财产性责任为辅；（3）以补偿性为主，惩罚性为辅。

第四，权利、义务、责任的关系。民事权利和义务相互对立、相互联系，从不同的角度来表现民事法律关系的内容。在任何一个民事法律关系中，权利和义务都是一致的，权利的内容要通过相应的义务表现，而义务的内容则有相应的权利限定。当事人一方享有权利，必然有另一方负有相应的义务，并且权利和义务往往是同时产生、变更和消灭的。而民事责任则是权利实现的保证，也是违反义务的法律后果，责任制度将民事权利和民事义务联系到了一起，共同构成了完整的民事法律关系体系。

第四章 自然人

单项选择题

1. **答案**：D。参见《民法典》第17条、第18条、第19条、第23条。《民法典》第17条规定："十八周岁以上的自然人为成年人。不满十八周岁的自然人为未成年人。"第18条规定："成年人为完全民事行为能力人，可以独立实施民事法律行为。十六周岁以上的未成年人，以自己的劳动收入为主要生活来源的，视为完全民事行为能力人。"第19条规定："八周岁以上的未成年人为限制民事行为能力人，实施民事法律行为由其法定代理人代理或者经其法定代理人同意、追认；但是，可以独立实施纯获利益的民事法律行为或者与其年龄、智力相适应的民事法律行为。"第23条规定："无民事行为能力人、限制民事行为能力人的监护人是其法定代理人。"

2. **答案**：C。根据《民法典》第25条的规定，自然人以户籍登记或者其他有效身份登记记载的居所为住所；经常居所与住所不一致的，经常居所视为住所。

3. **答案**：C。《民法典》第47条规定，对同一自然人，有的利害关系人申请宣告死亡，有的利害关系人申请宣告失踪，符合本法规定的宣告死亡条件的，人民法院应当宣告死亡。本题中配偶要求宣告死亡，故应当宣告死亡。

4. **答案**：C。根据《民法典》第51条的规定，被宣告死亡的人的婚姻关系，自死亡宣告之日起消除。死亡宣告被撤销的，婚姻关系自撤销死亡宣告之日起自行恢复。但是，其配偶再婚或者向婚姻登记机关书面声明不愿恢复的除外。本题中，宣告死亡后周某与张某的婚姻关系已经消灭。因此，周某与王某的婚姻为有效婚姻。故当张某回来后，无权要求恢复婚姻关系。即使周某与后配偶离婚或者后配偶死亡，周某与张某的婚姻关系想要恢复，也必须办理复婚手续。

5. **答案**：D。《民法典》第53条第1款规定，被撤销死亡宣告的人有权请求依照继承编取得其财产的民事主体返还财产。无法返还的，应当给予适当补偿。因此本题中，丁从甲处继承的财产应当返还，丁、戊从丙处继承的而丙从甲处继承的财产返还给甲。另外，对于丁基于代位继承从乙处取得的财产，由于代位继承实际上是继承了甲应当继承的份额，所以在甲被撤销死亡宣告后理应返还给甲，故A、B、C项错误，D项正确。所以本题选D。

6. **答案**：A。判断是否具有行为能力的标准依赖于年龄及精神状态而不能仅依生活自理能力的高低。精神状态正常的成年人，应是完全民事行为能力人。

7. **答案**：B。根据《民法典》第28条的规定，无民事行为能力或者限制民事行为能力的成年人，由下列有监护能力的人按顺序担任监护人：（1）配偶；（2）父母、子女；（3）其他近亲属；（4）其他愿意担任监护人的个人或者组织，但是须经被监护人住所地的居民委员会、村民委员会或者民政部门同意。本题中，甲是因夫妻关系不和而患了精神病，故由其妻子担任甲的监护人明显不利。

8. **答案**：D。在本案中，甲为无民事行为能力人，其所为的民事法律行为无效，所以A选项错误。根据《民法典》第34条规定，监护人的监护行为不得损害被监护人的利益，所以在甲生前，其父母无权决定将甲的肾脏捐献给乙，所以B选项错误。甲意外死亡之后，其民事主体资格消灭，在甲没有有效遗嘱的情形下，父母没有处分甲的遗体的权利，所以其决定将甲的肾脏捐献给乙的行为无效，故C选项错误，D选项正确。

9. **答案**：A。《民法典》第1189条规定，无民事行为能力人、限制民事行为能力人造成他人损害，监护人将监护职责委托给他人的，监护人应当承担侵权责任；受托人有过错的，承担相应的责任。A项正确，甲委托医院照料其患有精神病的配偶乙，医院此时为委托监护人。B项错误，未成年人到学校上学，在学校生活学习期间，监护人并没有发生变化，依然是原来的监护人。《民法典》第1199条规定，无民事行为能力人在幼儿园、学校或者其他教育机构学习、生活期间受到人身损害的，幼儿园、学校或者其他教育机构应当承担侵权责任；但是，能够证明尽到教育、管理职责的，不承担侵权责任。可见，这些单位只是在过错的范围内承担责任，监护职责并没有完全转移给幼儿园、学校。C、D项错误。《民法典》第27条规定，父母是未成年子女的监护人。未成年人的父母已经死亡或者没有监护能力的，由下列有监护能力的人按顺序担任监护人：（1）祖父母、外祖父母；（2）兄、姐；（3）其他愿意担任监护人的个人或者组织，但是须经未成年人住所地的居民委员会、村民委员会或者民政部门同意。这意味着只要父母尚在，又没有不适合做监护人的情况，就不存在祖父母做监护人的可能，故C项错误。《民法典》第31条第1款规定，对监护人的确定有争议的，由被监护人住所地的居民委员会、村民委员会或者民政部门指定监护人，有关当事人对指定不服的，可以向人民法院申请指定监护人；有关当事人也可以直接向人民法院申请指定监护人。根据上述规定，只有当父母之外的人，对于监护人的确定存在争议时，才需要经过基层组织指定，夫妻离婚后，双方对子女均有监护权，故D项错误。

10. 答案：D。本题中，甲公司与15周岁的陈某签订的委托合同是双方法律行为，因陈某为限制民事行为能力人，故该委托合同效力待定，如陈某的父母不追认该委托合同则无效。甲公司授权陈某购买软件的行为是代理权的授予，属于纯获利益的行为，即使陈某为限制民事行为能力人，代理权的授予也无须追认即有效。故D项正确。

11. 答案：A。《民法典》第1188条规定，无民事行为能力人、限制民事行为能力人造成他人损害的，由监护人承担侵权责任。监护人尽到监护职责的，可以减轻其侵权责任。有财产的无民事行为能力人、限制民事行为能力人造成他人损害的，从本人财产中支付赔偿费用；不足部分，由监护人赔偿。本题中，8岁的乙继承了祖父遗产10万元，乙本人财产足以支付赔偿费用，监护人无须赔偿。故C、D项错误。法院查明甲已尽到监护职责，可以适当减轻其责任，而不是无须承担责任，故B项错误。

12. 答案：B。房屋为夫妻共同财产，因此乙的处分为无权处分。《最高人民法院关于适用〈中华人民共和国民法典〉物权编的解释（一）》第15条第1款第4项规定，受让人知道登记簿上记载的权利主体错误的，应当认定不动产受让人知道转让人无处分权。乙向丙出示了甲被宣告失踪的判决书，并将房屋属于夫妻二人共有的事实告知丙，故丙是恶意的，不能善意取得房屋的所有权。故A、D项错误。夫妻因日常生活需要处理共同财产，任何一方均有决定权，但处分房屋显然不构成家事代理。故C项错误。

13. 答案：B。《民法典》第18条第2款规定，16周岁以上的未成年人，以自己劳动收入为主要生活来源的，视为完全民事行为能力人。肖某16岁以演出收入为主要生活来源，符合视为完全民事行为能力人的要件，所以具备完全民事行为能力。A项错误。《民法典》第20条规定，不满8周岁的未成年人为无民事行为能力人，由其法定代理人代理实施民事法律行为。第144条规定，无民事行为能力人实施的民事法律行为无效。肖某在7岁时，因不满8周岁，属于无民事行为能力人，所以受赠口琴的行为无效，应由其法定代理人代理实施。B项正确。《民法典》第19条规定，8周岁以上的未成年人为限制民事行为能力人，实施民事法律行为由其法定代理人代理或者经其法定代理人同意、追认；但是，可以独立实施纯获利益的民事法律行为或者与其年龄、智力相适应的民事法律行为。肖某受赠钢琴时9岁、受赠小提琴时15岁，系限制民事行为能力人，受赠行为属于纯获利益的民事法律行为，行为有效。C、D错误。

14. 答案：B。A项考查宣告死亡的申请人范围、顺序及宣告死亡的法律效力。根据《民法典》第46条第1款第2项规定，自然人因意外事件，下落不明满2年的，利害关系人可以向人民法院申请宣告该自然人死亡。本题中，韩某乘坐飞机中途失事属于意外事件，利害关系人依法有权申请宣告韩某死亡，且没有顺序先后的限制。故A项错误。B项考查宣告失踪和宣告死亡的关系。根据《民法典》第47条规定，对同一自然人，有的利害关系人申请宣告死亡，有的利害关系人申请宣告失踪，符合本法规定的宣告死亡条件的，人民法院应当宣告死亡。本题中，韩某因意外事件下落不明，依法满2年即可宣告死亡，至今已4年有余，符合宣告死亡的条件。因此，法院应当根据韩某父母的申请宣告韩某死亡。故B项正确。C项考查死亡时间的确定。根据《民法典》第48条规定，被宣告死亡的人，人民法院宣告死亡的判决作出之日视为其死亡日期；因意外事件下落不明宣告死亡的，意外事件发生之日视为其死亡日期。本题中，韩某因意外事件下落不明被法院宣告死亡，意外事件发生之日而非判决作出之日视为韩某死亡的日期。故C项错误。D项考查宣告死亡的法律效果。根据《民法典》第49条规定，自然人被宣告死亡但是并未实际死亡的，不影响该自然人在被宣告死亡期间实施的民事法律行为的效力。本题中，如韩某被法院宣告死亡而实际上并未死亡，其在被宣告死亡期间所实施的民事法律行为应具体问题具体分析（可能有效、可能无效、可能效力待定，也可能可撤销）。因此，并非一律效力待定。故D项错误。

15. 答案：C。《最高人民法院关于适用〈中华人民共和国民法典〉总则编若干问题的解释》第14条规定："人民法院审理宣告失踪案件时，下列人员应当认定为民法典第四十条规定的利害关系人：（一）被申请人的近亲属；（二）依据民法典第一千一百二十八条、第一千一百二十九条规定对被申请人有继承权的亲属；（三）债权人、债务人、合伙人等与被申请人有民事权利义务关系的民事主体，但是不申请宣告失踪不影响其权利行使、义务履行的除外。"据此，刘某作为张某的配偶，属于其近亲属，有权申请宣告张某为失踪人。对于债权人孙某是否有申请资格，该解释第16条第3款规定："被申请人的债权人、债务人、合伙人等民事主体不能认定为民法典第四十六条规定的利害关系人，但是不申请宣告死亡不能保护其相应合法权益的除外。"据此可知，被申请人的债权人原则上不是有权申请宣告死亡的利害关系人，仅在存在合法权益保护需要时才有资格进行申请，因此本题中孙某原则上没有申请资格。此时，法院应按照刘某申请判决宣告失踪。因此A、B、D项错误，C项正确。

✅ 多项选择题

1. 答案：AD。见《民法典》第19条规定，八周岁以上的未成年人是限制民事行为能力人，可以进行与他的年龄、智力相适应的民事活动；其他民事活动由他的法定代理人代理，或者征得他的法定代理人的同意。

2. 答案：ACD。人民法院指定失踪人的财产代管人，应当根据有利于保护失踪人财产的原则。没有《民法典》第42条第1款规定的代管人，或者他们无能力作代管人，或者不宜作代管人的，人民法院可以指定公民或者有关组织为失踪人的财产代管人。无民事行为能力人、限制民事行为能力人失踪的，其监护人即为财产代管人。

3. 答案：AC。A、C对，《民法典》第18条第2款规定："十六周岁以上的未成年人，以自己的劳动收入为主要生活来源的，视为完全民事行为能力人。"据此，本题中甲仍为限制民事行为能力人。A、C中的行为可以认定为与甲的年龄、智力相适应。B错，甲毕竟仍然属于限制民事行为能力人，其抛弃价值30万元汽车的行为与其年龄、智力不相适应，属于效力未定的行为。D错，遗嘱行为属于重大行为，法律要求遗嘱人必须年满18周岁，否则所立遗嘱无效。

4. **答案**：AC。本题考查监护人对被监护人的财产的处分权限。《民法典》第35条第1款的规定："监护人应当按照最有利于被监护人的原则履行监护职责。监护人除为维护被监护人利益外，不得处分被监护人的财产。"对A选项的判断，则依据《民法典》第1188条第2款的规定。对C选项的判断，应当考虑为谁买人身保险，由于是"为甲购买人身保险"，故属于为甲的利益，所以合法有效。

5. **答案**：AC。《最高人民法院关于适用〈中华人民共和国民法典〉继承编的解释（一）》第1条第1款规定，继承从被继承人生理死亡或者被宣告死亡时开始。2024年6月5日法院依照法定程序宣告甲死亡，故甲的继承人可以继承其财产，A项正确。《民法典》第51条规定，被宣告死亡的人的婚姻关系，自死亡宣告之日起消灭。死亡宣告被撤销的，婚姻关系自撤销死亡宣告之日起自行恢复，但是，其配偶再婚或者向婚姻登记机关书面声明不愿意恢复的除外。B项认定婚姻关系不可恢复，过于绝对，错误。《民法典》第48条规定，被宣告死亡的人，人民法院宣告死亡的判决作出之日视为其死亡的日期；因意外事件下落不明宣告死亡的，意外事件发生之日视为其死亡的日期。2024年6月5日法院依照法定程序宣告甲死亡，为判决作出之日，故C项正确。《民法典》第823条第1款规定，承运人应当对运输过程中旅客的伤亡承担赔偿责任；但是，伤亡是旅客自身健康原因造成的或者承运人证明伤亡是旅客故意、重大过失造成的除外。本题中，铁路公司并无侵权行为，铁路公司的行为和死亡的损害后果之间没有因果关系，故无须对甲的死亡承担赔偿责任，故D项错误。

6. **答案**：AB。《民法典》第35条第1款规定，监护人应当按照最有利于被监护人的原则履行监护职责。监护人除为维护被监护人利益外，不得处分被监护人的财产。第34条第3款规定，监护人不履行监护职责或者侵害被监护人合法权益的，应当承担法律责任。乙、丙除为被监护人的利益外，不得处分被监护人的财产，乙、丙未考虑股市风险，将全部奖金购买股票，应对投资股票给甲造成的损失承担责任，故A、B项正确。《民法典》第121条规定，没有法定的或者约定的义务，为避免他人利益受损失而进行管理的人，有权请求受益人偿还由此支出的必要费用。第34条第1款、第2款规定，监护人的职责是代理被监护人的人身权利、财产权利以及其他合法权益等。监护人依法履行监护职责产生的权利，受法律保护。乙、丙履行监护职责，有法定义务，不构成无因管理，故C项错误。《民法典》第190条规定，无民事行为能力人或者限制民事行为能力人对其法定代理人的请求权的诉讼时效期间，自该法定代理终止之日起计算。这样就不存在时效中止的问题，因为直接从法定代理终止之日即甲成为完全民事行为能力人日起算，故D项错误。

7. **答案**：ABC。《民法典》第1111条第1款规定，自收养关系成立之日起，养父母与养子女间的权利义务关系，适用本法关于父母子女关系的规定。第1084条第1款、第2款规定，父母与子女间的关系，不因父母离婚而消除。离婚后，子女无论由父或者母直接抚养，仍是父母双方的子女。离婚后，父母对于子女仍有抚养、教育、保护的权利和义务。第27条第1款规定，父母是未成年子女的监护人。甲作为乙的养父，其前妻作为乙的养母，是乙的父母，是乙的法定监护人。《民法典》第29条规定，被监护人的父母担任监护人的，可以通过遗嘱指定监护人。甲作为乙的监护人，可以通过遗嘱指定其父亲在自己死后担任乙的监护人。A项正确。《民法典》第30条规定，依法具有监护资格的人之间可以协议确定监护人。协议确定监护人应当尊重被监护人的真实意愿。父母作为乙的法定监护人，是具有监护资格的人。所以，甲作为乙的父亲可以与其前妻，即乙的母亲，协议确定由其前妻担任乙的监护人，此处的监护人是指责任更重的监护人，比如由其母亲承担抚养、教育义务。因为即便父母离婚，父母子女之间的关系也不因此而消灭，无论孩子由谁抚养，父母都是孩子的法定监护人。B项正确。《民法典》第33条规定，具有完全民事行为能力的成年人，可以与其近亲属、其他愿意担任监护人的个人或者组织事先协商，以书面形式确定自己的监护人。协商确定的监护人在该成年人丧失或者部分丧失民事行为能力时，履行监护职责。甲作为具有完全民事行为能力的成年人，可以和他人，包括堂兄，事先协商以书面形式确定其作为自己的监护人。C项正确。《民法典》第27条第2款规定，未成年人的父母已经死亡或者没有监护能力的，由下列有监护能力的人按顺序担任监护人：（1）祖父母、外祖父母；（2）兄、姐；（3）其他愿意担任监护人的个人或者组织，但是须经未成年人住所地的居民委员会、村民委员会或民政部门同意。虽然乙的父亲甲死亡，但乙的母亲，即甲的前妻没有死亡且没有丧失监护能力，所以不符合第27条第2款规定的情况，在没有遗嘱监护、协议监护的情况下，甲的父母未达顺位，无法担任乙的监护人，D项错误。

8. **答案**：ABD。A项考查诉讼时效的基本原理。根据《民法典》第190条规定，无民事行为能力人或者限制民事行为能力人对其法定代理人的请求权的诉讼时效期间，自该法定代理终止之日起计算。第188条第1款规定，向人民法院请求保护民事权利的诉讼时效期间为3年。法律另有规定的，依照其规定。据此可知，甲向其父母追偿损失受3年诉讼时效的限制，且自法定代理终止之日起计算。故A项错误。B项考查监护人的职责。根据《民法典》第34条第1款规定，监护人的职责是代理被监护人实施民事法律行为，保护被监护人的人身权利、财产权利以及其他合法权益等。第35条第1款规定，监护人应当按照最有利于被监护人的原则履行监护职责。监护人除为维护被监护人利益外，不得处分被监护人的财产。据此可知，甲的父母履行监护人职责应使甲的利益最大化，使甲的财产保值增值。故B项错误。C项考查民事法律行为的效力。根据《民法典》第20条规

定，不满8周岁的未成年人为无民事行为能力人，由其法定代理人代理实施民事法律行为。第34条第3款规定，监护人不履行监护职责或者侵害被监护人合法权益的，应当承担法律责任。本题中，甲的父母系甲的法定监护人，其以甲的名义签订购房合同的行为属于有权代理，合同合法有效，但甲的父母将甲的演出收入悉数投入购房，未考虑风险规避，应对甲承担赔偿责任。故C项正确。D项考查无因管理。根据《民法典》第121条规定，没有法定的或约定的义务，为避免他人利益受损失而进行管理的人，有权请求受益人偿还由此支出的必要费用。据此可知，无因管理的构成要件有3个：（1）没有法定或约定的义务；（2）主观上具有管理他人事务的意思（管理人可适当兼为自己利益）；（3）客观上实施了管理他人事务的行为（管理是否有效果在所不问）。本题中，甲的父母系甲的第一顺位的法定监护人，有法定的义务保护甲的民事权益。因此，甲父母的行为不构成无因管理。故D项错误。

9. **答案**：ABCD。A项考查监护人资格撤销的主体。根据《民法典》第36条第3款规定，个人和民政部门以外的组织未及时向人民法院申请撤销监护人资格的，民政部门应当向人民法院申请。本题中，孙某作为养父对养女小丽实施性侵害，属于严重损害被监护人身心健康的行为，依法可以取消其监护人资格。但有权取消孙某监护人资格的机关是法院而非民政部门，民政部门只能作为申请人。故A项错误。B项考查抚养费的负担。根据《民法典》第37条规定，依法负担被监护人抚养费、赡养费、扶养费的父母、子女、配偶等，被人民法院撤销监护人资格后，应当继续履行负担的义务。本题中，孙某虽然被取消监护人资格，但是给付抚养费的义务应当继续履行。故B项错误。C项考查监护人资格的恢复。根据《民法典》第38条规定，被监护人的父母或子女被人民法院撤销监护人资格后，除对被监护人实施故意犯罪的外，确有悔改表现的，经其申请，人民法院可以在尊重被监护人真实意愿的前提下，视情况

恢复其监护人资格，人民法院指定的监护人与被监护人的监护关系同时终止。本题中，孙某对小丽实施性侵害，构成强奸罪，属于故意犯罪，不能恢复监护人资格。故 C 项错误。D 项考查诉讼时效的起算。根据《民法典》第 191 条规定，未成年人遭受性侵害的损害赔偿请求权的诉讼时效期间，自受害人年满 18 周岁之日起计算。本题中，孙某对小丽实施性侵害，小丽对孙某的损害赔偿请求权依法自年满 18 周岁之日起计算而非法定代理终止之日。故 D 项错误。

10. 答案：ABD。A 项考查监护人资格的撤销。《民法典》第 36 条规定，监护人实施严重损害被监护人身心健康的行为，人民法院根据有关个人或者组织的申请，撤销其监护人资格，安排必要的临时监护措施，并按照最有利于被监护人的原则依法指定监护人。本条规定的有关个人和组织包括：其他依法具有监护资格的人。徐某经常殴打小徐，系实施严重侵害被监护人身心健康的行为，张某作为小徐的监护人，依法有权向法院起诉撤销徐某的监护人资格。故 A 项正确。B 项考查监护人的职责。小徐 9 岁，系限制民事行为能力人，接受祖父母赠与的玉佩系纯获利益的民事法律行为，合法有效。因此，玉佩的所有权属于小徐。徐某非为小徐的利益处分其财产，将玉佩用于赌博并输掉，依法应对小徐承担赔偿责任。故 B 项正确。C 项考查诉讼时效的起算。《民法典》第 190 条规定，无民事行为能力人或者限制民事行为能力人对其法定代理人的请求权的诉讼时效期间，自该法定代理终止之日起计算。故 C 项错误。D 项考查诉讼时效的适用范围。《民法典》第 196 条第 3 项规定，请求支付抚养费、赡养费或者扶养费不适用诉讼时效的规定。因此本题中的小徐的抚养费不适用诉讼时效的规定。故 D 项正确。

11. 答案：ABC。《民法典》第 36 条第 1 款第 1 项规定，监护人实施严重损害被监护人身心健康的行为的，人民法院根据有关个人或者组织的申请，撤销其监护人资格，安排必要的临时监护措施，并按照最有利于被监护人的原则依法指定监护人。本题中，甲对被监护人丙"实施严重损害被监护人身心健康的行为"，丙的祖父属于其他依法具有监护资格的人，有权申请法院撤销甲的监护资格，故 A 项正确。《民法典》第 37 条规定，依法负担被监护人抚养费、赡养费、扶养费的父母、子女、配偶等，被人民法院撤销监护人资格后，应当继续履行负担的义务。甲的监护资格被撤销后，丙仍有权请求甲支付抚养费，故 B 项正确。《民法典》第 31 条第 3 款规定，依据本条第 1 款规定指定监护人前，被监护人的人身权利、财产权利以及其他合法权益处于无人保护状态的，由被监护人住所地的居民委员会、村民委员会、法律规定的有关组织或者民政部门担任临时监护人。在甲的监护资格被撤销后，人民法院在指定监护前，应当"安排必要的临时监护措施"，可以指定丙住所地的居民委员会、村民委员会、法律规定的有关组织或者民政部门担任临时监护人，故 C 项正确。《民法典》第 38 条规定，被监护人的父母或者子女被人民法院撤销监护人资格后，除对被监护人实施故意犯罪的外，确有悔改表现的，经其申请，人民法院可以在尊重被监护人真实意愿的前提下，视情况恢复其监护人资格，人民法院指定的监护人与被监护人的监护关系同时终止。甲因对丙"实施故意犯罪"被撤销监护资格，即使确有悔改表现，亦不得申请恢复被撤销的监护资格，故 D 项错误。

12. 答案：AC。婚姻关系终止，是宣告死亡的法律后果之一，故 A 项正确。宣告死亡后，死亡宣告被撤销的，婚姻关系自撤销死亡宣告之日起自行恢复，但其配偶再婚或者向婚姻登记机关书面声明不愿意恢复的除外。本题中，乙再婚，故甲、乙的婚姻关系不能自行恢复，需要另行登记结婚才能确立婚姻关系，故 B 项错误，C 项正确。下落不明并非婚姻关系的终止事由，故 D 项错误。

不定项选择题

1. 答案：B。A、B、D 项考查意定监护制度。

《民法典》第33条规定，具有完全民事行为能力的成年人，可以与其近亲属、其他愿意担任监护人的个人或者组织事先协商，以书面形式确定自己的监护人。协商确定的监护人在该成年人丧失或者部分丧失民事行为能力时，履行监护职责。本题中，苏某与蔡某签订的监护协议完全符合有效民事法律行为的构成要件。因此，协议合法有效。故A、D项错误，B项正确。C项考查附义务的遗赠。遗赠可以附义务，受遗赠人履行义务的，有权主张遗赠的财产。本题中，苏某和蔡某约定，蔡某履行义务的，苏某死后名下的一半遗产归蔡某继承。该约定合法有效。故C项错误。

2. **答案**：D。《民法典》第53条规定，被撤销死亡宣告的人有权请求依照本法第六编取得其财产的民事主体返还财产；无法返还的，应当给予适当补偿。利害关系人隐瞒真实情况，致使他人被宣告死亡而取得其财产的，除应当返还财产外，还应当对由此造成的损失承担赔偿责任。因此，D项正确。

名词解释

1. **答案**：自然人的意思能力，是指自然人可以判断自己的行为的法律后果的能力。自然人的民事行为能力，是指自然人能通过意思表示享有民事权利、承担民事义务的能力（资格），包括设定、变更或者消灭民事权利或者民事义务的能力。至于具体行为则既可以自己进行，也可以请他人代理进行或者代理他人进行。民事行为能力以意思能力为基础。

2. **答案**：是指自然人离开自己的住所，下落不明达到法定期限，经利害关系人申请，由人民法院宣告其为失踪人的法律制度。宣告失踪是对一种确定的自然事实状态的法律确认，目的在于结束失踪人财产关系的不确定状态，保护失踪人和利害关系人的利益。

3. **答案**：是指自然人下落不明达到法定期限，经利害关系人申请，由人民法院宣告其死亡的法律制度。宣告死亡是生理死亡的对称，生理死亡是自然现实，宣告死亡是法律现实。宣告死亡是一种推定，即从自然人下落不明达到法定期限的事实，推定出他已经死亡的事实。法律现实可能与自然现实不一致，被宣告死亡的自然人可能仍在某处生存着。

4. **答案**：是对未成年人和不能辨认或者不能完全辨认自己行为的成年人的人身、财产及其他合法权益进行监督和保护的一种民事法律制度。设置监护的目的主要是保护无民事行为能力人和限制民事行为能力人的合法权益，维护社会秩序的稳定。

简答题

答案：关于监护权的性质，主要有三种观点：一是权利说。即认为监护权是一种身份权。二是义务说。即认为监护权并未赋予监护人任何利益，而只是科以沉重的负担，因此，监护权是法律科加给监护人的片面义务。三是职责说。即认为监护权是纯粹为保护被监护人的利益而设置的，绝不允许监护人借监护以谋取自身利益。我国《民法典》将监护权规定为一种职责。监护权的主要内容有：一是保护被监护人的人身权利、财产权利及其他合法权益；二是代理被监护人实施民事法律行为；三是教育和照顾被监护人。

案例分析题

答案：此题涉及我国法律关于民事行为能力的规定，自然人的民事行为能力是自然人独立为民事法律行为的资格，是对自然人在民事活动中的一种法律地位的确认。民事法律行为的生效，须当事人有相应的民事行为能力。我国民事立法也依据年龄、智力状态双重标准，对自然人的民事行为能力作了三级制的制度设计。根据《民法典》规定：（1）年满18周岁、智力正常的自然人是成年人，具有完全民事行为能力；虽未满18周岁，但已满16周岁，以其劳动收入为主要生活来源者，也视为完全民事行为能力人。（2）8周岁以上未满18周岁，也不符合视为完全民事行为能力人的智力正常的未成年人是限制民事行为能力人。（3）不满8周岁的人为无民事行为能力人。

题中情形要分两种情况进行判断：第一种情况，甲已年满16周岁，且以自己劳动收入为主要生活来源，此种情况下，甲为完全民事行为能力人，其与乙之间的借款行为有效，所借款项应当返还，但应由甲自己承担还款责任。第二种情况，甲已满16周岁但未满18周岁，为限制民事行为能力人，其所为行为为效力待定的民事法律行为，须法定代理人追认后方为有效。从题意可看出，甲的父母即其法定代理人，并无追认之意，此种情况下，甲与乙所为民事法律行为无效。我国《民法典》第157条规定："民事法律行为无效、被撤销或者确定不发生效力后，行为人因该行为取得的财产，应当予以返还；不能返还或者没有必要返还的，应当折价补偿。有过错的一方应当赔偿对方由此所受到的损失；各方都有过错的，应当各自承担相应的责任。法律另有规定的，依照其规定。"第1188条规定，无民事行为能力人、限制民事行为能力人造成他人损害的，由监护人承担侵权责任。监护人尽到监护职责的，可以减轻其侵权责任。有财产的无民事行为能力人、限制民事行为能力人造成他人损害的，从本人财产中支付赔偿费用；不足部分，由监护人赔偿。据此，甲的父母应当承担还款责任，如甲有财产，可从其财产中支付，不足部分，由父母适当赔偿。甲的父母未尽应有监护职责，故无减轻民事责任之情形。

第五章 法　人

☑ 单项选择题

1. **答案：C**。根据《民法典》第63条规定，法人以其主要办事机构所在地为住所。

2. **答案：B**。根据《民法典》第72条第1款规定，清算期间法人存续，但是不得从事与清算无关的活动。第3款规定，清算结束并完成法人注销登记时，法人终止；依法不需要办理法人登记的，清算结束时，法人终止。

3. **答案：C**。法人的民事行为能力和民事权利能力同时产生，同时消灭，D选项错误。法人的民事权利能力与民事行为能力总是一致的，A选项错误。法人是为实现一定的目的而设立的社会组织。法人的宗旨，是由法人的章程加以规定的。法人的活动应当符合法人组织章程的规定，不同类型的法人，有不同的民事行为能力范围，因此C选项正确。

4. **答案：D**。本题中的A企业属于普通合伙企业，对于合伙债务承担无限责任，但其对有限责任公司的投资，则与其他股东的投资一样，只以投资额为限承担责任，属于有限责任。营销专家刘某属于公司聘请的职员，只有公司内部的法律关系，而不涉及对外的责任问题。

5. **答案：D**。《民法典》第63条规定："法人以其主要办事机构所在地为住所。依法需要办理法人登记的，应当将主要办事机构所在地登记为住所。"

6. **答案：D**。《公司法》第13条第2款规定："公司可以设立分公司。分公司不具有法人资格，其民事责任由公司承担。"

7. **答案：C**。《民法典》第62条第1款规定，法定代表人因执行职务造成他人损害的，由法人承担民事责任。《民法典》第504条规定，法人或者其他组织的法定代表人、负责人超越权限订立的合同，除相对人知道或者应当知道其超越权限的外，该代表行为有效。因此，只要企业法人的法定代表人以法人名义从事经营活动，即使超越法人章程的规定，只要第三人为善意，也应认定企业法人对其法定代表人的越权行为承担责任。所以选C。对于A项，如果法定代表人在企业法人的授权下从事违法经营活动，企业法人应承担民事责任，故此项错误。

8. **答案：B**。根据《民法典》有关法人的规定，法人应对其债务独立承担责任。《公司法》第3条第1款规定，公司是企业法人，有独立的法人财产，享有法人财产权。公司以其全部财产对公司的债务承担责任。第13条第1款规定，公司可以设立子公司，子公司具有法人资格，依法独立承担民事责任。本题中，德胜公司为凯旋公司全资设立的子公司，德胜公司的债务由其以全部财产清偿，凯旋公司不承担责任。因此，选项C、D错误。根据《公司法》第243条、第247条规定，德胜公司为外国公司，其在中国发生的债务应以其全部财产承担责任，因此选项A错误，选项B为正确答案。

9. **答案：A**。《民法典》第67条第2款规定，法人分立的，其权利和义务由分立后的法人享有连带债权，承担连带债务，但是债权人和债务人另有约定的除外。据此可知，一般情况下，应该由分立后的法人对原债务承担连带责任。如果分立后的法人之间有约定的，该约定的分配方案对分立后的法人企业是有约束力的，即对内有效。但是不能以此对抗债权人，除非该债权人对上述约定知情且同意。针对本题来说，乙、丙公司之间的约定对乙、丙公司是有效的，但是不能当然地对债权人发生效力，除非债权人知情且同意。因此，本题的正确答案是A。

10. **答案：C**。A项考查事业单位法人的成立。根据《民法典》第88条规定，具备法人条件，为适应经济社会发展需要，提供公益服务设立的事业单位，经依法登记成立，取得事业单位法人资格；依法不需要办理法人登记的，从成立之日起，具有事业单位法人资格。据此可知，其基于历史原因，新旧区分，而非一律从登记之日起取得法人资格。故 A 项错误。B 项考查社会团体法人的成立。根据《民法典》第 90 条规定，具备法人条件，基于会员共同意愿，为公益目的或会员共同利益等非营利目的设立的社会团体，经依法登记成立，取得社会团体法人资格；依法不需要办理法人登记的，从成立之日起，具有社会团体法人资格。据此可知，其基于历史原因，新旧区分，而非一律从成立之日起具有法人资格。故 B 项错误。C 项考查捐助法人的成立。根据《民法典》第 92 条第 1 款规定，具备法人条件，为公益目的以捐助财产设立的基金会、社会服务机构等，经依法登记成立，取得捐助法人资格。据此可知，捐助法人均从登记之日起取得法人资格。故 C 项正确。D 项考查特别法人的成立。根据《民法典》第 97 条规定，有独立经费的机关和承担行政职能的法定机构从成立之日起，具有机关法人资格，可以从事为履行职能所需要的民事活动。据此可知，有独立经费的机关法人从成立之日起具有法人资格，无须登记。故 D 项错误。

多项选择题

1. **答案**：ABCD。现实中，很多事业单位已经不再享有国家的财政拨款，A 项错误。《民法典》第 88 条规定，具备法人条件，为适应经济社会发展需要，提供公益服务设立的事业单位，经依法登记成立，取得事业单位法人资格；依法不需要办理法人登记的，从成立之日起，具有事业单位法人资格。可见并非所有具备法人条件的事业单位均可从成立之日起取得法人资格，B 项错误。《民法典》第 256 条规定："国家举办的事业单位对其直接支配的不动产和动产，享有占有、使用以及依照法律和国务院的有关规定收益、处分的权利。"可见，国有事业单位对其直接占有的动产不能享有所有权，只有国家才享有所有权，C 项错误。《最高人民法院关于确定民事侵权精神损害赔偿责任若干问题的解释》第 4 条规定："法人或者非法人组织以名誉权、荣誉权、名称权遭受侵害为由，向人民法院起诉请求精神损害赔偿的，人民法院不予支持。"因此 D 项错误。

2. **答案**：ABD。根据《民法典》第 72 条的规定，清算期间法人存续，但是不得从事与清算无关的活动。法人清算后的剩余财产，按照法人章程的规定或者法人权力机构的决议处理。法律另有规定的，依照其规定。清算结束并完成法人注销登记时，法人终止；依法不需要办理法人登记的，清算结束时，法人终止。

3. **答案**：ABC。法人机关，是指根据法律、章程或条例的规定，于法人成立时产生，不需要特别委托授权就能够以法人的名义对内负责法人的生产经营或业务管理，对外代表法人进行民事活动的集体或个人。法人机关的特征主要有：法人机关是根据法律、章程或条例的规定而设立的；法人机关是法人的有机组成部分；法人机关是形成、表示和实现法人意志的机构；法人机关是法人的领导或代表机关；法人机关是单个的个人或集体。法人机关一般由权力机关、执行机关和监督机关三部分构成：法人的权力机关，是法人自身意思的形成机关，有权决定法人的生产经营或业务管理的重大问题；法人的执行机关，是法人权力机关的执行机关，有权执行法人章程、条例或设立命令所规定的事项以及法人权力机关所决定的事项，其中主要负责人是法人的法定代表人，有权代表法人对外进行民事活动；法人的监督机关，是指对法人执行机关的行为进行监督检查的机关。D 项错误，法人的法定代表人，是依照法律或法人的组织章程的规定，代表法人行使职权的负责人，法定代表人是法人机关的一种。

4. **答案**：ABD。法人本身享有民事权利能力和民事行为能力，可以成为民法上的主体。而法人机关仅是对内管理法人事务，对外代表法人从事民事活动的个人或集体，法人机关不是民法上的独立主体，没有独立的人格。

财团法人是财产的集合体，其成立的基础在于财产。财团法人并不设意思机关。法人的分支机构是法人的组成部分，是法人在某一区域设置的完成法人部分职能的业务活动机构。法人的分支机构不是法人机关。法人机关由权力机关、执行机关和监督机关三部分构成。监督机关不是法人的必设机关。由此可知，本题的答案为 A、B、D。

5. **答案**：BD。本题考查法定代表人的性质、法定代表人与法人的关系。法定代表人是法人机关的一种。（1）法人的行为是由法人机关完成的，而法定代表人是法人机关的一种，因此，法定代表人的职务行为就是法人的行为。（2）法定代表人的权力源于法律和章程，而非法人的授权。因此，法定代表人对外代表法人进行活动，不需要法人授权。

6. **答案**：ABC。法人的权利能力和行为能力受到法律限制，而非直接规定。

7. **答案**：BCD。（1）《民法典》第75条第1款规定，设立人为设立法人从事的民事活动，其法律后果由法人承受；法人未成立的，其法律后果由设立人承受，设立人为二人以上的，享有连带债权，承担连带债务。黄逢等3人以设立中的"黄金黄研究会"这一社会团体法人的名义签订合同。若研究会未成立，法律后果由设立人即黄逢等3人承受，某科技园可向黄逢等3人主张，由黄逢等3人承担连带责任。A项错误，B、C项正确。（2）《民法典》第75条第2款规定，设立人为设立法人以自己的名义从事民事活动产生的民事责任，第三人有权选择请求法人或者设立人承担。设立人金耘以个人名义，为设立研究会租赁印刷机。若设立成功，印刷厂作为第三人有权选择请求法人，即黄金黄研究会，或订立合同的设立人，即金耘承担。D项正确。

不定项选择题

答案：（1）C。《民法典》第67条第1款规定，法人合并的，其权利和义务由合并后的法人享有和承担。

（2）B。《民法典》第67条规定："法人合并的，其权利和义务由合并后的法人享有和承担。法人分立的，其权利和义务由分立后的法人享有连带债权，承担连带债务，但是债权人和债务人另有约定的除外。"

名词解释

1. **答案**：财团法人与社团法人相对，是由捐赠者提供一定的财产，通过设立章程等法律文件规定其目的和运作方式，以实现特定的社会公益或其他非营利目的的私法人。财团法人的形态是无成员的，表现为独立的特别财产。各种基金会组织、寺院、慈善组织等都是典型的财团法人。

2. **答案**：是指清理将终止的法人的财产，了结其作为当事人的法律关系，从而使法人归于消灭的必经程序。法人清算可分为破产清算和非破产清算两种。破产清算是指依破产法规定的清算程序进行清算。非破产清算则是不依破产法规定的程序进行的清算。

3. **答案**：法人拟制说，是关于法人本质的学说。该学说继承了罗马法的思想，为注释法学派倡导，其集大成者是德国历史法学派的萨维尼。拟制说认为，自然人才是权利义务的主体，法人只不过是出于需要，法律将其拟制为自然人以确定团体利益的归属。其只存在于法律世界，存在于人们的观念之中。由此可看出该学说遵循罗马法"非自然人者无人格"的观念。法人拟制说有其特殊的背景：其一，近代民法思想以对个人人格的尊重作为最高指导目标；其二，因对封建社会的痛恨，反对存在于国家和个人之间的团体。法人拟制说长期处于通说地位，并为《德国民法典》和《日本民法典》所接受。

简答题

1. **答案**：法人、自然人是两种不同的民事主体，其民事主体资格的享有均是法律赋予的。二者民事权利能力的主要区别如下：（1）享有的时间不同。自然人民事权利能力的享有始于出生终于死亡，自然人的生死是自然现象；法人则不一样，法人的成立与终止不是自然现象，而是行为的结果。因此，自然人民事权利能力享有的时间不由自然人自己所左右，而法人的成立、终止则是一系列行为的结果。（2）享有的范围不同。自然人是生命体。因此依法享有的民事权利能力范围较广，既包括一般财产权，也包括与自然人生命密不可分的人身权，如生命健康权、肖像权；而法人是组织体，不享有与生命密切相关的生命健康权、肖像权等人身权内容。（3）法人的民事权利能力具有差异性。自然人的民事权利能力一律平等，不因自然人的性别、年龄、智力、健康状况等不同而有所区别；法人的民事权利能力具有差异性，不同的法人，其民事权利能力的范围是不一样的，各类依法登记的法人应在核准登记的范围内从事活动，享有相应的民事权利能力，而非登记法人即依法不需办理法人登记的法人，应严格按照法人成立的目的、活动范围等享有相应的民事权利能力。

2. **答案**：社团法人是以社员权为基础的人的集合体，也称为人的组合。财团法人是指为一定目的而设立的，并由专门委任的人按照规定的目的使用的各种财产，也称财产组合。二者的区别主要有：（1）成立基础不同。社团法人以人为基础，有自己的组织成员或社员；财团法人以财产为基础，因而没有法人成员。（2）设立人的地位不同。社团法人的设立人，在法人成立时成为其成员，并享有成员权；而财团法人的设立人，由于法人成立时与法人相脱离，故不为法人成员。（3）设立行为不同。社团法人的设立行为属于共同的民事法律行为，且为生前行为；而财团法人的设立行为则为单方行为，有的为死后生效的行为。（4）有无意思机关不同。社团法人有自己的意思机关，故又称自律法人；财团法人则没有该机关，故又称他律法人。（5）目的不同。社团法人设立的目的可以是营利，也可以是公益，故社团法人可分为营利法人、公益法人和中间法人；财团法人的设立目的只能是公益，所以财团法人只能是公益法人。

3. **答案**：（1）两者的性质不同。法人的设立是一种准备行为，这种准备行为既有法律性质上的，也有非法律性质上的；而法人的成立则不同，它属于法人产生的形成阶段，其行为性质属于法律意义上的法律行为。（2）两者的要件不同。法人的设立一般要有合法的设立人，存在设立基础和设立行为本身合法等要件；而法人的成立一般应具备依法成立，有必要的财产或经费以及有自己的名称、组织机构和场所等要件。因此，法人的设立并不当然导致法人的成立，当设立无效时，法人就不能成立。（3）两者的效力不同。法人在设立阶段，仍不具有民事主体资格，其行为是法人设立人的行为，所发生的债权和债务，由法人设立人享有和承担；而法人成立后，即享有民事主体资格，所发生的债权和债务，由法人享有和承担。

4. **答案**：法人的民事责任能力是指法人据以独立地承担民事责任的法律地位或法律资格。

民法上关于法人有无民事责任能力，根据对法人本质所持见解之不同，而有不同之学说。（1）否定说，此说认为法人无民事责任能力，系法人拟制说的主张。（2）肯定说，此说认为法人有民事责任能力，系法人实在说的主张。

我国民法是承认法人有民事责任能力的，因为：（1）我国民法采纳的是法人实在说中的组织体说，《民法典》第62条第1款规定，法定代表人因执行职务造成他人损害的，由法人承担民事责任，肯定了法人有民事责任能力。（2）法人的民事责任能力是以法人的民事权利能力为基础，目的、事业范围只是对法人民事行为能力的限制，而不是对民事权利能力的限制，所以不能以侵权行为不属于法人的目的、事业范围而否认法人民事责任能力的存在。

论述题

答案：法人是指具有民事权利能力和民事行为能力，依法独立享有民事权利和承担民事义务的组织。法人应具备的条件是指取得法人资格所必须具备的基本条件。根据《民法典》的规定，法人应具备的基本条件为：（1）依法成立。包括设立宗旨、目的符合国家和社会公共利益的要求,其组织机构、设立方式、经营范围符合国家法律和政策的要求,其成立程序符合法律、法规的要求。(2)有必要的财产和经费。必要的财产是指法人财产、经费与法人的规模相适应。特别法、单行法有规定的,依照特别法、单行法的规定。(3)有自己的名称、组织机构和场所。

案例分析题

答案：(1)法人应当承担民事责任。首先,张某是沙石厂工作人员,该沙石厂销售合同是以沙石厂的名义签订的。其次,经销该沙石是该沙石厂的经营范围,应当对该厂与某大学签订的购销合同承担违约责任并承担损失。

(2)有效。承包是企业法人内部管理制度,不能影响企业法人的外部关系。见上题分析。

(3)应当由沙石厂承担。根据有关司法解释规定,合同签订人用委托单位的合同专用章或者加盖公章的空白合同书签订合同的,应视为委托单位授予合同签订人代理权。委托单位对合同签订人签订的合同,应承担责任。

第六章 非法人组织

单项选择题

答案：D。《合伙企业法》第68条第1款规定："有限合伙人不执行合伙事务，不得对外代表有限合伙企业。"第76条规定："第三人有理由相信有限合伙人为普通合伙人并与其交易的，该有限合伙人对该笔交易承担与普通合伙人同样的责任。有限合伙人未经授权以有限合伙企业名义与他人进行交易，给有限合伙企业或者其他合伙人造成损失的，该有限合伙人应当承担赔偿责任。"可见，在有限合伙人擅自对外代表合伙企业进行交易的情况下，该有限合伙人和普通合伙人应一并对外承担连带责任。

多项选择题

答案：BCD。见《民法典》第54条、第55条。A错，农村承包经营户必须是农村集体经济组织成员。

名词解释

1. **答案**：是指不具有法人资格但可以自己的名义进行民事活动的组织，亦称非法人团体。非法人组织是民事主体。其特征主要有：（1）非法人组织是组织体；（2）非法人组织是具有相应的民事权利能力和民事行为能力的组织体；（3）非法人组织是不能完全独立承担民事责任的组织体。

2. **答案**：有广义和狭义之分。广义的合伙包括营利性合伙、非营利性合伙及临时性合伙。狭义的合伙专指营利性合伙。营利性合伙，是指由二人（包括自然人、法人和非法人组织）以上根据共同协议而组成的营利性非法人组织。

3. **答案**：是指两个以上的自然人订立合伙协议，共同经营、共享收益、共担风险，并对合伙企业债务承担连带无限责任的营利性组织。其特征主要有：（1）个人合伙的合伙人是自然人；（2）合伙人数必须是二人以上；（3）合伙人之间应依法订立合伙协议。

简答题

1. **答案**：合伙人的共同出资和合伙积累的财产共同构成合伙财产，由合伙人统一管理和使用。但两者性质不尽相同：（1）关于合伙人共同出资。因现金是一种特殊的种类物，因此合伙人以现金形式出资的，应归合伙人共有。合伙人以实物出资的，如合伙人未明确约定以实物的他物权出资，而出资实物又是可消耗物或虽不可消耗但经估价，则出资实物可构成合伙人的共有财产。如合伙人约定以实物的他物权出资的，其出资实物本身不构成合伙人的共有财产。合伙人以技术出资的，如系专有权，则该项技术为合伙人共有；如系使用权，则该技术本身并不构成合伙人的共有财产。合伙人以信用、劳务出资的，信用、劳务本身不构成合伙人的共有财产。合伙人以国有土地使用权出资的，国有土地本身不构成合伙人的共有财产。（2）关于合伙积累的财产。因该类财产是合伙人共同经营行为的结果，在分割以前，全体合伙人对该类财产享有平等的权利；而且每一个合伙人在按合伙协议分配合伙财产以前，无权单方面要求分割或转让其财产，因此合伙经营积累的财产属于合伙人共同共有。

2. **答案**：合伙企业是指两个以上合伙人为共同经济目的，自愿签订合同，设立共同出资、共同经营、共享收益、共担风险的营利性组织，分普通合伙企业和有限合伙企业，普通合伙企业合伙人对企业债务承担无限连带责任。设立合伙企业，应当具备如下条件：（1）有两个以上合伙人，普通合伙人对企业债务依法承担无限连带责任，有限合伙人对合伙企业债务以出资额为限承担责任；（2）有书面合伙协议；（3）有各合伙人实际缴付的出资；（4）有合伙企业的名称；（5）有经营场所和从事合伙经营的必要条件。

案例分析题

1. **答案**：（1）张某是该理发店的合伙人。根据相关司法解释，张某虽未参加合伙的经营，但提供了门面并约定参与了合伙盈余的分配，应当视为合伙人。

    （2）火灾所引起的损失应当由张某、谭某以各自的财产承担连带清偿责任。

    （3）应当由张某承担。合伙人只对合伙经营所产生的债务承担责任，对不是合伙经营而产生的债务不负民事责任。

2. **答案**：（1）丁与甲、乙、丙之间已经形成事实上的合伙关系。因为尽管丁未在合伙协议上签字，但其入伙已经甲、乙、丙全体同意，且事实上已经参与合伙营业，分配红利。

    （2）丁的损失应由甲、乙、丙、丁四人分担（或答由甲、乙、丙给予分担）。因为丁是在执行合伙事务中遭受损失；丁本人有过失，故亦应分担一部分损失。

第七章　民事法律行为

✅ **单项选择题**

1. **答案：C**。意思表示的生效根据是否有相对人而有所区别。无相对人的意思表示在作出意思表示时生效；有相对人的意思表示则在意思表示到达相对人时生效。这个知识点很重要，可以具体化为各种类型的题目，如要约、承诺、免除、撤销、抵销等意思表示何时生效的问题。简单的一个原则就是，一般在合同中的意思表示都是有相对人的意思表示，原则上都应当是意思表示到达相对人时生效。另外"意思表示到达相对人"中的"到达"不要求相对人了解意思表示的内容，只要该意思表示到达相对人可以控制的范围即可。

2. **答案：B**。本题涉及效力待定的合同的种类问题。效力待定的合同包括欠缺行为能力的合同、欠缺处分权的合同、欠缺代理权的合同、欠缺同意权的合同。本题A选项属于可撤销的合同，B选项属于欠缺行为能力的合同，C选项属于可撤销的合同，D选项属于有效合同，因为限制民事行为能力人接受报酬和赠与的合同为有效合同。

3. **答案：B**。"吃巧克力"行为无须当事人表现内心意思即发生法律规定的效力，因此区别于属于表示行为的法律行为，为事实行为；"扔掉吃剩的巧克力"属于抛弃行为，是仅由当事人一方的意思表示即可成立的单方法律行为。

4. **答案：B**。乙以欺诈手段而为，该合同可撤销。根据是《民法典》对于欺诈、重大误解和乘人之危以致显失公平的民事法律行为的规定。

5. **答案：C**。本题考查的是条件的分类。需要注意的是，"延缓条件"亦称"停止条件"，在合同法律中则被称为"生效条件"。

6. **答案：B**。既然为"合同不再履行"，说明合同已经生效，条件成就时，合同解除。

7. **答案：A**。因为甲的父亲去世是个确定到来的事实，与条件的不确定性相违背。但在本题中，由于加了"2025年"的限制，则甲的父亲在这一年中是否死亡是个不确定的事实，故属于附条件的民事法律行为，所以正确答案为选项A。

8. **答案：A**。胁迫行为的具体表现形式有三种：一是手段违法，目的违法。如甲找到乙，威胁说，给我50元，否则烧你家的房。二是手段违法，目的合法。如甲欠乙5万元到期不还，乙就以绑架甲的女儿相威胁，要求还钱。三是手段合法，目的违法。如甲知道了乙的贪污行为，遂找到乙，以到检察院告发为要挟，要求乙给甲1万元。本题中的供电所的行为属于第三种类型的胁迫行为。

9. **答案：B**。有效的民事法律行为必须符合《民法典》第143条规定的三个条件：（1）行为人具有相应的民事行为能力；（2）意思表示真实；（3）不违反法律、行政法规的强制性规定，不违背公序良俗。选项A中李某的行为能力不合格，不符合条件（1）；选项C中的行为属于假冒行为，选项D中的行为属于违法行为，都不符合条件（3）。

10. **答案：D**。民事法律行为的动机，只在当事人约定其为合同成立或生效之条件时，才有法律意义。

11. **答案：D**。本案中商场所作出的单方民事法律行为主体合格，意思表示真实，且不违反法律、行政法规的强制性规定，不违背公序良俗，理应自成立时生效。因惧怕对方以合法手段解决纠纷而作出的民事法律行为不是"因受胁迫而作出的民事法律行为"。

12. **答案：C**。重大误解的民事法律行为，是指行为人因对行为的性质，对方当事人，标的物的品种、质量、规格和数量等的错误认识，使行为的后果与自己的意思相反，并造成较大的损失的行为。本题中所述情形属于重大误解。

13. **答案**：A。因重大误解而主张撤销权的，当事人必须向法院、仲裁机构请求，而不得自行主张行为无效。

14. **答案**：B。乘人之危，是指行为人利用对方当事人的急迫需要或危难处境，迫使其作出违背本意而接受于其非常不利的条件的意思表示。据此，本题中的情形属于乘人之危。出借人要求债务人以三倍返还借款，构成显失公平，根据《民法典》第151条规定，甲、乙之间的行为，因乙乘人之危而导致双方当事人之间显失公平，因而可以撤销。

15. **答案**：B。《民法典》第158条规定："民事法律行为可以附条件，但是根据其性质不得附条件的除外。附生效条件的民事法律行为，自条件成就时生效。附解除条件的民事法律行为，自条件成就时失效。"

16. **答案**：B。附延缓条件，是指民事法律行为中所确定的民事权利和民事义务要在所附条件成就时才能发生法律效力。附延缓条件的民事法律行为在条件成就之前已经成立，但效力处于停止状态。即在延缓条件成就以前，民事法律行为已经成立，行为人之间的权利关系已经确定，但是权利人尚不能主张权利，义务人还没有履行其承担义务的责任，双方的民事权利和民事义务的法律效力尚处于停止状态。据此，附延缓条件的民事法律行为在所附条件成就前，可以协议解除。

17. **答案**：D。本题考查重大误解。行为人因对行为的性质、对方当事人、标的物的品种、质量、规格和数量等的错误认识，与自己的意思相悖，并造成较大损失的，可以认定其行为为重大误解，其依法得主张撤销该行为。动机的误解不构成重大误解，因而不得主张撤销该行为，行为的效力也不因此发生变化。

18. **答案**：D。《民法典》第19条规定，8周岁以上的未成年人为限制民事行为能力人，实施民事法律行为由其法定代理人代理或者经其法定代理人同意、追认；但是，可以独立实施纯获利益的民事法律行为或者与其年龄、智力相适应的民事法律行为。其中，"与其年龄、智力相适应"，是从行为与本人生活相关联的程度、本人的智力水平能否理解其行为并能预见相应的行为后果，以及行为标的数额等方面认定。17岁的甲是限制民事行为能力人，在慈善拍卖会上以1000元的个人积蓄拍得价值100元的表演道具，一般可以认定是与其年龄、智力状况相适应的，因此该行为有效。

19. **答案**：B。（1）选项A错误。本题当事人没有故意隐瞒真实情况，诱使或误导对方基于此作出错误的意思表示，所以不是欺诈行为。（2）选项B正确。《民法典》第150条规定，一方或者第三人以胁迫手段，使对方在违背真实意思的情况下实施的民事法律行为，受胁迫方有权请求人民法院或者仲裁机构予以撤销。本题中乙以举报甲贪污对甲进行威胁，应认定为存在胁迫行为，该房屋买卖合同属于可撤销合同。（3）选项C错误。本题中甲虽然是不得已而将自己的房屋卖与乙，但因不存在处于危难处境的情况，因此，不属于乘人之危，且根据《民法典》的规定，乘人之危导致显失公平的合同才属于可撤销合同。（4）选项D错误。因重大误解是基于重大错误认识而实施的意思表示。本题中甲不存在重大错误认识，不属于重大误解的情况。

20. **答案**：D。A项中，举报犯罪，手段合法，但强制他人借款目的不合法，构成胁迫。B项中，手段合法，目的不合法，构成胁迫。C项中，公开他人隐私，手段非法，目的也不合法，构成胁迫。D项中，举报醉驾之违法行为，手段合法，同时是为了实现自己的合法权益，目的合法，故不成立胁迫。

21. **答案**：A。依学界通说，情谊行为是道德层面的日常社会交往行为，它与法律行为和事实行为在法律意义上有显著区别。情谊行为与法律行为的本质区别主要在于，情谊行为原则上不具有受法律拘束的意思，不具有缔结法律关系的意图，因此情谊行为的行为人对自己的承诺原则上无须承担法律上的给付义务。事实行为是指民事主体主观上并不存在变动民事法律关系的意思，但客观上依民法的规定能够引起民事法律效果的行为。当然，情谊行为虽然其本身不具有法律上的拘束力，但有时可以引发对相对人信赖的保护以及适用侵权责任法律后果。本题中，甲单独邀请朋友乙到家中吃饭，乙爽快答应并表示一定赴约，但当日乙因其他应酬而未赴约，也未及时告知甲，致使甲准备的饭菜浪费，甲还因炒菜被热油烫伤。此为典型的情谊行为，根据题目交代情节也不会引发事实行为的法律后果产生，故乙对甲无须承担法律责任。由此可知，只有 A 选项正确。

22. **答案**：B。(1) 依《民法典》第 149 条的规定，第三人实施欺诈行为，使一方在违背真实意思的情况下实施的民事法律行为，对方知道或者应当知道该欺诈行为的，受欺诈方有权请求人民法院或者仲裁机构予以撤销。本题中，甲对乙实施欺诈，使得乙信以为真，以 5000 元买下齐某的石雕，故受欺诈方乙可向合同的另一方当事人齐某主张撤销其购买行为。故 A 选项说法错误，而 B 为正确选项。(2) 依《民法典》第 148 条的规定，一方以欺诈手段，使对方在违背真实意思的情况下实施的民事法律行为，受欺诈方有权请求人民法院或者仲裁机构予以撤销。本题中，甲曾因为被齐某欺诈以 5000 元从齐某处买过一尊石雕，发现被骗后即和齐某交涉，故受欺诈方甲可向其合同的另一方当事人齐某主张撤销其购买行为。故 C 选项说法错误。(3) 依《民法典》第 152 条第 1 款第 1 项的规定，当事人自知道或者应当知道受欺诈之日起 1 年内可以行使撤销权，故本题中 D 选项中"乙的撤销权自购买行为发生之日起 2 年内不行使则消灭"的说法错误。

23. **答案**：D。A 项考查第三人的胁迫。根据《民法典》第 150 条规定，一方或者第三人以胁迫手段，使对方在违背真实意思的情况下实施的民事法律行为，受胁迫方有权请求人民法院或仲裁机构予以撤销。据此可知，无论孟某是否知道曹某对金某实施胁迫一事，均不影响金某请求撤销与孟某的买卖合同。故 A 项错误。B 项考查欺诈和重大误解的区别。欺诈与重大误解的区别用一句话来概括：知假卖假构成欺诈，不知假卖假构成重大误解。本题中，金某不知祖传玉佩为赝品，属于重大误解，而非欺诈。故 B 项错误。C 项考查胁迫的除斥期间。根据《民法典》第 152 条第 1 款第 2 项规定，当事人受胁迫，自胁迫行为终止之日起 1 年内没有行使撤销权的，撤销权消灭。本题中，胁迫行为终止之日为 2025 年 3 月 2 日，从此时开始起算 1 年除斥期间，撤销权的行权除斥期间至 2026 年 3 月 2 日。因此，法院应支持金某的撤销权。故 C 项错误。D 项考查重大误解的除斥期间。根据《民法典》第 152 条第 1 款第 1 项规定，重大误解的当事人自知道或应当知道撤销事由之日起 3 个月内没有行使撤销权的，撤销权消灭。本题中，孟某 2025 年 3 月 10 日方知玉佩为赝品，除斥期间为 3 个月，即至 2025 年 6 月 10 日届满。故 D 项正确。

24. **答案**：C。A、B 项考查无民事行为能力人所实施的民事法律行为的效力。《民法典》第 20 条规定，不满 8 周岁的未成年人为无民事行为能力人，由其法定代理人代理实施民事法律行为。第 144 条规定，无民事行为能力人实施的民事法律行为无效。据此可知，小张 6 岁时作为无民事行为能力人，其所实施的受赠名画的民事法律行为无效，母亲刘某反对与否并不影响民事法律行为的无效。故 A、B 项均错误。C、D 项考查限制民事行为能力人所实施的民事法律行为的效力。根据《民法典》第 19 条规定，8 周岁以上的未成年人为限制民事行为能力人，实施民事法律行为由其法定代理人代理或经其法定代理人同意、追认，但是可以独立实施纯获利益的民事法律行为或与其年龄、智力相适应的民事法律行为。第 145 条第 1 款规定，限制民事行为能力人实施的纯获利益的民事法律行为或与其年龄、智力、精神健康状况相适应的民事法律行为有效；实施的其他民事法律行为经法定代理人同意或追认后有效。本题中，小张 8 岁时属于限制民事行为能力人，其所实施的受赠手表的民事法律行为因纯获利益而有效。故 C 项正确，D 项错误。

25. **答案**：B。胡某系董事长，为湖蓝公司的法定代表人，为有权代理。故 D 项错误。湖蓝公司称胡某与清河公司洽谈时被灌醉，因此，不存在恶意串通的问题。故 C 项错误。《民法典》第 151 条规定，一方利用对方处于危困状态、缺乏判断能力等情形，致使民事法律行为成立时显失公平的，受损害方有权请求人民法院或者仲裁机构予以撤销。本题中，胡某作为法定代表人，在缺乏判断能力情形下，签订违背湖蓝公司远期商业规划且明显不利于公司的合作协议，致使民事法律行为成立时显失公平，湖蓝公司可以主张撤销。故 B 项正确。

26. **答案**：C。A、D 项考查乘人之危以致显失公平。认定乘人之危以致显失公平的核心有两个：（1）利用对方处于困境或缺乏判断能力；（2）民事法律行为成立时显失公平（主要体现于价格因素）。本题中，虽古画价值 100 万元却以 15 万元卖给陈某，符合民事法律行为成立时显失公平的要件。但是，基于合同相对性原理，作为买卖合同当事人的陈某（买方）并未利用钱某（卖方）处于困境或缺乏判断能力（因为陈某"不知情"）。因此，钱某不得基于乘人之危以致显失公平主张撤销买卖合同。故 A、D 项均错误。需要注意的是：《民法典》已将乘人之危并入显失公平，前者不再是独立的导致民事法律行为可撤销的事由。B 项考查第三人欺诈。《民法典》第 149 条规定，第三人实施欺诈行为，使一方在违背真实意思的情况下实施的民事法律行为，对方知道或者应当知道该欺诈行为的，受欺诈方有权请求人民法院或者仲裁机构予以撤销。本题中，陈某并不知高某对钱某实施了欺诈行为。因此，钱某无权基于高某对其实施欺诈而撤销与陈某的合同。故 B 项错误。C 项考查重大误解。重大误解，是指行为人因对行为的性质、对方当事人、标的物的品种、规格、数量和质量等的错误认识，使行为的后果与自己的意思相悖，并造成较大损失。本题中，钱某将古画出卖给陈某时因受欺诈而陷入错误认识，对标的物认识错误，进而将 100 万元的古画以 15 万元出售给陈某，客观上造成了较大损失。因此，依法成立重大误解（对标的物认识错误），可以撤销买卖合同。故 C 项正确。

27. **答案**：D。《民法典》第 146 条规定："行为人与相对人以虚假的意思表示实施的民事法律行为无效。以虚假的意思表示隐藏的民事法律行为的效力，依照有关法律规定处理。"本题中，由于甲、乙之间真实的意思是赠与，且无不合法之处，故赠与合同有效，且根据《民法典》第 658 条第 1 款规定："赠与人在赠与财产的权利转移之前可以撤销赠与。"因此 A 项正确。甲、乙之间的买卖合同是串通虚伪的意思表示，此合同无效，故 B 项正确。《民法典》第 663 条第 1 款规定："受赠人有下列情形之一的，赠与人可以撤销赠与：（一）严重侵害赠与人或者赠与人近亲属的合法权益；（二）对赠与人有扶养义务而不履行；（三）不履行赠与合同约定的义务。"第 664 条规定："因受赠人的违法行为致使赠与人死亡或者丧失民事行为能力的，赠与人的继承人或者法定代理人可以撤销赠与。赠与人的继承人或者法定代理人的撤销权，自知道或者应当知道撤销事由之日起六个月内行使。"本题中，如果受赠人乙致甲死亡，此时甲的继承人可以撤销赠与合同，自知道或者应当知道撤销原因之日起六个月内行使，故 C 项正确。在甲的继承人行使撤销权将赠与合同撤销后，如果房屋登记在乙名下，甲的继承人可请求乙将房屋返还，但是如果乙已经将房屋转让给第三人，则能否主张第三人返还，要看第三人是否构成善意取得，如果构成善意取得，甲的继承人在撤销赠与后，不能主张第三人返还，故 D 项错误。

☑ 多项选择题

1. **答案**：BCD。所谓意思表示，是指民事主体将自己意欲实现某种私法效果的内心意思以一定方式表现于外的行为。意思表示所表现的，必须是私法上的效果意思，即产生、变更、消灭一定民事法律关系的意思。据此，B、C、D三项均符合意思表示的特征，而A项并未表达私法上的效果意思，而是日常生活中的情谊行为，故不属于意思表示。选B、C、D。

2. **答案**：AD。单务和双务民事法律行为的分类是以法律行为中当事人的权利义务是否相互对待为依据的。而有偿和无偿民事法律行为则是以是否存在对价为标准的，一个借款的行为双方都存在权利义务，一方获取他方的利益的同时也需要支付对价。

3. **答案**：ACD。《民法典》第143条规定："具备下列条件的民事法律行为有效：（一）行为人具有相应的民事行为能力；（二）意思表示真实；（三）不违反法律、行政法规的强制性规定，不违背公序良俗。"第156条规定："民事法律行为部分无效，不影响其他部分效力的，其他部分仍然有效。"民事法律行为只有在具备相应条件时才有效，民事法律行为部分无效，不影响其他部分效力的，其他部分仍然有效。

4. **答案**：CD。参见《民法典》第147条。《民法典》第147条规定："基于重大误解实施的民事法律行为，行为人有权请求人民法院或者仲裁机构予以撤销。"

5. **答案**：ABCD。参见《民法典》第156条、第157条。《民法典》第156条规定："民事法律行为部分无效，不影响其他部分效力的，其他部分仍然有效。"第157条规定："民事法律行为无效、被撤销或者确定不发生效力后，行为人因该行为取得的财产，应当予以返还；不能返还或者没有必要返还的，应当折价补偿。有过错的一方应当赔偿对方由此所受到的损失；各方都有过错的，应当各自承担相应的责任。法律另有规定的，依照其规定。"

6. **答案**：AC。甲、乙的父母健在，对于父母的财产他们并无处分权，该法律行为无效。条件未必发生，期限必定到来。本题的协议是附期限的民事行为。

7. **答案**：BD。选项A中的行为属于合法有效的行为。选项C中的标的物在我国属于禁止流通物，整个合同属于无效合同，而非部分无效。选项B中借款合同有效，而且利息约定原则上亦为有效，只是超过最高利息限制部分的利息约定无效。选项D中的运输合同有效，但违反法律规定的免责条款无效。

8. **答案**：BD。选项A中甲的行为属于有效民事行为。选项B中定金不得超过合同总价的20%，否则超过部分无效。C选项应当依当事人真实意思判断其行为的效力，非部分有效部分无效的合同。D选项中的保底条款无效，但不影响其余部分的效力。

9. **答案**：AD。容易引起争议的答案为选项C和选项D。对于王某的行为是否属于以不正当手段阻止条件成就，应当考虑设定条件的目的。对于王某来说，其根本目的在于解决夫妻两地分居问题，故其妻子可以调动到自己工作的城市时，不属于以不正当手段阻止买卖合同的成就。因此，应当选择选项D。

10. **答案**：BD。A为附不确定期限的法律行为；C中所附条件违背公序良俗，并非民法中所称的条件。

11. **答案**：ABCD。《民法典》规定监护人不得损害被监护人的利益，除非为了被监护人的利益，不能处分被监护人财产。李某、王某两人故意串通，损害被监护人的利益，应当负连带责任。

12. **答案**：ABCD。附条件民事法律行为，是指法律效力的开始或终止取决于将来不确定的客观事实的发生或不发生的法律行为。一般认为，除了法律明确规定不得附条件的民事法律行为以外，其他民事法律行为均可以由行为人设定条件，以此来限制民事法律行为的效力，从而满足行为人的各种不同需要。不得附条件的民事法律行为主要有：为维护公序良俗而不得附条件，如本题中的C；为维护交易安全和秩序稳定而不得附条件，如本题中A、B、D。

13. **答案**：BCD。民事法律行为所附条件的设定要件：所附条件必须是将来发生的事实；所附条件必须是不确定的事实；所附条件必须是当事人约定而非法定的事实；所附条件必须合法；须不与合同的主要内容相矛盾。据此，本题中，A项表述中所附条件是将来可能发生也可能不发生的事实，所附条件有效。B项表述中所附条件根本不可能发生，视为未附任何条件；C项表述中所附条件为法定条件，视为未附条件；D项表述中所附条件为违法条件，当然无效。

14. 答案：AD。本题考查欺诈的构成条件、诉讼时效的性质。首先，判断是否构成欺诈，应当根据欺诈的具体构成条件判断。甲并不明知牛有病，仍然属于因欺诈而陷入错误认识。甲对陷入错误认识虽有过错，但不影响欺诈的成立。其次，判断诉讼时效的性质。诉讼时效的规定属于强制性规定，因此，不得由当事人自己约定。

在本案中，"甲认为该牛可能有病"，但仍然因为相信乙的承诺而陷入错误认识，因此符合欺诈的构成条件。

不定项选择题

1. 答案：（1）BD。欺诈的构成要件之一是须有欺诈人的欺诈行为，欺诈行为主要是指：捏造虚伪事实；隐匿真实事实；歪曲真实事实。欺诈的构成要件之二是欺诈人必须有欺诈的故意。本题中甲既无欺诈的行为也无欺诈的故意，因此不构成欺诈。甲与乙终止租房协议的行为也不属于重大误解，因为重大误解的对象不以动机为判断依据。

（2）AC。《民法典》第157条规定："民事法律行为无效、被撤销或者确定不发生效力后，行为人因该行为取得的财产，应当予以返还；不能返还或者没有必要返还的，应当折价补偿。有过错的一方应当赔偿对方由此所受到的损失；各方都有过错的，应当各自承担相应的责任。法律另有规定的，依照其规定。"综上所述，如果本题中甲的行为构成欺诈，则乙可以要求甲赔偿损失，并可以要求再次租用甲的房屋，直到甲的父母回来。

2. 答案：ABCD。A项考查赠与合同的当事人。《民法典》第16条规定，涉及遗产继承、接受赠与等胎儿利益保护的，胎儿视为具有民事权利能力；但是，胎儿娩出时为死体的，其民事权利能力自始不存在。本题中，李飞作为赠与人系将10万元赠与即将出生的孩子（胎儿）。胎儿视为具有民事权利能力，享有接受赠与的权利。因此，可以作为赠与合同的受赠人。故A项正确。B、C项考查附生效条件的民事法律行为。本题中，当李飞表示赠与胎儿10万元时，胎儿能否活体娩出是不确定的事实（即发生与否不确定），该赠与合同系附生效条件的赠与合同，在胎儿娩出前，该赠与合同成立但未生效。故B项正确。后孩子顺利出生，即条件已成就，附生效条件的赠与合同成立并生效。故C项正确。D项考查赠与人的任意撤销权。因赠与合同系单务合同、无偿合同。因此，立法上赋予了赠与人在转移财产前的任意撤销权，但有三种法定情形不得行使任意撤销权。赠与人在赠与财产的权利转移之前可以撤销赠与，但经过公证的赠与合同或者依法不得撤销的具有救灾、扶贫、助残等公益、道德义务性质的赠与合同，不适用前述规定。本题中，李飞对关小飞的赠与不存在行使任意撤销权的例外情形。因此，李飞当然可以通过行使任意撤销权的方式不履行赠与合同。故D项正确。

3. 答案：BCD。A、B项考查无效的民事法律行为。《民法典》第215条规定，当事人之间订立有关设立、变更、转让和消灭不动产物权的合同，除法律另有规定或者当事人另有约定外，自合同成立时生效；未办理物权登记的，不影响合同效力。第154条规定，行为人与相对人恶意串通，损害他人合法权益的民事法律行为无效。本案中，乙公司和甲公司间签订的合同效力不受抵押是否登记的影响，而甲、乙公司双方恶意串通进行事后抵押的行为损害了丙公司的利益，因此抵押合同无效，故A项错误，B项正确。C项考查债权人撤销权。《民法典》第539条规定，债务人以明显不合理的低价转让财产、以明显不合理的高价受让他人财产或者为他人的债务提供担保，影响债权人的债权实现，债务人的相对人知道或者应当知道该情形的，债权人可以请求人民法院撤销债务人的行为。本题中，债务人甲公司和乙公司恶意串通，使甲公司为乙公司提供抵押，丙公司作为债权人有权依法请求人民法院撤销债务人甲公司和第三人乙公司之间的行为，即行使"债权人撤销权"。故C项正确。D项考查物权变动。根据以上分析可知，无论债权人丙公司行使"债权人撤销权"还是主张抵押合同无效，均导致甲、乙公司之间的抵押合同自始不具有法律约束力，即自始无效。因此，汽车和房屋的所有权不发生物权变动，依然归甲公司所有。故D项正确。

4. **答案**：D。悬赏人以公开方式声明对完成一定行为的人支付报酬，完成特定行为的人请求悬赏人支付报酬的，人民法院依法予以支持。悬赏行为属于单方允诺行为，不管相对人是否知道存在悬赏额意思表示，只要相对人完成特定行为，便有权要求支付赏金。因此A项错误。遗失物拾得行为属于事实行为，不要求行为人具备行为能力，而且领取报酬、赏金属于纯获利益的行为，限制行为能力人也可独立实施。甲不得以欠缺行为能力为由拒绝小赵的请求。因此B项错误。权利人领取遗失物时，应当向拾得人或者有关部门支付保管遗失物等支出的必要费用。权利人悬赏寻找遗失物的，领取遗失物时应当按照承诺履行义务。拾得人侵占遗失物的，无权请求保管遗失物等支出的费用，也无权请求权利人按照承诺履行义务。拾得人侵占遗失物的，无权请求权利人按照承诺履行义务。小赵对手机的保管已尽到合理的注意义务，小赵将手机带回家中不存在侵占的主观意图，所以甲不得以此为由拒绝履行赏金支付义务。因此C项错误。拾得人在遗失物送交有关部门前，有关部门在遗失物被领取前，应当妥善保管遗失物。因故意或者重大过失致使遗失物毁损、灭失的，应当承担民事责任。小赵父亲明知该手机是遗失物，在洗脚时却擅自使用并掉落水中致损，存在重大过失，小赵家应当承担赔偿责任。因此D项正确。

📖 名词解释

1. **答案**：民事法律行为是指公民或法人设立、变更、终止民事法律关系的行为。民事法律行为具有表意性和目的性，不同于事实行为；同时，民事法律行为可能是合法行为，也可能是违法行为，包括无效的民事法律行为、可撤销的民事法律行为和效力未定的民事法律行为。

2. **答案**：是指行为人把进行某一民事法律行为的内心效果意思，以一定的方式表达于外部的行为。意思表示不仅表现表意人一定效果意思，而且通过一定表示行为，达成与人交换意见的目的。意思表示应由目的意思、效果意思两个主观要素和表示作为这一客观要素构成。

3. **答案**：是指行为人将内心意思以一定方式表现于外部，并足以为外界客观理解的行为要素。没有表示行为，即使有了内心效果意思，也不能将其客观化，而无法取得法律效果。因此，表示行为是意思表示不可缺少的客观要素。

4. **答案**：欺诈，是指当事人一方故意编造虚假情况或隐瞒真实情况，使对方陷入错误而为违背自己真实意思表示的行为。

5. **答案**：包括威胁和强迫。威胁是指行为人一方以未来的不法损害相恐吓，使对方陷入恐惧，并因此作出有违自己真实意思的表示。强迫是指行为人一方以现时的身体强制，使对方处于无法反抗的境地而作出有违自己真实意思的表示。

6. **答案**：是指行为人利用对方当事人的急迫需要或危难处境，迫使其作出违背本意而接受于其非常不利的条件的意思表示。

7. **答案**：是指欠缺民事法律行为的有效要件，不发生行为人预期的法律效力的民事法律行为。无效的民事法律行为的含义包括：（1）自始无效。（2）当然无效。（3）确定无效。（4）绝对无效。

✏️ 简答题

1. **答案**：可撤销民事法律行为是因为法律行为

欠缺合法性，根据法律享有撤销权的民事法律行为当事人，可依其自主意思使民事法律行为之效力归于消灭的法律行为。可撤销民事法律行为只是相对无效，有效与否取决于当事人的意志。

可撤销民事法律行为具有如下主要特征：其一，可撤销民事法律行为在被撤销前，已对无撤销权的当事人发生效力。在撤销权人行使撤销权之前，其效力继续保持。其二，是否行使撤销权以使可撤销的民事法律行为的效力归于消灭，取决于当事人的意志。撤销权以外的人不得主张撤销民事法律行为。其三，撤销权人可行使撤销权使民事法律行为的效力归于消灭，也可以通过承认的表示放弃撤销权。此时，可撤销的民事法律行为可转化为有效的法律行为。其四，可撤销民事法律行为效力的消灭，必须有撤销行为。仅有可撤销事由而无撤销行为的，民事法律行为的效力并不消灭。其五，撤销权一旦行使，可撤销的法律行为原则上溯及其成立之时，其效力归于消灭。

2. 答案：（1）民事法律行为，是指以意思表示为要素，因意思表示而发生一定私法效果的法律事实。事实行为，是指不用表现内心的意思事实即可发生一定私法效果的行为。

（2）民事法律行为具有实现私法自治的功能，是维护个人自由与尊严的重要手段，而事实行为不具有此种功能。

（3）民事法律行为必须以意思表示为核心要素，必然包含实现某种私法效果的意思，事实行为并不要求行为人具有取得某种法律效果的意思。

（4）产生法律效果的根据不同，民事法律行为依据当事人的意思表示而产生一定私法上的效果，事实行为则依据法律规定而产生法律上的效果。

（5）对行为主体的要求不同，民事法律行为的生效要求行为人必须具备一定的行为能力，而事实行为不以意思表示为必要，从而不适用关于行为能力的规定。

（6）民事法律行为有有效、无效、可撤销、效力未定之分，而事实行为不存在这个区别，只有存在与不存在的问题。

（7）与意思表示有关的，适用于民事法律行为的代理、附条件、期限、民事行为能力的规定，不适用于事实行为。

论述题

1. 答案：有瑕疵的意思表示，也称非自愿的意思表示，是指一方以某种非常手段迫使对方作出违背真实意思的表示。具体而言，主要有以下几种：

第一，因欺诈而为的意思表示。欺诈，是指当事人一方故意编造虚假或歪曲的事实，或故意隐瞒事实真相，使表意人陷于错误而为意思表示的行为。构成欺诈必须具备以下要件：（1）有欺诈人的欺诈行为。这种欺诈行为既可以是积极作为，也可以是消极的不作为。（2）欺诈人必须有欺诈的故意。即行为人须有使表意人受欺诈而陷入错误，并因此为意思表示的目的，至于是否有取得财产上的不法利益的故意，在此不问。（3）须表意人因相对人的欺诈而陷入错误。（4）须表意人因陷入错误而为意思表示，即错误与意思表示之间有因果关系。（5）欺诈行为必须达到有悖于诚信的程度。目的明显的善意欺诈和社会能接受的欺诈，不构成法律上的欺诈。只有能引起意思表示的瑕疵，为一般社会观念所不能容许的欺诈，才构成法律上的欺诈。

第二，因胁迫而为的意思表示。胁迫，包括威胁和强迫。构成胁迫应具备以下要件：（1）胁迫人须有胁迫的行为。（2）胁迫人须有胁迫的故意。即胁迫人有通过胁迫行为而使表意人产生恐惧，并因此而为一定意思表示的故意。（3）胁迫的本意在于对表意人的自由意思加以不法干预，所以，用以胁迫的情况本身应该是违法的。（4）须相对人因胁迫而实际上已陷入恐惧或无法反抗的境地。（5）须相对人因胁迫而为意思表示，即表意人陷入恐惧或无法反抗的境地，与意思表示之间有因果关系。

第三，因乘人之危而为的导致显失公平的意思表示。乘人之危，是指行为人利用对方当事人的急迫需要或危难处境，迫使其违背本意接受于其非常不利的条件的现象。构成乘人之危必须具备以下要件：（1）须表意人在客观上正处于急迫需要或紧急危难的境地。（2）须有行为人乘人之危的故意，即行为人明知表意人正处于急迫需要或紧急危难的境地，却故意加以利用，使表意人因此而为意思表示。（3）须相对人实施了足以使表意人在上述情况下为意思表示的行为。（4）相对人的行为与表意人的意思表示之间须有因果关系，即表意人的意思表示是由相对人的行为直接造成的。（5）表意人因其意思表示而蒙受重大不利。显失公平，是指内容明显违背公平和等价有偿原则，其构成要件为：（1）须是有偿行为。（2）须内容明显背离公平和等价有偿原则。（3）该不公平是由于表意人无经验所致，即表示人是独立进行意思表示的，而不是受他人不当干涉的结果。（4）无错误情事。

对上述有瑕疵的意思表示，《民法典》第 148 条规定，一方以欺诈手段，使对方在违背真实意思的情况下实施的民事法律行为，受欺诈方有权请求人民法院或者仲裁机构予以撤销。第 149 条规定，第三人实施欺诈行为，使一方在违背真实意思的情况下实施的民事法律行为，对方知道或者应当知道该欺诈行为的，受欺诈方有权请求人民法院或者仲裁机构予以撤销。第 150 条规定，一方或者第三人以胁迫手段，使对方在违背真实意思的情况下实施的民事法律行为，受胁迫方有权请求人民法院或者仲裁机构予以撤销。第 151 条规定，一方利用对方处于危困状态、缺乏判断能力等情形，致使民事法律行为成立时显失公平的，受损害方有权请求人民法院或者仲裁机构予以撤销。由上述规定可知，我国现行法律将欺诈、胁迫或乘人之危以致显失公平情势下的法律行为，交由当事人自己抉择撤销与否，是比较科学的。

2. **答案**：民事法律行为是以意思表示为要素，并依该表示的内容发生法律效果的行为。而意思表示是行为能力适格者发表其自由形成的私法效果目的的行为。

意思表示的概念可从下面四个方面进行理解：（1）意思表示是以语言、文字等信号表述追求特定目的的意思的行为。（2）意思表示是发表私法效果意思的行为。（3）意思表示是有意识地发表私法效果意思的行为。（4）意思表示是真实表达私法效果意思的行为。（5）表意人须行为能力适格。

意思表示与民事法律行为的关系是这样的：（1）意思表示是民事法律行为的核心要素；（2）在单方诺成行为方面，民事法律行为仅由一个意思表示构成；（3）在双方或多方诺成行为方面，民事法律行为则由两个或者两个以上意思表示结合而成；（4）在要物行为方面，除意思表示外，尚需践行一定的行为，方构成法律行为。

作为民事法律行为的一般成立要件，意思表示必须符合法律的要求，包括：（1）标的须确定并且可能。标的确定，指关于标的表示须达到能被具体认定的程度。认定标的确定与否的时点，通常为行为成立时，但在若干场合，依行为的性质，也可延展至行为成立之后。标的可能是指标的在客观上须具有实现的现实性，排除客观不能、自始不能、全部不能和永远不能的情形。（2）不存在诸如错误、内心保留、通谋虚伪、受欺诈、受胁迫等问题。存在上述任何问题的表示，在性质上均不属意思表示，可称之为不真正法律行为。意思表示不健全的不真正民事法律行为，当属无效或可撤销。（3）意思表示预设了行为能力适格以及标的的合法性。

综上，意思表示是民事法律行为的必备要件，围绕意思表示可以推出有效民事法律行为的其他要件，意思表示健全与否直接关系到民事法律行为的效力如何，因此，全面、准确地理解意思表示对于把握民事法律行为的概念和效力是非常重要的。

案例分析题

1. **答案**：李红与姚兰之间关于智能手表的买卖行为无效。姚兰未满 18 岁，且在校学习，属限制民事行为能力人，她只能进行与她的年龄、智力相适应的民事活动。买卖价格高昂的智能手表的行为超越了她能独立进行的民事活动范围,且事后未得到其父母的追认。因此,该项买卖行为属主体不适格的无效民事法律行为。

2. **答案**:(1)甲捡到20元钱的行为是拾得遗失物的行为。拾得遗失物在《民法典》第314条中有规定,拾得遗失物,应当返还权利人。拾得人应当及时通知权利人领取,或者送交公安等有关部门。但是货币是特殊的物,其遵循的是谁占有谁所有的原则,因为货币具有一般等价物的属性,由此货币的占有人视为所有人。由此可知,甲对其占有的20元钱有所有权。

(2)甲的许诺是一种赠与行为。该赠与行为对甲具有法律上的拘束力。但是,应当注意的是,甲可以行使其享有的撤销权,在赠与财产的权利转移之前撤销该赠与的意思表示。根据《民法典》第657条规定,赠与合同是赠与人将自己的财产无偿给予受赠人,受赠人表示接受赠与的合同。第658条规定,赠与人在赠与财产的权利转移之前可以撤销赠与。具有救灾、扶贫等社会公益、道德义务性质的赠与合同或者经过公证的赠与合同,不适用前款规定。由此可知,甲对乙的赠与合同已经成立并且生效,对甲具有拘束力,不过甲在实际交付10元钱之前可以撤销赠与。

(3)甲和体彩中心的关系,应当是订立了一份有关彩票买卖的合同,是一种买卖合同关系。体彩中心拒付奖金没有法律上的依据,因为货币作为一般等价物,法律上遵循谁占有谁所有的原则,因此甲享有20元钱的所有权。根据《民法典》第502条第1款规定,依法成立的合同,自成立时生效。

由此可知,该买卖合同成立并生效,对于甲和体彩中心均具有法律上的拘束力。由此可知,体彩中心应当支付奖金。

(4)法院应当判令:体彩中心支付甲5000元奖金;驳回乙的诉讼请求。

第八章 代 理

☑ **单项选择题**

1. **答案**：B。见《民法典》第 163 条第 2 款的规定，委托代理人按照被代理人的委托行使代理权。

2. **答案**：C。参看相关民法理论。代理合同与委托授权的主要区别在于：代理合同是双方法律行为，委托授权是单方法律行为。代理涉及三方当事人；委托不涉及第三人。代理合同解决代理后果的归属问题，而委托授权是产生一切委托事务的基础。

3. **答案**：A。本题考查的是转委托。依《民法典》第 169 条第 3 款规定，转委托代理未经被代理人同意或者追认的，代理人应当对转委托的第三人的行为承担责任；但是，在紧急情况下代理人为了维护被代理人的利益需要转委托第三人代理的除外。本案中不存在紧急情况，肖某擅自转委托的行为无效，肖某应对贸易公司的损失负赔偿责任。

4. **答案**：C。见《民法典》第 169 条。首先明确乙的行为属于转代理。其次考虑乙的转代理是否有效。根据《民法典》第 169 条第 3 款的规定，转代理有效的情形包括：或者是紧急情况，或者被代理人同意，或者被代理人追认。本题中乙的行为符合紧急情况的条件，所以，转代理有效。最后需要明确的是，在转代理有效的情况下，代理人需要承担什么责任。在本题中，虽然第三人丙有问题，但乙事先不知也不能科以其应知，故乙就第三人的选任并无过错，无须承担责任。

5. **答案**：B。本题考查的是转代理，《民法典》第 169 条对代理人需要转委托第三人代理的情形作出规定。再代理人是代理人以自己的名义选任的，再代理人以被代理人的名义进行代理，法律后果直接归于被代理人。

6. **答案**：A。乙的行为属于超越代理权的行为，而超越代理权是无权代理的一种，无权代理的法律后果是被代理人有权拒绝接受无权代理的法律后果。故选项 A 正确。

7. **答案**：D。法定代表人的行为属于代表行为，而非代理行为。注意"代理"与"代表"的区别。

8. **答案**：D。代理，是指代理人在代理权范围内，以被代理人的名义，为被代理人的利益而独立地直接与第三人实施民事法律行为，由此所产生的法律效果直接或间接归属于被代理人的一种法律制度。代理是一种民事法律行为，只有代理人为被代理人实施的是能够产生民事权利义务的行为才是代理行为。据此，A、B、C 三项表述属于民事代理行为。D 对，因丙受甲之委托出席合同签字仪式，不在双方当事人之间产生权利义务关系，因此，D 项表述不属于民事代理行为。

9. **答案**：C。《民法典》第 154 条规定："行为人与相对人恶意串通，损害他人合法权益的民事法律行为无效。"据此，本题中所述的合同无效。由于违约责任是针对合同有效而言的，因此 A、B 两项表述错误。C 对 D 错。《民法典》第 164 条第 2 款规定："代理人和相对人恶意串通，损害被代理人合法权益的，代理人和相对人应当承担连带责任。"该连带责任为并行的连带责任，而不是补充的连带责任。①

10. **答案**：B。委托授权书不明的，被代理人应当向第三人承担民事责任，代理人负连带责任。

11. **答案**：D。超越代理权，是指代理人在代理权限范围以外进行代理。代理人只有在代理

---

① 应当注意的是，本题中如果张三是因为经验不足而采购了质量不合格的编织袋，则甲公司可向乙公司主张违约责任，同时可给予张三行政处分。

权限范围内进行的民事活动,才能被看作被代理人的行为,由被代理人承担代理行为的法律后果。滥用代理权,是指违背代理权的设定宗旨和代理行为的基本准则,代理人行使代理权时,损害被代理人利益的行为。构成滥用代理权应具备四个要件:代理人有代理权;代理人实施违反代理权的行为;代理人行使代理权的行为违背了诚信原则,违背了代理权的设定宗旨和基本行为准则;代理人的代理行为损害了被代理人的利益。滥用代理权有三种方式:自己代理、双方代理和与第三人串通。综上所述,本题中甲的行为构成超越代理权,而不是滥用代理权。

12. 答案:D。本题考查表见代理的认定。张某本来有代理权限,相对人在不知其被开除的情形下,"空白合同书"足以使相对人相信其有代理权限。因此,根据《民法典》第672条的规定,构成表见代理。①

13. 答案:D。无权代理因追认自始有效,而不是从追认时发生效力。

14. 答案:B。《民法典》第161条规定:"民事主体可以通过代理人实施民事法律行为。依照法律规定、当事人约定或者民事法律行为的性质,应当由本人亲自实施的民事法律行为,不得代理。"第162条规定:"代理人在代理权限内,以被代理人名义实施的民事法律行为,对被代理人发生效力。"由此可见,A、C、D都是不能够代理的,只有选项B是正确的。

15. 答案:D。本案中事实构成表见代理。乙具有被甲公司授予代理权之外表或假象,丙公司有正当理由信赖乙是甲公司的业务员并享有与其订立合同的代理权。丙公司基于此种信赖而与乙订立的合同应当有效成立,并发生与有权代理同样的法律效果:由甲公司承担签约后果。至于甲公司因此受到的损失可以向乙追偿。当然丙公司也可以不主张表见代理,要求甲公司履行合同而追究无权代理人乙的责任,直接要求乙对其赔偿损失。

16. 答案:D。无权代理是非基于代理权而以本人名义实施的旨在将效果归属于本人的代理。D项中,从"推销员谎称"信息中可以判断出关某没有得到李某的授权,关某认为此保健品是邻居李某订购的,并代李某接收且付款的行为属于无权代理。因此,D项正确。

17. 答案:B。本题综合考查无权代理及因欺诈订立合同的法律效力。甲伪造公章的行为构成冒名行为,但类推适用无权代理的规则,不构成表见代理。《民法典》第171条规定,行为人没有代理权、超越代理权或者代理权终止后以被代理人名义订立的合同,未经被代理人追认,对被代理人不发生效力,由行为人承担责任。相对人可以催告被代理人在30日内予以追认。被代理人未作表示的,视为拒绝追认。合同被追认之前,善意相对人有撤销的权利。撤销应当以通知的方式作出。甲以次充好,对丙构成欺诈。《民法典》第148条规定,一方以欺诈手段,使对方在违背真实意思的情况下实施的民事法律行为,受欺诈方有权请求人民法院或者仲裁机构予以撤销。本题中,如果乙公司追认了甲之行为,则合同在乙、丙之间生效,如果不予追认,则合同归于无效,此时,既不存在履行的问题,也不存在撤销的问题,故C、D项错误。在乙公司追认之前,由于丙是不知情的善意第三人,因此,丙可以通知的方式进行撤销,但此撤销权的行使,以被代理人没有追认为前提,一旦追认,则不存在撤销的问题,故A项错误。在追认之后,合同在乙、丙之间生效,但属于因欺诈而可撤销的合同,此时,没有约定仲裁条款,丙作为被欺诈人,有权请求法院进行撤销,故B项正确。

18. 答案:D。本题中,甲去购买彩票,其友乙给甲10元钱让其顺便代购彩票,同时告知购买号码,并一再嘱咐甲不要改变,甲的行为属于代理权授予行为,此时甲、乙成立代理关系。甲预测乙提供的号码不能中奖,便擅自更换号码为乙购买了彩票并替乙保管,

---

① 类似题目答题时主要把握是否"足以使相对人有理由相信"这一点。

此时甲的行为属于无权代理。依《民法典》第171条第1款的规定，行为人没有代理权、超越代理权或者代理权终止后以被代理人名义订立的合同，未经被代理人追认，对被代理人不发生效力。现本题中乙主张奖金，说明其追认甲的行为，故奖金应当归乙。由此，D选项正确。

19. 答案：D。（1）题涉买卖合同中，唐某是甲公司的代理人，唐某与乙公司私下商定将净化机单价比正常售价提高200元，乙公司给唐某每台100元的回扣；商定后，唐某以甲公司名义与乙公司签订了买卖合同。其间，无以合法形式掩盖非法目的之行为，且依据《民法典》之规定，不再将"以合法形式掩盖非法目的"之行为简单地认定无效；唐某受甲公司委托，有代理权，不存在无权代理情形；乙公司也非对甲公司进行欺诈。所以A、B、C选项均错误。（2）代理人是以被代理人的名义从事活动，由此产生的权益、责任都应归属于被代理人。所以，代理人实施代理行为时应像处理自己的事务一样谨慎、勤勉，尽可能使被代理人得到最大利益，不得以任何方式侵吞被代理人应得的权益。代理人在行使代理权时，违背代理权的设定宗旨和代理行为的基本准则，从事有损被代理人利益的代理行为，属于滥用代理权。本题中，唐某作为甲公司的代理人，与乙公司私下商定将净化机单价比正常售价提高200元，乙公司给唐某每台100元的回扣，此为明显的恶意串通滥用代理权的行为，必然损害甲公司的利益。《民法典》第164条第2款规定："代理人和相对人恶意串通，损害被代理人合法权益的，代理人和相对人应当承担连带责任。"即唐某与乙公司恶意串通损害甲公司的利益，应对甲公司承担连带责任。由此，D选项正确。

20. 答案：C。无权代理，是指没有代理权而以他人名义进行代理活动的民事行为。无权代理的行为效力待定，如果被代理人对无权代理行为予以追认，则该代理行为有效，否则为无效。如果被代理人知道他人以本人名义实施民事法律行为而不作否认，视为同意他人的代理，则代理行为有效。在本题中，丙明知乙以自己的名义实施民事行为，而未予否认，视为同意乙的代理行为，该代理行为有效，其法律后果由丙承担，车款由丙支付。因此A、B、D项错误。

✅ 多项选择题

1. 答案：BD。参见《民法典》第165条。《民法典》第165条规定："委托代理授权采用书面形式的，授权委托书应当载明代理人的姓名或者名称、代理事项、权限和期限，并由被代理人签名或者盖章。"

2. 答案：ABC。代理人应当在代理权限范围内为代理人的利益行使代理权。超越代理权、无代理权或者滥用代理权的都应当承担相应的责任。

3. 答案：ABCD。参见《民法典》第164条、第167条、第171条。《民法典》第164条规定："代理人不履行或者不完全履行职责，造成被代理人损害的，应当承担民事责任。代理人和相对人恶意串通，损害被代理人合法权益的，代理人和相对人应当承担连带责任。"第167条规定："代理人知道或者应当知道代理事项违法仍然实施代理行为，或者被代理人知道或者应当知道代理人的代理行为违法未作反对表示的，被代理人和代理人应当承担连带责任。"第171条规定："行为人没有代理权、超越代理权或者代理权终止后，仍然实施代理行为，未经被代理人追认的，对被代理人不发生效力。相对人可以催告被代理人自收到通知之日起三十日内予以追认。被代理人未作表示的，视为拒绝追认。行为人实施的行为被追认前，善意相对人有撤销的权利。撤销应当以通知的方式作出。行为人实施的行为未被追认的，善意相对人有权请求行为人履行债务或者就其受到的损害请求行为人赔偿。但是，赔偿的范围不得超过被代理人追认时相对人所能获得的利益。相对人知道或者应当知道行为人无权代理的，相对人和行为人按照各自的过错承担责任。"

4. 答案：ABCD。参见《民法典》第173条关于委托代理终止的具体规定。《民法典》第173

条规定："有下列情形之一的，委托代理终止：（一）代理期限届满或者代理事务完成；（二）被代理人取消委托或者代理人辞去委托；（三）代理人丧失民事行为能力；（四）代理人或者被代理人死亡；（五）作为代理人或者被代理人的法人、非法人组织终止。"

5. 答案：AC。由于有全权代理的授权委托书，因此，夏律师的行为实际上属于有权代理，并非无权代理，只是夏律师的行为违反了委托合同的规定。因此，对外应当由南方公司承受该代理行为的法律后果，但内部则由南方公司追究夏律师的民事责任。

6. 答案：AD。民事代理行为的构成条件包括：必须有三方当事人；有意思表示因素；使得民事法律关系产生、变更或消灭。选项 B 只是双方当事人之间的法律关系，属于委托，而非代理，不当选。而请人吃饭属于好意行为，双方当事人不打算发生法律活动，选项 C 亦不当选。代理是典型的民事法律行为。而选项 D 张某代戊继承戊父的遗产即属于民事法律行为中的代理。首先，民事法律行为核心是"通过意思表示变动民事法律关系"，张某代戊继承需以戊的授权为基础，无论是戊主动委托还是法定代理，本质是将戊接受继承、参与遗产分割等意思表示通过张某外化，符合意思表示这一核心要素，能直接引发遗产所有权转移等法律关系变动。其次，《民法典》代理制度明确适用于继承领域，张某在代理权限内代戊处理遗产过户、签署分割协议等事务，行为效力直接归属于戊，完全契合委托代理或法定代理的法律规定，具备民事法律行为的合法性基础。而且，继承虽因被继承人死亡启动，属事实行为，但张某的代理行为聚焦于后续遗产处置，需通过意思表示决定接受、放弃继承、协商分割方案等关键事项，这些均是对权利的主动处分，并非单纯依法律规定发生，故属于民事法律行为中的代理。

7. 答案：ABC。根据民法理论，下列行为不得代理：具有人身性质的民事法律行为，如结婚、立遗嘱等；违法行为不得代理；必须由本人亲自实施的民事行为不得代理。

8. 答案：ACD。根据《民法典》第 169 条之规定，转托有效，故应由本人即江某承担法律后果。

9. 答案：AB。本题考查的是滥用代理权、自己代理。赵某将自己的邮票卖给陈某的行为属滥用代理权行为中的自己代理。自己代理没有第三人，不是真正的代理，事实上是被代理人与代理人之间的民事法律行为。赵某的行为构成欺诈，陈某可以要求撤销，也可以要求变更，如减少价款，故 A、B 正确。自己代理事实上并无代理行为，也就无所谓确认代理行为无效或撤销代理行为，故 C、D 错误。

10. 答案：AD。《民法典》第 171 条规定，行为人没有代理权、超越代理权或者代理权终止后以被代理人名义订立的合同，未经被代理人追认，对被代理人不发生效力，由行为人承担责任。本题中张某以王某名义交货并收取货款，属于无权代理，该行为对王某属于效力待定的合同。

11. 答案：ABC。《民法典》第 161 条规定："民事主体可以通过代理人实施民事法律行为。依照法律规定、当事人约定或者民事法律行为的性质，应当由本人亲自实施的民事法律行为，不得代理。"第 162 条规定："代理人在代理权限内，以被代理人名义实施的民事法律行为，对被代理人发生效力。"按照该条规定，代理须满足三项要件：第一，代理人有代理权；第二，代理人以被代理人名义从事行为；第三，代理人有为被代理人为民事行为的意思。同时，《民法典》第 925 条规定："受托人以自己的名义，在委托人的授权范围内与第三人订立的合同，第三人在订立合同时知道受托人与委托人之间的代理关系的，该合同直接约束委托人和第三人；但是，有确切证据证明该合同只约束受托人和第三人的除外。"即亦承认不以被代理人名义从事民事法律行为的隐名代理。在 A 选项中，乙共买 3 套名牌饮具，其中 1 套系为被代理人购买的，构成隐名代理，所以，A 选项正确。在 B 选项中，乙将甲写好茶叶名称的纸条交给销售员，告知其是为自己朋友买茶叶，虽未明确具体的被代理人，但有为他人从事民事法律行为的意思，亦构成代理，所以，B选项正确。在C选项中，甲律师接受法院指定担任被告人乙的辩护人，该行为后果由乙承担，构成代理，所以，C选项正确。在D选项中，甲没有以乙的名义从事法律行为，亦没有为乙从事民事法律行为的意思，不构成代理，其签订三方协议的行为，使三方达成中介合同，所以，D选项错误。综上，本题答案为A、B、C。

12. **答案**：ABCD。本题A项，《民法典》第172条规定："行为人没有代理权、超越代理权或者代理权终止后，仍然实施代理行为，相对人有理由相信行为人有代理权的，代理行为有效。"乙以董事的身份出面签订合同，并在合同上加盖甲公司公章和法定代表人丁的印章，说明甲公司印章管理混乱，具有可责性，构成丙公司合理相信的理由，符合表见代理的构成要件，甲公司应对此承担责任。B项，《民法典》第490条第1款规定："当事人采用合同书形式订立合同的，自当事人均签名、盖章或者按指印时合同成立。在签名、盖章或者按指印之前，当事人一方已经履行主要义务，对方接受时，该合同成立。"可见，此处借款合同已经成立。依据《民法典》第157条规定："民事法律行为无效、被撤销或者确定不发生效力后，行为人因该行为取得的财产，应当予以返还；不能返还或者没有必要返还的，应当折价补偿。有过错的一方应当赔偿对方由此所受到的损失；各方都有过错的，应当各自承担相应的责任。法律另有规定的，依照其规定。"因此甲公司负有返还款项的责任，此系不当得利之返还，依然是民事责任。换句话说，无论合同是否有效，甲公司均需承担民事责任。C项，这是个有权代理行为，合同成立，甲公司应承担民事责任。D项，甲、乙公司之间的合同已经成立，无论甲公司法定代表人丙收钱之后是否入账，甲公司均需承担合同责任。

13. **答案**：CD。无权代理和表见代理的核心区别在于，相对人需要举证证明有理由相信行为人有代理权。其中的"理由"，包括主客观相结合的构成要件：其一，主观上要善意且无过失。（1）善意，是指不知道、不了解、不知悉，即不知道行为人没有代理权；（2）无过失，是指尽到必要的审查义务，一般是指对于行为人出示的授权文件或职位的形式审查义务（即对授权委托书进行形式审查）而非实质审查义务（即无须核实）。其二，客观上要存在权利外观。权利外观主要包括以下三类：（1）介绍信。（2）盖有公章或合同专用章的空白合同书。注意：公司的公章和合同专用章不得是伪造的，如是伪造的，则不构成表见代理，而构成无权代理。（3）交易习惯，题目中关键词往往用经常、往常、通常、常常、长期等。本题中，作为债务人的乔某已经向债权人郑某"出示"了其无权代理的文件证明，表明郑某主观上并非善意，不得主张构成表见代理，因此乔某系无权代理。《民法典》第171条规定，行为人没有代理权、超越代理权或者代理权终止后，仍然实施代理行为，未经被代理人追认的，对被代理人不发生效力。无权代理订立的合同效力待定，作为被代理人的九环公司可以不追认而拒绝承担保证责任。故A、B项错误，C、D项正确。

14. **答案**：AC。A、B项考查民法上的代理制度，具体涉及有权代理的法律效果。《民法典》第162条规定："代理人在代理权限内，以被代理人名义实施的民事法律行为，对被代理人发生效力。"据此，代理人的有权代理行为，其法律效果由被代理人承受。本题中，甲出资委托乙帮忙购买一套古董茶具，据此乙获得代理权。在此基础上，乙以甲的名义与丙签订了买卖合同，属于有权代理行为，该合同以及相应的履行，其法律效果应由被代理人甲承受。据此丙向乙交付使得被代理人甲取得茶具的所有权，A项正确，B项错误。《民事诉讼法》第238条规定："执行过程中，案外人对执行标的提出书面异议的，人民法院应当自收到书面异议之日起十五日内审查，理由成立的，裁定中止对该标的的执行；理由不成立的，裁定驳回。

案外人、当事人对裁定不服，认为原判决、裁定错误的，依照审判监督程序办理；与原判决、裁定无关的，可以自裁定送达之日起十五日内向人民法院提起诉讼。"据此，甲认为其对作为执行标的的古董茶具享有所有权，足以排除强制执行，可以向执行法院提出书面异议，C 项正确；若甲的异议被法院裁定驳回，本案的执行标的是茶具，而执行根据是丁对乙的胜诉判决，属于与原判决无关，甲可以提起案外人异议之诉，而不能申请再审，D 项错误。

15. 答案：ABC。丙作为乙的代理人，是买卖合同的行为人，虽然其行为的效果可归属于被代理人，但其行为具有独立性。其实施欺诈，构成行为相对人甲的合同撤销事由，乙并非合同表意人，也未实施欺诈，故 A 项错误。丙为乙的法律行为代理人，独立实施法律行为，丙是合同表意人，丙实施欺诈，并非第三人实施欺诈，而且乙也不知情，故 B 项错误。发动机被水浸泡，甲被隐瞒不知真相而出现判断失误，并非因自己的原因出现认知错误，不符合重大误解的构成要件，故 C 项错误。甲购买该车后发现发动机有质量问题，乙是被代理人，是买卖合同的出卖人，应承受代理合同的法律后果。乙有瑕疵担保义务，应承担违约责任，故 D 项正确。

🗙 不定项选择题

1. 答案：(1) D。根据《民法典》第 154 条的规定，恶意串通，损害国家、集体或者第三人利益的合同无效。据此，本题中 K 食品厂与刘某之间的协议无效。

   (2) B。《民法典》第 164 条第 2 款规定："代理人和相对人恶意串通，损害被代理人合法权益的，代理人和相对人应当承担连带责任。"据此，本题中应由 K 食品厂和刘某对 W 食品厂的损失承担连带赔偿责任，此种责任是并行的连带责任，而不是补充的连带责任。

2. 答案：B。《民法典》第 169 条规定："代理人需要转委托第三人代理的，应当取得被代理人的同意或者追认。转委托代理经被代理人同意或者追认的，被代理人可以就代理事务直接指示转委托的第三人，代理人仅就第三人的选任以及对第三人的指示承担责任。转委托代理未经被代理人同意或者追认的，代理人应当对转委托的第三人的行为承担责任；但是，在紧急情况下代理人为了维护被代理人的利益需要转委托第三人代理的除外。"

3. 答案：(1) BCD。本题考查的是从事委托事务的费用承担问题。根据《民法典》第 921 条的规定，委托人应当预付处理委托事务的费用。受托人为处理委托事务垫付的必要费用，委托人应当偿还该费用并支付利息。依此，可得出正确答案。

   (2) AB。本题考查的是代理关系以及与第三人的关系。根据《民法典》第 925 条的规定，受托人以自己的名义，在委托人的授权范围内与第三人订立的合同，第三人在订立合同时知道受托人与委托人之间的代理关系的，该合同直接约束委托人和第三人，但有确切证据证明该合同只约束受托人和第三人的除外。可见，选项 A、B 正确，而选项 D 错误。根据《民法典》第 926 条的规定，受托人以自己的名义与第三人订立合同时，第三人不知道受托人与委托人之间的代理关系的，受托人因第三人的原因对委托人不履行义务，受托人应当向委托人披露第三人，委托人因此可以行使受托人对第三人的权利，但第三人与受托人订立合同时如果知道该委托人就不会订立合同的除外。受托人因委托人的原因对第三人不履行义务，受托人应当向第三人披露委托人，第三人因此可以选择受托人或者委托人作为相对人主张其权利，但第三人不得变更选定的相对人。委托人行使受托人对第三人的权利的，第三人可以向委托人主张其对受托人的抗辩。第三人选定委托人作为其相对人的，委托人可以向第三人主张其对受托人的抗辩以及受托人对第三人的抗辩。根据该条以及代理理论，选项 C 错误。

   (3) A。本题考查的是委托事务处理。根据《民法典》第 927 条的规定，受托人处理委托事务取得的财产,应当转交给委托人。可见,选项 A 的说法是正确的。

(4) A。本题考查的是受托人的责任。根据《民法典》第 929 条规定,有偿的委托合同,因受托人的过错造成委托人损失的,委托人可以请求赔偿损失。无偿的委托合同,因受托人的故意或者重大过失造成委托人损失的,委托人可以请求赔偿损失。受托人超越权限造成委托人损失的,应当赔偿损失。题中的委托是有偿委托,因受托人李某的过错造成的委托人的损害,委托人可以要求赔偿。而委托人没有过错,所以不必承担责任。

(5) CD。本题考查的是转委托。根据《民法典》第 923 条规定,受托人应当亲自处理委托事务。经委托人同意,受托人可以转委托。转委托经同意或者追认的,委托人可以就委托事务直接指示转委托的第三人,受托人仅就第三人的选任及其对第三人的指示承担责任。转委托未经同意或者追认的,受托人应当对转委托的第三人的行为承担责任;但是,在紧急情况下受托人为了维护委托人的利益需要转委托第三人的除外。根据《民法典》第 929 条规定,有偿的委托合同,因受托人的过错造成委托人损失的,委托人可以请求赔偿损失。无偿的委托合同,因受托人的故意或者重大过失造成委托人损失的,委托人可以请求赔偿损失。受托人超越权限造成委托人损失的,应当赔偿损失。根据这样的规定和有关理论,李某虽然在紧急情况下未经委托人同意转委托是合法的,但是应当对第三人的选任负责,他将委托事务委任给明知驾车技术不熟的弟弟处理,存在过错,其应当承担责任;而李二的行为直接造成案涉损害,其当然也应当承担责任。

(6) C。本题考查的是隐名代理的披露。根据《民法典》第 926 条的规定,受托人以自己的名义与第三人订立合同时,第三人不知道受托人与委托人之间的代理关系的,受托人因第三人的原因对委托人不履行义务,受托人应当向委托人披露第三人,委托人因此可以行使受托人对第三人的权利,但第三人与受托人订立合同时如果知道该委托人就不会订立合同的除外。因此,李某只好自己行使权利,而不能披露委托人。

(7) ABC。本题考查的是隐名代理的披露。根据《民法典》第 926 条第 2 款、第 3 款的规定,受托人因委托人的原因对第三人不履行义务,受托人应当向第三人披露委托人,第三人因此可以选择受托人或者委托人作为相对人主张其权利,但是第三人不得变更选定的相对人。委托人行使受托人对第三人的权利的,第三人可以向委托人主张其对受托人的抗辩。第三人选定委托人作为其相对人的,委托人可以向第三人主张其对受托人的抗辩以及受托人对第三人的抗辩。因此,选项 A、B、C 是正确的。

4. 答案:B。本题中,张某查看《合作开发协议》和《委托书》后与丙公司签订《房屋预订合同》,而甲公司和乙公司签订的《合作开发协议》约定,合作开发的 A 区房屋归甲公司、B 区房屋归乙公司,乙公司与丙公司签订的《委托书》中是乙公司委托丙公司对外销售房屋。由此可知丙公司有权代理销售的是 B 区房屋,但《房屋预订合同》中销售的却是 A 区房屋,且丙公司是以自己的名义签订的《房屋预订合同》,所以丙公司的行为不属于代理,也不构成表见代理。相反,丙公司销售 A 区房屋是以丙公司自己的名义,而甲公司又没有授权,所以乙公司以自己的名义销售 A 区房屋的行为构成无权处分,处分行为效力待定,但不能因此就认定《房屋预订合同》无效。综上,本题 B 选项正确。

名词解释

1. 答案:表见代理属于广义的无权代理,是指行为人虽没有代理权,但交易相对人有理由相信行为人有代理权的无权代理。在这种情况下,该无权代理可以发生与有权代理同样的法律效果。

2. 答案:是指代理人为被代理人的利益将其所享有的代理权转托他人而产生的代理,故又称复代理、转代理。再代理的主要法律特征有:(1) 再代理人是由代理人以自己的名义选任的，不是由被代理人选任的；（2）再代理人不是原代理人的代理人，而仍然是被代理人的代理人；（3）再代理权不是由被代理人直接授予的，而是由原代理人转托的，但以原代理人的代理权限为限，不能超过原代理人的代理权。

简答题

1. 答案： 代理是指代理人依据代理权，以被代理人的名义与第三人实施民事法律行为，而法律后果由被代理人承担。它的主要法律特征有：（1）代理人在代理权限之内实施代理行为，但代理人进行代理行为时有独立进行意思表示的权利。（2）代理人以被代理人的名义实施代理行为。代理人如果以自己的名义实施代理行为，这种行为是自己行为而非代理行为。代理人只能以被代理人的名义进行代理活动，才能为被代理人取得权利、设定义务。（3）代理行为是具有法律意义的行为。代理是一种民事法律行为，只有代理人为被代理人实施的是能够产生民事权利义务的行为才是代理行为。（4）代理行为直接对被代理人发生效力。代理人在代理权限内以被代理人的名义实施的民事法律行为，相当于被代理人自己的行为，产生与被代理人自己行为相同的法律后果。因此被代理人享有因代理行为产生的民事权利，同时承担代理行为产生的民事义务和民事责任。

2. 答案：（1）代理是代理人在代理权范围内，以被代理人的名义独立与第三人为民事法律行为，由此产生的法律后果直接归属于被代理人的法律制度。代理权滥用以代理权存在为前提，常见的情形如超越了被代理人的授权范围、自己代理、双方代理、代理人与第三人恶意串通的代理等。

（2）代理人超越代理权的授权范围而与第三人为民事法律行为时，其法律后果应由代理人自己承担。但是若被代理人行使追认权，该部分行为所产生的法律后果由被代理人来承担。本人知道他人以自己名义实施民事法律行为而不作否认表示的视作同意。

（3）代理人在代理权限内与自己为民事法律行为，即自己代理。代理人同时代理双方当事人为民事法律行为的，属于双方代理。这两种情形下，除非本人承认或者其代理是专为履行债务，为法律所禁止。

（4）代理人与第三人恶意串通损害被代理人利益的，由代理人和第三人负连带责任。

3. 答案： 代理权是代理人能够以本人名义为意思表示或者受领意思表示，而其效果直接对本人发生的法律资格。代理权名为权利，实为权限，其依据是：首先，代理权指据之实施代理行为的法律资格。其内容既包含权利又包含义务，显然并非纯权利，而属民事能力。其次，代理权要求代理人据之实施行为之际，须为本人计算，其效果直接归属于本人。换言之，代理权与代理人自己的利益并无必然联系。

代理权的行使，是指代理人在代理权限内实施代理行为。代理人行使代理权，既是其权利，也是其义务。代理权的行使以代理人有代理权为前提。代理权的行使，以为被代理人取得利益为目的。在代理权的行使上代理人应遵守以下原则：

第一，积极行使代理权。代理人行使代理权，是履行其作为代理人的职责。代理人怠于行使代理权的，则构成其义务的违反。

第二，维护被代理人的利益。代理人在行使代理权中应当为被代理人的利益计算，而不得为自己的利益计算。在与相对人实施行为时，代理人应尽相当的注意义务，以免给被代理人造成损失。代理人应亲自为代理行为，不得擅自转托他人代理。在法定代理中，代理人应以有利于被代理人的原则行使代理权；在委托代理中，代理人不得擅自改变被代理人的指示。代理人应及时向被代理人报告代理的情况，并将在代理中获得的利益及时转交被代理人。

第三，合法行使代理权。代理人行使代理权不得逾越代理权限的范围，也不得滥用代理权。滥用代理权，是指代理人行使代理权违背代理权宗旨而实施损害被代理人利益的行为。

论述题

1. 答案：（1）表见代理本属于无权代理，但因本人与无权代理人之间的关系，具有外表授权的特征，致使相对人有理由相信行为人有代理权而与其进行民事法律行为，法律使之发生与有权代理相同的法律效果。（2）表见代理的构成要件：第一，行为人无代理权；第二，有使相对人相信行为人具有代理权的事实或理由；第三，相对人为善意；第四，行为人与相对人之间的民事法律行为应具备民事法律行为的有效要件。（3）表见代理的效力：表见代理对本人产生有权代理的效力，即在相对人与本人之间产生民事法律关系，本人应受表见代理人与相对人之间实施的民事法律行为的约束，享有该行为设定的权利和履行该行为约定的义务。本人不得以无权代理为抗辩，不得以行为人具有故意或过失为理由而拒绝承受表见代理的后果，也不得以自己没有过失作为抗辩。表见代理对相对人来说，既可主张狭义无权代理，也可主张成立表见代理。如果相对人认为向无权代理人追究责任更为有利，则可主张狭义无权代理，向无权代理人追究责任；相对人也可以主张成立表见代理，向本人追究责任。相对人对此享有选择权。

2. 答案： 无权代理，是指无代理权的人以他人名义实施代理行为。而表见代理是指本属于无权代理，但是因为本人与无权代理人之间的关系，具有授予代理权的外观即所谓外表授权，致相对人信其有代理权而与其为民事法律行为，法律使之发生与有权代理同样的法律效果。表见代理制度的确立，主要为了保护交易安全。

狭义的无权代理与表见代理的联系主要表现为，两者都属于广义的无权代理。狭义的无权代理与表见代理的发生原因相同，不外乎以下三种：其一，自始就不存在代理权。即行为人从未获得被代理人的授权，也不存在获得代理权的其他根据，而以代理人身份，对相对人为代理行为。其二，一度有代理权，而该代理权因发生代理权消灭事由已经消灭，代理人在代理权消灭后仍以代理人身份对相对人为代理行为。其三，超越代理权范围。代理人始终有代理权，只是代理人所实施的代理行为超越了代理权范围。基于上述三种原因，无权代理也可相应区分为：自始无代理权的无权代理、代理权消灭后的无权代理及超越代理权的无权代理。

两者的区别主要有：（1）狭义的无权代理与表见代理的法律效果不同。按照民法代理制度，无权代理行为本人不予追认的，该行为并非当然无效。只是不能依代理制度对本人发生代理行为的效力而已。这种情形下的无权代理行为，如果具备一般民事法律行为的有效要件，虽不发生代理行为的效力，仍将发生一般民事法律行为的效力，并由该无权代理人自己作为当事人而承担其法律效果。对此，《民法典》第171条第1款即明确规定，无权代理行为"未经被代理人追认的，对被代理人不发生效力"。而表见代理相对人可以基于表见代理对被代理人主张代理的效果，但也并非必须如此。相对人也可以依狭义无权代理的规定，撤销其所为的法律行为。表见代理制度的目的，主要在于保护善意相对人；当相对人主张代理行为有效时，被代理人不得主张代理权之不存在而与之对抗。因此，被代理人不得基于表见代理而对相对人主张有权代理之效果。被代理人如欲使代理行为有效，仍须依无权代理的规定，对于无权代理人的代理行为进行追认。（2）狭义的无权代理与表见代理的构成要件不同。狭义的无权代理是一个法律事实，其基于上述三种情形而发生，但是表见代理除了必须是无权代理，还需要另外两个要件：其一，须相对人有正当理由信赖该无权代理人有代理权。虽然该无权代理人有被授予代理权之外表或假象，如果未获得相对人的信赖（无论该相对人是否已经知道对方无代理权），则应属于狭义无权代理，不能成立表见代理。这种情形，如果被代理人不予追认，应由该无权代理人履行或承担责任。另外，无权代理人不仅须获得相对人的信赖，还须相对人的信赖有正当理由。至于相对人的信赖是否有正当理由，应依实施民事法律行为的具体情形判断。其二，相对人基于此信赖而与该无权代理人进行民事法律行为。即使相对人有正当理由信赖该无权代理人有代理权，如果最后并未与该无权代理人进行民事法律行为，也不发生表见代理问题。只有相对人基于此信赖与该无权代理人进行了民事法律行为，才可能发生表见代理问题。

案例分析题

1. 答案：（1）甲以供销社的名义与某食品厂所订立的蛋糕购销合同有效。供销社不能以甲无权代理来对抗善意第三人，某供销社应承担违约责任，甲应承担连带责任。

（2）应当由甲与某食品厂负连带责任。

（3）不能得到支持。因某供销社卖出一箱蛋糕的行为应视为对甲无权代理的追认。因此，某食品厂有权拒绝退货，某供销社承担违约责任。

2. 答案：（1）《民法典》第161条第2款规定："依照法律规定、当事人约定或者民事法律行为的性质，应当由本人亲自实施的民事法律行为，不得代理。"本题中合同约定由甲本人创作壁画一幅，而美术作品的创作具有很强的人身属性，必须由本人亲自实施，是不得代理的行为，因此，甲无权委托他人代理其创作。

（2）乙的行为不属于无权代理。无权代理，是指没有代理权而以他人的名义进行代理活动的民事行为，它包括没有代理权、超越代理权或代理权终止后的代理行为。无权代理经被代理人追认可以产生代理效果。但是不得代理的法律行为是不能由他人代理的，即使有合法的委托也不例外。这些行为主要是具有人身属性的行为、违法行为或法律规定及合同约定的不得代理的行为。

第九章 诉讼时效与期间

☑ **单项选择题**

1. 答案：C。本题主要是发现20年最长诉讼时效的一个陷阱。20年的最长诉讼时效是从权利受侵害时起算，即从2004年1月1日开始计算，最后的截止日期应当是2024年的1月1日。所以，正确答案为选项C。

2. 答案：A。与形成权相对应的一般是除斥期间。

3. 答案：A。注意诉讼时效中断与诉讼时效中止的事由的区别。选项B、C、D中的事由都属于诉讼时效中止的事由。

4. 答案：A。根据《民法典》的规定，一般诉讼时效为3年。

5. 答案：B。诉讼时效期间届满，如果义务人以此为由进行抗辩拒绝履行义务，权利人丧失的是胜诉权，即依诉讼请求人民法院强制义务人履行义务的权利。

6. 答案：A。诉讼时效期间，是指权利人向人民法院请求保护其民事权利的法定期间，是由法律直接规定的，当事人不得约定或变更。

7. 答案：D。根据《民法典》第195条规定，有下列情形之一的，诉讼时效中断，从中断、有关程序终结时起，诉讼时效期间重新计算：(1) 权利人向义务人提出履行请求；(2) 义务人同意履行义务；(3) 权利人提起诉讼或者申请仲裁；(4) 与提起诉讼或者申请仲裁具有同等效力的其他情形。权利人提出请求，使不行使权利的状态消除，诉讼时效也由此中断。当事人请求的方式，可以是口头或书面等能达到请求效果的各种方式，A、B、C项属于诉讼时效中断的事由，而D项不属于。

8. 答案：B。(1)《最高人民法院关于审理民事案件适用诉讼时效制度若干问题的规定》第9条规定，权利人对同一债权中的部分债权主张权利，诉讼时效中断的效力及于剩余债权，但权利人明确表示放弃剩余债权的情形除外。所以，A选项错误。(2) 该规定第15条规定，对于连带债权人中的一人发生诉讼时效中断效力的事由，应当认定对其他连带债权人也发生诉讼时效中断的效力。对于连带债务人中的一人发生诉讼时效中断效力的事由，应当认定对其他连带债务人也发生诉讼时效中断的效力。所以，B选项正确。(3) 该规定第16条规定，债权人提起代位权诉讼的，应当认定对债权人的债权和债务人的债权均发生诉讼时效中断的效力。所以，C选项错误。(4) 该规定第17条规定，债权转让的，应当认定诉讼时效从债权转让通知到达债务人之日起中断。债务承担情形下，构成原债务人对债务承认的，应当认定诉讼时效从债务承担意思表示到达债权人之日起中断。所以，D选项错误。故本题正确选项为B。

9. 答案：A。诉讼时效期间届满的债权，其性质属于自然债权，所对应的债务也是自然债务。传统民法上，认为债权具有给付请求权、给付受领权和债权保护请求权三项权能，在效力上分别体现为债的请求力、保有力和强制执行力。具有上述权能与效力的债，是一种完全之债，而自然债权因其欠缺债的部分权能和效力，故有学者称自然债权为不完全之债。因此，就自然债务方面而论，在诉讼时效期间届满时，本题中乙公司仍然有义务向甲公司清偿10万元债务，只是其享有时效利益，即其如果以时效届满为由拒绝履行这10万元债务时，甲公司就丧失请求法院强制乙公司履行的权利而已。《最高人民法院关于审理民事案件适用诉讼时效制度若干问题的规定》第19条第1款规定，诉讼时效期间届满，当事人一方向对方当事人作出同意履行义务的意思表示或者自愿履行义务后，又以诉讼时效期间届满为由进行抗辩的，人民法院不予支持。因此乙公司书面答复的效力在于其同意履行 3 万元的意思表示使对方的债权具有了法律强制力,甲公司的债权在 3 万元范围内恢复了强制执行力。因此仅从强制执行力方面论,本题 A 项表述正确。由于乙公司仅放弃了 10 万元中 3 万元的时效利益,因此 D 项表述错误。C 项的问题在于,乙公司的书面回函中"既然你公司起诉,则不再偿还任何货款"的表述在法律上对甲公司是无效的。因为作为自然债务,它仍然还是债,债务既然存在,就有义务偿还。自然债权这个债权,只是在权能上缺乏了一项,而不是债权整体上不存在了。既然债权仍然存在,那么其所对应的义务当然也存在,并没有完全丧失,只是在债务人以时效届满为由拒绝履行义务时,权利人不能请求强制执行这个债务而已。因此,C 项表述错误。至于 B 项,乙公司的书面答复并非为了与甲公司订立合同,而要约是欲与他人订立合同的意思表示,乙公司的书面答复因不具有缔约意图而不构成要约,因此 B 项错误。

10. 答案:D。(1)依《民法典》第 192 条第 2 款的规定,诉讼时效期间届满后,义务人同意履行的,不得以诉讼时效期间届满为由抗辩;义务人已自愿履行的,不得请求返还。本题中,诉讼时效期间届满后,乙公司组织工人到甲公司讨要,作为甲公司新录用的法务小王,尽管是擅自以公司名义签署了同意履行付款义务的承诺函,但该承诺函可以构成表见代理,甲公司不得再主张诉讼时效抗辩。故 A 选项说法错误,而 D 选项说法正确。(2)诉讼时效中断必须发生在诉讼时效进行期间,在诉讼时效届满后,就不会再发生中断,故本题中 B 选项中"因乙公司提起诉讼,诉讼时效中断"的说法错误。(3)依《民法典》第 193 条的规定,人民法院不得主动适用诉讼时效的规定。由此可知本题 C 选项说法错误。

多项选择题

1. 答案:BD。《民法典》第 692 条规定:"保证期间是确定保证人承担保证责任的期间,不发生中止、中断和延长。债权人与保证人可以约定保证期间,但是约定的保证期间早于主债务履行期限或者与主债务履行期限同时届满的,视为没有约定;没有约定或者约定不明确的,保证期间为主债务履行期限届满之日起六个月。债权人与债务人对主债务履行期限没有约定或者约定不明确的,保证期间自债权人请求债务人履行债务的宽限期届满之日起计算。"由此可见,如果超过了法定的六个月保证期间,保证人的实体权利消灭,可以免除保证责任。而且,法定保证期间也不存在可以中断、中止等情况,即保证期间是不可变期间,而不是可变期间。因此,本题的答案是 B、D。

2. 答案:ABCD。诉讼时效的适用范围包括:基于合同债权的请求权,如履行请求权、损害赔偿请求权、违约金请求权、利息请求权;基于侵权行为的请求权,主要是损害赔偿请求权;基于无因管理的请求权,主要有必要费用请求权、损害赔偿请求权;基于不当得利的请求权;其他债权请求权,如基于防卫过当、紧急避险过当产生的请求权。

3. 答案:ABD。除斥期间,是指法律规定某种权利预定存在的期间,权利人在此期间不行使权利,预定期间届满,便发生该权利消灭的法律后果。

4. 答案:ABCD。本题考查《民法典》总则编第 196 条不适用诉讼时效的规定。《民法典》第 196 条规定:"下列请求权不适用诉讼时效的规定:(一)请求停止侵害、排除妨碍、消除危险;(二)不动产物权和登记的动产物权的权利人请求返还财产;(三)请求支付抚养费、赡养费或者扶养费;(四)依法不适用诉讼时效的其他请求权。"

5. 答案:ABCD。适用诉讼时效的权利是债权请求权、继承请求权。本题中,A 项是形成权;B 项是诉权;C 项中,公共维修基金为业主共有,业主大会对该项基金的使用拥有决策权,其请求业主缴付维修基金是业主赋予业主大会的权利,是一种业主自治性的权利,一般认为具有社员权的属性;D 项则是支配权。因此均不适用诉讼时效。

6. **答案**：ABCD。根据《民法典》第196条规定，下列请求权不适用诉讼时效的规定：（1）请求停止侵害、排除妨碍、消除危险；（2）不动产物权和登记的动产物权的权利人请求返还财产；（3）请求给付抚养费、赡养费或扶养费；（4）依法不适用诉讼时效的其他请求权。A项中，孟某请求邻居王某清理建筑垃圾排除妨碍的权利依法不适用诉讼时效的规定，属于上述法律规定中的第1项。故A项正确。B项中，孟某作为不动产房屋的所有权人在租期届满后依法请求承租人曹某返还房屋的权利依法不适用诉讼时效的规定，属于上述法律规定中的第2项。故B项正确。C项中，孟某作为登记的动产物权的权利人请求徐某返还宝马轿车的权利依法不适用诉讼时效的规定，属于上述法律规定中的第2项。故C项正确。D项中，被监护人小孟请求监护人孟某给付抚养费的权利依法不适用诉讼时效的规定，属于上述法律规定中的第3项。故D项正确。

7. **答案**：ABCD。依据《民法典》第197条第1款的规定，诉讼时效的期间、计算方法以及中止、中断的事由均由法律规定，当事人约定无效。因此A、B、C、D项正确。

名词解释

1. **答案**：是指一定事实状态在法定期间持续存在，从而产生与该事实状态相适应的法律效力的法律制度。时效应具备两个条件：（1）要有法律规定的一定事实状态存在。（2）一定的事实状态必须持续一定的时间，即不间断地经过法律规定的期间。时效具有以下主要法律特征：（1）时效是法律事实。（2）时效是事件。（3）时效具有强制性。

2. **答案**：是指民事法律关系发生、变更和终止的时间，分为期间和期日。期间，是指从时间的某一特定的点到另一特定的点所经过的时间。它是时间的某一特定的段或区间。期日，是指不可分割的一定时间，它是时间的某一特定的点。

3. **答案**：是指法律规定或者当事人依法确定的对于某种权利所预定的存续期间，又称预定期间。除斥期间有以下主要法律特征：（1）除斥期间一般是法律规定的；（2）除斥期间是某种权利存续的期间。

简答题

1. **答案**：诉讼时效是指权利人在法定期间内不行使其权利，即在义务人以时效届满为由拒绝履行义务时，丧失请求人民法院依诉讼程序强制义务人履行义务的权利。其主要法律特征有：（1）它属于消灭时效，诉讼时效完成后，在义务人以时效届满为由拒绝履行义务时，权利人即丧失胜诉权；（2）它并不消灭实体权利，诉讼时效期间届满后，义务人如自愿履行的，权利人仍有权受领；（3）它属于强制性的规定，当事人无权协议变更。

2. **答案**：（1）促使权利人行使权利。诉讼时效制度的作用之一在于促使权利人积极行使权利。权利人如不及时行使权利，就可能导致权利的丧失或不受法律保护，这就促使权利人在法定期间内行使权利，以维护自己的利益。（2）避免证据灭失。诉讼时效制度的作用之二在于避免证据灭失。一种事实状态长期存在，必致证据湮灭、证人死亡，此事实状态是否合法，殊难证明。实行时效制度，凡诉讼时效期间届满，即以时效为证据的代用，避免当事人举证和人民法院调查证据的困难。

3. **答案**：二者在适用对象、构成要件、法律效力、期间起算点、期间是否可变以及法院是否可依职权主动适用请求权等方面均有区别。

　　诉讼时效适用于请求权，需要具备两个要件，即法定期间经过和权利继续不行使之事实状态。诉讼时效并不会使得不行使的实体权利本身消灭，而只是在义务人以时效届满作为抗辩时，消灭附着于其上的胜诉权。诉讼时效自权利人知道或应当知道权利被侵害以及义务人之日即权利人能行使权利之日起开始计算，为可变期间，可以中止、中断、延长。诉讼时效之经过必须经享有时效利益之人为主张之后法院才可适用。

　　除斥期间一般适用于形成权，需要具备一个要件，即法定期间经过。除斥期间可以使实体权利本身消灭。除斥期间自权利成立之时起算，为不变期间，不能中止、中断、延长。除斥期间之是否经过，法院应依职权主动调查而判断。

案例分析题

答案：（1）《民法典》第188条第1款规定，向人民法院请求保护民事权利的诉讼时效期间为3年。法律另有规定的，依照其规定。据此，一般诉讼时效为3年。本题中，甲于2021年10月向乙借钱，直到2024年12月30日乙才第一次向甲要钱，时间已过了3年，故2024年12月30日时甲债务的诉讼时效3年已届满，如果当时甲表示不愿还钱，则乙将无法通过诉讼要回借款。

（2）但是，在2024年12月30日，乙向甲请求还钱时，甲写下"2025年1月10日前还清"的字样，这属于债务更新，一个新的债务产生，所以2025年1月15日时乙请求法院判决甲还钱的请求可以得到法院的支持，理由是甲已重新作出承诺，而不是原先债务的时效没有届满。

第二编 物 权

第十章 物权与物权法概述

✓ 单项选择题

1. 答案： B。如果一房屋上共有人主张优先购买权，承租人也主张优先购买权，根据我国《民法典》第726条的规定，共有人的优先购买权有优先实现的效力。但本题中共有人的优先购买权与承租人的优先购买权并非基于同一房屋，所以不存在何者优先实现的问题。因此，甲应按照房屋的使用现状，分别卖给乙和丙。

2. 答案： B。A、C、D错，本题中A、C、D三项表述均属物权请求权，物权请求权的行使，不必非得依诉讼的方式进行，也可以自力救济的方式进行，即物权人在其物权受到妨害后，可以直接请求侵害人为一定的行为：请求侵害人停止侵害、排除妨碍、消除危险、返还财产等。B对，物权人在其权利受到妨害时，也可以直接向法院提出诉讼，请求确认其物权的存在或采取其他的保护措施，而确认物权的请求权必须向人民法院提出。

3. 答案： C。根据物权法定原则，物权的效力必须由法律规定，不能由当事人通过协议设定。据此，当事人创设法律没有明确规定的物权类型的法律行为，可以根据当事人的意思依法判断法律行为是否有效，但不产生物权的效力。

4. 答案： C。A错，A是物权的取得，通过先占取得。B错，B项表述是基于善意取得制度而取得所有权。C对，C项表述是基于民事法律行为而取得所有权。D错，D项中的甲对房屋事实上无处分权，善意受让人基于对登记公示的信任，善意取得该房屋的所有权。

5. 答案： B。动产所有权因民事法律行为而发生变动时，当事人之间须有作为物权变动合意表征的交付。本题中甲乙之间缺乏基于物权变动合意表征的交付，而甲之子是无民事行为能力人，其交付古董的行为无效，古董所有权并未发生转移，故仍属甲。

6. 答案： D。抛弃是以消灭物权为目的的单方法律行为，只要权利人一方作出意思表示即发生效力。抛弃的意思表示并非必须向特定人为之，只要权利人抛弃其占有，表示其丢弃的意思即发生抛弃的效力。A错D对，原则上物权一经权利人抛弃即归消灭，但是如果因为物权的抛弃会妨害他人的权利时，则物权人不得任意抛弃其权利。因此，将患狂犬病的狗丢在闹市中心不产生抛弃的效力；而将被患有狂犬病的狗咬伤的猪弃在荒山野岭中，并不妨碍他人的权利，因此，能够产生抛弃的效力。B错，不动产物权的抛弃，须办理注销登记才发生效力，因此，将城里老房闲置不产生抛弃的效力。C错，农村承包经营户的承包经营权，因有对农村集体组织的义务，所以不能随意抛弃，以免损害农村集体组织的权利。

7. 答案： B。(1) 所谓无权占有是指无本权的占有，而本权是指可以对物进行占有的权利。乙拾得他人相机并予以占有，这种占有是一种无本权的占有，因为他是在没有所有权或者其他物权、债权的基础上而对该相机进行的占有。故选项A的说法正确。(2) 所谓他主占有是指占有人非以所有人的意思而进行占有。而丙盗走该相机，卖给了不知情的丁，这说明，丙是以所有人的意思来对相机进行处分的，所以丙的这种占有是一种自主占有，由此选项B的说法错误。(3) 所谓自主占有是指占有人以将占有物据为己有的意思而对该物进行占有。丁在毫不知情的情况下，购买了相机，其认为自己就是所有权人，是以将物据为己有的意思而对该标的物进行的占有，所以丁是一种自主占有。选项C的说法正确。（4）所谓直接占有是指直接对物进行事实上的管领和控制。丁将相机出质于戊，动产质权的一个重要特征就是需要交付质物给质权人。所以，戊取得对相机的事实上的管领和控制，构成直接占有。由此选项D的说法也是正确的。本题为选非题，故答案为B。

8. **答案**：B。地役权是指利用他人不动产以便有效地使用或经营自己的不动产的权利。本题郊区小学为方便学校人员乘坐地铁才借地通行，不是最基本的通行便利，因此双方之间是关于地役权的约定。

9. **答案**：C。（1）抵押权和质权均为约定担保物权而非法定担保物权，本题中，辽西公司与辽东公司没有对担保达成合意，故辽西公司实施扣留行为并非行使抵押权和质权的行为，A、B项错误。（2）辽中公司指示辽西公司将该合同项下的电脑交付给辽东公司，属于对第三人履行的合同，据此辽西公司基于买卖合同合法占有债务人辽东公司的电脑。《民法典》第447条规定，债务人不履行到期债务，债权人可以留置已经合法占有的债务人的动产，并有权就该动产优先受偿。前款规定的债权人为留置权人，占有的动产为留置财产。第448条规定，债权人留置的动产，应当与债权属于同一法律关系，但企业之间留置的除外。法律对企业之间的留置规定较为宽松，不要求留置的动产和债权属于同一法律关系，因此C项当选。（3）自助行为以情况紧急和不能及时请求公力救济为前提条件，而本题显然不满足该要求，故D项错误。

10. **答案**：D。物权请求权是在物权圆满状态受到侵害或有侵害之虞，物权人请求停止侵害、排除妨碍、消除危险等以恢复至物权圆满状态的权利。其以物权为基础，不能与物权相分离而单独存在，所以C选项正确；其性质不是物权，亦不是债权，而是基于物权而产生的一种独立的行为请求权，所以A选项正确；其不是债权，但因是请求权，可以适用债权的有关规定，但并非适用债权的全部规定，所以B选项正确；物权请求权既可以由当事人自力行使，亦可寻求公力救济，以诉讼的方式行使，所以D选项错误。

11. **答案**：D。（1）依《民法典》第226条规定，动产物权设立和转让前，权利人已经占有该动产的，物权自民事法律行为生效时发生效力。本题中，庞某有1辆名牌自行车借给黄某，在借给黄某使用期间，又与黄某达成转让协议，黄某以8000元的价格购买该自行车，即在该自行车所有权转让黄某前，黄某已经依借用合同占有该车，所以自行车所有权自庞某与黄某达成转让协议时庞某完成交付，黄某取得该自行车的所有权，当然黄某此时对该自行车也取得处分权。由此可知，A、B选项说法均错误。（2）依《民法典》第228条的规定，动产物权转让时，当事人又约定由出让人继续占有该动产的，物权自该约定生效时发生效力，此所谓占有改定。本题中，黄某取得该自行车的所有权后，又将该自行车以9000元的价格转卖给了洪某，但约定由黄某继续使用1个月，即该自行车所有权由黄某转移至洪某后，双方又约定由出让人黄某继续占有该车，但自行车的所有权自双方约定生效时就发生移转。由此可知，C选项说法错误。（3）综上，因为黄某将自行车转让给洪某是有权处分，而洪某由此也自黄某处取得该自行车的所有权，所以庞某既不能向黄某，也不能向洪某主张原物返还请求权。D选项说法正确。

12. **答案**：B。依民事法律行为成立所需意思表示的数量和合意形成的方式的不同，将民事法律行为分为单方民事法律行为、双方民事法律行为、多方民事法律行为和决议行为。（1）A、B项考查民事法律行为的分类。动产所有权的抛弃属于单方民事法律行为。单方民事法律行为，是指依一方当事人的意思表示而成立的民事法律行为。甲虽系限制民事行为能力人（13周岁），但将喝了半瓶的可乐瓶放在操场上离去。以"行为的方式"表明抛弃的意思表示，且该单方民事法律行为合法有效。因此，甲的行为是抛弃而非赠与。故A项错误，B项正确。(2) C项考查民事法律行为的含义。民事法律行为以"意思表示"为核心，法律行为必须有意思表示。动产所有权的抛弃作为单方民事法律行为亦不例外。故C项错误。(3) D项考查遗失物和无主物的区分，无主物为其上没有所有权人的物，既然动产所有权的抛弃系单方民事法律行为，甲的单方意思表示即产生私法效果。因此，可乐瓶属于无主动产，即无主物而非遗失物。故D项错误。

13. 答案：D。A、B、C项均涉及丙能否取得该1000元的所有权以及如何取得。(1) 善意取得以无权处分为前提，而本题中乙并无处分该1000元给丙的意思，并无善意取得适用的空间，A项错误。(2) 先占的成立要求标的物为无主动产，本题中该1000元显然有主，不适用先占规则，B项错误。(3) 事实上，该1000元现金属于特殊的动产，作为一般等价物，很容易与占有人的其他现金混合而难以识别区分，因此学理上有所谓的"金钱占有即所有"的归纳，其背后的原理在于添附制度中的混合。因此，丙取得1000元的占有后，该1000元与丙的其他现金发生混合而难以区分，此时基于添附规则，丙取得混合物的所有权，即该1000元的所有权被丙取得，C项错误。(4) 原则上夫妻一方在婚后取得的财产都属于夫妻共同财产，当然也存在一些例外。本题中，屏风交付前该1000元虽然是甲的私房钱，但在法律上应属于夫妻共同财产，D项正确。

多项选择题

1. 答案：ABC。返还原物的前提首先是原物存在，其次是所有权没有发生移转，因此常常与善意取得制度联系在一起。在本题中也主要根据这点选择正确答案。参见《民法典》第311条。

2. 答案：BCD。参见《民法典》第229条、第232条。《民法典》第229条规定："因人民法院、仲裁机构的法律文书或者人民政府的征收决定等，导致物权设立、变更、转让或者消灭的，自法律文书或者征收决定等生效时发生效力。"第232条规定："处分依照本节规定享有的不动产物权，依照法律规定需要办理登记的，未经登记，不发生物权效力。"

3. 答案：AC。(1) 选项A正确。小贝的足球在老马手里，小贝要求其返还原物的请求权是物权请求权。(2) 选项B错误，选项C正确。小贝使老马的花瓶摔碎，老马要求小贝赔偿的请求权是债权请求权，不是物权请求权。(3) 选项D错误。自然人债权人留置的动产，应当与债权属于同一法律关系。小贝对老马享有物权请求权，老马对小贝享有债权请求权，两者不是同一法律关系，老马不能对足球进行留置。

4. 答案：BC。参见《民法典》第333条规定。《民法典》第333条规定："土地承包经营权自土地承包经营权合同生效时设立。登记机构应当向土地承包经营权人发放土地承包经营权证、林权证等证书，并登记造册，确认土地承包经营权。"

5. 答案：ABCD。(1)《民法典》第209条第1款规定，不动产物权的设立、变更、转让和消灭，经依法登记，发生效力；未经登记，不发生效力，但是法律另有规定的除外。按该规定，不动产物权的变动以办理登记为要件，乙虽然取得房屋的占有，但未办理过户登记，房屋所有权仍然归甲所有，但是乙基于所有权人甲的交付行为取得占有，为合法、有权占有，所以，A选项正确。(2)《民法典》第230条规定，因继承取得物权的，自继承开始时发生效力。甲死亡，丙即继承取得房屋所有权，但丙继承的是甲的权利，其权利范围不可能超越甲，其在继受甲的权利之时，亦继受了甲的义务，所以乙可以对丙主张有权占有，并可要求其办理过户登记手续，所以，B选项正确。(3) 丙在继承房屋后又将该房屋出卖给丁，属于有权处分，同时，丙与丁又办理了房屋所有权移转登记，丁即取得房屋所有权。在丁取得房屋所有权后，虽然乙的占有有正当权利来源，但其权占有仅可以对抗丙而不可以对抗丁，故而丁可以基于所有权请求乙返还房屋，所以，C、D 选项正确。

6. 答案：BD。（1）《民法典》第 229 条规定，因人民法院、仲裁机构的法律文书或者人民政府的征收决定等，导致物权设立、变更、转让或者消灭的，自法律文书或者征收决定等生效时发生效力。本题中，在判决离婚之前，李某与吴某共有房屋，均属于房屋所有人。待判决发生效力后，房屋为李某一人所有，因此，B 项正确。（2）根据《民法典》第 214 条规定，不动产物权的设立、变更、转让和消灭，依照法律规定应当登记的，自记载于不动产登记簿时发生法律效力。本案中，张某虽支付了价款，但没有办理变更登记，不能取得房屋所有权，而王某在 5 月 10 日与李某办理了房屋所有权变更登记，依《民法典》规定，自登记之日起享有房屋所有权，故 C 错误，D 正确。本题正确选项为 B、D。

7. 答案：ABCD。添附，是指基于种种原因致使原属数人之物结合或加工为一新物的现象。包括附合、混合和加工三种类型，均属于动产所有权的取得方法。A、B 项考查附合，C、D 项考查加工。附合，是指两个以上不同所有人的物结合在一起不能分离，或者分离会毁损该物或分离的费用较大。本题中，刘某将孟某的太湖石镶嵌在自己家中的电视墙中，属于不动产与动产的附合。加工，是指在他人之物上附加自己的有价值的劳动，使之成为新物。本题中，刘某将孟某的汉白玉（价值 1 万元）雕刻成柏拉图雕像（价值 3 万元）的行为系加工行为。根据《民法典》第 322 条规定，因加工、附合、混合而产生的物的归属，有约定的，按照约定，没有约定或者约定不明确的，依照法律规定；法律没有规定的，按照充分发挥物的效用以及保护无过错当事人的原则确定。因一方当事人的过错或者确定物的归属造成另一方当事人损害的，应当给予赔偿或者补偿。本题中，刘某未经许可将孟某的太湖石附合于自己家中的电视墙，将孟某的汉白玉雕刻成柏拉图雕像，在孟某同意放弃太湖石和汉白玉，只要求刘某赔偿即可的情形下，孟某的主张应当得到支持。故 A、B、C、D 项均正确。

✘ 不定项选择题

1. 答案：（1）AC。丁某虽未办理过户登记，还不是房屋所有权人，但其基于和王某的买卖合同，有权占有房屋，王某无权要求返还。小王作为王某的继承人，继承了其全部遗产，继承合同债权就应清偿相对应的合同债务，因此同样无权要求返还。A、C 正确。

（2）BC。《民法典》第 214 条规定："不动产物权的设立、变更、转让和消灭，依照法律规定应当登记的，自记载于不动产登记簿时发生效力。"因此杜某已经成为所有权人，依法享有《民法典》第 235 条规定的原物返还请求权。但《民法典》第 725 条规定："租赁物在承租人按照租赁合同占有期限内发生所有权变动的，不影响租赁合同的效力。"因此，在叶某的租赁关系建立之后方取得所有权的杜某无权要求叶某返还房屋。选 B、C。

2. 答案：（1）D。《民法典》第 409 条第 2 款规定，债务人以自己的财产设定抵押，抵押权人放弃该抵押权、抵押权顺位或者变更抵押权，其他担保人在抵押权人丧失优先受偿权益的范围内免除担保责任，但是其他担保人承诺仍然提供担保的除外。由此，D 的说法正确。

（2）AC。《民法典》第 419 条规定，抵押权人应当在主债权诉讼时效期间行使抵押权；未行使的，人民法院不予保护。由此 A 正确，当选；B 的说法错误，不当选。《民法典》第 692 条第 2 款规定，债权人与保证人可以约定保证期间，但是约定的保证期间早于主债务履行期限或者与主债务履行期限同时届满的，视为没有约定；没有约定或者约定不明确的，保证期间为主债务履行期限届满之日起 6 个月。由此 C 的说法正确，当选；D 的说法错误，不当选。本题正确答案是 A、C。

3. 答案：（1）BD。依据《民法典》第 215 条规定，A 的说法错误。乙是基于甲的意思表示而占有该房屋的,其占有是合法占有,B的说法正确。债是具有相容性的,因此每个买卖合同都是有效的,因此,C的说法错误。甲是房屋的所有权人,其和丙签订合同出卖自己的房屋并办理了过户登记手续,丙因此取得房屋的所有权,D的说法正确,本题正确答案是B、D。

(2) AD。虽然丁胁迫丙将房屋转移给他,但是因为办理了过户登记,丁就是房屋的所有权人,其将房屋转让给戊,戊信赖登记,应当受到公信力保护,综合来看,戊是基于合同,继受取得了该房屋的所有权,A和D的说法是正确的。

4. **答案**:B。(1)甲的手包遗失后历经拾得、保管、被盗、被拍卖,甲基于其所有权效力行使原物返还请求权时是否受到诉讼时效限制、如何受限制,要结合现有《民法典》规定作答。由《民法典》第196条规定可知,登记的动产物权的权利人请求返还财产的,不适用诉讼时效的规定。案情中并未交代手包经过登记,所有权人甲对其手包的物权返还请求权应当适用诉讼时效的规定,因此A项错误。(2)本案中手包拾得人乙为无权占有人,但属于善意占有,其占有状态依法受法律保护。由《民法典》第462条规定可知,占有的不动产或者动产被侵占的,占有人有权请求返还原物。占有人返还原物的请求权,自侵占发生之日起一年内未行使的,该请求权消灭。对于乙而言,其占有受保护的期间,法律特别规定为1年,且属于绝对的、客观的、失权的效力规定。盗窃案发生至盗窃案破获已经届满1年,故乙向丙主张返还手包的请求权已经消灭,故B项正确。(3)由《民法典》第188条第2款的规定可知,诉讼时效期间自权利人知道或者应当知道权利受到损害以及义务人之日起计算。盗窃案破获时甲方知其手包的状况和占有人,其返还请求权的诉讼时效开始起算,不可能因时效期间届满招致返还义务人的抗辩,更不会无由消灭,因此C项错误。(4)由《民法典》第312条规定可知,所有权人或者其他权利人有权追回遗失物。该遗失物通过转让被他人占有的,权利人有权自知道或者应当知道受让人之日起二年内向受让人请求返还原物;但是,受让人通过拍卖或者向具有经营资格的经营者购得该遗失物的,权利人请求返还原物时应当支付受让人所付的费用。甲的手包遗失后被公开拍卖的,甲有权从买受人处赎回,但该回赎权受2年时间限制,该2年从甲知道或者应当知道受让人之日起算,显然尚未届满,其有权向丁主张赎回,故D项错误。

名词解释

1. **答案**:即权利人直接支配其标的物,并享受其利益的排他性权利。根据《民法典》的规定,物权是指权利人依法对特定的物享有直接支配和排他的权利,包括所有权、用益物权和担保物权。物权具有以下法律特征:(1)物权是权利人直接支配物的权利;(2)物权是权利人直接享受物的利益的权利;(3)物权是排他性的权利。

2. **答案**:物权的权利人在其权利的实现上遇有某种妨害或者有被妨害的危险时,基于其物权对造成妨害或者导致妨害危险发生的人请求返还原物、排除妨害、消除危险的权利,旨在使物权恢复到不受侵害或者危险威胁的圆满状态。

3. **答案**:即在动产物权设立和转让前,受让人已经实际占有动产,如受让人已经通过寄托、租赁、借用等方式实际占有了动产,则让与人无须再进行现实交付,物权自民事法律行为生效时发生效力。

4. **答案**:即在动产交易中,出让人将其动产转让给受让人,动产物权的出让人与受让人之间特别约定,标的物仍然由出让人继续占有,而受让人在该约定生效时,受让人取得间接占有,以此代替现实交付。

5. **答案**:即动产物权设立和转让前,在动产由第三人占有时,负有交付义务的出让人将其对于第三人的返还原物请求权让与受让人,以代替交付。

6. **答案**:即出让人将标的物的物权凭证(如仓单、提单)移转给受让人,以代替物的现实交付。这时如果标的物仍由出让人或第三人占有时，受让人则取得对于物的间接占有。

7. 答案：留置权是指债务人不履行到期债务时，债权人享有的留置其已经合法占有的债务人的动产，并就该动产优先受偿的权利。其中，债权人为留置权人，占有的该动产为留置财产。

简答题

1. 答案：物权与债权的区别如下：

（1）权利的作用不同。从权利的作用上看，物权为支配权，债权为请求权。物权的作用是保障权利人能够对标的物直接为全面支配或限定支配，并进而享受物的利益。而债是特定人之间的法律关系，债权的实现需要债务人的协助，只有通过债务人的给付，债权人的债权方可实现。所以，物权与债权的最根本区别在于，债权并未赋予权利人对物的直接支配权，仅配备权利人针对特定人的请求权。

（2）权利效力不同。从权利的效力上看，因物权为支配权，故物权原则上具有排他性、优先性和追及效力，而债权为请求权，其原则上具有相容性、平等性，无追及效力。

（3）权利效力的范围不同。从权利效力的范围上看，物权为对世权，债权为对人权。物权原则上对世上任何人都有拘束力，其义务人是不特定的。而债权是特定人之间的法律关系，债权原则上只对某个或某些义务人有拘束力，债权人得向其请求给付，其他人则不受债权的约束，即债权的义务人是特定的。如果因第三人的行为使债权不能实现，债权人原则上也不得依据债权的效力向该第三人提出请求。

（4）权利的客体不同。从权利的客体上看，物权的客体是物，该物必须是在事实上、法律上能供民事主体占有、使用、收益、处分的物，既可以是物质实体，也可以是自然力。此外，在某些情况下，一定的权利也可以成为物权的客体。债权的客体则是给付，即债务人的某种特定行为。

（5）权利发生的根源不同。从权利的发生上看，物权采取物权法定原则，即物权的种类和内容需由法律规定，不允许当事人任意创设新的物权种类或变更物权的内容。而在债权的发生上，既有法定之债（如侵权行为之债、不当得利之债、无因管理之债等），也有意定之债（如契约之债），且多为意定之债。法律对于意定之债的发生采取契约自由原则，只要当事人不违反法律的强制性规定和公序良俗，就可通过合意自由创设债权。

（6）权利的社会机能不同。从权利的社会机能上看，物权是静态财产权，其社会机能是保护标的物的永续或恒常状态，明确对财产的归属和支配，侧重于财产的静态安全。而债权则是动态财产权，其社会机能是跨越时空障碍，实现财产的流转，保障在不同地域、不同时间发生的商品交换得以实现，侧重于财产的动态安全。

2. 答案：不动产是性质上不能移动其位置，或非经破坏、变更则不能移动其位置的物，一般指土地及其定着物（主要指房屋），不动产物权以不动产为标的物。动产物权以动产为标的物，所谓动产实质上是指不需破坏、变更而能移动其位置的财产。不动产物权与动产物权存在以下区别：

（1）法律对不动产物权的内容和行使限制较多，如法律对土地所有权的限制较多，除了相邻关系的规定以外，还有国防、电信、交通、自然资源、环境保护、名胜古迹等方面的限制。而对动产物权的内容和行使则限制较少，所有人有更充分的支配权。

（2）不动产物权不具移动性，种类很少，主要就是土地及其定着物；而动产物权具有移动性，且种类繁多，只要是移动不会变更和破坏其价值的物一般都是动产。

（3）不动产物权取得的方式较少，而动产物权取得的方式较多。以我国的土地所有权为例，以出让、划拨取得为主要方式。而动产物权的取得方式则包括善意取得、先占、拾得遗失物、发现埋藏物、添附等多种方式。

3. 答案：当不动产买卖中的标的物已交付而未进行物权变动登记时，不发生物权的转移，应当认为在这种情况下，只存在债权行为而不存在物权行为。因为所谓物权行为，指的是以物权的设立、变更和终止为目的的法律行为。物权行为是由物权的意思表示与登记或交付相结合而成的要式行为。要发生所有权移转，则必须当事人具有所有权移转的合意，同时还要进行登记或交付行为。这种登记行为和交付行为作为物权变动合意的表征，并非物权行为的生效要件，而是成立要件，因为离开了登记和交付行为就无法起到物权的公示效果，也就违背了物权行为的初衷。故不动产买卖中的标的物已交付而未为物权变动登记时，只存在债权行为而不存在物权行为，不发生物权的变动。至于债权行为的效力，则就债权行为本身依法判断。

4. **答案**：公示原则是指物权在设立、变更、终止时，必须将物权设立、变更、终止的事实通过一定的公开方法向社会公开，从而使第三人知道。由于物权原则上具有支配性和优先性，能够对抗第三人，因此物权必须公开，使第三人知道该物权的存在。

物权的公示方法必须是确定的，不能由当事人随意创设。公示方法因物的种类不同而不同，不动产物权主要采用登记的方法公示，动产物权主要以交付为公示方法。不动产的登记体现在当事人达成以设立、变更、终止物权为目的的合同之后，原则上一经登记便可以产生物权设立、变更、终止的效力。它的意义主要在于将物上权利的设立、变更、终止的信息向社会公开，使第三人了解这些情况，这样不仅能够使物权的变动形成一种公信力，更重要的是第三人能够通过登记了解权利的状况以及权利上是否存在负担等，为不动产交易的当事人提供一种风险的警示，从而决定是否与登记的权利人从事各种交易。动产物权的公示方法主要是交付，要件是占有，它具有权利的推定效力，即现实的占有人在无相反证据的情况下，可以被推定为真正的权利人。占有本身具有一种公示的效果，这种公示的效果也可以产生一种公信力，即任何人信赖占有人行使权利是正当的，并与其发生交易，此种信赖应当受到保护。

公信原则是指一旦当事人设立、变更、终止物权是依据法律的规定进行了公示，则即使依公示方法表现出来的物权事实上并不存在或有瑕疵，但对于信赖该物权的存在并且已经从事了物权交易的人而言，法律依然承认其具有与该物权为真实时相同的效果，以保护交易安全，此所谓权利的正确性推定。以不动产物权为例，如果登记制度不能产生公信力，则不仅使登记制度形同虚设，也不利于交易的安全。因此，对不动产而言，公信力原则上是赋予了登记所公示的不动产物权内容以公信力，因此，公示与公信是密切联系在一起的。但是公信制度也有一些例外，它不适用于恶意的第三人，即如果相对人在交易时知道或者应当知道交易的另一方并不是真正的权利人时，法律对其利益不予保护。

公信制度的确立能够促使人们从事登记行为，从而有利于建立一种真正的信用经济，使权利的让渡能够顺利、有序地进行。当事人之间所从事的物权交易，其权利的变动应该是清晰透明和公开的，这样才能使物权的变动不至于损害第三人的利益。公示和公信原则对于鼓励交易具有极为重要的作用：一方面，由于当事人不需要花费更多的时间和精力去调查了解标的物的权利状态，从而可以较为迅速地达成交易。另一方面，公信原则使当事人形成了一种对交易的合法性、对受让标的物的不可追夺性的信赖和期待，从而为当事人快捷的交易形成了一种激励，为交易的安全提供了一种保障机制。

5. **答案**：知识产权是依法对智力劳动成果享有的占有、使用、收益和处分的权利。物权是指权利人依法对特定的物享有直接支配和排他的权利，包括所有权、用益物权和担保物权。二者区别主要在于：

（1）权利的客体不同。物权的客体包括动产和不动产，而知识产权是一种无形财产权，其客体是智力劳动成果，包括作品、发明、商标、地理标志、商业秘密、集成电路布图设计、植物新品种等。

（2）两者都是绝对权，但在独占性、专有性和排他性上知识产权明显弱于物权。

（3）物权人的利益可以通过对物权对象的占有实现，知识产权利益则需要借助法律的保障才可以实现。

（4）知识产权的期限不同于物权的期限。

（5）知识产权作为一种财产权，其价值无论是质的规定性还是量的规定性，都不同于物权。

6. 答案：物权法定主义，是指物权的种类和内容只能由法律规定，禁止当事人自由创设物权，也不得随意变更物权的种类和内容。物权法定被视为物权法的首要原则，在整个物权法结构体系中处于枢纽的地位。物权法定主要包括物权的种类法定和内容法定。

（1）物权的种类法定。是指哪些权利属于物权，哪些不是物权，要由物权法和其他法律规定。也就是说，物权必须由法律设定，不得由法律之外的规范性文件随意规定，也不允许当事人通过法律行为随意创设。

（2）物权的内容法定。内容法定包括两个方面：一方面，物权的内容必须由法律规定，当事人不得创设与法定物权内容不符的物权，也不得基于其合意自由决定物权的内容。另一方面，内容法定强调当事人不得作出与物权法关于物权内容的强制性规定不符的约定。

需要注意的是，鉴于"物债二分"下物权的绝对性和对世性，法律法定物权的种类和内容之后，意味着物权的公示方法和效力也为法定。

论述题

1. 答案：通说认为，物权法的基本原则包括物权法定原则、一物一权原则和公示公信原则，此三大原则是物权法具体制度的基础，以下分别予以详述：

（1）物权法定原则，又称物权法定主义，是指物权的种类和内容只能由法律规定，禁止当事人自由创设物权，也不得变更物权的种类和内容。物权法定主义是物权法区别于合同法的重要标志。物权法定主义最早起源于罗马法，以后逐渐为大陆法各国和地区所采纳，其存在的根据是由物权本身的性质决定的。由于物权是一种对物直接支配的权利，它具有排他性和绝对性，因此物权的取得、丧失、变更等，力求透明，以利于交易安全和充分发挥物的作用。物权法定主义具有如下几项内容：其一，物权的各种类型都是由法律明确规定的，我国现行立法规定了所有权、各类用益物权和各类担保物权。所谓物权不得由当事人随意创设，是指当事人不得在其协议中明确规定其通过合同创设的权利为物权，也不得设定与法定的物权类型不相符合的物权。其二，物权的内容只能由法律规定，而不能由当事人通过协议设定。法律须尽可能明确所有权人能够分离和转让的所有权权能；对所有权的限制必须由法律规定，任何人不得擅自对他人的所有权权能施加限制或者妨碍他人行使所有权，否则构成对他人所有权的侵害；对于各种他物权的内容尤其是他物权人所承担的义务，法律要作出规定。此种规定属于强制性规范，不允许当事人通过协议加以改变。需要注意的是，鉴于"物债二分"下物权的绝对性和对世性，法律法定物权的种类和内容之后，意味着物权的公示方法和效力也为法定。例如，物权原则上都具有对抗第三人的效力，我国现行法明确规定了不少物权具有的对内和对外的优先效力。此外，我国现行法律也明确规定了除非法律另有规定，否则动产必须交付后才能移转所有权，不动产必须在登记后才能移转所有权，交付和登记便是法定的公示方法，当事人不得协商不通过公示而移转所有权。

（2）一物一权原则，又称为物权客体特定主义，是指一个物权的客体仅为一个独立的有体物，在同一物之上不得设立两个或两个以上内容相互矛盾的物权，尤其不能设立两个所有权。一般认为，该原则存在的原因主要是大陆法的所有权的客体仅限于有体物，由此决定了客体的范围必须是客观的、明确的，并且必须是唯一的。但除此之外，一物一权规则的采用与法律维护交易安全的需要也是紧密相连的。一物一权主义主要包括以下几项内容：其一，物权的客体仅为独立的特定的物，即作为物权的客体的物必须是独立的、特定的、与其他物分开的物；只有在作为物权的客体的物具有独立性和特定性的情况下，才能明确物权的支配范围，使物权人能够在其客体之上形成物权并排斥他人的干涉。其二，一个所有权的客体仅为一个独立物，集合物原则上不能成为一个所有权的客体，而只能成为多个所有权的客体。构成集合物的各个部分如果能够独立存在，具有独立的经济价值，相对于其他物而言，也可以成为独立物。一物只能设定一个所有权，从根本上说是出于产权界定、定分止争的需要。正是根据一物之上只能设置一个所有权的规则，才推论出所有权权能可以分离、所有权与占有相区分和按份共有规则等。其三，一物之上可以存在数个物权，但各个物权之间内容不得相互矛盾。一物之上存在数个内容不相矛盾的物权有这样几种形式：所有权与其他物权并存；在同一物上设定数个担保物权；用益物权与担保物权并存等。其四，一物的某一部分不能成立单个的所有权，即一物只能在整体上成立一个所有权，那些附属于主物的从物，原则上只能是主物的一部分，随主物所有权的移转而移转。

（3）公示公信原则。所谓公示，是指物权在变动时，必须将物权变动的事实通过一定的公示方法向社会公开，从而使第三人知道物权变动的情况，以避免第三人遭受损害并保护交易安全。公信则是指当事人变动物权时，依据法律的规定进行了公示，则即使依公示方法表现出来的物权不存在或存在瑕疵，对于信赖该物权的存在并已从事了物权交易的人而言，法律仍然承认其具有与真实的物权存在相同的法律效果，以保护交易安全。由此可见，公信原则实际上是使公示的内容具有公信力。两者虽然内容不同，但都是为维护交易安全而设定的。我国民法也规定了动产应当交付、不动产应当登记的规则。在我国司法实践中，相较而言，对不动产的登记赋予了较强的公信力，任何因信赖登记而从事交易的人，其利益一般均可受到保护；但动产因交付而取得占有的公信力并不是很强，虽然也采用了善意取得制度对信赖对方占有而与其从事动产交易活动的善意第三人予以保护，但对这一制度的适用范围和条件有更严格的限定。

由上可知，物权法的三大基本原则各有其确定的含义和内容，总的来说，其功能价值在于恰当、合理地分配和保护各方当事人对物所享有的利益，并保障物在流转中的交易安全。

2. 答案：物权行为是指民事主体以物权的设立、变更、终止为目的的民事法律行为。物权行为无因性理论是物权行为理论的组成部分，该理论为德国学者萨维尼所创立。他认为，交付中的意思表示是独立的意思表示，因而交付是一个独立的契约。当事人承担义务的法律行为与其完成物权变动的行为是两个法律行为，前者为债权行为，后者为物权行为，二者相分离。由此更进一步推出物权行为无因性理论，即物权行为在原则上不依赖其原因行为（债权行为）而独立存在，或者说物的履行行为的效力和结果在原则上独立于债务关系的效力和结果。当原因行为被撤销时，依此原因行为所为的履行行为却不当然失效，因为当事人之间的物的合意并未失效，物的取得人因此取得的物权不能随之撤销，已为物的交付的当事人只可以向物的取得人提起不当得利的返还之诉。这就是物权行为的无因性理论，其经典表述即为"一个源于错误的交付也是完全有效的"。

在是否承认物权行为的存在及其无因性的问题上，存在三种立法例：一是意思主义，认为物权的变动是债权行为的直接结果，物权的变动仅依当事人意思表示（债权行为）即成立，不以交付、登记为生效要件，动产的交付、不动产的登记只是对抗第三人的要件，因而不存在与债权行为相分离的独立的物权行为。这种立法例以《法国民法典》为代表，日本亦采取相同的立场。二是形式主义，认为物权行为与债权行为是两种不同的法律行为，债权行为的效力仅在当事人之间产生一定的债权债务关系，并不能发生物权的变动。要发生物权的变动，除债权行为外，还需要有直接使物权变动的物权行为。具体而言，动产物权的变动，依当事人的合意及交付而生效，不动产物权的变动依当事人的合意及登记而生效，对第三人具有当然的约束力。这种立法例以《德国民法典》为代表。三是折中主义，认为物权行为与债权行为并无严格区分，法律原因或原因行为、登记承诺与登记相结合而发生物权变动的效力。这种立法例以《瑞士民法典》为代表。

总体而言，凡认为物权行为独立的立法和学说，多主张物权行为是无因行为；凡是不认为物权行为独立的，也不发生物权行为有因、无因的问题。但整体趋势是：即使是持物权行为无因说者，也逐渐倾向于相对无因说，即主张物权行为原则上为无因，但法律另有规定或当事人另有约定时，可为有因。

至于我国民法是否承认物权行为理论及其无因性理论，一般认为，我国法律以及司法实践采取的是意思主义与交付主义相结合的原则，承认物权行为的存在，但并没有明确承认物权行为无因性理论。

第十一章　所有权的一般原理

✓ **单项选择题**

1. **答案**：D。货币所有权的转移以交付为要件，交付货币发生所有权转移。

2. **答案**：C。遗失物收归国有被寄卖后，张军因买卖关系当然取得该手表的所有权，而后张军又将手表送给女友兰兰，所有权转移，归兰兰所有。盗赃物原则上不适用善意取得制度，但如果第三人是从出卖同类物品的公共市场上买得的，所有人无权向第三人请求返还原物。

3. **答案**：C。考查原始取得和继受取得。利息属于孳息，取得孳息物属于原始取得。

4. **答案**：B。参见《民法典》第231条。《民法典》第231条规定："因合法建造、拆除房屋等事实行为设立或者消灭物权的，自事实行为成就时发生效力。"

5. **答案**：B。虽王某出售皮包的行为为无权处分，但吴某符合善意取得的构成，基于善意取得而获得皮包的所有权；之后何某出售皮包的行为也属于无权处分，但苏某同样基于善意取得获得该皮包的所有权。

6. **答案**：C。收益，是通过财产的使用、经营或出租等方式获取的物质利益，如获取孳息。孳息又分为法定孳息和天然孳息。法定孳息，是指依法律关系取得的利益；天然孳息，是指原物因自然力产生的，或者按物的用法而收获的利益。本题中，A、B、D三项表述均属于收益，A项表述属天然孳息；B项表述也属天然孳息；D项表述属法定孳息。C项表述中的奖金是基于劳动合同关系而不是基于财产取得的物质利益，不属于收益。

7. **答案**：A。参见《民法典》第630条。《民法典》第630条规定："标的物在交付之前产生的孳息，归出卖人所有；交付之后产生的孳息，归买受人所有。但是，当事人另有约定的除外。"同时本题中乙代甲买相机，抽奖券可以认定为是相机的孳息，应属于相机的所有人甲。

8. **答案**：D。本题中的画长期挂于乙家中，至多可能导致第三人误信。根据《民法典》第1122条，继承人只可能继承被继承人可以作为遗产的合法财产，本题中的画并非被继承人乙的遗产，丙既不能基于继承取得该画的所有权，也因不符合善意取得的构成而不能获得该画的所有权。

9. **答案**：C。先占是指最先占有无主动产。先占必须在事实上占有物，这种占有要有取得所有权的意思。本题中的甲因其抛弃行为而自愿放弃自己对该牛的所有权，该牛成为无主财产。乙基于先占，即最先占有无主财产，而取得该牛的所有权。

10. **答案**：B。A项表述中的第三人因善意取得制度而获得该物的所有权。C项占有人将物赠与第三人是获得所有人授权的，第三人已经合法取得该物的所有权。故A、C项中的原所有人均无权请求第三人返还原物。D项中原所有人无权请求第三人返还原物，理由参见《民法典》第312条的规定。

11. **答案**：D。参见《民法典》第311条关于善意取得的规定。

12. **答案**：A。本题情形属于动产与不动产的附合，由不动产所有权人取得所有权，但应给原动产所有人（即将房屋翻盖所用的材料的所有人）以补偿。

13. **答案**：D。按照合同或者其他方式取得财产权的，财产权从财产交付时起转移，法律另有规定或者当事人另有约定的除外。

14. **答案**：A。加工是指在他人之物上附加自己有价值的劳动使之成为新的财产。理论上一般认为，对加工物所有权的归属，一般由当事人协商处理，不能达成协议的，原则上归原物所有人，并给予加工人补偿，但是当加工价值大于材料价值时，加工物可以归加工人所有，但应对原所有人给予补偿。

15. **答案**：C。题中所描述的为相邻妨害关系，相邻人排放废水、废渣、废气、粉尘、油污和放射性物质的应当严格遵守国家标准，不得污染环境，造成邻人损害。否则，邻人有权要求停止排污，请求有关部门处理。受到损害的，有权要求赔偿。

16. **答案**：C。甲的行为已经侵犯了乙的宅基地使用权。

17. **答案**：C。选项 A 说法正确。《民法典》第 302 条规定："共有人对共有物的管理费用以及其他负担，有约定的，按照其约定；没有约定或者约定不明确的，按份共有人按照其份额负担，共同共有人共同负担。"选项 B 说法正确，《民法典》第 308 条规定："共有人对共有的不动产或者动产没有约定为按份共有或者共同共有，或者约定不明确的，除共有人具有家庭关系等外，视为按份共有。"选项 C 说法错误，《民法典》第 301 条规定："处分共有的不动产或者动产以及对共有的不动产或者动产作重大修缮、变更性质或者用途的，应当经占份额三分之二以上的按份共有人或者全体共同共有人同意，但是共有人之间另有约定的除外。"选项 D 说法正确，《民法典》第 305 条规定："按份共有人可以转让其享有的共有的不动产或者动产份额。其他共有人在同等条件下享有优先购买的权利。"

18. **答案**：D。停车位归乙所有，甲未经权利人乙的同意而擅自占为己用，属于无权占有，甲明知自己无权占有而继续占有，为恶意占有，故选项 A 表述正确，不选。《民法典》第 462 条规定："占有的不动产或者动产被侵占的，占有人有权请求返还原物……"占有人主张占有返还请求权的前提是，占有物被侵占，而丙基于其与甲签订的租赁合同进行占有使用，不构成侵占，甲在租赁期间内不得主张占有返还请求权，故选项 B 表述正确，不选。《民法典》第 235 条规定："无权占有不动产或者动产的，权利人可以请求返还原物。"乙为停车位所有权人，甲为无权占有人，乙可以请求甲返还原物。但此时停车位实际被丙占有，在租赁期限届满后，丙仍然继续使用停车位，按照前述《民法典》第 462 条的规定，甲对其享有占有返还请求权，故乙可以请求甲返还原物，甲向乙让与其对丙的占有返还请求权，故选项 C 正确，不选。乙作为所有权人，对间接侵占其占有权的丙，只可基于所有权而要求其返还原物，故选项 D 错误。综上，由于本题是选非题，本题正确答案为 D。

19. **答案**：C。《民法典》第 209 条第 1 款规定："不动产物权的设立、变更、转让和消灭，经依法登记，发生效力；未经登记，不发生效力，但是法律另有规定的除外。"据此 A 项错误。《民法典》第 229 条规定："因人民法院、仲裁机构的法律文书或者人民政府的征收决定等，导致物权设立、变更、转让或者消灭的，自法律文书或者征收决定等生效时发生效力。"但是，2024 年 8 月，法院仅判决丙办理房屋过户手续，并非因判决导致房屋物权变更的情形，导致物权变动的是 2024 年 3 月甲、乙和丙之间的协议，因此本题中的情形不适用《民法典》第 229 条的规定，据此 B 项错误。《民法典》第 230 条规定："因继承取得物权的，自继承开始时发生效力。"虽然甲、乙、丙三方达成协议，且法院也判决丙办理房屋过户手续，但丙一直没有办理，即房屋仍登记在丙名下，所有权仍归属于丙，丙死亡后，丁法定继承该房屋所有权，因此 C 项正确。2024 年 12 月，丁将房屋赠给戊，仅对赠与合同作了公证，未先将房屋登记于自己名下再办理转让登记至戊的名下，因此戊并未取得所有权，D 项错误。

20. **答案**：D。《民法典》第 312 条规定："所有权人或者其他权利人有权追回遗失物。该遗失物通过转让被他人占有的，权利人有权向无处分权人请求损害赔偿，或者自知道或者应当知道受让人之日起二年内向受让人请求返还原物；但是，受让人通过拍卖或者向具有经营资格的经营者购得该遗失物的，权利人请求返还原物时应当支付受让人所付的费用。权利人向受让人支付所付费用后，有权向无处分权人追偿。"由此可见，就所有权的追回而言，手表无论是在李某、王某还是郑某手中，由于手表系遗失物，只要不违反上述法条规定的两项条件（自知道或者应当知道受让人之日起2年内；给付通过拍卖或者向具有经营资格的经营者购得该遗失物的所付费用），所有权人张某均有权要求受让人返还。本题中的情形并没有违反上述条件，因此张某有权要求受让人返还手表。但是，所有权人基于所有权请求返还原物，必须向所有物的直接占有人要求返还，上述的李某、王某、郑某均非直接占有人，故张某无从要求上述三人返还，因此A、B、C三项均非正确答案；D项的朱某系手表的直接占有人，题目中也没有说明其行使留置权进行抗辩，因此D项正确。

21. 答案：A。《民法典》第224条规定："动产物权的设立和转让，自交付时发生效力，但是法律另有规定的除外。"据此，本题中丁因为交付而取得了动产玉器的所有权，故而甲已经无法履行与丙、丁的合同。由此，A项正确，B、C项错误。本题中三份合同均没有《民法典》第153条、第154条规定的无效情形，因此均为有效，D项错误。

22. 答案：D。本题中，方某以2000元现金酬谢为内容发布寻物启事的悬赏广告行为在民法上构成单方允诺，如有人交还遗失物，方某基于单方允诺必须支付酬金，这就是单方允诺的法律效果。另外，《民法典》第317条规定："权利人领取遗失物时，应当向拾得人或者有关部门支付保管遗失物等支出的必要费用。权利人悬赏寻找遗失物的，领取遗失物时应当按照承诺履行义务。拾得人侵占遗失物的，无权请求保管遗失物等支出的费用，也无权请求权利人按照承诺履行义务。"据此本题D项正确，A、C项错误。《民法典》第314条规定："拾得遗失物，应当返还权利人。拾得人应当及时通知权利人领取，或者送交公安等有关部门。"因此，拾得人返还遗失物是他的法定义务，是基于物权法而非债权法的规定进行返还，因此拾得人不能像债权人那样行使留置权，B项

错误。

23. 答案：A。《民法典》第220条规定，权利人、利害关系人认为不动产登记簿记载的事项错误的，可以申请更正登记。不动产登记簿记载的权利人书面同意更正或者有证据证明登记确有错误的，登记机构应当予以更正。不动产登记簿记载的权利人不同意更正的，利害关系人可以申请异议登记。登记机构予以异议登记，申请人自异议登记之日起15日内不提起诉讼的，异议登记失效。异议登记不当，造成权利人损害的，权利人可以向申请人请求损害赔偿。本题中，甲与乙签订的《协议》中明确约定"乙代甲购房"，且首付和月供都是甲出的，甲是房屋的实际产权人，有权提出更正登记；同时，甲、乙约定是乙代甲购房，所以不属于借款购房；而且即使登记在乙名下，甲也可以根据协议请求乙过户，故B、C选项均错误，A选项正确。《民法典》第311条第1款规定，无处分权人将不动产或者动产转让给受让人的，所有权人有权追回；除法律另有规定外，符合下列情形的，受让人取得该不动产或者动产的所有权：（1）受让人受让该不动产或者动产时是善意；（2）以合理的价格转让；（3）转让的不动产或者动产依照法律规定应当登记的已经登记，不需要登记的已经交付给受让人。据此可知，若丙不知甲、乙之间的《协议》，乙将房屋过户给丙时，丙须支付合理价款后才构成善意取得，故D选项错误。

24. 答案：B。（1）依《民法典》第314条、第316条、第317条第2款的规定，拾得遗失物，应当返还权利人；拾得人在遗失物送交有关部门前，有关部门在遗失物被领取前，应当妥善保管遗失物，因故意或者重大过失致使遗失物毁损、灭失的，应当承担民事责任；权利人悬赏寻找遗失物的，领取遗失物时应当按照承诺履行义务。本题中，甲遗失手链1条，被乙拾得，甲知道后要求乙返还，乙有义务返还，但与此同时，返还前乙应当妥善保管手链，而乙却没有尽到保管义务，以致在桥边玩耍时手链掉入河中被冲

走,故乙应承担赔偿责任。由此可知,本题中C、D选项的说法均错误。(2) 依《民法典》第317条第3款的规定,拾得人侵占遗失物的,无权请求保管遗失物等支出的费用,也无权请求权利人按照承诺履行义务,即拾得人构成侵占的,便丧失报酬请求权。本题中,甲承诺给付报酬,但要求乙返还手链时却不同意给付,双方数次交涉无果的情况下乙仍然继续占有手链,乙的行为虽有不妥,但尚不构成侵占,因而乙并不因此而丧失请求支付报酬的权利。但是,该手链于乙在桥边玩耍时掉入河中被冲走,即最终乙并没有归还甲手链,没有完成甲悬赏广告中指定的行为,因而也无权索要报酬,故本题中A选项说法错误,B选项说法正确。

25. 答案:D。首先,根据民事法律行为成立所需意思表示的数量和合意形成的方式的不同,可以将民事法律行为分为单方民事法律行为、双方民事法律行为、多方民事法律行为和决议行为。其中,单方民事法律行为,是指依一方当事人的意思表示而成立的民事法律行为。典型的单方民事法律行为包括动产所有权的抛弃、订立遗嘱等。本题中,刘某将孟某大衣扔掉的行为系动产所有权的抛弃,属于典型的单方民事法律行为而非事实行为。故A项错误。其次,先占制度虽然在我国现行法律中并无明文规定,但无论是学理上还是司法实践中,均承认先占可以发生物权变动。先占,是指以所有的意思,先于他人占有无主的动产,从而取得其所有权的法律事实。对于先占而言,应当具备三个要件:(1) 须以所有的意思占有无主物;(2) 对象是无主物;(3) 标的物为动产。本题中,孟某的大衣被刘某抛弃后即属于无主动产。徐老太可以基于先占而取得大衣的所有权。故B项错误。最后,根据《民法典》第314条规定,拾得遗失物,应当返还权利人。拾得人应当及时通知权利人领取,或者送交公安等有关部门。本题中,刘某将孟某大衣扔掉时不存在抛弃27500元的手表的单方意思表示。因此,手表属于遗失物。徐老太拾得遗失物,依法应当返还。故C项错误。

26. 答案:A。根据《民法典》第630条规定,标的物在交付之前产生的孳息,归出卖人所有;交付之后产生的孳息,归买受人所有。但是,当事人另有约定的除外。本题中,张某将大海螺出卖给苏某后,大海螺中产生的孳息即珍珠应归买方苏某所有。故B项错误。当苏某将大海螺交给海河大饭店加工时,苏某依然是大海螺的所有权人。因此,孳息应归苏某而非承揽人海河大饭店,更非厨师何某。故C、D项错误。

27. 答案:A。先占制度虽然在我国现行法律中并无明文规定,但无论是学理上还是司法实践中,均承认先占可以发生物权变动。先占,是指以所有的意思,先于他人占有无主的动产,从而取得其所有权的法律事实。对于先占而言,应当具备三个要件:(1) 需以所有的意思占有无主物;(2) 对象是无主物;(3) 标的物为动产。根据《民法典》第247条的规定,矿藏、水流、海域属于国家所有。但现行法律并未规定陨石亦归国家所有。故D项错误。陨石作为无主动产,应依先占之基本规则确定归属,因甲捡到,应归甲所有。故B项错误。目前学界通说认为,共同共有的情形只可能有四种,即"夫、家、遗、伙"关系。其中,"夫"代表夫妻关系;"家"代表家庭关系;"遗"代表遗产继承关系;"伙"代表合伙关系。本题中,甲、乙之间并不存在上述四种关系。因此,陨石不可能由二者共同共有。故C项错误。

28. 答案:D。《不动产登记暂行条例》第14条规定:"因买卖、设定抵押权等申请不动产登记的,应当由当事人双方共同申请。属于下列情形之一的,可以由当事人单方申请:(一) 尚未登记的不动产首次申请登记的;(二) 继承、接受遗赠取得不动产权利的;(三) 人民法院、仲裁委员会生效的法律文书或者人民政府生效的决定等设立、变更、转让、消灭不动产权利的;(四) 权利人姓名、名称或者自然状况发生变化,申请变更登记的;(五) 不动产灭失或者权利人放弃不动产权利,申请注销登记的;(六) 申请更正登记或者异议登记的；（七）法律、行政法规规定可以由当事人单方申请的其他情形。"A、B、C项可以单方申请，D项应当由当事人双方共同申请，故D项正确。

✓ 多项选择题

1. **答案**：BD。我国民法理论将物权通常分为所有权（自物权、完全物权、无期物权）和他物权（限制物权、不完全物权、有期物权）。我国法律规定土地属于国家或者集体所有，建设用地使用权主要是对于土地的占有、使用、收益权利，属于用益物权、限制物权。

2. **答案**：ABD。参见《民法典》第272条、第273条关于建筑物区分所有权的规定。《民法典》第272条规定："业主对其建筑物专有部分享有占有、使用、收益和处分的权利。业主行使权利不得危及建筑物的安全，不得损害其他业主的合法权益。"第273条规定："业主对建筑物专有部分以外的共有部分，享有权利，承担义务；不得以放弃权利为由不履行义务。业主转让建筑物内的住宅、经营性用房，其对共有部分享有的共有和共同管理的权利一并转让。"

3. **答案**：ABCD。A项表述的添附、B项表述的国家取得无人继承的遗产所有权、C项表述的善意取得、D项表述的孳息均属于所有权的原始取得方法。

4. **答案**：ABC。有关民法理论将对物权的取得分为原始取得与继受取得；原始取得是指最初取得某项无所有权人的财产或者不依赖原所有人的意志而根据法律规定取得某项财产；继受取得（传来取得），是指通过某种法律行为从原所有人那里取得对某项财产的所有权。

5. **答案**：ABD。本题主要是考查所有权的效力。

6. **答案**：BD。本题中，甲向乙交付20张奖券代替现金交付的行为得到乙的同意，双方债的关系已经消灭，乙因此而取得了该20张奖券的所有权。奖券属于有价证券，而奖金属于奖券的法定孳息，根据我国《民法典》的规定，对于法定孳息，在当事人没有约定的情形下，根据交易习惯确定归属。对于无记名有价证券，交易习惯是持有人即为证券上记载的权利的享有人，故本题中奖金的所有权自然归属于奖券的新持有人乙。

7. **答案**：BC。本题考查返还原物请求权的适用范围、善意取得制度。对照善意取得的构成条件，A选项符合，因此不得要求返还；而B选项不适用善意取得制度，故可以要求返还。D选项中的两个合同均有效，孙某因为继受取得标的物的所有权，因此，物权的追及效力被阻断。C选项中的标的物还在，因此可以要求返还。

8. **答案**：ABC。A对，在法律没有特别规定或合同没有特别约定时，农村土地承包经营权人当然取得原物所生自然孳息的所有权。B对，采矿权人可以取得原物所生天然孳息的所有权。C对，根据有关典权的一般原理，典权人可取得原物所生孳息的所有权，除非当事人有相反约定。D错，根据《民法典》规定，质权人在质押关系存续期间仅有孳息的收取权，而不能取得对它的所有权。

9. **答案**：ACD。本题考查动产所有权的消灭和取得。

10. **答案**：ACD。本题考查相邻关系的具体种类。B选项属于地役权，而非相邻关系。甲村为了自己的利益在乙、丙、丁村的土地上修建水渠，已经超过了相邻关系对于相邻人行使不动产所有权和使用权以提供最低限度的便利和容忍义务。

11. **答案**：BCD。《民法典》第220条规定，权利人、利害关系人认为不动产登记簿记载的事项错误的，可以申请更正登记。不动产登记簿记载的权利人书面同意更正或者有证据证明登记确有错误的，登记机构应当予以更正。不动产登记簿记载的权利人不同意更正的，利害关系人可以申请异议登记。登记机构予以异议登记，申请人自异议登记之日起15日内不提起诉讼的，异议登记失效。异议登记不当，造成权利人损害的，权利人可以向申请人请求损害赔偿。根据本题题意，刘某不可能有权利人的书面更正同意或者有证据证明登记确有错误，所以直接向登记机构申请更正登记会导致更正登记难以实现，可以向登记机构申请异议登记,据此选项 A 错误,选项 B 正确。《民法典》第 234 条规定,因物权的归属、内容发生争议的,利害关系人可以请求确认权利。因此选项 C、D 正确。

12. **答案**:ABD。《民法典》第 322 条规定:"因加工、附合、混合而产生的物的归属,有约定的,按照约定;没有约定或者约定不明确的,依照法律规定;法律没有规定的,按照充分发挥物的效用以及保护无过错当事人的原则确定。因一方当事人的过错或者确定物的归属造成另一方当事人损害的,应当给予赔偿或者补偿。"首先,添附是指基于种种原因将原属于数人之物结合或加工为一新物的现象,包括附合、混合、加工三种情形,添附是物的原始取得方式之一。由于所有权的"一物一权"规则,因添附发生后,应依法公平地确定其归属。按照"发挥物的效用"原则,可以处理动产与不动产的添附问题,实践中一般由不动产方取得动产方的所有权。但当动产之间发生添附,则一般按照"价值主义"确定归属,即当加工增加的价值大于材料价值时,加工物应当归加工人所有。本题既发生了加工,也发生了附合,应以丙的房屋所有权吸收甲或乙的动产所有权,即应当由丙取得八卦玉石的所有权,故 C 项正确,A、B 项错误。其次,关于"赔偿与补偿"的问题,取决于对行为人评价是否应加持"非难性"。发生添附后,对有过错方而言应用"赔偿";而对主观上无过错的行为人而言应使用"补偿"。本案中,乙在受托保管他人之物时擅自加工雕刻,其若依法获得所有权,应当对甲予以赔偿;若丙获得所有权,由于其对甲没有过错,应当对甲给予"相应补偿",但对乙应予"赔偿";若甲获得所有权,其对乙和丙均无过错,只需给予"相应补偿",故 D 项错误。

✕ 不定项选择题

1. **答案**:(1) D。本小题考查善意取得与赠与。《民法典》第 154 条规定:"行为人与相对人恶意串通,损害他人合法权益的民事法律行为无效。"据此,本题中钱某与孙某的买卖行为因恶意串通损害了赵某的利益,应属无效,据此孙某不能取得电视机的所有权。孙某占有该电视机后以市价卖给李某,李某基于善意取得制度而取得了该电视机的所有权。而后,李某将该电视机作为嫁妆送给李乙,赠与合同成立并发生法律效力,因此,李乙取得该电视机的所有权。

(2) C。本小题主要考查质权生效要件。A、B、D 错,根据《民法典》第 143 条的规定,李某与吴某之间的运输合同行为、李某与周某之间的借贷合同行为、赵某与钱某之间的委托行为均符合民事法律行为生效的三个要件,是有效的民事法律行为。C 对,《民法典》第 429 条规定,质权自出质人交付质押财产时设立。本题中李某与周某之间虽然签订了质押合同,但并没有移交质物的占有,所以李某与周某之间的质权设立行为无效。

(3) D。本小题考查侵权责任的承担。《民法典》第 823 条第 1 款规定:"承运人应当对运输过程中旅客的伤亡承担赔偿责任;但是,伤亡是旅客自身健康原因造成的或者承运人证明伤亡是旅客故意、重大过失造成的除外。"第 1172 条规定:"二人以上分别实施侵权行为造成同一损害,能够确定责任大小的,各自承担相应的责任;难以确定责任大小的,平均承担责任。"本题中,吴某和王某主观上均有过错,一个是"饮酒过多,驾车狂奔",另一个是"超速行驶",对于李乙受伤的医疗费,应由吴某和王某根据各自的过错程度按比例承担。

(4) ACD。本题考查主合同和从合同的关系。A 项表述错误,周某要求李某提供新的担保于法无据。B 项正确,本题中质权未设立,并不影响合同的效力,因而可主张违约责任。C、D 两项表述错误,根据民法原理,从合同效力受主合同效力的影响,但主合同的效力一般不受从合同效力的影响。因本题为选非题,故 A、C、D 当选。

2. **答案**:(1) B。本题考查的是动产所有权的取得方式。国家对于超过公告认领期限的遗失物取得所有权,本案中国家取得项链所有权后通过合法途径卖给乙,乙取得所有权。丁拾得项链不能取得所有权,丁将该项链以市价卖给了同事丙,丁的行为属于无权处分,根据《民法典》第312条的规定,乙有权请求丙返还。

(2) CD。本题考查的是无主财产。国家视超公告期未认领的财产为无主财产而取得所有权,其可以依法进行处分。故C、D项为正确答案。

(3) BC。代售店受委托有权处分该项链。乙以合法的方式与代售店成立买卖合同,其依法和依合同取得项链的所有权。

3. **答案**:CD。本题的关键在于结合各个法律事实发生的时间节点分析手镯的所有权归属。2025年1月12日,甲因车祸意外去世,甲生前的合法财产作为遗产会发生继承。《民法典》第230条规定:"因继承取得物权的,自继承开始时发生效力。"据此可知,小甲作为甲的唯一继承人,于2025年1月12日成为甲遗产的所有权人。手镯是甲的遗产之一,因此,小甲于2025年1月12日取得手镯的所有权。至于手镯哪天被发现,并不影响其所有权归属,A项错误。2月15日,小甲将手镯卖给乙,并约定小甲再借用4天。小甲作为手镯的所有权人,将其卖给乙,属于有权处分。《民法典》第228条规定:"动产物权转让时,当事人又约定由出让人继续占有该动产的,物权自该约定生效时发生效力。"该条规定了占有改定。占有改定通常可以拆解为三个交易环节:买卖合同—所有权移转的合意—占有媒介关系(如借用、租赁等)。本题中,小甲与乙约定小甲再借用4天,背后所包含的意思是所有权直接移转,双方的交易结构与占有改定相符。因此,2月15日,小甲通过占有改定的方式将手镯所有权移转给乙。2月16日,小甲又将手镯以市价卖给不知情的丙,且双方当场完成价款和手镯的交付。当日小甲已经不是手镯的所有权人,因此小甲的行为属于无权处分。结合《民法典》第331条第1款对善意取得的规定,丙是善意的,约定了合理的价格且已经完成了交付,符合善意取得的构成要件,因此丙通过善意取得的方式成为手镯所有权人。小甲将玉镯出卖给丙的行为,侵犯了乙的所有权,乙可以对小甲主张侵权损害赔偿。C项正确。当日丙取得手镯后回家的路上,不小心将手镯遗失,被路过的丁拾得,丁作为遗失物的拾得人,不能取得手镯的所有权。2月20日,丁找到不知情的戊,将该手镯以市价出卖给戊,并完成交付。根据《民法典》第312条的规定,遗失物作为占有脱离物,丙作为原所有权人自然有权依据《民法典》第235条请求戊返还手镯,D项正确。

简答题

1. **答案**:《民法典》第266条规定,私人对其合法的收入、房屋、生活用品、生产工具、原材料等不动产和动产享有所有权。公民个人财产所有权,是公民个人依法对其财产所享有的占有、使用、收益和处分并排除他人干涉的权利。其基本特征主要有:(1) 所有权主体是公民个人。(2) 客体包括生产资料和生活资料两部分。(3) 主要来源是劳动所得和其他合法收入。(4) 是法律所确认的所有权,受国家法律的保护。

2. **答案**:所有权是财产所有人在法律规定的范围内,对属于他的财产享有占有、使用、收益、处分的权利。所有权属于物权,即直接管领一定的物的排他性权利。所有权具有以下特征:(1) 所有权是绝对权。所有权不需要他人的积极行为,只要他人不加以干预,所有人自己便能实现其所有权。所有权关系的义务主体是所有权人以外的一切人。(2) 所有权具有排他性。所有权属于物权,具有排他的性质。所有权人有权排除他人对于其所有物行使权利的干涉,并且同一物上只能有一个所有权存在,而不能同时存在两个或两个以上的所有权。(3) 所有权是一种最完全的权利。所有权是所有人对于其所有物进行支配的最全面、最充分的物权,它不仅包括对于物的占有、使用、收益,还包括对于物最终予以处分的权利。(4) 所有权具有弹力性。当所有物上设定的其他权利消灭,所有权的负担去除时，所有权仍然恢复其圆满的状态。(5) 所有权具有永久性。即所有权的存在不能预定其存续期间。

3. **答案**：所有权主要包括以下四个方面的权能：(1) 占有。即占有人对物的实际掌握、控制。所谓控制，可以是对物的直接把握，也可以是在自己的力量范围内对物的控制。(2) 使用。即按照物的性能和用途对物加以利用，以满足生产、生活需要。使用是所有权的一项重要权能，拥有所有权的目的，在绝大多数情况下，正是为了对物加以利用，以实现物的使用价值，因此，对物的使用在一定意义上是财产所有人享有所有权的主要目的。(3) 收益。即利用物并获取一定的经济利益。所有权人取得其财产的收益，通常是对物使用的结果。(4) 处分。即所有人依法对物进行处置，从而决定物的命运。处分包括事实上的处分（实物形态上的处分）和法律上的处分（价值形态上的处分）。

论述题

1. **答案**：善意取得，又称即时取得，是指无权处分他人动产或者不动产的让与人，不法将其占有的他人动产或者不动产交付或登记于受让人后，若受让人取得该动产或者不动产时出于善意，即取得该动产或者不动产的所有权，原动产或者不动产的所有人不得要求受让人返还。善意取得制度是为维护动产或者不动产交易的安全而设计的。其构成要件包括：

(1) 适用善意取得制度的前提条件是出让人（处分人）无权处分他人动产或不动产。

(2) 标的物须为动产或者不动产。善意取得的标的物可以是动产或者不动产，但以下几类财产是否以及如何适用善意取得需要根据相关法律规定判断：第一，采登记对抗主义的动产：如船舶、航空器、机动车辆；第二，非以无记名有价证券表彰的债权；第三，法律禁止流通的毒品、淫秽物品等物品；第四，未与不动产分离的不动产的出产物；第五，依法被查封、扣押的财产；第六，遗失物和盗赃物；第七，货币、票据、通过竞买方式和交易所方式取得的动产。

(3) 受让人须基于交易行为而受让动产或者不动产。若受让人不是因为交易行为而受让动产或者不动产，不发生善意取得的效力。

(4) 受让人取得动产或者不动产时须为善意。即受让人在受让动产或者不动产时不知道或不应当知道让与人无处分权。受让人事后知道出让人无处分权的，对善意取得没有影响。

(5) 在交易时受让人以合理的价格受让财产。

2. **答案**：我国《民法典》第271条规定："业主对建筑物内的住宅、经营性用房等专有部分享有所有权，对专有部分以外的共有部分享有共有和共同管理的权利。"

该条规定了我国建筑物区分所有权的含义或曰法律构成。当一幢建筑物被区分为数个部分时，其中既有专有部分，也有共有部分时，建筑物区分所有权的内容，既包括区分所有建筑物专有部分的单独所有权、共有部分的共有权，也包括因区分所有权人的共同关系所产生的管理权。

(1) 专有部分的单独所有权。专有部分是在一栋建筑物内区分出的住宅或者商业用房等单元。该单元须具备构造上的独立性与使用上的独立性。业主对其专有部分享有单独所有权，即对该部分为占有、使用、收益和处分的排他性的支配权，性质上与一般的所有权并无不同。但此项专有部分与建筑物上其他专有部分有密切的关系，因此区分所有权人就专有部分的使用、收益、处分不得违反各区分所有权人的共同利益。

(2) 共有部分的共有权。共有部分是指区分所有的建筑物及其附属物的共同部分，即专有部分以外的建筑物的其他部分。根据《民法典》物权编的规定，业主对建筑物专有部分以外的共有部分，享有权利并履行义务，但不得以放弃权利为由不履行义务。共有部分为相关业主所共有，均不得分割，也不得单独转让。业主转让建筑物内的住宅、经营性用房，其对建筑物共有部分享有的共有和共同管理的权利一并转让。业主依据法律规范、合同以及业主公约，对共有部分享有使用、收益、处分权，并按照其所有部分的价值，分担共有部分的修缮费以及其他负担。

（3）业主的管理权。基于区分所有建筑物的构造，业主在建筑物的权利归属以及使用上形成了不可分离的共同关系，并基于此一共同关系而享有管理权。该管理权的主要内容为：第一，业主有权设立业主大会并选举业主委员会。第二，业主有权决定区分建筑物相关事项。第三，业主享有知情权。第四，业主可以自行管理建筑物及其附属设施，也可以委托物业服务企业或者其他管理人管理。对建设单位聘请的物业服务企业或者其他管理人，业主有权依法更换。物业服务企业或者其他管理人根据业主的委托管理建筑区划内的建筑物及其附属设施，并接受业主的监督。第五，业主对侵害自己合法权益的行为，可以依法向人民法院提起诉讼。

3. **答案：**（对于这一问题，理论和实务均存争议。故不论持赞成或者反对的观点，只要能言之成理、自圆其说即可。）

参考答案1：我国《民法典》第312条确立了遗失物的归属规则，对于该规定，理论和实务上的解读不尽相同。本人赞同作遗失物不可以适用善意取得的解读。分析如下：

首先，基于保护原所有权人利益的考量。遗失物是所有权人非基于自身意愿而丧失占有的物。如果允许遗失物适用善意取得，可能会对原所有权人造成极大的不公平，使其无端丧失对自己财物的所有权。

其次，不认可遗失物可以善意取得有利于维护社会道德风尚。拾得遗失物应当归还失主，这是基本的道德要求。若承认遗失物适用善意取得，可能会削弱人们拾金不昧的积极性，甚至可能引发一些人通过不正当手段获取遗失物并转让以谋取利益的行为，不利于社会良好道德风尚的形成和维护。

参考答案2：我国《民法典》第312条确立了遗失物的归属规则，对于该规定，理论和实务上的解读不尽相同。本人赞同作遗失物可以适用善意取得的解读。分析如下：

首先，我国《民法典》第311条规定了善意取得的构成要件，根据该条规定，遗失物的受让人完全可以基于符合该条规定而善意取得遗失物。也就是说，如果拾得人转让遗失物的，受让人满足《民法典》第311条所规定的动产善意取得的要件，即可取得其受让之遗失物的所有权。而我国《民法典》第312条针对遗失物的专门规定也并未完全排除遗失物适用善意取得，只是基于平衡保护所有权的立场，对遗失物善意取得作出了特别规定。

其次，从价值层面看，受让之物为遗失物的事实，不应影响法律基于交易安全对受让人的保护。一方面，承认遗失物适用善意取得，对于通过合法交易渠道取得遗失物的受让人给予保护，可以使人们在进行交易时，不必过于担心所购物品是否为遗失物，从而增强了人们对市场交易的信心，促进商品的流通和交易的活跃，有利于维护正常的市场交易秩序。另一方面，承认遗失物可以适用善意取得，也有利于物尽其用。当遗失物进入流通领域后，尤其是遗失物经过多次流转后，如果不承认遗失物可以适用善意取得，可能导致物的归属长期处于不确定状态，影响物的正常使用和流通。若能在保护原权利人基本权利的前提下，使善意受让人合法取得所有权，可避免因物的归属不确定而导致资源闲置浪费，提高物的利用效率，实现市场经济对资源有效配置的要求。

最后，如果不承认遗失物可以善意取得，在原权利人于法律规定的期限内不向受让人请求返还原物，此时遗失物将处于受让人占有遗失物却无遗失物的所有权，而原权利人也丧失返还请求权的尴尬境地，不若承认受让人可以善意取得遗失物的所有权，同时赋予原权利人一定期间内请求返还原物的形成权，可以对《民法典》第312条做出更符合逻辑的解读。

此外，我国《民法典》立法对遗失物作出特别规定，只意味着遗失物善意取得的效果不具有终局性,即受让人的所有权可能因原权利人主张权利而得而复失。换言之,在遗失物的原权利人知道或者应当知道受让人之日起两年内,一旦遗失物的原权利人向受让人提出返还原物,受让人善意取得所有权的效果即溯及既往地发生消灭,原权利人对遗失物的权利立刻恢复。

参考答案3:(也可以先梳理正反两种观点的理由,然后提出自己的倾向及理由。)

案例分析题

答案:(1)刘涛与张直之间意思表示一致,并具有相应行为能力,且无其他影响合同效力的情形,合同已经成立、生效,且有效。但因未办理相应过户登记手续,张直不能取得房屋的所有权。

《民法典》第490条规定,当事人采用合同书形式订立合同的,自当事人均签名、盖章或者按指印时合同成立。在签名、盖章或者按指印之前,当事人一方已经履行主要义务,对方接受时,该合同成立。法律、行政法规规定或者当事人约定合同应当采用书面形式订立,当事人未采用书面形式但是一方已经履行主要义务,对方接受时,该合同成立。但是基于不动产物权的公示公信原则及关于不动产所有权转让的规定,未办理登记手续,房屋所有权没有转移。办理登记手续,房屋所有权才发生转移。

(2)合同已经成立、生效,且有效。理由同上。但因刘涛与刘琳已办理相应产权过户登记,所有权由刘涛移转到刘琳。

(3)即使刘琳明知刘涛与张直有合同在先,但因为房屋的所有权没有移转,刘涛仍享有房屋的所有权,其有权处分自己的财产,该房屋亦非法律、行政法规禁止或者限制转让的标的物,刘琳同刘涛签订合同并办理过户手续并不违反法律、行政法规的强制性规定,故经过登记手续,刘琳仍能取得房屋所有权。

第十二章 共 有

✅ 单项选择题

1. 答案： D。建筑物的共同部分为各区分所有人共有，但不允许其分割；就共同部分的权利区分所有人只能连同其对各自所有部分的所有权一同转让；区分所有并不同于共有。

2. 答案： C。这套住房属于按份共有。但在按份共有中，如果共有财产对外造成损害时，应当由共有人承担连带责任。当然在内部仍为按份责任。

3. 答案： B。共同共有的不动产或动产的处分，必须经过全体共同共有人的同意。根据《民法典》第301条的规定，处分共有的不动产或者动产以及对共有的不动产或者动产作重大修缮、变更性质或者用途的，应当经占份额三分之二以上的按份共有人或者全体共同共有人同意，但是共有人之间另有约定的除外。这表明对于共同共有的不动产或动产的处分，原则上必须经过全体共同共有人的同意。因此，选项B是正确的。选项A和C适用于按份共有的情况，而选项D错误地将共同共有与按份共有的处分条件混淆了。

4. 答案： B。管理，是指对共有物自身进行日常的照看、维护；处分，是指导致物权效果的行为，包括改变共有物权属的出卖及设立物权负担的行为，如设立抵押等；改良，是指通过对标的物进行物质性的实质改造以使其增值的行为。甲、乙、丙，以全体共有人的名义将该房屋出租给戊，显然不属于改良行为；由于甲、乙、丙的行为并不会对物权有任何影响，故亦不属于处分行为；同时，甲、乙、丙的行为亦超出了管理的范畴，是介于管理与处分之间的行为。因此，A、C、D选项错误。《民法典》第300条规定："共有人按照约定管理共有的不动产或者动产；没有约定或者约定不明确的，各共有人都有管理的权利和义务。"第301条规定："处分共有的不动产或者动产以及对共有的不动产或者动产作重大修缮、变更性质或者用途的，应当经占份额三分之二以上的按份共有人或者全体共同共有人同意，但是共有人之间另有约定的除外。"按照举重以明轻规则，对共有物的处分应当经占共有份额三分之二以上的按份共有人的同意，出租行为较处分行为轻，现经占共有份额四分之三以上的按份共有人的同意，当然可以出租，所以，B选项正确。综上，本题正确答案为B。

5. 答案： B。根据《民法典》第301条规定，处分共有的不动产或者动产以及对共有的不动产或者动产作重大修缮的，应当经占份额三分之二以上的按份共有人或者全体共同共有人同意，但共有人之间另有约定的除外。在本题中，张某和李某共同拥有房产，属于共同共有人。张某擅自将房产抵押给银行，未经李某同意，违反了共有财产处分的规定。因此，张某的抵押行为是无效的。

✅ 多项选择题

1. 答案： AB。本题考查抵押与租赁的关系及优先购买权的相关内容。关于优先购买权，在本题中，甲与丙均有优先购买权，甲的优先购买权更优先。

2. 答案： ABC。A、C对，A、C项表述属于按份共有。按份共有是指两个或两个以上的人对同一项财产按照份额享有所有权。B对，《民法典》第308条规定，共有人对共有的不动产或者动产没有约定为按份共有或者共同共有，或者约定不明确的，除共有人具有家庭关系等外，视为按份共有。D不对，该项表述属于共同共有。共同共有是指两个或两个以上的人基于共同关系，共同享有一物的所有权。共同共有的特征是：共同共有根据共同关系而产生，以共同关系的存在为前提，并随着共同关系的解除而消灭。这种共同关系,或是由法律直接规定的,如因夫妻关系、家庭共同劳动而形成的夫妻财产共有关系和家庭财产共有关系;或是由合同约定的。在共同共有中,共有财产不分份额。共同共有的共有人平等地享有权利和承担义务。

3. 答案:BCD。《民法典》第308条规定,共有人对共有的不动产或者动产没有约定为按份共有或者共同共有,或者约定不明确的,除共有人具有家庭关系等外,视为按份共有。所以,A选项错误。《民法典》第309条规定,按份共有人对共有的不动产或者动产享有的份额,没有约定或者约定不明确的,按照出资额确定;不能确定出资额的,视为等额享有。所以,B选项正确。《民法典》第300条规定,共有人按照约定管理共有的不动产或者动产;没有约定或者约定不明确的,各共有人都有管理的权利和义务。所以,C选项正确。《民法典》第303条规定,共有人约定不得分割共有的不动产或者动产,以维持共有关系的,应当按照约定,但共有人有重大理由需要分割的,可以请求分割;没有约定或者约定不明确的,按份共有人可以随时请求分割,共同共有人在共有的基础丧失或者有重大理由需要分割时可以请求分割。因分割对其他共有人造成损害的,应当给予赔偿。所以,D选项正确。本题正确答案为B、C、D选项。

4. 答案:BC。A项考查建筑物区分所有权之共有权。根据《最高人民法院关于审理建筑物区分所有权纠纷案件适用法律若干问题的解释》第3条第1款第1项的规定,除法律、行政法规规定的共有部分外,建筑区划内的建筑物的基础、承重结构、外墙、屋顶等基本结构部分,通道、楼梯、大堂等公共通行部分,消防、公共照明等附属设施、设备,避难层、设备层或者设备间等结构部分,也应当认定为《民法典》第二编第六章所称的共有部分。本题中,2号楼的外墙属于全楼业主共有。故A项正确。B、C、D项考查建筑物区分所有权之专有权。根据《最高人民法院关于审理建筑物区分所有权纠纷案件适用法律若干问题的解释》第4条的规定,业主基于对住宅、经营性用房等专有部分特定使用功能的合理需要,无偿利用屋顶以及与其专有部分相对应的外墙面等共有部分的,不应认定为侵权。但违反法律、法规、管理规约,损害他人合法权益的除外。本题中,孟某作为2号楼业主,购买商品房后在自家卧室对应的外墙上安装空调外机的行为属于合理使用,无须支付费用,更非侵权行为。故B、C项错误,D项正确。

5. 答案:ACD。A项考查按份共有和共同共有的区别。婚后夫妻双方出资购买房屋,无论登记在谁名下,均不影响房屋"共同共有"的权属状态。故A项正确。B项考查无处分权人行为的效力。共同共有人处分共有物的,需全体一致同意。本题中,陈某未经肖某同意,无权擅自出卖房屋。《最高人民法院关于适用〈中华人民共和国民法典〉物权编的解释(一)》第14条第1款规定,受让人受让不动产或者动产时,不知道转让人无处分权,且无重大过失的,应当认定受让人为善意。本题中,秦某不知道陈某无处分权,买卖合同合法有效。故B项错误。C项考查善意取得。不动产善意取得的构成要件有4个:(1)卖方无处分权;(2)买方主观上善意且无重大过失;(3)买方客观上支付合理对价;(4)已经完成公示(即不动产已经过户登记)。本题中,秦某符合上述构成要件,因此,有权主张善意取得。故C项正确。D项考查共同侵权。蔡某与陈某以"夫妻名义"一起将房屋出卖给秦某的行为构成共同侵权,蔡某依法应承担赔偿责任。故D项正确。

不定项选择题

答案:(1)ABC。依《民法典》第279条的规定,业主不得违反法律、法规以及管理规约,将住宅改变为经营性用房。业主将住宅改变为经营性用房的,除遵守法律、法规以及管理规约外,应当经有利害关系的业主一致同意。依《最高人民法院关于审理建筑物区分所有权纠纷案件适用法律若干问题的解释》第11条的规定,业主将住宅改变为经营性用房,本栋建筑物内的其他业主,应当认定为民法典第279条所称"有利害关系的业主"。建筑区划内,本栋建筑物之外的业主,主张与自己有利害关系的,应证明其房屋价值、生活质量受到或者可能受到不利影响。依该两条规定,本题中,小区业主田某将其位于一楼的住宅用于开办茶馆,除遵守法律、法规以及管理规约外,应当经本栋建筑物内的其他业主同意;本栋建筑物之外的业主,主张与田某住宅用途的改变有利害关系的,应证明其房屋价值、生活质量受到或者可能受到不利影响。题面没有给出蒋某和田某是否为同一栋建筑物的业主这样的信息,但无论是否属于同一栋楼的业主,本题中A、B、C选项的说法均正确,而D选项说法错误。

(2) D。依《民法典》第286条第2款的规定,业主大会或者业主委员会,对任意弃置垃圾、排放污染物或者噪声、违反规定饲养动物、违章搭建、侵占通道、拒付物业费等损害他人合法权益的行为,有权依照法律、法规以及管理规约,请求行为人停止侵害、排除妨碍、消除危险、恢复原状、赔偿损失。由此可知,本题中A、B、C选项均属于业主大会和业主委员会有权依照法律、法规以及管理规约,要求行为人停止侵害、消除危险、排除妨碍、赔偿损失的行为,而不属于业主有权提起诉讼的行为,业主只能对侵害自己合法权益的行为,依法向人民法院提起诉讼。故本题中A、B、C说法均错误,只有D选项说法正确。

简答题

1. 答案:(1) 共有的主体不是单一的,而是两个或两个以上的组织、个人或组织和个人,即其主体是多数人,而不是单一主体。(2) 共有的客体是特定的独立物。共有物在共有关系存续期间,不能分割为各个部分由各个共有人分别享有所有权,而是由各个共有人共同享有其所有权,各个共有人的权利及于共有物的全部。(3) 共有人对共有物或者按照各自的份额,或者平等地享有权利。但是,共有人对于自己权利的行使,并不是完全独立的,在许多情况下要体现全体共有人的意志,要受其他共有人的利益的制约。

2. 答案:共同共有的特征为:(1) 各个共有人对共有财产共同地、平等地享有所有权,没有份额的区分。各自的份额只有在分割共有财产时才能确定。(2) 各个共有人对共有财产享有平等的权利,承担平等的义务,没有权利大小或义务多少的区分。(3) 共同共有关系随着共有人的共同关系的存在而产生,并随着共同关系的解除而消灭。

3. 答案:按份共有的特征为:(1) 各个共有人对于共有物按照份额享有所有权。(2) 各个共有人按照各自的份额对共有物分享权利、分担义务。(3) 各个共有人虽然拥有一定的份额,但共有人的权利并不仅限于共有物的某一部分上,而是及于共有物的全部。(4) 按份共有人可以转让其享有的份额,其他共有人在同等条件下享有优先购买的权利。

论述题

答案:按份共有人除按其份额有对财产的占有权、使用权、收益权、处分权外,还享有一些可以按个人意愿单独行使的权利:(1) 分出自己的份额。行使这项权利要受到限制:第一,只有在不影响其他共有人共同经营的前提下方可要求分出实物。第二,法律或协议对分出权的行使有规定时,必须遵守这些规定。(2) 转让自己的份额。除非共有人另有约定,共有人依法将自己的份额转让给他人,无须征得其他共有人的同意。按份共有人死亡,其份额可以作为遗产为继承人所继承。民事主体在不损害社会和他人的利益的情形下,可以抛弃其共有的份额,其抛弃部分的利益由其他共有人取得。(3) 对其他共有人出售之份额享有优先购买权。按份共有人出售自己的份额,其他共有人在同等条件下有优先于其他人购买的权利。优先购买权的行使要符合相应的条件和程序。

按份共有人的义务有:(1) 共有人与第三人发生的债权债务,如果权利义务可分,各共有人只按照各自份额承担义务。第三人也只能请求各共有人按其份额履行义务。(2) 若共有人与第三人发生的债权债务关系中的义务是不可分的,共有人之间应对第三人负连带责任。(3) 各共有人的义务及于共有财产的全部,而不是仅对共有财产的某一部分负有义务。

第十三章　用益物权

✓ **单项选择题**

1. 答案：D。用益物权看重物的使用价值，故不具有物上代位性；而担保物权主要看重物的交换价值，故具有物上代位性。① 并非所有用益物权的行使均以占有标的物为前提，如采光地役权。

2. 答案：A。B错，承包经营权根据承包合同产生；C错，承包经营权为他物权，承包人对承包物无处分权；D错，承包经营权的标的限于自然资源，不包括企业。

3. 答案：B。A错，相邻权是针对两个或两个以上相互毗邻的不动产的所有人或使用人，在行使不动产的所有、用益权时，因相邻各方应当给予便利和接受限制而发生的权利义务关系。B对，地役权，是指为实现自己不动产的利益而使他人不动产承受负担的用益物权。本题题干中并未详细说出两家土地是否相互毗邻，所以选B较为合适。C错，地上权，是指利用他人土地营造建筑物、其他工作物及竹木，并对其营造的建筑物、其他工作物及竹木取得所有权的用益物权。D错，土地使用权，是自然人、法人或非法人组织依法取得的，对国有土地或者农村集体所有土地占用、使用和收益的权利。

4. 答案：D。传统民法中的用益物权有收益权、使用权和居住权、地上权、地役权、永佃权等。我国法律规定了建设用地使用权、国有自然资源使用权、农村土地承包经营权、宅基地使用权、地役权、居住权、采矿权、经营权等用益物权，典权是司法实践中承认的用益物权。

5. 答案：A。本题考查地役权的法律效果。地役权是一方为了实现自己不动产的利益而使用他人不动产的权利，地役权是一类独立的用益物权，它通过当事人缔结合同即可产生，其内容由当事人自由设定。本题中甲为了欣赏远处的风景与乙进行约定，在乙的土地上设立了眺望地役权。因为该约定没有登记，故甲无权不让丙建高楼，丙建高楼后也无须补偿甲由此受到的损失。

6. 答案：A。本题考查的是地役权人的确定。甲、乙公司之间的约定属于地役权合同，根据《民法典》第374条规定，该合同一经生效，即在乙的厂区土地上为甲的住宅小区设定了相应的地役权。关于小区业主的地役权人资格问题，《民法典》第382条规定："需役地以及需役地上的土地承包经营权、建设用地使用权等部分转让时，转让部分涉及地役权的，受让人同时享有地役权。"第357条又规定："建筑物、构筑物及其附属设施转让、互换、出资或者赠与的，该建筑物、构筑物及其附属设施占用范围内的建设用地使用权一并处分。"因此，小区业主通过受让建筑物区分所有权，取得了对小区范围内的建设用地使用权（《民法典》第271条），依法享有地役权，有权向供役地权利人提出相应请求。甲公司在转让全部小区房屋后，对需役地已不具有任何权利，丧失了地役权人的资格，因此无权向乙提出请求。A项正确。

7. 答案：D。物权的收益权能可以由所有人或者非所有人行使，用益物权的设立就是一个明证。

8. 答案：A。地役权是以他人不动产供自己不动产便利而使用以提高自己不动产效益的权利。相邻关系是指两个或者两个以上相邻不

---

① 民法理论一般认为，用益物权是不动产物权。用益物权的标的物只限于不动产。但《民法典》第323条却明确规定了，用益物权人对他人所有的不动产或动产，依法享有占有、使用和收益的权利，将用益物权的标的物范围扩展到动产。这点读者需尤为注意。

动产的所有人或使用人，在行使占有、使用、收益、处分权利时因给对方提供必要便利而发生的权利义务关系。地役权一般是约定的，而相邻关系是法定的。根据合同性质，可知李某与张某的书面约定属于地役权合同。所以 A 项说法错误，B 项说法正确。《民法典》第 380 条规定，地役权不得单独转让。土地承包经营权、建设用地使用权等转让的，地役权一并转让，但合同另有约定的除外。故 C 项说法正确。《民法典》第 374 条规定，地役权自地役权合同生效时设立。当事人要求登记的，可以向登记机构申请地役权登记；未经登记，不得对抗善意第三人。本题中，因为张某和李某之间的地役权合同没有进行登记，因此不得对抗善意第三人，故 D 项说法正确。

9. 答案：B。（1）依《民法典》第 333 条规定，土地承包经营权自土地承包经营权合同生效时设立。登记机构应当向土地承包经营权人发放土地承包经营权证、林权证等证书，并登记造册，确认土地承包经营权。由该规定可知，未办理确权登记不影响土地承包经营权的设立。同时，立法并未禁止处分未经登记的土地承包经营权。由此，本题中，尽管村民胡某与集体订立的土地承包经营权合同未办理确权登记，土地承包经营权也自土地承包经营权合同生效时设立，且取得土地承包经营权后即可以处分。故本题中 B 选项说法正确，A 选项说法错误。（2）依《民法典》第 335 条规定，土地承包经营权互换、转让的，当事人可以向登记机构申请登记；未经登记，不得对抗善意第三人。由该规定可知，土地承包经营权的转让也是自转让合同生效后发生权利移转，登记只是一个对抗善意第三人的要件。本题中，胡某与同村村民周某订立的土地承包经营权转让合同虽然未办理变更登记，但其转让合同生效和权利的移转均不因登记而受影响。故本题中 C、D 选项说法均错误。

多项选择题

1. 答案：BC。本题考查地役权。地役权是指一方为了实现自己不动产的利益而使用他人不动产的权利，地役权是一类独立的用益物权，它通过当事人缔结合同产生，其内容由当事人自由设定。地役权具有不可分性。

2. 答案：ABCD。甲、乙之间的合同是设立地役权的合同，而非对相邻关系的约定，故 A 项错误。甲转让房屋给丙，题中没有交代甲、丙之间任何关于眺望权的约定，故甲没有对丙承担违约责任的依据，C 项错误。地役权本身并不因土地使用权转让而失去效力，故 D 项错误。关于 B 项，因为《民法典》第 374 条规定，地役权未经登记，不得对抗善意第三人，本题中未提"登记"，丁为善意第三人，所以丙无权禁止丁建高楼。

3. 答案：BD。用益物权的特征有：用益物权以对标的物的占有、使用、收益为目的；用益物权是他物权、限制物权和有期限物权；根据《民法典》的规定，用益物权的客体不限于不动产，动产也可以作为用益物权的客体；用益物权主要以民法普通法为依据，但也有以民法特别法为依据的。在法律适用上应当首先适用民法特别法，只有在民法特别法无规定时，才适用民法普通法。

4. 答案：ABC。D 错，因农村土地承包经营权有经营期限限制。

5. 答案：BC。《民法典》第 333 条规定，土地承包经营权自土地承包经营权合同生效时设立。登记机构应当向土地承包经营权人发放土地承包经营权证、林权证等证书，并登记造册，确认土地承包经营权。

6. 答案：AB。甲公司与乙公司约定乙公司在自己的 B 地块上修路为甲公司设定了通行地役权，A 地块为需役地，B 地块为供役地。《民法典》第 382 条规定："需役地以及需役地上的土地承包经营权、建设用地使用权等部分转让时，转让部分涉及地役权的，受让人同时享有地役权。"第 374 条规定："地役权自地役权合同生效时设立。当事人要求登记的，可以向登记机构申请地役权登记；未经登记，不得对抗善意第三人。"题目中未说明该项地役权的设立办理了登记，因此不能对抗善意的第三人丁公司。综上，A、B 项正确，

C、D 项错误。

名词解释

答案：是对他人所有的不动产或动产，在一定范围内进行占有、使用、收益的他物权。第一，用益物权以对标的物的使用、收益为其主要内容，并多以对物的占有为前提。第二，用益物权是他物权、限制物权和有期限物权。第三，用益物权主要是以民法普通法为依据，但也有以民法特别法为依据的。

简答题

1. **答案**：我国的城镇国有建设用地使用权出让，是指使用人根据法律规定的使用权出让方式有偿取得国有建设用地使用权。

   我国城镇国有建设用地使用权的出让取得，是指按法律规定的建设用地使用权出让程序取得，第一步是出让方与受让方订立建设用地使用权出让合同。建设用地使用权出让合同为民事合同、物权合同，它的订立要遵循平等自愿、等价有偿等民法基本原则。建设用地使用权出让合同具有标准合同的性质，可采取协议、招标、拍卖三种不同方式订立。建设用地使用权合同签订后，受让方应在 60 日之内支付全部建设用地使用权出让金。受让方付清全部建设用地使用权出让金后，即可依法办理登记，领取土地使用证，取得建设用地使用权。如果受让方不在 60 日内付清全部出让金，或者出让方不按合同规定提供出让的建设用地使用权，另一方有权解除合同，并请求违约赔偿。

   通过出让取得的城镇建设用地使用权的基本内容包括期限及使用人的权利和义务。城镇建设用地使用权的出让期限因土地用途的不同而有所不同，其最高年限分别为：居住用地 70 年；工业用地 50 年；教育、科学、文化、卫生、体育用地 50 年；商业、旅游、娱乐用地 40 年；综合或者其他用地 50 年。期限届满后，如建设用地使用权人不按规定申请续期，建设用地使用权归于消灭，但住宅建设用地使用权期间届满的，自动续期。城镇建设用地使用权人依法享有以下权利：（1）对使用权的标的——四至明确的地块享有占有权、使用权和收益权；（2）对在享有使用权的土地上建筑的房屋及其他附着物依法取得所有权或经营权（指全民所有制单位）；（3）对建设用地使用权进行转让、出租或抵押的权利，即对建设用地使用权进行各种处分的权利。土地使用人依法承担的义务主要有：按照建设用地使用权出让合同的规定和城市规划的要求开发、利用和经营土地，不得使土地闲置；按建设用地使用权出让合同规定的用途使用土地，不得擅自变更土地的用途。

2. **答案**：用益物权的特征主要有：（1）用益物权以对标的物的使用、收益为其主要内容，并多以对物的占有为前提。换言之，用益物权人在实体上支配标的物，是实现用益物权目的的重要条件。（2）用益物权是他物权、限制物权和有期限物权。用益物权是在他人的所有物上设定的物权，是非所有人根据法律的规定或当事人的约定对他人的所有物享有的使用、收益的权利。因而从其法律性质上讲，用益物权属于他物权。用益物权作为他物权，其客体是他人所有之物，是所有人为了充分发挥物的效用，将所有权与其部分权能相分离，由用益物权人享有和行使对物的一定范围的使用、收益权能的结果。但是，用益物权的这种派生性并不影响用益物权作为一种独立的财产权的存在。用益物权是一种限制物权，它只是在一定方面支配标的物的权利，没有完全的支配权。用益物权还是一种有期限物权，它有一定的期限，在其存续期限届满时用益物权即当然归于消灭。（3）用益物权主要是以民法一般法为依据，但也有以民法特别法为依据的。在法律适用上应当首先适用民法特别法，只有在民法特别法无规定时，才适用民法一般法。

3. **答案**：相邻关系，是指两个或两个以上相互毗邻的不动产的所有人或使用人，在行使不动产的所有权或使用权时，因相邻各方应当给予便利和接受限制而发生的权利义务关系。地役权是指不动产权利人为某特定不动产的便利而使用他人不动产，使其负一定负担的物权。相邻关系与地役权是既有联系又有区别的两项制度。两者之间的相同之处主要表现在三个方面：(1) 产生原因相同。地役权是源于调和不动产利用过程中的冲突而产生的，与相邻关系的产生原因相似。(2) 在权利内容方面，两者也有重合之处，如都涉及通行、排水、通风、采光、越界建筑等问题。(3) 在法律救济途径上，由于两者同属于物权的范畴，因此，两者的权利人都可以请求适用物权的保护措施或者债权的保护措施。

两者之间的差异主要有：(1) 二者的法律性质和发生依据不同。相邻关系不是一种独立的物权类型，而是不动产所有权的当然内容，是不动产所有权内容的当然扩张或限制，是基于法律的直接规定而产生的。而地役权则是不动产所有人或使用人之间超出法律赋予的当然权益范围，基于合同关系产生的，是一种独立的用益物权形态。因此，相邻关系无须登记即可成立，并可以对抗第三人，而地役权未经登记，不得对抗善意第三人。(2) 二者的调整范围、方法不同。相邻关系必须发生在相邻的不动产所有人或使用人之间，而地役权则发生在不动产所有人和使用人之间，地役权的主体可以是相邻的，也可以是不相邻的，只是基于需役地的需要去寻找能够实现其价值的供役地即可。相邻关系在调整相邻关系时注重习惯的运用，而地役权在调整相邻关系中侧重的是当事人的自治性，可以限制或排除当地习惯而另外约定相互间的权利、义务。(3) 二者的调节限度不同。相邻关系作为不动产所有权或使用权的法定扩张，是法律基于自身的强制性对邻近不动产使用给予的最低限度调节，以避免当事人在日常生活和生产中发生一些不必要的纠纷，避免当事人因细枝末节进行协商，从而大大节约社会成本。相邻关系的种类和范围，都必须由法律予以明文规定，当事人不得随意创制。而地役权作为当事人意定而产生的他物权，当事人间可以自由约定其权利、义务，其调节利用的限度更大。(4) 二者在有无对价上不同。相邻关系是对不动产利用的最低限度的调节，当事人在相邻关系中只要不给相邻人造成损失，通常是无偿的。地役权是为了自己不动产的便利而利用他人不动产的物权，其设立既可以是有偿的，也可以是无偿的，取决于双方当事人的合意。(5) 二者在存续期间上不同。相邻关系具有永久性和一时性相结合的特性，永久性表现在有不动产相邻的事实就可能有相邻关系的存在，而一时性表现在具体相邻关系的行使，可因一次行使就能实现。而地役权的存续期间可由当事人约定，并可设定永久地役权。

第十四章 担保物权

✓ **单项选择题**

1. **答案**：D。本题考查的是抵押权客体的范围。抵押权客体就是抵押权的执行对象。根据《民法典》的有关规定，可以抵押的财产包括依法有权处分的房屋和其他地上定着物、机器和交通运输工具等一般动产和特殊动产、海域使用权、国有建设用地使用权，以及正在建造中的机动车、船舶、航空器等；不能抵押的财产包括土地所有权、宅基地、自留地、自留山等集体所有的土地使用权，以公益为目的的事业单位等的教育设施、医疗卫生设施，有争议的财产或者所有权不明确的财产，依法被查封、扣押和监管的财产，以及其他依法不得抵押的财产。综上，本题正确答案为D。

2. **答案**：C。本题考查的是须登记才能生效的抵押权客体的范围。根据《民法典》第402条、第403条的规定，以动产抵押的，抵押权自抵押合同生效时设立；未经登记，不得对抗善意第三人。因此，在民用航空器或船舶上设定抵押时，不需要登记就能生效。金银珠宝不属于法律规定经登记才能生效的抵押权客体范围。综上，本题正确答案为C。

3. **答案**：B。本题考查的是抵押权客体的范围。《民法典》第395条规定："债务人或者第三人有权处分的下列财产可以抵押：（一）建筑物和其他土地附着物；（二）建设用地使用权；（三）海域使用权；（四）生产设备、原材料、半成品、产品；（五）正在建造的建筑物、船舶、航空器；（六）交通运输工具；（七）法律、行政法规未禁止抵押的其他财产。抵押人可以将前款所列财产一并抵押。"第399条规定："下列财产不得抵押：（一）土地所有权；（二）宅基地、自留地、自留山等集体所有土地的使用权，但是法律规定可以抵押的除外；（三）学校、幼儿园、医疗机构等为公益目的成立的非营利法人的教育设施、医疗卫生设施和其他公益设施；（四）所有权、使用权不明或者有争议的财产；（五）依法被查封、扣押、监管的财产；（六）法律、行政法规规定不得抵押的其他财产。"据此，B项中的豪华轿车虽属学校所有，但不能认为是教育设施，故可以抵押。综上，本题正确答案为B。

4. **答案**：D。本题考查的是可分物的留置和留置物灭失、毁损的风险承担。依《民法典》第450条规定，留置财产为可分物的，留置财产的价值应当相当于债务的金额。本案中甲公司欠乙仓库仅1万元，乙仓库留置1台电脑足矣，故乙仓库留置另外9台电脑的行为显系不当。因此，仓库只有权留置1台电脑，另外9台电脑则无权留置，对于无权占有的财产发生意外毁损应承担赔偿责任，相应比例的间接损失也应承担。

5. **答案**：B。本题考查的是在同一抵押物上设立多个抵押权的清偿顺序。《民法典》第414条规定："同一财产向两个以上债权人抵押的，拍卖、变卖抵押财产所得的价款依照下列规定清偿：（一）抵押权已经登记的，按照登记的时间先后确定清偿顺序；（二）抵押权已经登记的先于未登记的受偿；（三）抵押权未登记的，按照债权比例清偿。其他可以登记的担保物权，清偿顺序参照适用前款规定。"根据《民法典》的规定，答案B正确。

6. **答案**：D。本题考查的是抵押权的不可分性。抵押权是一种担保物权，具有不可分性。所谓担保物权的不可分性，是指担保物权所担保的债权的债权人得就担保物的全部行使权利。这体现在：债权的一部分消灭，如清偿、让与，债权人仍就未清偿债权部分对担保物全体行使权利；担保物一部分灭失，残存部分仍担保债权全部；分期履行的债权，已届履行期的部分未履行时，债权人就全部担保物有优先受偿权；担保物权设定后，如担保物的价格上涨，债务人无权要求减少担保物，反之，担保物的价格下跌，债务人也无提供补充担保的义务。《民法典》第408条规定："抵押人的行为足以使抵押财产价值减少的，抵押权人有权请求抵押人停止其行为；抵押财产价值减少的，抵押权人有权请求恢复抵押财产的价值，或者提供与减少的价值相应的担保。抵押人不恢复抵押财产的价值，也不提供担保的，抵押权人有权请求债务人提前清偿债务。"据此，本题中抵押人姜某对抵押物的价值减少没有过错，故抵押权人无权要求抵押人恢复抵押物的价值，或者提供与减少的价值相当的担保，或者提前清偿债务。故本题正确答案为D。

7. 答案：C。本题考查的是抵押权的物上代位性。所谓物上代位性，是指抵押权的设定是以抵押物的价值能够担保主债权的实现为条件，即并不注重抵押物的实际形态和性质如何。意外原因导致抵押物毁损灭失的，抵押权并不因抵押物的灭失而消灭，而是在抵押人所受赔偿金上继续存在，该赔偿金成为抵押权标的物的代位物。《民法典》第408条规定："抵押人的行为足以使抵押财产价值减少的，抵押权人有权请求抵押人停止其行为；抵押财产价值减少的，抵押权人有权请求恢复抵押财产的价值，或者提供与减少的价值相应的担保。抵押人不恢复抵押财产的价值，也不提供担保的，抵押权人有权请求债务人提前清偿债务。"据此，本题中作为抵押物的汽车因意外事故报废，抵押权并不消灭，抵押人甲所得的保险赔偿金应成为该汽车的替代物，继续作为甲对乙的债务担保。故本题正确答案为C。

8. 答案：C。本题考查的是有关抵押权转让的法律规定。《民法典》第407条规定："抵押权不得与债权分离而单独转让或者作为其他债权的担保。债权转让的，担保该债权的抵押权一并转让，但是法律另有规定或者当事人另有约定的除外。"据此，本题中债权人乙欲将其这一抵押权转让给丙，必须与债权一起转让。故本题正确答案为C。

9. 答案：C。① 根据《民法典》第409条第1款规定，抵押权人可以放弃抵押权或者抵押权的顺位。抵押权人与抵押人可以协议变更抵押权顺位以及被担保的债权数额等内容，但抵押权的变更，未经其他抵押权人书面同意，不得对其他抵押权人产生不利影响。此题中，甲、丙交换了抵押权顺位，并且履行了变更登记手续，由此丙成为第一顺位抵押权人，甲成为第三顺位抵押权人。但是鉴于乙对此并不知情，在没有获得其书面同意的情况下，该抵押权的变更不应当对其产生不利的影响，因此应当在其可获清偿的范围内全部偿还。因此，正确答案应当为C。

10. 答案：C。本题考查的是抵押物的范围。根据《民法典》第342条的规定，通过招标、拍卖、公开协商等方式承包农村土地，经依法登记取得权属证书的，可以依法采取出租、入股、抵押或者其他方式流转土地经营权。由此可知，这种情形下的土地经营权可以作为抵押物，但耕地的承包经营权不得作为抵押物。

11. 答案：B。本题考查的是权利质权的客体范围。《民法典》第440条规定，债务人或者第三人有权处分的下列权利可以出质：（1）汇票、本票、支票；（2）债券、存款单；（3）仓单、提单；（4）可以转让的基金份额、股权；（5）可以转让的注册商标专用权、专利权、著作权等知识产权中的财产权；（6）现有的以及将有的应收账款；（7）法律、行政法规规定可以出质的其他财产权利。该条规定的这些权利中，大部分都是债权，故本题A项可作为权利质权的客体。《公司法》第160条第2款规定："公司董事、监事、高级管理人员应当向公司申

---

① 本题考查的是抵押权的设立与实现。该题是针对《民法典》第409条的考查。理解"抵押权的变更未经其他抵押权人书面同意的，不得对其他抵押权人产生不利影响"十分重要。此题中，抵押权顺位变更的效力只发生在甲和丙之间，涉及乙的利益不变，应当比照原有约定实现乙的利益。如果没有注意到这一点，就会误选答案B。

报所持有的本公司的股份及其变动情况，在就任时确定的任职期间每年转让的股份不得超过其所持有本公司股份总数的百分之二十五；所持本公司股份自公司股票上市交易之日起一年内不得转让。上述人员离职后半年内，不得转让其所持有的本公司股份。公司章程可以对公司董事、监事、高级管理人员转让其所持有的本公司股份作出其他限制性规定。"据此，本题 B 项不能作为权利质权的客体。《最高人民法院关于适用〈中华人民共和国民法典〉有关担保制度的解释》第 61 条规定，以现有的应收账款出质……以基础设施和公用事业项目收益权、提供服务或者劳务产生的债权以及其他将有的应收账款出质，当事人为应收账款设立特定账户，发生法定或者约定的质权实现事由时，质权人请求就该特定账户内的款项优先受偿的，人民法院应予支持；特定账户内的款项不足以清偿债务或者未设立特定账户，质权人请求折价或者拍卖、变卖项目收益权等将有的应收账款，并以所得的价款优先受偿的，人民法院依法予以支持。据此，本题 C 项可作为权利质权的客体。上述《民法典》第 440 条规定支票可以作为权利质权的客体，这里的"支票"包括记名支票。故本题 D 项可以作为权利质权的客体。综上，本题正确答案为 B。

12. 答案：D。本题考查的是质权客体的范围。《民法典》第 425 条规定："为担保债务的履行，债务人或者第三人将其动产出质给债权人占有的，债务人不履行到期债务或者发生当事人约定的实现质权的情形，债权人有权就该动产优先受偿。前款规定的债务人或者第三人为出质人，债权人为质权人，交付的动产为质押财产。"同时根据第 440 条的规定，我国法律规定的质权包括动产质权和权利质权。本题中 A、B 项可以作为权利质权的客体，C 项可以作为动产质权的客体。D 项"某影星的肖像权"属于人身权；从上述两个条文的规定可以看出，质权的客体必须是可转让的物或权利，而人身权是不得转让的，因此也就不能作为质权的客体。综上，本题正确答案为 D。

13. 答案：A。本题考查的是某些权利质押的生效时间。《民法典》第 441 条规定，以汇票、本票、支票、债券、存款单、仓单、提单出质的，质权自权利凭证交付质权人时设立；没有权利凭证的，质权自办理出质登记时设立。法律另有规定的，依照其规定。据此，本题正确答案为 A。

14. 答案：D。本题考查的是质权的效力范围。如果当事人之间没有特别约定，质权的效力范围及于原物、孳息、已经交付质权人的从物，以及代位物。小马驹是母马的孳息，已经交付质权人的马鞍、马鞭是母马的从物。故本题正确答案为 D。

15. 答案：C。本题考查的是各种担保物权的定义。本题与担保债的履行有关，因而涉及担保物权。担保物权是为担保债的履行而设定的他物权，典权是一种用益物权，不是担保物权，故本题 D 项不正确。抵押权，是指债务人或者第三人不转移财产的占有，将该财产作为债权的担保，债务人不履行债务时，债权人有权依照法律的规定以该财产折价受偿或者以拍卖、变卖所得的价款优先受偿。本题中债务人将手表留给成衣店，转移了担保物的占有，不是抵押行为，故本题 B 项不正确。留置权是指按照合同约定占有对方财产的一方，在对方不按照合同给付应付款项超过约定期限时所享有的留置该财产，并依照法律的规定以留置财产折价或者以变卖该财产的价款优先受偿的权利。本题中成衣店占有甲的手表是基于甲的自愿行为，而不是加工服装的合同，故不符合留置的定义，故本题 A 项不正确。质权是指债务人或者第三人将其财产移交给债权人占有作为债权的担保，债务人不履行债务时，债权人有依法将该财产折价受偿或者以拍卖、变卖的价款优先受偿的权利。本题中甲为担保加工费的支付，将手表交给成衣店，约定交费后取回手表，这种行为符合质押行为的定义。故本题正确答案为 C。

16. 答案：A。本题考查的是质押中质物毁损灭失的风险承担。质押是指债务人或者第三人将其财产移交给债权人占有作为债权的担保，债务人不履行债务时，债权人有权依法将该财产折价受偿或者以拍卖、变卖的价款优先受偿。质押只是转移质物的占有，并不转移质物的所有权。根据《民法典》第432条规定，质权人负有妥善保管质押财产的义务；因保管不善致使质押财产毁损、灭失的，应当承担赔偿责任。质权人的行为可能使质押财产毁损、灭失出质人可以请求质权人将质押财产提存，或者请求提前清偿债务并返还质押财产。《民法典》第434条还规定，质权人在质权存续期间，未经出质人同意转质，造成质押财产毁损、灭失的，应当承担赔偿责任。由此可知，如果非可归责于出质人的原因导致质物毁损灭失的，风险损失应由出质人承担。故本题正确答案为A。

17. 答案：D。本题考查的是抵押物的转让。《民法典》第406条规定，抵押期间，抵押人可以转让抵押财产。当事人另有约定的，按照其约定。抵押财产转让的，抵押权不受影响。抵押人转让抵押财产的，应当及时通知抵押权人。抵押权人能够证明抵押财产转让可能损害抵押权的，可以请求抵押人将转让所得的价款向抵押权人提前清偿债务或者提存。转让的价款超过债权数额的部分归抵押人所有，不足部分由债务人清偿。据以上分析，A、B、C项中的各项权利银行都可行使。至于D项，抵押权人对于抵押物并无优先购买权，故错误。

18. 答案：B。根据《民法典》第392条的规定，被担保的债权既有物的担保又有人的担保的，债务人不履行到期债务或者发生当事人约定的实现担保物权的情形，债权人应当按照约定实现债权；没有约定或者约定不明确，债务人自己提供物的担保的，债权人应当先就该物的担保实现债权；第三人提供物的担保的，债权人可以就物的担保实现债权，也可以请求保证人承担保证责任。提供担保的第三人承担担保责任后，有权向债务人追偿。对本案债务人而言，其在债务上已经以自己所有的物进行了物的担保，保证人丙只需要在物的担保以外承担保证责任。物的担保主要有以下几种：对于房屋的抵押担保10万元，汽车抵押担保5万元，音响质押担保1万元。另外，汽车被毁，获得保险赔偿金3万元。而担保物权是具有物上代位性的，即因标的物出卖、出租、消灭或毁损发生以金钱或其他财物（代偿物）代替时，担保物权人可以对此行使担保物权。对于因车祸毁损的汽车所获保险赔偿金，担保物权人基于物上代位制度可以对其行使担保物权。也就是说，保证人丙应当对房屋抵押担保10万元，汽车保险赔偿金3万元和音响质押担保1万元以外的债务负责，即6万元。

19. 答案：C。本题考查的是担保物权的特征和种类。担保物权是与用益物权相对应的他物权，指的是为确保债权的实现而设定的，以直接取得或者支配特定财产的交换价值为内容的权利。据此，担保物权的标的物也须为特定物，故本题A项不正确。担保物权虽具有从属性，但并非不得先于主债权而设定，如最高额抵押即先于主债权而设定，故本题B项不正确。典权不是担保物权而是用益物权，故本题D项不正确。物权具有不可分性，即使债权一部分消灭，债权人仍就未清偿债权部分对担保物全部行使权利，故本题C项正确。

20. 答案：C。(1) A错误。银行对李某的房产拥有抵押权，因为李某将房产抵押给了银行以获得贷款，并办理了抵押登记。(2) B错误。如果李某未能偿还贷款，银行不能立即出售房产，因为需要经过一定的法律程序，如协商解决或法院判决。(3) C正确。李某未能按时偿还贷款及利息，银行可以请求李某支付逾期利息。(4) D错误。如果王某与李某达成购买房产的协议，银行的抵押权不会自动解除，除非银行的债权得到满足或银行放弃抵押权。

21. 答案：D。本题考查权利质权。《民法典》第440条规定，债务人或者第三人有权处分的下列权利可以出质：（1）汇票、本票、支票；（2）债券、存款单；（3）仓单、提单；（4）可以转让的基金份额、股权；（5）可以转让的注册商标专用权、专利权、著作权等知识产权中的财产权；（6）现有的以及将有的应收账款；（7）法律、行政法规规定可以出质的其他财产权利。根据上述规定可知，本题的正确答案是D。

22. 答案：C。本题考查预告登记、不动产抵押合同与抵押权的生效时间。本题中，甲与银行之间设立的抵押是不动产抵押，一般情况下，抵押合同自签订之日起生效，抵押权自办理抵押登记之日起设立。据此首先可以判断出甲与银行之间的抵押合同已经生效。因此，B、D项错误。另外，《民法典》第221条规定，当事人签订买卖房屋的协议或者签订其他不动产物权的协议，为保障将来实现物权，按照约定可以向登记机构申请预告登记。预告登记后，未经预告登记的权利人同意，处分该不动产的，不发生物权效力。预告登记后，债权消灭或者自能够进行不动产登记之日起90日内未申请登记的，预告登记失效。本题中提到的标的物在设定抵押之前已经出售给了乙公司，并办理了预告登记且没有超出上述规定的90日的期限。因此，在此期限内甲公司无权处分该不动产，即便是实际处分了，也不发生物权的效力。因此，银行不能取得写字楼的抵押权，A项错误，C项正确。

23. 答案：C。动产浮动抵押自抵押合同生效时设立；未经登记，不得对抗善意第三人，且不得对抗正常经营活动中已支付合理价款并取得抵押财产的买受人。据此，个体户甲设定的抵押权因其与乙银行订立抵押权合同而生效，选项B错误；由于该抵押合同未经登记，因此不能对抗善意第三人，选项C正确；由于第三人丙以合理价格从甲处购买生产设备，乙银行不得以其抵押权对抗，因此选项D错误。本题正确答案应为C。

24. 答案：D。《民法典》第445条第1款规定，以应收账款出质的，质权自办理出质登记时设立。故选项A表述正确。此外，《民法典》第546条第1款规定，债权人转让债权，未通知债务人的，该转让对债务人不发

生效力。类比该规定，若须使质权对债务人乙发生效力，必须通知债务人乙，故选项B正确。在将出质事实通知债务人乙之后，其不得自行向甲清偿债务，须经质权人同意方可清偿或将清偿款提存，故选项C正确，选项D错误。综上，由于本题是选非题，故正确答案为D。

25. 答案：D。按照《民法典》第403条的规定，动产抵押采登记对抗主义，未办理登记，抵押权成立，但不得对抗善意第三人。第429条规定，动产质权采交付生效主义，同升公司已办理了交付，动产质权成立。因此就同一标的物存有留置权、质权、已办理登记的抵押权、未办理登记的抵押权。同一动产上已设立抵押权或者质权，该动产又被留置的，留置权人优先受偿。已经办理登记的抵押权可以对抗第三人，优先于质权，未办理登记的抵押权不能对抗第三人。所以，首先为留置权人，其次为已办理登记的抵押权人，再次为质权人，最后为未办理登记的抵押权人，即顺序为丁、乙、丙、甲，D选项正确。

26. 答案：D。《民法典》第393条规定："有下列情形之一的，担保物权消灭：（一）主债权消灭……"本题中，如乙公司依约向银行清偿了贷款，则基于此项主债权存在的银行的保证权和甲公司的债权质权均将消灭，据此A项错误。《民法典》第546条规定，债权人转让债权，未通知债务人的，该转让对债务人不发生效力。债权转让的通知不得撤销，但是经受让人同意的除外。据此，B项错误。《民法典》第428条规定，质权人在债务履行期限届满前，与出质人约定债务人不履行到期债务时质押财产归债权人所有的，只能依法就质押财产优先受偿。据此C项错误。乙公司将对丙公司的债权出质给甲公司，由于甲公司行使的这个应收账款质权本质上是个债权，因此并不能因为甲公司是质权人而切断丙公司基于债权而拥有的抗辩，据此D项正确。

27. 答案：C。本题中，甲公司对乙公司拥有10万元债权，丙银行对甲公司拥有债权质权，

乙公司对甲公司拥有2万元债权。如果乙公司提出抗辩，鉴于其行使抵销权的条件已经具备，必然会对甲公司提出行使抵销权。尽管乙公司行使抵销权会使丙银行的债权质权有所贬损，但是目前的法律并未规定债权人行使抵销权时受此限制，且《民法典》第433条规定，因不可归责于质权人的事由可能使质押财产毁损或者价值明显减少，足以危害质权人权利的，质权人有权请求出质人提供相应的担保；出质人不提供的，质权人可以拍卖、变卖质押财产，并与出质人协议将拍卖、变卖所得的价款提前清偿债务或者提存。第568条第1款规定，当事人互负债务，该债务的标的物种类、品质相同的，任何一方可以将自己的债务与对方的到期债务抵销；但是，根据债务性质、按照当事人约定或者依照法律规定不得抵销的除外。由此可见，乙公司可以行使抵销权。据此，丙银行的债权质权为8万元，C项正确。

28. 答案：A。《民法典》第392条规定，被担保的债权既有物的担保又有人的担保的，债务人不履行到期债务或者发生当事人约定的实现担保物权的情形，债权人应当按照约定实现债权；没有约定或者约定不明确，债务人自己提供物的担保的，债权人应当先就该物的担保实现债权；第三人提供物的担保的，债权人可以就物的担保实现债权，也可以请求保证人承担保证责任。提供担保的第三人承担担保责任后，有权向债务人追偿。此外，除非担保人之间有约定可以相互追偿或者担保人承担连带责任或者担保人在同一份合同书上签字、盖章、按指印，否则担保人之间不可以相互追偿。依此，本题应选A项，其他选项均错误。

29. 答案：C。依《民法典》第215条的规定，除法律另有规定或者合同另有约定外，当事人之间订立有关设立、变更、转让和消灭不动产物权的合同，自合同成立时生效，所以本题中，甲、乙之间的担保合同自质权合同成立时生效，故A选项错误。依《民法典》第429条的规定，质权自出质人交付质押财产时设立。占有红木非只能由本人亲自进行的行为。本题中，甲与丙签订委托合同授权丙代自己占有红木，乙将红木交付于丙，此时，甲为占有人，丙为占有辅助人，即在乙将红木交付于丙时，甲即取得该红木的占有，自此取得质权。由此可知，B、D选项错误，C选项正确。

30. 答案：B。A、B项考查留置权。留置权包括两类，即民事留置和商事留置。根据《民法典》第447条规定，债务人不履行到期债务，债权人可以留置已经合法占有的债务人的动产，并有权就该动产优先受偿。前款规定的债权人为留置权人，占有的动产为留置财产。第448条规定，债权人留置的动产，应当与债权属于同一法律关系，但是企业之间留置的除外。据此可知，留置权的成立条件为：（1）债权已到期；（2）合法占有债务人的动产；（3）基于同一法律关系（商事留置除外）；（4）不违反法律规定和当事人约定。本题中，徐某的10万元工资债权与轿车的占有并非基于同一法律关系。因此，不得行使留置权。故A项错误。C、D项考查诉讼时效制度。根据《民法典》第188条第1款规定，向人民法院请求保护民事权利的诉讼时效期间为三年。法律另有规定的，依照其规定。本题中，徐某的10万元工资债权属于债权请求权，依法应受到三年诉讼时效期间的限制。故C、D项错误。

31. 答案：A。首先，《民法典》第402条规定，以本法第395条第1款第1~3项规定的财产或者第5项规定的正在建造的建筑物抵押的，应当办理抵押登记。抵押权自登记时设立。第395条第1款第1~3项规定，不动产及不动产权利的类型有：建筑物和其他地上附着物、建设用地使用权、海域使用权。第215条规定，当事人之间订立有关设立、变更、转让和消灭不动产物权的合同，除法律另有规定或者当事人另有约定外，自合同成立时生效；未办理物权登记的，不影响合同效力。本题中，甲、乙虽未办理抵押登记手续，不动产抵押权未设立，但二者间的抵押合同合法有效。故B项正确。其次，根据物权法定的基本原理，对于动产而言，既可以设立抵押权,又可以设立质押权。故 C 项正确。最后,根据《民法典》第 403 条规定,以动产抵押的,抵押权自抵押合同生效时设立;未经登记,不得对抗善意第三人。第 394 条第 1 款规定,为担保债务的履行,债务人或者第三人不转移财产的占有,将该财产抵押给债权人,债务人不履行到期债务或者发生当事人约定的实现抵押权的情形,债权人有权就该财产优先受偿。故 D 项正确。

32. **答案**：C。A、B、C 项考查抵押权的顺位。同一财产向两个以上债权人抵押的,顺序在先的抵押权与该财产的所有权归属一人时,该财产的所有人可以其抵押权对抗顺序在后的抵押权。据此可知,抵押权人和抵押物的所有权归于一人的,抵押权未消灭。本题中,甲的抵押权先于丙设立,后甲又获得房屋所有权。因此,甲和丙的抵押权均未消灭,且甲可基于登记在先对抗丙的抵押权。故 A、B 项错误。D 项考查民事法律行为的效力。《民法典》对抵押物的转让规则作出了重大修改,第 406 条规定,抵押期间,抵押人可以转让抵押财产。当事人另有约定的,按照其约定。抵押财产转让的,抵押权不受影响。抵押人转让抵押财产的,应当及时通知抵押权人。抵押权人能够证明抵押财产转让可能损害抵押权的,可以请求抵押人将转让所得的价款向抵押权人提前清偿债务或者提存。转让的价款超过债权数额的部分归抵押人所有,不足部分由债务人清偿。因此乙出卖已抵押的房屋为有权处分,甲、乙间的房屋买卖合同有效。故 D 项错误。

33. **答案**：B。《民法典》第 221 条第 1 款规定："当事人签订买卖房屋的协议或者签订其他不动产物权的协议,为保障将来实现物权,按照约定可以向登记机构申请预告登记。预告登记后,未经预告登记的权利人同意,处分该不动产的,不发生物权效力。"可见为了保障将来取得不动产所有权、用益物权和担保物权,在符合条件时均可以办理预告登记。不动产抵押权可以适用预告登记制度。同时《民法典》规定了不动产登记机构法

定制度,"不动产登记,由不动产所在地的登记机构办理。国家对不动产实行统一登记制度。统一登记的范围、登记机构和登记办法,由法律、行政法规规定"。因此,去公证机构办理抵押合同公证,不产生预告登记的法律效果,因此 A 项错误。《民法典》第 311 条规定："无处分权人将不动产或者动产转让给受让人的,所有权人有权追回;除法律另有规定外,符合下列情形的,受让人取得该不动产或者动产的所有权：(一) 受让人受让该不动产或者动产时是善意;(二) 以合理的价格转让;(三) 转让的不动产或者动产依照法律规定应当登记的已经登记,不需要登记的已经交付给受让人。受让人依照前款规定取得不动产或者动产的所有权的,原所有权人有权向无处分权人请求损害赔偿。当事人善意取得其他物权的,参照适用前两款规定。"可见担保适用善意取得制度,但是善意取得的前提条件是行为人无权处分,本题中,甲再次抵押房屋属于有权处分,丙取得房屋抵押权不是善意取得,因此 B 项正确。依据《民法典》第 402 条的规定,不动产抵押的,应当办理抵押登记,抵押权自登记时设立。乙和甲签订了房屋抵押合同,但是没有依法办理抵押登记,因此乙对该房屋不享有抵押权。因此,甲违反抵押合同约定将房屋再次抵押给他人的行为是违约行为,不构成对乙抵押权的侵害,因此 C 项错误。《民法典》第 414 条第 1 款规定了抵押清偿顺序："同一财产向两个以上债权人抵押的,拍卖、变卖抵押财产所得的价款依照下列规定清偿：(一) 抵押权已经登记的,按照登记的时间先后确定清偿顺序;(二) 抵押权已经登记的先于未登记的受偿;(三) 抵押权未登记的,按照债权比例清偿。"即使乙胜诉,法院强制执行后办理了抵押登记,但是乙的抵押登记时间在丙的抵押登记时间之后,乙的抵押权不能优先于丙的抵押权受偿,因此 D 项错误。

34. **答案**：C。不动产抵押应当办理抵押登记,不动产抵押权自登记时设立,当事人仅订立抵押合同而未办理登记的,不动产抵押权不

能有效设立，A、B 项错误。合同一方当事人违反合同约定义务而应当对合同另一方当事人承担民事责任。根据《民法典》第 584 条规定，当事人一方不履行合同义务或者履行合同义务不符合约定，造成对方损失的，损失赔偿额应当相当于因违约所造成的损失，包括合同履行后可以获得的利益；但是，不得超过违约一方订立合同时预见到或者应当预见到的因违约可能造成的损失，C 项正确。抵押合同不存在效力待定的情形，完全民事行为能力人在意思真实情况下签订的不违反法律和公共利益的合同属于有效的合同，D 项错误。

35. **答案**：B。依据《民法典》第 311 条的规定，质押权可以适用善意取得，因此本案中丙可以取得质押权，那么甲就不能对丙主张返还请求权，因为丙是有权占有人。但乙的无权处分导致甲无法取回手表，因此甲可以要求乙赔偿损失，故 A 项正确，B 项错误。如果债务人不能按时清偿债务的话，质押权人丙可以拍卖或变卖手表，故 C 项正确。一旦丙拍卖或变卖手表，甲将丧失所有权，故 D 项正确。

✓ 多项选择题

1. **答案**：BC。本题考查的是抵押权的特点。抵押权是指债权人对于债务人或第三人不转移占有而提供担保的财产，在债务人不履行债务时，依法享有的就担保的财产优先受偿的权利。抵押权是一种担保物权，是从属于债权存在的，无债权发生，也就没有抵押权；债权转移，抵押权也必须随同转移。此为抵押权的从属性。抵押权的不可分性是指债权人在全部债权受偿以前，可以就抵押物的全部行使权利。该不可分性体现为两个方面：一是不管债权是否发生变化，只要没有全部清偿之前，抵押权人就可以对抵押物整体行使权利；二是债权的部分变化不影响抵押权的整体性。债权一部分让与时，抵押权不因此而分割，受让人与让与人按其债权额共有一个抵押权。债权转移，抵押权必须随同移转主要是由抵押权的从属性和不可分性决定的。抵押权的追及力是指抵押物无论落入何人之手，抵押权人都可以就其行使抵押权。这与抵押权的转移无关。抵押权的物上代位性是指抵押物的实际形态发生变化并不影响抵押权的成立，抵押权人还可以就抵押物的替代物行使权利。这是由抵押担保的性质所决定的，在物上设定担保权的目的主要是利用物的交换价值，而不是物的具体形状。抵押权的物上代位性的特点只能决定抵押权的实现，并不能决定抵押权随同债权的转移。综上，本题正确答案为 B、C。

2. **答案**：AB。本题考查的是应当进行登记的抵押物范围。《民法典》第 402 条规定："以本法第三百九十五条第一款第一项至第三项规定的财产或者第五项规定的正在建造的建筑物抵押的，应当办理抵押登记。抵押权自登记时设立。"第 395 条规定："债务人或者第三人有权处分的下列财产可以抵押：（一）建筑物和其他土地附着物；（二）建设用地使用权；（三）海域使用权；（四）生产设备、原材料、半成品、产品；（五）正在建造的建筑物、船舶、航空器；（六）交通运输工具；（七）法律、行政法规未禁止抵押的其他财产。抵押人可以将前款所列财产一并抵押。"本题 A、B 项符合规定，都属于抵押时应当登记的财产范围，故为正确答案。

3. **答案**：AB。本题考查的是可以作为抵押物的财产范围。根据《民法典》第 395 条和第 399 条的规定可知，本题正确答案为 A、B。

4. **答案**：ABCD。本题考查的是抵押权人保全抵押物的权利。抵押权是以抵押物价值来担保债权实现的一种担保物权，因此，如抵押人的行为导致抵押物的价值减少，必然危及抵押权人的利益，为此，法律规定抵押权人可以对抵押物采取保全措施，以确保自己的债权在将来能够实现。《民法典》第 408 条规定："抵押人的行为足以使抵押财产价值减少的，抵押权人有权请求抵押人停止其行为；抵押财产价值减少的，抵押权人有权请求恢复抵押财产的价值，或者提供与减少的价值相应的担保。抵押人不恢复抵押财产的价值，也不提供担保的，抵押权人有权请求债务人提前清偿债务。"据此，本题A、B、C、D项是抵押权人可以采取的救济方法，为正确答案。

5. **答案**：ABC。本题考查的是抵押权人保全抵押物的权利。抵押权是以抵押物价值确保债权实现的一种担保物权，因此，如抵押人的行为导致抵押物的价值减少，必然危及抵押权人的利益，为此，法律规定抵押权人可以对抵押物采取保全措施，以确保自己的债权在将来能够实现。《民法典》第408条规定："抵押人的行为足以使抵押财产价值减少的，抵押权人有权请求抵押人停止其行为；抵押财产价值减少的，抵押权人有权请求恢复抵押财产的价值，或者提供与减少的价值相应的担保。抵押人不恢复抵押财产的价值，也不提供担保的，抵押权人有权请求债务人提前清偿债务。"据此，本题中，由于抵押人毛某具有使抵押物客车价值减少的行为，抵押权人有权要求其停止这种行为，即按照合理的方式使用客车；若客车的价值因毛某的行为减少，凌某有权要求毛某恢复该客车的价值，或提供与减少的价值相当的担保。故本题A、C项正确。若毛某既不恢复该客车的价值，也不提供担保的，凌某有权要求毛某提前清偿债务，故本题B项正确。若该客车的价值非因毛某的行为而减少，凌某无权要求提供补充担保，故本题D项不正确。

6. **答案**：AD。本题考查的是设定抵押的财产在抵押期间转让的效力问题。《民法典》第406条规定，抵押期间，抵押人可以转让抵押财产。当事人另有约定，按照其约定。抵押财产转让的，抵押权不受影响。抵押人转让抵押财产的，应当及时通知抵押权人。抵押权人能够证明抵押财产转让可能损害抵押权的，可以请求抵押人将转让所得的价款向抵押权人提前清偿债务或者提存。转让的价款超过债权数额的部分归抵押人所有，不足部分由债务人清偿。本题中，抵押人甲未通知抵押权人就转让抵押物，抵押权人仍可就抵押物行使抵押权。房屋先已设定的抵押权不影响办理过户登记的受让人取得房屋的所有权，但受让人应当承担抵押权人行使抵押权

给其权利造成的损害。故本题正确答案为A、D。

7. **答案**：BD。本题考查的是有关股票质押的规定。根据《民法典》第443条规定可得此答案。

8. **答案**：ABC。本题考查的是有关质权生效时间的规定。根据《民法典》第429条规定，动产质权自质物移交质权人占有时生效，A选项表述正确。根据《民法典》第441条规定，以汇票、本票、支票、债券、存款单、仓单、提单出质的，质权自权利凭证交付质权人时设立；没有权利凭证的，质权自办理出质登记时设立。法律另有规定的，依照其规定。故以汇票、本票、支票出质的，自权利凭证交付之日起生效，B选项表述正确。以有限责任公司的股份出质的，适用公司法股份转让的有关规定，质押合同自股份出质记载于股东名册之日起生效，C选项表述正确。以依法可以转让的股票出质的，根据《民法典》第443条规定，质权自办理出质登记时设立。这种质权自向证券登记机构办理出质登记之日起生效，而并非自股票出质记载于股东名册之日起生效，D选项表述错误。

9. **答案**：ABCD。本题考查的是质押和抵押的区别。

10. **答案**：CD。本题考查的是特定种类权利质权的实现方式。《民法典》442条规定，汇票、本票、支票、债券、存款单、仓单、提单的兑现日期或者提货日期先于主债权到期的，质权人可以兑现或者提货，并与出质人协议将兑现的价款或者提取的货物提前清偿债务或者提存。据此，本题C、D项正确，A项不正确。根据债法的一般原理，债权人不得在债务履行期届满前要求债务人清偿债务，故本题B项不正确。

11. **答案**：AC。本题考查的是质权人的权利和责任。质权为担保物权，质权人对质物不享有使用权和收益权，除非是为了保存质物价值的需要，因此，乙无权将该车出租。乙擅自将该车出租，即使车辆灭失是因承租人丙违章驾驶造成，乙也应当对该车的损失向甲承担责任。综上，本题正确答案为A、C。

12. 答案：AD。本题考查的是质物的费用的承担。《民法典》第389条规定，担保物权的担保范围包括主债权及其利息、违约金、损害赔偿金、保管担保财产和实现担保物权的费用。当事人另有约定的，按照其约定。据此，当事人无约定时，质权担保的范围包括质物保管费用，这实际上是由出质人承担的。故本题中如当事人无约定，存车费应由出质人甲承担；有约定时从约定。故本题正确答案为A、D。

13. 答案：AD。本题考查的是各种权利质权生效的时间。《民法典》第441条规定，以汇票、本票、支票、债券、存款单、仓单、提单出质的，质权自权利凭证交付质权人时设立；没有权利凭证的，质权自办理出质登记时设立。法律另有规定的，依照其规定。故本题A、D项正确，B项不正确。《最高人民法院关于适用〈中华人民共和国民法典〉有关担保制度的解释》第58条规定，以汇票出质，当事人以背书记载"质押"字样并在汇票上签章，汇票已经交付质权人的，人民法院应当认定质权自汇票交付质权人时设立。据此，汇票上记载质押字样，只是对抗第三人的要件，而不是质权生效的要件。故本题C项不正确。

14. 答案：BD。本题考查的是动产质押无效的情况，以及担保合同无效后的法律责任。《公司法》第160条第2款规定："公司董事、监事、高级管理人员应当向公司申报所持有的本公司的股份及其变动情况，在就任时确定的任职期间每年转让的股份不得超过其所持有本公司股份总数的百分之二十五；所持本公司股份自公司股票上市交易之日起一年内不得转让。上述人员离职后半年内，不得转让其所持有的本公司股份。公司章程可以对公司董事、监事、高级管理人员转让其所持有的本公司股份作出其他限制性规定。"据此，本题中设定的质权无效。故本题A项不正确，B项正确。《民法典》第388条第2款规定："担保合同被确认无效后，债务人、担保人、债权人有过错的，应当根据其过错各自承担相应的民事责任。"据此，担保合同被确认无效后，丙仍应对其过错承担责任。这种责任并非基于有效的质权关系，而是基于过错。故本题C项不正确，D项正确。

15. 答案：AB。本题考查的是动产质押的效力，兼及权利质押。动产质押是指为了担保债权清偿，由债务人或者第三人将其所有的动产交付给债权人，约定当债务人不履行债务或者发生当事人约定的情形时，债权人有权就该动产优先受偿。质权人取得动产质权，自不必说；另因动产质权必须经交付才能生效，故质权人当然取得质物的占有权。故本题A、B项正确。取得质物的占有权，并不等于取得附着于该物上的其他权利，如知识产权。本题中，肖某虽然占有该画，但是吴某要求其不示于人，故肖某没有取得对画的著作财产权（展览权是著作权权能的一部分）的质权。另外，以著作财产权进行质押的，必须到登记部门办理登记。在本题中，既然没有办理登记，也就不可能有著作财产权的质押。故本题C项不正确。担保物权的效力在于，当债务人不能履行债务时，债权人享有对质押财产的价值的优先受偿权，而非对质押物的优先购买权。故本题D项不正确。

16. 答案：BCD。本题考查的是质权人对质物保管不善的法律责任。《民法典》第432条规定："质权人负有妥善保管质押财产的义务；因保管不善致使质押财产毁损、灭失的，应当承担赔偿责任。质权人的行为可能使质押财产毁损、灭失的，出质人可以请求质权人将质押财产提存，或者请求提前清偿债务并返还质押财产。"据此，本题B、C、D项正确。由于法律并未规定出质人有权因质权人保管质物不善而解除质押合同，故本题A项不正确。

17. 答案：AB。本题考查的是抵押财产的处分。《最高人民法院关于适用〈中华人民共和国民法典〉有关担保制度的解释》第54条规定："动产抵押合同订立后未办理抵押登记，动产抵押权的效力按照下列情形分别处理：（一）抵押人转让抵押财产，受让人占有抵押财产后，抵押权人向受让人请求行使抵押权的，人民法院不予支持，但是抵押权人能够举证证明受让人知道或者应当知道已经订立抵押合同的除外；（二）抵押人将抵押财产出租给他人并移转占有，抵押权人行使抵押权的，租赁关系不受影响，但是抵押权人能够举证证明承租人知道或者应当知道已经订立抵押合同的除外；（三）抵押人的其他债权人向人民法院申请保全或者执行抵押财产，人民法院已经作出财产保全裁定或者采取执行措施，抵押权人主张对抵押财产优先受偿的，人民法院不予支持；（四）抵押人破产，抵押权人主张对抵押财产优先受偿的，人民法院不予支持。"依此，抵押人是可以将抵押的财产出租的。另外，共有人的优先购买权是优先于承租人的优先购买权的。依此，可知 A、B 为正确答案。

18. **答案**：ABC。物权属于支配权，质押权属于物权。

19. **答案**：BD。本题考查对设定抵押的财产进行转让的相关规定。其法律依据是《民法典》第 406 条。除非乙公司和银行有抵押期间禁止或者限制转让的约定，否则乙公司将房屋出售给丙公司无须经过银行同意。故而不论银行是否同意转让，房屋管理部门均应当准予过户，但此转让不影响银行的抵押权。如丙公司代为清偿了甲公司的银行债务，则银行的抵押权因债权消灭而消灭，但如果丙公司仅仅向银行承诺代为清偿甲公司的银行债务，并不能导致抵押权消灭。

20. **答案**：ABCD。《民法典》第 209 条第 1 款规定，不动产物权的设立、变更、转让和消灭，经依法登记，发生效力；未经登记，不发生效力，但是法律另有规定的除外。第 215 条规定，当事人之间订立有关设立、变更、转让和消灭不动产物权的合同，除法律另有规定或者当事人另有约定外，自合同成立时生效；未办理物权登记的，不影响合同效力。本题中，郑某的父亲和郭某之间虽然没有办理房屋过户登记手续，但并不影响房屋买卖合同的效力，他们之间的房屋买卖合同是有效的，郭某虽未取得房屋的所有权，但享有合同债权，故 A 项说法正确。《民法典》第 230 条规定，因继承或者受遗赠取得物权的，自继承或者受遗赠开始时发生效力。郑某的父亲与郭某未办理房屋过户登记手续，房屋仍然属于郑某父亲，郑某自其父亲死亡时，可以在继承开始时取得该房屋的所有权，郑某实际取代了其父在房屋买卖合同中当事人的地位，所以郑某有义务协助郭某办理房屋过户手续，故 B、C 项说法正确。《民法典》第 402 条规定，以建筑物抵押的，应当办理抵押登记。抵押权自登记时设立。因为郑某和陈某之间的抵押未办理抵押登记，因此抵押权不成立，陈某对房屋不享有抵押权，D 项说法正确。本题的正确答案是 A、B、C、D。

21. **答案**：BC。《民法典》第 445 条第 1 款规定，以应收账款出质的，质权自办理出质登记时设立。乙、丙公司并未办理应收账款质押的登记，所以，A 选项错误。乙公司出具《担保函》的行为可以理解为丙公司在 10 万元范围内承担连带保证责任，丙公司应对乙公司承担保证责任，B 选项正确。乙公司对甲公司拥有到期债权、甲公司对丙公司拥有到期债权、甲公司怠于行使债权且该债权非专属于甲公司，乙公司可以行使代位权，C 选项正确。丙公司出具《担保函》的行为不能认定为债务承担，丙非债务人，乙公司不能直接要求丙清偿债务，故 D 项错误。本题正确选项为 B、C。

22. **答案**：CD。根据《民法典》第 215 条规定的区分原则，丙以自己房屋为乙设立抵押权时，未办理抵押登记，故房屋抵押权未设立；但不因此影响乙、丙之间房屋抵押合同的成立与生效。另房屋已被法院查封，因此 A 项错误。既然不能办理房屋抵押登记，乙只能依据抵押合同要求丙承担担保义务，且因抵押合同约定的即是丙以自己的房屋承担担保责任，所以乙只能要求丙以房屋价值为限承担担保义务，故 C 项正确，B 项错误。由于丙仅将房本交给乙，未按约定办理抵押登记，丙的行为属违约行为。现在丙的房屋被法院另行查封，若丙的房屋被执行，则抵押权的标的将不存在，很可能给乙造成损失，故 D 项正确。

23. 答案：AB。《民法典》第 425 条第 1 款规定："为担保债务的履行，债务人或者第三人将其动产出质给债权人占有的，债务人不履行到期债务或者发生当事人约定的实现质权的情形，债权人有权就该动产优先受偿。"故 A 项正确。《民法典》第 395 条规定："债务人或者第三人有权处分的下列财产可以抵押……（六）交通运输工具……"故 B 项正确。《民法典》第 429 条规定："质权自出质人交付质押财产时设立。"故 C 项错误。《民法典》第 403 条规定，以动产抵押的，抵押权自抵押合同生效时设立；未经登记，不得对抗善意第三人。故 D 项错误。

24. 答案：ACD。只要交付他种给付，当事人间的原债权债务关系消灭，若他种给付无法实现或有瑕疵，可依据代物清偿协议主张违约责任或瑕疵担保责任。A 项正确。《最高人民法院关于审理城镇房屋租赁合同纠纷案件具体应用法律若干问题的解释》第 14 条规定，租赁房屋在承租人按照租赁合同占有期限内发生所有权变动，承租人请求房屋受让人继续履行原租赁合同的，人民法院应予支持。但租赁房屋具有下列情形或者当事人另有约定的除外：（1）房屋在出租前已设立抵押权，因抵押权人实现抵押权发生所有权变动的；（2）房屋在出租前已被人民法院依法查封的。本题中，张某抵押权成立在先，李某的租赁权设定在后，因此，李某的租赁权不能对抗张某的抵押权。B 项错误。《民法典》第 154 条规定，行为人与相对人恶意串通，损害他人合法权益的民事法律行为无效。本题中，王某、李某修订租赁合同的行为将改变抵押合同与租赁合同的成立时间顺序，损害抵押权人张某的利益，因此该修订行为无效。C 项正确。《民法典》第 577 条规定当事人一方不履行合同义务或者履行合同义务不符合约定的，应当承担继续履行、采取补救措施或者赔偿损失等违约责任。本题中，因张某实现抵押权，要求李某搬离房屋，致使王某无法合理履行出租人义务，构成违约，应当承担违约责任。D 项正确。

25. 答案：AC。依《民法典》第 395 条和第 402 条的规定，以房屋抵押未办理抵押登记的，抵押权自登记时设立。本题中，乙与银行未办理抵押登记。依《民法典》第 215 条的规定，抵押合同可以生效，但抵押权未设定。依此，乙应向银行承担未办理抵押登记的违约责任，但银行未能取得抵押权。故 A 选项正确，D 选项错误。乙将房屋所有权转让于丙，丙虽然知情，但根据题目所给信息也不能认定丙与乙恶意串通，所以丙与乙的买卖合同有效，双方办理过户登记后，丙取得房屋所有权。借款合同发生在乙和银行之间，丙没有义务向银行还款。如果丙愿意代乙偿还，可以向乙主张无因管理的相应费用返还，由此本题的 B 选项错误，C 选项正确。

26. 答案：BD。依《民法典》第 420 条第 1 款的规定，为担保债务的履行，债务人或者第三人对一定期间内将要连续发生的债权提供担保财产的，债务人不履行到期债务或发生当事人约定的实现抵押权的情形，抵押权人有权在最高债权额限度内就该担保财产优先受偿。本题中最高债权额限度为 400 万元，债权确定期间内抵押人和债权人之间发生的债权额也是 400 万元，故抵押担保的债权额应为 400 万元，A 选项错误，B 选项正确。依《民法典》第 419 条的规定，抵押权人应当在主债权诉讼时效期间行使抵押权；未行使的，人民法院不予保护。由此可知 D 选项正确，C 选项错误。

27. 答案：CD。依《民法典》第 447 条第 1 款的规定，债务人不履行到期债务，债权人可以留置已经合法占有的债务人的动产，并有权就该动产优先受偿。本题 A 选项中的债务未到期，张某不得留置。B 选项中不符合留置权的客体须为"已经合法占有的债务人的动产"的要件，刘某不得留置。依《民法典》第 903 条的规定，寄存人未按照约定支付保管费或者其他费用的，保管人对保管物享有留置权，但是当事人另有约定的除外。由此可知 C 选项符合留置权的构成要件，寄存处可以行使留置权。依《民法典》第 783 条规定，定作人未向承揽人支付报酬或者材料费等价款的，承揽人对完成的工作成果享有留置权或者有权拒绝交付，但是当事人另有约定的除外。依此可知 D 选项正确。

28. **答案**：ABCD。甲是债权人，也是抵押权人，后来甲的 300 万元债权消灭，抵押权消灭。戊成为 200 万元的新债权人，同时成为 200 万元的新抵押权人，其抵押权存在于丙、丁的房屋。鉴于没有限定抵押物的担保金额，所以：第一，戊可以随便选抵押人，选丙或者丁的房屋实现抵押权。第二，戊选择后可以就任何一座房屋主张实现全部债权。所以，A、B、C、D 项都错误。

29. **答案**：BCD。首先，根据《民法典》第 420 条规定，为担保债务的履行，债务人或者第三人对一定期间内将要连续发生的债权提供担保财产的，债务人不履行到期债务或者发生当事人约定的实现抵押权的情形，抵押权人有权在最高债权额限度内就该担保财产优先受偿。最高额抵押权设立前已经存在的债权，经当事人同意，可以转入最高额抵押担保的债权范围。丙公司为甲超市在未来 5 个月内连续发生的货款债权提供抵押担保，属于最高额抵押。故 A 项正确。其次，根据《民法典》第 421 条规定，最高额抵押担保的债权确定前，部分债权转让的，最高额抵押权不得转让，但是当事人另有约定的除外。本题中，当事人之间不存在特别约定，30 万元债权转让有效，但最高额抵押权并不随之转移。因此，无论是否通知甲公司，丁公司均无权主张抵押权。故 B、C 项错误。最后，根据《民法典》第 406 条第 1 款规定，抵押期间，抵押人可以转让抵押财产。当事人另有约定的，按照其约定。抵押财产转让的，抵押权不受影响。丙公司以办公用房提供抵押担保并办理抵押登记手续，仅使乙公司（债权人）取得优先受偿权。办公用房的所有权依然属于丙公司。因此，丙公司当然有权转让其办公用房。故 D 项错误。

30. **答案**：ABD。《民法典》第 396 条规定，企业、个体工商户、农业生产经营者可以将现有的以及将有的生产设备、原材料、半成品、产品抵押，债务人不履行到期债务或者发生当事人约定的实现抵押权的情形，债权人有权就抵押财产确定时的动产优先受偿。本题中，甲公司以其现有的以及将有的生产设备、原材料、产品设定抵押，性质上属于动产浮动抵押，故 A 项正确。《民法典》第 403 条规定，以动产抵押的，抵押权自抵押合同生效时设立；未经登记，不得对抗善意第三人。本题中，乙银行自抵押合同生效时取得抵押权，登记只是对抗效力，应当向抵押人住所地的市场监督管理部门办理登记，故 B 项正确，C 项错误。《民法典》第 404 条规定，以动产抵押的，不得对抗正常经营活动中已经支付合理价款并取得抵押财产的买受人。可见，动产浮动抵押设立后，为了保障交易安全，乙银行的抵押权不得对抗正常经营活动中已支付合理价款并取得抵押财产的买受人，故 D 项正确。

31. **答案**：BCD。由《民法典》规定可知，因第三人主张权利，致使承租人不能对租赁物使用、收益的，承租人可以请求减少租金或者不支付租金。本题中，因房屋的受让人丁要求丙腾退房屋，基于合同的相对性，承租人丙只能请求出租人甲退还剩余租金，丁无须承担该义务，故 A 项正确，B 项错误。根据民法"保护在先权利的原则"可知，订立抵押合同前抵押财产已出租的，原租赁关系不受该抵押权的影响。抵押权设立后抵押财产出租的，该租赁关系不得对抗已登记的抵押权。《最高人民法院关于审理城镇房屋租赁合同纠纷案件具体应用法律若干问题的解释》第 14 条规定，租赁房屋在承租人按照租赁合同占有期限内发生所有权变动，承租人请求房屋受让人继续履行原租赁合同的，人民法院应予支持。但租赁房屋具有下列情形或者当事人另有约定的除外：（1）房屋在出租前已设立抵押权，因抵押权人实现抵押权发生所有权变动的；（2）房屋在出租前已被人民法院依法查封的。本题中，甲与丙签订租赁合同之前，该房屋已经依法设定了抵押权。故实现抵押权时，丁依拍卖取得所有权后，承租人丙无权主张以"买卖不破租赁"而继续使用该房屋。故 C 项错误。房屋设定抵押后，并不影响所有权人出租房屋的权利，因此，甲与丙签订的租赁合同应当认定有效，故 D 项错误。

32. **答案**：BD。《民法典》第 416 条规定："动产抵押担保的主债权是抵押物的价款，标的物交付后十日内办理抵押登记的，该抵押权人优先于抵押物买受人的其他担保物权人受偿，但是留置权人除外。"由此可知，甲造船厂的超级抵押权优于乙农商行的抵押权，故 A 项错误，B 项正确。《民法典》第 403 条规定："以动产抵押的，抵押权自抵押合同生效时设立；未经登记，不得对抗善意第三人。"第 404 条规定："以动产抵押的，不得对抗正常经营活动中已经支付合理价款并取得抵押财产的买受人。"甲造船厂出卖渔船属于正常的经营活动，且洪某已以合理价款受让，并已取得渔船的所有权，虽然乙农商行的抵押权已经办理登记，但不能对抗洪某，故 C 项错误，D 项正确。

33. **答案**：BD。A、B 项考查留置权。肖某死亡时，侯某作为肖某唯一的继承人，取得机动车的所有权。结合《民法典》第 447 条、第 448 条等规定，侯某不支付维修费，高某享有该车的留置权。《民法典》第 451 条规定："留置权人负有妥善保管留置财产的义务；因保管不善致使留置财产毁损、灭失的，应当承担赔偿责任。"据此可知，留置权人高某负有妥善保管义务。本题中，高某随意将车停在维修店外面的公路旁，且未锁车，进而导致陆某盗走该车，高某显然未尽到妥善保管义务，B 项正确。对于该车被盗后高某留置权是否消灭，《民法典》第 457 条规定："留置权人对留置财产丧失占有或者留置权人接受债务人另行提供担保的，留置权消灭。"该条中的"丧失占有"主要指基于留置权人的意思而丧失占有，如果留置权人丧失占有并非基于其意思，那么留置权人仍有权基于《民法典》第 235 条规定的返还原物请求权主张留置财产的返还。本题中，该车被陆某盗走，高某的留置权并不消灭，其仍有权基于返还原物请求权主张机动车的返还。A 项错误。C 项考查物权的消灭原因。高某留置机动车期间，机动车的所有权人为侯某。陆某盗走该车，并未改变该车的所有权归属，因此该车仍归侯某所有，侯某并未丧失该车的所有权，C 项错误。D 项考查占有的消灭。陆某盗走该车后，成为该车的占有人，而高某作为留置权人对该车的占有因陆某的盗窃行为而丧失，因此 D 项正确。

34. **答案**：ACD。质权人在质权存续期间，为担保自己的债务，经出质人同意，以其所占有的质物为第三人设定质权的，应当在原质权所担保的债权范围之内，超过的部分不具有优先受偿的效力。在合法转质中，转质权的效力优于原质权，故 A 项正确。经出质人同意转质的，应当在原质权所担保的债权范围之内，超过的部分不具有优先受偿的效力。转质中，丙的质权即具有从属性，丙对质物的优先受偿权利不得超过乙对质物优先受偿的范围，故 B 项错误，C 项正确。根据《民法典》第 434 条规定："质权人在质权存续期间，未经出质人同意转质，造成质押财产毁损、灭失的，应当承担赔偿责任。"在责任转质中质物毁损、灭失的，质权人应当承担无过错责任。不论质权人对于质物的毁损灭失是否具有过错，甲均有权请求乙承担赔偿责任，故 D 项正确。

35. **答案**：ACD。（1）留置权是一种物权，具有优先受偿的效力，因此选项 A 错误。（2）留置权的行使确实必须以债务人未履行债务为前提，这是留置权成立的基本条件，因此选项 B 正确。（3）留置权的行使对象通常是与债权有关的动产，而不是任何类型的动产，因此选项 C 错误。（4）留置权的行使受到法律的限制，债务人不能随意处置留置物，必须依法行使，因此选项 D 错误。

不定项选择题

1. **答案**：A。本题考查的是在同一物上设定的登记抵押权的受偿顺序。《民法典》第414条规定，同一财产向两个以上债权人抵押的，拍卖、变卖抵押财产所得的价款依照下列规定清偿：（1）抵押权已经登记的，按照登记的时间先后确定清偿顺序；（2）抵押权已经登记的先于未登记的受偿；（3）抵押权未登记的，按照债权比例清偿。其他可以登记的担保物权，清偿顺序参照适用前款规定。据此，本题中，李祥为银行和袁某的债权设定的房屋抵押都已登记，但为银行的抵押登记在先，故银行的债权应优先受偿，若清偿银行的债权后尚有余额，再清偿袁某的债权。故本题正确答案为A。

2. **答案**：B。本题考查的范围较广，涉及承租人的优先购买权及优先购买权的期限。《民法典》第726条规定，出租人出卖租赁房屋的，应当在出卖之前的合理期限内通知承租人，承租人享有以同等条件优先购买的权利；但是，房屋按份共有人行使优先购买权或者出租人将房屋出卖给近亲属的除外。出租人履行通知义务后，承租人在15日内未明确表示购买的，视为承租人放弃优先购买权。本题中房主李洋有通知承租人薛兵的义务，故本题A项不正确。《民法典》第725条规定，租赁物在承租人按照租赁合同占有期限内发生所有权变动的，不影响租赁合同的效力。此即"买卖不破租赁"，据此，本题中李洋将该房屋卖给他人后，即使新房主不愿意继续出租，也无权终止租赁合同。故本题C项不正确。《民法典》第707条规定，租赁期限6个月以上的，应当采用书面形式。当事人未采用书面形式，无法确定租赁期限的，视为不定期租赁。本题中租赁房屋的合同期限超过了6个月，应当采用书面形式。故本题D项不正确。法律对房屋租金没有规定最高额限制，故本题B项正确。

3. **答案**：ABD。本题考查的是保证方式以及同一物上既有人的担保又有物的担保时担保人的责任。《民法典》第392条规定，被担保的债权既有物的担保又有人的担保的，债务人不履行到期债务或者发生当事人约定的实现担保物权的情形，债权人应当按照约定实现债权；没有约定或者约定不明确，债务人自己提供物的担保的，债权人应当先就该物的担保实现债权；第三人提供物的担保的，债权人可以就物的担保实现债权，也可以请求保证人承担保证责任。提供担保的第三人承担担保责任后，有权向债务人追偿。本题正确答案为A、B、D。

4. **答案**：C。本题考查的是质权人的权利和义务。根据我国民法关于担保的有关规定，质物所产生的孳息，除当事人另有约定的外，质权人有权收取，但并不当然取得孳息的所有权，而是将质物的孳息首先抵偿收取孳息的费用，其次冲抵原债权的利息，最后抵偿债权。因此乙对母鸡下的蛋有收取权。又由于在质权存续期间，质权人未经出质人同意，不得擅自使用、出租、处分质物。因此，乙对质物不享有使用权、出租权。出质人将物出质于质权人并转移给质权人占有，但并不丧失其所有权，因此，乙对质物不享有所有权，自然对质物的孳息鸡蛋也不享有所有权。故本题正确答案为C。

5. **答案**：A。根据《民法典》相关规定，合同效力与物权效力是分离的。故本题正确答案为A。

6. **答案**：（1）D。《民法典》第409条第2款规定，债务人以自己的财产设定抵押，抵押权人放弃该抵押权、抵押权顺位或者变更抵押权的，其他担保人在抵押权人丧失优先受偿权益的范围内免除担保责任，但是其他担保人承诺仍然提供担保的除外。由此，D的说法正确。

（2）AC。《民法典》第419条规定，抵押权人应当在主债权诉讼时效期间行使抵押权；未行使的，人民法院不予保护。由此A正确，当选；B的说法错误，不当选。《民法典》第692条规定，保证期间是确定保证人承担保证责任的期间，不发生中止、中断和延长。债权人与保证人可以约定保证期间，但是约定的保证期间早于主债务履行期限或者与主债务履行期限同时届满的，视为没有约定；没有约定或者约定不明确的，保证期间为主债务履行期限届满之日起6个月。债权人与债务人对主债务履行期限没有约定或者约定不明确的,保证期间自债权人请求债务人履行债务的宽限期届满之日起计算。由此C的说法正确,当选;D的说法错误,不当选。本题正确答案是A、C。

7. **答案**:BC。依《民法典》第447条第1款的规定,债务人不履行到期债务,债权人可以留置已经合法占有的债务人的动产,并有权就该动产优先受偿。本题中,王某作为电脑的承租人,将电脑交给康成电脑维修公司维修而拒付维修费,康成公司有权请求王某支付电脑维修费,也可以将电脑留置,但依《民法典》第453条的规定,留置权人与债务人应当约定留置财产后的债务履行期间;没有约定或者约定不明确的,留置权人应当给债务人60日以上履行债务的期间,所以在王某7日内未交费的情形下,康成公司还不能即时变卖电脑抵债,也不可以自己买下电脑。由此可知,A、D选项错误。依《民法典》第462条第1款的规定,占有的不动产或者动产被侵占的,占有人有权请求返还原物,所以康成公司可请求李某返还电脑,即回复占有,C选项正确。当电脑被偷走后,留置权人脱离对于留置物的占有,丧失留置权,B项当选。

8. **答案**:(1) BC。《民法典》第420条第2款规定,最高额抵押权设立前已经存在的债权,经当事人同意,可以转入最高额抵押担保的债权范围。故A项错误,B项正确。最高额保证合同于2023年5月6日成立,对于2023年5月6日前乙欠甲的货款是否纳入最高额担保范围,须双方约定,未约定则丙对此不承担责任,故C项正确。《民法典》第695条规定,债权人和债务人未经保证人书面同意,协商变更主债权债务合同内容,减轻债务的,保证人仍对变更后的债务承担保证责任;加重债务的,保证人对加重的部分不承担保证责任。债权人和债务人变更主债权债务合同的履行期限,未经保证人书面同意的,保证期间不受影响。故保证人以原来的债权额度为准承担保证责任,D项错误。

(2) C。《民法典》第421条规定:"最高额抵押担保的债权确定前,部分债权转让的,最高额抵押权不得转让,但是当事人另有约定的除外。"由此可知A、B、D选项表达错误,不选;C选项表达正确,当选。

(3) ABD。《民法典》第423条第5项规定,债务人、抵押人被宣告破产或者被撤销的,抵押权人的债权确定。故A项正确。《民法典》第392条规定,被担保的债权既有物的担保又有人的担保的,债务人不履行到期债务或者发生当事人约定的实现担保物权的情形,债权人应当按照约定实现债权;没有约定或者约定不明确,债务人自己提供物的担保的,债权人应当先就该物的担保实现债权。混合担保,应当先执行债务人乙的物保,故B项正确,C项错误。保证人享有追偿权,如果债权人不申报债权,待破产结束后再向债务人主张债权,此时债务人已无财产,而保证人必须承担保证责任,其承担保证责任后,向已无财产的债务人追偿也无法实现,因此,为维护保证人利益,允许其参与破产分配是合理的,故D项正确。

9. **答案**:(1) BD。《民法典》第396条规定,企业、个体工商户、农业生产经营者可以将现有的以及将有的生产设备、原材料、半成品、产品抵押,债务人不履行到期债务或者发生当事人约定的实现抵押权的情形,抵押权人有权就抵押财产确定时的动产优先受偿。第420条第1款规定,为担保债务的履行,债务人或者第三人对一定期间内将要连续发生的债权提供担保财产的,债务人不履行到期债务或者发生当事人约定的实现抵押权的情形,抵押权人有权在最高债权额限度内就该担保财产优先受偿。本题中,甲公司与乙银行订立的合同约定,甲公司以其现有的以及将有的生产设备、原材料、产品设立抵押,符合第396条规定的要件,不符合第420条规定的要件,所以该抵押合同是动产浮动抵押合同,而非最高额抵押合同。A项错误。《民法典》第403条规定,以动产抵押的,抵押权自抵押合同生效时设立;未经登记,不得对抗善意第三人。第404条规定,以动产抵押的,不得对抗正常经营活动中已支付合理价款并取得抵押财产的买受人。乙银行的抵押权系动产浮动抵押权，自抵押合同生效时取得抵押权。B项正确，C项错误。乙银行的动产浮动抵押权不得对抗正常经营活动中已支付合理价款并取得抵押财产的买受人。D项正确。

（2）A。《民法典》第392条规定，被担保的债权既有物的担保又有人的担保的，债务人不履行到期债务或者发生当事人约定的实现担保物权的情形，债权人应当按照约定实现债权；没有约定或者约定不明确，债务人自己提供物的担保的，债权人应当先就该物的担保实现债权；第三人提供物的担保的，债权人可以就物的担保实现债权，也可以请求保证人承担保证责任。提供担保的第三人承担担保责任后，有权向债务人追偿。本题中，乙银行欲行使担保权利，当事人未约定行使担保权利顺序，按照上述规定，债务人甲公司自己提供了动产浮动抵押，所以债权人乙银行应当先就该动产浮动抵押实现债权。B、C、D项错误。

10. **答案**：AD。A、B、C项考查担保物权的竞存。《民法典》第414条第1款规定："同一财产向两个以上债权人抵押的，拍卖、变卖抵押财产所得的价款依照下列规定清偿：（一）抵押权已经登记的，按照登记的时间先后确定清偿顺序；（二）抵押权已经登记的先于未登记的受偿；（三）抵押权未登记的，按照债权比例清偿。"据此，乙、丙、丁三人的抵押权顺位是：丙—丁—乙。丙、丁对乙的抵押权是否知情不影响各自的顺位排序，A项错误，当选；B、C项正确，不当选。D项考查动产抵押权的设立。《民法典》第403条规定："以动产抵押的，抵押权自抵押合同生效时设立；未经登记，不得对抗善意第三人。"据此，丁的抵押权自抵押合同生效时设立，登记是其对抗要件，D项错误，当选。

11. **答案**：ABCD。质权自出质人交付质押财产时设立。动产质权的设立，只能采取现实交付、简易交付或者指示交付的方式，占有改定不能发生质权设立的效果。因此，李四对张三的汽车不享有质权。5月1日，双方虽约定了质权成立的时间，但该约定与法定成立条件不一致，依照"物权法定"原则，此时李四不能取得质权，因此A项错误。7月2日，李四有权请求张三交付汽车，但张三并未交付，质权无从成立，因此B项错误。交付有两个要素：（1）占有的转移；（2）交付的合意。7月10日，李四自行开走汽车，无交付的合意，李四的"占有"并非质权成立的"占有"，故李四对张三的汽车质权仍然未设立，因此C项错误。质权可因质押财产的灭失而消灭，但由于李四从未合法取得过质权，也无消灭的可能，因此D项错误。

名词解释

1. **答案**：担保物权是与用益物权相对应的他物权，是指为确保债权的实现而设定的，以直接取得或者支配特定财产的交换价值为内容的权利。其特征主要在于：第一，担保物权以确保债务的履行为目的。第二，担保物权是在债务人或第三人的特定财产上设定的权利。第三，担保物权以支配担保物的交换价值为主要内容。第四，担保物权具有从属性和不可分性。

2. **答案**：抵押权作为一种担保物权，是指为担保债务的履行，债务人或第三人不移转占有而提供不动产或其他财产给债权人作为担保，当债务人不履行债务或者发生当事人约定的情形时，债权人有就其该财产优先清偿其债权的权利。

3. **答案**：包括动产质权与权利质权，是指为了担保债权的履行，债务人或第三人转移其动产的占有或可转让的财产权利给债权人，当债务人不履行债务或者发生当事人约定的情形时，债权人有就其该财产变卖、折价优先受偿的权利。

4. **答案**：留置权是以动产为标的的一种法定担保物权，是指债权人按照合同约定占有债务人的财产，在债务人逾期不履行债务时，有留置该财产，并就该财产优先受偿的权利。

简答题

1. 答案：担保物权是指为了担保债务的履行，在债务人或第三人的特定物或权利上所设定的他物权。担保物权具有以下主要法律特征：第一，担保物权的性质为他物权。担保物权不同于债权，它具有对世性、法定性、支配性、排他性、特定性、绝对性、公示性等特征，具有支配力、优先力和妨害排除力等效力，而且担保物权是在债务人或第三人的特定物或权利上所设定的物权，因而担保物权是一种他物权。第二，担保物权具有价值性，为价值权。担保物权是以担保债权的实现为目的，以标的物的价值和优先受偿为内容，原则上它追求的不是物的使用价值，而是物的交换价值，因而担保物权具有价值性或变价性，是一种价值权。第三，从担保物权的担保性来看，它是一种担保权。担保物权是为了担保债务的履行而设立，因而担保物权具有担保性，是一种担保权，具有从属性、不可分性。

从学理上来说，担保物权可依不同的标准分成不同的类型。依照设定方式的不同可将担保物权分为法定担保物权和约定担保物权，前者是直接由法律规定的担保物权，如留置权，后者是当事人自由约定的担保物权，如抵押权和质权。根据设定担保时是否移转担保物的占有状态可将担保物权分为移转占有的担保物权和不移转占有的担保物权。此外，还可依标的物不同，将担保物权分为动产担保物权、不动产担保物权、权利担保物权等。从实体法的角度来说，我国《民法典》将担保物权分为抵押权、质权和留置权，海商法上还有船舶优先权。

2. 答案：动产质权，是以动产为其标的物的质权。动产质权人的权利主要包括：（1）占有质物。对质物的占有，既是质权的成立要件，也是质权的存续要件，质权人有权在债权受清偿前占有质物。（2）收取孳息。质权人有权收取质物的孳息，但质权合同另有约定的除外。质权人收取的孳息应当先冲抵收取孳息的费用。（3）质物的保全。质物有损坏或价值明显减少的可能，足以危害质权人权利的，质权人可以要求出质人提供相应的担保。出质人不提供的，质权人可以拍卖或变卖质物，并与出质人协议，将拍卖或变卖所得的价款用于提前清偿所担保的债权，或向与出质人约定的第三人提存。（4）优先受偿。债务履行期届满，质权人未受清偿的，可以与出质人协议以质物折价，也可以依法拍卖、变卖质物。质物折价或拍卖、变卖以后，其价款超过债权数额的部分归出质人所有，不足部分由债务人清偿。

论述题

答案：留置权取得的要件可以分为积极要件和消极要件。

留置权取得的积极要件，是留置权的取得所应具有的事实。这主要有以下几项：（1）须债权人合法占有债务人的动产。留置权的目的，在于担保债的履行，因此享有留置权的应当是债权人。留置权的取得，债权人须合法占有债务人的财产，其占有方式不论是直接占有还是间接占有均可。但单纯的持有，不为占有，故不能成立留置权。（2）须债权已届清偿期。债权人虽占有债务人的动产，但在债权尚未届清偿期时，尚不发生债务人不履行债务的问题，不发生留置权。只有在债权已届清偿期，债务人仍不履行债务时，债权人才可以留置债务人的动产。（3）债权人留置的动产，应当与债权属于同一法律关系，但企业之间留置的除外。

留置权取得的消极要件：（1）对动产的占有不是因侵权行为取得。留置权的取得，以对债务人的动产的占有为前提，但其占有必须是合法占有。如果是因侵权行为占有他人的动产，不发生留置权。（2）对动产的留置不违反公共利益或善良风俗。（3）对动产的留置不得与债权人的义务相抵触。（4）不违反法律规定和当事人约定。

案例分析题

1. 答案：（1）吉利商场与来顺公司应在抵押人提供的抵押物之外共同承担担保责任。依据是《民法典》第 392 条,该条规定,被担保的债权既有物的担保又有人的担保的,债务人不履行到期债务或者发生当事人约定的实现担保物权的情形,债权人应当按照约定实现债权;没有约定或者约定不明确,债务人自己提供物的担保的,债权人应当先就该物的担保实现债权;第三人提供物的担保的,债权人可以就物的担保实现债权,也可以要求保证人承担保证责任。提供担保的第三人承担担保责任后,有权向债务人追偿。

(2) 该问题应具体分析。如变更后的履行期限未超过原保证合同规定的保证期间,银行可以要求二保证人承担保证责任;如已超过,则不可以。未经保证人同意的主合同变更,并不一定导致保证人的保证责任终止,保证人仍应在不超过原保证合同的责任限度内承担保证责任。

2. **答案**:(1) 和顺公司不可以在大发公司不交加工费的 50 天后处理留置物。因为根据《民法典》的规定,留置权人在处置留置物之前,给予债务人履行债务的时间不应少于 60 日。

(2) 和顺公司有权要求大发公司偿还加工费。因为留置物灭失只是导致留置权本身灭失,留置权所担保的主债权并不消灭。

3. **答案**:(1) 修理部第一次扣留自行车合法。第二次则不合法。留置权构成的要件有:①留置物是由留置权人合法占有的债务人的动产。②债权清偿期届至。③债务人届期未履行债务。④除企业之间留置外,债权人留置的动产,应当与债权属于同一法律关系。本案中王强和修理部实际上签订了两个加工承揽合同,一个是维修自行车,另一个是维修摩托车,两个合同不可混淆。王强已付清摩托车修理费,修理部就应依约交还摩托车。王强未付的是自行车修理费,修理部只能通过留置自行车来实现其债权,而不能通过留置摩托车来实现对自行车修理费的债权。

(2) 修理部可将 20 元扣留,剩余 30 元归还王强。如果留置物为可分物,留置权的范围只能及于债权的范围。开始时王强和修理部只存在自行车维修合同,在王强不支付修理费时,修理部的留置权范围只能以实现 20 元的债权为限。若自行车卖得 50 元,修理部可自行扣留修理费 20 元,其余 30 元应返还王强。

(3) 修理部应立即将摩托车返还王强。王强应付清自行车修理费,并承担逾期付款的责任。理由同第(1)问。

第十五章 占 有

✓ 单项选择题

1. **答案**：D。A、B、C 分别属于恶意占有、自主占有、间接占有。D 中，丁对毒品的主观认知缺失，属于持有而非占有。
2. **答案**：B。根据占有人在主观上对占有财产是否具有属于自己所有的意思分为自主占有与他主占有。
3. **答案**：B。在所有人与非所有人之间，因为法律行为转移占有至非所有人后，原所有人成为物的间接占有人，非所有人成为物的直接占有人。
4. **答案**：C。间接占有是指占有人虽然自己不对物予以直接占有，但对于直接占有该物的人具有返还请求权，从而间接地对该物具有管领、支配的状态。
5. **答案**：A。自主占有与他主占有是对占有的一种分类：自主占有是指占有人以所有的意思对标的物进行占有；不以所有的意思对标的物的占有为他主占有。这里要注意和直接占有区分。直接占有通常包括质权人对质物的占有，承租人对租赁物的占有以及保管人对保管物的占有。虽然是直接占有，但这些都是他主占有。出质人对质物的占有，出租人对租赁物的占有以及委托人对保管物的占有虽是间接占有，但都是自主占有。
6. **答案**：D。本题涉及善意取得制度和占有分类的关系。（1）虽然理论和实务中对于盗赃物、遗失物是否适用善意取得制度有不同观点或者态度，但我国现行法明确规定了法定条件下原所有人可以请求第三人返还原物。本题中，丁是在旧货市场购买的电视，无论其是否可以获得电视的所有权，其占有均为有权占有。需要注意的是，虽然丁对电视为有权占有，但根据《民法典》第 312 条的规定，甲在知道丁后的次日即向丁提出主张，要求丁返还电视，此时丁有义务返还，但如果甲不选择向丁提出返还主张，或者在法定期限内未向丁提出返还主张，则丁均无须返还。由此，此题只有（3）（4）的说法是正确的，应当选 D。
7. **答案**：B。占有指对物在事实上的管领、控制，空间上该物处于占有人的力量作用的范围；时间上占有人对物的支配应持续一定时间。占有只是一种事实状态，不是权利。但法律依然对它进行保护，是因为占有物，特别是占有动产，可以产生一种公示作用，为了保护人们对这种状态的信赖，法律才特设占有制度对占有进行保护。动产善意取得是动产原始取得的一种方式，要求转让人已经移转占有给善意第三人。占有是动产所有权享有的一种标志，而非移转的标志。
8. **答案**：B。恶意占有是无权占有的一种，指占有人明知自己为无权占有仍对标的物进行占有。自己占有是指占有人自己直接占有标的物的占有方式，只存在于直接占有中。与自己占有相对应的是辅助占有。一般而言，辅助占有同时也是他主占有，是指占有人基于特定的从属关系，如保管关系、租赁关系、雇佣关系等，受他人指示而对标的物为事实上的管领，不能脱离自己占有而独立存在。无瑕疵占有指占有人善意、无过失、和平、公然并且继续的占有，反之就是有瑕疵占有。在合并占有时，如果前手是有瑕疵占有，则后手应当继承前手的瑕疵。有过失占有是对善意占有的进一步分类，善意占有人虽为善意的占有，但是就其善意仍可再细分为有过失占有和无过失占有。有过失占有是指占有人虽为善意但是因自己的过失而进行无权占有的情形。具体到本案，甲从丁处购买耕牛时，已经符合了善意取得的条件，无须继承前手的占有瑕疵，是有权占有、直接占有、自主占有、自己占有。
9. **答案**：B。乙自称该牛为他所有，而事实上他也占有并使用该牛，故可以认定丙为善意，其受乙委托保管牛，为有权占有，但其有权占有不能对抗原权利人甲。丙不会因为受托保管牛而取得牛的所有权，而牛犊属于牛的天然孳息，归属于原物的所有权人。所以丙应当将耕牛和牛犊一并返还给甲。合同具有相对性，因为丙为受乙委托保管，故而对于保管期间产生的饲料费等必要支出，丙可以向乙提出偿还请求。

10. 答案：C。占有可以分为很多种，区分不同的种类在于它们的法律效果不同。善意占有和恶意占有在法律效果上有非常大的差异。对占有物的毁损、灭失，恶意占有人应就全部的毁损、灭失负赔偿责任。本题的另一个问题是乙的行为是否构成无因管理。无因管理是指没有法律规定的或者约定的义务而为他人管理事务。判断是否为无因管理，可以看是否符合以下要件：无因管理必须是在没有法律规定或者约定的义务下，管理他人事务，有为他人管理的意思，且不违背他人的利益。乙为甲的好友，发现甲将手机遗忘在他家，应当及时通知甲或者返还给甲，而不应当擅自将甲的东西占为己有，可见乙并不是为了甲的利益而管理，不构成无因管理。由此可以判断乙是恶意占有人，应当赔偿甲因此而受到的损失。

11. 答案：D。占有是受法律保护的一种事实状态，与持有不同。持有也是一种事实状态，但不受法律保护。甲不知包内为手枪，缺乏占有手枪的主观要素，故而甲未获得对手枪的占有。通过继受取得方式获得的占有，后手即现在的占有人，可以合并占有也可以不合并占有。但需注意，主张合并占有的人只能是继承人或者继受人，通过原始取得方式获得占有的人无权主张；合并占有可以是直接前手的占有，也可以是任何一个前手的占有，但必须承继其瑕疵，不得主张剔除其瑕疵后合并占有。占有的合并经常发生在取得时效制度的适用中。同理，占有的前手也可以主张占有的分离。

12. 答案：C。恶意占有是指占有人明知自己无权占有标的物却仍然占有，主观上是故意

的。A选项和B选项中都是有权占有，D项中的甲是善意占有。

13. 答案：D。《民法典》第314条规定，拾得遗失物，应当返还权利人。拾得人应当及时通知权利人领取，或者送交公安等有关部门。据此可知，拾得人不能因拾得而取得遗失物的所有权，失主（王某）有权请求拾得人返还遗失物及孳息。A项错误。王某对小羊的占有是基于所有权，是有权占有，无权占有人张某当然不能向所有权人主张占有返还请求权。B项错误。李某虽为占有侵夺人，但并非小羊的现实无权占有人，张某不得请求其返还占有。C项错误。无论是有权占有还是无权占有，均受保护，只是保护的程度不同。D项正确。

14. 答案：B。（1）题涉戒指非埋藏物、遗失物等有可能判决归国家所有的情形，也无由甲、乙共同共有的背景，故C、D为可以直接排除的选项。（2）我国现行法对于占有的推定效力未作明确规定。如果每个人对自己占有的财产，都要证明其享有所有权，这会给人们的生产生活带来极大的不便利。如果不能举证证明自己占有的财产是自己享有所有权的财产，其财产的合法性就会受到他人挑战，这样财产的秩序、安全就会受到重大损害，也带来高昂的成本。为此，占有的推定规则已经被各国和地区的立法所普遍采纳。依学理通说，占有推定规则是指占有人于占有物上行使的权利，推定其适法有此权利。质言之，为保护占有人起见，法律基于社会生活的一般情况，为占有人设立各项推定，免除其举证责任，即受权利推定的占有人，免除举证责任，占有人可以直接援用该推定对抗相对人，无须证明自己是权利人。但是，需要注意的是，在相对人提出反证时，占有人为推翻该反证，仍须举证。本题中，争议发生时乙对戒指为现实直接占有，且主张所有权，故可先推定其对戒指有所有权，但在甲无法证明对该戒指拥有所有权，但能够针对乙的主张提出反证证明在2024年10月1日前一直合法占有该戒指的情形下，乙就应该提供自2024年10月1日后从

甲处合法取得戒指的证据推翻该反证，否则，应当认定因甲证明了自己的先前占有，而推定甲对戒指享有合法权利。综上可知，A选项错误，B选项正确。

15. **答案**：A。《民法典》第228条规定："动产物权转让时，当事人又约定由出让人继续占有该动产的，物权自该约定生效时发生效力。"该条规定了占有改定。占有改定通常可以拆解为三个交易环节：买卖合同—所有权移转的合意—占有媒介关系（如借用、租赁等）。结合本题，2月5日，甲与丙约定丙买下该设备，所有权直接移转，但由甲再继续租用该设备一个月，这一交易结构符合占有改定。因此，当日丙就通过占有改定的交付方式取得了设备的所有权。2月7日，丙是设备的所有权人，故A项正确。《民法典》第725条规定："租赁物在承租人按照租赁合同占有期限内发生所有权变动的，不影响租赁合同的效力。"该条规定了买卖不破租赁规则，据此，承租人想要对抗新的租赁物所有权人，需要满足两个条件：（1）存在有效的租赁合同且在租赁期限内；（2）承租人占有租赁物。本题中，设备的所有权于2月5日移转，当日甲、乙间租赁物尚未交付，承租人乙尚未占有租赁物，因此乙不能基于买卖不破租赁规则对抗新所有权人丙。因此，3月10日，甲的一个月租用期已经到期，丙有权请求乙返还设备，B项错误。3月10日，甲向乙主张设备返还的可能性有二：（1）基于所有权人的返还原物请求权；（2）基于租赁合同到期后的承租人返还租赁物义务。这两种情形都是不成立的：对于返还原物请求权，因为2月5日丙已经成为设备的所有权人，甲不再是设备的所有权人，因此甲不再享有设备的返还原物请求权；对于租赁合同到期后的承租人返还租赁物义务，因为甲、乙之间的租赁合同尚未到期，甲还不能基于租赁合同请求乙返还设备。因此3月10日，甲无权请求乙返还设备，对于甲的返还设备请求，乙有权拒绝，C项错误。D项考查占有的种类，具体涉及自主占有与他主占有、直接占有与间接占有这两种分类。自主占有与他主占有，二者区分的标准是占有人主观上的占有意思。2月5日，设备的所有权就已经移转，甲不再是所有权人，此后甲的占有意思从自主占有变为他主占有，因此2月8日，甲对设备的占有属于他主占有。直接占有与间接占有，二者区分的标准在于占有人是否直接对物有事实上的管领力。2月7日，甲将该设备交付乙使用，乙成为设备的直接占有人，甲则通过租赁合同这一占有媒介关系间接地控制该设备，属于间接占有人。因此，2月8日，甲对设备的占有为他主的间接占有，D项错误。

✓ 多项选择题

1. **答案**：AD。有权占有是指占有人对物的管领、控制和支配具有占有的权源。他主占有是指占有人没有将占有的财产作为自己所有的财产的主观意志而形成的占有。

2. **答案**：BD。间接占有是指占有人虽然自己不对物予以直接占有，但对于直接占有该物的人具有返还请求权，从而间接地对该物具有管领、支配的状态。

3. **答案**：BC。《民法典》第460条规定："不动产或者动产被占有人占有的，权利人可以请求返还原物及其孳息；但是，应当支付善意占有人因维护该不动产或者动产支出的必要费用。"第461条规定："占有的不动产或者动产毁损、灭失，该不动产或者动产的权利人请求赔偿的，占有人应当将因毁损、灭失取得的保险金、赔偿金或者补偿金等返还给权利人；权利人的损害未得到足够弥补的，恶意占有人还应当赔偿损失。"本题中刘某对牛的占有是善意占有，因此不承担赔偿责任，但应将牛肉款及小牛返还给袁某，并且袁某有义务偿还刘某支出的人工费用50元及饲养费，因此答案是B、C。

4. **答案**：BD。这道题涉及对占有概念的理解。占有是指对物在事实上的管领、控制。因此，占有的客体只可能是物，对于不因物之占有而成立的财产权，如专利权和地役权等，不能成立占有。只要是物，无论是动产还是不动产，无论是公有物还是私有物，均可以成立占有。

5. **答案**：CD。直接占有和间接占有是依照占有人是否直接占有标的物为标准对占有进行的分类。对标的物有直接的事实上的管领力，是直接占有；相应地，仅间接地对标的物进行支配的是间接占有。直接占有通常包括质权人对质物的占有，承租人对租赁物的占有以及保管人对保管物的占有。间接占有通常包括出质人对质物的占有，出租人对租赁物的占有以及委托人对保管物的占有。这两者的区别在于间接占有不能脱离直接占有而存在。

6. **答案**：ABCD。占有是对物在事实上的管领、控制，这是一种事实状态，而不是一种权利类型。基于占有具有一定的公示作用，对社会生活有一定的影响，对于占有，法律有以下推定：占有人无须对占有的事实负举证责任，而且推定占有人是以所有人的意思而占有，有占有证据的推定其继续占有；同时还推定占有人对占有物行使的权利合法。

7. **答案**：ABC。善意占有是指对标的物实施占有之时占有人主观上是善意的，不知道自己没有权利占有。丙在看到甲、乙的身份证和房屋产权证后签约，实施占有，主观上并不知道出租一事并未经过乙的同意。丙作为承租人，直接占有房屋，行使使用权，是直接占有。甲、乙作为房屋的共同共有的所有权人，共同占有这个房屋，在房屋出租给丙后，甲、乙的占有不是直接占有，而是间接占有。辅助占有人是指基于特定的从属关系，受他人指示对标的物而为占有的人。雇佣关系为典型的从属关系。丙作为承租人，与出租人不存在从属关系，也不是受出租人的指示而占有房屋，不是辅助占有人。

8. **答案**：ACD。乙占有甲的财物，是基于保管合同，从物权法的角度来看，乙是有权占有人。法律上赋予占有人一些权利，以保护他们的占有不受任意侵害。一方面，占有人可以对侵夺或者破坏其占有利益的人进行防御，排除妨害；另一方面，占有的标的物被人侵夺后，可以要求对方返还，取回占有物。所

以乙有权基于其对财物的占有而要求丙返还。所有人甲可以依据所有权要求丙返还财物，既可以直接还给所有权人自己，也可以返还给占有人乙。

9. **答案**：ABCD。丙只有基于借用关系有权占有甲的自行车，其占有乙的自行车，构成无权占有，所以，A选项正确。丙虽属于无权占有，但在甲告知其骑错车之前，其误认为自己骑的是甲的自行车，不知自己无权占有，属于善意的无权占有人，依《民法典》第460条规定："不动产或者动产被占有人占有的，权利人可以请求返还原物及其孳息；但是，应当支付善意占有人因维护该不动产或者动产支出的必要费用。"所以，对于甲告知丙骑错车前丙修车的必要费用，乙应当偿还。B选项正确。《民法典》第462条规定，占有的不动产或者动产被侵占的，占有人有权请求返还原物。所以无论丙是否知道骑错车，都属于无权占有，原合法的有权占有人乙，有权对其行使占有返还请求权。C选项正确。《民法典》第459条规定，占有人因使用占有的不动产或者动产，致使该不动产或者动产受到损害的，恶意占有人应当承担赔偿责任。甲告知丙骑错车，丙未理睬，构成恶意占有，对自行车的毁损，丙应承担赔偿责任。所以，D选项正确。

10. **答案**：BD。本题中，徐某未经许可而扩建房屋，该房屋系违章建筑，不可能因此而取得房屋的所有权，选项A的错误十分明显。《民法典》第462条第1款规定，占有的不动产或者动产被侵占的，占有人有权请求返还原物；对妨害占有的行为，占有人有权请求排除妨害或者消除危险；因侵占或者妨害造成损害的，占有人有权请求损害赔偿。因此B项正确，C项错误。徐某自住房的墙砖被毁坏，《民法典》第238条规定，侵害物权，造成权利人损害的，权利人可以依法请求损害赔偿，也可以依法请求承担其他民事责任。据此D项正确。

11. **答案**：ABC。法律关系产生的条件是法律事实和法律规范的结合。所谓的民事法律关系竞合是指同一法律事实引起多重法律关系，

且这些法律关系具有"同向性",如担保物权的竞合。民事责任是违背民事义务的法律后果和强制实现的方式,体现为制裁性。从一定意义上讲,民事责任是民事义务的代名词。民事责任的竞合实质上是民事法律关系发生重合。甲、乙之间根据双方的约定形成保管合同法律关系,按照保管合同确定当事人之间的权利义务。乙擅自卖掉古董致使甲、乙之间形成了侵权之债法律关系,按照侵权之债的内容确定当事人之间的权利义务。乙卖掉古董得款 13 万元,甲、乙之间就此款形成了不当得利之债法律关系,按照不当得利之债法律关系确定双方的权利义务。因为丙是不知情的第三人,甲、丙之间形成善意取得法律关系,按照善意取得制度确定双方的权利义务,甲无权请求丙返还古董。由于古董已经被丙取得,要求乙返还古董的请求权在客观上不能实现,但甲可以要求乙承担违约责任,向甲支付 11 万元违约金。乙擅自处分甲的古董是侵权行为,应承担赔偿责任,具体赔偿金额有待价格鉴定。《民法典》第 1165 条第 1 款规定:"行为人因过错侵害他人民事权益造成损害的,应当承担侵权责任。"根据《民法典》第 985 条规定可知,甲对乙享有不当得利返还请求权。乙取得 13 万元没有法定的或约定的依据,构成不当得利,应当将该利益返还给甲。按照不当得利之债来保护甲的利益,甲可以取得 13 万元,使甲的权利得到最大限度的、现实的救济。

不定项选择题

1. **答案**:(1) AC。本案例中涉及占有的多种分类。正确解答该题需要对各种占有形式的定义有准确的了解。有权占有是指占有人基于法律上的原因进行占有,受法律保护。自主占有是指占有人以所有的意思对标的物进行占有。对标的物有直接的事实上的管领力,是直接占有。善意占有是指误信为有权占有而进行的占有。本案例中,乙作为甲的保管人,自己并无所有的意思,而且其有占有的权源,因此是有权占有、他主占有、直接占有。因为已经是有权占有,故不存在构成善意占有的可能。

(2) BC。间接地而非直接地对标的物进行支配的是间接占有,与直接占有相对。自己占有是指占有人自己直接占有标的物的占有方式,只存在于直接占有中。本案例中,甲作为字画的所有权人,并没有自己占有这些字画,而是委托给好友乙进行保管,但仍为有权占有。同时甲还是自主占有。

2. **答案**:AB。乙擅自闯入甲家并将房屋占为己有,主观上有恶意,乙对房屋的占有属于无权占有、恶意占有。恶意占有人应返还孳息和返还因侵夺占有所获得的全部利益,而不以现存利益为限。租金是法定孳息,应当返还。甲是房屋的真正权利人,其所有权被侵夺,可以行使物权请求权,请求丙返还占有。丙即使是善意占有人,也是有瑕疵的占有,因为房屋属于不动产,不动产的权属公示方式为登记,而非占有。所以丙主观上是有过错的。"买卖不破租赁"的规则只适用于在买卖之前就已经存在的合法租赁关系,并不适用于一切场合。故丙不能以其占有事实对抗甲的所有权。

3. **答案**:AB。无权占有的法律效果因占有人是善意的还是恶意的而有所不同。总的原则是无权占有人在返还占有物时应当返还孳息,对占有物的毁损、灭失,恶意占有人应就全部的毁损、灭失负赔偿责任。善意占有人对于因维护占有物所支出的必要费用,有权请求偿还,但已经取得孳息的,必要费用一般应从孳息中支出。本题中,甲是善意占有人,应当将法定孳息(租金)返还给权利人乙,但甲可以向乙请求支付维护房屋支出的修缮费用和装潢费用。

案例分析题

1. **答案**:(1) 甲对该房屋的占有是间接占有、自主占有、有权占有;乙对该房屋的占有是直接占有、他主占有、有权占有。

占有指占有人对物在事实上的管领和控制。从空间上看,标的物处于占有人的力量作用的范围内;从时间上看,占有人对标的物的支配应持续一定时间。占有可以分为很多种。其中最常见也是最重要的分类就是直接占有和间接占有。这是依照占有人是否直接占有标的物为标准对占有进行的分类。对标的物有直接的事实上的管领力，就是直接占有；仅间接地对标的物进行支配的就是间接占有。直接占有通常包括质权人对质物的占有、承租人对租赁物的占有以及保管人对保管物的占有。间接占有通常包括出质人对质物的占有、出租人对租赁物的占有以及委托人对保管物的占有。这两者的区别主要在于间接占有不能脱离直接占有而存在。

有权占有和无权占有是从占有的法律基础上对占有的分类。前者是指占有人基于法律上的原因进行占有，反之就是无权占有。无权占有之下又可以细分为恶意占有、善意占有。这一分类在涉及占有人和返还请求人之间的法律关系、占有人应当在多大范围内承担责任时有着重要意义。

自主占有是以所有的意思对标的物进行占有，与他主占有相对。

（2）乙在修缮过程中误以为丙的建材是甲的，修缮完毕后，这些建材成为甲的房屋不可分割的一部分，甲通过附合取得这批建材的所有权，但应当支付给丙相应的赔偿金。

占有总是和所有权的取得分不开，尤其是动产的所有权的取得。取得动产的所有权有很多途径和方法，本案例中是通过附合的方式取得动产的所有权。附合是添附的一种，指不同的所有人的两个或者两个以上的有体物相结合，从而在交易上认为形成一个物。不同所有人的动产与不动产附合时，动产成为不动产的重要组成部分，不能分离或者可以分离但是所需费用巨大，司法实践中一般认定由不动产所有权人取得动产的所有权，但是应当支付给动产的原所有权人相当的费用。值得注意的是，附合不问附合人主观状态，善意和恶意均可。只是恶意的附合人可能会构成侵权行为，而承担侵权责任。本案例中，乙误以为丙的建材为甲所有而用其修理房屋，客观上导致了丙的动产成为甲的不动产——房屋的不可分割的一部分。甲因此而取得该建材的所有权，但应当由甲支付丙相关的费用。

2. **答案：**（1）丙公司有权占有这批钢材。丙公司与甲公司之间签订的买卖合同是合法有效的，丙公司占有钢材是甲公司履行合同义务的结果。钢材交付后，丙公司获得对这批钢材的所有权，故丙公司对这批钢材的占有为有权占有。

判断丙公司是否有权占有这批钢材，关键是看丙公司实施占有的法律基础是什么，这个法律基础是否合法。丙公司和甲公司签订了买卖合同，甲公司虽然在先就同一批钢材与乙公司签订了买卖合同，但是在甲公司履行这个买卖合同之前，其仍享有钢材的所有权，可以为任意的处分行为。与丙公司签订另一份买卖合同不过是甲公司行使处分权的具体表现。丙公司从所有人那里获得钢材，取得的占有是有权占有。

（2）乙公司不能依据它与甲公司之间的买卖合同向丙公司主张对那5000吨钢材的占有。合同具有相对性，不能对抗合同当事人以外的第三人。甲公司贪图利润，分别与乙公司、丙公司签订了买卖同一批钢材的合同，并首先向丙公司履行。甲公司和乙公司之间的合同已经生效，但是乙公司从来没有获得对这批钢材的占有，不管是直接占有，还是间接占有，自然也就没有权利以占有为基础要求丙公司返还占有。

第三编 合同

第十六章 债的概述

单项选择题

1. 答案：A。《民法典》第465条第1款规定："依法成立的合同，仅对当事人具有法律约束力，但是法律另有规定的除外。"该条款明确确立了合同相对性原则，即合同项下的权利与义务只由合同当事人享有和承担，对合同当事人之外的第三人不具有法律约束力。目前，法律对合同相对性原则的例外规定主要有以下几种：一是合同保全制度（参见《民法典》第535条至第542条）。二是真正的利益第三人合同制度（参见《民法典》第522条第2款）。三是当事人之外的利益第三人对履行债务具有合法利益情形时的代为履行制度（参见《民法典》第524条）。四是买卖不破租赁制度（参见《民法典》第725条）。五是预告登记制度（参见《民法典》第221条）。本题并不涉及合同相对性原则的例外情形。从合同相对性原则出发，甲公司与乙公司有合同关系，为该合同中的当事人，乙公司有权请求甲公司承担责任；而汽车运输公司、司机刘某以及甲公司的法定代表人丙均不是合同当事人，不受该合同的法律约束。因此，可以排除B、C、D项。

2. 答案：A。首先，明确甲的行为性质，甲的行为属于无因管理。其次，在无因管理之债中，管理人只就因故意或者重大过失造成本人的损失承担损害赔偿责任。在本题中，甲的行为并无过错，因此不承担赔偿责任。

3. 答案：B。本题考查债的发生原因。B项是一个身份关系，不属于债的范畴，A项抽奖活动是一个射幸合同，C项构成了侵权之债，D项构成了不当得利之债。

4. 答案：B。合同是最常见的债的发生原因。本题中，丙持《调解协议书》与欠条向法院起诉，说明其是依据合同关系提起诉讼，诉的标的为合同关系，而非侵权关系，据此A项错误，B项正确。C项所述毫无法律依据，获得工伤补偿不是违约的免责事由，因此C项错误。《调解协议书》约定由甲、乙分别赔偿丙5万元，说明甲、乙二人并非连带债务人，因此丙只能要求乙继续赔偿4万元，不能向甲追索，故D项错误。

5. 答案：D。《民法典》第122条规定："因他人没有法律根据，取得不当利益，受损失的人有权请求其返还不当利益。"不当得利的成立条件为：（1）一方获利；（2）另一方受损；（3）获利没有合法根据；（4）一方获利与另一方受损有因果关系。首先，诉讼时效届满的法律效果是债务人享有拒绝履行债务的抗辩权，并不会导致债权人的债权消灭。因此，A项的甲超过诉讼时效还款，乙受领欠款是基于债权，有合法根据，不构成不当得利；其次，根据《民法典》第985条的规定，债务到期之前的清偿不构成不当得利。因此，B项的甲提前支付利息和提前还款是基于自愿，也具有合法根据，不构成不当得利；C项，赌债不仅不受法律保护，而且因其非法性将予以收缴，而不是返还给"债务人"，因此不构成不当得利；D项，甲的存款账户因电脑故障多出1万元，满足上述构成要件，因此构成不当得利。综上，D项当选。

6. 答案：D。《民法典》第121条规定："没有法定的或者约定的义务，为避免他人利益受损失而进行管理的人，有权请求受益人偿还由此支出的必要费用。"因此构成无因管理需要三个条件：（1）有为他人管理的行为；（2）有为他人谋利益的意思；（3）没有法定或约定义务。本题中，A项的丙在明知诉讼时效已过后擅自代甲向乙还本付息，违背了甲的意思，很难说具有为他人谋利益的意思，不构成无因管理；B项情形属于好意施惠性质，这种邻里间的互助行为不宜成立法律关系，因此不构成无因管理；C项没有为他人谋利益的意思，不构成无因管理；D项，甲拾得乙遗失的牛，因其寻找失主可看出有为他人谋利益的意思，同时也满足了无因管理的其他构成要件，因此构成无因管理。

7. **答案：D**。A项，有两点错误：（1）6万元赔偿费的权利人是死者的继承人，本案中虽然未找到权利人，但并不意味着没有权利人；（2）权利义务相一致原则指的是权利人在享有权利的同时应承担相应的义务，题目所述的情况与本原则不符。因此A项不当选。《民法典》第122条规定，因他人没有法律根据，取得不当利益，受损失的人有权请求其返还不当利益。据此，不当得利的构成要件有四：（1）一方取得财产利益；（2）一方受有损失；（3）取得利益与所受损失之间有因果关系；（4）没有法律上的根据。本题中交警大队只是代收6万元，并未取得财产利益，因此不构成不当得利，B项错误。行政法律关系，是指受行政法律规范调整的因行政行为而形成或产生的各种权利义务关系。行政法律关系的产生往往以行政主体通过行政程序所作出的单方面的行政行为为根据，具有不平等性。本题中，交警大队实际上有两个行为，第一个行为确定交通事故责任的归属，这是行政行为无疑，也看得出明显的不平等性；但是第二个行为，预收赔偿费并商定转交，这并不是行政行为，否则不会"商定"，因此后一行为并不会产生行政法律关系，C项错误。《民法典》第1160条规定，无人继承又无人受遗赠的遗产，归国家所有。据此D项正确。

8. **答案：D**。《民法典》第121条规定，没有法定的或者约定的义务，为避免他人利益受损失而进行管理的人，有权请求受益人偿还由此支出的必要费用。无因管理的构成要件有三：（1）管理他人事务；（2）有为他人管理

的意思；（3）无法律上的原因。本题中，甲的救火行为虽然主观上最终是为自己，但也有为他人管理的意思，只要有为他人管理的意思即使同时有为自己管理的意思，在构成无因管理方面不受影响，因此甲的救火行为构成无因管理。而乙是房屋的所有人；丙是房屋的使用人，有财产在房屋中，因此二人均因甲的救火行为而受益，甲均可要求他们就自己救火时受到的损失进行赔偿。据此，A、B、C三项均错误。甲的救火行为虽然在客观上使保险公司减少了理赔数额，但甲救火时并无为A公司管理的意思，甚至，他可能根本不知道A公司承保的事情，因此D项的表述是正确的。

9. **答案：C**。（1）第三人代为清偿有两种表现方式，一是第三人单方表示代替债务人清偿债务，即在没有法定和约定义务的情况下，第三人自愿作出向债权人履行债务的行为；二是第三人与债务人达成代其清偿债务的协议，即订立债务履行承担合同，依该合同承担人对债务人负有履行债务人债务的义务。无论是哪种形式，第三人都不具有合同法律关系债务人的主体地位。本题中，乙公司与丙商议，由乙公司和丙以欠款人的身份向债权人甲出具欠条，丙直接成为合同债务人之一，故本题中A选项说法错误。（2）债务承担，是指在不改变合同内容的前提下，债权人或者债务人通过与第三人订立转让债务的协议，将债务全部或部分地转移给第三人承担的现象。依原债务人是否免责为标准，可以将债务承担分为免责的债务承担和并存的债务承担：在免责的债务承担中，由第三人取代原债务人的地位承担全部债务，原债务人脱离债务关系；在并存的债务承担中，原债务人并不脱离债务关系，而由第三人加入债的关系中，与债务人作为合同当事人共同承担债务。本题中，乙公司与丙商议，由乙公司和丙以欠款人的身份向甲出具欠条，此时丙成为合同债务人之一，而原债务人乙公司也没有脱离债务关系，故丙在欠条上签名的行为构成并存的债务承担。由此，B选项说法错误，C选项说法正确。（3）依《民法典》第121条

的规定，无因管理是指没有法定的或者约定的义务，为避免他人利益受损失而进行管理。本题中，丙是与乙公司商议，由乙公司和丙以欠款人的身份向甲出具欠条的，所以丙在欠条上签名的行为不属于没有法定的或者约定的义务进行管理，故本题中 D 选项说法错误。

多项选择题

答案：ABCD。甲开始时的行为属于拾得遗失物，因此，选项 A 正确；后来甲拒不返还，按照《民法典》有关规定，属于侵权行为，故选项 B 正确；无论甲的行为属于何种性质，都负有返还标的物的义务，故选项 C 正确；既然属于侵权行为，因此，甲不得要求补偿饲养费用及劳务（如果属于无因管理，可以要求支付必要的费用）。

不定项选择题

答案：（1）D。《民法典》第 515 条第 1 款规定："标的有多项而债务人只需履行其中一项的，债务人享有选择权；但是，法律另有规定、当事人另有约定或者另有交易习惯的除外。"因此，选择之债不仅要求标的有多项，还要求原则上债务人可选择履行其中一项。本题中，双方商定乙厂在一个月内筹集 0 号或 10 号柴油 20 吨供给甲厂，符合选择之债的定义。综上，D 项正确。

（2）ABCD。选择之债的特定方法有：①可以通过合同而特定。因此，A 项正确。②可以通过选择而特定，选择权的归属应由双方当事人约定，也可由法律直接规定，在既无约定又无法定的情况下，选择权原则上宜归债务人享有。因此，B 项正确。③选择权可因不能履行而特定。《民法典》第 516 条第 2 款规定："可选择的标的发生不能履行情形的，享有选择权的当事人不得选择不能履行的标的，但是该不能履行的情形是由对方造成的除外。"国家政策限制导致给付 10 号汽油不能履行，并不是享有选择权的当事人的相对方所导致，因此只能选择给付 0 号柴油。因此，D 项正确。另外，《民法典》第 515 条第 2 款规定："享有选择权的当事人在约定期限内或者履行期限届满未作选择……"据此，合同当事人可以约定选择权行使的期限。因此，C 项正确。

名词解释

1. **答案**：是指特定当事人之间可以请求一定给付的民事法律关系。它包括合同关系、因无因管理引起的权利义务关系、因不当得利返还产生的权利义务关系和因侵权行为引起的权利义务关系等。其特征主要有：（1）债是民事法律关系；（2）债一般是以财产性给付为内容的法律关系；（3）债是依合同约定或依法律规定在当事人之间发生的特别结合关系；（4）债是特定当事人之间的相对性民事法律关系。

2. **答案**：是指构成债所必须具备的因素，包括债的主体、债的内容和债的客体。债的主体是指参与债的关系的当事人，即债权人与债务人。有权请求他方为特定行为的是权利主体，称为债权人；有义务实施特定行为的是义务主体，称为债务人。债的内容是债权和债务。债权是权利人可以请求义务人为特定给付的权利，债务是义务人依权利人的请求实施特定给付的义务。债的客体，即债的标的，是指债权债务所指向的事物，即债务人的给付。

简答题

答案：通说认为，债的标的是构成债之关系内容的"债务人的特定行为"，该特定行为在债法上用"给付"这一特定概念表示，即债的标的为债务人的给付。

债的给付应具备的要件有：合法性、可能性、确定性和财产性。①标的须合法和妥当。债的给付须为法律允许的合法正当的给付，不得违反法律、行政法规，也不得违背善良风俗。②标的须可能。给付须为事实上或法律上能实现的给付。③标的须确定。给付须在债成立之时已经确定或至少是可确定的，给付的性质、方式、时间、地点，标的物的数量、质量、价格须确定，否则会导致履行不能。④标的一般为财产性给付。债的给付一般应具有财产价值，能给债权人带来利益。对于符合上述要求的标的，方能为有效的给付。

债的标的包括积极给付（作为）和消极给付（不作为）。

论述题

答案：债权的性质可从以下五个方面来理解：（1）债权是财产权。债权是在交换或分配各种利益时产生的权利，其给付须以财产或可以评价为财产的利益为主要内容。故从权利的内容来看，债权属于财产权。（2）债权是请求权。债是特定人之间的法律关系，债权的实现无不需要债务人的协助，故债权是债权人请求债务人为特定行为的权利。因而从权利的作用来说，债权属于请求权。当然，除请求权外，债权于特殊情形时，还有代位权、撤销权、解除权等，但以请求权的作用范围为最大，也最为普遍。（3）债权是对人权。所谓对人权并不是说债权人对债务人的人身享有支配权，而是指债权人对其债权，原则上只能请求债务人履行，而不能直接请求第三人履行。因此从债权人之相对义务主体的特定性来说，债权属于对人权，这一性质也被称为债权之相对性。（4）债权具有相容性。债权不具排他性效力，在同一个标的物上可以成立内容相同或内容不同的数个债权，每个债权地位平等。（5）债权为有期限权利。债权的存续受期限的限制，具体表现为：受当事人约定的期限和法律规定的期限限制，故请求权效力有存续期间。因此，在权利实现上，债权原则上因清偿得到满足。

债权的效力是法律赋予债权人一方行使债权各权能的作用力。对于一个完全债权，法律赋予其以下效力：请求权效力、给付利益受领权效力、受领利益保有权效力、处分权效力以及保全权效力五个方面。（1）债权的请求权效力，是指债权人有依其债权向债务人请求给付的权利，以及当债务人不履行债务时，债权人可向法院诉请履行的权利。债权的请求权效力可以区分为原权性请求权效力和救济性请求权效力。前者表现为债权人的给付请求权，后者表现为当债务人不履行债务使债权受损害时，债权人可自力救济或借助于公权力救济受损害的债权。救济性请求权的内容表现为补正给付请求权、损害赔偿请求权和强制执行请求权。（2）债权的给付利益受领权效力，是指债权人依此效力得受领债务人履行的债务。该给付利益受领权的合法性体现在债务履行的任何阶段。例如，债的履行期限届至，债务人依债清偿时，债权人有权受领债务人的给付。债务人不履行债务而发生损害赔偿给付时，债权人有权受领该给付。债务诉讼时效期间届满，债务人自愿给付时，债权人有权受领。（3）债权的受领利益保有权效力，是指债权人对依债权取得的给付利益具有永久保持力。债权保有权效力的原因是有"合法依据"的债权存在，故债务的受领有法律上的合法依据。对受领的给付结果有保持的权利，债务人履行后，不得依"不当得利"请求返还。（4）债权的处分权效力，是指债权人可依据其意愿决定其债权命运的权利。该处分权具体表现为债权人具有债务免除权、债权让与权、债权设质权、债权抛弃权、债权选择权等权利。（5）债权的保全权效力，是指债权人为了确保其债权获得清偿，依法取得的防止债务人责任财产减少的权利，保全权包括债权人的代位权和债权人的撤销权。

一个完全的债权均具有上述效力，如果债权人的债权不具有或者缺乏上述某一效力，这样的债权，则称为不完全债权或者称为债权效力的排除或阻却。例如，诉讼时效届满抗辩权发生的债权的请求力被阻却。

第十七章　债的类型

✅ **单项选择题**

1. **答案：B。** 简单之债是指债的标的是单一的，当事人只能就该种标的履行，没有选择的余地，又称不可选择之债；选择之债是指债的标的是两项以上，当事人可以从中选择一项来履行的债。

2. **答案：B。** 特定之债指债务人应给付特定的标的物或者给付特定的劳务、权利的债。本题中，"黑胡子"四人演唱组合所负的债务是要演唱自创歌曲，但并没有说明唱哪一首，合同标的并未特定化，所以不是一种特定之债。选项 A 是错误的。单一之债，是指债权主体一方和债务主体一方都仅为一人的债。本题中，"黑胡子"四人演唱组合作为合同的主体一方表面是四个人，但对外其实是实质上的单一主体，所以是单一之债。因此，选项 B 正确。选择之债，即按照法律规定或当事人约定，债的履行行为或标的可供一方选择的债。本题中，债的履行行为或标的并不能选择，所以不是选择之债。因此，选项 C 不正确。法定之债是债的发生原因和债的权利义务关系均由法律规定而非由行为人的意思确定的债，也称因法律行为以外的原因所生之债，具体包括无因管理之债、不当得利之债、侵权行为之债、缔约过失之债以及其他法律规定的原因所产生的债。很显然，本题涉及的债是一种合同之债，是基于约定而产生的债。所以，不是法定之债。因此，选项 D 不正确。由此可知，本题的答案是 B。

3. **答案：C。** 甲、乙双方签订买卖合同，属于双方法律行为。A 项正确。根据债的标的有无可选择性，债可分为简单之债和选择之债，简单之债是指债的标的只有一种，当事人只能按照该种标的履行的债。选择之债是指债的履行标的有数种，当事人可以从中选择一种进行履行的债。该题中合同的标的是交付赛马和支付价金，当事人只能就该标的履行，属于简单之债。B 项正确。根据债的主体双方是单一的还是多数的，债可分为单一之债和多数人之债，单一之债是指债权人、债务人均为一人的债，多数人之债是指债权人或债务人有多人的债，本题中乙方为个人合伙，全体合伙人为当事人，共同承受债权债务关系，因此，属于多数人之债。C 项错误，D 项正确。因此本题正确选项为 C。

4. **答案：B。** 本题考查债的分类。甲、乙约定的时候标的物已经确定，即甲的一套住房或一辆宝马车，不是第三人的也不是销售商的，所以该债属于特定之债，而非种类之债。因此，A 项错误。根据债的标的有无选择性，债可分为简单之债和选择之债。简单之债，是指债的履行标的只有一种，债务人只能按照该种标的履行，债权人也只能请求债务人按照该种标的履行的债。选择之债，是指债的履行标的有数种，债务人可从中选择一种履行或债权人可选择其一请求债务人履行的债。本题中，存在两个标的物可供选择，即一个是住房，另一个是宝马车，属于选择之债，而非简单之债。因此，B 项正确。对于多数人之债，根据多数一方当事人之间权利义务关系的不同状态，可分为按份之债和连带之债。本题中只有一个债务人和一个债权，不存在多数一方当事人之间权利义务关系属于连带还是按份的问题。因此，C 项错误。根据债务人所负给付义务的不同内容，债可分为财物之债和劳务之债。凡债的标的为给付财物的，为财物之债；债的标的为提供劳务的，为劳务之债。本题中债的标的为给付财物，属于财物之债，而非劳务之债。因此，D 项错误。

✅ **多项选择题**

1. **答案：ABD。** 该题中两厂作为合同的一方共同签订合同，债的主体是多数的；且债的一方各自按照一定的份额享有权利承担义务；在3个月内交付石油，给付的是种类物。

2. **答案**：BD。在多数人之债中，根据多数人一方各自享有的权利或承担的义务以及相互间的关系，可分为按份之债和连带之债。按份之债，是指债的一方主体为多数，各自按照一定的份额享有权利或承担义务的债；连带之债，是指债的主体一方为多数人，多数人一方当事人之间有连带关系的债。简单之债是指债的标的是确定的，当事人只能就该种标的履行并没有选择余地的债，又称不可选择之债。

3. **答案**：ABC。根据债的主体双方是单一的还是多数的，债可分为单一之债和多数人之债。单一之债是指债的主体双方即债权人和债务人均为一人的债；多数人之债是指债权人和债务人至少有一方是2人或者2人以上的债。本题中合同当事人的一方是甲、乙2人，所以属于多数人之债，A项说法正确。对于多数人之债，根据多数一方当事人直接权利义务关系的不同状态，可分为按份之债和连带之债。按份之债是指债的多数一方当事人各自按照确定的份额享有权利或者承担义务的债。连带之债是指债的多数一方当事人之间有连带关系的债。本题中，合同约定"甲和乙按4∶6比例分配并按该比例付款"，因此属于按份之债，B项说法正确。根据债的标的有无选择性，债可分为简单之债和选择之债。简单之债是指债的履行标的只有一种，债务人只能按照该种标的履行，债权人也只能请求债务人按该种标的履行的债。选择之债是指债的履行标的有数种，债务人可从中选择一种履行或者债权人可选择其一请求债务人履行的债。本题中的合同履行没有可选择性，因此属于简单之债，C项说法正确。根据债的标的物的不同属性，债可以分为特定之债和种类之债。以特定物为标的物的债为特定之债，以种类物为标的物的债为种类之债。本题合同中的标的物"原油3000吨"不是特定物，而是种类物，因此属于种类之债，D项说法错误。

4. **答案**：AC。选择之债的特定方法主要有两种：一是选择给付，二是履行不能。

📝 简答题

1. **答案**：（1）按份之债的各债权人的权利或各债务人的义务都是各自独立的，相互没有连带关系；任何一债权人接受与其应享有的份额的履行人的义务都是各自独立的，相互没有连带关系。（2）连带之债的债权人的权利或者债务人的义务是连带的，任何一连带债权人接受了全部义务的履行或者任何一连带债务人清偿了全部债务，原债即归于消灭；并同时又在连带债权人或连带债务人内部之间产生按份之债。

2. **答案**：特定之债和种类之债，是根据债的标的物属性的不同而划分的。以特定物为标的物的债称为特定之债；以种类物为标的物的债称为种类之债。前者在债发生时，其标的物即已存在并已特定化；后者在债发生时，其标的物尚未特定化，甚至尚不存在，但当事人双方必须就债的标的物的种类、数量、质量、规格或型号等达成协议。

　　债的这种分类的法律意义主要在于两类债之效力不同，具体表现为：（1）债的关系终止后，两债对标的物返还要求不同。当事人无其他约定时，以特定物为标的物的债，债务人在履行债务时只能交付该特定物。（2）两债因标的物灭失引起的风险负担不同。如果在交付前，特定物非由债务人的原因意外灭失，债务人免负给付义务。种类之债不存在此问题，通常也称种类之债为"永不灭失之债"。（3）当事人对特定物所有权移转的时间可以作出约定。一般情况下，无论是以特定物还是以种类物为标的物的合同，标的物移转的时间均以交付为准。但当事人可以作出约定，特定之债在合同成立时物之所有权即可发生转移，也可依法定。种类之债在交付前未特定化，只能依法律规定确定所有权转移的时间。

💬 论述题

答案：选择之债只有将其特定为简单之债，

才能履行。选择之债特定的方法，有选择权的行使和不能履行等。

（1）选择之债通过选择而特定。选择之债通过当事人行使选择权而特定，选择权为形成权。根据我国《民法典》第515条的规定，选择权的归属，当事人有约定的，依其约定；法律有规定的，依照法律规定。在既无约定又无法律规定的情况下，选择权原则上归债务人享有。因为在给付内容不确定时，其利益应归债务人，并且履行债务必须先确定给付物。但是，享有选择权的当事人在约定期限内或者履行期限届满未作选择，经催告后在合理期限内仍未选择的，选择权转移至对方。

选择权的行使，使选择之债特定，应确定地变更债的关系，即选择之债溯及地自债成立之日即依选择确定地成为简单之债。需要注意的是，除非对方当事人同意，选择权不允许附条件或附期限。

选择权的行使，应在当事人双方约定的期限内行使，无约定的，选择权人可以随时行使。

（2）选择之债因不能履行而特定。不能履行有自始不能与嗣后不能之分。

自始不能，不成立选择之债。即选择之债数种给付全部自始不能的，选择之债无效，谈不上选择之债的履行问题。

选择之债的数种给付中的一种在有选择权的人选择之后发生履行不能的，则依选择确定的债成为履行不能。

选择之债的数种给付中的一种在有选择权的人选择之前发生嗣后不能，如果该嗣后不能是由于不可归责于双方当事人的事由造成的，选择之债存在于其余的给付上，有选择权之人只能在其余的给付中继续选择，若仅剩一种给付，该债直接成为简单之债。如果该嗣后不能是因有选择权人的事由造成时，选择之债特定化；如果给付不能是由于无选择权人的过失造成的，不产生选择之债特定化，而产生如下效力：①如果选择权人为债务人，因债权人的原因给付不能的，债务人免负给付义务；②如果选择权人是债权人，因债务人的原因给付不能的，债权人可选择剩余给付或请求赔偿损失。

第十八章　合同概述

☑ **单项选择题**

1. **答案**：A。《民法典》第 533 条第 1 款规定："合同成立后，合同的基础条件发生了当事人在订立合同时无法预见的、不属于商业风险的重大变化，继续履行合同对于当事人一方明显不公平的，受不利影响的当事人可以与对方重新协商；在合理期限内协商不成的，当事人可以请求人民法院或者仲裁机构变更或者解除合同。"《最高人民法院关于适用〈中华人民共和国民法典〉合同编通则若干问题的解释》第 32 条第 1 款规定："合同成立后，因政策调整或者市场供求关系异常变动等原因导致价格发生当事人在订立合同时无法预见的、不属于商业风险的涨跌，继续履行合同对于当事人一方明显不公平的，人民法院应当认定合同的基础条件发生了民法典第五百三十三条第一款规定的'重大变化'。但是，合同涉及市场属性活跃、长期以来价格波动较大的大宗商品以及股票、期货等风险投资型金融产品的除外。"该原材料市场价格暴涨是双方当事人均未预见到的政策调整因素所导致的，因此可以适用情势变更原则。

2. **答案**：C。《民法典》第 5 条规定，民事主体从事民事活动，应当遵循自愿原则，按照自己的意思设立、变更、终止民事法律关系。市政府的行为使合同违背了自愿的原则。

3. **答案**：A。《民法典》第 4 条规定，民事主体在民事活动中的法律地位一律平等。县政府的做法违背了平等原则。

4. **答案**：D。首先，某宾馆筹备处以宾馆名义与某公司签订客户租赁合同，规定自开业时起出租 15 套客房给该公司，该合同内容并不违反法律规定。因此，A 错误。其次，《民法典》第 75 条第 1 款规定："设立人为设立法人从事的民事活动，其法律后果由法人承受；法人未成立的，其法律后果由设立人承受，设立人为二人以上的，享有连带债权，承担连带债务。"表明设立人可以代表设立中的法人从事民事法律行为，只是存在责任承继问题。某宾馆筹备处作为宾馆的设立人，可以代表宾馆对外从事民事法律行为，不存在行为人主体不合格的问题。因此，B 错误。再次，本题中并未体现合同当事人意思表示不真实。因此，C 错误。最后，由于宾馆尚未取得营业执照，所以宾馆筹备处以宾馆名义对外签订租赁合同，超越了经营范围。因此，D 正确。

5. **答案**：B。参见《民法典》第 186 条、第 496 条第 2 款、第 497 条。《民法典》第 186 条规定："因当事人一方的违约行为，损害对方人身权益、财产权益的，受损害方有权选择请求其承担违约责任或者侵权责任。"第 496 条第 2 款规定："采用格式条款订立合同的，提供格式条款的一方应当遵循公平原则确定当事人之间的权利和义务，并采取合理的方式提示对方注意免除或者减轻其责任等与对方有重大利害关系的条款，按照对方的要求，对该条款予以说明。提供格式条款的一方未履行提示或者说明义务，致使对方没有注意或者理解与其有重大利害关系的条款的，对方可以主张该条款不成为合同的内容。"第 497 条规定："有下列情形之一的，该格式条款无效：（一）具有本法第一编第六章第三节和本法第五百零六条规定的无效情形；（二）提供格式条款一方不合理地免除或者减轻其责任、加重对方责任、限制对方主要权利；（三）提供格式条款一方排除对方主要权利。"

6. **答案**：B。有名合同，是指凡是法律上已经确定了一定的名称及规则的合同。《民法典》所规定的 19 类合同，都属于有名合同。无名合同，是指法律尚未确定一定名称与规则，由当事人自由创设的合同。

7. 答案：B。《民法典》第 522 条第 1 款规定："当事人约定由债务人向第三人履行债务，债务人未向第三人履行债务或者履行债务不符合约定的，应当向债权人承担违约责任。"所以正确答案为 B。

8. 答案：A。《民法典》第 523 条规定："当事人约定由第三人向债权人履行债务，第三人不履行债务或者履行债务不符合约定的，债务人应当向债权人承担违约责任。"据此，本题中甲应向乙请求给付。

9. 答案：B。合同所附的条款"苹果收成达到七成以上，才能如数供应苹果"属于肯定延缓条件。

10. 答案：C。合同是当事人之间设立、变更、终止民事法律关系的协议。投资意向协议只是一种意向书，并不涉及双方的具体权利义务，所以不属于民法上的合同。

11. 答案：C。参见《民法典》第 500 条关于缔约过失责任的规定。《民法典》第 500 条规定："当事人在订立合同过程中有下列情形之一，造成对方损失的，应当承担赔偿责任：（一）假借订立合同，恶意进行磋商；（二）故意隐瞒与订立合同有关的重要事实或者提供虚假情况；（三）有其他违背诚信原则的行为。"

12. 答案：D。"假一罚十"是甲自愿作出的真实意思表示，没有对方的欺诈、胁迫，也没有重大误解、乘人之危导致的显失公平等，且没有违反法律、行政法规的强制性规定，应当认定为有效。D 答案是正确的，当选。

13. 答案：A。合同具有相对性。

14. 答案：C。参见《民法典》第 496 条第 1 款、第 497 条、第 498 条。《民法典》第 496 条第 1 款规定："格式条款是当事人为了重复使用而预先拟定，并在订立合同时未与对方协商的条款。"第 497 条规定："有下列情形之一的，该格式条款无效：（一）具有本法第一编第六章第三节和本法第五百零六条规定的无效情形；（二）提供格式条款一方不合理地免除或者减轻其责任、加重对方责任、限制对方主要权利；（三）提供格式条款一方排除对方主要权利。"第 498 条规定："对格式条款的理解发生争议的，应当按照通常理解予以解释。对格式条款有两种以上解释的，应当作出不利于提供格式条款一方的解释。格式条款和非格式条款不一致的，应当采用非格式条款。"

多项选择题

1. 答案：ABD。参见《民法典》第 469 条。《民法典》第 469 条规定："当事人订立合同，可以采用书面形式、口头形式或者其他形式。书面形式是合同书、信件、电报、电传、传真等可以有形地表现所载内容的形式。以电子数据交换、电子邮件等方式能够有形地表现所载内容，并可以随时调取查用的数据电文，视为书面形式。"

2. 答案：AB。本题考查合同的文义解释、整体解释。

3. 答案：ACD。区分无偿合同与有偿合同。首先，根据《民法典》第 539 条，有偿合同中债务人的相对人即受让人知道或应当知道其行为影响债权人的债权实现，债权人才享有撤销权。因此，A 正确。其次，根据《民法典》第 144 条规定，无民事行为能力人实施的民事法律行为无效。这里当然包括其实施的纯获利益的民事法律行为，亦无效。因此，B 错误。同时履行抗辩权一般适用于双务合同，即合同双方当事人互负权利义务关系。而无偿合同一般为单务合同，故不存在同时履行抗辩权问题。因此，C 正确。当事人所负的过失责任的程度因合同有偿或无偿而不同。在无偿合同中，给付只对一方有利，对债务人自身无利益，所以他只负故意和重大过失责任。例如《民法典》第 897 条规定的无偿保管合同。在有偿合同中，给付对债务人和债权人均有利益，债务人对此应负抽象的轻过失责任。例如《民法典》第 929 条规定的有偿委托合同。因此，D 正确。

4. 答案：ABCD。A 对，要式合同，是指根据法律规定应当采取特定方式订立的合同。B、C、D 根据《保险法》可知。

5. 答案：AC。射幸合同，是指当事人一方或者双方的给付，是由将来不确定事件的发生予以决定的合同。B 错，根据《反不正当竞争法》第 13 条之规定，B 项表述中获奖 2 万元超过了法律规定的限额，超过部分无效。D 错，因赌博是违法行为，不受法律保护，因此 D 项表述的行为是无效行为。

6. **答案**：BD。本题中的自然人之间的借款合同和保管合同均属于实践合同即要物合同。

7. **答案**：ABC。依据《民法典》第 889 条、第 929 条和第 980 条的规定，保管合同、委托合同和借款合同既可以是有偿合同，也可以是无偿合同。互易的本质，是两个买卖的结合，因此，它必然是有偿合同。有偿、无偿依照当事人的约定，这是合同自由的反映，但互易由于它的本质，无法约定为无偿的合同。

8. **答案**：AB。本题考查违约责任与侵权责任的竞合。孙女士可以选择要求商场承担违约责任或侵权责任。因此，A、B 正确。根据《民法典》第 500 条规定，缔约过失责任是指在订立合同的过程中，一方因违反诚信原则，导致对方信赖利益受损而应承担的赔偿责任。材料中并未体现合同订立过程中商场有违反诚信原则的行为。因此，C 错误。合同撤销事由包括重大误解、胁迫、欺诈以及乘人之危导致显失公平等，材料也并未体现合同撤销事由。因此，D 错误。

9. **答案**：ABCD。A 项考查要约。根据《民法典》第 472 条规定，要约是希望与他人订立合同的意思表示，该意思表示应当符合下列规定：（1）内容具体确定；（2）表明经受要约人承诺，要约人即受该意思表示约束。本题中，甲摆设自动贩卖机的行为属于现货要约。故 A 项正确。B 项考查承诺。根据《民法典》第 479 条规定，承诺是受要约人同意要约的意思表示。本题中，乙向自动贩卖机投币购买咖啡的行为属于承诺。故 B 项正确。C、D 项考查不当得利。根据《民法典》第 122 条规定，因他人没有法律根据，取得不当利益，受损失的人有权请求其返还不当利益。据此可知，不当得利包括四个构成要件：（1）没有法定或约定的原因；（2）一方获益；（3）一方受损；（4）获益与受损之间存在因果关系。同时，根据《民法典》第 987 条规定，得利人知道或者应当知道获得的利益没有法律根据的，受损失的人可以请求得利人返还其获得的利益并依法赔偿损失。本题中，乙购买咖啡的两枚硬币因机器故障跳出，且乙将其取走的行为构成不当得利，甲有权请求乙返还不当得利，即两枚硬币。故 C、D 项正确。

名词解释

1. **答案**：《民法典》第 464 条第 1 款规定："合同是民事主体之间设立、变更、终止民事法律关系的协议。"根据这一规定，可以从以下四个方面理解我国《民法典》上合同的基本内涵：（1）合同是一种"协议"。即合同必须是一种"合意"，而不是单方法律行为。（2）合同的目的在于设立、变更、终止民事法律关系。（3）存在对于合同发生预期法律效果的制约因素。例如，法律的效力性强制性规定、善良风俗和公共秩序等。当任何一方的意思表示受到影响从而使得其意思表示不真实时，可以撤销合同。（4）合同具有相对性。由于合同是当事人意思自治的产物，因此，合同原则上仅仅在参与合同的当事人之间才有效力。

2. **答案**：实践性合同，是指除当事人双方意思表示一致外尚需交付标的物才能成立的合同。在这种合同中，仅凭双方当事人的意思表示一致，还不能产生合同法律关系，必须有一方实际交付标的物的行为，合同法律关系才能成立。

简答题

1. **答案**：（1）责任的轻重不同。在无偿合同中，债务人所负的注意义务程度较低；在有偿合同中，则较高。（2）主体要求不同。订立有偿合同的当事人原则上应为完全民事行为能力人，限制民事行为能力人非经其法定代理人同意不得订立与自己的年龄、智力不相适应的有偿合同；无民事行为能力人从事的民事法律行为均无效，故无民事行为能力人订立的合同，无论是有偿合同、无偿合同，均无效，只能由其法定代理人代理。（3）可否行使撤销权不同。如果债务人将其财产无偿转让给第三人，严重减少债务人的责任财产，害及债权人的债权，则债权人可以直接请求撤销该无偿行为；但对于有偿的并且非明显低价的处分行为，只有在债务人及第三人在实施交易行为时有害于债权人的恶意时，债权人方可行使撤销权。（4）有无返还义务不同。如果无权处分人通过有偿合同将财物转让给第三人，第三人若为善意时，一般不负返还原物的义务；若通过无偿合同将财物转让给第三人，在原物存在时，第三人负返还原物的义务。

2. **答案**：诺成性合同与实践性合同的区别主要在于，二者成立的要件与当事人义务的确定不同。所谓成立的要件不同，是指诺成性合同仅以合意为成立要件，而实践性合同以合意和交付标的物或完成其他给付为成立要件。所谓当事人义务的确定不同，是指在诺成性合同中交付标的物或完成其他给付系当事人的给付义务，违反该义务便产生违约责任；而在实践性合同中交付标的物或完成其他给付，不是当事人的给付义务，只是先合同义务，违反该义务不产生违约责任，可构成缔约过失责任。

第十九章 合同的成立

✓ **单项选择题**

1. **答案**：B。参见《民法典》第482条。《民法典》第482条规定："要约以信件或者电报作出的，承诺期限自信件载明的日期或者电报交发之日开始计算。信件未载明日期的，自投寄该信件的邮戳日期开始计算。要约以电话、传真、电子邮件等快速通讯方式作出的，承诺期限自要约到达受要约人时开始计算。"

2. **答案**：B。参见《民法典》第489条。《民法典》第489条规定："承诺对要约的内容作出非实质性变更的，除要约人及时表示反对或者要约表明承诺不得对要约的内容作出任何变更外，该承诺有效，合同的内容以承诺的内容为准。"

3. **答案**：D。参见《民法典》第472条、第479条。《民法典》第472条规定："要约是希望与他人订立合同的意思表示，该意思表示应当符合下列条件：（一）内容具体确定；（二）表明经受要约人承诺，要约人即受该意思表示约束。"第479条规定："承诺是受要约人同意要约的意思表示。"

4. **答案**：C。参见《民法典》第476条关于要约不得撤销的规定。《民法典》第476条规定："要约可以撤销，但是有下列情形之一的除外：（一）要约人以确定承诺期限或者其他形式明示要约不可撤销；（二）受要约人有理由认为要约是不可撤销的，并已经为履行合同做了合理准备工作。"

5. **答案**：D。参见《民法典》第475条。《民法典》第475条规定："要约可以撤回。要约的撤回适用本法第一百四十一条的规定。"

6. **答案**：C。参见《民法典》第491条。《民法典》第491条规定："当事人采用信件、数据电文等形式订立合同要求签订确认书的，签订确认书时合同成立。当事人一方通过互联网等信息网络发布的商品或者服务信息符合要约条件的，对方选择该商品或者服务并提交订单成功时合同成立，但是当事人另有约定的除外。"

7. **答案**：D。《民法典》第488条规定："承诺的内容应当与要约的内容一致。受要约人对要约的内容作出实质性变更的，为新要约。有关合同标的、数量、质量、价款或者报酬、履行期限、履行地点和方式、违约责任和解决争议方法等的变更，是对要约内容的实质性变更。"乙大学回函要求在耳机上附加一个音量调节器，属于对要约内容的实质性变更。乙大学对甲厂的要约作出实质性的变更属于新的要约，乙大学未作出承诺。甲厂对乙大学的要约也未作出承诺，因此，双方都没有违约。

8. **答案**：D。参见《民法典》第473条。《民法典》第473条规定："要约邀请是希望他人向自己发出要约的表示。拍卖公告、招标公告、招股说明书、债券募集办法、基金招募说明书、商业广告和宣传、寄送的价目表等为要约邀请。商业广告和宣传的内容符合要约条件的，构成要约。"

9. **答案**：C。根据《民法典》第472条的规定，要约内容应当具体确定。（1）（2）内容都不确定，属于要约邀请。

10. **答案**：D。根据《民法典》第478条的规定，拒绝要约的通知到达要约人，要约失效。因此，受要约人在拒绝后又表示同意的应当是受要约人发出的新的要约。

11. **答案**：D。首先，《民法典》第488条规定："承诺的内容应当与要约的内容一致。受要约人对要约的内容作出实质性变更的，为新要约。"因此，A错误。其次，《民法典》第485条规定："承诺可以撤回。承诺的撤回适用本法第一百四十一条的规定。"第141条规定："行为人可以撤回意思表示。撤回意思表示的通知应当在意思表示到达相对人前或者与意思表示同时到达相对人。"因此，B、C错误。最后，《民法典》第487条规定："受要约人在承诺期限内发出承诺，按照通常情形能够及时到达要约人，但是因其他原因致使承诺到达要约人时超过承诺期限的，除要约人及时通知受要约人因承诺超过期限不接受该承诺外，该承诺有效。"因此，D正确。

12. 答案：B。参见《民法典》第491条。《民法典》第491条规定："当事人采用信件、数据电文等形式订立合同要求签订确认书的，签订确认书时合同成立。当事人一方通过互联网等信息网络发布的商品或者服务信息符合要约条件的，对方选择该商品或者服务并提交订单成功时合同成立，但是当事人另有约定的除外。"

13. 答案：A。根据《民法典》第498条，对格式条款的理解发生争议的，应当按照通常理解予以解释。对格式条款有两种以上解释的，应当作出不利于提供格式条款一方的解释。格式条款和非格式条款不一致的，应当采用非格式条款。

14. 答案：A。根据《民法典》规定，要约只要传递到受要约人所能控制的地方，要约即生效，而不管受要约人是否了解要约的意思。本题中的要约已生效。

15. 答案：D。首先，《民法典》第488条规定："承诺的内容应当与要约的内容一致。"乙公司于6月5日回复"收到传真"不构成承诺，买卖合同未成立，A错误。其次，《民法典》第490条规定："当事人采用合同书形式订立合同的，自当事人均签名、盖章或者按指印时合同成立。"6月10日，乙公司虽然电话表示同意按甲公司报价出售，但要求甲公司6月15日来人签署合同书，6月10日当事人未签名、盖章或按指印，因此合同未成立，B错误。再次，6月15日乙公司要求加价，双方并未就合同订立达成一致，C错误。最后，根据《民法典》第472条和第500条关于缔约过失责任的规定，乙公司在6月15日，甲公司前往签约的时候，要求加价，未获同意，乙公司拒绝签约的行为违背了其原来承诺过的同意甲公司提出的报价，所以这种行为是一种违背诚信原则的行为，应当对甲公司承担缔约过失责任。

16. 答案：B。根据《民法典》第490条的规定，当事人采用合同书形式订立合同的，自双方当事人签字或者盖章时合同成立。

17. 答案：A。意思表示由两部分三要素组成，两部分即内心意思（内部/主观）和表示行为（外部/客观）。其中，内心意思包括行为意思、表示意思和效果意思三个要素；而表示（外部/客观）即表示行为一个要素。戏谑行为，又称单独虚伪表示或真意保留，是指行为人故意隐瞒其真意，而表示出其他意思。戏谑行为人通常没有成立民事法律关系的意思，属于典型的内心意思缺乏，即不存在表示意思和效果意思。因此，戏谑行为因内心意思缺乏而不能成立民事法律关系。本题中，某大师的行为属于典型的戏谑行为，其内心并不存在将自己的三层镂空作品赠与他人的表示意思，亦不存在与他人形成赠与合同的效果意思。因此，因意思的缺乏而不能成立民事法律关系。故A项正确，当选。因不存在意思表示，因此，显失公平的合同、赠与合同、悬赏广告等以意思表示为基础的民事法律关系则无从谈起。故B、C、D项错误，不当选。

18. 答案：A。参见《民法典》第504条。《民法典》第504条规定："法人的法定代表人或者非法人组织的负责人超越权限订立的合同，除相对人知道或者应当知道其超越权限外，该代表行为有效，订立的合同对法人或者非法人组织发生效力。"

19. 答案：A。参见《民法典》第172条、第504条。《民法典》第172条规定："行为人没有代理权、超越代理权或者代理权终止后，仍然实施代理行为，相对人有理由相信行为人有代理权的，代理行为有效。"第504条规定："法人的法定代表人或者非法人组织的负责人超越权限订立的合同，除相对人知道或者应当知道其超越权限外，该代表行为有效，订立的合同对法人或者非法人组织发生效力。"

20. **答案**：A。本案涉及两层法律关系：（1）在买卖电视的合同中，小刚为限制行为能力人，他的合同行为是否有效？在案件中，小刚的父母夸奖了他的行为，实际上也就是对他的行为的追认，则该合同应有效。（2）小刚的中奖是否有效。奖券系购买彩票的附赠行为，其效力依附于主合同效力。由于主合同有效，因此小刚的中奖也合法有效。

21. **答案**：B。根据《民法典》第506条，合同中的下列免责条款无效：（1）造成对方人身伤害的；（2）因故意或者重大过失造成对方财产损失的。因此选项A、C、D中的免责条款无效。

22. **答案**：C。本题容易被诱导到抵押合同生效时间与不动产抵押权生效时间的区别上去。根据《民法典》第502条第1款规定，依法成立的合同，自成立时生效，但是法律另有规定或者当事人另有约定的除外。抵押合同为从合同，随主合同的生效而生效。本题中主债权的生效时间为8月5日，故抵押合同也是8月5日生效。

23. **答案**：B。本题考查的是要约的撤销。《民法典》第476条规定，要约可以撤销，但要约人以确定承诺期限或者其他形式明示要约不可撤销、受要约人有理由认为要约是不可撤销的并已经为履行合同做了合理准备工作的除外，A、C、D错误。

24. **答案**：B。参见《民法典》第502条、《企业国有资产法》第53条。《民法典》第502条规定："依法成立的合同，自成立时生效，但是法律另有规定或者当事人另有约定的除外。依照法律、行政法规的规定，合同应当办理批准等手续的，依照其规定。未办理批准等手续影响合同生效的，不影响合同中履行报批等义务条款以及相关条款的效力。应当办理申请批准等手续的当事人未履行义务的，对方可以请求其承担违反该义务的责任。依照法律、行政法规的规定，合同的变更、转让、解除等情形应当办理批准等手续的，适用前款规定。"《企业国有资产法》第53条规定："国有资产转让由履行出资人职责的机构决定。履行出资人职责的机构决定转让全部国有资产的，或者转让部分国有资产致使国家对该企业不再具有控股地位的，应当报请本级人民政府批准。"

25. **答案**：D。本题考查的是承诺。《民法典》第479条规定了承诺，第480条规定了承诺的方式。

26. **答案**：D。为第三人订立的合同，合同成立后，须经第三人同意对第三人产生效力。若第三人拒绝接受，该权利归订约人本人享有。第三人拒绝该权利不影响合同的成立。因此D错误。

27. **答案**：B。参见《民法典》第510条关于合同解释的规定。《民法典》第510条规定："合同生效后，当事人就质量、价款或者报酬、履行地点等内容没有约定或者约定不明确的，可以协议补充；不能达成补充协议的，按照合同相关条款或者交易习惯确定。"

28. **答案**：D。本题考查附义务的赠与合同。甲、乙之间的赠与合同属于附义务的赠与合同，而非附条件的赠与合同。

29. **答案**：D。《合伙企业法》第46条规定，合伙协议未约定合伙期限的，合伙人在不给合伙企业事务执行造成不利影响的情况下，可以退伙，但应当提前30日通知其他合伙人。据此，合伙人退伙的，应当提前30日通知其他合伙人而不能随意退伙，故A项错误。《合伙企业法》第51条规定，合伙人退伙，其他合伙人应当与该退伙人按照退伙时的合伙企业财产状况进行结算，退还退伙人的财产份额。退伙人对给合伙企业造成的损失负有赔偿责任的，相应扣减其应当赔偿的数额。退伙时有未了结的合伙企业事务的，待该事务了结后进行结算。据此，合伙人退伙的，其他合伙人应当与退伙人结算而不是对合伙企业进行清算。《合伙企业法》第86条第1款规定，合伙企业解散，应当由清算人进行清算。个别合伙人退伙不会导致合伙企业解散，从而也不需要进行清算，故B项错误。《合伙企业法》第52条规定，退伙人在合伙企业中财产份额的退还办法，由合伙协议约定或者由全体合伙人决定，可以退还货币，也可以退还实物。据此，合伙企业可以将贾某的房屋退还给贾某，也可以退还相应货币，其具体方法由合伙协议或者全体合伙人决定，并非一定要退还给贾某房屋不可。所以，贾某并不享有要求合伙企业退还房屋的权利，故C项错误。《合伙企业法》第53条规定，退伙人对基于其退伙前的原因发生的合伙企业债务，承担无限连带责任。据此，D项正确。

30. **答案**：C。《民法典》第490条第1款规定，当事人采用合同书形式订立合同的，自当事人均签名、盖章或者按指印时合同成立。在签名、盖章或者按指印之前，当事人一方已经履行主要义务，对方接受时，该合同成立。本题中，李某交付100万元给方某，方某接受，双方的借款合同已经成立，故A项错误。《民法典》第585条规定，得利人没有法律根据取得不当利益的，受损失的人可以请求得利人返还获得的利益。可知，不当得利的构成要件有四个：（1）一方获得利益；（2）一方受有损失；（3）获得利益与受有损失之间具有因果关系；（4）没有合法根据。本题中，李某与方某之间存在借款合同关系，有合法根据，方某不构成不当得利。故B项错误。保证合同成立的方式其中一种是主合同有保证条款，保证人在主合同上签字或盖章的，保证合同成立，保证人应承担保证责任，故C项正确。虽未办理抵押登记，抵押权未设立，但是刘某与李某之间的抵押合同已经成立并生效，依据该有效的抵押合同，刘某负有办理房屋抵押登记的义务。故D项错误。

31. **答案**：D。依《民法典》第147条、第148条以及第151条的规定，基于重大误解实施的民事法律行为，行为人有权请求人民法院或者仲裁机构予以撤销；以欺诈手段，使对方在违背真实意思的情况下实施的民事法律行为，受欺诈方有权请求人民法院或者仲裁机构予以撤销；一方利用对方处于危困状态、缺乏判断能力等情形，致使民事法律行为成立时显失公平的，受损害方有权请求人民法院或者仲裁机构予以撤销。本题中，陈老伯在考察楼盘时，销售经理介绍周边有"轨道交通19号线"，并未表述为"地铁"，不构成欺诈；陈老伯误以为轨道交通19号线属于地铁，是误解，但这不属于对购买房屋这个买卖行为的误解，不构成可以撤销合同事由中的认识错误；此外，尽管铁路房的升值空间小于地铁房，但题面并未提供销售方利用陈老伯缺乏判断能力的情形，所以也不构成显失公平。综上，本题中A、B、C选项说法均错误，D选项为正确选项。

32. **答案**：B。从题干所描述的事实以及四个选项的表述来看，本题关键在于判断郑某签订的松茸采购合同的效力。从团购合同是以公司名义签订这一事实可看出，签订松茸的团购合同属于代理行为。并且由于甲公司交代郑某的工作内容是去大理考察民宿，并未授予其购买松茸的代理权，因此郑某所签订的松茸团购合同属于无权代理行为。一般而言，涉及无权代理时应当结合《民法典》第172条以及表见代理的构成要件分析。本题中被代理人甲公司事后"打算将该批松茸作为员工福利发放"，明显具有追认的意思，既然被代理人追认，那么郑某签订的松茸团购合同是确定有效的，无须再分析郑某是否为表见代理。既然松茸团购合同有效，那么甲公司自然有权取得松茸的所有权，无须返还。A、C项错误。D项考查了可撤销的民事法律行为，具体涉及欺诈。上文分析松茸团购合同已经确定有效，并不存在可以撤销合同的欺诈情形。谎称自己有代理权而实施代理行为并不构成民事法律行为可撤销事由中的欺诈，而应直接适用代理制度，D项错误。《民法典》第979条第1款规定："管理人没有法定的或者约定的义务，为避免他人利益受损失而管理他人事务的，可以请求受益人偿还因管理事务而支出的必要费用；管理人因管理事务受到损失的，可以请求受益人给予适当补偿。"据此，郑某用自己的钱支付松茸款，是为了甲公司履行合同义务，有管理甲公司事务的意思，且没有法定或者约定的义务，该事务的管理符合被管理人甲公司的意思，构成适法的无因管理，郑某有权请求甲公司支付其支出的必要费用，即松茸采购款，B 项正确。

33. 答案：B。《民法典》第 147 条明确将重大误解列为民事法律行为的可撤销事由。《最高人民法院关于适用〈中华人民共和国民法典〉总则编若干问题的解释》第 19 条第 2 款规定："行为人能够证明自己实施民事法律行为时存在重大误解，并请求撤销该民事法律行为的，人民法院依法予以支持；但是，根据交易习惯等认定行为人无权请求撤销的除外。"该条中的"根据交易习惯等认定行为人无权请求撤销的除外"所指的主要类型之一就是古玩、艺术品买卖，古玩的真伪鉴定是一件专业且主观的事情，这意味着古玩、艺术品买卖本身就带有风险交易的性质，原则上只要交易中未含欺诈行为，即便买受人事后得知该古玩为仿品，也不能基于重大误解撤销。因此，本题中尽管后经鉴定，该烛台为现代仿品，王某也不能基于重大误解撤销合同，A 项错误。《民法典》第 151 条规定："一方利用对方处于危困状态、缺乏判断能力等情形，致使民事法律行为成立时显失公平的，受损害方有权请求人民法院或者仲裁机构予以撤销。"据此，显失公平的构成要求主观要件与客观要件，本题中并不存在一方利用对方处于危困状态、缺乏判断能力等情形，主观要件并不符合，不构成显失公平，C 项错误。根据《民法典》第 148 条规定，欺诈是民事法律行为的可撤销事由之一，但本题中并无事实表明出卖人对王某实施了欺诈，因此王某无权基于欺诈撤销合同，D 项错误。因此，本题中王某无权撤销合同，该青铜烛台买卖合同是合法有效的，B 项正确。

多项选择题

1. 答案：ABD。参见《民法典》第 476 条。《民法典》第 476 条规定："要约可以撤销，但是有下列情形之一的除外：（一）要约人以确定承诺期限或者其他形式明示要约不可撤销；（二）受要约人有理由认为要约是不可撤销的，并已经为履行合同做了合理准备工作。"

2. 答案：ABCD。参见《民法典》第 492 条。《民法典》第 492 条规定："承诺生效的地点为合同成立的地点。采用数据电文形式订立合同的，收件人的主营业地为合同成立的地点；没有主营业地的，其住所地为合同成立的地点。当事人另有约定的，按照其约定。"

3. 答案：AD。《民法典》第 488 条规定，受要约人对要约的内容作出实质性变更的，为新要约。因此，选项 A 属于新的要约。但是，选项 B 不属于新的要约而是承诺。选项 D 属于承诺的撤销，承诺不生效。

4. 答案：ABCD。参见《民法典》第 488 条。《民法典》第 488 条规定："承诺的内容应当与要约的内容一致。受要约人对要约的内容作出实质性变更的，为新要约。有关合同标的、数量、质量、价款或者报酬、履行期限、履行地点和方式、违约责任和解决争议方法等的变更，是对要约内容的实质性变更。"

5. 答案：BC。《民法典》第 489 条规定，承诺对要约的内容作出非实质性变更的，除要约人及时表示反对或者要约表明承诺不得对要约的内容作出任何变更外，该承诺有效，合同的内容以承诺的内容为准。

6. 答案：BCD。根据《民法典》第 478 条的规定，要约失效的情形包括要约被拒绝、要约被依法撤销、承诺期限届满但受要约人未作出承诺、受要约人对要约的内容作出实质性变更。选项 A，拒绝要约的通知尚未到达要约人，要约尚未失效。选项 B，承诺对要约内容作出实质性变更，要约失效。选项 C，根据《民法典》第 481 条的规定，要约以对话方式作出的，应当即时作出承诺，乙在电话中未当场答复，要约失效。选项 D，要约被撤回，当然失效。

7. 答案：BCD。A 中，依双方交易惯例无须作出承诺通知而沙场已作出了交易习惯要求的承诺行为，故该承诺有效。B 中，受要约人超过承诺期限发出承诺，要约人也未通知该承诺有效，则该承诺应被视为新要约，而非有效承诺。C 中，乙的承诺对要约作了实质性变更。D 中，以对话方式作出的要约，在双方未有其他约定的情况下应即时作出承诺，故乙所作出的是新要约而非有效承诺。

8. 答案：BD。选项 A，撤回承诺的通知先于承诺到达要约人，承诺失效。选项 B，根据《民法典》第 487 条规定，受要约人在承诺期限内发出承诺，按照通常情形能够及时到达要约人，但是因其他原因致使承诺到达要约人时超过承诺期限的，除要约人及时通知受要约人因承诺超过期限不接受该承诺外，该承诺有效。甲作为要约人并未即时通知受要约人乙，因此该承诺仍然有效。选项 C，该承诺变更了解决争议方法，属于对要约的实质性变更，承诺失效。选项 D，根据《民法典》第 484 条第 2 款的规定，承诺不需要通知，根据交易习惯或者要约的要求作出承诺的行为时生效。服务员按照要约的要求递上一杯可乐，该承诺有效。

9. 答案：BC。首先，根据《民法典》491 条第 1 款，当事人采用信件、数据电文等形式订立合同要求签订确认书的，签订确认书时合同成立。选项 A 中合同确认书尚未签订，因此合同尚未成立。其次，根据《民法典》第 490 条第 1 款，当事人采用合同书形式订立合同的，自当事人均签名、盖章或者按指印时合同成立。选项 B 当事人双方在合同上签字并盖章，合同已成立。再次，根据《民法典》第 490 条第 1 款，当事人采用合同书形式订立合同的，自当事人均签名、盖章或者按指印时合同成立。在签名、盖章或者按指印之前，当事人一方已经履行主要义务，对方接受时，该合同成立。选项 C 中尽管甲尚未签字，但乙已经发货，履行了主要义务，且甲接受了该货物。甲接受时，合同成立。最后，根据《民法典》第 486 条，受要约人超过承诺期限发出承诺，或者在承诺期限内发出承诺，按照通常情形不能及时到达要约人的，为新要约；但是，要约人及时通知受要约人该承诺有效的除外。乙作为受要约人承诺期限届满后才发出承诺，且甲收到后未表态，该承诺视为新要约，作为承诺已失效。

10. 答案：BCD。根据《民法典》第 492 条、第 493 条的规定，一般情况下，承诺生效的地点而不是承诺发出的地点为合同成立的地点。选项 A 不对。

11. 答案：ABC。根据《民法典》第 491 条第 1 款的规定，当事人采用信件、数据电文等形式订立合同要求签订确认书的，签订确认书时合同成立。

12. 答案：AD。根据《民法典》第 480 条的规定，承诺应当以通知的方式作出；但是，根据交易习惯或者要约表明可以通过行为作出承诺的除外。乙公司的回电属于承诺，丙公司根据甲厂要约发货的行为也属于承诺。甲厂与乙公司、甲厂与丙公司的合同都成立。

13. 答案：ACD。《民法典》第 475 条规定，要约可以撤回。要约的撤回适用本法第 141 条的规定。所以选项 A、C 正确。根据《民法典》第 478 条规定，有下列情形之一的，要约失效：（1）要约被拒绝；（2）要约被依法撤销；（3）承诺期限届满，受要约人未作出承诺；（4）受要约人对要约的内容作出实质性变更。所以选项 D 正确。根据《民法典》第 476 条规定，要约人确定了承诺的期限的，要约不可以撤销。因此选项 B 错误。

14. 答案：BCD。选项 A，附条件地接受要约，只要不是对合同内容作出实质性变更，承诺行为发生承诺的效力。根据《民法典》第 485 条的规定，撤回承诺的通知应当在承诺通知到达要约人之前或者与承诺通知同时到达要约人。选项 B 和 C，均属于受要约人撤回承诺，因此必然不发生承诺效力。选项 D，根据《民法典》第 487 条规定，受要约人在承诺期限内发出承诺，按照通常情形能够及时到达要约人，但是因其他原因致使承诺到达要约人时超过承诺期限的，除要约人及时通知受要约人因承诺超过期限不接受该承诺外，该承诺有效。

15. 答案：ABCD。参见《民法典》第 500 条。《民法典》第 500 条规定："当事人在订立合同过程中有下列情形之一，造成对方损失的，应当承担赔偿责任：（一）假借订立合同，恶意进行磋商；（二）故意隐瞒与订立合同有关的重要事实或者提供虚假情况；（三）有其他违背诚信原则的行为。"

16. 答案：CD。根据《民法典》第500条，甲的行为构成缔约过失，违背诚信原则，应承担赔偿责任。

17. 答案：BCD。参见《民法典》第501条。《民法典》第501条规定："当事人在订立合同过程中知悉的商业秘密或者其他应当保密的信息，无论合同是否成立，不得泄露或者不正当地使用；泄露、不正当地使用该商业秘密或者信息，造成对方损失的，应当承担赔偿责任。"

18. 答案：BCD。参见《民法典》第510条、第511条。

19. 答案：CD。二人约定的事实发生后，乙的解除合同权生效，合同并不解除。根据《民法典》第564条的规定，法律规定或者当事人约定解除权行使期限，期限届满当事人不行使的，该权利消灭。法律没有规定或者当事人没有约定解除权的行使期限时，自解除权人知道或者应当知道解除事由之日起一年内不行使，或者经对方催告后在合理期限内不行使的，该权利消灭。因此，选项A、B错误。选项C、D正确。

20. 答案：AD。此题的关键是判断甲、乙公司之间的意向书的性质。意向书不是正式的合同，大致相当于初步协议，是双方为了签订正式合同而作的文件。因此，甲、乙公司之间不存在房屋买卖合同，甲公司不对乙公司承担违约责任，只是承担缔约过失责任。不动产所有权的移转以登记为要件，丙公司与甲公司签订了合法有效的房屋买卖合同并办理了过户手续，获得房屋所有权。

不定项选择题

1. 答案：（1）AB。《民法典》第171条规定："行为人没有代理权、超越代理权或者代理权终止后，仍然实施代理行为，未经被代理人追认的，对被代理人不发生效力。相对人可以催告被代理人自收到通知之日起三十日内予以追认。被代理人未作表示的，视为拒绝追认。行为人实施的行为被追认前，善意相对人有撤销的权利。撤销应当以通知的方式作出。行为人实施的行为未被追认的，善意相对人有权请求行为人履行债务或者就其受到的损害请求行为人赔偿。但是，赔偿的范围不得超过被代理人追认时相对人所能获得的利益。相对人知道或者应当知道行为人无权代理的，相对人和行为人按照各自的过错承担责任。"杨某接受甲的委托具有代理权。杨某购买饼干属于超越代理权的行为，但是，甲在查收货物时未提出异议，视为追认。因此，合同有效。

（2）D。根据《民法典》第171条的规定，如果甲未追认杨某购买饼干的代理权，购买饼干的合同部分对被代理人甲不发生效力，由行为人杨某承担责任。

（3）CD。参见《民法典》第171条的规定。

（4）ABD。根据《民法典》第171条的规定，行为人没有代理权、超越代理权或者代理权终止后以被代理人名义订立的合同，未经被代理人追认，对被代理人不发生效力，由行为人承担责任。

2. 答案：AB。构成缔约过失责任的要件是责任发生在合同订立过程中，一方当事人违反了依据诚信原则而负担的义务并给对方当事人造成了损害。C项和D项中双方已经签订了合同，只是乙方没有履行合同规定的义务，属于违约责任。

3. 答案：C。无权处分，指没有处分权而处分他人或自己财产。本题中，乙将苹果转卖给丙时，乙未取得所有权，乙、丙间的买卖合同属于因无权处分订立的买卖合同。因无权处分订立的买卖合同，无权处分本身不影响合同的效力，若无其他效力瑕疵，因无权处分订立的买卖合同有效，而非效力待定，故A项错误；C项正确；D项错误。《民法典》第523条规定："当事人约定由第三人向债权人履行债务，第三人不履行债务或者履行债务不符合约定的，债务人应当向债权人承担违约责任。"根据该条，合同当事人约定由合同以外的第三人向债权人履行债务的，该约定对合同债权人与债务人发生效力，仅对第三人不产生效力，若第三人不对合同债权人履行债务（或履行债务不适当），债权人不得对第三人主张违约责任，债权人只能要求债务人承担违约责任。故 B 项错误。综上，本题正确答案为 C 项。

4. **答案**：ABCD。《民法典》第 172 条规定，行为人没有代理权、超越代理权或者代理权终止后，仍然实施代理行为，相对人有理由相信行为人有代理权的，代理行为有效。A 选项中，乙作为董事，其行为构成无权代理，同时，由于乙在合同上加盖了公司的公章和法定代表人丁的印章，丙据此有合理的理由相信其有代理权，故可以构成表见代理，甲公司应当承担责任，故 A 正确。《民法典》第 490 条规定，当事人采用合同书形式订立合同的，自当事人均签字、盖章或者按指印时合同成立。在签字、盖章或者按指印之前，当事人一方已经履行主要义务，对方接受时，该合同成立。据此，甲、乙间借款合同已经成立。但是，甲公司与乙公司之间的借款合同违反了禁止企业之间拆借资金的强制性规定，借款合同无效。此时，甲公司负有向乙公司返还不当得利的民事责任，故 B 正确。C 项中，丙是甲公司的委托代理人。丙借用丁的存款单以甲公司的名义设立质权，甲公司应当对丁承担相应的责任，故 C 正确。D 项中，甲公司的法定代表人虽以个人名义收取保证金，但仍以甲公司名义入账，甲公司应当承担责任，故 D 正确。

名词解释

1. **答案**：是指缔约人为意思表示并达成合意的状态。它描述的是缔约各方自接触、洽商直至达成合意的过程，是动态行为与静态协议的统一体。
2. **答案**：是指在要约生效之前，要约人使要约不发生法律效力的行为。为了尊重要约人的意志和保护要约人的利益，只要要约撤回的通知先于或同时与要约到达受约人，就可产生撤回的效力。
3. **答案**：是指要约人在要约生效以后，将该项要约取消，使要约的法律效力归于消灭的意思表示。因要约的撤销往往不利于受约人，所以只有在符合一定条件时才被允许。要约可以撤销，但撤销要约的通知应当于受约人发出承诺通知前到达受约人。

简答题

1. **答案**：要约是一方当事人以缔结合同为目的而向相对人所作出的意思表示。根据我国《民法典》第 472 条的规定，要约是希望和他人订立合同的意思表示，该意思表示的内容必须具体确定并含有表意人在该意思表示被接受时就受其约束的意旨。一项要约要发生法律上的效力，应具备下列要件：

    （1）要约必须具有订立合同的意图。要约的目的是要与受要约人进行即时的或将来的交易，所以，要约中必须含有进行交易，即订立合同的意图。要约的这一要件强调，要约并不是"开始与对方协商"的意思表示，其所表示的意图是，要约一经接受，合同即告成立。正是基于这一点，要约有别于要约邀请。

    （2）要约中含有合同成立的基本要素。从要约的欲设效果看，只要受要约人同意要约，合同即告成立。为了使得成立后的合同能够履行，要约人必须对当事人的权利义务进行完整的设计。也就是说，为达此目的，要约的内容必须包括合同的最基本要素，包括当事人条款、标的条款以及数量条款。

    （3）要约中必须表明要约人放弃最后决定权的旨意。要约人一经向受要约人表示订立合同的建议，他就应当将是否成立合同的最后决定权留给对方而不是自己，即应表明要约一经受要约人承诺即受约束的旨意。

    （4）要约必须由要约人向其希望与之订立合同的人发出。即要约应由要约人发出，且要约应当向要约人希望与之订立合同的人发出。

2. **答案**：（1）要约的撤回发生在要约生效之前，因此要约的撤回受到法律的限制较少，而要约的撤销发生在要约生效之后，因此法律对其有一定的限制。

    （2）要约的撤回是使一个未发生法律效力的要约不发生法律效力，要约的撤销是使一个已经发生法律效力的要约失去法律效力。

(3) 要约的撤回的通知只要在要约到达之前或与要约同时到达就发生效力,而要约的撤销的通知必须在受要约人发出承诺通知之前到达受要约人,同时《民法典》还规定下列情形下,要约是不可撤销的:①要约人确定了承诺期限的;②以其他形式明示要约不可撤销的;③受要约人有理由认为要约是不可撤销的,并已经为履行合同做了准备工作。

案例分析题

1. 答案:① (1) A厂广告是要约,甲公司的订单是承诺。依《民法典》第473条规定,商业广告的性质原则上是要约邀请,唯在其内容符合要约规定时,视为要约。所谓符合要约规定,即符合第472条所规定的内容具体确定,以及受其拘束的承诺等。本题中A厂的广告中明确了标的物及其质量、价格的确定方法及"保证现货供应,先来先买"的字样,因此该商业广告就是一份向不特定人发出的要约。而甲公司的订单表明其完全同意要约的内容,并写明了购买数量,符合对承诺的规定。

(2) 成立了合同关系。根据《民法典》第483条、第484条的规定,成立并生效的时间为5月1日订单到达A厂时。

(3) 5月2日A厂的传真属于变更合同的要约。根据《民法典》第543条的规定,当事人协商一致的,方可变更合同。5月3日甲公司即表示不同意,因此原合同未变更。

(4) 不能拒绝。参见《民法典》第531条和第563条第1款第4项。《民法典》第531条规定:"债权人可以拒绝债务人部分履行债务,但是部分履行不损害债权人利益的除外。债务人部分履行债务给债权人增加的费用,由债务人负担。"《民法典》第563条第1款规定:"有下列情形之一的,当事人可以解除合同:……(四) 当事人一方迟延履行债务或者有其他违约行为致使不能实现合同目的……"

(5) 假设的情况下,甲公司5月3日传真中"可以延长送货期限至5月15日"为变更合同的要约,因此5月5日传真中"现收回5月3日的传真"为对其要约的撤销;"同意你厂5月2日传真内容"为新要约。

2. 答案: (1) 5月13日。以合同书形式订立合同的,自双方当事人签字或盖章时成立;双方未在同时同地签字、盖章的,以最后一人签字、盖章的时间地点为准(参见《民法典》第493条)。但是,本案中当事人虽约定以合同书形式订立合同,可此前当事人一方已履行主要义务,对方接受的,合同即已成立,故5月13日合同即已成立。

(2) ①C地;双方虽以数据电文形式进行要约承诺,但合同最终以合同书形式订立,应适用《民法典》第35条,以签字盖章地为成立地。②5月15日(参见《民法典》第490条)。

(3) 首先应由双方就此补充协议;无法达成协议的,依据合同条款及交易习惯来确定。仍不能确定的,出卖人应将标的物交付给第一承运人以运交给买受人。

(4) 甲公司。参见《民法典》第604条。《民法典》第604条规定:"标的物毁损、灭失的风险,在标的物交付之前由出卖人承担,交付之后由买受人承担,但是法律另有规定或者当事人另有约定的除外。"

3. 答案: (1) 传真①是要约邀请;传真②是要约;传真③是承诺。传真①中,所表明的是公司希望乙公司向自己发出要约的意思,标的物的数量等合同主要条款均未包含进去。传真②中,乙公司补足了合同主要条款,且表明了一经承诺,乙公司即受该意思表示的拘束。传真③中,甲公司除履行期限外,其余内容与要约内容一致,而履行期限因法定休息日顺延一天,不能认为对合同内容作了实质性变更,故此传真非新要约,而是承诺。

(2) 合同已成立:自传真③送达乙公司时起成立。因为:甲公司在收到乙公司之要约后,立即发出了承诺通知,但因不可归责

---

① 本题所设5问,均在考查要约邀请、要约、要约撤销及承诺等合同成立的制度规则。

于其的原因,较正常时间延误了一周方到达乙公司,这种情况下,即使到达时已超过了承诺期限,但除非要约人及时通知受要约人因承诺超过期限不接受该承诺,否则,该承诺有效。本案中,乙公司未表态,合同自然因承诺的生效而成立。另外,甲公司的承诺对要约的内容作了非实质性变更,这种情况下,除要约人及时表示反对或要约表明承诺不得对要约的内容作出任何变更的外,该承诺有效。本案中,乙公司对此也未予表态,该承诺也有效。承诺生效时合同成立;而承诺通知到达要约人时生效,故传真③到达乙公司的时间为合同成立时间。

(3) 应由乙公司负担。既然合同已成立,承诺之内容即为合同之内容,按合同约定,乙公司应于7月10日到甲公司所在地收取货物,甲公司按约定将标的物置于交付地点,而乙公司违反约定没有收取,标的物毁损,灭失的风险自违约之日起由乙公司负担。

(4) 该要约不得撤销,撤销通知无效。依据要约中的词句,受要约人甲公司有理由认为要约是不可撤销的,且已经为履行合同作了准备工作。这种情况下,要约不得撤销。若撤销有效,则要约失效;甲公司向乙公司发出"承诺通知"将成为新的要约,但因乙公司违背诚信原则订立合同,就此给甲公司造成的损失,甲公司有权请求乙公司赔偿。

4. 答案:(1) 该"住宿须知"作为格式条款,已订入合同,成为合同的一部分。旅店方面请旅客过目并就此签字同意,已经以一种合理的方式提请对方对此予以注意,因此该条款应已订入合同。

(2) 该免责条款中,实际上免除了乙方因重大过失或故意造成对方财产损失的责任,该部分免责条款无效,但因旅店一般过失或轻微过失,致旅客未交由统一保管的贵重物品遭受损失的,旅店应予免责。故该条款部分有效,部分无效。

(3) 在对格式条款理解发生争议时,应按通常理解予以解释,若有两种以上解释的,应作出不利于提供格式条款一方的解释。本案中,对贵重物品一词通常有两种解释:一为价值较高,价格昂贵的物品;二为日用必需品之外的贵重物品。依前者,手机、电脑应属贵重物品;依后者,则不属贵重物品。但显然,依后者解释对旅店更不利,因此应依后者来解释。

(4) 本案中,旅店方面明知当地治安状况不好,入室盗窃案件较多,仍不采取必要的保安措施,应认为有重大过失。而如前(2) 中所述,因重大过失所致财产损害的责任不得免除,因此,"住宿须知"的免责条款中,相关免责部分无效,旅店不能免除自己重大过失所致的财产责任。故本案中的损失应由旅店负责。

5. 答案:(1) 商店与A之间存在重大误解,订立的合同是可撤销的合同。

(2) 基于(1),商店对A的诉讼请求应该可以成立。但由于商店与B之间并无合同关系,且B已经取得了照相机的所有权,因而对于B的要求不应支持。

第二十章　合同的履行

✓ 单项选择题

1. 答案：C。《民法典》第531条规定："债权人可以拒绝债务人部分履行债务，但是部分履行不损害债权人利益的除外。债务人部分履行债务给债权人增加的费用，由债务人负担。"对于债务人的分期履行或延缓履行，应按诚信原则衡量，综合周围环境，对债权人并无不利或不便时，债权人不得拒绝受领。

2. 答案：C。《民法典》第510条规定，合同生效后，当事人就质量、价款或者报酬、履行地点等内容没有约定或者约定不明确的，可以协议补充；不能达成补充协议的，按照合同相关条款或者交易习惯确定。据此，履行期限的确定原则是：有约定时，依其约定；法律、行政法规有规定时，依其规定；履行期限还可由债务的性质确定。在依上述规则仍不能确定履行期限时，应根据《民法典》第511条第4项的规定，债务人可以随时向债权人履行义务；债权人也可以随时请求债务人履行义务，但应当给对方必要的准备时间。债务人在必要的准备时间内履行的，债的履行期限即为适当。双方互有对待给付义务的债，除另有规定外，双方应当同时履行。在分期履行的债中，债务人应当在每一期的履行期限内履行。据此，本题中茶叶交付的期限应依茶叶的性质来确定。

3. 答案：B。债务人原则上无部分履行的权利，因此，双务合同的一方当事人提出部分履行时，对方当事人有权拒绝受领，但如果拒绝受领违反诚信原则时，则不在此限。本题中甲已支付绝大部分房款，依诚信原则，乙不得拒绝甲的请求。

4. 答案：B。债务人原则上无部分履行的权利，因此，双务合同的一方当事人提出部分履行时，另一方当事人有权拒绝受领。若受领了部分给付，可以提出相当部分的对待给付，对未履行的部分，可主张同时履行抗辩权。

5. 答案：A。本题符合不安抗辩权的成立条件，其具有《民法典》第527条第1款第4项规定的"有丧失或者可能丧失履行债务能力的其他情形"的状况，并且由于在合理的期限内不可能恢复履行能力，实现合同目的，所以，作为先给付义务人的演出公司可以解除合同。

6. 答案：B。《民法典》第558条规定，债权债务终止后，当事人应当遵循诚信等原则，根据交易习惯履行通知、协助、保密、旧物回收等义务。附随义务存在于合同订立、合同履行及合同效力终止后的各阶段。

7. 答案：A。根据《民法典》第511条第3项的规定，履行地点不明确，给付货币的，在接受货币一方所在地履行；交付不动产的，在不动产所在地履行；其他标的，在履行义务一方所在地履行。因此应当在供货方所在地履行。

✓ 多项选择题

1. 答案：ABC。履行地点的确定规则是：在法律上有特别规定时，依其规定；履行地点可由习惯确定，如果有关于履行地点的交易习惯，应遵从习惯，除非当事人之间另有约定；在按上述规则仍不能确定履行地点时，应按照《民法典》第511条第3项规定，履行地点不明确，给付货币的，在接受货币一方所在地履行；交付不动产的，在不动产所在地履行。

2. 答案：ABCD。代物清偿，是指债权人受领他种给付而代替原定给付，以使债消灭。代物清偿的要件是：（1）必须有原债务存在；（2）必须以他种给付代替原定给付，两种给付在价值上可以有差额，但须双方当事人约定；（3）必须有双方当事人关于代物清偿的合意；（4）必须债权人等有受领权的人现实地受领给付。

3. 答案：ABC。A、B、C三项表述均属第三人代为履行的情形。与此相关的规定有，《民法典》第522条第1款规定，当事人约定由债务人向第三人履行债务，债务人未向第三人履行债务或者履行债务不符合约定的，应当向债权人承担违约责任。第523条规定，当事人约定由第三人向债权人履行债务，第三人不履行债务或者履行债务不符合约定的，债务人应当向债权人承担违约责任。D错，因其属于本人履行的情形。

4. 答案：ABC。《民法典》第527条规定了不安抗辩权："应当先履行债务的当事人，有确切证据证明对方有下列情形之一的，可以中止履行：（一）经营状况严重恶化；（二）转移财产、抽逃资金，以逃避债务；（三）丧失商业信誉；（四）有丧失或者可能丧失履行债务能力的其他情形。当事人没有确切证据中止履行的，应当承担违约责任。"D错，本题债权债务还未产生，不存在撤销权行使的问题。

5. 答案：AD。本题考查期前履行的法律效果。我国法律规定合同的当事人应当按照合同约定，全部履行自己的义务。《民法典》第530条规定："债权人可以拒绝债务人提前履行债务，但是提前履行不损害债权人利益的除外。债务人提前履行债务给债权人增加的费用，由债务人承担。"

6. 答案：ABD。根据《民法典》第511条第3项规定，履行地点不明确，给付货币的，在接受货币一方所在地履行；交付不动产的，在不动产所在地履行；其他标的，在履行义务一方所在地履行。

7. 答案：ABCD。根据《民法典》第509条规定，当事人应当按照约定全面履行自己的义务。当事人应当遵循诚信原则，根据合同的性质、目的和交易习惯履行通知、协助、保密等义务。当事人在履行合同过程中，应当避免浪费资源、污染环境和破坏生态。

8. 答案：ABC。根据《民法典》第510条、第511条，合同生效后，甲、乙就质量的内容没有约定或者约定不明确的，可以协议补充；不能达成补充协议的，按照合同有关条款或者交易习惯确定。无法达成补充协议且依照合同有关条款或交易习惯无法确定的，按国家标准、行业标准履行。

9. 答案：CD。根据《民法典》第511条规定，当事人就有关合同价款或报酬不明确，依照本法第510条的规定仍不能确定的，按照订立合同时履行地的市场价格履行；依法应当执行政府定价或者政府指导价的，按照规定履行。

10. 答案：BCD。A错，不选。原借款合同仍然存在。因为代物清偿协议是实践性的，必须交付古画，才会成立代物清偿协议。B对，当选。交付古画是履行借款合同义务。代物清偿是新给付，是为了他种给付而实施的。C对，当选。没交付古画前，代物清偿协议不成立。所以，继续还借款。D对，当选。如果代物清偿协议中，古画交付了，但有瑕疵，则可以启动《民法典》第582条的瑕疵担保责任。

名词解释

答案：是指合同依法成立后，因不可归责于双方当事人的原因发生了不可预见的情势变更，致使合同订立时的基础条件发生了当事人在订立合同时无法预见的、不属于商业风险的重大变化，若继续维持合同原有效力则显失公平，有悖于诚信原则，则此时受不利影响的一方当事人可以与对方重新协商；在合理期限内协商不成的，当事人可以请求人民法院或者仲裁机构变更或解除合同。

简答题

答案：代物清偿的要件如下：（1）必须有原债务存在；（2）必须以他种给付代替原定给付，两种给付在价值上可以有差额，但须由双方当事人约定；（3）必须有双方当事人关于代物清偿的合意；（4）必须债权人等有受领权的人现实地受领给付。代物清偿具有消灭债的关系的效力。

第二十一章 合同履行中的抗辩权

☑ **单项选择题**

1. **答案**：D。同时履行抗辩权的构成要件之一是须基于同一双务合同互负债务。可主张同时履行抗辩的，系基于同一双务合同而生的对待给付，这里的债务，首先应为主给付义务，而从给付义务的履行与合同目的实现具有密切关系时，应认为其与主给付义务之间有牵连关系，产生同时履行抗辩权。

2. **答案**：C。根据《民法典》第526条的规定，当事人互负债务，有先后履行顺序，先履行一方未履行的，后履行一方有权拒绝其履行要求。先履行一方履行债务不符合约定的，后履行一方有权拒绝其相应的履行要求。乙公司享有先履行抗辩权，甲公司不得要求乙公司同时履行。

3. **答案**：C。根据《民法典》第530条的规定，债权人可以拒绝债务人提前履行债务，但提前履行不损害债权人利益的除外。债务人提前履行债务给债权人增加的费用，由债务人负担。

4. **答案**：C。参见《民法典》第525条关于同时履行抗辩权的规定、《民法典》第527条对中止履行的规定以及《民法典》第1177条关于自助行为的规定。《民法典》第525条规定："当事人互负债务，没有先后履行顺序的，应当同时履行。一方在对方履行之前有权拒绝其履行请求。一方在对方履行债务不符合约定时，有权拒绝其相应的履行请求。"《民法典》第527条规定："应当先履行债务的当事人，有确切证据证明对方有下列情形之一的，可以中止履行：（一）经营状况严重恶化；（二）转移财产、抽逃资金，以逃避债务；（三）丧失商业信誉；（四）有丧失或者可能丧失履行债务能力的其他情形。当事人没有确切证据中止履行的，应当承担违约责任。"《民法典》第1177条规定："合法权益受到侵害，情况紧迫且不能及时获得国家机关保护，不立即采取措施将使其合法权益受到难以弥补的损害的，受害人可以在保护自己合法权益的必要范围内采取扣留侵权人的财物等合理措施；但是，应当立即请求有关国家机关处理。受害人采取的措施不当造成他人损害的，应当承担侵权责任。"

5. **答案**：D。参见《民法典》第526条合同履行中的抗辩权。《民法典》第526条规定："当事人互负债务，有先后履行顺序，应当先履行债务一方未履行的，后履行一方有权拒绝其履行请求。先履行一方履行债务不符合约定的，后履行一方有权拒绝其相应的履行请求。"

6. **答案**：C。本案中，甲、乙、丙公司达成三方合意，由丙公司承担付款义务，实质是甲、丙公司达成债务承担协议，并经过债权人乙的同意，电梯买卖合同双方当事人仍然是甲与乙。在A选项中，因为丙公司未能按约付款，乙公司可以对甲公司行使先履行抗辩权，所以A项错误。在B选项中，因为丙公司非买卖合同当事人，其无权要求乙向自己交付电梯，所以B项错误。而丙公司因为电梯发生严重事故，有不能履行合同的情形，合同当事人甲对乙可以行使不安抗辩权，债务承受人丙也可以主张不安抗辩权，所以C选项正确。债务转移后由新的债务人承担清偿义务，乙公司只能要求丙公司清偿债务，不能要求甲公司承担连带责任，所以D选项错误。本题正确选项为C。

7. **答案**：D。根据《民法典》第527条规定，应当先履行债务的当事人，有确切证据证明对方有下列情形之一的，可以中止履行：（1）经营状况严重恶化；（2）转移财产、抽逃资金，以逃避债务；（3）丧失商业信誉；（4）有丧失或者可能丧失履行债务能力的其他情形。当事人没有确切证据中止履行的，应当承担违约责任。不安抗辩权的行使方必须负举证义务，证明对方存在上述某一种情形之一。本题中,乙公司只是在听甲公司的竞争对手告知甲公司将要破产而没有证据证明甲公司将要破产的情况下便不履行支付30万元首期价款义务,不属于合法行使不安抗辩权,构成违约,故A项错误。由于乙公司不属于合法行使不安抗辩权,甲公司有权拒绝提供担保,乙公司无权解除合同,故C项错误。同时根据《民法典》第526条规定,当事人互负债务,有先后履行顺序,应当先履行债务一方未履行的,后履行一方有权拒绝其履行请求。先履行一方履行债务不符合约定的,后履行一方有权拒绝其相应的履行请求。按照双方的约定,乙先有在4月5日前履行支付30万元首期价款的义务,甲后有从5月1日起履行分批交付T恤的义务。所以当乙无故不履行义务时,甲可以行使顺序履行抗辩权,不构成违约,故B项错误。

8. 答案:D。A项中的先履行抗辩权是由后履行方行使的,而甲是先履行方,所以不能行使,故A项错误。同时履行抗辩权是在合同双方履行顺位相同时才能适用,甲也不能适用,故B项错误。C项中的先诉抗辩权是一般保证人的一种抗辩权,与题目无关,故C项错误。不安抗辩权,是指在双务合同中,应先履行债务的一方发现后履行一方有财产状况严重恶化、转移资产以逃避债务等情形,可能危及债权时,在后履行方未履行其债务或提供担保前,拒绝先履行自己债务的权利。本题中,甲有理由认为乙转移资产以逃避债务的行为足以危及债权,故其可行使不安抗辩权,D项正确。

☑ 多项选择题

1. 答案:BD。同时履行抗辩权只能在双务合同中适用,单务合同不得适用。A错,因行政合同不受《民法典》调整;C错,未约定利息的自然人之间的借款合同是单务合同,因此,不适用同时履行抗辩权。
2. 答案:ABD。C错,留置权是担保物权中的一种,不可分性是担保物权的特征之一。不可分性,是指担保物权所担保的债权的债权人得就担保物的全部行使其权利。

3. 答案:ABCD。参见《民法典》第525条、第527条、第549条。《民法典》第525条规定:"当事人互负债务,没有先后履行顺序的,应当同时履行。一方在对方履行之前有权拒绝其履行请求。一方在对方履行债务不符合约定时,有权拒绝其相应的履行请求。"第527条规定:"应当先履行债务的当事人,有确切证据证明对方有下列情形之一的,可以中止履行:(一)经营状况严重恶化;(二)转移财产、抽逃资金,以逃避债务;(三)丧失商业信誉;(四)有丧失或者可能丧失履行债务能力的其他情形。当事人没有确切证据中止履行的,应当承担违约责任。"第549条规定:"有下列情形之一的,债务人可以向受让人主张抵销:(一)债务人接到债权转让通知时,债务人对让与人享有债权,且债务人的债权先于转让的债权到期或者同时到期;(二)债务人的债权与转让的债权是基于同一合同产生。"

4. 答案:AD。A对,同时履行抗辩权,是指无先后履行顺序的双务合同当事人一方在他方当事人未为对待给付前,有拒绝自己给付的抗辩权。B错,不安抗辩权,是指当事人互负债务,有先后履行顺序的,有先履行义务的一方有证据证明后给付义务人经营状况严重恶化,或者转移财产、抽逃资金以逃避债务履行,或者丧失商业信用,以及其他丧失或者可能丧失履行债务能力的情况时,可中止自己的履行,并要求对方提供担保。C错,无后履行抗辩权这一说法。D对,留置权,是债权人按照合同约定占有债务人的财产,在债务人逾期不履行债务时,有留置该财产,并就该财产优先受偿的权利。

5. 答案:ABCD。参见《民法典》第527条关于中止履行的规定。同时当事人没有确切证据中止履行的,应当承担违约责任。

6. 答案:ACD。根据《民法典》第580条第1款的规定,当事人一方不履行非金钱债务或者履行非金钱债务不符合约定的,对方可以要求履行,但有下列情形之一的除外:(1)法律上或者事实上不能履行;(2)债务的标的不适于强制履行或者履行费用过高;(3)债权人在合理期限内未要求履行。

7. **答案**：ABCD。根据《民法典》第527条第2款的规定，当事人没有确切证据中止履行的，应当承担违约责任。根据第528条规定，当事人依照本法前条规定中止履行的，应当及时通知对方。对方提供适当担保时，应当恢复履行。中止履行后，对方在合理期限内未恢复履行能力并且未提供适当担保的，中止履行的一方可以解除合同。

8. **答案**：ABD。见《民法典》第526条关于顺序履行抗辩权的规定。本题中，煤矿交付的煤的含硫量远远超过约定标准，热电厂作为后履行一方有权根据顺序履行抗辩权拒绝相应履行。根据《民法典》第577条规定，当事人一方不履行合同义务或者履行合同义务不符合约定的，应当承担违约责任。据此，热电厂有权要求煤矿承担违约责任。根据《民法典》第527条规定，不安抗辩权为负有先履行义务一方的当事人享有，本题中热电厂属于后履行义务一方，其不能行使不安抗辩权。根据《民法典》第563条第1款第4项的规定，煤矿的违约行为导致热电厂购煤的合同目的不能实现，热电厂有权解除合同。因此，本题正确答案应为A、B、D。

不定项选择题

答案：（1）CD。《民法典》第527条规定："应当先履行债务的当事人，有确切证据证明对方有下列情形之一的，可以中止履行：（一）经营状况严重恶化；（二）转移财产、抽逃资金，以逃避债务；（三）丧失商业信誉；（四）有丧失或者可能丧失履行债务能力的其他情形。当事人没有确切证据中止履行的，应当承担违约责任。"本题中，乙公司在无确切证据的情况下延迟履行付款义务，构成违约，A项错误。第526条规定："当事人互负债务，有先后履行顺序，应当先履行债务一方未履行的，后履行一方有权拒绝其履行请求……"甲关于将不交货的表示是行使其先履行抗辩权的行为，并不构成违约，B项错误。甲的鸡棚失火被焚毁，构成《民法典》第590条所规定的不可抗力，因而甲可以依照该条免除违约责任，C项正确。乙公司因不可抗力不能实现合同目的，有权按照第563条第1款第1项解除合同，D项正确。①

（2）BD。《民法典》第577条规定："当事人一方不履行合同义务或者履行合同义务不符合约定的，应当承担继续履行、采取补救措施或者赔偿损失等违约责任。"除法律规定或当事人约定的事由外，任何一方都不得以任何借口拒不履行合同，也无权单方解除合同。因此，甲所养的鸡大多灭失的事实不影响甲、丙之间的饲料买卖合同关系，A、C项显然错误，D项正确。甲取消交易的行为构成《民法典》第578条意义上的预期违约，应承担违约责任，B项正确。故选B、D。

（3）AB。政府的管制构成交易上的不可抗力，即不能预见、不能避免且不能克服的客观情况。在此情形下，乙可以行使不安抗辩权，甲也可以行使先履行抗辩权，故A、B项正确。如果双方协商解除合同，则赔偿事宜应当自行约定，并不存在某一方应当"适当"赔偿另一方之法律依据，C、D项错误。故选A、B。

名词解释

1. **答案**：是指在符合法定条件时，当事人一方有对抗对方当事人的履行请求权，暂时拒绝履行其债务的权利，主要包括同时履行抗辩权、先履行抗辩权和不安抗辩权。

2. **答案**：是指当事人互负债务，有先后履行顺序的，先履行一方未履行之前，后履行一方有权拒绝其履行请求，先履行一方履行债务不符合债的本旨的，后履行一方有权拒绝其相应的履行请求。

简答题

1. **答案**：不安抗辩权，是指在双务合同中，先

---

① 需注意的是，不安抗辩权的行使并不能改变合同双方的履行顺序，对方也有权行使自己的先履行抗辩权。

给付义务人在有证据证明后给付义务人的经营状况严重恶化，或者转移财产、抽逃资金以逃避债务，或者丧失商业信誉，以及其他丧失或者可能丧失履行债务能力的情况时，可中止自己的履行的权利；后给付义务人接收到中止履行的通知后，在合理的期限内未恢复履行能力或者未提供适当担保的，先给付义务人可以行使解除合同的权利。

不安抗辩权的成立须符合两个条件：第一，双方当事人因同一双务合同而互负债务。不安抗辩权为双务合同的效力表现，其成立须双方当事人因同一双务合同而互负债务，并且该两项债务系对待给付关系。第二，后给付义务人的履行能力明显降低，有不能为对待给付的现实危险。不安抗辩权制度保护先给付义务人是有条件的，不允许其在后给付义务人有履行能力的情况下行使不安抗辩权，只能在有不能为对待给付的现实危险、害及先给付义务人的债权实现时，才能行使不安抗辩权。所谓后给付义务人的履行能力明显降低，有不能为对待给付的现实危险，包括其经营状况严重恶化，转移财产、抽逃资金以逃避债务，丧失商业信誉，以及其他丧失或可能丧失履行能力的情况。履行能力明显降低，有不能为对待给付的现实危险，须发生在合同成立以后。如果在订立合同时即已存在，而先给付义务人明知此情况却依然缔约，法律则无必要对其加以特别保护；如不知情而缔约，则可通过合同无效等制度解决。

为了兼顾后给付义务人的利益，使后给付义务人尽量减少损害并及时消除危及债务履行的情形，法律要求先给付义务人行使不安抗辩权的，应及时通知后给付义务人，该通知的内容包括中止履行的意思表示和后给付义务人恢复履行能力或者提供适当担保的合理期限。行使不安抗辩权的先给付义务人并负有举证证明后给付义务人的履行能力明显降低，有不能为对待给付的现实危险的义务。

不安抗辩权的效力主要包括：（1）先给付义务人中止履行。根据我国《民法典》第527条的规定，先给付义务人有确切证据证明后给付义务人的履行能力明显降低，有不能为对待给付的现实危险的，有权中止履行。所谓中止履行，是指暂停履行或者延期履行，履行义务仍然存在。在后给付义务人恢复履行能力或者提供适当担保时，应当恢复履行。所谓适当担保，包括设定担保的时间适当，并能保障先给付义务人的债权得以实现。（2）先给付义务人解除合同。按照我国《民法典》第528条的规定，先给付义务人中止履行后，后给付义务人在合理期限内未恢复履行能力并且未提供适当担保的，先给付义务人可以解除合同，通知到达后给付义务人时发生合同解除的效力。后给付义务人有异议时，可以请求人民法院或者仲裁机构确认合同解除的效力。后给付义务人的行为构成违约时，还应承担相应的违约责任。

2. 答案：（1）须因同一双务合同互负债务。如果双方当事人的债务不是基于同一双务合同而发生，即使在事实上有密切关系，也不得主张同时履行抗辩权。

（2）须双方互负的债务均已届清偿期。如果一方当事人负有先履行的义务，就不适用同时履行抗辩权制度，而让位于适用不安抗辩权制度。

（3）须对方未履行债务或未提出履行债务。原告向被告请求履行债务时，须自己已为履行或提出履行，否则，被告可行使同时履行抗辩权，拒绝履行自己的债务。

（4）须对方的对待给付是可能履行的。对方当事人的对待给付已不可能时，因同时履行的目的已不可能达到，不发生同时履行抗辩权问题，可转由合同解除制度解决。

3. 答案：（1）同时履行抗辩权，是指合同当事人一方于他人未为对待给付时，拒绝自己给付的权利。

（2）同时履行抗辩权没有否定相对人行使请求权的权利，但可以对抗相对人的请求权的行使。设立同时履行抗辩权的主要目的就在于对抗对方所提出的履行或承担违约责任的请求。

（3）同时履行抗辩权具有使对方请求权延期的效力，即在对方没有履行或未提出履行之前，得拒绝自己的给付。

(4) 同时履行抗辩权的行使，并不能使合同的履行效力消灭，而只是阻碍合同的履行效力的发生。行使同时履行抗辩权不能时，会最终导致合同的解除或自然终止。

(5) 同时履行抗辩权只能由当事人自己行使，法院不能依职权主动适用。当事人在行使同时履行抗辩权时，有援用同时履行抗辩权的意思表示即可。但当事人即使未为此意思表示也有排除给付迟延的效力。

4. **答案**：预期违约，是指在合同有效成立后，当事人一方明确表示或者以自己的行为表明不履行合同义务的，对方可在履行期限届满前要求其承担违约责任。

不安抗辩权，是指先给付义务人在有证据证明后给付义务人的经营状况严重恶化，或转移财产、抽逃资金以逃避债务，或谎称有履行能力的欺诈行为时，可中止自己的履行，后给付义务人接收到中止履行的通知后，在合理期限内未恢复履行能力或未提供适当担保的，先给付义务人可以行使解除合同的权利。其目的是可使后给付义务人有效履行其义务并降低先给付义务人有可能到时得不到给付的现实危险性。

二者的区别主要在于：（1）适用前提条件不同。不安抗辩权要求只有负有先履行义务合同的一方才可行使，而前者不存在这个限制。（2）适用范围不同。后者适用范围广，在《民法典》第 527 条规定有具体的适用范围，而前者没有具体的适用范围限制。（3）法律救济效果不同。前者可以要求对方负违约责任，后者只能先中止履行。

第二十二章 合同的保全

✓ 单项选择题

1. 答案：D。A错，因债权人的代位权的行使，应由债权人以自己的名义行使。B错，因代位权的行使是针对第三人（即次债务人），而非债务人。C错，因代位权的行使应以诉讼的方式进行，而不能由债权人直接向第三人索要。D对，《民法典》第535条第1款规定，因债务人怠于行使其债权或者与该债权有关的从权利，影响债权人的到期债权实现的，债权人可以向人民法院请求以自己的名义代位行使债务人对相对人的权利，但是该权利专属于债务人自身的除外。据此，乙可以直接享有债权人的代位权，而无须债务人甲的同意或与甲协商。

2. 答案：B。本题综合考查债权转让、债务承担和代位权。《民法典》第696条规定："债权人转让全部或者部分债权，未通知保证人的，该转让对保证人不发生效力。保证人与债权人约定禁止债权转让，债权人未经保证人书面同意转让债权的，保证人对受让人不再承担保证责任。"《民法典》第697条规定："债权人未经保证人书面同意，允许债务人转移全部或者部分债务，保证人对未经其同意转移的债务不再承担保证责任，但是债权人和保证人另有约定的除外。第三人加入债务的，保证人的保证责任不受影响。"《民法典》第535条第1款规定："因债务人怠于行使其债权或者与该债权有关的从权利，影响债权人的到期债权实现的，债权人可以向人民法院请求以自己的名义代位行使债务人对相对人的权利，但是该权利专属于债务人自身的除外。"《最高人民法院关于适用〈中华人民共和国民法典〉合同编通则若干问题的解释》第36条规定："债权人提起代位权诉讼后，债务人或者相对人以双方之间的债权债务关系订有仲裁协议为由对法院主管提出异议的，人民法院不予支持。但是，债务人或者相对人在首次开庭前就债务人与相对人之间的债权债务关系申请仲裁的，人民法院可以依法中止代位权诉讼。"本题中，A项中的关键词为"未获"和"同意"。债权人转让债权的，应当通知债务人。未经通知，该转让对债务人不发生效力。本题中，甲公司将其债权转让给丁公司"通知了"（该关键词表明已经产生外部效力）乙公司，无须获得乙公司的同意。故A项的抗辩理由不能够成立。故A项错误，不当选。B项中的关键词为"未经"和"同意"。债务人将债务的全部或者部分转移给第三人的，应当经债权人同意。本题中，丙公司（债务人）将自己对乙公司（债权人）的全部债务转让给戊公司需要得到乙公司（债权人）的同意，否则该转让无效，丙公司仍然为债务人，丁公司不能直接向戊公司行使代位权。故B项的抗辩理由是能够成立的。故B项正确，当选。C项中的关键词为"已经要求"。如乙公司（债权人）已经要求戊公司偿还债务，则可以认定乙公司（债权人）以要求偿还债务表明其同意债务转移，戊公司成为债务人，丁公司当然可以向其主张代位权。因此，C项中的抗辩理由不能够成立。故C项错误，不当选。D项中的关键词为"仲裁条款"。基于仲裁条款的相对性原理，乙公司、丙公司之间的仲裁条款仅约束乙公司和丙公司，并非丁公司行使代位权诉讼的阻却事由。因此，D项中的抗辩理由亦不能够成立。故D项错误，不当选。综上所述，本题的正确答案为B。

3. 答案：A。本题考查债权人撤销权和无效的民事法律行为。《民法典》第154条规定："行为人与相对人恶意串通，损害他人合法权益的民事法律行为无效。"《民法典》第538条规定："债务人以放弃其债权、放弃债权担保、无偿转让财产等方式无偿处分财产权益，或者恶意延长其到期债权的履行期限，影响债权人的债权实现的，债权人可以请求人民法院撤销债务人的行为。"《最高人民法院关于适用〈中华人民共和国民法典〉合同编通则若干问题的解释》第44条规定："债权人依据民法典第五百三十八条、第五百三十九条的规定提起撤销权诉讼的，应当以债务人和债务人的相对人为共同被告，由债务人或者相对人的住所地人民法院管辖，但是依法应当适用专属管辖规定的除外。两个以上债权人就债务人的同一行为提起撤销权诉讼的，人民法院可以合并审理。"第45条规定："在债权人撤销权诉讼中，被撤销行为的标的可分，当事人主张在受影响的债权范围内撤销债务人的行为的，人民法院应予支持；被撤销行为的标的不可分，债权人主张将债务人的行为全部撤销的，人民法院应予支持。债权人行使撤销权所支付的合理的律师代理费、差旅费等费用，可以认定为民法典第五百四十条规定的'必要费用'。"本题中，A项考查无效的民事法律行为，关键词为"恶意串通"。恶意串通的构成要件有三：（1）互相勾结；（2）谋取私利；（3）损害他人合法权益。本题中，丙虽然知悉甲欠乙债务的事实，但二者并未相互勾结损害乙的合法权益。因此，不构成恶意串通，《离婚协议书》合法有效。故A项错误，当选。B项考查债权人撤销权的成立要件，关键词为"驳回"。债务人以放弃其债权、放弃债权担保、无偿转让财产等方式无偿处分财产权益，或恶意延长其到期债权的履行期限，影响债权人的债权实现的，债权人可以请求法院撤销债务人的行为。据此可知，债权人撤销权的行使需要债务人无偿转让财产的行为对债权人造成损害，如甲证明自己有稳定的工资收入及汽车等财产可供还债，则说明甲的行为不会对债权人造成损害，因此，法院应驳回乙的诉讼请求，故B项正确，不当选。C项考查债权人撤销权诉讼的当事人，关键词为"应追加"。债权人提起撤销权诉讼的，应当以债务人和债务人的相对人为共同被告。因此，如债权人乙仅以债务人甲为被告，法院应当追加相对人丙为共同被告。故C项说法正确，不当选。D项考查债权人撤销权的法律效果，关键词为"律师代理费"。债权人行使撤销权所支付的合理的律师代理费、差旅费等必要费用，由债务人负担；第三人有过错的，应当适当分担。据此可知，如法院认定乙的撤销权成立，应一并支持乙提出的由甲承担律师代理费的请求。故D项正确，不当选。综上所述，本题的正确答案为A。

4. 答案：B。本题考查的是担保人与债务人的合同的性质及其与保证合同的区别。保证合同是保证人与债权人之间的合同。保证人不能向债权人索取报酬，因此，保证合同是无偿合同。保证人与债务人之间的合同属于委托合同。委托合同可以是有偿合同，也可以是无偿合同。故本题中保证人取得担保费的依据是委托合同。故本题正确答案为B。

5. 答案：C。本题考查的是可以做保证人的主体范围。《民法典》第683条规定："机关法人不得为保证人，但是经国务院批准为使用外国政府或者国际经济组织贷款进行转贷的除外。以公益为目的的非营利法人、非法人组织不得为保证人。"据此，本题中人民检察院不能做保证人。因此，该保证合同无效，人民检察院不应依担保合同的约定承担保证责任。故本题A、B、D项不正确。《民法典》第682条规定："保证合同是主债权债务合同的从合同。主债权债务合同无效的，保证合同无效，但是法律另有规定的除外。保证合同被确认无效后，债务人、保证人、债权人有过错的，应当根据其过错各自承担相应的民事责任。"据此，本题担保合同虽然不成立，但有过错的当事人应当承担相应的民事责任。故本题C项正确。

6. 答案：B。本题考查的是连带责任保证的特点。我国担保法律中的保证分为一般保证和连带责任保证两种。《民法典》第687条规定："当事人在保证合同中约定，债务人不能履行债务时，由保证人承担保证责任的，为一般保证。一般保证的保证人在主合同纠纷未经审判或者仲裁,并就债务人财产依法强制执行仍不能履行债务前,有权拒绝向债权人承担保证责任……"第688条规定:"当事人在保证合同中约定保证人和债务人对债务承担连带责任的,为连带责任保证。连带责任保证的债务人不履行到期债务或者发生当事人约定的情形时,债权人可以请求债务人履行债务,也可以请求保证人在其保证范围内承担保证责任。"根据上述规定,一般保证与连带责任保证的最大区别是:一般保证的保证人享有先诉抗辩权,即其只有在主合同纠纷经过审判或者仲裁,并就债务人财产依法强制执行仍不能履行债务时,才对债权人承担保证责任;而连带责任保证的保证人不享有先诉抗辩权,债务履行期届满时,只要债务人没有履行债务,债权人就有权要求连带责任保证人承担保证责任。据此,由于本题中丙承担的是连带保证责任,故只要买卖合同履行期限届满,乙不履行债务,甲就可以请求丙承担保证责任。故本题A项不正确,B项正确。此保证合同只有一个保证人,不是共同保证,故本题C项不正确。此保证是对已经存在的甲、乙之间的债权债务进行保证,不是对将来债务的保证,故本题D项不正确。

7. **答案**:C。本题考查的是保证合同的主体资格。根据《民法典》第19条及相关法律规定,限制行为能力人签订合同要经过其法定代理人的追认,方为有效。本题中甲虽未满18周岁,但其以自己的劳动收入作为主要生活来源,根据我国有关法律的规定,属于"劳动成年"的情况,应视为完全民事行为能力人。完全民事行为能力人自愿签订的合同,在没有其他效力瑕疵的情况下,就应当认定有效,其应承担合同规定的义务。我国法律并没有规定具有完全代偿能力是保证合同有效的前提,故本题中甲虽没有完全代偿能力,不影响保证合同效力,不能免除其保证责任。综上,本题正确答案为C。

8. **答案**:C。本题考查的是保证合同的成立及特点。保证合同是保证人与债权人之间的合同,根据《民法典》第685条规定,保证合同可以是单独订立的书面合同,也可以是主债权债务合同中的保证条款。如果第三人单方以书面形式向债权人作出保证,债权人接收且未提出异议的,保证合同才算成立。本题中,甲为债权人,乙为债务人,丙为"保证人",债务人乙与丙之间签订的保证合同非真正的保证合同,不能实现担保债权人甲的债权的作用。综上,不论债权人与债务人之间的债权债务关系如何变化,丙均不承担保证责任。故本题正确答案为C。

9. **答案**:D。本题考查的是定金合同成立时间、定金合同中违约责任的承担。定金合同从实际交付定金之日起生效。如甲方未在8月10日向乙方交付定金,则该合同未生效。故无所谓违约责任。参见《民法典》第586条、第587条、第588条。

10. **答案**:B。本题考查的是定金的效力以及定金与违约金的关系。《民法典》第587条规定,债务人履行债务的,定金应当抵作价款或者收回。给付定金的一方不履行债务或者履行债务不符合约定,致使不能实现合同目的的,无权请求返还定金;收受定金的一方不履行债务或者履行债务不符合约定,致使不能实现合同目的的,应当双倍返还定金。第588条第1款规定,当事人既约定违约金,又约定定金的,一方违约时,对方可以选择适用违约金或者定金条款。据此,定金和违约金只能择一适用,而不能并用。《民法典》第585条第1款和第2款规定,当事人可以约定一方违约时应当根据违约情况向对方支付一定数额的违约金,也可以约定因违约产生的损失赔偿额的计算方法。约定的违约金低于造成的损失的,人民法院或者仲裁机构可以根据当事人的请求予以增加;约定的违约金过分高于造成的损失的,人民法院或者仲裁机构可以根据当事人的请求予以适当减少。据此,合同约定的违约金数额低于对方违约造成的损失的,当事人可以请求人民法院或者仲裁机构予以增加,法律虽未规定增加的限度,但根据民法上的补偿原理,应当是增加到实际损失的数额。本题中,由于约定的定金数额大大低于约定的违约金和实际损失，故适用违约金条款对甲更有利。合同约定违约金为 2 万元，而甲因乙违约的实际经济损失为 2.1 万元，根据上述规定，甲可以请求将违约金增加到 2.1 万元。又因为甲已向乙交付了 5000 元定金，既然不适用定金罚则，甲可以请求乙按原数返还。综上，甲可以请求乙共支付 2.6 万元。故本题正确答案为 B。

11. **答案**：A。《民法典》第 568 条第 1 款规定："当事人互负债务，该债务的标的物种类、品质相同的，任何一方可以将自己的债务与对方的到期债务抵销；但是，根据债务性质、按照当事人约定或者依照法律规定不得抵销的除外。"《最高人民法院关于适用〈中华人民共和国民法典〉合同编通则若干问题的解释》第 58 条规定，当事人互负债务，一方以其诉讼时效期间已经届满的债权通知对方主张抵销，对方提出诉讼时效抗辩的，人民法院对该抗辩应予支持。一方的债权诉讼时效期间已经届满，对方主张抵销的，人民法院应予支持。《民法典》第 192 条第 2 款规定："诉讼时效期间届满后，义务人同意履行的，不得以诉讼时效期间届满为由抗辩；义务人已经自愿履行的，不得请求返还。"时效届满，只是在债务人以时效届满作为抗辩时，债权人丧失胜诉权，而不丧失实体权利，故甲公司仍可以此为基础主张抵销权。

12. **答案**：C。《民法典》第 538 条规定，债务人以放弃其债权、放弃债权担保、无偿转让财产等方式无偿处分财产权益，或者恶意延长其到期债权的履行期限，影响债权人的债权实现的，债权人可以请求人民法院撤销债务人的行为。本题中，甲公司在 2024 年 6 月 1 日欠乙公司货款 500 万元，在 2023 年 12 月 1 日向丙公司赠送机器设备，在 2024 年 3 月 1 日向丁基金会捐赠 50 万元现金，两项无偿赠与行为都发生在债权成立之前，并未导致债务人的责任财产减少，不可能危害将来成立的债权，所以，债权人乙公司不可撤销甲公司对丙公司、丁基金会的捐赠，选项 A、B 错误。甲公司在对乙公司的债务成立而届期无力清偿时，仍于 2024 年 12 月 1 日向戊希望学校捐赠价值 100 万元的电脑，其行为危害了债权人乙公司的利益，乙公司可以撤销该行为，所以，选项 C 正确。《民法典》第 658 条规定，赠与人在赠与财产的权利转移之前可以撤销赠与。经过公证的赠与合同或者依法不得撤销的具有救灾、扶贫、助残等公益、道德义务性质的赠与合同，不适用前款规定。本题中，甲公司对戊希望学校的捐赠是公益性捐赠，甲公司不得撤销。选项 D 错误。综上，本题正确答案为 C。

13. **答案**：A。《民法典》第 686 条第 2 款规定："当事人在保证合同中对保证方式没有约定或者约定不明确的，按照一般保证承担保证责任。"因此保证人丙、丁承担的是一般保证的保证责任。保证人承担保证责任后，除当事人另有约定外，有权在其承担保证责任的范围内向债务人追偿，享有债权人对债务人的权利，但是不得损害债权人的利益。可见，丙放弃先诉抗辩权不等于失去了追偿权，丙可以向债务人甲追偿 20 万元。因为丙、丁之间没有约定追偿权利，也未约定承担连带共同担保或在同一份合同书上签字、盖章、按指印，因此丙不能向丁追偿，A 项正确。

14. **答案**：B。根据《民法典》第 695 条第 1 款规定，债权人和债务人未经保证人书面同意，协商变更主债权债务合同内容，减轻债务的，保证人仍对变更后的债务承担保证责任；加重债务的，保证人对加重的部分不承担保证责任。第 697 条第 1 款规定，债权人未经保证人书面同意，允许债务人转移全部或者部分债务，保证人对未经其同意转移的债务不再承担保证责任，但是债权人和保证人另有约定的除外。本题中，丙公司为保证人，乙公司免除甲公司 22 万元尾款的行为属于减轻债务，虽未经丙公司书面同意，丙公司仅对变更后的债务即 2000 万元承担保证责任；而后，乙公司在未经丙公司书面同意的情况下，同意甲公司将 500 万元债务转移给丁公司，且乙公司与丙公司之间无另外的约定，对此，保证人丙公司对该 500 万元不再承担保证责任，因此 B 项正确。

多项选择题

1. **答案**：CD。本题考查的是债权人代位权的行使。债务人甲不行使其到期债权，致使债权人乙的利益无法实现，乙可以向法院要求以自己名义代位行使甲对丙的债权，代位权的行使范围以债权人的到期债权为限。但退休金、抚恤金是专属于甲的权利，不能代位。参见《民法典》第 535 条、第 537 条。

2. **答案**：ABC。D 错，债务人的行为虽使其财产减少，但在不影响其对债权的清偿的情况下，债权人无权干涉债务人的行为。

3. **答案**：ABC。本题考查的是担保物权不可分性的含义。根据担保物权的一般原理，所谓担保物权的不可分性，是指担保物权所担保的债权的债权人得就担保财产的全部行使权利。这体现在：债权的一部分消灭，如清偿、让与，债权人仍可就未清偿债权部分对担保物全体行使权利；担保物一部分灭失，残存部分仍担保债权全部；分期履行的债权，已届履行期的部分未履行时，债权人就全部担保财产有优先受偿权。据此，本题 A、B、C 项正确。担保物权还具有从属性。所谓从属性，是指担保物权以主债权的成立为前提，随主债权的转移而转移，并随主债权的消灭而消灭。例如，抵押权人不得将抵押权让与他人而自己保留债权，也不得将债权让与他人而自己保留抵押权；更不得将债权与抵押权分别让与两人。据此，D 项实际上表述的是担保物权的从属性，故不应选。

4. **答案**：ABD。本题考查的是主合同与担保合同的关系以及担保合同无效的法律后果。《最高人民法院关于适用〈中华人民共和国民法典〉有关担保制度的解释》第 17 条规定："主合同有效而第三人提供的担保合同无效，人民法院应当区分不同情形确定担保人的赔偿责任：（一）债权人与担保人均有过错的，担保人承担的赔偿责任不应超过债务人不能清偿部分的二分之一；（二）担保人有过错而债权人无过错的，担保人对债务人不能清偿的部分承担赔偿责任；（三）债权人有过错而担保人无过错的，担保人不承担赔偿责任。主合同无效导致第三人提供的担保合同无效，担保人无过错的，不承担赔偿责任；担保人有过错的，其承担的赔偿责任不应超过债务人不能清偿部分的三分之一。"据此，本题 A、B、D 项正确。根据该条规定，债权人、担保人有过错的，担保人承担民事责任的部分，不应超过债务人"不能清偿部分"的二分之一，而不是债务人"未清偿部分"的二分之一，故本题 C 项不正确。

5. **答案**：AC。本题考查的是连带保证人的责任和权利。《民法典》第 699 条规定，同一债务有两个以上保证人的，保证人应当按照保证合同约定的保证份额，承担保证责任；没有约定保证份额的，债权人可以请求任何一个保证人在其保证范围内承担保证责任。《最高人民法院关于适用〈中华人民共和国民法典〉有关担保制度的解释》第 13 条第 1 款规定，同一债务有两个以上第三人提供担保，担保人之间约定相互追偿及分担份额，承担了担保责任的担保人请求其他担保人按照约定分担份额的，人民法院应予支持；担保人之间约定承担连带共同担保，或者约定相互追偿但是未约定分担份额的，各担保人按照比例分担向债务人不能追偿的部分。保证人之间约定承担连带共同担保或者约定相互追偿但未约定分担份额，一般视为份额相同。据此，本题中连带债务人孙某偿还了债务后，可以向债务人追偿全部数额，故本题 A 项正确。孙某还有权要求其他连带保证人李某和周某偿还其应承担的份额，但由于未约定各自承担的份额，为了避免向债务人追偿、向其他担保人追偿的不确定性及循环追偿的问题，孙某应当先向债务人钱某请求偿还，对于钱某无法追偿的部分，再按照各自比例请求李某、周某偿还，故本题 C 项正确，B、D 项错误。

6. **答案**：AC。《民法典》第 687 条规定："当事人在保证合同中约定，债务人不能履行债务时，由保证人承担保证责任的，为一般保证。

一般保证的保证人在主合同纠纷未经审判或者仲裁,并就债务人财产依法强制执行仍不能履行债务前,有权拒绝向债权人承担保证责任……"本题中,C公司出具的担保书规定:借款人到期不能清偿的,保证人负责清偿。这说明C公司承担的保证责任为一般保证,故本题D项表述正确。《民法典》第693条第1款规定,一般保证的债权人未在保证期间对债务人提起诉讼或者申请仲裁的,保证人不再承担保证责任。据此,由于C公司承担的是一般保证,只要债权人在保证期间向债务人提起诉讼或者申请仲裁,保证人就应当承担保证责任。故本题A项表述不正确。《最高人民法院关于适用〈中华人民共和国民法典〉有关担保制度的解释》第32条规定,保证合同约定保证人承担保证责任直至主债务本息还清时为止等类似内容的,视为约定不明,保证期间为主债务履行期限届满之日起6个月。本题中债权人与保证人双方约定"担保期至借款人全部本息还清时止",属于约定不明的情况,其保证期间为主债务履行期届满之时起6个月。故本题B项表述正确。根据有关法律规定,约定的利息高于同期银行贷款利率的借款合同,并非必然无效或者全部无效。故本题C项表述不正确。综上,本题正确答案为A、C。

7. 答案:BC。本题考查的是共同保证的概念。根据担保法的原理,共同保证是指数个保证人担保同一债权的保证。具体而言,共同保证的构成要件有二:一是保证人在二人以上,至于是自然人还是法人或法律认可的非法人组织,在所不问;二是数个保证人担保同一债务,如果数个保证人分别保证数个债务人的债务,彼此之间无关联,仍为单独保证,而非共同保证。数个保证人与债权人签订一个保证合同可以成立共同保证,而签订数个保证合同共同担保同一债权也可以成立共同保证,并且这些合同是同时成立还是先后成立,当事人之间有无意思联络均在所不问。据此,本题A项甲和丙分别对乙和丁的债务承担保证责任,不属于共同保证。本题B项甲、乙通过同一保证合同,共同为丙欠丁的

债务提供担保,属于共同保证。本题C项甲、乙虽分别与丙签订保证合同,但都是为同一债务提供保证,故属于共同保证。本题D项甲、乙分别对乙、丙的债务提供保证,不属于共同保证。综上,本题正确答案为B、C。

8. 答案:ABCD。本题考查的是联营合同、担保合同的效力。题中情形正是联营合同中的"保底条款",依照法律规定,保底条款无效。因该合同是主合同,主合同无效则从合同也就无效。《最高人民法院关于适用〈中华人民共和国民法典〉有关担保制度的解释》第17条第2款规定,主合同无效导致第三人提供的担保合同无效,担保人无过错的,不承担赔偿责任;担保人有过错的,其承担的赔偿责任不应超过债务人不能清偿部分的三分之一。依此,保证人应当承担责任。

9. 答案:ABCD。本题考查的是代位权。《民法典》第535条规定,因债务人怠于行使其债权或者与该债权有关的从权利,影响债权人的到期债权实现的,债权人可以向人民法院请求以自己的名义代位行使债务人对相对人的权利,但是该权利专属于债务人自身的除外。代位权的行使范围以债权人的到期债权为限。债权人行使代位权的必要费用,由债务人负担。相对人对债务人的抗辩,可以向债权人主张。代位权就是债权人以自己的名义进行的,故选项A错误;选项B没有法律根据;选项C陈述不准确,实际上代位权是债的保全的一种,它的设置主要是保护债权人的利益;选项D的错误在于孙某必须向人民法院请求行使权利而不得直接向田某主张。

10. 答案:ABC。本题考查的是保证人对主债务人行使求偿权的条件。《民法典》第700条规定,保证人承担保证责任后,除当事人另有约定外,有权在其承担保证责任的范围内向债务人追偿,享有债权人对债务人的权利,但是不得损害债权人的利益。另外,根据担保法的原理,保证人行使求偿权的条件是:(1)保证人已经对债权人承担了保证责任。(2)主债务人因保证人的履行而免责。(3)保证人履行债务无过错。(4)保证人没有赠与的意思。如果保证人基于赠与

的目的代债务人履行了债务，则保证人不能行使求偿权，这是赠与的法律效力之所在。据此，本题 A、B、C 项正确。保证人的求偿权不受第三人是否提供反担保的影响，即使第三人没有提供反担保，保证人也可以行使求偿权。故本题 D 项不正确。

11. **答案：ABCD**。本题考查的是保证合同的性质。保证合同中，只有保证人承担义务，债权人不负对待给付义务，故为单务合同。在保证合同中，保证人对债务人承担保证义务，债权人对此不提供相应对价，故为无偿合同。保证合同因保证人和债权人协商一致而成立，不须另行交付标的物，故为诺成性合同。保证合同因主合同无效而无效，但除当事人另有约定外，主合同并不因保证合同无效而无效，故保证合同为主合同的从合同。综上，本题正确答案为 A、B、C、D。

12. **答案：ABC**。《民法典》第 681 条规定，保证合同是为保障债权的实现，保证人和债权人约定，当债务人不履行到期债务或者发生当事人约定的情形时，保证人履行债务或者承担责任的合同。第 685 条第 2 款规定，第三人单方以书面形式向债权人作出保证，债权人接收且未提出异议的，保证合同成立。根据上述规定可知，A、B、C 项中丙、丁、戊的行为都符合法律规定的保证方式，因此，构成保证，应选；D 项属于抵押而非保证，因此 D 项错误，不选。

13. **答案：AD**。依照保证的方式不同，保证可以分为一般保证和连带责任保证。一般保证是指当事人在保证合同中约定，债务人不能履行债务时，由保证人承担保证责任的保证。连带责任保证是指当事人在保证合同中约定保证人与债务人对债务承担连带责任的保证。由此，本题中的保证为一般保证，而不是连带责任保证，A 项说法正确，B 项说法错误。《最高人民法院关于适用〈中华人民共和国民法典〉有关担保制度的解释》第 32 条规定，保证合同约定保证人承担保证责任直至主债务本息还清时为止等类似内容的，视为约定不明，保证期间为主债务履行期限届满之日起 6 个月。故 C 项错误，D

项正确。

14. **答案：BD**。A 项考查一般保证人的先诉抗辩权。仅一般保证人享有先诉抗辩权，姜某系连带保证人，不可以行使先诉抗辩权。故 A 项错误。B 项考查抗辩权的转移制度。主债务人享有的抗辩权，保证人也可以主张（行使）。故 B 项正确。C、D 项考查保证的从属性。《民法典》第 695 条第 1 款规定，债权人和债务人未经保证人书面同意，协商变更主债权债务合同内容，减轻债务的，保证人仍对变更后的债务承担保证责任；加重债务的，保证人对加重的部分不承担保证责任。因此主债务数额增加的，必须经保证人书面同意，否则，保证人对增加的部分不承担保证责任。姜某的未置可否不属于书面同意，因此，姜某仅对 50 万元承担担保责任，对追加的 20 万元不承担责任。故 C 项错误，D 项正确。

不定项选择题

1. **答案**：（1）**ABCD**。此题考查代位权的成立要件。根据我国《民法典》第 535 条的规定，债权人行使代位权，须具备下列条件：一是合法性，债权人对债务人的债权须合法或不属于自然债权，这是代位权行使的前提。二是因果性，须债务人怠于行使其债权或者与该债权有关的从权利的行为，影响债权人的到期债权实现，构成对债权人债权损害的威胁。三是期限性。债权人行使代位权，原则上债权人对债务人以及债务人对次债务人的两个债权均到期才能行使。但需要注意的是，我国《民法典》没有把债权人的债权已到期作为行使代位权的必要条件，而《民法典》第 536 条规定："债权人的债权到期前，债务人的债权或者与该债权有关的从权利存在诉讼时效期间即将届满或者未及时申报破产债权等情形，影响债权人的债权实现的，债权人可以代位向债务人的相对人请求其向债务人履行、向破产管理人申报或者作出其他必要的行为。" 这说明在某些情况下，债权人的债权未到期也可以行使代位权。

（2）**ABC**。代位权诉讼中次债务人享有的权利是：向债权人主张自己对债务人的抗辩权；债权人要求对其财产采取保全措施的，享有要求提供相应担保的权利。D 错，因抵销权是双方互负债务的情形下，各以自己的债权充当债务的清偿，第三人的债权不能用于抵销。

2. **答案：**（1）B。A 错，因己的抵押权在未被撤销之前是有效的。B 对，债务人以自己的财产设定担保，对债权人造成损害的，债权人可以向法院提起撤销权诉讼，即行使撤销权。D 错，因抵销权只发生在互负债务的双方之间。C 错，无法律依据。

（2）A。撤销权的行使必须向法院提起撤销权诉讼。

（3）A。基于合同相对性的原理，丙不能向第三人乙主张权利，仅能要求合同当事人甲承担相应违约责任。

（4）BC。行使撤销权的债权人有权请求受益人向自己返还所受利益，并有义务将收取的利益加入债务人的一般财产，作为全体一般债权人的共同担保，而无优先受偿之权。依最高人民法院的解释，债权人行使撤销权所支付的律师代理费、差旅费等必要费用，由债务人负担；第三人有过错的，应当适当分担。因撤销权人撤销债务人的行为而取回财产或替代原财产的损害赔偿，归属于全体一般债权人的共同担保，债权人按债权额比例分别受偿。故该 400 万元在扣除乙行使撤销权等费用后，由乙、庚按相同比例受偿。

3. **答案：**（1）B。本小题考查的是保证期间的确定。

（2）A。本小题考查的是保证方式的确定。《民法典》第 686 条规定，保证的方式包括一般保证和连带责任保证。当事人在保证合同中对保证方式没有约定或者约定不明确的，按照一般保证承担保证责任。据此，我国《民法典》规定的保证责任有一般保证责任和连带责任保证两种，由于本题中保证合同未约定保证责任的性质，故应按一般保证责任处理。故本题正确答案为 A。

4. **答案：**（1）A。所谓代物清偿，就是指债权人与债务人约定，以他种给付代替原种给付进行清偿，以消灭债权债务关系。由于代物清偿须以他种给付替代原有给付，因此必须有债权人与债务人的双方合意，代物清偿具有合同性质；又由于代物清偿具有清偿性质，因此债务人必须转移他种给付予债权人才能发生清偿的效力，从而消灭原来的债权债务关系，因此代物清偿必须给付。这样代物清偿的性质就是前述两者之和，即实践合同，或称要物契约。本题中，甲公司虽与乙公司订立了代物清偿合同，但由于没有转让他种给付即建设用地使用权，因此代物清偿尚未发生法律效力。既然未能清偿，原来的欠款债权债务关系并没有消灭，故 A 项正确。甲公司是将自己的建设用地使用权进行抵押，没有无权处分可言，故 B 项错误。善意取得须以无权处分为前提，甲公司将自有的建设用地使用权抵押给银行系有权处分，不存在善意取得，故 C 项错误。而所谓代为清偿，则指债务人以外的第三人替债务人向债权人清偿债务，本题中甲公司的行为是代物清偿，二者虽一字之差，法律性质却大异其趣，故 D 项错误。

（2）D。《最高人民法院关于适用〈中华人民共和国公司法〉若干问题的规定（三）》第 13 条规定："股东未履行或者未全面履行出资义务，公司或者其他股东请求其向公司依法全面履行出资义务的，人民法院应予支持。公司债权人请求未履行或者未全面履行出资义务的股东在未出资本息范围内对公司债务不能清偿的部分承担补充赔偿责任的，人民法院应予支持；未履行或者未全面履行出资义务的股东已经承担上述责任，其他债权人提出相同请求的，人民法院不予支持。股东在公司设立时未履行或者未全面履行出资义务，依照本条第一款或者第二款提起诉讼的原告，请求公司的发起人与被告股东承担连带责任的，人民法院应予支持；公司的发起人承担责任后，可以向被告股东追偿。股东在公司增资时未履行或者未全面履行出资义务，依照本条第一款或者第二款提起诉讼的原告，请求未尽公司法第一百四十七条第一款规定的义务而使出资未缴足的董事、高级管理人员承担相应责任的，人民法院应予支持；董事、高级管理人员承担责任后，可以向被告股东追偿。"另外，由于乙公司不是发起人股东，无须为丙对丁的债务承担连带责任。综上，本题 D 项当选。

名词解释

1. 答案：债权人的撤销权，又称废罢诉权，是指债权人对于债务人所为的诈害债权的行为，可请求法院予以撤销的权利。

2. 答案：是指当事人在保证合同中约定，债务人不能履行债务时，由保证人承担保证责任的保证。当事人在保证合同中对保证方式没有约定或者约定不明确的，按照一般保证承担保证责任。

3. 答案：又称检索抗辩权，是指保证人在债权人未就主债务人的财产依法强制执行而无效果时，对于债权人可拒绝清偿的权利。先诉抗辩权既可通过诉讼行使，也可在诉讼外行使。但根据《民法典》第 687 条的规定，在下列情况下债权人不得行使先诉抗辩权：其一，债务人下落不明，且无财产可供执行；其二，人民法院受理债务人破产案件；其三，债权人有证据证明债务人的财产不足以履行全部债务或者丧失履行债务能力；其四，保证人书面表示放弃先诉抗辩权。

简答题

答案：定金担保是约定担保，是通过主合同当事人订立定金合同而发生的。定金合同的成立要件如下：

（1）定金合同是从合同。定金的设立旨在担保主合同的实现。这个合同可以单独订立，也可以作为主合同的条款订立，但在合同中一般应当明确"定金"字样。在实践中，合同内容有符合定金内容和定金罚则的约定的，也认定存在定金合同。除非法律另有规定，定金合同的效力从属于主合同的效力，主合同无效，定金合同也无效。

（2）定金合同是要式合同。定金合同应当采用书面形式，即书面形式是定金合同的成立要件之一。在实践中，如果当事人订立定金合同没有采用书面形式，或者采用了书面形式，但在签字盖章前，一方已实际履行了义务，对方也接受的，也认定该合同成立。

（3）定金合同是实践性合同。《民法典》第 586 条第 1 款规定，"当事人可以约定一方向对方给付定金作为债权的担保。定金合同自实际交付定金时成立"。由此可见，如果当事人之间仅有书面约定，但没有实际交付定金，定金合同不成立，即定金的交付是定金合同的成立要件。

（4）定金的标的，一般为金钱，但不局限于金钱，也可以是其他代替物。之所以要求为金钱，是因为接受定金的当事人不履行债务时，必须双倍返还；定金的数额由当事人约定，但不得超过主合同标的额的 20%，超过部分不产生定金效力；当事人实际交付的定金数额多于或少于约定数额，视为变更定金合同；收受定金一方提出异议并拒绝接受定金的，定金合同不成立。

论述题

1. 答案：债权人的代位权，是指当债务人不积极行使自己的权利而危及债权人债权的实现时，债权人得以自己的名义代替债务人向人民法院请求行使债务人对相对人的权利的权利。我国《民法典》第 535 条确立了债权人的代位权制度：因债务人怠于行使其债权或者与该债权有关的从权利，影响债权人的到期债权实现的，债权人可以向人民法院请求以自己的名义代位行使债务人对相对人的权利，但是该权利专属于债务人自身的除外。代位权的行使范围以债权人的到期债权为限。债权人行使代位权的必要费用，由债务人负担。相对人对债务人的抗辩，可以向债权人主张。据此，代位权的成立通常应符合以下条件：

第一，债务人须享有对于第三人的权利。这是代位权成立的基础条件。如果债务人不享有对于第三人的权利，就没有什么权利可供债权人代位行使，也就谈不上代位权。应当注意的是，并非所有债务人对第三人的权利都能成为代位权行使的对象，通常能为债权人代位行使的债务人的权利是非专属于债务人自身的对相对人的到期债权。

第二，须债务人怠于行使其权利。所谓怠于行使，是指应当而且能够行使权利却不行使。所谓应当行使，是指若不及时行使权利，权利就有可能消灭或减少其财产价值。例如，因债务人长期不行使其对相对人的权利将可能因时效届满而使得该债权的效力减弱。所谓能够行使，是指债务人不存在任何行使权利的障碍，其完全有能力由自己或通过代理人去行使权利。在实践中，只要债权到期，没有行使债权，就属怠于行使；而且，仅以私力救济的方式主张权利也构成"怠于行使"债权，即债务人只有以诉讼或者仲裁的方式向其相对人主张权利，才不构成"怠于行使"债权。

第三，须债务人怠于行使权利的行为有害于债权人的债权实现。代位权主要是在债务人怠于行使其已到期限的债权，债权人为保全债权而行使的权利。因此只有在怠于行使权利影响到债务人的债务履行、有害于债权人的债权实现时，债权人才能行使代位权。所谓怠于行使权利的行为有害于债权人的债权，是指债务人不向其债务人主张其具有金钱给付内容的到期债权，又未提起诉讼或者仲裁，致使债权人的债权有不能实现的危险。如果债务人的财产足以充分清偿其债务，债权人只需诉请强制执行即可获得满足，自无行使代位权的必要。

2. 答案：债权人的撤销权的成立要件，因债务人所为的行为系无偿行为抑或有偿行为而有所不同。在无偿行为场合，只需具备客观要件；而在有偿行为的情况下，则必须同时具备客观要件与主观要件。

客观要件包括以下三个：

（1）须有债务人的行为。所谓债务人的行为，根据《民法典》第538条的规定，是指债务人所为的民事法律行为，包括以放弃其债权、放弃债权担保、无偿转让财产等方式无偿处分财产权益和恶意延长其到期债权的履行期限。如债务人放弃或者延展其到期债权，以致不能清偿其债务，对债权人造成损害的；债务人无偿转让财产，对债权人造成损害的；债务人放弃其未到期债权，又无其他财产清偿到期债务，可能影响债权人实现其债权的；债务人以自己的财产设定担保，对债权人造成损害的；债务人以明显不合理的低价转让财产或者以明显不合理的高价收购他人财产，且受让人或者出让人明知或者应当知道该行为已经或者可能损害债权人的利益等。

（2）债务人的行为有害债权。所谓有害债权，是指债务人减少其清偿资力，不能使债权人的债权依债权本旨得到满足。债务人减少清偿资力包括两种情况：一为减少积极财产；二为增加消极财产。债务人之无资力，须客观存在，且与债务人的行为有相当因果关系。若其无资力系其他原因引起，则不发生撤销权。

（3）债务人的行为必须以财产为标的。债务人的行为，非以财产为标的者不得予以撤销。所谓以财产为标的的行为，是指财产上受直接影响的行为。不作为的债权、以劳务为目的的债权，不包括在内。

主观要件包括：在有偿行为场合，债权人撤销权的成立以债务人有恶意为要件。根据《民法典》第538条的规定，对债务人以明显不合理的低价转让财产对债权人造成损害的，行使撤销权要求以受让人知道或者应当知道为要件。因为无偿行为的撤销，仅使受益人失去无偿所得的利益，并未损害其固有利益，因此法律应首先保护受危害的债权人的利益。在有偿行为中，债务人的恶意为债权人撤销权的成立要件；受益人的恶意为债权人撤销权的行使要件。如果仅有债务人的恶意而受益人为善意时，不得撤销他们之间的民事法律行为。

（1）债务人的恶意。债务人的恶意，以行为时为准。债务人的恶意是否出于过失，在所不问。诈害行为由债务人的代理人实施的，其恶意的有无，就代理人的主观状态加以判断。债务人虽有恶意，但事实上未发生有害于债权人的结果时，不成立撤销权。

(2) 受益人的恶意。受益人，又称取得人，是指基于债务人的行为而取得利益的人。其通常为同债务人发生民事法律行为的相对人，但在为第三人利益的合同中，受益人为该第三人。受益人的恶意，是指第三人在取得一定财产或取得一定财产利益时，已经知道或者应当知道债务人所为的行为有害于债权人的债权，也就是说已经或者应当认识到了该行为会对债权造成损害的事实，至于受益人是否具有故意损害债权人的意图，或是否曾与债务人恶意串通，不在考虑之列。

案例分析题

1. **答案**：有效。《民法典》第551条第1款规定，债务人将债务的全部或者部分转移给第三人的，应当经债权人同意。本案中，甲公司经乙公司同意，将其欠乙公司的债务转让给丁公司，因此，甲公司与丁公司间的债务转让具有法律效力。

2. **答案**：（1）新型建材公司与某银行所签订的担保合同是一般保证方式。一般保证的保证人享有先诉抗辩权，即在主合同纠纷未经审判或者仲裁，并就债务人财产依法强制执行仍不能履行债务前，对债权人可以拒绝承担保证责任。

   （2）本案某银行在主债务人到期不履行的情况下，通过诉讼与债务人、保证人达成协议是正确的，且某银行在主债务人东方工贸公司未按期履行调解协议的情况下，向人民法院递交了执行申请书，但此时主债务人人去楼空，在主债务人无法履行的情况下，债权人请求保证人承担保证责任是符合一般保证的法律规定的。为此，新型建材公司应向某银行承担还本付息的民事责任。新型建材公司承担保证责任后，有权向东方工贸公司追偿。

3. **答案**：法院应判决C公司偿付B公司170万元；A公司尚未偿还银行的130万元的本息，应由法院强制B公司履行；B公司履行后，再要求C公司偿付。

   本案涉及反担保。所谓反担保，是指反担保人向主合同的担保人提供的担保，也就是担保的担保。在存在反担保关系的场合，共包括一个主合同和两个担保合同，这三个合同既相互联系又相互独立：（1）主合同，就是基础合同。双方当事人分别为债权人和债务人。（2）担保合同，这是主合同的从合同。在担保合同中，当事人是债权人和担保人，担保人为债务人作担保。担保人的担保责任主要是保证债务人能及时偿还债务，在债务人未履行债务或者发生当事人约定的情形时，由担保人承担担保责任。（3）反担保合同，这可以说是担保合同的从合同。在反担保合同中，当事人是担保人和反担保人，其中担保人成为债权人，反担保人的担保责任主要是在担保人代替债务人履行债务之后，保证债务人能及时向担保人偿还其代为履行的债务，若债务人未按时履行此债务或者发生当事人约定的情形，则由反担保人承担担保责任。反担保合同实际上就是担保合同，只不过合同中的债权人是主合同下原担保合同的担保人而已。因此，反担保合同的反担保人承担担保责任应以担保合同中担保人的担保责任已履行为前提。

   本案中，B公司是主合同的担保人，故应对A公司所欠银行债务承担保证责任。同时C公司作为反担保人，有义务保证债务人A公司及时向担保人B公司偿还其代为履行的债务，若A公司未按时履行此债务，则C公司应承担担保责任。本案中，A公司已处于亏损状态，不可能按时偿还B公司代其履行的债务，故C公司应代其偿还。对于A公司尚未偿还银行的130万元的本息，因B公司是担保人，应由其清偿；同样，基于反担保原理，B公司在清偿了这部分债务后，有权要求反担保人C公司偿还。

第二十三章 合同的变更、转让和权利义务终止

☑ **单项选择题**

1. **答案**：D。根据《民法典》第574条的规定，债权人可以随时领取提存物。但是，债权人对债务人负有到期债务的，在债权人未履行债务或者提供担保之前，提存部门根据债务人的要求应当拒绝其领取提存物。债权人领取提存物的权利，自提存之日起五年内不行使而消灭，提存物扣除提存费用后归国家所有。但是，债权人未履行对债务人的到期债务，或者债权人向提存部门书面表示放弃领取提存物权利的，债务人负担提存费用后有权取回提存物。

2. **答案**：C。根据《民法典》第551条第1款的规定，债务人将债务全部或者部分转移给第三人的，应当经债权人同意。

3. **答案**：A。根据《民法典》第546条规定以及订立合同的基本原则，让与人向受让人转让债权，双方须达成合意方可成立合同，合意达成且无其他效力瑕疵的情况下，该债权让与即为有效，但是应当将此转让通知债务人，否则该转让对债务人不发生效力。所以C、D错误。B错，对债务人的通知是债权让与通知，而非让与人与受让人的让与合意，是否通知债务人不影响让与人与受让人之间的债权转让效力。

4. **答案**：D。根据《民法典》第546条规定，债权人转让债权，未通知债务人的，该转让对债务人不发生效力。债权转让的通知不得撤销，但是经受让人同意的除外。债权让与对债务人生效的根本要件就是让与通知到达债务人。

5. **答案**：C。A正确，根据《民法典》第547条规定可知。B正确，根据《民法典》第548条规定可知。D正确，根据《民法典》第549条规定可知。C错误，债权让与通知发出后，如果债务人仍未得知，其对债权人的给付仍然有效。

6. **答案**：C。根据《民法典》第568条的规定，当事人主张抵销的，只需通知对方，无须取得对方同意。因此，应选C。根据《民法典》第569条的规定，当事人互负债务，标的物种类、品质不相同的，经双方协商一致，也可以抵销。选项D正确，应当排除。

7. **答案**：C。根据《民法典》第570条的规定，债权人死亡未确定继承人，致使难以履行债务的，债务人可以将标的物提存，但是债权人死亡后，确定了继承人，不适用提存。

8. **答案**：C。根据《民法典》第572条的规定，合同终止后当事人有附随义务——通知。因此，选项B应排除。根据《民法典》第573条的规定，标的物提存后，毁损、灭失的风险由债权人承担。提存期间，标的物的孳息归债权人所有。提存费用由债权人负担。因此，选项A应当排除，应选C。根据《民法典》第574条的规定，债权人领取提存物的权利自提存之日起5年内不行使而消灭，提存物扣除提存费用后归国家所有，而非归提存部门所有。选项D错误。

9. **答案**：C。《民法典》第61条第2款规定，法定代表人以法人名义从事的民事活动，其法律后果由法人承受。第504条规定，法人的法定代表人或者非法人组织的负责人超越权限订立的合同，除相对人知道或者应当知道其超越权限外，该代表行为有效，订立的合同对法人或者非法人组织发生效力。因此，只要企业法人的法定代表人以法人名义从事经营活动，即使超越法人章程的规定，只要第三人为善意，也应认定企业法人对其法定代表人的越权行为承担责任。所以选C。对于A项，如果法定代表人在企业法人的授权下从事违法经营活动，企业法人应承担民事责任，故此项错误。

10. **答案**：B。根据《民法典》第546条、第

547 条、第 551 条、第 553 条、第 555 条，合同权利转让，债权人只需通知债务人即可；合同义务转让，债务人应取得债权人同意；合同权利义务一并转让，也应取得对方当事人的同意。

11. **答案**：D。债的消灭，是指债的关系当事人双方间的权利义务关系于客观上已不复存在。《民法典》第 557 条第 1 款规定，有下列情形之一的，债权债务终止：（1）债务已经履行；（2）债务相互抵销；（3）债务人依法将标的物提存；（4）债权人免除债务；（5）债权债务同归于一人；（6）法律规定或者当事人约定终止的其他情形。根据法律规定，结婚和混合并不是导致债消灭的原因，故排除选项 B、C。由《民法典》第 576 条规定可知，选项 A 说法错误。《民法典》第 575 条规定，债权人免除债务人部分或者全部债务的，合同的权利义务部分或者全部终止。本题中，甲、乙结婚后，两人之间的债权债务可以由债权人免除债务而消灭。故本题的正确答案是 D。

12. **答案**：D。《民法典》第 546 条规定，债权人转让债权，未通知债务人的，该转让对债务人不发生效力。债权转让的通知不得撤销，但是经受让人同意的除外。据此，债权让与无须经债务人的同意。此外，通知债务人，亦非债权让与的生效要件，而仅是对债务人发生效力的要件。所以，甲未通知乙，将债权转让给丙，转让行为有效，只是对乙不发生效力，选项 A 错误。同理，丙在取得对乙的债权后，虽未经乙同意而将其转让给丁，转让行为有效，只是对乙不发生效力，选项 B 错误。《民法典》第 551 条第 1 款规定，债务人将债务的全部或者部分转移给第三人的，应当经债权人同意。本题中，因为甲、丙、丁在转让债权时，均未通知乙，所以对乙不发生效力，乙仍可将甲视为债权人，向甲清偿。乙经甲同意将债务转移给戊，该行为有效，选项 C 错误。在债务转让后，戊成为丁的债务人，若乙清偿 10 万元债务，则消灭戊的债务。《民法典》第 122 条规定："因他人没有法律根据，取得不当利益，受损失的人有权请求其返还不当利益。"据此，本题中戊构成不当得利，所以乙可以基于不当得利返还请求权向戊求偿，选项 D 正确。综上，本题正确答案为 D。

13. **答案**：D。根据《民法典》第 570 条规定，债务人在债权人无正当理由拒绝受领等难以履行债务的情形，可以将标的物提存。第 573 条规定："标的物提存后，毁损、灭失的风险由债权人承担。提存期间，标的物的孳息归债权人所有。提存费用由债权人负担。"第 574 条第 1 款规定："债权人可以随时领取提存物。但是，债权人对债务人负有到期债务的，在债权人未履行债务或者提供担保之前，提存部门根据债务人的要求应当拒绝其领取提存物。"据此，在债务人为消灭合同债务而提存时，债务人、提存机构、债权人之间形成特殊的保管合同关系，风险由债权人承担，但从"提存部门根据债务人的要求应当拒绝其领取提存物"的规定来看，在债权人领取提存物之前，所有权尚未转移，而在债权人领取提存物后，所有权方才发生转移。本题中，在乙向债务人丙履行了提存之债，要求取回提存物后，其实质撤回了提存的意思，所有权仍然归乙所有。而甲机构工作人员在检修自来水管道时因操作不当引起大水，致乙交存的物品严重毁损，并非属于意外风险，而属于违约行为，所以，选项 A 正确。同时，这一行为又构成过错侵权行为，甲机构应承担赔偿责任，所以，选项 B 正确。在提存后，乙已经向债务人丙履行了债务，其撤回提存的意思后，标的物所有权仍然归其所有。因此，选项 C 正确，选项 D 错误。综上，由于本题为选非题，故正确答案为 D。

14. **答案**：D。本题中，持有面包券并不意味着对某些特定的面包享有支配权，只是享有请求义务人乙公司依面包券给付面包的权利，所以面包券不是物权凭证，而是债权凭证，故 A 选项错误。甲公司和张某之间买卖面包券的行为实际上属于债权转让，在甲公司将面包券转让给张某后，甲公司已经退出原甲、乙公司之间的法律关系，张某成了乙公司的债权人，在张某将面包券进一步流入市场后，取得面包券的新的受让人成为乙公司的债权人，有权要求乙公司依面包券兑付，而甲公司既不能以张某未付款而解除与乙公司的协议，也不能要求乙公司停止兑付面包券，故B、C选项均错误。综上，只有D选项正确。

15. **答案**：A。本题综合考查并存的债务承担（债务加入）和违约责任。根据《民法典》第552条规定，第三人与债务人约定加入债务并通知债权人，或者第三人向债权人表示愿意加入债务，债权人未在合理期限内明确拒绝的，债权人可以请求第三人在其愿意承担的债务范围内和债务人承担连带债务。债务承担（债务加入）的方式有两种：（1）第三人与债务人约定加入债务并通知债权人；（2）第三人向债权人表示愿意加入债务，债权人未在合理期限内明确拒绝。债务加入的法律后果为第三人在其愿意承担的债务范围内和债务人承担连带债务。本题中，第三人丙公司的行为依法构成债务加入。虽然债务人甲公司不知情，但是，如果第三人丙公司的履行没有任何瑕疵，将导致债务人甲公司交付葡萄酒的义务消灭。第三人丙公司有权基于不当得利或者无因管理请求债务人甲公司向其履行。故A项正确，当选；B项错误，不当选。如果第三人丙公司的履行有瑕疵从而承担违约责任的，因为甲公司对丙公司加入债务的不知情，且任何人不得通过自己的行为，在未征得他人同意的情况下使他人承担额外的债务，因此，债权人乙公司只能向丙公司主张违约责任且丙公司承担违约责任后，不可以向甲公司追偿。当然，债权人乙公司也可以向债务人甲公司主张履行原来的债务，因为乙公司对甲公司的债权因瑕疵履行而并未消灭。故C、D项均错误，不当选。综上所述，本题的正确答案为A。

多项选择题

1. **答案**：ACD。《民法典》第570条规定："有下列情形之一，难以履行债务的，债务人可以将标的物提存：（一）债权人无正当理由拒绝受领；（二）债权人下落不明；（三）债权人死亡未确定继承人、遗产管理人，或者丧失民事行为能力未确定监护人……"

2. **答案**：BCD。根据《民法典》第568条第1款规定，当事人互负债务，该债务的标的物种类、品质相同的，任何一方可以将自己的债务与对方的到期债务抵销；但是，根据债务性质、按照当事人约定或者依照法律规定不得抵销的除外。可见，行使法定抵销权应满足以下条件：抵销人与被抵销人之间互负债务、互享债权，且两个债均合法；抵销的债务须是种类、品质相同的给付；须双方的债务均已届清偿期；双方的债务是能够抵销的债务。

3. **答案**：ACD。根据《民法典》第545条第1款规定，债权人可以将债权的全部或者部分转让给第三人，但是有下列情形之一的除外：（1）根据债权性质不得转让；（2）按照当事人约定不得转让；（3）依照法律规定不得转让。选项B不对，债权转让无须经债务人的同意。

4. **答案**：AC。本题考查的知识点是提存。《民法典》第570条规定："有下列情形之一，难以履行债务的，债务人可以将标的物提存：（一）债权人无正当理由拒绝受领；（二）债权人下落不明；（三）债权人死亡未确定继承人、遗产管理人，或者丧失民事行为能力未确定监护人；（四）法律规定的其他情形。标的物不适于提存或者提存费用过高的，债务人依法可以拍卖或者变卖标的物，提存所得的价款。"第573条规定，标的物提存后，毁损、灭失的风险由债权人承担。提存期间，标的物的孳息归债权人所有。提存费用由债权人负担。在本题中，甲和乙之间的合同已经成立，乙在履行合同时甲无正当理由拒绝接受履行，则乙可以通过提存的方式履行债务。依此，可知A、C为正确答案。

5. **答案**：BC。参见《民法典》第546条、第547条。

6. **答案**：BC。债权让与是指不改变合同关系的内容，债权人通过让与合同将其债权移转于第三人享有的现象。债权让与合同是债权人与作为第三人的受让人之间订立的,债权让与合同一经双方意思表示一致即成立,如无其他效力瑕疵即生效,在让与人和受让人之间立即发生债权让与的法律效果。在没有通知债务人的情况下,仅对债务人不发生法律效力,但是已经可以约束让与人和受让人。因此,甲公司和丙公司之间的债权转让合同应当于9月18日成立并生效,而非通知债务人的9月24日。债权让与在通知债务人后,发生法律效力的替代,在债权全部让与的场合,债权由原债权人(让与人)移转于受让人,债务人在收到债权转让的通知后,负有向受让人清偿债务的义务。但在其收到债权让与通知前,对让与人(原债权人)所为的给付有效。本案中乙公司接到债权转让通知后,即负有向丙公司清偿30万元的义务。《民法典》第549条规定,债务人接到债权转让通知时,债务人对让与人享有债权,并且债务人的债权先于转让的债权到期或者同时到期的,债务人可以向受让人主张抵销。因此,乙公司在收到债权转让通知的9月24日取得其到期债权20万元的抵销权。除合同另有约定外,让与人不对债务人的履行能力负担保责任。因此,丙公司不能就30万元债务的清偿,要求甲公司和乙公司承担连带责任。

7. 答案：ABD。参见《民法典》第553条,选项A、B正确。由于三方书面约定由丙直接向甲清偿,这属于债务承担,原债务人乙脱离了原债权债务关系,故当丙不对甲清偿时,甲不能再要求乙清偿,选项C错误。代为清偿是指第三人基于为债务人清偿的意思而向债权人为清偿的行为,本题中,若乙对甲进行清偿,由于乙已经不是原债权债务关系中的债务人,此时乙以自己的行为代丙向甲清偿债务,构成代为清偿,选项D正确。

8. 答案：ABCD。参见《民法典》第568条。

9. 答案：ABCD。根据《民法典》第568条,在具备A、B、D三个条件的情况下,任何一方当事人均可主张债务抵销,且无须对方同意,单方通知对方即可,但依法律规定或按合同性质不得抵销的除外。且此种情况下,抵销不得附条件与期限。但在债务并非均已到期及标的物种类、品质不相同时,根据《民法典》第569条,须经互负债务的债务人协商一致,方可抵销债务。

10. 答案：BD。本题考查的是提存。参见《民法典》第570条、第571条、第572条、第573条、第574条。

简答题

答案：抵销是指二人互负债务,各以其债权以充当债务之清偿,而使其债务与对方的债务在对等额内相互消灭。法定抵销应具备以下四个条件：(1)必须是双方当事人互负债务、互享债权；(2)抵销的债务,须标的的种类、品质相同；(3)须双方债务已届清偿期；(4)双方适用抵销的债务是能抵销的债务,根据债务性质、法律规定、当事人约定不得抵销的债务,不能抵销。

案例分析题

1. **答案**：(1)乙、丁间协议有两种性质：一是债务承担,由丁承担乙的债务；二是代物清偿,丁的原定给付是向乙给付货币,现以承担乙的债务代替,债务承担生效后,乙、丁间债的关系消灭。乙、丁间协议生效。根据《民法典》,债务承担在债权人同意后生效,本案债权人甲公司已经同意。

(2)甲、丙间协议也有两种性质：一是债权转让,甲将对丁的债权转让给丙；二是代物清偿,甲的原定给付是给付货币,现以给付对丁的债权代替,该债权转让生效,甲、丙间债的关系消灭。丙公司并不违法。因为法律并无债权转让不得谋利的强行性规定,而且也不应有此规定；丙在获利的同时,也承担了丁支付不能的风险。该协议已经生效。根据《民法典》,债权转让只要双方达成合意即可生效,通知债务人只是对债务人生效的要件。

(3)该种清偿有效。债权转让未通知债务人,对债务人不生效力,丁公司的债权人仍是甲公司,该种清偿自然有效。此时,甲对丙构成不当得利,丙可请求甲退还该给付。

（4）该种清偿无效。债权转让通知债务人后，对其发生效力，因此，丙公司已成为新债权人，丁公司向甲公司清偿，对丙公司自然无效力。丙公司可请求丁公司为原定之给付。丁公司对甲公司的清偿为非债清偿，在甲、丁间成立不当得利之债的关系。

（5）丙公司不能要求乙公司承担连带责任。因为乙公司只应承担债权本身的权利瑕疵担保责任，对丁公司的清偿能力并不负责。本案中转让的债权合法、有效，并无瑕疵可言。

2. **答案**：（1）丙公司在本案中处于并存的债务人的地位。其加入债务人的行为称为并存的债务承担。在并存的债务承担中，由于原债务人没有脱离债的关系，对债权人的利益不会发生影响，因而，原则上无须债权人的同意，只要债务人或第三人通知债权人即可发生效力。

（2）丙公司与甲木材公司之间的债权债务抵销应具备下列条件：①必须双方当事人互负债权债务；②债权债务已经到期；③抵销的债务是种类、品质相同的给付；④适用抵销的债务是能抵销的债务。

（3）对于甲木材公司的突然消失，无法履行债务时，可以采用提存的方法消灭债务。

第二十四章 合同的解除

☑ **单项选择题**

1. **答案**：D。参见《民法典》第563条。
2. **答案**：B。根据《民法典》第543条的规定，当事人协商一致，可以变更合同。法律、行政法规规定变更合同应当办理批准、登记等手续的，依照其规定。根据《民法典》第544条规定，当事人对合同变更的内容约定不明确的，推定为未变更。
3. **答案**：C。根据《民法典》第67条的规定，当事人订立合同后合并的，由合并后的法人或者其他组织行使合同权利，履行合同义务。当事人订立合同后分立的，除债权人和债务人另有约定的以外，由分立的法人或者非法人组织对合同的权利和义务享有连带债权，承担连带债务。所以甲公司和乙公司承担连带清偿责任。
4. **答案**：C。本题考查的是合同解除的条件。《民法典》第563条规定，当事人一方迟延履行债务或者有其他违约行为致使不能实现合同目的，另一方可以解除合同。选项A中，乙食品厂属于不能履行合同的根本违约情形，选项B中，乙食品厂推迟1个月交付，错过中秋销售旺季，会使甲超市订立合同的目的无法实现，故甲超市有权解除合同，A、B项正确。选项C中，虽然是不可抗力原因，但根据《民法典》第590条规定，如果甲超市因乙食品厂不能按时交货遭受了损失，在符合法律规定的情形下，甲超市是有权要求乙食品厂赔偿损失的，C项错误。选项D中，甲超市接受6000盒月饼仍能在一定程度上满足其经营需求，并非不能实现合同目的，不得随意解除合同，D项正确。
5. **答案**：D。根据《民法典》第67条的规定，除了债权人和债务人另有约定的情况外，法人分立的，其权利和义务由分立后的法人享有连带债权，承担连带债务，题干中的决定是由政府主管部门作出，并非债权人和债务人（李某和A公司）的约定，故应由A、B、C三个公司连带承担债务，D项正确。
6. **答案**：B。参见《民法典》第155条。合同被撤销后，其效力自始便未发生，而终止以合同有效存在为前提，因此，选项B当选。
7. **答案**：D。根据《民法典》第562条的规定，合同解除，除单方行使解除权解除外，还可当事人协议解除，故A错。选项B则未考虑预期违约的情况。C则忽略了因不可抗力致合同落空的情况。
8. **答案**：D。根据《民法典》第566条的规定，选项A、B应当排除。合同解除为合同效力终止的一种情形，其法律效果不应为溯及既往的无效，选项C错误。根据《民法典》第567条规定，合同的权利义务终止，不影响合同中结算和清理条款的效力，应选D。
9. **答案**：A。《民法典》第563条规定了可以解除合同的几种情形，不可抗力致使不能实现合同目的的，合同当事人均有合同解除权。又因合同解除自始无效，乙可拒绝丙的给付请求。
10. **答案**：B。根据《民法典》第525条的规定，A项表述属于可以行使抗辩权的情形，而不属于当事人一方有权解除合同的情形。根据《民法典》第563条的规定，发生不可抗力致使相对方履行不能的，当事人一方有权解除合同，B正确。根据《民法典》第527条的规定，相对方经营状况恶化，通常属于可以行使不安抗辩权的情形，而不是当事人一方有权直接解除合同的情形，C错。因种类物可以替代，合同可以继续履行，不构成根本违约，合同不能解除，所以D错。
11. **答案**：A。《民法典》第563条规定了可以解除合同的条件。本题中，医院使用合同所约定的医疗技术以外的技术为患者进行治疗，严重影响患者治愈机会的实现，已经构成根本违约,王某有权解除合同。关于解除合同的后果,《民法典》第566条第1款规定,合同解除后,尚未履行的,终止履行;已经履行的,根据履行情况和合同性质,当事人可以请求恢复原状或者采取其他补救措施,并有权请求赔偿损失。据此,王某有权要求医院返还医疗费。至于医院采用B技术为王某提供的医疗服务,并非王某所要求的服务,而且实际上并未给王某带来任何利益,因此王某接受B技术治疗不构成不当得利,医院无权从其接受的医疗费中扣除B技术的收费额。A项正确。

12. 答案:C。考查合同的任意解除权。(1)根据《民法典》规定,赠与人在赠与财产的权利转移之前可以撤销赠与;但经过公证的赠与合同或者依法不得撤销的具有救灾、扶贫、助残等公益、道德义务性质的赠与合同,不适用前款规定。这表明赠与合同的赠与人并非都享有任意解除权,对于经过公证或具有特定公益、道德义务性质的赠与合同,赠与人不具有任意解除权,所以选项A错误。(2)在承揽合同中,定作人在承揽人完成工作前可以随时解除合同,造成承揽人损失的,应当赔偿损失。这里享有任意解除权的是定作人,而非承揽人,承揽人没有任意解除权,所以选项B错误。(3)对于没有约定保管期间的保管合同,保管人可以随时请求寄存人领取保管物。这种随时请求领取保管物的权利,实质上赋予了保管人在没有约定保管期间时的任意解除权,所以选项C正确。(4)中介合同中,并没有法律规定中介人享有任意解除权,所以选项D错误。

13. 答案:C。《最高人民法院关于审理城镇房屋租赁合同纠纷案件具体应用法律若干问题的解释》第5条规定,出租人就同一房屋订立数份租赁合同,在合同均有效的情况下,承租人均主张履行合同的,人民法院按照下列顺序确定履行合同的承租人:(1)已经合法占有租赁房屋的;(2)已经办理登记备案手续的;(3)合同成立在先的。不能取得租赁房屋的承租人请求解除合同、赔偿损失的,依照《民法典》的有关规定处理。据此,A、B项表述错误。此外,陈某与孙某没有合同关系,根据合同相对性原理,D项显然表述错误。孙某将房屋事先出租给王某并已交付,导致李某无法实现合同目的,根据《民法典》第563条的规定,李某有权解除合同,并可基于孙某违约而要求其承担违约责任。

14. 答案:B。(1)依《民法典》第497条的规定,提供格式条款一方不合理地免除或者减轻其责任、加重对方责任、限制对方主要权利的,该格式条款无效。本题中,乙公司提供的协议格式条款中载明"如甲单方放弃服务,余款不退"(并注明该条款不得更改),仅对甲的权利进行了约束,而从题面看不出对是否需达到何种服务效果、美容公司在无法达到服务效果时是否应承担责任、美容公司在不能提供相应服务时应承担何种责任等问题有规定。从协议来看,作为消费者的甲在预付了服务期内的所有费用后,即使对服务效果不满意,亦无法放弃接受服务。显然,提供格式条款的美容公司并未遵循公平的原则来确定双方之间的权利和义务,故这属于提供格式条款一方排除对方主要权利的条款,应归于无效,但该条款无效不等于该美容服务协议无效。由此,本题中A选项错误,B选项说法正确。(2)本题中,甲与乙公司订立美容服务协议,约定服务期为半年,服务费预收后逐次计扣,而在协议订立后,甲依约支付5万元服务费,在接受服务1个月并发生费用8000元后,甲感觉美容效果不明显,单方放弃服务并要求退款。在经营者并无违约或过错行为的情形下,甲单方提出终止消费,是否需要承担违约责任,需要综合服务协议的履行程度、美容公司提供服务的比例、甲单方放弃服务的过错程度、约定的计价方式等因素,进行综合考量,而C、D选项的说法太过绝对。

✅ 多项选择题

1. 答案:ACD。根据《民法典》第67条的规定:"法人合并的,其权利和义务由合并后的法人享有和承担。法人分立的，其权利和义务由分立后的法人享有连带债权，承担连带债务，但是债权人和债务人另有约定的除外。"债权人与债务人有约定的，从约定，无约定时，丙、丁公司应当享有连带债权，承担连带债务，选项B错误。

2. **答案**：ABCD。合同变更有广义和狭义之分。广义的合同变更，包括合同内容的变更与合同主体的变更。合同主体的变更实际上是合同权利义务的转让，即合同债权的转让、合同债务的承担、合同的概括承受。

3. **答案**：ABCD。A正确，乙对丙而言是债权人，所以，在甲、乙达成合意后，由丙承担对甲的清偿，是债权的转移。B正确，乙对甲而言是债务人，所以，在乙、丙达成合意后，由丙承担对甲的清偿，是债务的承担。C正确，丙对乙而言是债务人，所以，在甲、丙达成合意后，由丙承担对甲的清偿，是债务的承担。D正确，根据上述的剖析可知。

4. **答案**：AC。A正确。根据《民法典》第551条的规定可知。C正确，根据《民法典》第552条的规定，第三人与债务人约定加入债务并通知债权人，或者第三人向债权人表示愿意加入债务，债权人未在合理期限内明确拒绝的，债权人可以请求第三人在其愿意承担的债务范围内和债务人承担连带债务。债权人与承担人订立债务承担合同，此种情况下，相当于债权人与承担人就债务承担事宜达成了新的合意，无须经过债务人同意，双方达成合意时合同生效。

5. **答案**：ABD。《民法典》第563条规定了当事人可以解除合同的情形。

6. **答案**：BCD。根据《民法典》的规定，合同义务包括约定义务和法定义务，附随义务即法定义务之一种，它存在于合同订立、履行及合同效力终止后的各阶段，是诚信原则的要求。因此，应排除选项A。

7. **答案**：AC。根据《民法典》第563条、第565条的规定，合同解除无须经法院或仲裁机构先行确认。合同自通知到达对方时解除。

8. **答案**：ACD。根据《民法典》第566条第1款规定，合同解除后，尚未履行的，终止履行；已经履行的，根据履行情况和合同性质，当事人可以要求恢复原状、采取其他补救措施，并有权要求赔偿损失。恢复原状为任意性规定，当事人可以选择要求恢复原状，也可以采取其他补救措施。因此，选项B应当排除。

9. **答案**：ABCD。《民法典》第933条规定，委托人或者受托人可以随时解除委托合同。因解除合同给对方造成损失的，除不可归责于该当事人的事由外，应当赔偿损失。故A正确。《民法典》第730条规定，当事人对租赁期限没有约定或者约定不明确，依照本法第510条的规定仍不能确定的，视为不定期租赁。当事人可以随时解除合同，但出租人解除合同应当在合理期限之前通知承租人。故B正确。《民法典》第787条规定，在承揽人完成工作前，定作人可以随时解除承揽合同，造成承揽人损失的，应当赔偿损失。故C正确。《民法典》第829条规定，在承运人将货物交付收货人之前，托运人可以要求承运人中止运输、返还货物、变更到达地或者将货物交给其他收货人，但应当赔偿承运人因此受到的损失。故D项正确。所以本题选A、B、C、D。

10. **答案**：AB。参见《民法典》第563条的规定。A属因不可抗力致使不能实现合同目的；B属迟延履行致使不能实现合同目的；C错，因甲已履行了主要债务；D错，因甲尚未催告乙于合理期限内履行。

名词解释

答案：是指合同有效成立后，当合同解除的条件具备时，因当事人一方或双方的意思表示，使合同关系自始或仅向将来消灭的行为。

简答题

答案：法定解除又称单方解除，是指在具备法律事由时，合同一方当事人通过行使解除权而终止合同效力的解除。根据《民法典》第563条的规定，行使单方解除权的法定事由主要是发生不可抗力或一方违约致使合同履行成为不必要、不可能。具体来说，主要有以下几项：

（1）因不可抗力致使不能实现合同目的。所谓不可抗力，是指不能预见、不能避免、不能克服的客观情况。一般来说，自然灾害、战争、社会异常事件等都属于不可抗力。但需要注意的是，不可抗力并不必然导致合同的解除，只有不可抗力的发生致使合同目的不能实现时，当事人才可行使法定解除权解除合同。

（2）在履行期间届满之前，当事人一方明确表示或以自己的行为表明不履行主要债务的。

（3）当事人一方迟延履行主要债务，经催告后在合理的期限内仍未履行的。迟延履行是违反合同约定的行为，当事人一方迟延履行，对方主张解除合同，须具备以下两个条件：一是迟延履行的债务必须是主要债务。二是经催告后债务人仍未履行的。债务人迟延履行主要债务时，债务人应当规定一定的合理期限，催告债务人履行。

（4）当事人一方迟延履行债务或者有其他违约行为致使不能实现合同目的的。在许多合同中，合同的履行期限对于债权的实现至关重要，如超过合同约定的期限履行合同，则可能构成根本违约，从而使合同目的落空，在此种情况下，非违约方可以解除合同。

（5）法律规定的其他情况。如根据《民法典》第528条的规定，因行使不安抗辩权而中止履行合同的，应及时通知对方，对方提供适当担保，应当恢复履行；中止履行后，对方在合理期限内未恢复履行能力并且未提供适当担保的，中止履行一方可以解除合同。

当事人行使解除权应遵照下列程序进行：第一，具备《民法典》规定的解除合同的条件，当事人才有权解除合同。第二，通知对方当事人。解除合同的通知无须对方同意，也不需要对方答复。但是，对方对此提出异议的，可以请求人民法院或者仲裁机构裁决合同是否应当解除。对于行使解除权的通知形式，《民法典》未作规定，实践中以书面形式为宜。第三，法律、行政法规规定解除合同应当办理批准、登记手续的，未办理有关手续，合同不能解除。

案例分析题

答案：（1）乙首先要向甲支付未交货部分货款一定百分比的违约金，同时，应承担甲在待料期间的经济损失（实际损失）；甲收货后虽认为部分货物达不到生产要求，但未及时向对方提出异议，并将大部分货物投产使用。根据相关法律规定及交易习惯，甲在合理期限内未提出质量异议且使用货物，应视为乙交付的货物质量符合约定。所以甲不能以已使用货物存在质量问题为由要求乙承担责任；通常情况下，因乙违约引发诉讼，乙应承担本案诉讼费用和其他必要费用。

（2）合同明确约定"质量标准以封存样品为准"，所以应按照双方封存的样品来确定聚丙烯的质量标准。如果发生质量争议，将实际交付货物与封存样品进行比对，以此判断货物是否符合质量要求。

（3）本案合同可以解除。原因如下：乙存在违约行为，在收到第二笔货款后迟迟不交货，违反了合同中关于交货时间的约定。根据《民法典》等相关法律规定，当事人一方迟延履行主要债务，经催告后在合理期限内仍未履行，对方当事人有权解除合同。故甲有权提出解除合同。同时，乙的违约行为致使甲订立合同的目的部分无法实现（无法获得全部200吨货物进行生产），符合合同法定解除的情形，所以甲提出解除合同的请求应得到支持。

第二十五章　缔约过失责任与违约责任

✅ **单项选择题**

1. **答案**：B。根据《民法典》第577条的规定，当事人一方不履行合同义务或者履行合同义务不符合约定的，应当承担继续履行、采取补救措施或者赔偿损失等违约责任。丙与乙为合同当事人，对于丙的损失应由乙赔偿，然后乙再请求公司处理。

2. **答案**：A。根据《民法典》相关规定，当部分履行不损害债权人利益时，债权人无权拒收全部货物，选项A错误。选项B、C、D参见《民法典》第585条第1款、《民法典》第832条对承运人责任的规定。

3. **答案**：D。根据《民法典》第584条的规定，当事人一方不履行合同义务或者履行合同义务不符合约定，给对方造成损失的，损失赔偿额应当相当于因违约所造成的损失，包括合同履行后可以获得的利益，但不得超过违反合同一方订立合同时预见到或者应当预见到的因违反合同可能造成的损失。

4. **答案**：A。本题考查非专利技术转让中的责任承担问题。(1) 甲、乙之间存在非专利技术转让协议，乙违反协议约定，擅自允许丙使用配方并导致配方泄密，给甲造成损失。根据合同的相对性原则，甲与乙签订协议，乙有违约行为，甲有权依据协议要求乙赔偿因其违约（擅自允许他人使用、出让配方导致泄密）给甲造成的损失。同时，乙的行为也侵犯了甲对该非专利技术的相关权益。所以甲有权要求乙赔偿损失，选项A表述正确。(2) 虽然甲和乙之间存在合同关系，但丙明知该配方是乙违反保密义务提供的，仍然进行转让等侵权行为，丙的行为构成对甲权益的侵犯，属于侵权行为。甲基于侵权关系，对丙有法律上的请求权，可以要求丙承担侵权赔偿责任，并非如选项中所称对丙没有任何法律上的请求权，所以选项B错误。(3) 对于侵犯非专利技术的行为，工商行政管理部门主要是对一些涉及不正当竞争等违反市场管理秩序的行为进行处理。但对于制止所有因乙和丙泄密而得知配方者利用该配方生产产品，工商行政管理部门并没有直接的权力去制止。而且，人民法院也难以全面制止所有得知配方者的生产行为，因为实际操作中很难确定所有得知配方的主体，并且对于一些善意取得配方的主体，其生产行为的认定也较为复杂。所以该选项中说由工商行政管理部门或人民法院制止所有相关生产行为不具有现实可操作性，选项C错误。(4) 虽然乙和丙的行为都给甲造成了损失，但乙是基于合同违约，丙是基于侵权行为。甲既可以依据合同关系要求乙承担违约责任，也可以依据侵权关系要求丙承担侵权责任。甲并非只能选择乙或者丙其中一方要求赔偿损失，从法律理论和实践来看，甲可以同时要求乙和丙承担相应的赔偿责任（在不同的法律关系下），并非只能二选一，所以选项D错误。

5. **答案**：A。参见合同相对性的相关规定。

6. **答案**：D。《民法典》第471条规定，当事人订立合同，采取要约、承诺方式。第483条规定："承诺生效时合同成立……"本案中，甲请求乙在A站唤醒自己下车，乙虽欣然同意，但并没有受法律约束的意思，仅属于好意施惠行为，因此甲、乙之间并不成立合同。

7. **答案**：D。本题考查要约与要约邀请的区别和商业广告的性质。参见《民法典》第472条、第473条。根据法律规定，商业广告一般为要约邀请，但如果内容具体确定，符合要约条件的，视为要约。在本题中，甲公司电视广告明确表示有100辆某型号汽车，每辆价格15万元，先到先得。该广告内容看似具体明确，包含了合同的主要条款（标的：某型号汽车；数量：100辆；价格：每辆15

万元），符合要约的条件，但对于这样一个针对不特定人的广告，并不确定某不特定人订购多少辆汽车，所以不宜认定为要约，而应认定为要约邀请。乙公司在广告发布后第5天自带汇票去甲公司买车，但甲公司车已售完，无货可供，所以双方的合同并未成立，甲无须承担违约责任。再加之甲公司的广告有"先到先得"字样，所以甲公司也无须承担缔约过失责任和侵权责任。

8. **答案**：B。当事人约定债务人向第三人履行债务的，在债务人不履行或不完全履行时，基于合同相对性原理，应由债务人向债权人而非直接向第三人承担违约责任。

9. **答案**：A。参见《民法典》第67条。《民法典》第67条规定："法人合并的，其权利和义务由合并后的法人享有和承担。法人分立的，其权利和义务由分立后的法人享有连带债权，承担连带债务，但是债权人和债务人另有约定的除外。"

10. **答案**：C。本题考查合同的履行。(1)某作家与某省文联签订合同要在一年内完成一部50万字的小说，这属于具有人身属性的债务，因为创作小说依赖于作家个人的创作能力、风格和灵感等独特的人身因素。根据法律规定，对于具有人身属性的债务，不能通过强制履行的方式要求债务人履行，因为强制他人进行创作等行为，可能无法保证作品质量，且有侵犯人身自由和创作意愿之嫌。所以A选项不符合可申请强制履行的条件。(2)甲将祖传王献之真迹转让给乙，在乙取款领画前，甲已将画转让给善意第三人丙。此时，该画的所有权已经发生转移，甲实际上已经无法再按照原合同约定向乙交付该画。强制履行的前提是债务人有能力履行合同义务，而这里甲已丧失履行交付该画义务的能力，所以乙不能申请对甲进行强制履行，B选项不符合。(3)甲、乙约定甲将100斤大米以每斤1.1元的价格卖给乙，大米属于种类物，即具有可替代性。当甲不履行交付大米的债务时，乙可以要求甲按照合同约定交付相应数量和质量标准的大米，法院可以通过强制履行的方式要求甲履行合同

义务，因为大米这种种类物容易获取和交付，不会存在履行不能的客观情况。所以C选项符合可申请强制履行的条件。(4)丁某要卖给王某的宋代瓷瓶是独一无二的稀世珍宝，在交付前被丁某打碎且无法修复，这就导致丁某实际上已经无法按照合同约定向王某交付该特定的瓷瓶。强制履行要求债务人有履行的可能性，而此情况下标的物已灭失，丁某履行不能，所以王某不能申请对丁某进行强制履行，D选项不符合。

11. **答案**：D。参见《民法典》第582条、第584条、第588条的规定。我国《民法典》允许各种补救措施与赔偿损失并用，但不允许并用违约金与损害赔偿金，定金与违约金。另外，从第114条之规定来看，《民法典》赋予了违约金浓厚的补偿性，对惩罚性违约金，当事人可申请法院予以减少。

12. **答案**：D。本题涉及违约损害赔偿中的可预见规则以及减损规则。可预见规则，是指违约方承担的损失赔偿额不得超过违约一方订立合同时预见到或者应当预见到的因违约可能造成的损失。减损规则，是指当事人一方违约后，对方应当采取适当措施防止损失的扩大；没有采取适当措施致使损失扩大的，不得就扩大的损失要求赔偿。本题中，5月1日甲公司明确表示违约。此时同类产品市场价格为每吨12万元，而合同约定价格是每吨10万元。那么按照正常计算，乙公司如果在5月1日去市场采购替代货物，每吨损失为12-10=2（万元），总共10吨，损失就是2×10=20（万元）。这是甲公司在订立合同时能够预见到的因违约可能造成的损失。5月1日甲公司违约后，乙公司未采取措施防止损失扩大。从5月1日到6月1日市场价格从每吨12万元涨到14万元，从6月1日到7月1日又涨到16万元。因为乙公司没有及时采取措施（比如在5月1日甲违约后就去市场采购替代货物），对于5月1日之后因价格上涨而扩大的损失，乙公司不能要求甲公司赔偿。所以甲公司应赔偿的是5月1日违约时乙公司所遭受的损失，即20万元，同时还应赔偿5月1日乙公司在市

场上采购该产品所需的合理费用（这属于因违约造成的直接损失的一部分）。

13. **答案**：D。根据《民法典》第186条规定，因当事人一方的违约行为，损害对方人身权益、财产权益的，受损害方有权选择请求其承担违约责任或者侵权责任。二者只能择一进行，不能同时主张，故D错误。

14. **答案**：D。根据《民法典》第578条的规定，预期违约，是指合同有效成立履行期限届满之前，当事人一方明确表示或以自己的行为表示不履行主要债务。本题中，甲、丙已办理了房屋产权登记，丙取得该房屋的所有权，甲的行为构成预期违约，所以乙可以向甲主张默示预期违约的责任。

15. **答案**：C。（1）A错，根据《民法典》第580条的规定可知。B错，根据《民法典》第180条第2款规定可知。（2）题干中明确说明甲是"无故擅自取消了该场演出"，并非因为不可抗力因素（如自然灾害、政府行为、社会异常事件等不可预见、不可避免且不可克服的客观情况）导致不能履行合同。所以甲的行为构成违约，剧院不应自负损失，选项B错误。（3）《民法典》第577条规定："当事人一方不履行合同义务或者履行合同义务不符合约定的，应当承担继续履行、采取补救措施或者赔偿损失等违约责任。"本题中，甲与剧院签订演出合同后无故擅自取消演出，构成违约。虽然不能强制其继续履行演出合同，但剧院因甲的违约行为遭受了损失，比如可能为宣传演出投入了费用、因退票产生的相关损失等。所以剧院有权请求甲赔偿损失，选项C正确。（4）甲无故擅自取消演出，其行为已构成违约。公平原则一般适用于双方都没有过错，或者依据法律规定在特定情形下合理分担损失的情况。本题中甲存在明显过错，不适用公平原则来分担损失。所以选项D错误。

16. **答案**：C。根据《民法典》第180条规定，因不可抗力不能履行民事义务的，不承担民事责任。法律另有规定的，依照其规定。当事人迟延履行后发生不可抗力的，不能免除责任。除非迟延一方能够证明，即便没有迟延履行，古董仍会因地震灭失，因为此时古董的灭失与迟延履行没有因果关系。本法所称不可抗力，是指不能预见、不能避免并不能克服的客观情况。

17. **答案**：C。根据《民法典》第588条的规定，定金与违约金只能选择适用，不能合并适用。选择权归被违约的一方。乙请求甲支付违约金6万元，同时请求返还支付的定金4万元。这是选择了违约金，没有适用定金罚则（定金的原数返还不是定金罚则的适用），这样，既符合法律规定，又能最大限度地保护自己的利益。A项的双倍返还，乙实际只能得到4万元的违约补偿。B项违反《民法典》第588条的规定。D项没有考虑自己还有要求原数返还定金的权利。

18. **答案**：A。（1）甲公司与乙公司有合同关系，汽车运输公司受托运输，运输未完成的后果应当由甲公司对乙公司承担，而不应由汽车运输公司向乙公司承担，这是由合同的相对性决定的。因此，可以排除D项。（2）丙是职务行为，丙个人并不向乙公司承担责任。因此，可以排除B项。（3）司机刘某在执行职务过程中发生过失，其并不直接向乙公司承担责任。因此，排除C项。

19. **答案**：A。根据《民法典》第593条规定，当事人一方因第三人的原因造成违约的，应当依法向对方承担违约责任。当事人一方和第三人之间的纠纷，依照法律规定或者按照约定解决。甲由于丙的原因不能向乙按约履行义务，应当承担违约责任。乙和丙之间并没有直接的法律关系，基于合同的相对性，乙不能要求丙承担赔偿责任。甲在向乙承担违约责任后，可向丙主张赔偿，由于丁是丙的工作人员，因此丁不对甲承担责任，而应由甲直接向丙主张。另外，标的物所有权自交付时转移，代办托运的情况下，货物交承运人即为交付，所以乙已取得货物所有权。综上所述，本题应选A。

20. **答案**：B。本题考查的是预期违约的责任承担。乙将自己全部库存的货物出卖给他人，且此时已临近交付日期，而乙近期又将出国，表明乙在12月30日前将无法履行合同义务，构成预期违约。甲可以在12月30日前向乙要求其承担违约责任，而不必等到12月30日以后。参见《民法典》第578条。

21. **答案**：A。根据《民法典》585条的规定，当事人约定违约金低于实际损失，可以要求增加，违约金的约定和调整均以实际损失为基础。

22. **答案**：C。本题考查预期违约与不安抗辩权的行使。本题中，甲、乙签订的是加工承揽合同，该合同是双务合同，甲负有先履行义务，乙负有后履行义务。在合同履行期限届满前后履行义务人乙明确表示因濒临破产无力履行合同，构成预期违约。甲可以中止履行合同，并向乙主张违约责任。因此，A项错误，C项正确。甲交付900套服装已经履行了合同的绝大部分义务，乙不能拒绝支付任何货款，乙有义务在甲履行义务的范围内支付相应货款。因此，B项错误。乙公司丧失履行能力，甲公司行使的是不安抗辩权，而非顺序履行抗辩权。因此，D项错误。

23. **答案**：C。根据《民法典》第850条规定，非法垄断技术、妨碍技术进步或者侵害他人技术成果的技术合同无效。本题中，甲公司是通过不正当手段从丙公司获得技术秘密的，因此，甲、乙公司之间的技术转让合同，构成对丙公司技术成果的侵害，与非法垄断技术、妨害技术进步的合同一样，一律无效，故A项错误。侵害他人技术秘密的技术合同被确认无效后，除法律、行政法规另有规定的以外，善意取得该技术秘密的一方当事人可以在其取得时的范围内继续使用该技术秘密，但应当向权利人支付合理的使用费并承担保密义务。当事人双方恶意串通或一方知道或者应当知道另一方侵权仍与其订立或者履行合同的，属于共同侵权，人民法院应当判令侵权人承担连带赔偿责任和保密义务，因此取得技术秘密的当事人不得继续使用该技术秘密。本题中，乙公司作为受让人不知情，应为善意，因此，不需要与甲公司一起对丙公司的损失承担连带责任，而可以在取得的范围内继续使用该技术，并

向权利人支付报酬并保守秘密，故B项错误。根据《民法典》第157条规定，民事法律行为无效、被撤销或者确定不发生效力后，行为人因该行为取得的财产，应当予以返还；不能返还或者没有必要返还的，应当折价补偿。有过错的一方应当赔偿对方由此所受到的损失；各方都有过错的，应当各自承担相应的责任。法律另有规定的，依照其规定。本题中，合同无效的原因在于甲公司隐瞒了其从丙公司处不当获取技术成果的事实，违背了诚信原则在合同订立阶段的告知义务。因此，合同无效后，有过错的甲公司对于乙公司因此造成的损失应予以赔偿，此赔偿责任的性质为缔约过失责任，故D项错误。

24. **答案**：B。违约责任的归责原则是无过错责任原则，而一般侵权责任的归责原则是过错责任原则。本题中，张某和李某之间就10万元暂存在李某处以及到期返还张某6万元是有约定的，因此构成合同关系。但李某未能返还6万元并非李某的过错，因此不符合侵权责任的归责原则，不可能构成侵权，但符合违约责任的归责原则，构成违约。因此本题选B项。至于数额问题，是6万元还是5万元，这在当事人的意思自治范围内，其约定有效，A、C两项属于干扰项。

25. **答案**：D。根据《民法典》第522条第1款规定，当事人约定由债务人向第三人履行债务，债务人未向第三人履行债务或者履行债务不符合约定的，应当向债权人承担违约责任。本题中，方某与余某之间存在合同关系，而汤某与余某之间不存在合同关系，根据合同的相对性，方某有权要求余某承担违约责任，而汤某无权要求余某承担违约责任。A项错误。根据《民法典》第467条第1款规定，本法或者其他法律没有明文规定的合同，适用本编通则的规定，并可以参照适用本编或者其他法律最相类似合同的规定。对于承揽合同而言，参照买卖合同关于标的物所有权转移的规定，定作标的物的所有权，在交付之前属于承揽人，尚未转移给定作人或者定作人指示的人。玉器还未交付

给汤某，汤某对玉器不享有所有权。因此，朱某对汤某不构成侵权。同理，方某对该玉器也不享有所有权，无权要求朱某承担侵权责任。B、C项错误。

26. **答案**：B。（1）依《民法典》第500条规定，假借订立合同，进行恶意磋商，给对方造成损失的，应当承担损害赔偿责任。本题中，德凯公司在无真实交易意图的情况下，佯装感兴趣并屡次向真诚公司表达将签署合同的意愿，但均在最后一刻拒签，这一行为明显属于假借订立合同，恶意进行磋商。而真诚公司安排授权代表往返十余次，每次都准备了详尽可操作性的合作方案，最终没有签署合同，真诚公司因此受到损失。而德凯公司虽然在此过程中也付出了大量的工作成本，但其损失是由自己造成的。由此，本题中A、D选项说法均错误，B选项为正确选项。（2）依《民法典》第501条规定，当事人在订立合同过程中知悉的商业秘密或者其他应当保密的信息，无论合同是否成立，不得泄露或者不正当地使用；泄露、不正当地使用该商业秘密或者信息，造成对方损失的，应当承担赔偿责任。本题中，双方当事人虽然未订立合同，德凯公司也不应将缔约过程中知悉的真诚公司的部分商业秘密不当泄露，故本题中C选项的说法错误。

27. **答案**：B。本题中，刘某不慎将鼻烟壶摔碎将使李某与刘某的合同、李某与胡某的合同均陷入履行不能这一违约状态，两个合同都会触发各自的定金罚则。《民法典》第586条对定金设置了法定的上限，即主合同标的额的20%，超过部分不发生定金效力。结合两个合同的标的额，李某与刘某的合同中能发生定金效力的是2000元，因此李某无权请求刘某支付双倍定金1万元，只能请求刘某支付7000元，其中5000元为定金本金，2000元为惩罚金额。而李某与胡某的合同约定的1万元定金并未超过主合同标的额的20%，均能发生定金效力，因此胡某有权请求李某支付双倍定金2万元，B项正确。此外，《民法典》第585条仅针对违约金规定了司法调整规则，但并未针对定金设置司法调整规则，因此定金不能像违约金那样申请减少或申请增加，D项错误。C项考查债的特征，具体涉及债的相对性或者合同的相对性。刘某不慎将鼻烟壶摔碎，李某对胡某的合同义务陷入履行不能，胡某的损失应向李某主张违约责任。胡某与刘某之间并无合同关系，胡某无权请求刘某赔偿损失。这也是合同相对性的应有之义，C项错误。

28. **答案**：A。本题综合考查违约责任的构成要件、先履行抗辩权和合同解除。《民法典》第563条规定："有下列情形之一的，当事人可以解除合同：（一）因不可抗力致使不能实现合同目的；（二）在履行期限届满前，当事人一方明确表示或者以自己的行为表明不履行主要债务；（三）当事人一方迟延履行主要债务，经催告后在合理期限内仍未履行；（四）当事人一方迟延履行债务或者有其他违约行为致使不能实现合同目的；（五）法律规定的其他情形。以持续履行的债务为内容的不定期合同，当事人可以随时解除合同，但是应当在合理期限之前通知对方。"《最高人民法院关于适用〈中华人民共和国民法典〉合同编通则若干问题的解释》第31条第1款规定："当事人互负债务，一方以对方没有履行非主要债务为由拒绝履行自己的主要债务的，人民法院不予支持。但是，对方不履行非主要债务致使不能实现合同目的或者当事人另有约定的除外。"《民法典》第509条规定："当事人应当按照约定全面履行自己的义务。当事人应当遵循诚信原则，根据合同的性质、目的和交易习惯履行通知、协助、保密等义务。当事人在履行合同过程中，应当避免浪费资源、污染环境和破坏生态。"本题中，A项考查违约的构成要件，关键词为"不构成"，当事人应当按照约定全面履行自己的义务。本题中的甲公司与乙公司之间存在合法有效的小轿车买卖合同，乙公司应按照约定全面履行自己的义务，无权单方提高小轿车价格。因此，甲公司不构成违约，反而，乙公司构成违约。故A项正确，当选。B项考查法定解除权，关键词为"有权"。有下列情形之一的，当事人可以解除合同：(1) 因不可抗力致使不能实现合同目的；(2) 在履行期限届满前，当事人一方明确表示或以自己的行为表明不履行主要债务；(3) 当事人一方迟延履行主要债务，经催告后在合理期限内仍未履行；(4) 当事人一方迟延履行债务或有其他违约行为致使不能实现合同目的；(5) 法律规定的其他情形。本题中，甲公司的行为并不符合上述任何一种情形。因此，乙公司不得解除合同。故 B 项错误，不当选。C 项考查先履行抗辩权，关键词为"可行使"。当事人互负债务，有先后履行顺序，应当先履行债务一方未履行的，后履行一方有权拒绝其履行请求。先履行一方履行债务不符合约定的，后履行一方有权拒绝其相应的履行请求。本题中，甲公司已经依约履行第一笔和第二笔预付款，乙公司不得行使先履行抗辩权。故 C 项错误，不当选。D 项考查合同履行的原则，关键词为"提高"。在合同履行过程中，双方当事人应依据"诚信原则"进行履行，原材料价格上涨，属于"正常的商业风险"，乙公司不可要求提高合同价格。故 D 项错误，不当选。综上所述，本题的正确答案为 A。

多项选择题

1. **答案**：BCD。合同订立并生效后，如果一方违反合同约定并给对方造成损失，应当承担违约责任，赔偿对方因此而受的损失。但是在合同订立过程中，双方没有合同的约束，一般不对对方承担任何责任。法律考虑到合同订立过程中，双方已经开始接触并产生了一定的信赖，为了保护这种信赖，法律规定了缔约过失责任对此进行规制。缔约过失责任是指在订立合同过程中，一方违背诚信原则，而导致另一方信赖利益受到损害，依法应当承担的民事责任。《民法典》第 500 条规定了三种情形应适用缔约过失责任：(1) 假借订立合同，恶意进行磋商；(2) 故意隐瞒与订立合同相关的重要事实或者提供虚假情况；(3) 其他违背诚信原则的行为。因这些行为而给对方造成损失的应当承担损害赔偿责任。A 选项中的行为虽然符合法律规定，但是其并没有给对方造成损失，所以不必承担损害赔偿责任。

2. **答案**：ABCD。缔约过失责任的核心在合同订立过程中，一方违反诚信原则，给对方造成损害。以上的行为均符合缔约过失责任的要件，做出以上行为的一方应当承担缔约过失责任。

3. **答案**：AC。根据《民法典》第 522 条第 1 款的规定，当事人约定由债务人向第三人履行债务的，债务人未向第三人履行债务或者履行债务不符合约定，应当向债权人承担违约责任。本题中，乙公司交付产品质量不符合约定，应当向甲公司承担违约责任。

4. **答案**：AB。根据《民法典》第 578 条的规定，当事人一方明确表示或者以自己的行为表明不履行合同义务的，对方可以在履行期限届满之前要求其承担违约责任，选项 A、B 正确。我国《民法典》以无过错责任原则为违约责任的归责原则。意外事故，在当事人未予约定的情况下并非违约责任的免责事由。

5. **答案**：BCD。具有人身性质的合同义务不适用强制履行。出版社可以解除合同，要求作家归还已付的报酬，赔偿损失或者支付赔偿金。

6. **答案**：BD。根据《民法典》第 588 条第 1 款的规定，当事人既约定违约金，又约定定金的，一方违约时，对方可以选择适用违约金或者定金，但是不可以并用。因此应当排除选项 A，选择选项 B。根据《民法典》第 593 条的规定，当事人一方因第三人的原因造成违约的，应当依法向对方承担违约责任。当事人一方和第三人之间的纠纷，依照法律规定或者按照约定解决。

7. **答案**：ABCD。《民法典》第 580 条规定："当事人一方不履行非金钱债务或者履行非金钱债务不符合约定的，对方可以请求履行，但是有下列情形之一的除外：（一）法律上或者事实上不能履行；（二）债务的标的不适于强制履行或者履行费用过高；（三）债权人在合理期限内未请求履行。有前款规定的除外情形之一，致使不能实现合同目的的，人民法院或者仲裁机构可以根据当事人的请求终止合同权利义务关系，但是不影响违约责任的承担。"

8. 答案：ABD。《民法典》第585条规定："当事人可以约定一方违约时应当根据违约情况向对方支付一定数额的违约金，也可以约定因违约产生的损失赔偿额的计算方法……"甲未依约履行还款义务，故应返还本金，并支付违约金。乙可请求甲支付逾期利息，D当选。题干中仅约定了1年还本以及逾期不还的违约金，并没有对借款期间（1年正常借款期间）的利息作出约定。根据《民法典》规定，自然人之间的借款合同对支付利息没有约定或者约定不明确的，视为不支付利息。所以乙不能请求甲支付1万元本金1年的利息，选项C错误。

9. 答案：BCD。参见《民法典》第584条。《民法典》第584条规定："当事人一方不履行合同义务或者履行合同义务不符合约定，造成对方损失的，损失赔偿额应当相当于因违约所造成的损失，包括合同履行后可以获得的利益；但是，不得超过违约一方订立合同时预见到或者应当预见到的因违约可能造成的损失。"

10. 答案：AC。A对，根据《民法典》第585条第3款规定可知。B错，对于因履行迟延、履行不当或拒绝履行的违约行为，原则上均可请求继续履行或补充履行。但是，除金钱外，债务发生履行不能，以及债务标的不适宜强制履行，或债权人在合理期限内未请求履行的，不得请求强制实际履行。C对D错，根据《民法典》第588条规定可知。

11. 答案：BCD。A错，根据《民法典》第588条规定可知。B对，根据《民法典》第566条规定可知。C对，根据《民法典》第577条规定可知。D对，根据《民法典》第585条第3款规定可知。

12. 答案：AC。（1）根据《民法典》相关规定，对于具有人身意义的特定物受到侵害，致使自然人遭受严重精神损害的，被侵权人有权请求精神损害赔偿。甲父母的遗照对于甲来说，是具有深厚人身意义的特定物，照相馆丢失该照片，给甲造成了严重精神损害。所以甲可请求精神损害赔偿，选项A正确。（2）虽然照相馆可能在一般情况下难以预知照片对甲的特殊意义，但这并不影响其因过错丢失照片导致甲精神损害应承担的责任。法律规定在这种具有人身意义特定物受损致严重精神损害的情形下，侵权方需承担责任，而不是以是否预知来判断是否赔偿，所以选项B错误。（3）若双方就损失赔偿额有特别约定，从意思自治原则出发，只要约定不违反法律强制性规定，照相馆应承担约定赔偿责任。这符合合同自由及法律对当事人约定的尊重，所以选项C正确。（4）《民法典》是调整民事关系的基本法律，其中明确规定了精神损害赔偿相关内容，对于侵害具有人身意义的特定物造成严重精神损害的情况，是予以调整的。即使双方有特别约定，若约定违反法律关于精神损害赔偿的合理规定，也可能无效。所以不能以精神损害《民法典》不予调整为由，不让照相馆承担责任，选项D错误。

13. 答案：CD。本题的核心问题是甲、乙两公司之间的订餐合同是否已经成立并生效。甲公司发送了订餐邮件，在性质上属于要约（《民法典》第472条），有疑问的是乙公司未回复（沉默）是否构成承诺。《民法典》第140条第2款规定："沉默只有在有法律规定、当事人约定或者符合当事人之间的交易习惯时，才可以视为意思表示。"据此可知，沉默只有在例外情形下才能视为意思表示。本题中，甲公司一直在乙公司订餐，以往都是电子邮件沟通，乙公司看到邮件无异议就开始准备，有意见时才会回复，这一事实表明，甲、乙公司之间关于订餐是存在明确的交易习惯的，即对于甲公司的订餐要约，乙公司的沉默就视为承诺。在这一交易习惯之下，乙公司的沉默应视为承诺，而且这一交易习惯不因乙公司内部员工的更替而改变。因此，尽管乙公司更换了新员工，但是其未回复邮件，仍应视为承诺，甲、乙公司之间订餐的合同已经成立并生效。在此基础上,乙公司未能按照合同内容备餐并交付给甲公司,陷入违约状态,应当基于违约责任赔偿甲公司2000元损失。由于乙公司违反的是合同义务而非先合同义务,乙公司所应承担的不是缔约过失责任,而是违约责任,因此,A、B项错误,C、D项正确。

不定项选择题

1. **答案**：B。本题考查的是缔约过失责任方面的一些基本知识点。缔约过失责任和违约责任同为《民法典》规定的责任形式,是并列关系不是包含关系。

2. **答案**：（1）CD。①根据《民法典》规定,在买卖合同中,如果一方迟延履行主要债务,经催告后在合理期限内仍未履行,另一方可以解除合同。A项正确。②根据《民法典》规定,合同成立后,合同的基础条件发生了当事人在订立合同时无法预见的、不属于商业风险的重大变化,继续履行合同对于当事人一方明显不公平的,受不利影响的当事人可以与对方重新协商;在合理期限内协商不成的,当事人可以请求人民法院或者仲裁机构变更或者解除合同。B项中,甲已提前从别处购得JJ 9.5线材,原合同继续履行可能对甲不再具有实际意义或存在不合理性,甲依实际情况请求变更或者解除合同是符合法律规定的,B项正确。③合同具有相对性,合同的效力并不因合同一方的经办人员（王某）或法定代表人的变动而自动解除。C项中,王某与甲的法定代表人均调离该公司,并不影响甲与乙之间签订的合同的效力,合同不会自动解除,C项错误。④根据《民法典》规定,合同变更或解除后,有过错的一方应当赔偿对方因此所受到的损失,双方都有过错的,应当各自承担相应的责任。即使双方同意变更或者解除合同,如果一方存在过错给对方造成损失,依然存在赔偿问题,D项错误。

（2）BD。从案例看,甲并非主观故意违约。甲拒付货款是因为认为货物型号不符合要求,并非故意不履行合同义务,所以A选项错误。甲在王某签订合同后,未表示异议,还在提货单上签字盖章提货,在试用后才发现问题拒付货款,存在一定疏忽,具有主观过失,符合违约责任构成中过错的条件,所以B选项正确。甲并非完全不履行合同,甲已经接收了货物,只是拒付货款,不属于完全不履行合同的情形,所以C选项错误。D选项,甲接收货物后拒付货款,没有按照合同约定全面履行自己支付货款的义务,属于不完全履行合同,符合违约责任构成条件,所以D选项正确。

（3）AC。根据《民法典》第590条的规定,因不可抗力不能履行合同的,根据不可抗力的影响,部分或者全部免除责任,但法律另有规定的除外。当事人迟延履行后发生不可抗力的,不能免除责任。本法所称不可抗力,是指不能预见、不能避免并不能克服的客观情况。

（4）D。根据《民法典》第577条的规定,当事人一方不履行合同义务或者履行合同义务不符合约定的,应当承担继续履行、采取补救措施或者赔偿损失等违约责任。乙应向甲支付违约金、一定赔偿金,合同继续履行。

（5）D。①"平均分担损失"这种说法过于绝对。在双方都有过错的无效经济合同中,并不一定是平均分配损失。因为双方过错程度可能不同,平均分担不能体现按过错承担责任的原则,所以选项A不符合"相应责任"的含义,予以排除。②"各自承担自己的损失"也不准确。如果各自承担自己的损失,那就没有考虑到双方过错对彼此造成损失的影响,没有体现出根据过错来划分责任的要求,所以选项B也不正确,予以排除。③"协商承担责任"虽然在一些纠纷解决中是常见方式,但它没有明确依据双方过错来确定责任。"相应责任"强调与过错相关,协商可能不基于过错,所以选项C不能准确解释"相应责任",予以排除。④在无效经济合同双方都有过错的情况下,"按责任主次、轻重来分别承担责任"是合理的。因为不同的过错程度会导致不同的责任承担,按照责任主次、轻重来分别承担责任,能够体现"相应责任"的内涵，即根据在整个事件中各自过错的情况来确定应承担的责任，所以选项 D 正确。
4. **答案**：（1）D。选项 A、C 错误。《民法典》第 586 条规定，定金的数额由当事人约定，但不得超过主合同标的额的 20%。本题中，合同总价款是 100 万元，100 万元×20% = 20 万元，即乙公司支付的 30 万元定金中只有 20 万元部分是有效的，甲公司违约适用定金罚则时，只能要求甲公司双倍返还 40 万元，不能要求甲公司双倍返还 60 万元。选项 B 错误，选项 D 正确。《民法典》第 588 条第 1 款规定，当事人既约定违约金，又约定定金的，一方违约时，对方可以选择适用违约金或者定金条款。据此可知，定金罚则与违约金不能同时适用，只能选择其一适用。

（2）AC。参见《民法典》第 585 条。

（3）BC。《民法典》第 593 条规定，当事人一方因第三人的原因造成违约的，应依法向对方承担违约责任。当事人一方和第三人之间的纠纷，依照法律规定或者按照约定处理。基于合同相对性原理，本题中甲、乙之间存在买卖合同关系，乙、丙之间存在买卖合同关系，因此，因甲迟延交货的违约责任，丙只能向乙主张，然后再由乙向甲进行追偿，丙不能直接向甲主张违约责任。

名词解释

1. **答案**：缔约过失责任，是指在合同缔结过程中，一方当事人违反了以诚信原则为基础的先契约义务，造成了另一方当事人的损害，因此应承担的法律责任。
2. **答案**：是指当事人不履行或者不适当履行合同债务而依法应当承担的法律责任。违约责任区别于其他民事责任的特征主要有：（1）违约责任是不履行或不适当履行合同债务所引起的法律后果；（2）违约责任具有相对性；（3）违约责任可以由当事人在不违反法律、行政法规强制性规定的范围内约定；（4）违约责任是一种财产责任。
3. **答案**：根本违约，是指合同一方当事人违反合同的行为致使该合同的目的不能实现。根本违约的构成要件是一般违约的构成要件加上因违约行为导致的合同目的不能实现，其法律效果是当一方根本违约时，另一方当事人有权解除合同并要求对方承担违约责任。

简答题

1. **答案**：（1）违约责任是不履行或不适当履行合同债务所引起的法律后果。这一特征包含两层含义：第一，违约责任的成立以有效合同的存在为前提；第二，违约责任的成立是当事人违反合同约定义务的结果。

（2）违约责任具有相对性。即违约责任仅发生于特定的当事人之间，除法律特别规定之外，合同关系以外的人不承担违约责任，合同当事人也不对合同关系以外的第三人负违约责任。

（3）违约责任可以由当事人在不违反法律、行政法规的强制性规定的范围内约定。作为法律责任的一种，违约责任当然具有强制性。但在具有强制性的同时，还具有一定程度的任意性，法律允许当事人在一定的范围内事先对违约责任作出约定。如《民法典》第 585 条第 1 款规定，当事人可以约定一方违约时应当根据违约情况向对方支付一定数额的违约金，也可以约定因违约产生的损失赔偿额的计算方法。

（4）违约责任是一种财产责任。违约责任作为合同债务的转化形式，与合同债务在经济利益方面具有同一性，所以违约责任是一种财产责任。

2. **答案**：违约责任的归责原则，是指基于一定的归责事由确定违约责任承担的法律原则。一般包括严格责任原则和过错责任原则。

（1）严格责任原则。严格责任原则，是指一方当事人不履行或者不适当履行合同义务给另一方当事人造成损害，就应当承担违约责任。如依《民法典》第 577 条规定，当事人一方不履行合同义务或者履行合同义务不符合约定的，应当承担继续履行、采取补救措施或者赔偿损失等违约责任。本条的规定将违约责任的归责原则明定为严格责任原则。此项归责原则的特点主要在于：

①它不同于过错责任。即违约行为发生后,违约方即应当承担违约责任,而不以违约方的主观过错作为其承担违约责任的依据,非违约方无须就违约方的过错承担举证责任;而过错责任原则要求受害人就对方的过错承担举证责任。

②它不同于过错推定责任。即只有法定的抗辩事由可以作为免责事由,违约方没有过错不能作为免责的依据;而过错推定责任承认"无过错即无责任",一旦违约方能够证明自己没有过错就不承担责任。

(2)过错责任原则。所谓过错责任原则,是指一方当事人不履行或者不适当履行合同义务时,应以该当事人的主观过错作为确定违约责任构成的依据。我国《民法典》虽然在合同编通则分编中就违约责任的归责原则实行严格责任原则,但过错责任原则也散见于其他各编之中。但需注意的是,违约责任的过错通常采用推定的方法加以证明,受害人原则上并不承担举证责任。

(3)违约责任的免责事由。免责事由,是指法律规定或者合同约定的当事人对其不履行或者不适当履行合同义务免予承担违约责任的条件。通常包括不可抗力、受害人过错和免责条款。

①不可抗力,是指不能预见、不可避免并不能克服的客观情况。不可抗力的影响大小不同、范围各异,故免除违约责任的范围也应有所不同。不可抗力作为免责事由以其发生于合同履行期间为条件,如果不可抗力发生于一方当事人迟延履行后,迟延履行当事人不得以不可抗力作为免责事由。

②受害人过错,是指受害人对违约行为或者违约损害后果的发生或者扩大存在过错。违约责任虽然实行严格责任,但是受害人的过错可以成为违约方全部或者部分免除责任的依据。

③免责条款,是指合同当事人约定的排除或者限制将来可能发生的违约责任的条款。但是,合同中的免除造成对方人身伤害、因故意或重大过失造成对方的财产损失的违约责任的免责条款无效,当事人对此类损害仍应当承担赔偿责任。

💬 论述题

1. 答案: 合同责任,即合同上的责任,它不仅包括违约责任即未依合同的约定履行债务所产生的民事责任,还包括合同变更、解除所产生的民事责任、保证责任和非违约方未尽到防止或者减轻损害的义务所应承担的责任。其中,违约责任占主要地位,是指合同当事人不履行或者不适当履行合同义务所应承担的继续履行、采取补救措施、损害赔偿、支付违约金等民事法律后果。

缔约过失责任,是指在合同订立的过程中,一方因其违反诚信原则所产生的义务,给对方造成损失所应承担的损害赔偿责任。其性质介于"违约责任"和"侵权责任"之间。缔约过失责任的构成要件包括:(1)当事人之间发生先合同义务。先合同义务是指合同成立之前,订立合同的当事人依据诚信原则所承担的忠实、照顾、告知等义务。(2)当事人一方违反先合同义务。主要是指当事人违反诚信原则,包括《民法典》上规定的一方假借订立合同恶意进行磋商,以及违反及时通知义务、协助和照顾义务、提供必要条件的义务、保密义务等行为。(3)对方因一方违反先合同义务而受有损害,即对方当事人受有损害且其损害与一方的缔约过失之间存在因果关系。(4)违反先合同义务的一方有过错。

合同责任与侵权责任既存在联系也存在区别,联系主要表现在占合同责任主要地位的违约责任与侵权责任发生竞合的场景。违约责任与侵权责任的竞合,是指行为人的同一不法行为同时违反合同法律和侵权法律的有关规定,同时符合违约责任和侵权责任的构成要件而产生的责任竞合现象。具体的竞合情形主要有如下两种:其一,违约性侵权行为。即合同当事人的违约行为导致他人合同利益以外的利益损害,符合侵权责任的构成要件。例如,买卖合同交付的标的物质量不合格(违约行为),导致他人人身或者财产损害(侵权行为)。其二,侵权性违约行为。即行为人实施的侵权行为导致他人合同利益损害，符合违约责任的构成要件。例如，保管人无权处分保管物，而将保管物出卖给第三人，无权处分致使寄存人财产受损失构成侵权中的人，同时构成违反保管义务的违约责任。

尽管侵权责任与违约责任的竞合经常发生，但这种竞合并不能否定二者之间的区别，而且二者之间的区别将会直接影响当事人在责任竞合时所作的选择，以及选择之后的权利和义务。具体来说，二者的区别主要有：(1) 举证责任不同。违约之诉中受害人一般不需要承担证明违约方有过错的举证责任，而侵权之诉中受害人一般都需要证明对方有过错。(2) 责任的基础不同。违约责任中的义务内容可以由双方当事人自由协商后确定，而侵权责任中双方的义务是由法律直接规定的，不能由当事人的自由意志决定。行为违反的是法定义务还是约定义务，承担的是法定责任还是约定责任，是违约责任与侵权责任最根本的区别。(3) 诉讼时效不同。根据我国《民法典》第188条第1款规定："向人民法院请求保护民事权利的诉讼时效期间为三年。法律另有规定的，依照其规定。"除法律特别规定外，对于这三年的一般诉讼时效，违约责任与侵权责任的具体时效起算点各有差异。(4) 责任构成要件和免责条件不同。在违约责任中，除法定免责条件（如不可抗力）以外，合同当事人还可以事先约定不承担责任的情形（但故意或重大过失引发的责任以及人身伤害的责任除外）。而在侵权责任中，免责条件只能是法定的，当事人不能事先约定免责条件。(5) 责任形式不同。违约责任有独特的违约金责任形式，而且违约金是由法律规定或者当事人约定的，违约金的支付不以对方发生损害为条件。侵权责任则主要采取损害赔偿的形式，损害赔偿以实际发生的损害为前提。(6) 责任范围不同。侵权责任的赔偿范围广，一般包括财产损失、人身伤害和精神损害的赔偿。对人身伤害、精神损害，赔偿范围包括被侵权人的伤害赔偿金、被侵权人有抚养或赡养义务的第三人的抚养费或赡养费、被侵权人减少劳动能力需增加的费用以及造成名誉、荣誉、人格等受损的精神赔偿金。违约责任的赔偿范围较窄，一般由当事人约定，未约定的依照《民法典》合同编的相关规定处理。(7) 对第三人的责任不同。在违约责任中，如果因第三人的过错造成违约致损害发生的，依照《民法典》合同编的规定，除合同另有约定或者法律有特别规定外，当事人一方应当向对方承担违约责任后，另行向第三人索赔。在侵权责任中，贯彻为自己行为负责的原则，行为人仅对因自己的过错致他人损害的后果负责，除非第三人和行为人共同实施侵权行为，否则行为人不对第三人的行为负责。(8) 诉讼管辖不同。根据《民事诉讼法》的规定，因合同纠纷提起的诉讼，由被告住所地或者合同履行地人民法院管辖，合同双方当事人还可以在书面合同中协议选择被告住所地、合同履行地、合同签订地、原告住所地、标的物所在地人民法院管辖，其约定效力不受合同无效、被撤销或者终止的影响。而因侵权行为提起的诉讼，由侵权行为地或者被告住所地人民法院管辖，侵权行为地包括侵权行为实施地、侵权结果发生地。

2. 答案：《民法典》第591条是关于减损规则的规定。(1) 减损规则，是指当事人一方违约后，对方应当采取措施防止损失的扩大，如果对方没有采取措施或采取措施不适当致使损失扩大的，那么就扩大的损失不能要求违约方进行赔偿。当事人因防止损失扩大而支出的合理费用，由违约方承担。(2) 减损义务的功能主要体现在两个方面：一方面，从社会角度看，通过设定减损义务，可以激励受损方按促进经济效益的方式去行为，从而增进社会整体效益。另一方面，从个人角度看，减损义务作为限制赔偿权利人可获得的赔偿数额的规则，对赔偿权利人会造成不便，在对方违约后，赔偿权利人需采取一定行动或措施防止损失继续扩大，且措施还需具有适当性。(3) 减轻损失的类型化工作可能包括：一是停止工作。一旦一方当事人有根据知道对方的对待履行将不会作出，这一方当事人通常应以停止履行来避免进一步的花费。二是替代安排。即采取合理措施来做适当的替代安排以避免损失。三是变更合同。为避免或减少违约造成的损失，违约方提出变更原合同的要约时，只有守约方接受该要约才合理时，变更合同就成为减轻损失的合理措施。四是继续履行。在某些情况下，继续履行可以作为比较合适的减损措施。(4) 根据《民法典》的这条规定，只需判断一方当事人违约后，对方是否采取了适当措施防止损失扩大，并不要求措施的有效性。当事人因采取适当措施防止损失扩大而支出的合理费用，有权要求违约方承担。

案例分析题

1. 答案：本案乙公司应承担违约责任，并依甲的请求继续履行义务，且赔偿其相应损失，主要理由如下：

（1）合同效力分析

甲、乙之间签订的电脑买卖合同有效。合同订立时，双方作为合格的民事主体，意思表示真实，合同内容围绕电脑买卖，不违反法律强制性规定及公序良俗，符合《民法典》关于合同有效要件的规定。这是后续权利义务关系的基础。

（2）乙的行为分析

甲、乙约定乙20日后送货上门，此为合同明确的履行方式。但乙的司机在未认真核实收货人身份的前提下交货，货物被丙以欺骗手段截留，甲实际未收到货物。依据《民法典》关于合同履行的规定，乙公司未按照约定将货物交付给甲，未完成合同约定的送货义务，构成违约。所谓违约责任，是指在当事人不履行合同债务时，所应承担的损害赔偿、支付违约金等责任。它具有如下主要法律特征：①违约责任是民事责任的一种形式。②违约责任是合同当事人不履行债务所产生的责任，它包括双重内容：其一，违约责任的产生以合同债务的存在为前提。其二，违约责任的产生以合同当事人不履行债务为条件。合同作为当事人在平等、自愿基础上达成的协议，一经成立，即具有法律效力，当事人双方必须严格遵守，任何一方违反合同，就会产生违约责任。所以违约责任的成立，必须以一方违反合同义务为条件。如果合同当事人不是违反合同义务，而是违反法律规定的义务，则应负其他责任。③违约责任具有相对性。违约责任只能在特定的当事人即合同关系当事人之间发生，合同关系以外的人，不负违约责任，合同当事人也不对其承担违约责任。这包括三方面的内容：其一，违约当事人应因自己的过错所造成的违约后果承担违约责任，而不能将责任推卸给他人。其二，在因第三人的原因造成债务不能履行的情况下，债务人仍应向债权人承担违约责任，而不应由第三人向债权人负违约责任；债务人在承担责任后，有权向第三人追偿。债务人为第三人的行为向债权人负责，既是合同相对性规则的体现，也是保护债权人的利益所必需的。其三，债务人只能向债权人承担违约责任，而不应向其他人承担违约责任。④违约责任可以由当事人约定。违约责任尽管有明显的强制性，但仍有一定程度的任意性，即当事人可以在法律规定的范围内，对一方的违约责任事先作出安排。⑤违约责任主要是财产责任，可采取损害赔偿、支付违约金、继续履行等责任方式。从违约责任的功能来看，在一方违约的情况下，法律责令违约方承担违约责任，其重要目的在于使受害人所受损害及时得到恢复和补救，从而维护当事人利益的平衡。

就本案来看，甲向乙购买电脑，并由乙负责送货上门。乙的司机送货时未认真核实收货人的身份即予以交货，使甲未收到电脑并造成其经济损失。虽然上述情况的发生是由于甲的债权人丙用欺骗手段截留电脑以抵债款所致，但根据合同的相对性规则，乙应先向甲承担违约损害赔偿责任，然后再追究丙的侵权责任。

2. 答案：法院作出上述判决的法律依据是《民法典》第500条关于缔约过失责任的规定。该规定的具体内容如下：当事人在订立合同过程中有下列情形之一，给对方造成损失的，应当承担损害赔偿责任：（1）假借订立合同,恶意进行磋商;(2)故意隐瞒与订立合同有关的重要事实或者提供虚假情况;(3)有其他违背诚信原则的行为。本案中,某石化厂明知张某一开始是代表原告某研究所与其进行磋商关于承接原油电脱盐的项目,而张某在实际签订合同时,是代表另一家工程研究所签订的,而仍与之签订合同,其此种行为侵犯了原告某研究所的信赖利益而应当承担缔约过失责任。而张某在原告处工作并代表原告与石化厂磋商承接原油电脱盐的项目,但其后来调离了原告某研究所,利用其对磋商过程和情况熟悉的优势,代表另一家工程研究所与石化厂签订了合同,致使原告的经济利益受到了侵害。张某和某石化厂承担赔偿责任的理论依据是缔约过失责任理论。

所谓缔约过失责任,是指在合同订立过程中,一方违反了依据诚信原则所应负的义务,而致另一方的信赖利益的损失,并应当承担民事责任。缔约过失责任的产生具有两个前提条件:(1)缔约双方为了缔约合同而开始进行社会接触或交易接触,即双方已形成了一种实际接触和磋商关系;(2)这种接触是当事人形成一种特殊的联系,并使双方形成了一种特殊的信赖关系。接触是一个前提,而信赖是接触的结果,是从接触中产生的。没有接触,单方面所产生的信赖并不是合理的信赖,因为信赖和接触就出现了在缔约过失情况下当事人之间必须发生的一种法律上的特殊结合关系。例如,本案中原告某研究所因信赖合同成立而进行了资金、设备和人员的准备,由于被告石化厂和张某的行为致使合同没有订立,而给原告造成了经济损失,对于这种损失,他们理应赔偿。

第二十六章 典型合同

✓ 单项选择题

1. 答案：C。根据《民法典》第607条第2款规定，当事人没有约定交付地点或者约定不明确，依据本法第603条第2款第1项的规定标的物需要运输的，出卖人将标的物交付给第一承运人后，标的物毁损、灭失的风险应由买受人承担。第603条规定："出卖人应当按照约定的地点交付标的物。当事人没有约定交付地点或者约定不明确，依据本法第五百一十条的规定仍不能确定的，适用下列规定：（一）标的物需要运输的，出卖人应当将标的物交付给第一承运人以运交给买受人；（二）标的物不需要运输的，出卖人和买受人订立合同时知道标的物在某一地点的，出卖人应当在该地点交付标的物；不知道标的物在某一地点的，应当在出卖人订立合同时的营业地交付标的物。"本题中，超市与饲养公司订立买卖合同，约定由饲养公司代办托运，没有约定交付地点，饲养公司将7000只活鸡按约定交与某物流公司。此时，标的物毁损、灭失的风险由买受人承担，即由超市承担。选项C正确。

2. 答案：A。根据《民法典》第606条的规定，出卖人出卖交由承运人运输的在途标的物，除当事人另有约定的以外，毁损、灭失的风险自合同成立时起由买受人承担。

3. 答案：C。根据《民法典》第621条的规定，当事人约定检验期限的，买受人应当在检验期限内将标的物的数量或者质量不符合约定的情形通知出卖人。买受人怠于通知的，视为标的物的数量或者质量符合约定。当事人没有约定检验期限的，买受人应当在发现或者应当发现标的物的数量或者质量不符合约定的合理期限内通知出卖人。买受人在合理期限内未通知或者自收到标的物之日起二年内未通知出卖人的，视为标的物的数量或者质量符合约定；但是，对标的物有质量保证期的，适用质量保证期，不适用该二年的规定。出卖人知道或者应当知道提供的标的物不符合约定的，买受人不受前两款规定的通知时间的限制。

4. 答案：A。根据《民法典》第604条的规定，标的物毁损、灭失的风险，在标的物交付之前由出卖人承担，交付之后由买受人承担，但是法律另有规定或者当事人另有约定的除外。

5. 答案：B。根据《民法典》第603条、第609条、第610条的规定。买受人拒绝接受标的物，限于标的物不符合质量要求，致使不能实现合同目的的情况，仅因从给付义务未履行，买受人不得拒收。因此，标的物毁损、灭失的风险业已转移。

6. 答案：D。根据《民法典》第628条的规定，买受人应当按照约定的时间支付价款。对支付时间没有约定或者约定不明确，依据本法第510条的规定仍不能确定的，买受人应当在收到标的物或者提取标的物单证的同时支付。

7. 答案：B。（1）根据《民法典》第631条的规定，因标的物的主物不符合约定而解除合同的，解除合同的效力及于从物。因标的物的从物不符合约定而解除的，解除的效力不及于主物。因此应当排除选项A，选B。（2）根据《民法典》第632条的规定，标的物为数物，其中一物不符合约定的，买受人可以就该物解除。但是，该物与他物分离使标的物的价值显受损害的，买受人可以就数物解除合同。选项C说法正确，排除选项C。根据《民法典》第633条第1款的规定，出卖人分批交付标的物的，出卖人对其中一批标的物不交付或者交付不符合约定，致使该批标的物不能实现合同目的的，买受人可以就该批标的物解除。选项D说法正确，排除

8. **答案**：C。本题考查的是租赁合同及侵权责任。根据《民法典》第716条第1款的规定，承租人经出租人同意，可以将租赁物转租给第三人。承租人转租的，承租人与出租人之间的租赁合同继续有效；第三人造成租赁物损失的，承租人应当赔偿损失。本题中，第三人王放造成租赁物损失，承租人刘丹应当赔偿损失。此外，根据《民法典》第238条的规定，侵害物权，造成权利人损害的，权利人可以依法请求损害赔偿，也可以依法请求承担其他民事责任。本题中，王放侵害了陈华对车辆享有的所有权，陈华可以主张王放赔偿损失。因此本题选C。

9. **答案**：C。（1）根据《民法典》第637条的规定，试用买卖的当事人可以约定标的物的试用期限。对试用期限没有约定或者约定不明确，依据本法第510条的规定仍不能确定的，由出卖人确定。因此选项A和选项D错误。（2）根据《民法典》第638条第1款的规定，试用买卖的买受人在试用期内可以购买标的物，也可以拒绝购买。试用期限届满，买受人对是否购买标的物未作表示的，视为购买。因此选项B错误，本题选C。

10. **答案**：C。买卖合同属于诺成合同，《民法典》第598条规定："出卖人应当履行向买受人交付标的物或者交付提取标的物的单证，并转移标的物所有权的义务。"可见，转移房屋所有权（办理过户手续）是出卖人甲依据合同承担的义务，并非合同本身的生效要件，合同已经成立并生效，A、B项错误。《民法典》第509条第1款规定："当事人应当按照约定全面履行自己的义务。"非有法定或约定的合同解除情形，任何一方都无权宣布解除合同或拒绝履行合同，因此D项错误，C项正确。①

11. **答案**：B。（1）根据《民法典》第600条的规定，出卖具有知识产权的标的物的，除法律另有规定或者当事人另有约定外，该标的物的知识产权不属于买受人。买受人乙公司仅获得标的物的所有权或使用权，而不包括其知识产权。A项错误。（2）根据《民法典》第613条的规定，买受人订立合同时知道或者应当知道第三人对买卖的标的物享有权利的，出卖人不承担第612条规定的义务。C项错误。（3）根据《民法典》第614条的规定，买受人有确切证据证明第三人对标的物享有权利的，可以中止支付相应的价款，但是出卖人提供适当担保的除外。中止支付相应价款适用于买受人有确切证据证明第三人可能就标的物主张权利的情况，D选项中，仅凭借猜测，没有确切证据，不可中止支付相应价款，D项错误。

12. **答案**：C。根据《民法典》第603条的规定，丙地为订立合同时，双方当事人知道的标的物所在地。

13. **答案**：D。根据《民法典》第607条第2款的规定，当事人没有约定交付地点或者约定不明确，需要运输的，出卖人将标的物交付给第一承运人后，标的物毁损、灭失的风险由买受人承担。

14. **答案**：A。根据《民法典》第621条的规定，有约定时，从约定，当事人的约定效力高于法律的任意性规定。

15. **答案**：C。A错，因本题中的自行车并未置于买受人甲的实际控制之下，即尚未实现标的物直接占有的转移，也无拟制交付的情形，因此尚未交付。B、D错C对。

16. **答案**：C。试用买卖，是指以买受人同意购买标的物为生效条件而订立的买卖合同。试用期间，标的物并未实现法律意义上的交付，试用人仅是占有标的物。因此，试用期间冰箱被烧坏的损失应由出卖人甲电器城承担。

17. **答案**：A。《民法典》第636条规定："凭样品买卖的买受人不知道样品有隐蔽瑕疵的，即使交付的标的物与样品相同，出卖人交付的标的物的质量仍然应当符合同种物的通常

---

① 本题考查的是房屋买卖合同的生效条件。但需要注意，登记过户是买卖合同所指向的房屋所有权变动要件，而非合同本身有效成立的要件。《民法典》第215条规定了不动产物权的合同，一般情况下自合同成立时生效。

标准。"

18. 答案：C。根据《民法典》第 608 条的规定，出卖人按照约定或者依据本法第 603 条第 2 款第 2 项的规定将标的物置于交付地点，买受人违反约定没有收取的，标的物毁损、灭失的风险自违反约定时起由买受人承担。

19. 答案：C。(1) 乙为甲方代办托运，从履行地所在城市 S 市运往 M 县，对于买卖合同，履行地就是财产所有权转移的地点。已经离开 S 市，因此所有权已经转移，因是代办托运，占有也同时发生转移。所以乙不承担风险。(2)《民法典》第 606 条规定："出卖人出卖交由承运人运输的在途标的物，除当事人另有约定外，毁损、灭失的风险自合同成立时起由买受人承担。"此是关于路货风险承担的规定。据此，C 项是正确的。(3) 除非当事人之间有特约，不会出现双方分担风险的情况。

20. 答案：B。根据《民法典》第 652 条的规定，供电人因供电设施计划检修、临时检修、依法限电或者用电人违法用电等原因，需要中断供电时，应当按照国家有关规定事先通知用电人；未事先通知用电人中断供电，造成用电人损失的，应当承担损害赔偿责任。

21. 答案：D。根据《民法典》第 653 条的规定，因自然灾害等原因断电，供电人应当按照国家有关规定及时抢修；未及时抢修，造成用电人损失的，应当承担损害赔偿责任。

22. 答案：B。(1) 根据《民法典》第 654 条的规定，用电人逾期不交付电费的，应当按照约定支付违约金。经催告用电人在合理期限内仍不交付电费和违约金的，供电人可以按照国家规定的程序中止供电。排除 A 项。(2) 根据《民法典》第 652 条规定，排除 C 项。(3) 根据《民法典》第 653 条规定，参照上一题，排除 D 项。(4) 根据《民法典》第 651 条规定，供电人应当按照国家规定的供电质量标准和约定安全供电。供电人未按照国家规定的供电质量标准和约定安全供电，造成用电人损失的，应当承担赔

偿责任。

23. 答案：C。根据《民法典》第 650 条的规定，供用电合同的履行地点，按照当事人约定；当事人没有约定或者约定不明确的，供电设施的产权分界处为履行地点。

24. 答案：A。根据《民法典》第 664 条的规定，因受赠人的违法行为致使赠与人死亡或者丧失民事行为能力的，赠与人的继承人或者法定代理人可以撤销赠与。赠与人的继承人或者法定代理人的撤销权，自知道或者应当知道撤销原因之日起六个月内行使。

25. 答案：C。根据《民法典》第 658 条的规定，赠与人在赠与财产的权利转移之前可以撤销赠与。具有救灾、扶贫等社会公益、道德义务性质的赠与合同或者经过公证的赠与合同，不适用前款规定。赠与合同，自双方当事人意思表示一致时成立，本题中该合同已经成立。但赠与人有权在赠与财产的权利转移前撤销赠与。

26. 答案：D。本题考查的是附义务的赠与合同。关键点在于把握受赠人所负的不得再行转让赠与物的义务并不构成对其处分权的限制。另外注意附义务赠与与附条件赠与的区别：通常后者所称条件是不以人的意志为转移的客观事实的发生或不发生，如果"条件"为相对人行为，则为义务。本题属于附义务的赠与合同。动产物权的设立和转让，自交付时发生效力，但是法律另有规定的除外。赠与的动产交付给受赠人时，受赠人取得所有权。另外参见《民法典》第 661 条、第 663 条的规定。

27. 答案：D。根据《民法典》第 662 条的规定，赠与的财产有瑕疵的，赠与人不承担责任。附义务的赠与，赠与的财产有瑕疵的，赠与人在附义务的限度内承担与出卖人相同的责任。赠与人故意不告知瑕疵或者保证无瑕疵，造成受赠人损失的，应当承担损害赔偿责任。赠与不同于买卖，赠与人一般不承担标的物的瑕疵担保责任，但在赠与人故意不告知瑕疵或保证无瑕疵时，应对受赠人因此所受损失承担赔偿责任。

28. 答案：D。根据《民法典》第 658 条的规

定，赠与人在赠与财产的权利转移之前可以撤销赠与。具有救灾、扶贫等社会公益、道德义务性质的赠与合同或者经过公证的赠与合同，不适用前款规定。根据《民法典》第660条规定，具有救灾、扶贫等社会公益、道德义务性质的赠与合同或者经过公证的赠与合同，赠与人不交付赠与的财产的，受赠人可以要求交付。《民法典》规定了赠与合同为诺成合同，但考虑到此类合同的无偿性，允许赠与人在赠与财产的权利转移前撤销赠与。但具有救灾、扶贫等社会公益、道德义务性质的赠与合同或经过公证的赠与合同，不适用此类撤销权，在赠与人不交付赠与财产的情况下，受赠人可以要求交付。

29. **答案**：A。根据《民法典》第668条的规定，借款合同采用书面形式，但自然人之间借款另有约定的除外。借款合同的内容包括借款种类、币种、用途、数额、利率、期限和还款方式等条款。

30. **答案**：C。根据《民法典》第670条的规定，借款的利息不得预先在本金中扣除。利息预先在本金中扣除的，应当按照实际借款数额返还借款并计算利息。

31. **答案**：C。根据《民法典》第530条的规定，债权人可以拒绝债务人提前履行债务，但提前履行不损害债权人利益的除外。债务人提前履行债务给债权人增加的费用，由债务人负担。第677条规定，借款人提前偿还借款的，除当事人另有约定以外，应当按照实际借款的期间计算利息。

32. **答案**：D。自然人间的借款合同，为实践性合同，自贷款人提供借款时成立，而违约责任的承担以存在合法有效的合同为前提。丁某未提供借款，双方合同未成立，不涉及违约责任的问题。排除A项、B项、C项。但本题中，丁某并不排除缔约过失责任的适用。

33. **答案**：C。根据《民法典》第671条第2款的规定，借款人未按照约定的日期、数额收取借款，应当按照约定日期、数额支付利息。

34. **答案**：A。根据《民法典》第680条第2款的规定，借款合同对支付利息没有约定的，视为没有利息。

35. **答案**：C。见《民法典》第725条的规定，租赁物在租赁期间发生所有权变动的，不影响租赁合同的效力。

36. **答案**：C。根据《民法典》第707条的规定，租赁期限六个月以上的，应当采用书面形式。当事人未采用书面形式的，视为不定期租赁。

37. **答案**：C。根据《民法典》第712条的规定，出租人应当履行租赁物的维修义务，但当事人另有约定的除外。根据《民法典》第713条第1款规定，承租人在租赁物需要维修时可以要求出租人在合理期限内维修。出租人未履行维修义务的，承租人可以自行维修，维修费用由出租人负担。因维修租赁物影响承租人使用的，应当相应减少租金或者延长租期。

38. **答案**：D。根据《民法典》第731条的规定，租赁物危及承租人的安全或者健康的，即使承租人订立合同时明知该租赁物质量不合格，承租人仍然可以随时解除合同。

39. **答案**：C。根据《民法典》第725条的规定，租赁物在承租人按照租赁合同占有期限内发生所有权变动的，不影响租赁合同的效力。

40. **答案**：D。《民法典》第725条规定：租赁物在租赁期间发生所有权变动的，不影响租赁合同的效力。

41. **答案**：B。《民法典》第729条规定，因不可归责于承租人的事由，致使租赁物部分或者全部毁损、灭失的，承租人可以要求减少租金或者不支付租金；因租赁物部分或者全部毁损、灭失，致使不能实现合同目的的，承租人可以解除合同。但未规定承租人在此种情形下可以请求损害赔偿。

42. **答案**：A。根据《民法典》第732条规定，承租人在房屋租赁期限内死亡的，与其生前共同居住的人或者共同经营人可以按照原租赁合同租赁该房屋。

43. **答案**：D。根据《民法典》第734条第1款的规定，租赁期限届满，承租人继续使用租赁物，出租人没有提出异议的，原租赁合同继续有效，但是租赁期限为不定期。

44. **答案**：D。根据《民法典》第716条的规定，承租人经出租人同意，可以将租赁物转租给第三人。承租人转租的，承租人与出租人之间的租赁合同继续有效，第三人对租赁物造成损失的，承租人应当赔偿损失。承租人未经出租人同意转租的，出租人可以解除合同。根据《民法典》第718条的规定，出租人知道或者应当知道承租人转租，但是在六个月内未提出异议的，视为出租人同意转租。

45. **答案**：D。根据《民法典》第741条的规定，出租人、出卖人、承租人可以约定，出卖人不履行买卖合同义务的，由承租人行使索赔的权利。承租人行使索赔权利的，出租人应当协助。A选项错误，并非只能由出租人索赔；B选项错误，不是只能由承租人索赔，而是可以约定由承租人索赔；C选项错误，承租人行使索赔权利时，出租人应当协助。所以正确答案是D。

46. **答案**：A。根据《民法典》第757条的规定，出租人和承租人可以约定租赁期限届满租赁物的归属；对租赁物的归属没有约定或者约定不明确，依据本法第510条的规定仍不能确定的，租赁物的所有权归出租人。

47. **答案**：C。根据《民法典》第739条的规定，出租人根据承租人对出卖人、租赁物的选择订立的买卖合同，未经承租人同意，出租人不得变更与承租人有关的合同内容。

48. **答案**：C。(1)根据《民法典》第739条规定，出租人根据承租人对出卖人、租赁物的选择订立的买卖合同，出卖人应当按照约定向承租人交付标的物，承租人享有与受领标的物有关的买受人的权利。A项正确。(2)根据《民法典》第1209条规定，因租赁、借用等情形机动车所有人、管理人与使用人不是同一人时，发生交通事故造成损害，属于该机动车一方责任的，由机动车使用人承担赔偿责任；机动车所有人、管理人对损害的发生有过错的，承担相应的赔偿责任。信托公司作为客车的所有人并无过错，因此由运输公司承担损害赔偿责任，B项正确。(3)根据《最高人民法院关于适用〈中华人民共和国民法典〉有关担保制度的解释》第65条第1款的规定，在融资租赁合同中，承租人未按照约定支付租金，经催告后在合理期限内仍不支付，出租人请求承租人支付全部剩余租金，并以拍卖、变卖租赁物所得的价款受偿的，人民法院应予支持；当事人请求参照《民事诉讼法》"实现担保物权案件"的有关规定，以拍卖、变卖租赁物所得价款支付租金的，人民法院应予准许。该规定并未提到承租人破产后，出租人对标的物有优先受偿权，故C项错误，当选。(4)根据《民法典》第757条的规定，出租人和承租人可以约定租赁期限届满租赁物的归属；对租赁物的归属没有约定或者约定不明确，依据本法第510条的规定仍不能确定的，租赁物的所有权归出租人。D项正确。

49. **答案**：B。《民法典》第735条规定，融资租赁合同是出租人根据承租人对出卖人、租赁物的选择，向出卖人购买租赁物，提供给承租人使用，承租人支付租金的合同。所以该合同是典型的融资租赁合同。

50. **答案**：A。本题考查的是借款合同中，借款人的提供义务及出借人的监督权。在订立借款合同中，该银行可以要求甲公司提供仅与借款有关的业务活动及财务状况的真实情况；银行可对借款人借款使用状况进行监督、检查，并可采取相关措施保护其利益。

51. **答案**：A。《民法典》第749条规定："承租人占有租赁物期间，租赁物造成第三人的人身损害或者财产损失的，出租人不承担责任。"所以该民事责任应由承租人承担。

52. **答案**：D。(1)根据《民法典》第772条的规定，承揽人应当以自己的设备、技术和劳力，完成主要工作，但是当事人另有约定的除外。承揽人将其承揽的主要工作交由第三人完成的，应当就该第三人完成的工作成果向定作人负责；未经定作人同意的，定作人也可以解除合同。A项正确。(2)根据《民法典》第787条的规定，定作人在承揽人完成工作前可以随时解除合同，造成承揽人损失的，应当赔偿损失。B 项正确。(3) 根据《民法典》第 778 条的规定，承揽工作需要定作人协助的，定作人有协助的义务。定作人不履行协助义务致使承揽工作不能完成的，承揽人可以催告定作人在合理期限内履行义务，并可以顺延履行期限；定作人逾期不履行的，承揽人可以解除合同。C 项正确。(4) 题目说选不正确的，本题选 D。

53. 答案：C。根据《民法典》第 770 条的规定，承揽合同是承揽人按照定作人的要求完成工作，交付工作成果，定作人支付报酬的合同。承揽包括加工、定作、修理、复制、测试、检验等工作。而供用电合同则属于转移财产所有权的合同，不属于承揽合同。

54. 答案：D。根据《民法典》第 773 条的规定，承揽人可以将其承揽的辅助工作交由第三人完成。承揽人将其承揽的辅助工作交由第三人完成的，应当就该第三人完成的工作成果向定作人负责。

55. 答案：D。根据《民法典》第 778 条的规定，承揽工作需要定作人协助的，定作人有协助的义务。定作人不履行协助义务致使承揽工作不能完成的，承揽人可以催告定作人在合理期限内履行义务，并可以顺延履行期限；定作人逾期不履行的，承揽人可以解除合同。所以答案为 D。

56. 答案：D。根据《民法典》第 775 条的规定，定作人提供材料的，定作人应当按照约定提供材料。承揽人对定作人提供的材料应当及时检验，发现不符合约定时，应当及时通知定作人更换、补齐或者采取其他补救措施。承揽人不得擅自更换定作人提供的材料，不得更换不需要修理的零部件。本题乙不应自行从市场上购买面料进行加工，而甲未及时提供材料，也存有过失，甲、乙双方属共同违约，应依过失程度分别承担违约责任。

57. 答案：B。根据《民法典》第 786 条规定，共同承揽人对定作人承担连带责任，但是当事人另有约定的除外。据此，正确答案为 B。

58. 答案：B。本题中的承揽合同是由承揽人自己准备原料，属定作合同，服装尚未交付，所有权仍属于乙服装厂，当然可以作为乙服装厂的破产财产。

59. 答案：B。(1) 根据《民法典》第 776 条规定，承揽人发现定作人提供的图纸或者技术要求不合理的，应当及时通知定作人。因定作人怠于答复等原因造成承揽人损失的，应当赔偿损失。因此 A 中的行为不构成违约。(2) 根据《民法典》第 773 条规定，承揽人可以将其承揽的辅助工作交由第三人完成。承揽人将其承揽的辅助工作交由第三人完成的，应当就该第三人完成的工作成果向定作人负责。因此 C 不构成违约。(3) 根据《民法典》第 783 条规定，定作人未向承揽人支付报酬或者材料费等价款的，承揽人对完成的工作成果享有留置权，但当事人另有约定的除外。因此 D 不构成违约。(4) 根据《民法典》第 775 条规定，定作人提供材料的，定作人应当按照约定提供材料。承揽人对定作人提供的材料，应当及时检验，发现不符合约定时，应当及时通知定作人更换、补齐或者采取其他补救措施。承揽人不得擅自更换定作人提供的材料，不得更换不需要修理的零部件。因此，B 项中的行为构成违约。

60. 答案：C。根据《民法典》第 799 条的规定，建设工程竣工后，发包人应当根据施工图纸及说明书、国家颁发的施工验收规范和质量检验标准及时进行验收。验收合格的，发包人应当按照约定支付价款，并接收该建设工程。建设工程竣工经验收合格后，方可交付使用；未经验收或者验收不合格的，不得交付使用。根据《最高人民法院关于审理建设工程施工合同纠纷案件适用法律问题的解释（一）》第 14 条的规定，建设工程未经竣工验收，发包人擅自使用后，又以使用部分质量不符合约定为由主张权利的，人民法院不予支持；但是承包人应当在建设工程的合理使用寿命内对地基基础工程和主体结构质量承担民事责任。这意味着一般情况下，发包人擅自使用未经验收的建设工程，发现质量问题后，应由发包人承担责任，但是承包人对地基基础工程和主体结构质量在合理使用寿命内仍需承担民事责任。故本题选 C。

61. 答案：D。根据《民法典》第 791 条第 2 款规定，总承包人或者勘察、设计、施工承包人经发包人同意，可以将自己承包的部分工作交由第三人完成。第三人就其完成的工作成果与总承包人或者勘察、设计、施工承包人向发包人承担连带责任。在本题中，甲公司经学校同意将部分工作转包给乙公司，所以就乙公司完成的工作成果，甲公司和乙公司应向学校承担连带责任，故答案选 D。

62. 答案：C。本题考查的是加工承揽合同。根据《民法典》第 775 条的规定，定作人提供材料的，定作人应当按照约定提供材料。承揽人对定作人提供的材料，应当及时检验，发现不符合约定时，应当及时通知定作人更换、补齐或者采取其他补救措施。承揽人不得擅自更换定作人提供的材料，不得更换不需要修理的零部件。依此，只有 C 项是正确的。

63. 答案：B。根据《民法典》第 839 条的规定，多式联运经营人可以与参加多式联运的各区段承运人就多式联运合同的各区段运输约定相互之间的责任，但该约定不影响多式联运经营人对全程运输承担的义务。

64. 答案：C。根据《民法典》第 814 条规定，客运合同自承运人向旅客出具客票时成立，但是当事人另有约定或者另有交易习惯的除外。

65. 答案：B。本题考查的是保管合同中对保管费约定不明或未约定的处理、保管物孳息的归属。甲厂向乙厂购鸡是为了加工成烧鸡，以供应国庆节日市场。而乙厂本应在 9 月 15 日前交货，但迟至 9 月 27 日才向甲厂交货，致甲厂无法实现合同目的，因而甲厂有权拒收货物。保管合同中，孳息归寄存人所有，因而，鸡蛋应归乙厂所有。根据《民法典》第 889 条的规定，寄存人应当按照约定向保管人支付保管费。当事人对保管费没有约定或者约定不明确，依据本法第 510 条的规定

仍不能确定的，视为无偿保管。甲、乙对保管费约定不明，视保管为无偿。B 项错误。

66. 答案：C。根据《民法典》第 821 条的规定，承运人擅自降低服务标准的，应当根据旅客的要求退票或者减收票款；提高服务标准的，不应当加收票款。

67. 答案：D。根据《民法典》第 823 条第 1 款的规定，承运人应当对运输过程中旅客的伤亡承担损害赔偿责任，但伤亡是旅客自身健康原因造成的或者承运人证明伤亡是旅客故意、重大过失造成的除外。

68. 答案：D。根据《民法典》第 832 条的规定，承运人对运输过程中货物的毁损、灭失承担损害赔偿责任，但承运人证明货物的毁损、灭失是因不可抗力、货物本身的自然性质或者合理损耗以及托运人、收货人的过错造成的，不承担损害赔偿责任。

69. 答案：C。本题考查的是同一运输方式联运下，多个承运人就损失赔偿责任的承担。甲、乙公司都以汽车运输承运陈斌的货物，甲公司与陈斌签订合同，应对全程运输承担责任，在某一运输区段发生损失的，甲、乙公司承担连带赔偿责任。

70. 答案：D。根据《民法典》第 814 条规定，客运合同自承运人向旅客出具客票时成立，但是当事人另有约定或者另有交易习惯的除外。在乘客先上车后购票的交易习惯中，合同自旅客上车时成立，其后旅客补票的行为则是履行支付票款的合同义务。虽然乘客乙尚未买车票，但根据交易习惯，当乘客登上中巴车准备乘坐时，运输合同即已成立。甲作为承运人，有义务保障乘客的人身和财产安全。甲在超速驾驶过程中存在过失，其紧急刹车行为导致乙的物品毁损，应当承担赔偿责任。所以本题选 D。

71. 答案：B。本题考查的是中介人未促成合同的报酬及必要费用的负担。《民法典》第 963 条规定：中介人促成合同成立的，委托人应当按照约定支付报酬。乙虽积极为甲联系买主，并确已联系到买主，但甲销售中央空调主机的合同并非乙促成的，因而，乙无权要求甲支付报酬 1000 元。根据《民法典》

第 964 条规定，中介人未促成合同成立的，不得请求支付报酬；但是，可以按照约定请求委托人支付从事中介活动支出的必要费用，故乙在中介活动中支出的必要费用 500 元应当由甲承担。

72. 答案：B。根据《民法典》第 835 条规定，货物在运输过程中因不可抗力灭失，未收取运费的，承运人不得要求支付运费；已收取运费的，托运人可以要求返还。

73. 答案：D。根据《民法典》第 833 条规定，货物的毁损、灭失的赔偿额，当事人有约定的，按照其约定；没有约定或者约定不明确，依据本法第 510 条的规定仍不能确定的，按照交付或者应当交付时货物到达地的市场价格计算。法律、行政法规对赔偿额的计算方法和赔偿限额另有规定的，依照其规定。

74. 答案：B。根据《民法典》第 841 条规定，因托运人托运货物时的过错造成多式联运经营人损失的，即使托运人已经转让多式联运单据，托运人仍然应当承担损害赔偿责任。

75. 答案：C。根据《民法典》第 861 条规定，委托开发或者合作开发完成的技术秘密成果的使用权、转让权以及利益的分配办法，由当事人约定。没有约定或者约定不明确，依照本法第 510 条的规定仍不能确定的，当事人均有使用和转让的权利，但委托开发的研究开发人不得在向委托人交付研究开发成果之前，将研究开发成果转让给第三人。故本题选 C。对于 D 项，为了保护善意第三人，乙公司与丙公司的转让合同有效，但乙应赔偿甲因此受到的损失。

76. 答案：D。根据《民法典》第 889 条的规定，寄存人应当按照约定向保管人支付保管费。当事人对保管费没有约定或者约定不明确，依照本法第 510 条的规定仍不能确定的，保管是无偿的。

77. 答案：B。根据《民法典》第 890 条的规定，保管合同自保管物交付时成立，但当事人另有约定的除外。保管合同为实践性合同。

78. 答案：C。根据《民法典》第 898 条的规定，寄存人寄存货币、有价证券或者其他贵重物品的，应当向保管人声明，由保管人验收或者封存。寄存人未声明的，该物品毁损、灭失后，保管人可以按照一般物品予以赔偿。

79. 答案：D。根据《民法典》第 899 条的规定，寄存人可以随时领取保管物。当事人对保管期间没有约定或者约定不明确的，保管人可以随时要求寄存人领取保管物；约定保管期间的，保管人无特别事由，不得要求寄存人提前领取保管物。

80. 答案：D。作为保管合同的保管人负有依照保管合同尽到善良管理人应尽的注意妥善保管保管物的义务。保管合同可以是有偿合同也可以是无偿合同。对于无偿保管合同，只有在保管人有重大过失或者故意时，方应对保管物的毁损灭失负赔偿责任。本案中，王某对贾某的古书是一种无偿保管，其对古书的损害没有重大过失，不应由其承担赔偿责任。

81. 答案：D。根据《民法典》第 915 条规定，储存期限届满，存货人或者仓单持有人应当凭仓单、入库单等提取仓储物。存货人或者仓单持有人逾期提取的，应当加收仓储费；提前提取的，不减收仓储费。

82. 答案：C。根据《民法典》第 916 条规定，储存期限届满，存货人或者仓单持有人不提取仓储物的，保管人可以催告其在合理期限内提取；逾期不提取的，保管人可以提存仓储物。

83. 答案：A。根据《民法典》第 929 条规定，有偿的委托合同，因受托人的过错造成委托人损失的，委托人可以请求赔偿损失。无偿的委托合同，因受托人的故意或者重大过失造成委托人损失的，委托人可以请求赔偿损失。受托人超越权限造成委托人损失的，应当赔偿损失。本题中，乙是基于甲的委托去代买照相机，在这一过程中，乙对 500 元钱的丢失不存在故意或重大过失。因为钱是在公共汽车上被小偷偷走的，属于意外事件，乙无法预见且难以控制。

84. 答案：D。根据《民法典》第 920 条的规定，委托人可以特别委托受托人处理一项或者数项事务，也可以概括委托受托人处理一切事务。根据《民法典》第929条规定，有偿的委托合同，因受托人的过错给委托人造成损失的，委托人可以要求赔偿损失。无偿的委托合同，因受托人的故意或者重大过失给委托人造成损失的，委托人可以要求赔偿损失。受托人超越权限给委托人造成损失的，应当赔偿损失。根据《民法典》第933条规定，委托人或者受托人可以随时解除委托合同。因解除委托合同给对方造成损失的，除不可归责于该当事人的事由外，应当赔偿损失。无偿的委托合同，仅在因委托人的故意或重大过失致受托人受到损失时，受托人方有权要求赔偿。

85. 答案：B。(1) 根据《民法典》第925条的规定，受托人以自己的名义，在委托人的授权范围内与第三人订立的合同，第三人在订立合同时知道受托人与委托人之间的代理关系的，该合同直接约束委托人和第三人，但有确切证据证明该合同只约束受托人和第三人的除外。B项错误。(2) 根据《民法典》第951条规定，行纪合同是行纪人以自己的名义为委托人从事贸易活动，委托人支付报酬的合同。C项、D项正确。(3)《民法典》第958条规定，行纪人与第三人订立合同的，行纪人对该合同直接享有权利、承担义务。第三人不履行义务致使委托人受到损害的，行纪人应当承担损害赔偿责任，但行纪人与委托人另有约定的除外。A项正确。

86. 答案：A。根据《民法典》第958条的规定，行纪人与第三人订立合同的，行纪人对该合同直接享有权利、承担义务。第三人不履行义务致使委托人受到损害的，行纪人应当承担损害赔偿责任，但行纪人与委托人另有约定的除外。

87. 答案：C。根据《民法典》第923条的规定，受托人应当亲自处理委托事务。经委托人同意，受托人可以转委托。转委托经同意的，委托人可以就委托事务直接指示转委托的第三人，受托人仅就第三人的选任及其对第三人的指示承担责任。转委托未经同意的，受托人应当对转委托的第三人的行为承担责任，但在紧急情况下受托人为维护委托人的利益需要转委托的除外。

88. 答案：B。根据《民法典》第932条规定，两个以上的受托人共同处理委托事务的，对委托人承担连带责任。

89. 答案：C。根据《民法典》第926条第1款、第2款规定，受托人以自己的名义与第三人订立合同时，第三人不知道受托人与委托人之间的代理关系的，受托人因第三人的原因对委托人不履行义务，受托人应当向委托人披露第三人，委托人因此可以行使受托人对第三人的权利。但是，第三人与受托人订立合同时如果知道该委托人就不会订立合同的除外。受托人因委托人的原因对第三人不履行义务的，受托人应当向第三人披露委托人，第三人因此可以选择受托人或者委托人作为相对人主张其权利，但是第三人不得变更选定的相对人。本题中，丙可依法律规定选择甲或乙支付。因此，正确答案应当是C。

90. 答案：D。参照《民法典》第926条，理由同上。

91. 答案：C。(1)《民法典》第933条规定，委托人或者受托人可以随时解除委托合同。因解除合同给对方造成损失的，除不可归责于该当事人的事由以外，应当赔偿损失。据此，可以排除A项，C项当选。(2) 根据《民法典》第928条规定，受托人完成委托事务的，委托人应当向其支付报酬。因不可归责于受托人的事由，委托合同解除或者委托事务不能完成的，委托人应当向受托人支付相应的报酬。当事人另有约定的，按照其约定。D是解除后支付相应的报酬，而不是按合同约定支付报酬，因此D项应当排除。

92. 答案：C。(1) 授权行为并非必须采用书面形式，口头授权也是有效的。A项错误。(2) 委托合同也可以事后订立，并非必须事前订立，B项错误。(3) 委托合同产生于委托人与受托人双方一致的意思表示，而授权行为仅来源于委托单方。C项正确。(4) 实践性法律行为是指当事人意思表示之外，尚须交付标的物的法律行为。而授权行为只需被代理人作出授权的意思表示，无须以交付标的物或实施其他实际行为为成立要件。D项错误。

93. **答案**：B。本题考查的是转委托的责任承担。根据《民法典》第169条的规定，甲、乙形成委托关系后，乙因故不能处理委托事务，需转委托丙时，应经甲同意。当时乙突然生病又大雨将至，情况紧急，乙又不能与甲取得联系，为了甲的利益，乙可转委托丙，且乙在事后向甲汇报此事，甲未表示反对，代理人乙仅就第三人的选任以及对第三人的指示承担责任。因而，当因丙的原因致甲损失时，甲应当直接向丙求偿。

94. **答案**：C。本题考查的是行纪合同。根据《民法典》第958条规定，第三人违约致委托人损失，行纪人承担赔偿责任。行纪合同是行纪人以自己的名义为委托人从事贸易活动，委托人支付报酬的合同。行纪人甲以自己的名义与第三人丙订立合同，并对合同直接享有权利承担义务，在第三人丙不履行合同义务而致委托人乙损失时，应由行纪人甲承担损害赔偿责任。

95. **答案**：C。根据《民法典》第860条的规定，合作开发完成的发明创造，除当事人另有约定的外，申请专利的权利属于合作开发的当事人共有。当事人一方转让其共有的专利申请权的，其他各方享有以同等条件优先受让的权利。合作开发的当事人一方声明放弃其共有的专利申请权的，可以由另一方单独申请或者由其他各方共同申请。申请人取得专利权的，放弃专利申请权的一方可以免费实施该专利。合作开发的当事人一方不同意申请专利的，另一方或者其他各方不得申请专利。

96. **答案**：A。根据《民法典》第884条第1款规定，技术服务合同的委托人不履行合同义务或者履行合同义务不符合约定，影响工作进度和质量，不接受或者逾期接受工作成果的，支付的报酬不得追回，未支付的报酬应当支付。所以委托方应当按照约定支付报酬。

97. **答案**：B。根据《民法典》第858条的规定，技术开发合同履行过程中的风险是指研究开发方在研究开发过程中，虽然经过主观努力，但受现有认识水平、技术水平和科学知识以及其他现有条件的限制，确实无法实现技术开发合同的目标，从而导致研究开发工作部分或者全部失败而引起的财产上的责任。该风险责任仅指技术风险责任，不包括不可抗力引起的财产责任。

98. **答案**：D。在本案中，张某与银行之间有两种民事法律关系。张某向银行贷款，两者构成借贷合同关系；以房屋设立抵押，两者形成抵押关系，房屋为抵押物。房屋被洪水冲毁属于不可抗力，其仅使抵押物消灭，使银行的抵押权消灭，但是并不影响当事人间的借贷合同关系，银行仍然享有债权。根据《民法典》第509条第1款的规定，当事人应当按照约定全面履行自己的义务，张某应该按约履行还款义务。所以，选项D正确，选项A、B、C错误。综上，本题正确答案为D。

99. **答案**：B。（1）《民法典》第864条规定，技术转让合同和技术许可合同可以约定实施专利或者使用技术秘密的范围，但是不得限制技术竞争和技术发展。据此，甲公司与乙公司的约定无效，乙公司有权改进技术，所以，选项C、D错误。（2）《民法典》第875条规定，当事人可以按照互利的原则，在合同中约定实施专利、使用技术秘密后续改进的技术成果的分享办法；没有约定或约定不明确，依据本法第510条的规定仍不能确定的，一方后续改进的技术成果，其他各方无权分享。本题中，甲公司与乙公司对改进的技术成果的分享办法未作约定，甲公司无权分享乙公司改进技术。所以，选项A错误，选项B正确。综上，本题正确答案为B。

100. **答案**：C。本题考查房屋租赁合同中承租人的优先购买权。根据《民法典》第726条规定，出租人出卖租赁房屋的，应当在出卖之前的合理期限内通知承租人，承租人享有以同等条件优先购买的权利。据此A、D项错误。善意取得的前提是无权处分,甲出卖房屋并非无权处分,因此B项错误。甲虽侵害了乙的优先购买权,但是甲、丙之间的合同并无法律明文规定为无效,只是如果因此给乙造成了损失,甲有义务予以赔偿,因此C项正确。

101. 答案:B。20万元系捐款,从题目所述事实看,在法律关系上是赠与,受赠人是宗某,其所有权人为宗某;赠与的款项有特定的用途,即用于救治宗某。赠与是一种合同关系,从赠与人的意思表示来看,其赠与的款项应该符合两个目的:①赠给宗某;②用于救治。但题目不是问关于合同之债的问题,而是问余款的所有权归属问题。题目中虽然未明确说明专门设立的账户是在何人名下,但应该理解为宗某对20万元捐款具有所有权,或者宗某有权要求取得该所有权。甲公司虽然进行了捐款的组织工作,但其并不是受赠人,因此并没有所有权。20万元既然是宗某的合法财产,其死亡后,理应由其继承人继承。B项正确。

102. 答案:C。(1) 从本题涉及法律关系来看,甲、乙之间存在借用法律关系,甲、丙之间存在承揽合同法律关系。在乙通知甲解除借用关系并告知丙,同时要求丙不得将自行车交给甲,丙也向甲核实而甲承认后,甲、乙之间的借用法律关系解除,此时原甲、丙之间的承揽合同法律关系中的定作人也由原来的甲变更为乙。故甲无权再请求丙返还自行车,而乙无论作为承揽合同法律关系中的定作人还是自行车的所有人,均有权请求丙返还自行车,也无须经过甲同意。由此可知A、B选项错误。(2)《民法典》第783条规定:"定作人未向承揽人支付报酬或者材料费等价款的,承揽人对完成的工作成果享有留置权或者有权拒绝交付,但是当事人另有约定的除外。"本题中,因为原甲、丙之间的承揽合同法律关系中的定作人也由原来的甲变更为乙,故乙有权要求丙返还自行车,但在100元修理费未支付前,丙就自行车享有留置权。由此可知C选项正确而D选项错误。当然,在乙支付丙100元修理费后,基于甲是"因莽撞骑行造成自行车链条断裂",所以乙也有权要求甲偿还100元。

103. 答案:D。A项考查租金支付。根据《民法典》第742条规定,承租人对出卖人行使索赔权利,不影响其履行支付租金的义务。但是,承租人依赖出租人的技能确定租赁物或者出租人干预选择租赁物的,承租人可以请求减免相应租金。本题中不存在例外情形,甲公司应当按照约定支付租金。故A项错误。B项考查维修义务。根据《民法典》第750条规定,承租人应当妥善保管、使用租赁物。承租人应当履行占有租赁物期间的维修义务。本题中,如租期内医疗设备存在瑕疵,承租人甲公司应承担维修义务。故B项错误。C、D项考查风险负担。根据《民法典》第751条规定,承租人占有租赁物期间,租赁物毁损、灭失的,出租人有权请求承租人继续支付租金,但是法律另有规定或者当事人另有约定的除外。由此可知租赁期内,除法律另有规定或者当事人另有约定的,租赁物毁损、灭失的风险由承租人承担。本题中,租期内医疗设备毁损、灭失的风险应由甲公司(承租人)承担。故C项错误。

104. 答案:A。首先,根据《最高人民法院关于审理买卖合同纠纷案件适用法律问题的解释》第27条第1款规定,《民法典》第634条第1款规定的"分期付款",系指买受人将应付的总价款在一定期限内至少分三次向出卖人支付。故A项错误。其次,根据《最高人民法院关于审理商品房买卖合同纠纷案件适用法律若干问题的解释》第7条规定,买受人以出卖人与第三人恶意串通,另行订立商品房买卖合同并将房屋交付使用,导致其无法取得房屋为由,请求确认出卖人与第三人订立的商品房买卖合同无效的,应予支持。故B项正确。再次,根据《最高人民法院关于审理商品房买卖合同纠纷案件适用法律若干问题的解释》第8条第2款规定,房屋毁损、灭失的风险,在交付使用前由出卖人承担,交付使用后由买受人承担；买受人接到出卖人的书面交房通知，无正当理由拒绝接收的，房屋毁损、灭失的风险自书面交房通知确定的交付使用之日起由买受人承担，但法律另有规定或者当事人另有约定的除外。故 C 项正确。最后，根据《最高人民法院关于审理商品房买卖合同纠纷案件适用法律若干问题的解释》第 11 条第 1 款及《民法典》第 563 条的规定，出卖人迟延交付房屋或者买受人迟延支付购房款，经催告后在合理期限内仍未履行，解除权人请求解除合同的，应予支持，但当事人另有约定的除外。故 D 项正确。

105. **答案**：C。根据《最高人民法院关于审理民间借贷案件适用法律若干问题的规定》第 13 条第 4 项规定，出借人事先知道或者应当知道借款人借款用于违法犯罪活动仍然提供借款的，人民法院应当认定民间借贷合同无效。本案中，贺某因购买制造假酒的设备和原材料向宫某借款，且宫某明知，该借款合同无效，故 C 项正确，B 项错误。担保合同具有从属性，当主合同因违反《民法典》及司法解释的规定被认定无效时，担保合同原则上也归于无效。另根据《最高人民法院关于适用〈中华人民共和国民法典〉有关担保制度的解释》第 17 条第 2 款规定，主合同无效导致第三人提供的担保合同无效，担保人无过错的，不承担赔偿责任，故 A 项错误。根据《民法典》第 679 条规定，自然人之间的借款合同，自贷款人提供借款时成立。自然人之间的借款合同属于实践合同，需实际交付借款合同方成立，故 D 项错误。

106. **答案**：C。《民法典》第 641 条规定："当事人可以在买卖合同中约定买受人未履行支付价款或者其他义务的，标的物的所有权属于出卖人。出卖人对标的物保留的所有权，未经登记，不得对抗善意第三人。"（1）在本题中，甲保留汽车所有权，但乙在未付清全部价款时擅自将车卖给不知情的丙，乙的行为属于无权处分。而丙作为善意第三人，且汽车已完成交付，所以可以取得汽车的所有权。本题中，乙与丙的买卖合同不因乙无权处分而无效，只要符合合同生效要件，合同即为有效，A 项错误。（2）丙可以基于善意取得制度取得汽车所有权，并非甲才是唯一的所有权人，B 项错误。（3）丙已合法取得汽车所有权，甲无权要求丙返还汽车，D 项错误。故本题正确答案为 C。

多项选择题

1. **答案**：ACD。根据《民法典》第 634 条的规定，本案中，买受人王某未支付到期价款的金额为 48 万元，已逾总价额的 1/5，出卖人房产公司可以要求买受人王某支付全部价款或者解除合同。出卖人房产公司解除合同的，可以向买受人王某要求支付该标的物的使用费。

2. **答案**：ABD。甲长期拖欠价款（已超过全部价款总额的 1/5），且对自己占有的标的物实施无权处分，已经构成了根本违约，乙公司依《民法典》第 563 条第 1 款第 3 项、第 4 项和第 634 条第 1 款有权解除合同，请求甲承担违约责任，A 项正确。《民法典》第 634 条第 2 款规定："出卖人解除合同的，可以向买受人请求支付该标的物的使用费。"因此 B 项正确。参照《民法典》第 312 条规定："所有权人或者其他权利人有权追回遗失物。该遗失物通过转让被他人占有的，权利人有权向无处分权人请求损害赔偿，或者自知道或者应当知道受让人之日起二年内向受让人请求返还原物；但是，受让人通过拍卖或者向具有经营资格的经营者购得该遗失物的，权利人请求返还原物时应当支付受让人所付的费用。权利人向受让人支付所付费用后，有权向无处分权人追偿。"本题中丙并非通过拍卖取得标的物，甲也不具有同类产品的经营资格，故不符合《民法典》第 312 条的适用要件，C 项错误。《民法典》第 311 条第 2 款规定："受让人依据前款规定取得不动产或者动产的所有权的，原所有权人有权向无处分权人请求损害赔偿。"可见对标的物处分的无效不等于甲、丙买卖合同的无效，丙返还潜水设备后仍可以要求甲承担违约责任，D 正确。故选 A、B、D。

3. 答案：ABCD。根据《民法典》第 627 条的规定，买受人应当按照约定的地点支付价款。对支付地点约定不明确的，依照本法第 510 条的规定仍不能确定的，买受人应当在出卖人的营业地支付，但约定支付价款以交付标的物或交付提取标的物单证为条件的，在交付标的物或交付提取标的物单证的所在地支付。

4. 答案：ABCD。根据《民法典》第 621 条规定，当事人约定检验期限的，买受人应当在检验期限内将标的物的数量或者质量不符合约定的情形通知出卖人。买受人怠于通知的，视为标的物的数量或者质量符合约定。当事人没有约定检验期限的，买受人应当在发现或者应当发现标的物的数量或者质量不符合约定的合理期限内通知出卖人。买受人在合理期限内未通知或者自收到标的物之日起二年内未通知出卖人的，视为标的物的数量或者质量符合约定；但是，对标的物有质量保证期的，适用质量保证期，不适用该二年的规定。出卖人知道或者应当知道提供的标的物不符合约定的，买受人不受前两款规定的通知时间的限制。根据《民法典》第 623 条规定，当事人对检验期限未作约定，买受人签收的送货单、确认单等载明标的物数量、型号、规格的，推定买受人已经对数量和外观瑕疵进行检验，但是有相关证据足以推翻的除外。

5. 答案：AD。根据《民法典》第 635 条、第 636 条的规定，本案中双方约定产品质量以样品为准，李某交付标的物应与样品质量相同，商场不知道样品有隐蔽瑕疵的，即使交付的标的物与样品相同，出卖人交付的标的物的质量仍然应当符合同种物的通常标准。在本题中，双方已经明确约定了产品质量以样品为准，这排除了按照国家标准、行业标准或通常标准履行的可能性。

6. 答案：ABD。C 错，因承揽合同属于交付工作成果性质的合同。属于转移财产所有权性质的合同有买卖合同、赠与合同、供用电合同和借贷合同等。

7. 答案：ABCD。根据《民法典》第 603 条规定可知。

8. 答案：AB。（1）A、B 对，根据《民法典》第 604 条规定，标的物毁损、灭失的风险，在标的物交付之前由出卖人承担，交付之后由买受人承担，但是法律另有规定或者当事人另有约定的除外。根据《民法典》第 605 条规定，因买受人的原因致使标的物未按照约定的期限交付的，买受人应当自违反约定时起承担标的物毁损、灭失的风险。（2）根据《民法典》第 606 条规定，出卖人出卖交由承运人运输的在途标的物，除当事人另有约定外，毁损、灭失的风险自合同成立时起由买受人承担。故 C 项错误。（3）根据《民法典》第 607 条规定，标的物需运输的，出卖人交付于第一承运人后，风险由该买受人负担，而不是承运人负担。故 D 项错误。

9. 答案：ACD。动产所有权的变动依交付。甲、乙之间的设备买卖合同成立且生效，但出卖人甲并未将设备交付给买受人乙，此时所有权并未发生转移。后甲以占有改定的方式将设备交付给了丙，此时该设备的所有权归丙。因此 A 项正确，B 项错误。乙可以根据合法有效的买卖合同追究甲的违约责任，D 项正确。甲不是所有权人，将设备出租给丁属于无权出租，租赁合同合法有效，C 项正确。

10. 答案：ABD。根据《民法典》第 621 条的规定，当事人没有约定检验期限的，买受人在合理期限内未通知或者自收到标的物之日起二年内未通知出卖人的，视为标的物的数量或者质量符合约定；但是，对标的物有质量保证期的，适用质量保证期，不适用该二年的规定。C 项正确，A、B、D 错误。

11. 答案：CD。（1）一物双卖，原则上两个合同都有效，A 项错误。（2）丙已经通过登记取得了所有权，甲与丙的合同没有无效事由，因此丙的房屋所有权法律应当予以认可。故 B 项错误，乙要求实际履行属于法律不能。（3）因甲、乙之间的合同有效，因此乙可以要求甲承担实际履行以外的违约责任。故 C 项正确。（4）根据《民法典》第

585 条第 2 款规定，约定的违约金低于造成的损失的，当事人可以请求人民法院或者仲裁机构予以增加；约定的违约金过分高于造成的损失的，当事人可以请求人民法院或者仲裁机构予以适当减少。D 项正确。

12. **答案**：ABCD。《民法典》第 652 条规定："供电人因供电设施计划检修、临时检修、依法限电或者用电人违法用电等原因，需要中断供电时，应当按照国家有关规定事先通知用电人；未事先通知用电人中断供电，造成用电人损失的，应当承担赔偿责任。"由此可知 A、B、C 三项均属于供电公司应承担赔偿责任的情况。由合同相对性原理可知，因第三人的原因导致供电中断，供电人仍然应承担对用电人的赔偿责任。选 A、B、C、D。

13. **答案**：AC。根据《民法典》第 664 条的规定，因受赠人的违法行为致使赠与人死亡或者丧失民事行为能力的，赠与人的继承人或者法定代理人可以撤销赠与。赠与人的继承人或者法定代理人的撤销权，自知道或者应当知道撤销事由之日起六个月内行使。

14. **答案**：BCD。王力资助田岸上学属于具有公益、道德义务性质的赠与合同，根据《民法典》第 660 条规定，经过公证的赠与合同或者依法不得撤销的具有救灾、扶贫、助残等公益、道德义务性质的赠与合同，赠与人不交付赠与财产的，受赠人可以请求交付。因此田岸可以请求王力交付剩余的 300 元。

15. **答案**：ABD。《民法典》第 663 条规定："受赠人有下列情形之一的，赠与人可以撤销赠与：（一）严重侵害赠与人或者赠与人近亲属的合法权益；（二）对赠与人有扶养义务而不履行；（三）不履行赠与合同约定的义务。赠与人的撤销权，自知道或者应当知道撤销事由之日起一年内行使。"

16. **答案**：ABD。本题中对小学的赠与具有社会公益性质。《民法典》第 658 条规定，赠与人在赠与财产的权利转移之前可以撤销赠与。具有救灾、扶贫等社会公益、道德义务性质的赠与合同或者经过公证的赠与合同，不适用前款规定。因此，应当选 A、B、D。

依《民法典》第 660 条的规定，乙小学有权要求甲交付钢琴。

17. **答案**：ABCD。《最高人民法院关于审理民间借贷案件适用法律若干问题的规定》第 24 条第 1 款规定："借贷双方没有约定利息，出借人主张支付利息的，人民法院不予支持。"本案中，甲、丙之间为自然人借款，未约定利息的视为没有利息，因此 A、D 错误。甲以个人名义所负的债务应属于夫妻共同债务。尽管甲、乙离婚且家庭财产全部归乙，但丙仍有权就夫妻共同债务向甲、乙双方主张权利，因此 B、C 错误。

18. **答案**：AB。《民法典》第 712 条规定："出租人应当履行租赁物的维修义务，但是当事人另有约定的除外。"《民法典》第 713 条规定："承租人在租赁物需要维修时可以请求出租人在合理期限内维修。出租人未履行维修义务的，承租人可以自行维修，维修费用由出租人负担……"

19. **答案**：ABC。根据《民法典》第 716 条规定可知，承租人转租须经出租人同意。A 项正确。根据《民法典》第 715 条规定可知，承租人改善租赁物或在租赁物上增设他物需经出租人同意。B、C 正确。因对租赁物进行使用是承租人的权利，无须经出租人同意。D 错误。

20. **答案**：ABD。A、B、D 项分别参见《民法典》第 711 条、第 716 条、第 731 条。根据《民法典》第 722 条规定，承租人无正当理由未支付或者迟延支付租金的，出租人可以请求承租人在合理期限内支付；承租人逾期不支付的，出租人可以解除合同。因此承租人无正当理由迟延支付租金时，出租人不能直接解除合同，C 项错误。

21. **答案**：AD。根据《民法典》第 716 条的规定，承租人经出租人同意，可以将租赁物转租给第三人。承租人转租的，承租人与出租人之间的租赁合同继续有效，第三人对租赁物造成损失的，承租人应当赔偿损失。承租人未经出租人同意转租的，出租人可以解除合同。应当注意：经出租人同意，承租人可以转租，此时同时存在两个租赁合同，即出租人与承租人的租赁合同，承租人与次承租人的租赁合同，承租人并未退出租赁关系。根据合同关系的相对性，次承租人对租赁物造成损失的，仍应由承租人对出租人承担赔偿责任。

22. 答案：CD。典型合同中的书面合同主要包括：金融机构为贷款人的借款合同、六个月以上的租赁合同、融资租赁合同、建设工程合同、技术开发合同、技术转让合同。

23. 答案：CD。根据《民法典》第747条的规定，租赁物不符合约定或者不符合使用目的的，出租人不承担责任，但承租人依赖出租人的技能确定租赁物或者出租人干预选择租赁物的除外。

24. 答案：ABC。（1）根据《民法典》第741条规定，出租人、出卖人、承租人可以约定，出卖人不履行买卖合同义务的，由承租人行使索赔的权利。承租人行使索赔权利的，出租人应当协助。故A项正确。（2）根据《民法典》第747条、第752条的规定，租赁物不符合约定或者不符合使用目的的，出租人不承担责任，但承租人依赖出租人的技能确定租赁物或者出租人干预选择租赁物的除外，承租人应当按照约定支付租金。故B项、C项正确。（3）根据《民法典》第757条规定，D项错误。

25. 答案：CD。根据《民法典》第770条的规定，承揽合同是承揽人按照定作人的要求完成工作，交付工作成果，定作人给付报酬的合同。承揽包括加工、定作、修理、复制、测试、检验等工作。故A、B属于承揽合同。C项属于委托合同，D项属于运输合同。

26. 答案：ABCD。根据《民法典》第776条的规定，承揽人发现定作人提供的图纸或者技术要求不合理的，应当及时通知定作人。因定作人怠于答复等原因造成承揽人损失的，应当赔偿损失。根据《民法典》第778条规定，承揽工作需要定作人协助的，定作人有协助的义务。根据《民法典》第779条规定，定作人不得因监督检查妨碍承揽人的正常工作。

27. 答案：BC。完成工作成果的合同包括承揽合同和建设工程合同。委托合同和运输合同属于提供劳务的合同。

28. 答案：ABC。根据《民法典》第772条规定，承揽人应当以自己的设备、技术和劳力，完成主要工作，但当事人另有约定的除外。承揽人将其承揽的主要工作交由第三人完成的，应当就该第三人完成的工作成果向定作人负责；未经定作人同意的，定作人也可以解除合同。因此育才中学可以利达服装厂擅自外包为由解除合同，所以A项正确。但同时育才中学应当根据合同支付利达服装厂400套校服的酬金，如果不支付，利达服装厂有权根据《民法典》的规定拒绝交付校服和样品，并行使留置权，故B项、C项正确。根据合同相对性原则，育才中学无权要求恒发服装厂承担违约责任。故本题应选A、B、C。

29. 答案：ABCD。根据《民法典》第781条规定，承揽人交付的工作成果不符合质量要求的，定作人可以要求承揽人承担修理、重作、减少报酬、赔偿损失等违约责任。

30. 答案：BCD。A说法正确，见《民法典》第772条第2款规定。B说法错误，见《民法典》第778条规定。C说法错误，见《民法典》第781条规定。D说法错误，见《民法典》第787条规定。

31. 答案：ACD。《最高人民法院关于审理建设工程施工合同纠纷案件适用法律问题的解释（一）》第1条规定："建设工程施工合同具有下列情形之一的，应当依据民法典第一百五十三条第一款的规定，认定无效：（一）承包人未取得建筑业企业资质或者超越资质等级的……"因此A项正确，B项错误。C、D项参见《民法典》第793条。

32. 答案：ABD。根据《民法典》第788条的规定，建设工程合同是承包人进行工程建设，发包人支付价款的合同。建设工程合同包括工程勘察、设计、施工合同。

33. 答案：ABC。根据《民法典》第792条规定，国家重大建设工程合同，应当按照国家规定的程序和国家批准的投资计划、可行性研究报告等文件订立。

34. 答案：AB。本题考查的是建筑工程合同中，承包人顺延工程日期的条件。依我国《民法典》第798条规定，隐蔽工程在隐蔽以前，承包人应当通知发包人检查。发包人没有及时检查的，承包人可以顺延工程日期，并有权请求赔偿停工、窝工等损失。A项正确。第803条规定，发包人未按照约定的时间和要求提供原材料、设备、场地、资金、技术资料的，承包人可以顺延工程日期，并有权请求赔偿停工、窝工等损失。B项正确。

35. 答案：ABD。根据《民法典》第791条的规定，建设工程主体结构的施工必须由承包人自行完成。因此乙、丙之间的合同由于违反法律的强制性规定而无效，故A项错误。尽管合同无效，但丙可以基于其完成建设工程的事实以乙为被告诉请支付工程款。但丙与甲之间没有直接的法律关系，丙不能要求甲支付工程款。故C项正确，D项错误。B项内容没有法律依据，故也错误。①

36. 答案：ABCD。根据《民法典》第829条的规定，在承运人将货物交付收货人之前，托运人可以要求承运人中止运输、返还货物、变更到达地或者货物交给其他收货人，但应当赔偿承运人因此受到的损失。选项A符合托运人在承运人将货物交付收货人之前要求返还货物的规定，甲厂可以提出该请求。选项B属于变更到达地的情形，在货物交付收货人之前，甲厂有权提出这样的变更请求。选项C虽然对货物到站进行了两次变更，但只要是在承运人将货物交付收货人之前，托运人甲厂就可以依法提出变更到达地的请求，先变更为C市，后又变更为D市是允许的。选项D属于将货物交给其他收货人的情况，在货物交付给原收货人乙厂之前，甲厂作为托运人可以要求承运人将货物交给丁。

37. 答案：AB。根据《民法典》第820条规定，承运人应当按照有效客票记载的时间、班次和座位号运输旅客。承运人迟延运输或者有其他不能正常运输情形的，应当及时告知和提醒旅客，采取必要的安置措施，并根据旅客的要求安排改乘其他班次或者退票；由此造成旅客损失的，承运人应当承担赔偿责任，但是不可归责于承运人的除外。故A、B正确，D项没有法律依据。

38. 答案：CD。根据《民法典》第826条、第827条规定，A、B两项为托运人的义务。

39. 答案：ABCD。《民法典》第832条规定，承运人对运输过程中货物的毁损、灭失承担损害赔偿责任，但承运人证明货物的毁损、灭失是因不可抗力、货物本身的自然性质或者合理损耗以及托运人、收货人的过错造成的，不承担损害赔偿责任。

40. 答案：BC。根据《民法典》第823条规定，承运人应当对运输过程中旅客的伤亡承担赔偿责任；但是，伤亡是旅客自身健康原因造成的或者承运人证明伤亡是旅客故意、重大过失造成的除外。A选项中从旅客自身角度讲，制止歹徒扒窃行为属于法律鼓励的"雷锋行为"，不能看作旅客的过错；从承运人角度讲，承运人对旅客的人身安全负有保护义务，所以承运人应当承担赔偿责任。

41. 答案：AD。根据《民法典》第832条的规定，可以排除承运人丙的责任。甲方送货（甲方付费由丙方运输，但相对于乙方，仍然是甲方送货），途中遇到不可抗力，依据《民法典》第604条的规定，交付之前的风险由出卖人承担。因此应当选择A项，丙就地处理水果属于减少损失行为，已经尽到减损义务，因此应当选择D项。

42. 答案：ABCD。根据《民法典》第889条的规定，寄存人应当按照约定向保管人支付保管费。当事人对保管费没有约定或者约定不明确，依照本法第510条的规定仍不能确定的，保管是无偿的。根据《民法典》第890条规定，保管合同自保管物交付时成立，但

---

① 合同无效并不是说就不发生法律后果，而只是不发生合同当事人所想发生的法律效果，无效会导致返还财产、赔偿损失等法律后果。

当事人另有约定的除外。根据《民法典》第894条规定，保管人不得将保管物转交第三人保管，但当事人另有约定的除外。保管人违反前款规定，将保管物转交第三人保管，对保管物造成损失的，应当承担损害赔偿责任。根据《民法典》第895条规定，保管人不得使用或者许可第三人使用保管物，但当事人另有约定的除外。

43. 答案：BD。根据《民法典》第890条规定，保管合同是实践性合同，无须订立书面合同，只需保管物的实际交付，合同即告成立。因此A、C错，B对。根据《民法典》第889条规定，寄存人应当按照约定向保管人支付保管费。当事人对保管费没有约定或者约定不明确，依照本法第510条的规定仍不能确定的，保管是无偿的，因此D对。

44. 答案：AC。本题中保管单位因逾期发货且发错了地点，构成违约，应当按照约定履行合同，并赔偿因其违约行为给对方造成的损失。

45. 答案：BCD。仓储合同与保管合同的主要区别是：仓储合同是诺成、有偿合同，而保管合同是实践合同，保管合同可以有偿，也可以无偿。另外，保管合同保管人一般无验收义务（但寄存人申明有贵重物品时，保管人应验收），仓储合同仓储人有验收义务；保管合同中保管凭证一般不得转让，仓储合同中仓单一般可以转让。

46. 答案：AC。根据《民法典》第915条规定，储存期限届满，存货人或者仓单持有人应当凭仓单、入库单等提取仓储物。存货人或者仓单持有人逾期提取的，应当加收仓储费；提前提取的，不减收仓储费。

47. 答案：CD。参见《民法典》第926条第2款规定，受托人因委托人的原因对第三人不履行义务，受托人应当向第三人披露委托人，第三人因此可以选择受托人或者委托人作为相对人主张其权利，但是第三人不得变更选定的相对人。

48. 答案：ABC。根据《民法典》第921条规定，委托人偿还受托人垫付的费用及利息，并不以委托合同有偿还是无偿而有所不同，因此A项表述不对。B项表述不对，因《民法典》第923条规定了转委托必须经过委托人同意，不论委托合同是有偿还是无偿。C项表述不对，因《民法典》第929条规定了无偿的委托合同，受托人一般过失（轻过失）免责。D项表述正确，因《民法典》第933条规定，委托人或者受托人可以随时解除委托合同。因解除合同给对方造成损失的，除不可归责于该当事人的事由以外，应当赔偿损失。

49. 答案：ABCD。在委托合同中，受托人的义务主要包括：依委托人的指示处理委托事务的义务，委托人有指示时，应尽可能地遵守委托人的指示处理委托事务；受托人在情势紧急时得变更委托人的指示，妥善处理委托事务；亲自处理委托事务的义务；报告义务；财产转交义务。

50. 答案：ABCD。行纪合同在性质上与委托合同最为相似，都是为他人处理委托事务的合同。委托人和受托人的权利和义务都是基于委托人的委托而产生的，都以委托人的信任为前提。行纪合同不同于委托合同的主要法律特性有：（1）行纪合同主体具有限定性。行纪人只能是经有关国家机关批准经营行纪业务的商事主体。（2）行纪合同本身是商事合同，委托合同属民事合同。（3）行纪合同的标的仅限于商业活动，较委托合同窄。（4）行纪合同中的行纪人是以自己的名义而非委托人的名义为委托人办理业务。（5）行纪合同中的行纪人自行负担办理委托事务的费用支出；而委托合同中的受托人处理委托事务的费用由委托人支付。（6）行纪合同中的行纪人可以自买自卖。（7）行纪合同中的行纪人与第三人订立合同的，行纪人为一方当事人，直接享有合同权利，承担合同义务，委托人不是此合同中的当事人，只得基于行纪合同向行纪人主张权利。（8）行纪合同是有偿合同；委托合同既可为有偿合同，也可为无偿合同。（9）行纪合同对第三人没有约束力，行纪人与第三人的合同也同样不能对抗委托人。（10）在委托合同中，受托人处理委托事务，应尽必要的注意义务的程度依有偿或无偿委托有所区分；而在行纪合同中，行纪人只要未尽注意义务致委托物毁损灭失的，就应负责任。

51. 答案：CD。本题考查的是行纪人低于指定价格购进委托物后其增加的利益归属。乙公司以低于甲公司指定的价格购进铜粉，可以按约定增加报酬，但甲、乙公司并未约定，可进行协商，协商不成的，该项利益应归甲公司所有。丙公司以低于甲公司指定价格卖出铜粉的，要经甲公司同意，甲公司不同意，丙公司在补偿差价时，该合同对甲公司有效，否则，该合同对甲公司无效。

52. 答案：CD。根据《民法典》第955条的规定，行纪人低于委托人指定的价格卖出或者高于委托人指定的价格买入的，应当经委托人同意。未经委托人同意，行纪人补偿其差额的，该买卖对委托人发生效力。行纪人高于委托人指定的价格卖出或者低于委托人指定的价格买入的，可以按照约定增加报酬。没有约定或者约定不明确，依照本法第510条的规定仍不能确定的，该利益属于委托人。委托人对价格有特别指示的，行纪人不得违背该指示卖出或者买入。

53. 答案：ACD。（1）选项A属于搭售条款。在技术进口合同中，不得含有要求受让人接受并非技术进口必不可少的附带条件，包括购买非必需的技术、原材料、产品、设备或者服务等。所以该条款违法。（2）技术引进合同中，受方对供方提供的技术资料承担保密义务是常见条款，只要保密期限等约定合理，不违反法律法规即可。故选项B是合法有效的。（3）选项C属于限制受方获得其他类似技术的条款。在技术进口合同中不得含有限制受让人从其他来源获得与让与人提供的技术类似的技术或者与其竞争的技术的条款。因此该条款违法。（4）选项D属于限制受方选择原材料、零部件和设备供应商的条款。在技术进口合同中不得含有限制受让人购买原材料、零部件、产品或者设备的渠道或者来源的条款。所以该条款违法。

54. 答案：CD。根据《民法典》第851条的规定，技术开发合同是指当事人之间就新技术、新产品、新工艺或者新材料及其系统的研究开发所订立的合同。技术开发合同包括委托开发合同和合作开发合同。技术开发合同应当采用书面形式。当事人之间就具有产业应用价值的科技成果实施转化订立的合同，参照技术开发合同的规定。

55. 答案：ACD。根据《民法典》第863条的规定，技术转让合同包括专利权转让、专利申请权转让、技术秘密转让合同。专利实施许可合同是技术转让合同的一种特殊形式，是专利权人许可他人在一定期限和范围内实施其专利的合同，也属于技术转让合同范畴。选项B中"非专利技术转让合同"表述不准确，在《民法典》中统一表述为"技术秘密转让合同"，"非专利技术"概念较为模糊，且不如"技术秘密"准确规范，所以不选B。故本题正确答案为A、C、D。

56. 答案：ABCD。根据《民法典》第878条第1款的规定，技术咨询合同包括就特定技术项目提供可行性论证、技术预测、专题技术调查、分析评价报告等合同。

57. 答案：AC。《民法典》第859条规定，委托开发完成的发明创造，除当事人另有约定的以外，申请专利的权利属于研究开发人。研究开发人取得专利权的，委托人可以免费实施该专利。研究开发人转让专利申请权的，委托人享有以同等条件优先受让的权利。

58. 答案：BCD。参见《民法典》第952条、第955条关于行纪合同的规定。另外根据《民法典》第958条第1款规定，行纪人与第三人订立合同的，行纪人对该合同直接享有权利、承担义务。因此，如果仪器出现质量问题，丙应向行纪人乙主张违约责任。

59. 答案：ABCD。区别保管合同和仓储合同。依《民法典》第889条、第890条、第897条、第899条、第905条、第914条。

60. 答案：AC。A选项中，在租赁期内，出租人丁某虽然拥有房屋所有权，但是承租人可以基于租赁权而占有房屋。所以，A选项正确。在B、C、D选项中，根据《民法典》第716条第2款规定，承租人未经出租人同意转租的，出租人可以解除合同。承租人未经出租人同意转租，出租人可以解除租赁合同，并基于所有权请求次承租人返还，次承租人不得以其与承租人的租赁关系进行抗辩，只能要求承租人承担违约责任。所以，C选项正确，B、D选项错误。

61. 答案：ABC。（1）《最高人民法院关于审理旅游纠纷案件适用法律若干问题的规定》第10条规定："旅游经营者将旅游业务转让给其他旅游经营者，旅游者不同意转让，请求解除旅游合同、追究旅游经营者违约责任的，人民法院应予支持。旅游经营者擅自将其旅游业务转让给其他旅游经营者，旅游者在旅游过程中遭受损害，请求与其签订旅游合同的旅游经营者和实际提供旅游服务的旅游经营者承担连带责任的，人民法院应予支持。"B项正确。（2）《最高人民法院关于审理旅游纠纷案件适用法律若干问题的规定》第11条规定："除合同性质不宜转让或者合同另有约定之外，在旅游行程开始前的合理期间内，旅游者将其在旅游合同中的权利义务转让给第三人，请求确认转让合同效力的，人民法院应予支持。因前款所述原因，旅游经营者请求旅游者、第三人给付增加的费用或者旅游者请求旅游经营者退还减少的费用的，人民法院应予支持。"所以，A项正确。（3）根据《民法典》第1191条规定，工作人员执行工作任务造成他人损害的，由用人单位承担责任。因此，韩某有权要求某森林公园承担赔偿责任，但不能要求小火车司机承担赔偿责任，C选项正确，D选项错误。本题正确选项为A、B、C。

62. 答案：AC。（1）根据《民法典》第933条规定，委托人或者受托人可以随时解除委托合同。因解除合同造成对方损失的，除不可归责于该当事人的事由外，无偿委托合同的解除方应当赔偿因解除时间不当造成的直接损失，有偿委托合同的解除方应当赔偿对方的直接损失和合同履行后可以获得的利益。这是关于委托合同双方当事人均享有任意解除权的规定。故A、C项正确，B项错误。（2）根据《民法典》第929条第1款规定，

有偿的委托合同，因受托人的过错造成委托人损失的，委托人可以请求赔偿损失。无偿的委托合同，因受托人的故意或者重大过失造成委托人损失的，委托人可以请求赔偿损失。本题中没有明示是有偿还是无偿委托，两种情况皆有可能，D项表述的情形只有在无偿委托的情形下才是正确的，以偏概全，故D项错误。

63. 答案：AB。（1）根据《民法典》第604条规定，标的物毁损、灭失的风险，在标的物交付之前由出卖人承担，交付之后由买受人承担，但法律另有规定或者当事人另有约定的除外。本题中，甲、乙双方约定，卖方送货上门，甲已经将货物送至买方乙指定的地点并交付给了乙，故风险应由乙承担。乙承担风险，意味着在甲、乙的买卖合同中，因当事人以外的原因发生了货物损毁灭失的，由乙承担钱财两空的后果，因此，乙应当支付剩余20%货款，故A项正确。（2）根据《民法典》第599条规定，出卖人应当按照约定或者交易习惯向买受人交付提取标的物单证以外的有关单证和资料。根据《最高人民法院关于审理买卖合同纠纷案件适用法律问题的解释》第4条规定，《民法典》第599条规定的"提取标的物单证以外的有关单证和资料"，主要应当包括保险单、保修单、普通发票、增值税专用发票、产品合格证、质量保证书、质量鉴定书、品质检验书、产品进出口检疫书、原产地证明书、使用说明书、装箱单等。根据《民法典》第611条规定，标的物毁损、灭失的风险由买受人承担的，不影响因出卖人履行义务不符合约定，买受人请求其承担违约责任的权利。据此，风险由乙承担，但乙有权请求甲承担未交付有关单证的违约责任。故B项正确。（3）甲、乙双方没有约定解除合同的事由，同时，甲的违约行为不构成根本违约，因此乙也没有法定解除权，故C项错误。（4）既然风险已经转移给乙，对于因山洪暴发带来的货物损毁，甲不承担责任，因此，有权请求乙支付剩余的20%的价款，但是，不需要补交货物，故D项错误。

64. 答案：ABD。（1）本案例中刘某欠何某100万元，而月租金为1万元，可以履行100个月的租赁合同，因此认为约定租期为100个月，从中可以看出这是定期租赁合同，而不是不定期租赁。租赁合同的当事人小刘和何某不享有任意解除权。A、B项错误。（2）附条件合同，是指当事人在合同中特别规定一定的条件，以条件是否就来决定合同效力的发生或消灭的合同。附期限合同，是指当事人在合同中设定一定的期限，作为决定合同效力的附款。条件，是指将来客观上不确定的事实。期限，是指将来客观确定到来之事实。本题中，该租赁合同约定如刘某出现并还清贷款作为合同终止的事实，而刘某的出现并还清贷款是将来不确定的客观事实，应当视为附条件的合同。C项正确，D项错误。

65. 答案：CD。（1）根据《民法典》第1191条第1款规定，用人单位的工作人员因执行工作任务造成他人损害的，由用人单位承担侵权责任。用人单位承担侵权责任后，可以向有故意或者重大过失的工作人员追偿。据此可知，黄某酒后驾车造成甲受伤的，应由其单位丁公司承担赔偿责任。A、B项错误。（2）《最高人民法院关于审理旅游纠纷案件适用法律若干问题的规定》第10条规定，旅游经营者将旅游业务转让给其他旅游经营者，旅游者不同意转让，请求解除旅游合同、追究旅游经营者违约责任的，人民法院应予支持。旅游经营者擅自将其旅游业务转让给其他旅游经营者，旅游者在旅游过程中遭受损害，请求与其签订旅游合同的旅游经营者和实际提供旅游服务的旅游经营者承担连带责任的，人民法院应予支持。据此可知，甲可以请求乙旅行社和丙旅行社承担连带责任。C项正确。（3）《民法典》第1171条规定，二人以上分别实施侵权行为造成同一损害，每个人的侵权行为都足以造成全部损害的，行为人承担连带责任。本题中，刘某违章变道造成甲受伤，刘某应当承担赔偿责任。D项正确。

66. 答案：AB。（1）依《最高人民法院关于审理城镇房屋租赁合同纠纷案件具体应用法律若干问题的解释》第2条的规定，出租人就未取得建设工程规划许可证或者未按照建设工程规划许可证的规定建设的房屋，与承租人订立的租赁合同无效。但在一审法庭辩论终结前取得建设工程规划许可证或者经主管部门批准建设的，人民法院应当认定有效。由此可知，本题中租赁合同无效，既然合同无效，乙无须解除合同，也不能继续履行合同并向甲主张违约责任，故A选项正确，C、D选项错误。（2）依《最高人民法院关于审理城镇房屋租赁合同纠纷案件具体应用法律若干问题的解释》第12条的规定，承租人经出租人同意扩建，但双方对扩建费用的处理没有约定的，人民法院按照下列情形分别处理：（1）办理合法建设手续的，扩建造价费用由出租人负担；（2）未办理合法建设手续的，扩建造价费用由双方按照过错分担。本题中，甲、乙对于扩建房屋都有过错，应分担扩建房屋的费用，故B选项正确。

67. 答案：ABC。（1）根据《民法典》第224条规定，动产物权的设立和转让，自交付时发生效力，但是法律另有规定的除外。根据《民法典》第225条规定，船舶、航空器和机动车等的物权的设立、变更、转让和消灭，未经登记，不得对抗善意第三人。可见，机动车作为特殊动产，其所有权自交付时发生移转，归玄武公司。所以，玄武公司已取得该小客车的所有权。A项正确。（2）根据《民法典》第599条规定，出卖人应当按照约定或者交易习惯向买受人交付提取标的物单证以外的有关单证和资料。朱雀公司未同时交付机动车销售统一发票、合格证等有关单证资料，致使玄武公司无法办理车辆所有权登记和牌照。对此，玄武公司按照《民法典》的规定有权要求朱雀公司交付有关单证资料。B项正确。（3）《最高人民法院关于审理买卖合同纠纷案件适用法律问题的解释》第19条规定，出卖人没有履行或者不当履行从给付义务，致使买受人不能实现合同目的，买受人主张解除合同的，人民法院应当根据《民法典》第563条第1款第4项的规定，予以支持。玄武公司的小客车更新指标有效期至2024年2月28日，朱雀公司不交付单证资料致使玄武公司无法办理所有权登记和牌照。如朱雀公司一直拒绝交付单证资料，一旦指标过期作废，玄武公司将彻底无法实现合同目的。所以，玄武公司可以主张解除购车合同。C项正确，D项错误。

68. **答案**：BCD。（1）根据《最高人民法院关于审理城镇房屋租赁合同纠纷案件具体应用法律若干问题的解释》第3条第2款规定，租赁期限超过临时建筑的使用期限，超过部分无效。但在一审法庭辩论终结前经主管部门批准延长使用期限的，人民法院应当认定延长使用期限内的租赁期间有效。本题中，甲经主管部门批准修建的临时门面房核准期限为2年。甲将其中一间租给乙开餐馆，租期2年，该合同不存在合同无效事由，所以甲与乙的租赁合同有效。但是，2年期满后，甲未办理延长使用期限手续就将房屋出租给丙，租期1年，属于上述规定中租赁超过临时建筑的使用期限的情况，该合同无效。所以甲与丙的租赁合同无效。因为临时建筑已经超过使用期限且未办理批准延长手续，所以甲无权将该房屋继续出租。A项错误，B、C项正确。（2）根据《民法典》第155条规定，无效的或者被撤销的民事法律行为自始没有法律约束力。本题中，甲与丙的租赁合同无效，所以自始没有法律约束力，甲无权向丙收取该年租金。虽然依据《关于审理城镇房屋租赁合同纠纷案件具体应用法律若干问题的解释》第4条第1款规定，房屋租赁合同无效，当事人请求参照合同约定的租金标准支付房屋占有使用费的，人民法院一般应予支持，但也非D项中年租金。D项正确。

69. **答案**：ABCD。（1）A项考查买卖不破租赁规则。根据《民法典》第718条规定，出租人知道或者应当知道承租人擅自转租，但在6个月内未提出异议的，视为同意转租。出租人乙发现转租事由起6个月内未提出异议（"未置可否"表明未提出异议），则视为乙同意转租，转租合同合法有效。根据《民法典》第725条规定，租赁物在承租人依据租赁合同占有期间发生所有权变动的，不影响租赁合同的效力。1年后，乙将房屋卖给丁，即"先租后卖"，适用买卖不破租赁规则。丁不可以请求丙搬离房屋。故A项不正确。（2）B项考查转租。出租人乙发现转租事由之日起6个月内未提出异议，则转租合同合法有效。故B项不正确。（3）C项考查租赁期限。根据《民法典》第717条规定，承租人经出租人同意将租赁物转租给第三人，转租期限超过承租人剩余租赁期限的，超过部分的约定对出租人不具有法律约束力。因此转租期限超过剩余租期的部分无效，而非全部无效。故C项不正确。（4）D项考查合同相对性原理。乙将房屋出卖给丁时，并未书面告知房屋已经出租的事实。因此，丁可以基于合法有效的房屋买卖合同追究乙的违约责任。丁与甲之间不存在直接合同关系，不可以追究甲的违约责任。故D项不正确。

70. **答案**：AB。出租人就同一房屋订立数份租赁合同，在合同均有效的情况下，承租人均主张履行合同的，法院按照下列顺序确定履行合同的承租人：（1）已经合法占有租赁房屋的；（2）已经办理登记备案手续的；（3）合同成立在先的。不能取得租赁房屋的承租人请求解除合同、赔偿损失的，依照《民法典》的有关规定处理。据此可知，一房数租的情形下，虽然合同均有效，但租赁权有先后顺序：合法占有>登记备案>合同成立在先。本案中，柳某将房屋出租给孟某和马某，合同均有效。故B项正确。但是，因孟某入住即先合法占有。因此，孟某的租赁权优先于马某。故A项正确，C、D项错误。

71. **答案**：AC。（1）根据《最高人民法院关于审理建设工程施工合同纠纷案件适用法律问题的解释（一）》第7条规定，缺乏资质的单位或者个人借用有资质的建筑施工企业名义签订建设工程施工合同，发包人请求出借方与借用方对建设工程质量不合格等因出借资质造成的损失承担连带赔偿责任的，人民法院应予支持。本题中，乙借用有资质的丙建筑施工企业的名义签订建设工程施工合同，二者对因出借资质造成的损失承担连带赔偿责任，故 A 项正确。（2）根据《最高人民法院关于审理建设工程施工合同纠纷案件适用法律问题的解释（一）》第 17 条第 1 款第 2 项规定，当事人未约定工程质量保证金返还期限，自建设工程通过竣工验收之日起满 2 年的，承包人请求发包人返还工程质量保证金的，人民法院应予支持。本题中，乙可自建设工程通过竣工验收之日起满 2 年请求返还工程质量保证金，故 B 项错误。（3）根据《最高人民法院关于审理建设工程施工合同纠纷案件适用法律问题的解释（一）》第 38 条规定，建设工程质量合格，承包人请求其承建工程的价款就工程折价或者拍卖的价款优先受偿的，人民法院应予支持。（4）根据《最高人民法院关于审理建设工程施工合同纠纷案件适用法律问题的解释（一）》第 41 条规定，承包人应当在合理期限内行使建设工程价款优先受偿权，但最长不得超过 18 个月，自发包人应当给付建设工程价款之日起算。建设工程质量合格，乙享有优先受偿权，但是期限为 18 个月。故 C 项正确，D 项错误。

72. **答案**：ACD。（1）本题中，甲和乙的合同属于保留所有权买卖合同，因此，在乙将电脑交付给甲之后，所有权并没有移转，依然属于乙。乙将电脑交给丙维修，丙修好后将电脑卖给丁时，丙为无权处分，但丙与乙间是正常的买卖合同关系，所以丁可以取得该电脑的所有权，故 A 项正确。（2）根据《最高人民法院关于审理买卖合同纠纷案件适用法律问题的解释》第 26 条第 1 款规定，买受人已经支付标的物总价款的 75% 以上，出卖人主张取回标的物的，人民法院不予支持。本题中，总价款 12000 元，如果只有最后一期，即 2000 元没有支付，意味着买受人已经支付 10000 元，占总价款的 83%，此时，出卖人乙不得主张取回标的物，故 B 项错误。（3）根据《民法典》第 634 条规定，分期付款的买受人未支付到期价款的数额达到全部价款的 1/5，经催告后在合理期限内仍未支付到期价款的，出卖人可以要求买受人支付全部价款或者解除合同。出卖人解除合同的，可以向买受人要求支付该标的物的使用费。本题中，除了所有权保留的约定外，甲和乙之间还是分期付款买卖。如果甲未支付到期价款达到 3000 元，则相对于总价款而言，达到了 25%，此时，可以要求一次性支付剩余的全部价款或解除合同要求买受人支付使用费，故 C、D 项正确。

73. **答案**：ABCD。（1）根据《民法典》第 942 条第 1 款规定，物业服务人应当按照约定和物业的使用性质，妥善维修、养护、清洁、绿化和经营管理物业服务区域内的业主共有部分，维护物业服务区域内的基本秩序，采取合理措施保护业主的人身、财产安全。物业公司在小区挂横幅称"24 小时巡逻，打击流浪狗、严防偷盗，给你一个安全温馨的家园"的服务承诺构成物业服务公司的约定义务。小偷用时 5 小时偷盗大件物品，物业服务公司的人员都没有发现，可见物业服务公司违背了承诺的服务内容，没有采取合理措施保护业主的财产安全，因此应当对甲被盗损失承担违约损害赔偿责任。当然，物业服务公司承担赔偿责任后，可以向小偷追偿。丢失的电动自行车亦应当由物业服务企业承担补充或者违约损害赔偿责任，故 A、C 项正确。（2）甲 7 周岁的儿子放学回家，在小区内被五只流浪狗咬伤，可见物业服务企业的物业管理失职，物业服务企业没有采取合理措施保护业主的人身、财产安全，构成违约，应当承担损害赔偿责任。甲的儿子有权选择物业服务公司承担违约损害赔偿责任。根据《民法典》第 1249 条规定，遗弃、逃逸的动物在遗弃、逃逸期间造成他人损害的，由动物原饲养人或者管理人承担侵权责任。但是，案例中没有交代流浪狗的饲养者，因此只能请求物业服务企业承担违约损害赔偿责任，故 B 项正确。（3）根据《民法典》第 1247 条规定，禁止饲养的烈性犬等危险动物造成他人损害的，动物饲养人或者管理人应当承担侵权责任。因此甲的邻居乙饲养禁止饲养的藏獒，乙对甲的损害应当承担赔偿责任。但是，要注意物业服务企业作为小区公共场所的管理者没有尽到管理人义务，根据《民法典》的规定，应当承担补充赔偿责任，因此D项正确。

74. **答案**：BD。(1)《民法典》第278条规定："下列事项由业主共同决定：（一）制定和修改业主大会议事规则；（二）制定和修改管理规约；（三）选举业主委员会或者更换业主委员会成员；（四）选聘和解聘物业服务企业或者其他管理人；（五）使用建筑物及其附属设施的维修资金；（六）筹集建筑物及其附属设施的维修资金；（七）改建、重建建筑物及其附属设施；（八）改变共有部分的用途或者利用共有部分从事经营活动；（九）有关共有和共同管理权利的其他重大事项。业主共同决定事项，应当由专有部分面积占比三分之二以上的业主且人数占比三分之二以上的业主参与表决。决定前款第六项至第八项规定的事项，应当经参与表决专有部分面积四分之三以上的业主且参与表决人数四分之三以上的业主同意。决定前款其他事项，应当经参与表决专有部分面积过半数的业主且参与表决人数过半数的业主同意。"本案中一层业主的房屋改为经营用房不属于共同决定事项，因此A项错误。(2)根据《民法典》第280条第2款规定，业主大会或者业主委员会作出的决定侵害业主合法权益的，受侵害的业主可以请求人民法院予以撤销，因此B项正确。(3)根据《民法典》第280条第1款规定："业主大会或者业主委员会的决定，对业主具有法律约束力。"因此C项错误。(4)根据《民法典》第279条规定："业主不得违反法律、法规以及管理规约，将住宅改变为经营性用房。业主将住宅改变为经营性用房的，除遵守法律、法规以及管理规约外，应当经有利害关系的业主一致同意。"因此D项正确。

75. **答案**：ABCD。(1)《民法典》第768条规定，"应收账款债权人就同一应收账款订立多个保理合同，致使多个保理人主张权利的，已经登记的先于未登记的取得应收账款"，所以若乙保理公司已登记，而丙和丁未登记，乙保理公司必然先于丙和丁取得应收账款，A项正确。(2)"均已登记的，按照登记时间的先后顺序取得应收账款"，所以当乙、丙、丁三个保理公司均已登记时，按照登记时间的先后顺序取得应收账款，B项正确。(3)"均未登记的，由最先到达应收账款债务人的转让通知中载明的保理人取得应收账款"，所以若乙、丙、丁三个保理公司均未登记，由最先将转让通知送达甲公司债务人的保理公司取得应收账款，C项正确。(4)"既未登记也未通知的，按照保理融资款或者服务报酬的比例取得应收账款"，若乙、丙、丁三个保理公司既未登记也未通知甲公司债务人，那么按照各自保理融资款或者服务报酬的比例取得应收账款，D项正确。

76. **答案**：ABD。(1)《民法典》第946条规定，"业主依照法定程序共同决定解聘物业服务人的，可以解除物业服务合同"，所以小区业主依照法定程序共同决定解聘某物业服务人，可解除与该物业服务人的合同，A项正确。(2)《民法典》第944条第1款规定，"业主应当按照约定向物业服务人支付物业费。物业服务人已经按照约定和有关规定提供服务的，业主不得以未接受或者无须接受相关物业服务为由拒绝支付物业费"。业主甲以自己长期在外地，未实际接受物业服务为由拒绝支付物业费，不符合该法条规定，做法不合法，B项正确。(3)根据《民法典》第946条规定，业主解聘物业服务人需依照法定程序共同决定。而小区业主委员会仅收集超过一半业主口头同意，并非依照法定程序（如召开业主大会等法定流程），此行为不符合规定，C项错误。(4)根据《民法典》第944条规定，只要物业服务人按约定及规定提供了服务，业主就应支付物业费，业主乙以对服务质量不满意为由拒绝支付物业费，不符合法律规定，D项正确。

77. 答案：ABCD。分别参见《民法典》第963条、第964条、第965条、第962条第2款。

不定项选择题

1. 答案：（1）B。本题考查的是房屋租赁合同。依《城市房地产管理法》第54条规定，房屋租赁合同应以书面形式订立，并向房产管理部门登记备案。故A、D错误。根据买卖不破租赁原则，C项错误。故排除了三选项，只有B选项正确。

    （2）BD。本题考查的是租赁房屋的买卖。根据《民法典》第726条规定，出租人出卖租赁房屋的，应当在出卖之前的合理期限内通知承租人，承租人享有以同等条件优先购买的权利。由此A错。未办理登记仅影响物权变动，不影响合同效力，故甲与丙的合同自成立时生效，C项错误。

    （3）ABCD。本题考查的是房屋租赁。根据前两题的答案，可知选项A、C正确。甲在与丙签完合同后，又与丁签订合同，将房屋最终卖给了丁，给丙造成了一定损失，因此甲应承担违约责任。所以B正确。《民法典》第726条规定，出租人出卖租赁房屋的，应当在出卖之前的合理期限内通知承租人，承租人享有以同等条件优先购买的权利。因此D亦正确。

2. 答案：（1）A。根据《民法典》第770条第1款规定，承揽合同是承揽人按照定作人的要求完成工作，交付工作成果，定作人支付报酬的合同。据此本案例中的合同应属于承揽合同。

    （2）D。根据《民法典》第775条规定，定作人提供材料的，定作人应当按照约定提供材料。承揽人对定作人提供的材料，应当及时检验，发现不符合约定时，应当及时通知定作人更换、补齐或者采取其他补救措施。承揽人不得擅自更换定作人提供的材料，不得更换不需要修理的零部件。本题中，定作人甲未按约定提供材料，承揽人乙未对材料进行检验，双方均有过失，构成共同违约，应根据各自的过失程度承担责任。

    （3）ABD。A对，因定作人在受领工作成果的同时，有义务对工作成果进行验收。在收货后合理期间内未提出异议，视为同意接收。但如果工作成果依其性质在短期内难以发现瑕疵，或者是工作成果存在隐蔽瑕疵的，定作人仍可于验收后的相当期限内请求承揽人承担责任。B、D对，C错，根据《民法典》第781条的规定，承揽人交付的工作成果不符合质量要求的，定作人可以要求承揽人承担修理、重作、减少报酬、赔偿损失等违约责任。定作人并无径行解除合同的权利。

    （4）A。根据《民法典》第784条规定，承揽人应当妥善保管定作人提供的材料以及完成的工作成果，因保管不善造成毁损、灭失的，应当承担损害赔偿责任。据此，承揽人仅对因保管不善造成定作人提供的材料及完成的工作成果的毁损、灭失承担损害赔偿责任，而山洪暴发属不可抗力，甲又是20吨糖油的所有人，因此，只能由甲承担该损失。

    （5）CD。对工作成果，承揽人享有留置权，自然享有优先受偿权和别除权。所谓别除权，是指债权人因其债权设有物权担保或享有特别优先权，而在破产程序中就债务人特定财产享有的优先受偿权利。

3. 答案：（1）AB。根据《民法典》第392条规定，被担保的债权既有物的担保又有人的担保的，债务人不履行到期债务或者发生当事人约定的实现担保物权的情形，债权人应当按照约定实现债权；没有约定或者约定不明确，债务人自己提供物的担保的，债权人应当先就该物的担保实现债权；第三人提供物的担保的，债权人可以就物的担保实现债权，也可以要求保证人承担保证责任。提供担保的第三人承担担保责任后，有权向债务人追偿。丙公司和丁公司的担保责任顺位未做明确约定，债权人甲公司可以要求丙公司承担保证责任，亦可以要求丁公司承担抵押担保责任。所以，A、B选项正确，C、D选项错误。

    （2）AD。根据《民法典》第697条第1款的规定，债权人未经保证人书面同意，允许债务人转移全部或者部分债务，保证人对未经其同意转移的债务不再承担保证责任，但是债权人和保证人另有约定的除外。本案中，甲公司将乙公司 6 万元租金债务转让给戊公司，没有经丙公司书面同意，因此丙公司仅需对乙公司剩余 4 万元租金债务承担担保责任，故 A 项正确，C 项错误。根据抵押权的从属性，债权转让的，抵押权一并转让。转让债权既不需要抵押人同意，也不需要通知抵押人，抵押人不得以未接到通知、未经本人同意、未办理抵押权变更登记为由，主张不再承担担保责任。因此丁公司仍应承担全部担保责任。故 B 项错误，D 项正确。

（3）D。根据《民法典》第 224 条规定，动产物权的设立和转让，自交付时发生效力，但是法律另有规定的除外。根据《民法典》第 227 条规定，动产物权设立和转让前，第三人依法占有该动产的，负有交付义务的人可以通过转让请求第三人返还原物的权利代替交付。在本案中，甲公司已经通过指示交付的方式将机器交付给王某，所以，在甲公司与王某签订买卖合同之后，王某死亡之前，挖掘机归王某所有。

（4）ABD。王某的死亡，并不影响甲公司与王某买卖合同的效力，挖掘机已经交付，王某尚欠价款，作为王某的继承人大王和小王继承了挖掘机所有权的同时，亦继承了该债务，两者应对该买卖合同原王某承担的债务负连带责任，所以，C 选项正确，A、B、D 选项错误。

（5）BC。大王和小王通过遗嘱继承共同共有挖掘机，小王在未取得大王同意的情况下擅自出卖，构成无权处分，B 项正确。大王作为共同共有人，有权对小王的无权处分行为进行追认，追认后小王的处分行为有效，C 项正确。小王虽未实际占有挖掘机，但作为共同共有人，其处分权与占有状态无关，关键在于是否取得其他共有人同意，A、D 错误。

4. 答案：（1）C。乙、丙所签订买卖合同满足合同生效要件，有效。当事人可以约定由第三人代为履行合同义务，只是该约定并不当然拘束第三人，该条款本身并不无效，其更不影响合同效力。

（2）BD。根据《民法典》第 403 条的规定，动产抵押采登记对抗主义，所以汽车抵押即使未登记亦成立。乙就丙公司的债权享有第三人设定的抵押权及保证债权。《民法典》第 392 条规定，被担保的债权既有物的担保又有人的担保的，债务人不履行到期债务或者发生当事人约定的实现担保物权的情形，债权人应当按照约定实现债权；没有约定或者约定不明确，债务人自己提供物的担保的，债权人应当先就该物的担保实现债权；第三人提供物的担保的，债权人可以就物的担保实现债权，也可以请求保证人承担保证责任。提供担保的第三人承担担保责任后，有权向债务人追偿。故，C 选项错误，D 选项正确。当事人在合同中约定，当债务人不能履行债务时，由保证人承担保证责任，为一般保证。一般保证具有补充性，保证人有先诉抗辩权。所以，A 选项错误，B 选项正确。本题正确选项为 B、D。

（3）D。张某以逃避被实现抵押权的目的将汽车赠与刘某，该行为可以被撤销。张某以汽车出资，同钱某设立丁公司，属于合法有效行为，丁公司作为善意第三人，依据《民法典》第 269 条第 1 款的规定，即营利法人对其不动产和动产依照法律、行政法规以及章程享有占有、使用、收益和处分的权利，拥有汽车的所有权。

（4）D。第三人造成侵权行为发生的，应由第三人承担侵权责任。所以，应当由摩托车车主承担对赵某的损害赔偿责任。

（5）AB。方某作为公司驾驶员，没有法定或约定的义务为公司维修汽车，其委托丁公司修车的行为构成无因管理。根据《民法典》第 172 条规定，行为人没有代理权、超越代理权或者代理权终止后，仍然实施代理行为，相对人有理由相信行为人有代理权的，代理行为有效。但方某并没有持有授权委托书等表见事由，不构成表见代理，构成无权代理。其未处分丁公司的财产权益，不构成无权处分。所以，正确选项为 A、B。

（6）AC。方某以自己的名义与庚公司签

订坐垫买卖合同，应当由其自行向庚公司支付坐垫费。方某的汽车委托戊公司维修的行为，构成无因管理，被管理人丁公司应当支付因管理行为产生的债务。根据《民法典》的规定，留置权的成立以占有标的物为前提，现方某已取走汽车并交付丁公司运营，戊公司不得留置。所以正确答案为A、C。

5. **答案**：（1）AD。本题中，乙公司与丙公司签订《委托书》，委托丙公司对外销售房屋，故乙公司是委托人，A选项正确。王某作为乙公司的法定代表人，其行为视同法人的行为，其并非委托合同的主体，故B、C选项错误。《承诺函》虽由王某出具，但根据《承诺函》之内容"将协调甲公司卖房给张某"而非直接承诺甲公司将房卖给张某可推知王某并未以甲公司名义从事活动。因此王某虽系甲公司法定代表人，但其出具《承诺函》的行为并非代表行为，《承诺函》并不产生使甲公司卖房给张某的约束力，故D选项正确。

（2）A。丙公司构成不当得利，应将30万元预付房款返还给张某。根据合同的相对性，该行为与乙公司无关，故B、D项错误。债权转让一旦通知债务人即产生外部效力，即债务人负有向第三人（新债权人）履行的义务。本题中，张某与李某签订《债权转让协议》，将该债权转让给李某，通知了甲、乙、丙三公司。此时，丙公司即负有向李某履行的义务。至于该债权是否再次转让，与丙公司无关。故A项正确，C项错误。

6. **答案**：BC。融资租赁合同中，租赁物有质量瑕疵，出租人不承担瑕疵担保责任，承租人应向出卖人索赔，出租人有协助的义务。租赁物瑕疵，承租人可向出卖人行使索赔权，但承租人不得拒付租金。

7. **答案**：C。建设单位依法与物业服务人订立的前期物业服务合同，以及业主委员会与业主大会依法选聘的物业服务人订立的物业服务合同，对业主具有法律约束力。因此对于建设单位依法与物业服务人订立的前期物业服务合同，业主不得以其并非当事人为由拒绝接受合同的拘束，故小区业主应当依据前期物业服务合同缴纳物业费，因此A项错误。建设单位依法与物业服务人订立的前期物业服务合同约定的服务期届满前，业主委员会或者业主与新物业服务人订立的物业服务合同生效的，前期物业服务合同终止。本题中，在前期物业服务合同服务期届满前，业委会与丙物业公司订立了合法有效的物业服务合同，因此甲开发商与乙物业公司订立的物业服务合同终止，乙物业公司不再享有物业管理权，因此B项错误。物业服务人员不得将其应当提供的全部物业服务转委托给第三人，或者将全部物业服务拆分后分别转委托给第三人。丙、丁之间的转委托合同违反强制性规定，可依法认定为无效，因此C项正确。业主依据法定程序共同决定解聘物业服务人的，可以解除物业服务合同。决定解聘的应当提前60日书面通知物业服务人，但合同对通知期限另有约定的除外。由此可知，业主委员会有权单方解除与丙物业公司之间的合同，因此D项错误。

8. **答案**：C。双方订立合同时，因学区房的特殊性，其价格高于一般房屋，且不存在一方利用对方困境和一方经济优势迫使对方订立显失公平合同的情形，不符合《民法典》第151条规定的可撤销事由，因此A项错误。由《民法典》第150条的规定可知，一方或者第三人以胁迫手段，使对方在违背真实意思的情况下实施的民事法律行为，受胁迫方有权请求人民法院或者仲裁机构予以撤销。涉案房屋买卖合同的订立确实存在胁迫情形，但王某是受胁迫方，李某是胁迫方，只能由王某享有撤销权，因此B项错误。涉案买卖合同订立基础在于房屋定位为"学区房"，后由于政府政策改变，该房屋对于李某失去了学区房意义，这也是其订立合同时无法预知的，不属于正常的商业风险。继续按照学区房价格履行合同，对李某不公平。由《民法典》第533条的规定可知，李某有权提请变更合同或解除合同，因此C项正确。李某的合同目的是取得房屋的所有权，政策调整虽属于不可抗力，但对李某而言并不构成"合同目的落空"，不符合《民法典》相关规定的法定解除权成立事由，因此 D 项错误。

9. 答案：（1） BC。根据《民法典》第 686 条第 2 款规定，当事人在保证合同中对保证方式没有约定或者约定不明确的，按照一般保证承担保证责任，所以 A 错误，B 正确。依据《民法典》第 692 条规定，债权人与保证人可以约定保证期间，所以 C 选项约定有效，保证期间即为借款到期后 3 个月，C 正确。同样根据《民法典》第 692 条规定，没有约定或者约定不明确的，保证期间为主债务履行期限届满之日起 6 个月，并非 1 年，D 错误。

（2） ABCD。按照《民法典》第 687 条规定，一般保证的保证人享有先诉抗辩权，在主合同纠纷未经审判或者仲裁，并就债务人财产依法强制执行仍不能履行债务前，有权拒绝向债权人承担保证责任。A 正确。根据《民法典》第 688 条规定，连带责任保证的债务人不履行到期债务或者发生当事人约定的情形时，债权人可以请求债务人履行债务，也可以请求保证人在其保证范围内承担保证责任，B 正确。依据《民法典》第 697 条规定，债权人未经保证人书面同意，允许债务人转移全部或者部分债务，保证人对未经其同意转移的债务不再承担保证责任，但是债权人和保证人另有约定的除外，C 正确。由《民法典》第 700 条规定可知，保证人承担保证责任后，除当事人另有约定外，有权在其承担保证责任的范围内向债务人追偿，享有债权人对债务人的权利，但是不得损害债权人的利益，D 正确。

名词解释

1. 答案：是出卖人转移标的物的所有权于买受人，买受人支付价款的合同。买卖合同具有以下主要法律特征：（1）买卖合同是出卖人转移财产所有权的合同；（2）买卖合同是买受人支付价款的合同；（3）买卖合同为诺成性合同、有偿合同、双务合同、不要式合同、要因合同。

2. 答案：是指出卖人就出卖的标的物本身所存在的瑕疵对于买受人所负担的担保责任。这种担保包括价值瑕疵担保，即出卖人担保其所出卖的标的物不存在灭失或减少其价值的瑕疵；效用瑕疵担保，即出卖人担保标的物具备应有的使用价值；品质瑕疵担保，即出卖人担保标的物具有其所保证的品质。

3. 答案：又称追夺担保，是指出卖人担保其出卖的标的物的所有权完全转移于买受人，第三人不能对标的物主张任何权利。权利瑕疵担保责任，是出卖人就交付的标的物负有的保证第三人不得向买受人主张任何权利的义务。

4. 答案：是当事人约定由出租人按承租人的要求出资向第三人购买租赁物供承租人使用、收益，承租人支付租金的合同。

5. 答案：是指以两种或者两种以上不同的运输方式，由多式联运经营人将货物运送到目的地，由托运人或者收货人支付运费的合同。

6. 答案：是指双方约定由一方将物（动产或不动产）交付他方使用、收益，而由他方支付租金的协议。

7. 答案：赠与人享有任意撤销权、法定撤销权、穷困抗辩权。任意撤销权是指赠与合同生效后、赠与财产的所有权转移前，赠与人依其意思表示自由撤销赠与的权利。法定撤销权是指依据法律规定的事由撤销赠与的权利。穷困抗辩权是指赠与合同订立后，赠与人的经济状况显著恶化，严重影响其生产经营或者家庭生活的，可以拒绝履行赠与义务的权利。

8. 答案：是指一般保证的保证人在主合同纠纷未经审判或者仲裁，并就债务人财产依法强制执行仍不能履行债务前，有权拒绝向债权人承担保证责任的权利。依据《民法典》第 687 条的规定，存在下列情形之一的，保证人不得行使先诉抗辩权：（1）债务人下落不明，且无财产可供执行；（2）人民法院已经受理债务人破产案件；（3）债权人有证据证明债务人的财产不足以履行全部债务或者丧失履行债务能力；（4）保证人书面表示放弃本款规定的权利 。

9. 答案：根据《民法典》第 725 条规定，租赁物在承租人按照租赁合同占有期限内发生所有权变动的，不影响租赁合同的效力。

简答题

1. 答案：（1）买卖合同是出卖人转移标的物所有权的合同。买受人订立合同的根本目的在于取得标的物的所有权。出卖人需移转标的物所有权，这是买卖合同与当事人一方应交付财物给另一方的其他合同（如租赁合同、借用合同、保管合同）的主要区别。（2）买卖合同是买受人支付价款的合同。出卖人出卖标的物以取得价款为目的，买受人需向出卖人支付价款作为取得标的物的所有权的对价，即支付价款是转移所有权的对待给付。买卖合同的这一特征区别于其他转移标的物的所有权的合同（如赠与合同、互易合同）。（3）买卖合同为诺成性合同、有偿合同、双务合同、不要式合同、要因合同。买卖合同自买卖双方就标的物、价款等有关事项的意思表示一致时即可成立，并不以标的物的实际交付为成立要件，一般也无须以特定方式作成，因而买卖合同为诺成性合同、不要式合同。买卖合同的出卖人负有转移标的物所有权的义务，买受人负有支付价款的义务，双方的义务有对价关系，因此买卖合同属于双务合同、有偿合同。买卖合同以一方取得标的物的所有权及另一方取得价款为原因，若无此原因则不能成立，因而买卖合同属于要因合同。

2. 答案：（1）按约定完成工作。承揽人应按合同约定的时间、方式、数量、质量完成交付的工作。这是承揽人的首要义务，也是其获取酬金应付出的对价利益。承揽人应以自己的设备、技术和劳力亲自完成约定的工作，未经定作人同意，承揽人不得将承揽的主要工作交由第三人完成。承揽人将辅助工作交第三人完成，或依约定将主要工作交由第三人完成的，承揽人就第三人完成的工作对定作人负责。（2）提供或接受原材料。完成定作所需的原材料，可依约定由承揽人提供或由定作方提供。承揽人提供原材料的，应按约定选购并接受定作人检验；定作人提供的，承揽人应及时检验，妥善保管，并不得更换材料。（3）及时通知和保密义务。对于定作人提供的原材料如不符合约定的，或定作人提供的图纸、技术要求不合理的，应及时通知定作人。对于完成的工作，定作人要求保密的，承揽人应保守秘密，不得留存复制品或技术资料。（4）接受监督检验。承揽人在完成工作时，应接受定作人必要的监督和检验，以保证工作适合定作人的要求。但定作人不得因监督检验妨碍承揽人的正常工作。（5）交付工作成果。承揽人完成的工作成果，要及时交付给定作人，并提交与工作成果相关的技术资料、质量证明等文件。但在定作人未按约定给付报酬或材料价款时，除非有相反的约定，承揽人得行使留置权，留置工作成果。（6）对工作成果的瑕疵担保义务。承揽人交付的工作成果应符合约定的质量，承揽人对已交付工作成果的隐蔽瑕疵及该瑕疵所造成的损害承担责任。交付的工作成果有隐蔽瑕疵，验收时用通常方法或约定的方法不能发现，验收后在使用过程中暴露或致承揽人或第三人受损害的，承揽人应按合同约定或法律的规定，承担损害赔偿责任。

3. 答案：（1）依指示为行纪行为。行纪人要按照委托人的指示完成行纪行为，并应当尽自己的注意义务，以使委托人的利益不受或少受损失。委托人对于价格有特别指示的，行纪人不得违反；高于指定价格买入或低于指定价格卖出，应经委托人允诺，未经允诺，该差额由行纪人自己负担。（2）负担行纪费用。行纪人对于在处理行纪事务中发生的费用，如无特别约定的，由自己承担。（3）妥善保管委托物。对占有的委托物，负有妥善保管义务，未尽注意义务致委托物毁损灭失的，负损害赔偿责任。（4）委托物处置的义务。委托物品，有瑕疵或者不宜久存的，经委托人同意可以处分，不能及时取得联系，为了委托人的利益，行纪人有合理处分权。（5）赔偿义务。由于行纪合同与委托合同不同，行纪人是以自己的名义与第三人缔约，自己享有合同权利并承担合同义务，因此，如果第三人不履行义务致使委托人受到损害的，除非行纪人与委托人另有约定，否则行纪人应当承担损害赔偿责任。

4. 答案：出卖人的义务主要有：

（1）交付标的物并移转标的物所有权于买受人的义务。包括按照约定的时间、地点、质量标准、数量、方式交付标的物，并向买受人交付有关标的物的单证及约定的技术资料，承担交付费用。出卖人履行使买受人取得标的物所有权的义务，应依动产或不动产所有权移转的规定。

（2）权利瑕疵担保义务。出卖人应担保买受人取得权利，保证任何第三人不会就该标的物向买受人主张任何权利。效力主要表现在买受人有拒绝给付价款的权利、请求无权利瑕疵履行的权利、解除合同的权利和赔偿请求权。

（3）标的物品质的瑕疵担保义务。出卖人负有担保其出卖的标的物在质量方面符合合同约定与法律规定的义务。

（4）交付提取标的物单证以外的有关单证和资料。出卖人在向买受人交付标的物的同时，还应当按照约定或者交易习惯向买受人交付提取标的物的单证以外的有关单证和资料。

买受人的义务主要有：

（1）给付价款的义务。买受人应按约定的时间地点支付价款。没有约定或约定不明的，按当事人事后达成的补充协议确定。不能达成补充协议的，按合同的有关条款或交易习惯确定。如仍不能确定的，应当在收到标的物或者提取标的物单证的同时，在出卖人的营业地、交付标的物或者交付提取标的物单证的所在地支付。

（2）受领标的物的义务。对于出卖人按合同约定交付的符合合同约定条件的标的物，买受人应按约定及时受领，否则买受人应负受领迟延的责任，偿付约定的违约金或赔偿损失。对于出卖人不按合同约定条件交付的标的物，买受人有权拒收。

（3）暂时保管与应急变卖拒绝受领的标的物的不真正义务。当出卖人交付给买受人的标的物具有瑕疵时，买受人可以拒绝受领，不过，在一定条件下，买受人负有暂时保管并应急变卖的义务。

5. 答案：融资租赁合同，是指当事人约定由出租人按承租人的要求出资向第三人购买租赁物供承租人使用、收益，承租人支付租金的合同。融资租赁合同与租赁合同的区别主要有：（1）当事人不同。融资租赁合同往往涉及三方当事人，即出租人、承租人和出卖人。而一般的租赁合同是双方当事人，出租人与承租人。（2）目的不同。融资租赁合同的基本目的是承租人通过租赁来融资。租赁合同一方的目的是通过转移标的物的使用权来收取租金，另一方当事人是通过支付租金的有偿行为获得对标的物的使用。（3）合同期满后租赁物的归属不同。融资租赁合同的出租人一般不收回租赁物，出租物可以依约定归承租人所有。一般的租赁合同期满后，出租人要收回租赁物。

6. 答案：受托人的义务主要有：

（1）依委托人的指示亲自处理事务的义务。受托人应当按照委托人的指示处理委托事务。需要变更委托人指示的，应当经委托人同意；因情况紧急，难以和委托人取得联系的，受托人应当妥善处理委托事务，但事后应当将该情况及时报告委托人。

（2）报告义务。受托人应当按照委托人的要求，报告委托事务的处理情况。委托合同终止时，受托人应当报告委托事务的结果。

（3）移转利益和权利的义务。受托人以委托人的名义及费用办理委托事务，因此，受托人在办理委托事务中所得到的一切利益，包括金钱、物品、所得利益及权利等都应及时转交给委托人。

（4）披露义务。根据《民法典》第926条的规定，受托人以自己的名义与第三人订立合同时，第三人不知道受托人与委托人之间的代理关系的，受托人因第三人的原因对委托人不履行义务，受托人应当向委托人披露第三人，委托人因此可以行使受托人对第三人的权利。但是，第三人与受托人订立合同时如果知道该委托人就不会订立合同的除外。受托人因委托人的原因对第三人不履行义务，受托人应当向第三人披露委托人，第三人因此可以选择受托人或者委托人作为相对人主张其权利,但是第三人不得变更选定的相对人。委托人行使受托人对第三人的权利的,第三人可以向委托人主张其对受托人的抗辩。第三人选定委托人作为其相对人的,委托人可以向第三人主张其对受托人的抗辩以及受托人对第三人的抗辩。

(5) 赔偿义务。有偿的委托合同,受托人给委托人造成损失的,委托人可以请求其依约承担违约责任。无偿的委托合同,因受托人故意或重大过失给委托人造成损失的,委托人可以请求赔偿损失。受托人超越权限或不及时报告有关情况,给委托人造成损失的,应当赔偿损失。

7. **答案**:委托人的义务主要有:

(1) 支付报酬的义务。委托人的主要义务是给付报酬,中介人促成合同成立后,委托人应当支付约定的报酬。当事人未约定中介报酬或者约定不明确的,应根据中介人的劳务合理确定,并由委托人平均负担。

(2) 支付中介活动费用义务。中介人未促成合同成立时,不得要求支付报酬,但可以要求委托人支付从事中介活动支出的必要费用。但中介人促成合同成立的中介活动费用,由中介人负担。

委托人跳单的法律后果。这是《民法典》与原《合同法》相比新增加的内容。所谓跳单,就是利用了中介人提供的缔约信息,但绕开了中介人直接与相对方交易。这种情况在我国的房屋中介实践中时有发生。为了保护中介人的利益,《民法典》第965条特别规定:"委托人在接受中介人的服务后,利用中介人提供的交易机会或者媒介服务,绕开中介人直接订立合同的,应当向中介人支付报酬。"

8. **答案**:自然人之间借款合同的主要法律特征:

(1) 自然人之间的借款合同为实践性合同。根据《民法典》第679条的规定,自然人之间的借款合同,自贷款人提供借款时成立。

(2) 自然人之间的借款合同可以是无偿合同,也可以是有偿合同。根据《民法典》第680条规定,自然人之间的借款合同对支付利息没有约定或者约定不明确的,视为没有利息。

(3) 自然人之间的借款合同一般为书面合同。《民法典》第668条第1款规定,借款合同应当采用书面形式,但自然人之间借款另有约定的除外。

💬 论述题

1. **答案**:关于标的物毁损、灭失的风险负担,我国《民法典》合同编是围绕标的物的交付加以规定的,其具体规则包括:第一,标的物毁损、灭失的风险,在标的物交付之前由出卖人承担,交付之后由买受人承担,但法律另有规定或者当事人另有约定的除外。第二,因买受人的原因致使标的物不能按照约定的期限交付的,买受人应当自违反约定之日起承担标的物毁损、灭失的风险。第三,出卖人出卖交由承运人运输的在途标的物,除当事人另有约定的外,毁损、灭失的风险自合同成立时起由买受人承担。第四,当事人没有约定交付地点或者约定不明确,依照有关法律规定标的物需要运输的,出卖人将标的物交付给第一承运人后,标的物毁损、灭失的风险由买受人承担。第五,出卖人按照约定或者依照有关规定将标的物置于交付地点,买受人违反约定没有收取的,标的物毁损、灭失的风险自违反约定之日起由买受人承担。第六,出卖人按照约定未交付有关标的物的单证和资料的,不影响标的物毁损、灭失风险的转移。第七,因标的物不符合质量要求,致使不能实现合同目的的,买受人可以拒绝接受标的物或者解除合同。买受人拒绝接受标的物或者解除合同的,标的物毁损、灭失的风险由出卖人承担。第八,标的物毁损、灭失的风险由买受人承担的,不影响因出卖人履行义务不符合约定,买受人请求其承担违约责任的权利。

以上具体规则中,第二项、第五项和第七项都涉及当事人的违约问题,从这几项规则的内容来看,在买卖中,对于不履行债务或不协助履行债务的,标的物风险通常由有过失的一方负担,即由违约方承担。而其余各项规则说明,在双方皆无过失或出卖人无过失的情况下,发生标的物的毁损灭失,其风险承担一般以标的物的交付为界限。

2. 答案:二者的区别主要有:

(1) 从设立方式的角度分析,当事人在保证合同中约定,债务人不能履行债务时,由保证人承担保证责任的,为一般保证。如果当事人在保证合同中对保证方式没有约定或者约定不明确的,按照一般保证承担保证责任。当事人在保证合同中约定保证人和债务人对债务承担连带责任的,为连带责任保证。

(2) 从责任承担的角度分析,一般保证的保证人具有补充性,仅在债务人的财产不足以完全实现债权的情况下,才负保证责任。连带责任保证中,保证人与主债务人为连带债务人,债权人在保证范围内,既可以向债务人求偿,也可以向保证人求偿,债务人和保证人都无权拒绝。

(3) 从诉讼地位的角度分析,一般保证中,债权人可以只列债务人为被告,也可以将债务人、保证人列为共同被告,但不能单独列保证人为被告。连带责任保证中,债权人既可以将债务人与保证人列为共同被告,也可以将保证人单独列为被告。

(4) 从有无先诉抗辩权的角度分析,一般保证中,保证人享有先诉抗辩权。在主合同纠纷未经审判或者仲裁,并就债务人财产依法强制执行仍不能履行债务前,保证人对债权人可以拒绝承担保证责任。但存在债务人下落不明且无财产可供执行、人民法院已经受理债务人破产案件、债权人有证据证明债务人的财产不足以履行全部责任或丧失履行债务能力、保证人书面放弃先诉抗辩权四种例外情形时,先诉抗辩权消灭。连带责任保证中,保证人不享有先诉抗辩权。在合同履行期限届满,债务人没有清偿主债务或者发生当事人约定的情形时,债权人既可以要求债务人承担责任,也可以直接要求保证人承担责任。

案例分析题

1. 答案:(1) 本合同中的买受人为甲商场。合同以甲商场名义签订,使用了商场的公章,而电冰箱厂并不知也不应知晓商场内部的承包关系,因此,实际上家电柜台作为商场的代理人,为商场签订合同。尽管行为人没有代理权,但其以商场名义订立合同,因其使用公章电冰箱厂有理由相信其有代理权,构成表见代理,因此代理行为有效。故,就该合同应由甲商场担任合同之买受人。

(2) 买受人应交付价款。家电柜台以商场名义用公章与某电视机厂签订合同,购买500台电冰箱,且合同签订时,家电柜台已知晓该批电冰箱正运往本地的事实,电冰箱厂已交付其提货单证,故电冰箱的所有权已转移给甲商场。而11月2日,运送该批电冰箱的汽车在即将抵达目的地时,突遇山洪暴发,属于不可抗力,但不可抗力造成标的物灭失的风险应由买受人承担,故买受人仍应交付价款。

(3) 交付500台电冰箱的价款。电冰箱厂多交付的10台电冰箱,属不当得利,而买受人对此事并不知悉,为善意,仅应就其现存的利益负返还义务。现在该利益已灭失,不当得利人无须再行返还。

2. 答案:(1) 由于双方当事人的意思表示一致,该买卖合同已经成立。电视机的所有权已经转移,因为电视机已经交付给了李某。

(2) 王某与李某存在中介合同法律关系。王某负有的义务有:忠实于委托人的利益,按委托人的要求进行中介活动,讲诚实,守信用。必要时协助委托人与第三人订立合同。

(3) 行纪合同关系;以寄售商店自己的名义办理。

(4) 由李某承担。因为电视机的所有权是李某的。同时,李某作为行纪合同的委托人,应当承担该差价损失。

3. 答案:(1) 甲、丙之间合同的效力待定。因为,甲无权处分实际为夫妻共有财产的房屋,根据相关规定,对于夫妻重大财产的处分,夫妻任何一方均无权单独处分。因此,根据民法典的规定,无权处分的合同属于效力待定的合同,如果乙追认或甲获得处分权,则合同有效；反之，则合同无效。因此，本案中，甲、丙之间合同的效力为效力待定。

（2）由于未办理产权过户手续，根据《民法典》第311条的规定，丙不能基于善意取得房屋的所有权。只能在合同被追认的前提下，适用有效合同获得房屋所有权。由于乙在一年的追认期内提起了诉讼，因此，丙不能取得房屋所有权。

（3）如果无法协商解决，乙的不追认导致甲、丙之间的合同归于无效。由于合同无效不能追究违约责任，丙只能根据《民法典》的规定追究缔约过错方甲的缔约过失责任。

4. 答案：（1）该租赁关系生效。甲与丙之间签订了房屋租赁合同，且办理了登记手续，应认定租赁关系生效。另该房产虽系夫妻共有，但乙未表示反对，视为其同意。

（2）抵押合同生效。

（3）承租人享有优先购买权，抵押权人不享有优先购买权。

（4）无效。甲、丁双方在抵押合同中约定"如甲不能到期归还借款，该房产自动转归丁所有"，这一约定违反了流质契约的禁止性规定，因此该约定无效。

（5）有效。《民法典》第725条规定："租赁物在承租人按照租赁合同占有期限内发生所有权变动的，不影响租赁合同的效力。"这一原则被称为"买卖不破租赁"。在本案中，若甲与丁之间为买卖关系，且买卖合同生效时租赁合同仍未到期，则租赁合同仍然有效，丁作为新的所有权人需要继续履行原租赁合同。

（6）不能。依照有关规定，在共同共有关系存续期间，部分共有人擅自处分共有财产的，一般认定无效。但第三人善意、有偿取得该项财产的，应当维护第三人的合法权益；对其他共有人的损失，由擅自处分共有财产的人赔偿。

5. 答案：（1）可以要求重新发货。根据《民法典》第604条规定，标的物毁损、灭失的风险，在标的物交付之前由出卖人承担，交付之后由买受人承担，但是法律另有规定或者当事人另有约定的除外。由于该批货物交付地点在该教育局所在地，并由西部某开发公司负责运输，应当认定该地点也是所有权转移的地方，因此货物的所有权并未转移，西部某开发公司未履行相应义务，应当重新发货。

（2）作为合同当事人的西部某开发公司应作为原告向运输公司提起诉讼。依照合同相对性的原理，只有合同当事人才能主张违约责任。而且题中某教育局在运输过程中并未取得货物的所有权，因而其无从主张权利。

（3）本案中，西部某开发公司作为附义务的赠与人，应在新闻报道相应的费用限度内承担责任。参见《民法典》第662条第1款规定，赠与的财产有瑕疵的，赠与人不承担责任。附义务的赠与，赠与的财产有瑕疵的，赠与人在附义务的限度内承担与出卖人相同的责任。

（4）由于受赠人没有履行义务，该开发公司可以撤销赠与。根据《民法典》第663条第1款第3项的规定，受赠人有下列情形之一的，赠与人可以撤销赠与：不履行赠与合同约定的义务。但开发公司行使撤销权，应当在知道该原因之日起1年内行使。

（5）可以。《民法典》第666条规定，赠与人的经济状况显著恶化，严重影响其生产经营或者家庭生活的，可以不再履行赠与义务。

（6）不能。根据《民法典》第658条规定，赠与人在赠与财产的权利转移之前可以撤销赠与。具有救灾、扶贫等社会公益、道德义务性质的赠与合同或者经过公证的赠与合同，不适用前款规定。本案中赠与合同属于带有社会公益性质的赠与合同，不同于一般的赠与合同，赠与人不可以在赠与财产权利转移之前撤销赠与。

6. 答案：（1）根据《民法典》第820条规定，李某有权要求改乘其他班次或退票，承运人应予满足。

（2）不应支持。根据《民法典》第821条规定，承运人擅自变更运输工具而提高服务标准的，不应加收票款。

(3) 应当。就运输过程中旅客伤亡，承运人应承担无过失责任，仅在伤亡系因旅客自身健康原因造成的，或承运人证明伤亡是旅客故意、重大过失造成的时，承运人方可免责。本案中，汽车运输公司只能证明自己已尽到足够的注意义务，乙方无过错，而无法证明有法定免责事由的出现，因此，不能免除赔偿责任。

(4) 应当。承运人对运输过程中旅客的伤亡所承担的无过失责任，同样适用于按规定免票、持优待票及经承运人许可搭乘的无票旅客。

7. **答案：**（1）合法。甲、乙间的货物运输，采用运单的形式，是符合法律规定的，它是甲、乙间货物运输的合同。

（2）不能。《民法典》第829条规定："在承运人将货物交付收货人之前，托运人可以要求承运人中止运输、返还货物、变更到达地或者将货物交给其他收货人，但是应当赔偿承运人因此受到的损失。"运单填制后，货物发运时，不允许托运人甲变更运输的一批货物中的一部分的运送地。

（3）乙运送的白糖在途中被污染36吨，是因其混装造成的，因此应负赔偿责任。而这批白糖事先已实行保价，因此乙原则上对36吨白糖应按甲保价时声明的价格赔。不过，假若损失并未达到声明的价格，乙只赔偿甲的实际损失。

8. **答案：**首先，在铁路货物运输中，承运人的主要义务是把货物运到指定地点，并及时通知收货人，承运人通知错误造成的损失由承运人负责。

其次，在运输过程中，从收到货物时到交付收货人之间，承运人负有安全运送和妥善保管的义务，运送过程中，发生货物毁损，承运人应负责赔偿实际损失。

从本案看，测压机的毁损是由火车站的过错即没有正确履行合同义务造成的，因此应由火车站负赔偿责任。

钟表厂没有收货，因此不负违约责任。电机厂并没有保管测压机的义务，因此也不负赔偿责任。

9. **答案：**（1）张华没及时通知对方并采取适当措施，若致使损失扩大，开发公司应就扩大的损失承担责任。根据《民法典》第858条的规定，当事人一方发现因无法克服的技术困难，可能致使研究开发失败的情形时，应当及时通知另一方。而本案中张华发现其他公司在开发过程中遇到了难以克服的技术难点，可能导致开发失败时，未履行及时通知义务，因此有过错。张华没有及时通知并采取适当措施，如果致使损失扩大的，应当就扩大的损失承担责任。对于开发失败的风险责任，根据《民法典》第858条规定，由于双方没有约定，因此应由研究院和开发公司合理分担。

（2）张华只能依违约之诉起诉研究院。因为根据《民法典》第874条规定，受让人按照约定实施专利、使用技术秘密侵害他人合法权益的，由让与人承担责任。本案中的让与人是研究院，应对委托人承担违约责任。丙公司作为第三人，对开发公司不承担违约责任，这是由合同效力的相对性规则决定的。另外，丙公司在受让该技术时出于善意，因而也不构成对开发公司的侵权，不承担侵权责任。丙公司在开发公司与研究院的诉讼中可以作为无独立请求权的第三人参加诉讼。

（3）不能。因为在行纪合同中行纪人享有介入权，并有权要求委托人支付报酬。依《民法典》第956条规定，行纪人卖出或者买入具有市场定价的商品，除委托人有相反的意思表示以外，行纪人自己可以作为买受人或出卖人，并在此种情形下，仍然可以要求委托人支付报酬。本案中乙公司行使了介入权，虽然开发公司的总经理张华有相反意思表示，但在事后提出，因而张华的异议不能成立。

（4）乙公司可行使留置权。并且，可要求开发公司支付违约金，并实际履行。依《民法典》第959条规定，委托人拒不支付报酬的，行纪人可以对委托物行使留置权。另外，在双方的行纪合同中，开发公司的行为构成违约。乙公司依《民法典》第585条的规定，有权要求开发公司承担违约金责任和继续履行的责任。

10. **答案**：（1）甲不按时提货的行为构成违约，甲应承担违约责任，支付违约金。

（2）甲、乙是按比例抽验货物的，其中有20%是本身不合格，因此乙只对剩余80%的蒜头造成的实际损失负责。在赔偿时，以甲的进价为准。并且，乙对甲在知情后不及时处理出现异常情况的蒜头造成的扩大损失，以及甲不按时提货造成的损失，不负赔偿责任。

（3）甲应书面通知乙。在与乙达成一致协议前，原合同仍然有效。

11. **答案**：（1）本案属于委托开发合同，合同中未就申请专利的问题进行议定，按法律规定，乙作为研究开发人有权单方向国家专利局申请专利。甲可以免费实施批准后的专利技术。

（2）不能。按法律规定，有权决定将开发成果推广使用的只能是国务院有关主管部门和省、自治区、直辖市人民政府，而推广使用的对象仅限于"非专利技术"。本案不符合此两点，市建设局不能决定将乙的开发成果推广使用。

（3）乙未向甲交付成果，而甲也未逾期不接受成果，因此乙无权将开发成果转让给丙厂。

12. **答案**：（1）能。根据《民法典》第926第2款规定，受托人以自己名义与第三人订立合同时，因委托人的原因对第三人不履行义务，受托人向第三人披露委托人后，第三人可以选择受托人或者委托人作为相对人主张其权利。

（2）部分无效。因定金数额不得超过合同标的的20%，超出部分无效。

全宇公司与天鹅公司间买卖合同的标的额是130万元，全宇公司支付了定金30万元。根据《民法典》第586条第2款规定，定金的数额由当事人约定；但是，不得超过主合同标的额的20%，超过部分不产生定金的效力。本案中，全宇公司支付的定金超过了主合同标的额的20%，超过的部分无效，但符合法律要求的20%是有效的。因此该定金合同部分无效。

（3）应返还给天鹅公司。属于不当得利。

全宇公司本来替大兴公司购买的电视机数量是500台，但是天鹅公司人员误发为505台。全宇公司对多取得5台电视机没有法律依据，属于不当得利，应当返还给由此受到损失的天鹅公司。

（4）应由天鹅公司承担。标的物交付前发生的损失应由出卖人承担。

《民法典》第604条规定："标的物毁损、灭失的风险，在标的物交付之前由出卖人承担，交付之后由买受人承担，但是法律另有规定或者当事人另有约定的除外。"因此本案中，在卖方天鹅公司将标的物交付给买方以前发生损失，天鹅公司应当承担标的物毁损灭失的风险。

（5）不能。因为第三人选定了相对人后，不能变更选定的相对人。

根据《民法典》第926条第2款规定，受托人因委托人的原因对第三人不履行义务，受托人应当向第三人披露委托人，第三人因此可以选择受托人或者委托人作为相对人主张其权利，但是第三人不得变更选定的相对人。一旦第三人天鹅公司选定了主张权利的相对人，如向全宇公司起诉，其就不能再随意变更选定的相对人，不能再主张由大兴公司履行义务。

13. **答案**：（1）正确。根据我国法律规定，除法律有特别规定或当事人有特别的约定外，财产所有权应从交付时转移，财产的风险也随之转移，布匹的所有权既未转移，其风险当然应由纺织厂承担。

（2）纺织厂获得的赔偿费属不当得利，应当归还服装厂。

（3）如果星星纺织厂能证明货物的损失不是因管理的过错造成的，则由某服装厂承担。

14. **答案**：（1）甲持卡在丙处消费，由乙向丙付款，甲、乙之间是一种无名合同关系，参照委托合同的规定处理。甲应依其消费金额向乙还款，甲、乙之间还形成借款合同法律关系（或形成还款关系）。

丙负有接受符合条件的持卡人消费的义务，即丙受乙的委托向第三人（消费者）为给付，有与第三人订立合同的义务，这是一种类似于委托的关系（或无名合同关系）。乙在丙完成对第三人的给付之后，丙有要求乙付款的权利。

甲与丙之间构成买卖合同关系。

（2）甲在丙处消费的付款义务，由乙承担。这是就将来可确定的债务，甲与乙订立债务承担协议。而且是经债权人同意的免责的债务承担，即免责的由乙承担，丙不得向甲主张权利。

乙不可以甲不付款为理由拒绝向丙付款。因为甲与乙、乙与丙之间的债的关系是独立的，而且债务承担具有无因性。

（3）如果甲不向乙支付其消费的款项，乙可依甲、乙之间的还款关系要求甲支付其所消费的款项及利息（违约责任）。

如果乙不向丙支付甲所消费的款项，丙可依乙、丙之间的还款关系要求乙支付甲所消费的款项及利息（违约责任）。

（4）应当由乙主张权利。乙可以依据其与丙之间的委托关系对丙主张不履行合同的违约责任。因为在乙与丙之间的丙负有接受符合条件的持卡人消费的义务，即丙受乙的委托向第三人（消费者）为给付，有与第三人订立合同的义务。在这一合同关系中，甲不是其当事人。

（5）张某不构成违约。因为自然人之间的借款合同，自贷款人提供借款时生效。张某未向甲提供借款，借款合同未生效。

（6）乙可以就甲对丁的保险赔偿金和甲对戊的损害赔偿金主张优先受偿权（或乙可以行使甲对丁的保险赔偿请求权、甲对戊的损害赔偿请求权）；乙可以对戊行使基于抵押权的损害赔偿请求权。

（7）没有影响。因为在甲的铺面房设定抵押后，甲将保险赔偿请求权转让给己，基于抵押权的物权优先效力（或追及效力），不影响抵押权的效力。己的债权人庚向法院申请冻结该保险赔偿请求权，基于抵押权的优先性，不影响抵押权的效力。

15. **答案**：（1）成立，属于动产浮动抵押。因为根据《民法典》第396条规定，经当事人书面协议，乙公司可以现有的以及将有的生产设备、原材料、半成品、产品设定抵押，无须以登记为设立要件。

（2）不是。因为甲公司房产抵押与乙公司现有的及将有的生产设备等动产的抵押没有明确约定抵押份额，属于连带抵押。抵押权人（银行）可以选择就任一财产实现抵押权。

（3）具有法律效力。因为在法院依据竞买结果制作裁决书后，甲公司将房产过户给了丙公司，丙公司是房产所有人。当事人对房产权属作的特别约定，不具有物权效力。但是该备忘录没有违背法律的强制性规定，具有债权效力，丙公司对甲公司负有合同义务，即依约履行将房产过户给甲公司的义务。

（4）有效。因为丙公司是房产所有权人，有权对房产进行处分，且就同一房产签订多份买卖合同，合同效力既不会仅因为房产没有过户而受影响，也不会仅因为是一物多卖而受影响。

（5）有权。因为丁公司可以行使不安抗辩权。虽然在甲公司、丙公司与丁公司签订的房产买卖合同中约定，丁公司应先交首付，甲公司后办理房产过户。但是，房产产权人丙公司在签约次日就和戊公司签订房产买卖合同。该行为已经明确表示，甲公司有无法履行交房义务的可能。作为先交首付款义务的丁方，有权行使不安抗辩权，即拒绝履行支付400万元的义务。

（6）无权。因为甲公司可以行使先履行抗辩权。甲公司办理房产过户手续的义务在后。丁公司享有不安抗辩权，可以拒绝履行自己的先给付义务，但是不能以不安抗辩权要求甲公司履行在后的义务。

（7）能。因为甲公司在合同订立半年内没有履行办理房产过户手续的义务，丁公司行使约定解除权的条件已经成就。

（8）不能。因为甲公司、丙公司与丁

公司签订房产买卖合同中约定丙公司和甲公司对合同的履行承担连带责任。该约定属于当事人真实意思表示，不违反法律、行政法规的强制性规定和社会公共利益，具有法律约束力。

（9）可以。因为根据《民法典》和相关司法解释，合同约定的违约金超过造成损失的30%，数额过分高于损失，当事人可以请求法院予以适当减少。

16. 答案：（1）李某（次承租人）可以请求代张某（承租人）支付其欠付王某（出租人）的租金和违约金，以抗辩王某的合同解除权。

（2）由张某（出租人）承担。因为张某（出租人）有提供热水（热水器）的义务，张某违反该义务，致李某损失，应由张某承担赔偿责任。

（3）可以（是）。由张某承担。因为张某（出租人）作为出租人应当按照约定将租赁物交付承租人、应当履行租赁物的维修义务；张某有保持租赁物符合约定用途的义务。

（4）由李某承担。因为李某（承租人）经张某（出租人）同意装饰装修，但未就费用负担作特别约定，故承租人不得请求出租人补偿费用。

（5）否（李某或张某均不应当承担赔偿责任）。因为李某与黄某之间并无合同，李某不需承担违约损害赔偿责任；对于黄某的损失，李某亦无过错，不需承担侵权责任。故李某不应承担赔偿责任。张某与黄某之间并无合同，张某不需要承担违约损害赔偿责任；对于黄某的损失，张某并无过错，不需承担侵权责任。故张某不应承担赔偿责任。

（6）郝某不应当承担赔偿责任。B公司应当承担赔偿责任。因为郝某是B公司的工作人员，执行B公司的工作任务，故不需承担侵权责任。因热水器是缺陷产品，缺陷产品造成损害，被侵权人（黄某）既可向产品的生产者请求赔偿，也可向产品的销售者请求赔偿。故B公司需承担侵权责任。

（7）李某不应承担赔偿责任，B公司应承担赔偿责任。因为李某对衣物受损并无过错。缺陷产品的侵权责任，由生产者或销售者承担，故B公司应对张某衣物受损承担侵权责任。

17. 答案：（1）甲、丙基于合法有效的买卖合同于2月11日办理了过户登记手续，即完成了不动产物权的公示行为。不动产物权发生变动，即由原所有权人甲变更为丙。

（2）甲、丙之间于2月8日形成的房屋买卖合同，是有效合同。尽管甲已就该房与乙签订了合同，但甲、丙的行为不属于违背公序良俗的行为，也不违反法律、行政法规的强制性规定，不存在无效的因素。丙的行为仅为单纯的知情，甲、丙之间的合同不属于恶意串通行为，因其不以损害乙的权利为目的。

（3）2月12日，甲、乙之间修改合同的行为有效，其性质属于双方变更合同。双方受变更后的合同的约束。

（4）乙与甲通过协商变更了合同，甲、丙之间的合同有效且已经办理了物权变动的手续，故乙关于确认甲、丙之间合同无效、由甲交付01号房的请求不能得到支持。但是，乙可以请求甲承担违约责任，乙同意变更合同不等于放弃追索甲在01号房屋买卖合同项下的违约责任。

（5）乙可请求解除合同，甲应将收受的购房款本金及其利息返还给乙。因政策限购属于当事人无法预见的情形，且合同出现了履行不能的情形，乙有权解除合同，且无须承担责任。

（6）应当由丙和A公司承担。张某是受雇人，其执行职务的行为，由A公司承担侵权赔偿责任。丙聘请没有装修资质的A公司进行房屋装修，具有过错，也应对丁的损失承担赔偿责任。

（7）B公司承担。李某维修行为，构成表见代理，其行为后果由B公司承担（合同上的赔偿责任）。或者李某虽然离职，但经维修处负责人指派，仍为执行工作任务，应由B公司承担（侵权责任）。

第二十七章 无因管理

✓ 单项选择题

1. **答案**：C。(1) A 错，根据《民法典》第 784 条规定，承揽人应当妥善保管定作人提供的材料以及完成的工作成果，因保管不善造成毁损、灭失的，应当承担损害赔偿责任。据此，A 项表述属于法定义务，不构成无因管理。(2) B 错，《民法典》第 598 条规定："出卖人应当履行向买受人交付标的物或者交付提取标的物的单证，并转移标的物所有权的义务。"据此，B 项表述是法定义务，不构成无因管理。(3) C 对，C 项表述符合无因管理的条件，构成无因管理。(4) D 错，超市对进入超市的顾客的皮包进行保管属于约定义务。

2. **答案**：C。参见《民法典》第 121 条。本题李某的行为属于无因管理。其管理人有将无因管理事务收取的物品、金钱以及孳息等交还本人的义务，但有权要求受益人偿付由此而支付的必要费用。

3. **答案**：C。本题考查无因管理之债的法律后果、孳息所有权的归属。无因管理之债的法律后果可以参照前面题目，可以请求受益人偿还因管理事务而支出的必要费用。孳息所有权原则上归原物所有人，法律另有规定或合同另有约定的除外。

4. **答案**：C。根据《民法典》第 121 条规定，没有法定的或者约定的义务，为避免他人利益受损失而进行管理的人，有权请求受益人偿还由此支出的必要费用。没有法定的或约定的义务，为避免他人利益受损失进行管理或者服务的，构成无因管理。无因管理属于事实行为，并不要求管理人具有民事行为能力，只要管理人具有认识能力足矣，所以本题中刘某的行为构成无因管理，其有权要求陈某偿付其因管理行为而支付的必要费用。《民法典》第 121 条所规定的管理人或服务人可以要求受益人偿付的必要费用，包括在管理或者服务活动中直接支出的费用，以及在该活动中受到的实际损失。本题中刘某因救火手部烧伤花去的医疗费 200 元和衣物损失 100 元都属于必要费用，陈某应该偿付，故选 C。

5. **答案**：B。根据《民法典》第 121 条规定，没有法定的或者约定的义务，为避免他人利益受损失而进行管理的人，有权请求受益人偿还由此支出的必要费用。本题中，管理人乙负有适当管理的义务，乙也的确进行了适当的管理，只是因为不可抗力的发生而导致牛的死亡，不可抗力是侵权行为的一种免责事由，所以乙无须对甲承担侵权责任，即无需按市价赔偿 1000 元。而乙在无因管理过程中取得的财产 600 元应当交还给甲，同时，乙也有权向甲请求返还为其支付的必要费用，即有权请求返还屠宰费 100 元。因此，乙应当向甲返还 500 元。本题的答案为 B。

6. **答案**：B。(1) A、C 项考查保管合同和公平补偿规则，关键词为"赔偿损失"和"适当补偿"。保管合同属于可有偿可无偿的合同。在无偿保管的情形下，保管人只有在故意或重大过失时才承担赔偿责任。本题中，外卖骑手张某为救李某将手机交给路人王某，王某属于无偿保管，后王某因"不小心"将张某手机掉在地上，屏幕被摔碎，无偿保管人王某没有故意或重大过失。因此，无须承担赔偿责任。同时，受害人和行为人对损害的发生都没有过错的，依照法律的规定由双方分担损失。公平补偿规则适用的前提条件是法律规定，法律并未规定无偿保管人要承担适当补偿责任。因此，无偿保管人王某对于张某手机屏幕摔碎的损失，既不需要承担赔偿责任，亦无须适当补偿，即王某无任何责任。故 A、C 项说法均不正确，均不当选。(2) B、D 项考查无因管理，在无因管理中，管理人所受损害可以向受益人主张补偿，但受益人所受损害不得向管理人主张赔偿。本题中，外卖骑手张某救助跳河的李某，依法构成无因管理，管理人张某背部受伤的损害，受益人（被救者）李某应当适当补偿，故 B 项说法正确，当选；但是，受益人（被救者）李某胳膊受伤，不得请求管理人张某赔偿损失。故 D 项说法不正确，不当选。综上，本题答案为 B。

7. **答案**：B。无因管理构成是指没有法定或者约定的义务，受人之托是约定义务。

8. **答案**：C。（1）无因管理，是指没有法定的或约定的义务，为避免他人利益受损失而为他人管理事务或提供服务的行为。本题中，虽然李某在帮助张某修缮房屋的时候存在利己意思，但主要还是为了张某的利益而修缮房屋，李某的行为成立无因管理。因此，A、B 项错误，C 项正确。（2）另外，无因管理一经成立，在管理人和本人之间即发生债权债务关系，管理人有权请求本人偿还其因管理而支出的必要费用，本人有义务偿还。本题中，李某有权要求张某支付固房费用，张某应支付。因此，D 项错误。

9. **答案**：A。《民法典》第 523 条仅规定，当事人约定由第三人向债权人履行债务，第三人不履行债务或者履行债务不符合约定的，债务人应当向债权人承担违约责任，并未规定第三人与债权人达成代为履行协议的问题。就本题中第三人丙公司与债权人乙公司达成协议，可按照民法一般原理及不当得利、无因管理的相关规则予以解答。乙、丙公司签订代为履行协议，系两者真实意思表示，对乙、丙公司有效，但甲公司完全不知情，对甲公司不发生拘束力。（1）在选项 A 中，甲公司不知情，不影响乙、丙公司间协议对乙、丙公司的效力，所以，丙公司代为履行后，仍然有法律效力，该选项正确。（2）在选项 B 中，虽然甲公司不知情，乙、丙公司的协议对其不发生效力，但是丙公司在代为履行义务后，甲公司的义务消灭。《民法典》第 122 条规定："因他人没有法律根据，取得不当利益，受损失的人有权请求其返还不当利益。"据此，甲公司构成不当得利。《民法典》第 121 条规定："没有法定的或者约定的义务，为避免他人利益受损失而进行管理的人，有权请求受益人偿还由此支出的必要费用。"按照该两条的规定，丙公司仍可要求甲公司支付代为履行的必要费用，该选项错误。（3）在选项 C 中，合同具有相对性，因为甲公司不知情，乙、丙公司的协议对甲公司不发生效力，若丙公司履行有瑕疵，乙公司不得要求甲公司承担违约责任，该选项错误。（4）在选项 D 中，若丙公司代为履行合同消灭甲公司的义务，则甲公司构成不当得利，但本题中因为代为履行存在瑕疵，甲公司对乙公司的债务并未消灭，故丙公司不可对甲公司主张权利；丙公司代为履行合同义务，构成无因管理，只可要求偿还代为履行而支出的必要费用，未尽到管理人的善良管理义务而导致的违约责任，不能向甲公司追偿，该选项错误。综上，本题正确答案为 A。

10. **答案**：B。首先，根据《民法典》第 121 条规定，没有法定的或约定的义务，为避免他人利益受损失而进行管理的人，有权请求受益人偿还由此支出的必要费用。据此可知，无因管理的构成要件有 3 个：（1）没有法定或约定的义务；（2）主观上具有管理他人事务的意思（管理人可适当兼为自己的利益）；（3）客观上实施了管理他人事务的行为（至于管理是否有效果在所不问）。本题中，路人张某的行为构成无因管理。故 A 项正确。其次，根据《民法典》第 979 条规定，管理人没有法定的或者约定的义务，为避免他人利益受损失而管理他人事务，可以请求受益人偿还因管理事务而支出的必要费用；管理人因管理事务受到损失的，可以请求受益人给予适当补偿。管理事务不符合受益人真实意思的，管理人不享有前款规定的权利；但是，受益人的真实意思违反法律或者违背公序良俗的除外。本题中，张某（管理人）可以请求吕某（受益人）支付 2000 元医药费。故 C 项正确。最后，根据《民法典》第 1245 条规定，饲养的动物造成他人损害的，动物饲养人或者管理人应当承担侵权责任；但是，能够证明损害是因被侵权人故意或者重大过失造成的,可以不承担或者减轻责任。由此可知,个人饲养的动物造成他人损害的,动物饲养人或者管理人承担无过错责任。本题中,张某为救吕某被孟某家的狗咬伤,孟某作为饲养人依法应承担侵权责任。受害人张某可以请求孟某支付2000元医药费。故D项正确。

多项选择题

1. **答案**:ACD。选项A中当事人的行为没有明确的相对人,因此无法构成无因管理;选项C中的行为不符合"客观为他人管理事务"的条件;选项D中司乘人员代管物品属于合同项下的义务。

2. **答案**:ACD。本题考查拾得遗失物和无因管理。(1) A对,根据《民法典》第1245条规定,饲养的动物造成他人损害的,动物饲养人或者管理人应当承担民事责任;但是,能够证明损害是因被侵权人故意或者重大过失造成的,可以不承担或者减轻责任。据此,乙应当支付甲麦苗损失费。(2) B错,根据《民法典》第317条第1款规定,权利人领取遗失物时,应当向拾得人或者有关部门支付保管遗失物等支出的必要费用,故甲仅有权请求支付必要费用,无权请求拾牛报酬。(3) C、D对,根据《民法典》第121条规定,没有法定的或者约定的义务,为避免他人利益受损失而进行管理的人,有权请求受益人偿还由此支出的必要费用。本题中甲将乙走失的牛牵回家暂时喂养构成无因管理,乙应支付甲的饲料费以及误工损失费。

3. **答案**:AC。参见《民法典》第121条。本题国某的行为构成无因管理,虽没有使本人受益,但已经尽到合理义务,没有过错,享有管理人的权利。

4. **答案**:ABC。无因管理管理人的权利主要有:(1) 费用偿还请求权。管理人为管理事务支出的必要费用,可请求本人偿还。该费用有无必要,也应依通常标准而定;(2) 清偿债务请求权,管理人因管理事务而负担的必要债务,可请求本人代为清偿;(3) 损害赔偿请求权,管理人因管理事务而受到损害的,

得请求损害赔偿。

5. **答案**:BCD。根据《民法典》第121条的规定,构成无因管理须具备以下要件:客观上管理了他人事务;主观上有为他人利益的意思;管理人没有法定或约定的义务。(1) A选项中,甲主观上缺乏为他人利益的意思,不构成无因管理。(2) B选项中,乙虽然主观上有避免自家受损的意思,但也有使邻居利益免受损失的意思,且有客观管理行为,也无约定或法定义务,故构成无因管理。(3) C选项中,尽管丙为限制民事行为能力人,但无因管理人并不以具有完全民事行为能力为必要,因此丙救助同学的行为应构成无因管理。(4) D选项中,丁自购井盖铺上的行为使对井盖负有管理职责的部门免受因路人跌伤造成的不利益,应构成无因管理。故本题答案应为B、C、D。

6. **答案**:ABC。本题考查不真正无因管理及法律后果。所谓不真正无因管理,是指误以他人事务为自己的事务而为管理和明知系他人事务而作为自己的事务管理,学说理论也称准无因管理,不真正无因管理准用无因管理的规定。(1) 本题中乙代甲叫卖的行为称为不真正无因管理,也称准无因管理,属于不法管理,指管理人明知是他人事务,却故意将其作为自己的事务而加以管理,菜贩乙将他人之物作为自己之物,高价售出而取得价款,A项正确。(2) 无因管理人有义务将管理所得利益移交给本人,并有义务以善良管理人的注意继续管理,因此题目中乙擅自占有多卖的1000元构成不当得利,低价销售甲余下的鱼构成不当管理,B、C项正确。(3) 根据《民法典》第121条的规定,管理人仅有权要求本人支付由管理而生的必要费用,无权请求报酬,故D项错误。

不定项选择题

答案:ABC。(1) A项看似考查承揽合同,但事实上考查的是合同的相对性原理。本题中,和丁缔约的是甲,而不是丙,因此丙和丁之间并无合同关系,A项错误,当选。(2) B项考查用人者责任。根据《民法典》

第 1192 条第 1 款规定，个人之间形成劳务关系，提供劳务一方因劳务造成他人损害的，由接受劳务一方承担侵权责任。接受劳务一方承担侵权责任后，可以向有故意或者重大过失的提供劳务一方追偿。提供劳务一方因劳务受到损害的，根据双方各自的过错承担相应的责任。据此，丁在提供劳务过程中不慎从三楼摔下致终身残疾，此时对于丁的损害，应根据甲与丁各自的过错承担，而丁从三楼摔下，自身是具有过错的，此时显然不能要求甲承担完全的赔偿责任，B 项错误，当选。（3）C 项考查无因管理。根据《民法典》第 979 条第 1 款规定，管理人没有法定的或者约定的义务，为避免他人利益受损失而管理他人事务的，可以请求受益人偿还因管理事务而支出的必要费用；管理人因管理事务受到损失的，可以请求受益人给予适当补偿。该条规定了适法的无因管理，本题中，甲与丙之间存在有效的委托合同，甲拆卸丙的空调是在履行委托合同中的事务管理义务，并非无因管理，因此甲与丙之间不存在无因管理之债，故 C 项错误，当选。（4）D 项考查承揽合同。根据《民法典》第 770 条规定，承揽合同是承揽人按照定作人的要求完成工作，交付工作成果，定作人支付报酬的合同。承揽包括加工、定作、修理、复制、测试、检验等工作。根据《民法典》第 919 条规定，委托合同是委托人和受托人约定，由受托人处理委托人事务的合同。甲、乙之间的合同与承揽合同以及委托合同都有一定的相似性。应当明确，承揽合同与委托合同的本质区别主要在于：承揽合同属于结果之债，即承揽人需要交付符合合同要求的工作成果；委托合同属于手段之债，受托人有为委托人利益处理委托事务的义务，但并不担保委托事项一定能够完成，只要受托人尽到了合同要求的注意义务即可。结合本题，从甲、乙之间的合同内容来看，乙不仅要按照甲的要求拆卸空调，而且要最终交付工作成果，双方的合同内容所着眼的是最终的结果而非乙的拆卸过程，因此甲、乙之间的合同属于承揽合同，D 项正确，不当选。

名词解释

答案：作为债的一种发生根据，是指没有法定的或者约定的义务，为避免他人利益受损失而进行管理或者服务的法律事实。进行管理或者服务的当事人称为管理人，受事务管理或者服务的一方称为本人。因本人一般从管理人的管理或者服务中受益，所以又称为受益人。

简答题

1. 答案：无因管理是指没有法定的或约定的义务，为避免他人利益受损失，自愿管理他人事务或为他人提供服务的行为。管理他人事务或为他人提供服务的人称管理人，他人称本人。无因管理要求管理人需有为本人谋利益的意思。这是指管理人有使管理事务所生之利益归于他人的意思。该意思属事实上的意思，而非效力上的意思，故无须表示，学理上称之为"管理意思"。确定无因管理需有为他人利益的管理意思，是限定无因管理的适用范围，使无因管理干预他人事务的行为受违法性阻却而为合法的核心问题。故管理人误将自己事务认为是他人事务管理的，或为自己的利益而管理他人事务的，都不构成无因管理。管理意思中的他人是指管理人以外的人，至于究竟为何人并无确认的必要，不影响无因管理的成立。

2. 答案：（1）管理人之义务。第一，主给付义务。管理人的主给付义务是对他人事务的适当管理。第二，从给付义务。包括：一是通知义务，管理人在管理事务开始后，应尽可能及时通知本人，听取本人的意见，是否要继续管理，除情况急迫外，在本人有指示时，应听候本人指示管理；二是报告义务，在管理事务终止时，应向本人报告管理的情况和管理的结果；三是结算义务，因管理事务收取的物品、金钱及其孳息等应交还本人，管理人以自己的名义为本人取得的权利或利益应移转给本人，如为自己的利益使用本人钱财的，应支付利息。（2）管理人之权利。第一，费用的偿还请求权。管理人为管理事务支出的必要费用，得请求本人偿还。管理人请求本人偿还的必要费用包括两部分：一是管理人在事务管理中直接支出的费用；二是管理人在事务管理中受到的损失。第二，清偿所负债务的请求权。管理人因管理事务而负担的债务，得请求本人代为清偿。第三，损害赔偿请求权。管理人因管理事务而受损害的，得请求损害赔偿。（3）损害赔偿。管理人未尽管理义务，导致本人损害的，通常负重大过失赔偿责任。即管理人符合管理事务的一般要求，只是管理方式不当，给本人造成损失的，有重大过失的，负损害赔偿责任；属于一般过失的，应免除或减轻管理人的损害赔偿责任。

案例分析题

1. **答案**：（1）张某的救助行为使二者之间发生无因管理关系。

    （2）应当由女子偿付，因为此系张某实施管理行为所造成的，而且张某自己没有过失（答"此系实施无因管理而发生的损失和合理的费用"亦可）。

    （3）能。因为此为张某在管理事务中支出的必要费用。

    （4）由女子偿付，因受益人对无因管理行为中发生的必要债务有清偿之义务。或答由张某偿付，因该款系张某所借，基于合同的相对性原理，同时张某可以向受益人女子请求追偿。

    （5）不能。因为无因管理是无偿性的。

    （6）不用。因为是在当时的紧急情况下为了营救其生命而造成的损失，张某已尽善良管理人的注意义务。

2. **答案**：（1）无因管理是指没有法定的或者约定的义务，为避免他人利益受到损失而进行管理或服务的行为。无因管理不论行为人实施管理行为的时候是否必然的原因，主观上是为了避免自己的利益受到损害还是为了他人利益受到损失，只要明知自己的行为同时是避免他人利益受到损失的管理或服务行为即可。

    本案例中，甲并没有扑灭乙住宅大火的法定或约定义务，甲主观上虽然是为了避免自己受到损失，但是，甲也明知自己的行为同时是替乙的利益进行管理，事实上也提供了帮助，甲的救火行为直接针对的是乙的房屋，甲并没有认识错误，符合无因管理的要件。因此，本案例甲的行为属于无因管理。

    同时，为他人管理的意思与为自己管理的意思可以并存。例如，修理邻居快要倒塌的房屋，既为邻居，也可以使自己免除危险，也可成立无因管理，管理人对于本人是谁，没有认识的必要，即使对于本人认识错误，对于真实的本人依然成立无因管理。

    （2）无因管理中存在两种情况：一是客观的他人事务，是指依事务的性质，当然属于他人的事务。管理客观的他人事务足以成立无因管理。二是主观的他人事务，是指事务在性质上与特定人并无当然的结合关系，需依管理人的意思以决定是否属于他人事务。主观上是为了保护自己的财产，客观上救火行为是为了他人的事务。本案显然不是不法管理，也不是误信管理或幻想管理。如果是误信管理或幻想管理产生的是不当得利之债或侵权之债，不属于无因管理。

    本案例中，甲在替乙救火的时候，并没有产生误信或幻想，甲明知自己是在替乙救火，只不过主观不是为了乙，却知道自己的客观行为除了保护自己的财产还保护了乙的财产，因此，不存在误信或幻想。当然属于无因管理。

    在无因管理中，本人应赔偿管理人因管理事务而受到的损害。如果管理人在为本人管理事务时受到损害，包括人身损害和财产损害，均可以向本人请求赔偿。因此，甲为了救火支出的费用当然应由乙承担。

    （3）由于无因管理具有无偿性的特征，因此，无因管理人只有在主观上具有故意或重大过失时才承担赔偿责任。甲在救火过程中，由于不小心，将乙的花瓶撞碎。显然，在救火的紧急过程中要求一般人注意保护花瓶显然是过高的要求，因此，甲的过失只是一般过失而非重大过失，更非故意，因此，甲也不应赔偿花瓶的损失。

第二十八章 不当得利

☑ 单项选择题

1. **答案：D**。《民法典》第985条规定："得利人没有法律根据取得不当利益的，受损失的人可以请求得利人返还取得的利益，但是有下列情形之一的除外：（一）为履行道德义务进行的给付；（二）债务到期之前的清偿；（三）明知无给付义务而进行的债务清偿。"从我国的法律规定来看，赌博属于违法行为，因此，赌资应予以收缴，故选项A中的债务不属于不当得利，不得要求返还；选项B中的债务属于道德义务，不属于不当得利之债；选项C中的债务属于自然债务。

2. **答案：C**。抛弃牛的行为使蒋某对奶牛的所有权归于消灭，刘某拾得牛的行为是先占而取得，故蒋某对于牛无任何权利。

3. **答案：C**。A项考查侵权之债。侵权之债作为法定之债，其构成要件有四：（1）加害人存在侵害行为；（2）受害人存在损害后果；（3）侵害行为和损害后果之间存在因果关系；（4）加害人主观上存在过错。本题中，甲家院墙倒塌将乙的摩托车砸坏，依法构成一般侵权，甲应当承担侵权责任，即赔偿乙摩托车的修理费。故A项说法正确，不当选。B项考查物权的保护。可能妨害物权的，权利人可以请求消除危险。消除危险请求权不受诉讼时效期间的限制。本题中，甲家另外半截墙虽然尚未倒塌，但是，有随时倒塌的危险（可能性）。因此，邻居乙依法有权请求甲加固另一半未倒塌的墙。故B项说法正确，不当选。C项考查无因管理之债。本题中，乙雇人清理邻居甲家院墙倒塌后的残砖废料，依法构成无因管理。因此，管理人乙有权请求受益人甲支付清理残砖废料的费用。故C项说法错误，当选。D项考查不当得利之债。本题中，乙将邻居甲家院墙倒塌后的残砖废料进行清理。作为所有权人的甲

有权基于不当得利请求乙返还。当然，作为所有权人的甲亦有权基于返还原物请求权（物权请求权）请求乙返还。归纳而言，甲请求乙返还的请求权基础有二，分别是：不当得利返还请求权和返还原物请求权。故D项说法正确，不当选。

4. **答案：C**。本题考查不当得利的返还。首先需要明确甲在主观上为善意还是恶意。在明确其为恶意后，根据不当得利的返还原则，应当返还本金及利息，但因利用这部分资金所产生的利润不属于返还的范畴。应注意在不当得利之债中，即使行为人主观上为恶意，返还时也只是返还本金及利息，而不及于利润。在本案中，还可以从另一个角度思考，也可以得出同样结论。不当得利的标的为货币，货币之债的一个重要特点就是，占有与所有是一致的，占有权发生变化，所有权发生变化。因此，不当得利人获得这些货币后，已经获得了这些货币的所有权，取得的利润，当然与银行无关。返还时只要返还同等数量的金钱及利息即可。

5. **答案：D**。D属于非法行为，不当得利是指没有合法根据，当事人没有过错而获利的。A选项属于因给付而产生的不当得利；B和C选项均属于因给付以外的事实产生的不当得利。B系基于第三人行为发生的不当得利；C系因自然事件产生的不当得利。

6. **答案：B**。根据《民法典》第122条规定，因他人没有法律根据，取得不当利益，受损失的人有权请求其返还不当利益。不当得利一经成立，受益人与受害人之间因此形成债的关系，受益人为债务人，受害人为债权人，受益人有返还不当得利的义务。返还不当利的范围受受益人是善意还是恶意的影响：①受益人为善意，即在取得利益时不知道没有合法根据，其返还利益的范围以利益存在的部分为限，如果利益已经不存在，则不负

返还义务。②受益人为恶意，即在取得利益时明知道没有合法根据，其返还利益的范围应是受益人取得利益时的数额，即使该利益在返还时已经减少甚至不复存在也不能免除其返还义务。③受益方在取得利益时为善意、嗣后为恶意的，自恶意时起，与恶意得利人负相同的返还义务，即其返还的范围应以恶意开始时存在的利益为准。本题中，甲就乙公司所寄的5瓶瓶装茅台成立不当得利。就前2瓶酒，甲是善意的，因2瓶酒已经被消费，利益已经不存在，不负返还义务。但甲接到乙公司的通知后，又开启1瓶，此时变为恶意，应与恶意受益人负相同的返还义务，也就是恶意开始时存在的利益，包括此后被偷的2瓶酒。故选项B正确。

7. **答案**：B。根据《民法典》第314条规定，拾得遗失物，应当返还权利人。拾得人应当及时通知权利人领取，或者送交公安等有关部门。本题中，甲拾得乙的牛属于不当得利，应当返还给失主。因此，C、D项错误。根据《民法典》第317条第3款规定，拾得人侵占遗失物的，无权请求保管遗失物等支出的费用，也无权请求权利人按照承诺履行义务。本题中，甲花费的300元是因为其使用该牛，致其劳累过度而生病所花的费用，而非单纯的保管费用。另外，即便300元属于合理的保管遗失物的费用，甲最后拒绝返还的行为说明甲有侵占遗失物的意思，根据《民法典》的规定也无权请求乙支付300元。因此，A项错误，B项正确。

8. **答案**：D。不当得利是指没有合法根据而获得利益并使他人利益遭受损失的事实。侵权行为是指行为人由于过错侵害他人的财产权和人身权，依法应当承担民事责任的不法行为，以及依法律的特别规定应当承担民事责任的其他侵害行为。本题中，任某起初拾得颠簸掉落的一件货物并据为己有，属于没有合法根据而获利，并使他人利益受损，依法构成不当得利；后来，任某发现有利可图，遂将泥沟挖深半尺。次日，果然又拾得两袋车上颠落的货包，属于故意侵害他人财产权的侵权行为，因此D项说法正确。

9. **答案**：C。《民法典》第122条规定："因他人没有法律根据，取得不当利益，受损失的人有权请求其返还不当利益。"（1）本题中，如仅甲、乙间买卖合同无效，则甲向丙交付时，丙基于其与乙之间的买卖合同，对取得标的物所有权有正当性依据，而乙要求甲向丙交付，没有正当性依据，乙因甲的交付而获益，乙构成不当得利，甲有权向乙主张不当得利返还请求权，所以，选项A正确。（2）如仅乙、丙间买卖合同无效，丙取得标的物所有权没有正当性，乙有权向丙主张不当得利返还请求权，而乙要求甲交付，乃是履行甲、乙间的买卖合同，具有正当性依据，不构成不当得利，所以，选项B正确。（3）如甲、乙间以及乙、丙间买卖合同均无效，因甲、乙间合同无效，乙要求甲交付，无正当性依据，甲构成不当得利；因乙、丙间买卖合同无效，丙对乙构成不当得利，同时其受领甲的给付没有正当性依据，对甲亦构成不当得利，所以，选项C错误，D正确。综上，由于本题是选非题，本题应选C。

10. **答案**：A。根据《民法典》及《最高人民法院关于适用〈中华人民共和国民法典〉合同编通则若干问题的解释》第50条的规定，债权人转让债权，未通知债务人的，该转让对债务人不发生效力；让与人将同一债权转让给两个以上受让人，债务人以已经向最先通知的受让人履行为由主张其不再履行债务的，人民法院应予支持。本题中，甲将债权转让给丁并通知乙，丁取得该债权，且乙向丁履行30万元符合规定，该履行有效。对于剩余20万元债务，乙也应向丁履行，A选项正确。甲将债权转让给丙未通知乙，该转让对乙不发生效力，所以丙虽受让债权，但不能据此要求乙向其履行债务，B、C选项错误。甲有权对其债权进行多次转让，第二次转让给丁并通知乙，转让行为有效，D选项错误。

多项选择题

1. **答案**：AB。返还的不当利益可以包括原物、原物所生的孳息。

2. 答案：AD。根据《民法典》第312条规定，所有权人或者其他权利人有权追回遗失物。该遗失物通过转让被他人占有的，权利人有权向无处分权人请求损害赔偿，或者自知道或者应当知道受让人之日起二年内向受让人请求返还原物；但是，受让人通过拍卖或者向具有经营资格的经营者购得该遗失物的，权利人请求返还原物时应当支付受让人所付的费用。权利人向受让人支付所付费用后，有权向无处分权人追偿。本题中，丙的手表被甲窃取，乙赠与给丁，丁不能善意取得手表的所有权，手表仍归丙所有。物权有追及效力，作为所有权人的丙有权请求丁返还手表。故A项正确。不当得利要求取得利益与所受损失间有因果关系，依据直接因果关系说：取得利益与受有损失必须基于同一事实发生，如果是基于两个不同的事实发生，即使这两个事实之间具有牵连关系，也不应视为具有因果关系。故B、C项错误。货币在直接当事人之间可构成不当得利，丙有权要求甲返还4000元的不当得利。故D项正确。

3. 答案：ACD。根据《民法典》第987条规定，得利人知道或者应当知道取得的利益没有法律根据的，受损失的人可以请求得利人返还其取得的利益并依法赔偿损失。据此可知，不当得利包括4个构成要件：（1）没有法定或约定的原因；（2）一方获益；（3）一方受损；（4）获益与受损之间存在因果关系。因此A、C、D项正确，B项错误。

名词解释

答案：是指没有合法根据取得利益而使他人受损失的事实。在这一事实中，取得不当利益的一方称为受益人，受到损失的一方称为受害人或受损人。

简答题

1. 答案：（1）取得财产上的利益。即指因一定的事实使总财产有所增加或避免减少。所取得财产利益，在形态上，包括财产的积极增加，也包括财产的消极增加，即财产应减少而未减少。取得财产利益，可以基于行为，包括受益人的行为、受害人的行为，甚至第三人的行为；也可以基于自然事实。（2）致他人受损失。即因一定的事实发生，使利益所有人的财产总额减少，恰与利益取得人的财产状况相反。在受损失的形态上，与取得的利益相对应，包括既存的财产的减少，或可增加的财产未增加两种形态。（3）取得之利益与所受损失间有因果关系。即受损失是取得利益所致，两者之间有因果关系，取得利益是因，受损失是果。（4）没有法律上的根据。即取得利益无法律上的根据，若有法律上的根据，纵使相对人受损失，也不构成不当得利。无法律上的根据，包括自始无根据及取得利益时有根据但尔后该根据被消灭两种形态。没有法律上的根据之"法律"，不仅指民法、商法等私法，也包括公法。

2. 答案：一定的事实一旦符合不当得利的成立要件，即在当事人间发生不当得利之债权债务关系，利益取得人负有返还利益的义务，利益所有人享有请求返还的权利。但在返还利益的范围上，会因为善意或者恶意而有所不同。（1）善意受益人的返还义务。受益人于取得利益时，不知道自己取得利益无合法根据的，为善意受益人。在此情况下，若受损人的损失大于受益人取得的利益，则受益人返还的利益仅以现存利益为限，如利益不存在，受益人不负返还义务。受益人受有的利益大于受损人的损失时，受益人返还的利益范围以受损人受到的损失为限。（2）恶意受益人的返还义务。取得利益时明知无合法根据的受益人，为恶意受益人。法律对恶意取得的利益，不予保护，故恶意受益人不论所受利益是否存在，一概要将所受利益返还，该利益不存在时，不得免除或减轻返还义务。如果取得利益时为善意，但事后为恶意，自知悉时起，与恶意得利人负相同的返还义务。（3）第三人的返还义务。如善意受益人所受利益已无偿让与第三人，其因利益不存在而获得减免返还义务时，第三人负返还该利益的义务。

第四编　人格权

第二十九章　人格权

✓ 单项选择题

1. 答案：B。根据我国《民法典》第990条规定，人格权是民事主体享有的生命权、身体权、健康权、姓名权、名称权、肖像权、名誉权、荣誉权、隐私权等权利。除前款规定的人格权外，自然人享有基于人身自由、人格尊严产生的其他人格权益。因此，隐私权是我国法律明文规定的人格权，A选项说法正确，不当选；B选项说法错误，当选。根据《民法典》第995条规定，人格权受到侵害的，受害人有权依照本法和其他法律的规定请求行为人承担民事责任。因此C、D选项说法正确，不当选。

2. 答案：D。《民法典》第1020条规定："合理实施下列行为的，可以不经肖像权人同意：（一）为个人学习、艺术欣赏、课堂教学或者科学研究，在必要范围内使用肖像权人已经公开的肖像；（二）为实施新闻报道，不可避免地制作、使用、公开肖像权人的肖像；（三）为依法履行职责，国家机关在必要范围内制作、使用、公开肖像权人的肖像；（四）为展示特定公共环境，不可避免地制作、使用、公开肖像权人的肖像；（五）为维护公共利益或者肖像权人合法权益，制作、使用、公开肖像权人的肖像的其他行为。"虽然福利彩票最终的目的是用于公益事业，但发行彩票本身的行为是以营利为目的的，故符合侵害肖像权的两个条件。其他几种情形属于法定的合理使用情形。

3. 答案：C。未成年人的姓名权通常由其监护人行使，在其成年后，一旦具有了意思能力就可以自主决定变更自己的姓名，其他任何人无权非法干涉。

4. 答案：D。根据《民法典》第1019条规定，任何组织或者个人不得以丑化、污损，或者利用信息技术手段伪造等方式侵害他人的肖像权。未经肖像权人同意，不得制作、使用、公开肖像权人的肖像，但是法律另有规定的除外。未经肖像权人同意，肖像作品权利人不得以发表、复制、发行、出租、展览等方式使用或者公开肖像权人的肖像。从该规定可知，只要未经肖像权人同意，实施了制作、使用、公开其肖像的行为，且无阻却违法事由，就构成对肖像权的侵犯，而不论该行为是否以营利为目的。但是，《民法典》第1020条规定："合理实施下列行为的，可以不经肖像权人同意：（一）为个人学习、艺术欣赏、课堂教学或者科学研究，在必要范围内使用肖像权人已经公开的肖像；（二）为实施新闻报道，不可避免地制作、使用、公开肖像权人的肖像；（三）为依法履行职责，国家机关在必要范围内制作、使用、公开肖像权人的肖像；（四）为展示特定公共环境，不可避免地制作、使用、公开肖像权人的肖像；（五）为维护公共利益或者肖像权人合法权益，制作、使用、公开肖像权人的肖像的其他行为。"据此，本题中甲是将肖像用作新闻报道，也未造成不良后果，所以不构成侵权。

5. 答案：B。本题考查隐私权。本案中不管报社是否如实报道，均侵犯了甲的隐私权。根据《民法典》第990条之规定，报社应承担侵权责任。

6. 答案：A。注意是自然人的姓名权，法人的名称权。

7. 答案：A。根据《民法典》第1012条规定，自然人享有姓名权，有权依法决定、使用、变更或者许可他人使用自己的姓名，但是不得违背公序良俗。根据《民法典》第1014条规定，任何组织或者个人不得以干涉、盗用、假冒等方式侵害他人的姓名权或者名称权。本题中，显然属于盗用之情形，构成姓名权的侵害，A项正确。名誉权的侵害通常是捏造一些并不存在的消息，造成他人外在社会评价的降低，本题中，并没有捏造事实，也没有造成乙社会评价的降低，故B项错误。信用权，在我国的民事立法中没有规定这种权利类型，通说认为，信用权是指经济上的评价，是以经济活动上的可信赖性为内容的权利，往往和名誉权密切相关，是一种兼具财产和人身双重性质的权利。本题中，甲的行为导致乙被列入不良信用记录名单，因此，对于乙的金融信用确有影响，但由于我国目前尚未将信用权作为一种独立的权利类型，故信用权侵权在我国不成立，C项错误。银行在办理和发放信用卡的过程中，对于甲用的身份证不是其本人，没有尽到合理的审查义务，对于乙损害的发生，存在过错，应当承担责任，故D项错误。

8. **答案**：A。（1）身份权是基于特定身份而产生的权利，比如亲属权、配偶权等，是与主体的身份紧密相连的。荣誉权是指公民、法人所享有的，因自己的突出贡献或特殊劳动成果而获得的光荣称号或其他荣誉的权利。荣誉是对特定主体的一种积极的社会评价，这种评价是基于主体在某方面的突出表现或成就而授予的，具有特定身份属性。获得荣誉的主体与该荣誉之间形成一种特定身份联系，所以荣誉权属于身份权，选项A正确。（2）荣誉权与名誉权不同，二者在评价主体、内容、是否可撤销、对自然人的影响几方面都是不同的，选项B错误。（3）荣誉权并非自然人专有，法人、非法人组织也可以因自身的突出贡献或特殊劳动成果获得荣誉，从而享有荣誉权，选项C错误。（4）人格权是为民事主体所固有而由法律直接赋予民事主体所享有的各种人身权利，如生命权、健康权、姓名权、肖像权等，它是基于主体的人格而产生的权利。而荣誉权是基于主体获得的荣誉这一特定身份产生的，不属于人格权范畴，选项D错误。

✓ 多项选择题

1. **答案**：AB。公民死亡后，某些利益仍受保护，这些利益主要表现为人格利益。但需要注意的是，在公民死亡后，保护这些利益并非确认死者还有民事权利能力，也非确认死者还有民事权利。对这些利益予以保护的原因主要在于维护社会公共秩序或者死者家属的利益。

2. **答案**：ABC。（1）相册属于民法上的物，拾得后不还属于侵犯财产权的行为，故选项A正确。（2）照片合成属于捏造事实，向朋友炫耀可能使他人对乙产生误解，导致乙的社会评价降低，故甲的行为侵犯名誉权，而非侵犯隐私权，故C选项正确，D选项错误。（3）根据《民法典》第1019条规定，任何组织或者个人不得以丑化、污损，或者利用信息技术手段伪造等方式侵害他人的肖像权。未经肖像权人同意，不得制作、使用、公开肖像权人的肖像，但是法律另有规定的除外。未经肖像权人同意，肖像作品权利人不得以发表、复制、发行、出租、展览等方式使用或者公开肖像权人的肖像。从该规定可知，只要未经肖像权人同意，实施了制作、使用、公开其肖像的行为，且无阻却违法事由，就构成对肖像权的侵犯，而不论该行为是否以营利为目的。本题中甲未经许可将自己与乙的照片合成"爱的宣言"画册，属于对乙的肖像的使用行为，构成侵犯肖像权，B选项正确。

3. **答案**：AD。A、B、C项考查民事法律行为的效力。根据《民法典》第153条第1款之规定，违反法律、行政法规的强制性规定的民事法律行为无效，但是，该强制性规定不导致该民事法律行为无效的除外。根据《民法典》第154条规定，行为人与相对人恶意串通，损害他人合法权益的民事法律行为无效。本案中，双方对所发送的电子信息的性质（垃圾短信）充分知情，无视手机用户群体是否同意接收商业广告信息的主观意愿，强行向不特定公众发送商业广告，违反网络信息保护规定、侵害不特定公众的利益，约定应属无效。因二者约定无效，顾某当然不可以请求詹某给付违法所得的 1 万元。故 A 项正确，B、C 项错误。D 项考查自然人的个人信息保护。根据《民法典》第 111 条规定，自然人的个人信息受法律保护。任何组织或者个人需要获取他人个人信息的，应当依法取得并确保信息安全，不得非法收集、使用、加工、传输他人个人信息，不得非法买卖、提供或者公开他人个人信息。本题中，顾某出卖 10 万个手机用户的个人信息，依法应承担民事责任。故 D 项正确。

4. **答案**：AB。（1）A、B、D 项考查肖像权。根据《民法典》第 1019 条规定，任何组织或者个人不得以丑化、污损，或者利用信息技术手段伪造等方式侵害他人的肖像权。未经肖像权人同意，不得制作、使用、公开肖像权人的肖像，但是法律另有规定的除外。未经肖像权人同意，肖像作品权利人不得以发表、复制、发行、出租、展览等方式使用或者公开肖像权人的肖像。本题中，某培训机构未经甲同意，使用甲的肖像的行为侵犯了甲的肖像权。故 A 项正确。根据《民法典》第 1020 条第 2 项规定，为实施新闻报道，不可避免地制作、使用、公开肖像权人的肖像的，可以不经肖像权人同意。某晚报系进行新闻报道，可以不经甲同意合理使用。因此，不构成对甲肖像权的侵犯。故 B 项正确，D 项错误。（2）C 项考查姓名权。姓名权是指自然人决定、使用和依照规定改变自己姓名的权利。姓名权侵权的形态主要包括 3 种：（1）干涉，即妨害、阻碍他人行使姓名权的行为；（2）盗用，即未经允许，为谋取不正当利益，擅自使用他人姓名；（3）假冒，又称冒用，即冒名顶替，冒充他人进行活动。本题中，某培训机构并未使用甲的姓名，仅使用了甲的照片。因此，不构成对甲姓名权的侵犯。故 C 项错误。

5. **答案**：BC。假肢本身属于物，属于财产权。但其一旦与人的身体融为一体，即成为人身体的组成部分（如安装的假牙、在心脏里安装的起搏器等），不再属于物。彭某安装的是只能由专业人员拆卸的假肢，不属于物，而是彭某人身的组成部分。李某将假肢打碎，侵犯了彭某的身体权，即肢体的完整性。故 C 项正确，D 项错误。彭某并未因李某的侵权行为而死亡或生理、心理机能无法正常运转和发挥。因此，并未侵犯彭某的生命健康权。故 A 项错误。《民法典》第 1183 条规定了精神损害赔偿的适用范围，侵害自然人人身权益造成严重精神损害的，被侵权人有权请求精神损害赔偿。因故意或者重大过失侵害自然人具有人身意义的特定物造成严重精神损害的，被侵权人有权请求精神损害赔偿。本题中，李某侵犯了彭某的人身权，彭某依法有权主张精神损害赔偿。故 B 项正确。

6. **答案**：ACD。自然人从出生时起到死亡时止，具有民事权利能力，依法享有民事权利，承担民事义务。据此可知，自然人死亡后，其民事权利能力随之消灭，不再具有民事主体资格，但这并不意味着可以随意诋毁死者，基于对死者近亲属感情的尊重和对良好社会风尚的维护，自然人死亡后，其姓名、肖像、名誉、荣誉和隐私仍受法律保护，这是一种对人格利益的保护。乙故意毁损甲的名誉，构成侵权，应依法承担侵权责任。因此 A 项错误，B 项正确。由《最高人民法院关于确定民事侵权精神损害赔偿责任若干问题的解释》第 3 条的规定可知，死者名誉遭受侵害的，死者的近亲属有权提起侵权之诉。近亲属，包括配偶、父母、子女、兄弟姐妹、祖父母、外祖父母、孙子女、外孙子女。据此可知，甲的近亲属有权提起侵权之诉，这里的近亲属不限于配偶与子女。因此 C、D 项错误。

7. **答案**：ABCD。A 项考查名誉权。《民法典》第 1024 条规定："民事主体享有名誉权。任何组织或者个人不得以侮辱、诽谤等方式侵害他人的名誉权。名誉是对民事主体的品德、声望、才能、信用等的社会评价。"据此可知，以侮辱、诽谤等方式导致他人社会评价降低，构成对名誉权的侵犯。需要注意的是，侵害他人名誉权的方式不限于侮辱与诽谤。

本题中，张某的犯罪信息属于张某的隐私，李某擅自公开，进而导致张某的社会评价降低，也构成对张某名誉权的侵犯，A项正确。B项考查隐私权。《民法典》第1032条规定："自然人享有隐私权。任何组织或者个人不得以刺探、侵扰、泄露、公开等方式侵害他人的隐私权。隐私是自然人的私人生活安宁和不愿为他人知晓的私密空间、私密活动、私密信息。"据此，张某的犯罪信息属于张某的隐私，而李某擅自公开，侵犯了张某的隐私权，B项正确。C项考查个人信息保护。《民法典》第1034条规定："自然人的个人信息受法律保护。个人信息是以电子或者其他方式记录的能够单独或者与其他信息结合识别特定自然人的各种信息，包括自然人的姓名、出生日期、身份证件号码、生物识别信息、住址、电话号码、电子邮箱、健康信息、行踪信息等。个人信息中的私密信息，适用有关隐私权的规定；没有规定的，适用有关个人信息保护的规定。"本题中，张某的犯罪信息与住址信息属于个人信息，李某使用该个人信息未征求张某的同意，侵犯了张某的个人信息权。需要指出的是，对于个人信息上是否存在个人信息权，学理上存在争议，采取承认个人信息权的立场较为妥当，故C项正确。D项考查不适用诉讼时效的请求权。《民法典》第995条规定："人格权受到侵害的，受害人有权依照本法和其他法律的规定请求行为人承担民事责任。受害人的停止侵害、排除妨碍、消除危险、消除影响、恢复名誉、赔礼道歉请求权，不适用诉讼时效的规定。"据此可知，张某的人格权受侵犯后有权请求消除影响，且该请求权不适用诉讼时效，故D项正确。

8. **答案**：ABC。见《民法典》第179条。该条规定，承担民事责任的方式主要有：（1）停止侵害；（2）排除妨碍；（3）消除危险；（4）返还财产；（5）恢复原状；（6）修理、重作、更换；（7）继续履行；（8）赔偿损失；（9）支付违约金；（10）消除影响、恢复名誉；（11）赔礼道歉。法律规定惩罚性赔偿的，依照其规定。本条规定的承担民事责任的方式，可以单独适用，也可以合并适用。对于生命权的侵害往往意味着生命权的丧失，此时题干所说的消除影响、恢复名誉等并不适用，对生命权侵害的救济方式一般是赔偿损失。

9. **答案**：ABC。（1）人格权受到侵害的，受害人有权依照《民法典》和其他法律的规定请求行为人承担民事责任。受害人提出的停止侵害、排除妨碍、消除危险、消除影响、恢复名誉请求权，不适用诉讼时效的规定。因当事人一方的违约行为，损害对方人格权并造成严重精神损害，受损害方选择请求其承担违约责任的，不影响受损害方请求精神损害赔偿。完全民事行为能力人有权依法自主决定无偿捐献其人体细胞、人体组织、人体器官、遗体。任何组织或者个人不得强迫、欺骗、利诱其捐献。自然人生前未表示不同意捐献的，该自然人死亡后，其配偶、成年子女、父母可以共同决定捐献，决定捐献应当采用书面形式。因此A、B、C项正确。（2）《民法典》第1032条第2款规定："隐私是自然人的私人生活安宁和不愿为他人知晓的私密空间、私密活动、私密信息。"因此D项错误。

名词解释

1. **答案**：一般人格权是指法律赋予民事主体享有的具有权利集合特点的人格权，是关于人的存在价值和尊严的权利。

2. **答案**：是以自然人的生命安全利益为内容的一种人格权。其特征主要有：（1）生命权以自然人的生命安全利益为客体。（2）生命权以维护人的生命活动延续为其基本内容。（3）生命权保护的对象是人的生命活动能力。

3. **答案**：一般是指自然人享有的对自己的个人秘密和个人私生活进行支配并排除他人干涉的一种人格权。隐私权具有如下主要法律特征：（1）隐私权具有专属性；（2）隐私权具有秘密性；（3）隐私权具有可放弃性。

📝 简答题

1. 答案： 名誉权是指民事主体就自己获得的社会评价享有利益并排除他人侵害的权利。隐私权是指自然人享有的私人生活安宁与私人生活信息依法受到保护，不受他人侵扰、知悉、使用、披露和公开的权利。名誉权与隐私权的主要区别如下：

首先，名誉权和隐私权的主体范围不同。名誉权的主体不仅可以是自然人，还可以是非自然人的法人或者非法人组织。与自然人的名誉相比，非自然人的名誉的最显著特点是它与财产利益的联系更为密切。隐私权的主体只能是自然人。隐私权是基于自然人的精神活动而产生的，法人作为组织体并没有精神活动，故无隐私可言。法人对其经营活动的信息享有的权利可依商业秘密不受侵犯而得到保护。

其次，名誉权和隐私权的内容不同。名誉权是以名誉的维护和安全为内容的人格权，民事主体就自己的客观公正之社会评价获得精神上的满足，并可能因此而取得财产上的利益。而隐私权是以个人生活安宁和个人生活信息不悖于自己的意志而被侵扰、被公开为内容的权利。

最后，名誉权和隐私权的侵害样态不同。侵害名誉权的行为一般包括侮辱行为和诽谤行为，而且必须导致权利人名誉受到损害，才能在法律上得到救济。而侵害隐私权的方式通常包括侵扰自然人的生活安宁，探听自然人的私生活秘密，或在知悉自然人隐私后，向他人披露、公开，或者未经许可进行使用等。其中，一个很显著的例子是，公布他人不欲人知的生活事实，可能并未对其名誉产生影响，却依然可构成侵害隐私权的行为。

2. 答案： 法人的人格权是法人具有法律上的独立人格所必须享有的民事权利。

法人主要享有下列人格权：（1）名称权，是指法人依法享有决定、使用和改变自己名称的权利。法人的名称是法人相互区别的"符号"，法人以自己的名称参加民事活动。（2）名誉权，是指法人享有自己的名誉的权利。法人的名誉是社会对法人的信用、生产或销售的商品的质量、服务态度、工作状况、对社会的贡献等的总评价。

3. 答案： 人格权是主体对其人格利益所享有的权利，是民事主体所固有的、以维护主体的独立人格所必备的生命健康、人格尊严、人身自由以及姓名、肖像、名誉、隐私等各种权利。它是公民和法人所享有的实现并维护其人格独立的最重要的民事权利。

人格权的法定性，是指对人格权的具体种类、内容、保护方法等都以立法予以确认，以便在对人格权实施法律保护时提供明确的法律依据。从理论上讲，与民事主体的人格关系相联系的权利都是人格权的内容，这样的话，人格权的内容就会非常宽泛。但世界各国对人格权的法律保护都是有限制的，对民事主体的具体人格权都是以立法的形式加以确立，并随着社会文明的进步与发展而不断地予以完善。换言之，具体人格权均采法定主义，其种类、内容等都由法律规定，不允许当事人自由创设。《民法典》中明确规定了生命健康权、姓名权、名称权、肖像权、名誉权等人格权。

人格权的法定性，一方面可以使民事主体所享有的人格权得到广泛的确认和保护，有助于主体明确认识自己所享有的人格权，能够主动地行使并捍卫自身的人格权。同时也能充分尊重他人的人格权，形成和谐稳定的社会。并且可以通过人格权法律的规定对遭受人格权侵害的受害人提供全面的救济措施，允许其通过消除影响、恢复名誉、赔偿损害等办法恢复受侵害的权利。另一方面，由于法律规定的人格权类型才受到相应的保护，也限制了民事主体滥用权利，仅对于法定化的权利进行保护，以确保权利主体行使权利时不损害他人和社会的利益，使人格权法律的规定能够发挥切实的作用。

但是人格权不能陷入法定主义的泥潭，这就是说人格权法定并不意味着法律未明确列示的人格权类型就得不到法律的保护。社会生活的复杂程度和发展速度往往超出立法者的预料，一些新型的人格权常常会应时而生。在人格权中确认越来越多的具体人格权基础上，还应当设置人格权保护的一般条款，使其更具有包容性和广泛性。一般人格权，是指民事主体享有的，概括人格独立、人格自由、人格尊严全部内容的一般人格利益，并由此产生和规定具体人格权的基本权利。这一制度首先创设于《瑞士民法典》。规定了一般人格权之后，当出现一些立法上没有明确规定的人格权侵权案件时，法官即可援引该条规定以保护受害者的正当权益。

案例分析题

答案：根据本案的案情，乙的行为首先已构成对甲姓名权的侵害。所谓姓名权，是指公民决定其姓名、使用其姓名、变更其姓名并要求他人尊重自己姓名的一种人身权利。《民法典》第1012条规定："自然人享有姓名权，有权依法决定、使用、变更或者许可他人使用自己的姓名，但是不得违背公序良俗。"《民法典》第1013条规定，法人、非法人组织享有名称权，有权依法决定、使用、变更、转让或者许可他人使用自己的名称。《民法典》第1014条规定，任何组织或者个人不得以干涉、盗用、假冒等方式侵害他人的姓名权或者名称权。其中所谓盗用，是指未经他人同意或授权，擅自以他人名义实施有害于他人和社会的行为（如盗用他人的姓名从事活动）。根据《民法典》的上述规定可知，凡是非法干涉、盗用、假冒他人姓名的，不管是否造成了他人财产损失，均构成对他人姓名权的侵害。从本案来看，乙冒用甲的姓名向国外某大学发出电子邮件，既构成假冒他人姓名，也构成盗用他人姓名。不管甲以后能否拿到这笔奖学金，都不妨碍乙的行为已构成对甲的姓名权的侵害。

乙的行为不仅侵害了甲的姓名权，而且侵害了甲的财产权，即债权。因为甲与国外某大学联系提供奖学金事宜，校方同意向甲提供奖学金。对甲来说，该笔奖学金是一种尚未实际取得的期待利益而并没有成为甲所实际占有和支配的财产，显然对这笔奖学金，甲并不享有物权。那么甲是否对这笔奖学金享有债权，这就需要首先认定甲与某大学之间是否已形成合同关系，且这种合同关系是否合法有效。合同关系已经成立，甲享有合法的债权。因为甲与国外某大学联系申请进入该校学习，请求该校为其提供奖学金的行为，实际上向该校发出一项有效的要约，而该校在审查其资格之后，同意为其提供奖学金，显然是向甲作出了正式承诺。因此双方已达成了协议，该协议符合我国法律规定，并应受法律保护。乙冒充甲的名义表示拒绝接受奖学金，已针对甲的债权实施了侵害行为。对于是否认同第三人侵害债权的问题，民法理论上有不同观点。就本案而言，乙作为第三人，其行为具有如下特点：①行为人明知他人享有一定的债权，知道或应当知道其行为将造成对他人债权或财产利益的损害。②行为人实施了侵害行为。③造成了一定的损害后果。显然，如果不保护甲的利益，对甲明显不公平，应当认定乙承担侵害甲的债权的法律责任为宜。

既然乙的行为同时侵害了甲的姓名权和债权，那么这将在法律上产生另外一个问题，即责任竞合还是责任聚合问题。从本案来看，应当产生责任聚合而不是责任竞合问题。因为本案中侵害姓名权的行为和侵害债权的行为针对的是不同的对象，责任的构成要件尤其是损害后果是完全不同的，这就导致了在责任内容上也应该加以区分。侵害姓名权的行为直接侵害的是人格利益，它所产生的后果主要是精神损害以及某些财产利益的损害，所以如果令乙承担侵害姓名权的责任，主要应当包括赔礼道歉、赔偿精神损害等形式。而侵害债权的行为直接导致的是受害人债权的损害，在本案中是甲不能获得奖学金的问题。乙的行为使甲丧失了这笔奖学金，因而甲可基于侵害债权责任而要求乙予以赔偿。可见这两种责任的形式和内容是不同的，是可以并存的，因而产生责任聚合问题。

第三十章 人格权的保护

☑ **单项选择题**

1. **答案**：A。《民法典》第1253条的规定："建筑物、构筑物或者其他设施及其搁置物、悬挂物发生脱落、坠落造成他人损害，所有人、管理人或者使用人不能证明自己没有过错的，应当承担侵权责任。所有人、管理人或者使用人赔偿后，有其他责任人的，有权向其他责任人追偿。"因此物件坠落致人损害的应当由所有人或者管理人承担责任。由于乙属于临时照看，实际上属于委托关系，因此不是真正意义上的管理人，所以，应当由甲承担责任。

2. **答案**：B。开水具有危险性，周某没有尽到注意义务，对事故的发生有过错，应当由其承担主要责任。张某虽然作为监护人也有未尽到监护职责的过失，但是周某将开水置于室外的行为是事故发生的主要原因，故应当由周某承担主要责任。

3. **答案**：B。根据《民法典》第1002条规定，自然人享有生命权。自然人的生命安全和生命尊严受法律保护。任何组织或者个人不得侵害他人的生命权。B项中，丙协助丁完成自杀行为，侵犯丁的生命权。根据《民法典》第1003条规定，自然人享有身体权。自然人的身体完整和行动自由受法律保护。任何组织或者个人不得侵害他人的身体权。由此可知身体权是指自然人享有的对其肢体、器官和其他组织进行支配并维护其安全与完满，从而享受一定利益的权利。A项中，乙剪掉甲女的头发系侵犯甲的身体权。根据《民法典》第1004条规定，自然人享有健康权，有权维护自己的身心健康。任何组织或者个人不得侵害他人的健康权。健康权是自然人依法享有的维护其健康，保持与利用其劳动能力并排除他人非法侵害的权利。C项中，戊将己打成重伤系侵犯己的健康权。D项中，庚误诊导致辛出生即残疾，辛出生前并无民事权利能力，庚并未侵犯辛的生命权。

4. **答案**：A。根据《民法典》第1218条规定，患者在诊疗活动中受到损害，医疗机构或者其医务人员有过错的，由医疗机构承担赔偿责任。故A项正确。根据《民法典》第1220条规定，因抢救生命垂危的患者等紧急情况，不能取得患者或者其近亲属意见的，经医疗机构负责人或者授权的负责人批准，可以立即实施相应的医疗措施。本题中，医院可以取得田某父亲的同意，不可以自主决定，故B项错误。根据《民法典》第1123条规定，因药品、消毒产品、医疗器械的缺陷，或者输入不合格的血液造成患者损害的，患者可以向药品上市许可持有人、生产者、血液提供机构请求赔偿，也可以向医疗机构请求赔偿。患者向医疗机构请求赔偿的，医疗机构赔偿后，有权向负有责任的药品上市许可持有人、生产者、血液提供机构追偿。C项表述为"只能向生产者主张赔偿"，错误。根据《民法典》第1222条规定，患者在诊疗活动中受到损害，有下列情形之一的，推定医疗机构有过错：（1）违反法律、行政法规、规章以及其他有关诊疗规范的规定；（2）隐匿或者拒绝提供与纠纷有关的病历资料；（3）遗失、伪造、篡改或者违法销毁病历资料。D项表述为"医院有权拒绝提供相关病历，且不会因此承担不利后果"，错误。

5. **答案**：B。根据《民法典》第1165条第1款规定，行为人因过错侵害他人民事权益造成损害的，应当承担侵权责任。安全保障义务的责任主体系商场、娱乐场所、宾馆等经营场所、公共场所的经营者、管理者或群众性活动的组织者等，张小飞不属于安全保障义务的责任主体，无安全保障义务，无须承担责任。故A项错误。根据《民法典》第1254条规定，禁止从建筑物中抛掷物品。从建筑物中抛掷物品或者从建筑物上坠落的物品造成他人损害的,由侵权人依法承担侵权责任;经调查难以确定具体侵权人的,除能够证明自己不是侵权人的外,由可能加害的建筑物使用人给予补偿。可能加害的建筑物使用人补偿后,有权向侵权人追偿。物业服务企业等建筑物管理人应当采取必要的安全保障措施防止前款规定情形的发生;未采取必要的安全保障措施的,应当依法承担未履行安全保障义务的侵权责任。发生本条第1款规定的情形的,公安等机关应当依法及时调查,查清责任人。本题中,顶层业主证明家中无人,不是侵权人,可以免责,故B项正确。《民法典》规定了物业服务企业的安全保障义务,但本题中小区物业是否违反安全保障义务,题干并无交代,故C项错误。在已经查明砚台是从10层抛出的情况下,10层以上不可能加害,没有可能性,不启动公平补偿责任,故D项错误。

6. 答案:C。《道路交通安全法》第76条规定:"机动车发生交通事故造成人身伤亡、财产损失的,由保险公司在机动车第三者责任强制保险责任限额范围内予以赔偿;不足的部分,按照下列规定承担赔偿责任:(一)机动车之间发生交通事故的,由有过错的一方承担赔偿责任;双方都有过错的,按照各自过错的比例分担责任。(二)机动车与非机动车驾驶人、行人之间发生交通事故,非机动车驾驶人、行人没有过错的,由机动车一方承担赔偿责任;有证据证明非机动车驾驶人、行人有过错的,根据过错程度适当减轻机动车一方的赔偿责任;机动车一方没有过错的,承担不超过百分之十的赔偿责任。交通事故的损失是由非机动车驾驶人、行人故意碰撞机动车造成的,机动车一方不承担赔偿责任。"由此可知,机动车与行人之间侵权的归责原则是无过错责任原则,因此A项说法正确,不当选。《民法典》第1210条规定:"当事人之间已经以买卖或者其他方式转让并交付机动车但是未办理登记,发生交通事故造成损害,属于该机动车一方责任的,由受让人承担赔偿责任。"《民法典》第1213

条规定:"机动车发生交通事故造成损害,属于该机动车一方责任的,先由承保机动车强制保险的保险人在强制保险责任限额范围内予以赔偿;不足部分,由承保机动车商业保险的保险人按照保险合同的约定予以赔偿;仍然不足或者没有投保机动车商业保险的,由侵权人赔偿。"因此B项说法正确,不当选。《民法典》第176条规定:"民事主体依照法律规定或者按照当事人约定,履行民事义务,承担民事责任。"《民法典》第178条第3款规定:"连带责任,由法律规定或者当事人约定。"可见侵权责任坚持责任法定原则。甲不知道乙没有驾驶证,不影响机动车买卖合同的效力;对于乙的侵权行为,甲没有共同过错,同时没有任何法律规定甲承担连带责任,因此C项说法错误,当选;D项说法正确,不当选。

✅ 多项选择题

1. 答案:BD。根据《民法典》第1258条规定,在公共场所或者道路上挖掘、修缮安装地下设施等造成他人损害,施工人不能证明已经设置明显标志和采取安全措施的,应当承担侵权责任。窨井等地下设施造成他人损害,管理人不能证明尽到管理职责的,应当承担侵权责任。可见,地面施工侵权的归责采用的是过错推定的方法,故A项错误,B、D项正确。不可抗力,是指不能预见、不能避免并不能克服的客观情况。本题中的粪坑伤人风险可以通过各种措施避免并克服,并且之前也发生过同类事故,因此不属于不可抗力,故C项错误。

2. 答案:AB。B项,影楼工作人员乙为炫耀自己高超的修图技术,未经甲允许,擅自将精修图和原图同时发到某平台的行为属于公开,依法侵犯了甲的肖像权。故B项说法正确,当选。D项考查名誉权侵权。名誉权,是指民事主体对自身名誉享有不受他人侵害的权利。名誉权侵权的形态常见的有两类,分别是侮辱和诽谤。侮辱,是指故意以暴力或其他方式贬损他人人格,毁损他人名誉。实践中常见的侮辱方式有暴力侮辱、语言侮辱和文字侮辱。诽谤，是指捏造、散布虚假事实造成他人社会评价降低。本题中，影楼工作人员乙未经甲允许，擅自将精修图和原图同时发到某平台的行为既不属于侮辱，也不属于诽谤。因此，未侵犯甲的名誉权。故D项说法不正确，不当选。C项考查用工责任，用工责任系替代责任，用人单位的工作人员因执行工作任务造成他人损害的，由用人单位承担侵权责任。本题中，影楼工作人员乙未经甲允许，擅自将精修图和原图同时发到某平台。该行为侵犯了甲的肖像权，该侵权责任依法应当由用人单位影楼单独承担，而非乙和影楼承担连带责任。故C项说法不正确，不当选。A项考查请求权竞合，关键词为"侵权责任"和"违约责任"。因当事人一方的违约行为，损害对方人身权益、财产权益的，受损害方有权选择请求其承担违约责任或侵权责任。本题中，甲到影楼拍摄一套艺术写真照，与影楼之间形成承揽合同关系。影楼工作人员乙未经甲允许，擅自将精修图和原图同时发到某平台的行为既侵犯了甲的肖像权又违反了与甲之间的承揽合同，即既构成违约又构成侵权，依据请求权竞合理论，受害人甲有权请求影楼承担侵权责任或违约责任。故A项说法正确，当选。综上所述，本题的正确答案为A、B。

简答题

答案：我国《民法典》规定自然人享有生命健康权、姓名权、肖像权、名誉权，这些权利受到侵害，依法可以请求司法救济进行保护，其规定的保护方法主要有停止侵害、消除影响、赔偿损失等。因为侵害人格权，不仅给受害方造成财产或人身的损失，而且给其造成了精神上的损害，影响了受害人的身心健康和美好生活，使之产生感情上的痛苦、失望、不满、怨恨、不安等。具体来说，对精神损害进行赔偿的理论依据是：精神损害是一种真实的损害，拒绝赔偿将导致对受害人困苦的明显的法律与社会冷漠，精神受到伤害的人会持续性地感到社会和法律是极端残忍的。在一个经济社会里，金钱是一种具有很高价值的判断标准，如果一个社会承诺保护人的身心健康的义务，则必须对精神损害给予赔偿。赔偿可以恢复受害人的自身价值感，并消除其被残忍对待的感觉。虽然金钱不能完全弥补受害人的精神利益，但可以使受害人在其他方面得到精神享受。在此种情况下，目前金钱是民法唯一可以采用的使受害人得到满足的方法。精神损害赔偿具有补偿与惩罚的双重功能，在受害人伤亡的情况下，确认精神损害赔偿实际上是对受害人进行补偿。损害不涉及人的生命与身体时，则具有惩罚性。

为此，应按以下思路与方法完善侵害人格权的精神损害赔偿制度。(1) 规定精神损害赔偿的范围，其大致可包括：①精神折磨和创伤；②精神打击；③丧失对生活的享受；④寿命缩短的损失。(2) 规定精神损害赔偿费用的计算依据，主要包括：①侵害人的主观过错；②侵权情节；③侵权人的获利情况及其承担责任的能力；④侵权行为所造成的后果；⑤侵权人的认错态度；⑥受害人的情况。(3) 规定精神损害赔偿金的确定原则。应该以抚慰为主，补偿为辅，这是由精神损害赔偿的性质和目的决定的。因为其目的就在于缓和或解除受害人精神上所遭受的痛苦，并抚慰受害人的精神创伤。(4) 规定精神损害赔偿金的计算方法。一般有如下方法：①分类计算法，即将精神损害按项目进行明确的分类，再依项目分别计算出各自的赔偿数额，然后将各数额相加，得出总的赔偿额。②概算法，即对精神损害赔偿的各种情况分门别类，不是列出精神损害的各个项目，而是提出精神损害赔偿的总额。③折中法，即先将精神损害所要考虑的项目列出，并授权法官在此基础上综合考虑，提出精神损害赔偿的总额。具体比较一下，可知概算法更为简便易行，可采纳之。

第五编 婚姻家庭

第三十一章 婚姻家庭法概述

单项选择题

1. 答案：A。根据《民法典》第 1042 条的规定，禁止包办、买卖婚姻和其他干涉婚姻自由的行为；禁止借婚姻索取财物；禁止重婚；禁止有配偶者与他人同居；禁止家庭暴力；禁止家庭成员间的虐待和遗弃。故 A 项当选。

2. 答案：A。根据《民法典》第 1042 条的规定，禁止包办、买卖婚姻和其他干涉婚姻自由的行为；禁止借婚姻索取财物；禁止重婚；禁止有配偶者与他人同居；禁止家庭暴力；禁止家庭成员间的虐待和遗弃。故 B、C、D 选项错误，A 选项正确。

3. 答案：D。根据《民法典》第 1045 条第 2 款规定，配偶、父母、子女、兄弟姐妹、祖父母、外祖父母、孙子女、外孙子女为近亲属。故 D 选项当选。

多项选择题

1. 答案：ABC。根据《民法典》第 1041 条的规定，婚姻家庭受国家保护；实行婚姻自由、一夫一妻、男女平等的婚姻制度；保护妇女、未成年人、老年人、残疾人的合法权益。据此，A、B、C 项正确，D 项错误。

2. 答案：ABCD。根据《民法典》第 1043 条的规定，家庭应当树立优良家风，弘扬家庭美德，重视家庭文明建设；夫妻应当互相忠实，互相尊重，互相关爱；家庭成员应当敬老爱幼，互相帮助，维护平等、和睦、文明的婚姻家庭关系。故 A、B、C、D 选项均正确。

3. 答案：ABCD。根据《民法典》第 1045 条第 3 款规定，配偶、父母、子女和其他共同生活的近亲属为家庭成员。故 A、B、C、D 选项均正确。

简答题

1. 答案：根据《民法典》第 1041 条的规定，我国婚姻家庭关系的基本原则是：（1）婚姻家庭受国家保护。（2）实行婚姻自由、一夫一妻、男女平等的婚姻制度。（3）保护妇女、未成年人、老年人、残疾人的合法权益。

2. 答案：根据《民法典》第 1042 条的规定，在我国，婚姻家庭的禁止性规定有：（1）禁止包办、买卖婚姻和其他干涉婚姻自由的行为。（2）禁止借婚姻索取财物。（3）禁止重婚。（4）禁止有配偶者与他人同居。（5）禁止家庭暴力。（6）禁止家庭成员间的虐待和遗弃。

第三十二章 结婚制度

☑ **单项选择题**

1. **答案**：C。根据《民法典》第1046条的规定，结婚应当男女双方完全自愿，禁止任何一方对另一方加以强迫或者任何组织、个人加以干涉。故A、B、D项错误。

2. **答案**：D。根据《民法典》第1048条的规定，直系血亲或者三代以内的旁系血亲禁止结婚。A、B、C选项皆属于三代以内旁系血亲，属于禁止结婚的婚姻关系，故D项当选。

3. **答案**：C。根据《民法典》第1050条的规定，登记结婚后，按照男女双方约定，女方可以成为男方家庭的成员，男方可以成为女方家庭的成员。故C项当选。

4. **答案**：B。根据《民法典》第1052条的规定，因胁迫结婚的，受胁迫的一方可以向人民法院请求撤销婚姻；请求撤销婚姻的，应当自胁迫行为终止之日起1年内提出；被非法限制人身自由的当事人请求撤销婚姻的，应当自恢复人身自由之日起1年内提出。故B项当选。

5. **答案**：B。根据《民法典》第1054条的规定，无效的或者被撤销的婚姻自始没有法律约束力，当事人不具有夫妻的权利和义务；同居期间所得的财产，由当事人协议处理，协议不成的，由人民法院根据照顾无过错方的原则判决；对重婚导致的无效婚姻的财产处理，不得侵害合法婚姻当事人的财产权益；当事人所生的子女，适用本法关于父母子女的规定；婚姻无效或者被撤销的，无过错方有权请求损害赔偿。故B项当选。

6. **答案**：D。根据《民法典》第1051条规定，有下列情形之一的，婚姻无效：（1）重婚；（2）有禁止结婚的亲属关系；（3）未到法定婚龄。本题中并未出现上述事由，故A选项错误。根据《民法典》第1052条规定，因胁迫结婚的，受胁迫的一方可以向人民法院请求撤销婚姻；请求撤销婚姻的，应当自胁迫行为终止之日起1年内提出；被非法限制人身自由的当事人请求撤销婚姻的，应当自恢复人身自由之日起1年内提出。胁迫为可撤销婚姻的事由，本案中并未出现上述事由，故B选项错误。赠与合同无效的原因，适用民事法律行为无效的原因。根据《民法典》规定，民事法律行为无效的情形主要包括如下几个方面：（1）无民事行为能力人实施的民事法律行为；（2）恶意串通，损害他人合法权益的民事法律行为；（3）违背公序良俗的民事法律行为；（4）违反法律、行政法规强制性规定的民事法律行为（强制性规定不影响民事法律行为效力的除外）；（5）行为人与相对人以虚假的意思表示实施的民事法律行为。本案中并未出现上述事由，故C选项错误。根据《民法典》第663条规定，赠与合同的可撤销事由包括：（1）受赠人严重侵害赠与人或其近亲属的合法权益；（2）受赠人对赠与人有扶养义务而不履行；（3）受赠人不履行赠与合同约定的义务。本案中，余某不履行扶养义务，张某可以主张撤销赠与合同，故D选项正确。

7. **答案**：C。A、B项考查效力有瑕疵的婚姻。效力有瑕疵的婚姻包括两类，即无效婚姻和可撤销婚姻。根据《民法典》第1051条规定，有下列情形之一的，婚姻无效：（1）重婚；（2）有禁止结婚的亲属关系；（3）未到法定婚龄。根据《民法典》第1052条、第1053条规定，可撤销婚姻的情形有两类：（1）因胁迫结婚的；（2）一方患有重大疾病，在结婚登记前不如实告知另一方的。本题中，甲和乙之间不存在上述情形中的任何一种。因此，二者的婚姻不存在效力瑕疵，系合法有效的婚姻，甲可以依法诉请离婚。故A、B项错误。C、D项考查赠与合同的法定撤销权。赠与财产转移后，如受赠人"忘恩负义"的，赠与人有权行使法定撤销权，请求受赠人返还赠与财产。根据《民法典》第663条规定，法定撤销权的情形有3种：（1）严重侵害赠与人和其近亲属的合法权益；（2）受赠人不履行对赠与人的扶养义务的；（3）受赠人不履行合同约定的义务的（即附义务的赠与不履行义务的）。本题中，甲、乙之间系夫妻关系，乙（受赠人）对甲（赠与人）不履行扶养义务。因此，甲有权行使法定撤销权，撤销对乙的赠与。故D项错误。

8. **答案**：D。根据《最高人民法院关于适用〈中华人民共和国民法典〉婚姻家庭编的解释（一）》第10条规定，当事人依据《民法典》第1051条规定向人民法院请求确认婚姻无效，法定的无效婚姻情形在提起诉讼时已经消失的，人民法院不予支持。本案诉讼离婚时乙已经达到法定婚龄，因此法院不会判决婚姻无效，甲与乙已经满足离婚感情确实破裂的条件，因此法院的正确做法是判决两人离婚。

✅ 多项选择题

1. **答案**：AC。根据《民法典》第1047条的规定，结婚年龄，男不得早于22周岁，女不得早于20周岁。故AC项当选。

2. **答案**：ABCD。根据《民法典》第1049条的规定，要求结婚的男女双方应当亲自到婚姻登记机关申请结婚登记；符合本法规定的，予以登记，发给结婚证；完成结婚登记，即确立婚姻关系；未办理结婚登记的，应当补办登记。故A、D错误。根据《民法典》第1048条的规定，直系血亲或者三代以内的旁系血亲禁止结婚。故B错误。根据《民法典》第1047条的规定，结婚年龄，男不得早于22周岁，女不得早于20周岁。故C错误。故A、B、C、D项当选。

3. **答案**：ABC。根据《民法典》第1051条的规定，婚姻无效的情形有三种：（1）重婚；（2）有禁止结婚的亲属关系；（3）未到法定婚龄。故A、B、C当选。

4. **答案**：BC。《民法典》第1052条、第1053条规定了婚姻可撤销的情形。根据《民法典》第1052条第1款、第2款的规定，因胁迫结婚的，受胁迫的一方可以向人民法院请求撤销婚姻；请求撤销婚姻的，应当自胁迫行为终止之日起1年内提出。根据《民法典》第1053条的规定，一方患有重大疾病的，应当在结婚登记前如实告知另一方；不如实告知的，另一方可以向人民法院请求撤销婚姻；请求撤销婚姻的，应当自知道或者应当知道撤销事由之日起1年内提出。故B、C项当选。

5. **答案**：ABC。根据《最高人民法院关于适用〈中华人民共和国民法典〉婚姻家庭编的解释（一）》第17条第2款规定，当事人以结婚登记程序存在瑕疵为由提起民事诉讼，主张撤销结婚登记的，告知其可以依法申请行政复议或者提起行政诉讼。本题中，韩某和孙甲应提起行政复议或行政诉讼。故A、B项错误，D项正确。根据《民法典》第1051条规定，有下列情形之一的，婚姻无效：（1）重婚；（2）有禁止结婚的亲属关系；（3）未到法定婚龄。同时，根据《最高人民法院关于适用〈中华人民共和国民法典〉婚姻家庭编的解释（一）》第17条第1款规定，当事人以《民法典》第1051条规定的3种无效婚姻以外的情形请求确认婚姻无效的，人民法院应当判决驳回当事人的诉讼请求。本题中，孙乙和韩某二者并不存在无效婚姻的情形。故C项错误。故A、B、C当选。

6. **答案**：ABCD。（1）根据《民法典》第1053条规定，一方患有重大疾病的，应当在结婚登记前如实告知另一方；不如实告知的，另一方可以向人民法院请求撤销婚姻；请求撤销婚姻的，应当自知道或者应当知道撤销事由之日起1年内提出。因此A项正确。（2）根据《民法典》第1054条第2款规定，婚姻无效或者被撤销的，无过错方有权请求损害赔偿。因此B项正确。（3）根据《民法典》第1077条规定，自婚姻登记机关收到离婚登记申请之日起30日内，任何一方不愿意离婚的，可以向婚姻登记机关撤回离婚登记申请；前款规定期限届满后 30 日内，双方应当亲自到婚姻登记机关申请发给离婚证；未申请的，视为撤回离婚登记申请。因此 C 项正确。(4) 根据《民法典》第 1088 条规定，夫妻一方因抚育子女、照料老年人、协助另一方工作等负担较多义务的，离婚时有权向另一方请求补偿，另一方应当给予补偿。因此 D 项正确。故 A、B、C、D 当选。

7. 答案：AC。A、B、D 项考查无效婚姻与可撤销婚姻。依据《民法典》第 1051 条规定，婚姻的无效事由有三：(1) 重婚；(2) 有禁止结婚的亲属关系；(3) 未到法定婚龄。而依据《民法典》第 1052 条与第 1053 条规定，婚姻的可撤销事由有二：(1) 因胁迫结婚的；(2) 婚前隐瞒重大疾病。本题中，甲虚构身份信息与乙登记结婚，且登记结婚时甲未到法定婚龄。甲、乙之间的婚姻依据《民法典》第 1051 条是无效的，B、D 项错误，A 项正确。《行政复议法》虽然没有明确婚姻登记行为是否属于复议范围，但鉴于婚姻登记行为属于民政部门对甲和乙婚姻关系的确认行为，该行为属于具体行政行为的一种形式，在乙认为其侵犯自己合法权益的情况下，即有权就该行为申请行政复议，C 项正确。故 A、C 当选。

✕ 不定项选择题

答案：BD。(1) 根据《民法典》第 1079 条规定，男女一方要求离婚的，可由有关部门进行调解或直接向人民法院提出离婚诉讼；人民法院审理离婚案件，应当进行调解；如感情确已破裂，调解无效，应准予离婚。与他人同居属于《民法典》第 1079 条第 2 款规定的离婚的法定情形之一。根据《最高人民法院关于适用〈中华人民共和国民法典〉婚姻家庭编的解释（一）》第 2 条规定，与他人同居是指有配偶者与婚外异性，不以夫妻名义，持续、稳定地共同居住。本案中，马某与第三人多次发生不正当关系，不构成"持续、稳定地共同居住"，所以不属于法定的同居情形，不构成法定的准予离婚情形。因此，法院不能仅凭马某与第三人多次发生不正当关系便准予离婚，故 A 项错误。(2) 根据《民法典》第 1091 条规定，因实施家庭暴力导致离婚的，无过错方有权请求损害赔偿。本题中，王某多次强行限制马某的人身自由，构成家庭暴力，马某可以请求损害赔偿，故 B 项正确。(3)《最高人民法院关于适用〈中华人民共和国民法典〉婚姻家庭编的解释（一）》第 84 条规定："当事人依据民法典第一千零九十二条的规定向人民法院提起诉讼，请求再次分割夫妻共同财产的诉讼时效期间为三年，从当事人发现之日起计算。"由此可知，诉讼时效的起算应从马某发现王某隐瞒财产之日起算，而非从王某离婚时隐瞒财产之日起算，马某仍可请求分割隐瞒的财产，故 C 项错误。(4)《民法典》第 1092 条规定："夫妻一方隐藏、转移、变卖、毁损、挥霍夫妻共同财产，或者伪造夫妻共同债务企图侵占另一方财产的，在离婚分割夫妻共同财产时，对该方可以少分或者不分。离婚后，另一方发现有上述行为的，可以向人民法院提起诉讼，请求再次分割夫妻共同财产。"本题中，王某隐瞒夫妻共同财产，马某可以请求王某少分或者不分该房产，故 D 项正确。

✎ 简答题

1. 答案：根据《民法典》第 1052 条、第 1053 条的规定，婚姻可撤销的情形有：(1) 因胁迫结婚的，受胁迫的一方可以向人民法院请求撤销婚姻。请求撤销婚姻的，应当自胁迫行为终止之日起 1 年内提出。被非法限制人身自由的当事人请求撤销婚姻的，应当自恢复人身自由之日起 1 年内提出。(2) 一方患有重大疾病的，应当在结婚登记前如实告知另一方；不如实告知的，另一方可以向人民法院请求撤销婚姻。请求撤销婚姻的，应当自知道或者应当知道撤销事由之日起 1 年内提出。

2. 答案：根据《民法典》第 1051 条规定，婚姻无效的情形有：(1) 重婚；(2) 有禁止结婚的亲属关系；(3) 未到法定婚龄。

第三十三章　家庭关系

☑ 单项选择题

1. **答案**：D。根据《民法典》第1060条规定，夫妻一方因家庭日常生活需要而实施的民事法律行为，对夫妻双方发生效力，但是夫妻一方与相对人另有约定的除外；夫妻之间对一方可以实施的民事法律行为范围的限制，不得对抗善意相对人。故D项当选。

2. **答案**：A。(1) 根据《民法典》第1062条第1款第1项的规定，夫妻在婚姻关系存续期间所得的工资、奖金、劳务报酬属于夫妻共同财产，因此A项属于夫妻共同财产。(2) 根据《民法典》第1063条第1项和第3项规定，夫妻一方的婚前财产、遗嘱或者赠与合同中确定只归一方的财产属于夫妻一方的个人财产。B、C两项属于婚前个人财产，D项属于婚后取得的只归属于一方的赠与财产，B、C、D项依法均属于夫妻一方个人财产。故A项当选。

3. **答案**：B。根据《民法典》第1064条的规定，夫妻双方共同签名或者夫妻一方事后追认等经由共同意思表示所负的债务，以及夫妻一方在婚姻关系存续期间以个人名义为家庭日常生活需要所负的债务，属于夫妻共同债务；夫妻一方在婚姻关系存续期间以个人名义超出家庭日常生活需要所负的债务，不属于夫妻共同债务；但是，债权人能够证明该债务用于夫妻共同生活、共同生产经营或者基于夫妻双方共同意思表示的除外。故B项当选。

4. **答案**：D。根据《民法典》第1066条的规定，婚姻关系存续期间，有下列情形之一的，夫妻一方可以向人民法院请求分割共同财产：(1) 一方有隐藏、转移、变卖、毁损、挥霍夫妻共同财产或者伪造夫妻共同债务等严重损害夫妻共同财产利益的行为；(2) 一方负有法定扶养义务的人患重大疾病需要医治，另一方不同意支付相关医疗费用。D项中，朋友不是一方负有法定扶养义务的人，另一方没有支付医疗费用的义务。故D项当选。

5. **答案**：C。根据《民法典》第1068条的规定，父母有教育、保护未成年子女的权利和义务。未成年子女造成他人损害的，父母应当依法承担民事责任。故C项正确。

6. **答案**：A。(1) 根据《民法典》第1070条的规定，父母和子女有相互继承遗产的权利。故A项正确，B项错误。(2) 根据《民法典》第1072条、第1127条的规定，有扶养关系的继父母和继子女之间的权利义务关系，才适用《民法典》关于父母子女关系的规定，才可以发生继承。故C、D项错误。故A项当选。

7. **答案**：A。(1) 根据《民法典》第1072条第1款的规定，继父母与继子女间，不得虐待或者歧视。故A项正确。(2) 根据《民法典》第1072条第2款规定，继父或者继母和受其抚养教育的继子女间的权利义务关系，适用本法关于父母子女关系的规定。根据《民法典》第1067条第1款规定，父母不履行抚养义务的，未成年子女或者不能独立生活的成年子女，有要求父母给付抚养费的权利，故D错误。(3) 根据《民法典》第1068条规定，父母有教育、保护未成年子女的权利和义务，故B错误。(4) 根据《民法典》第1070条规定，父母和子女有相互继承遗产的权利，故C错误。

8. **答案**：D。根据《民法典》第1074条第1款的规定，有负担能力的祖父母、外祖父母，对于父母已经死亡或者父母无力抚养的未成年孙子女、外孙子女，有抚养的义务。故D项当选。

9. **答案**：B。根据《民法典》第1062条规定，夫妻在婚姻关系存续期间所得的下列财产，为夫妻的共同财产，归夫妻共同所有：(1) 工资、奖金、劳务报酬；（2）生产、经营、投资的收益；（3）知识产权的收益；（4）继承或者受赠的财产，但是本法第1063条第3项规定的除外；（5）其他应当归共同所有的财产。夫妻对共同财产，有平等的处理权。本题中，老谭婚后领取的10万元退休金，应属于夫妻共同财产，此时，与其有合法婚姻关系的为赵某而不是郭某。因此，该10万元退休金应属于老谭和赵某共有。老谭以该钱款买的房屋虽然登记在其名下，但也应认定为老谭和赵某共有；出卖该房屋所得的价款，亦应属于两人共有。据此，B选项正确，其他选项错误。

10. 答案：D。（1）根据《民法典》第1065条第1款规定，男女双方可以约定婚姻关系存续期间所得的财产以及婚前财产归各自所有、共同所有或者部分各自所有、部分共同所有；约定应当采用书面形式；没有约定或者约定不明确的，适用本法第1062条、第1063条的规定。根据《民法典》第209条第1款规定，不动产物权的设立、变更、转让和消灭，经依法登记，发生效力；未经登记，不发生效力，但是法律另有规定的除外。本题中，甲、乙间并未对门面房进行物权变动登记，因此该财产的所有权还是属于甲，甲、乙二人离婚时，不能对不属于共同财产的房屋进行财产分割。因此A项表述正确，不选。（2）根据题意，甲与丁经协商从夫妻共同财产中支取20万元，此为处分共同财产的行为。但是此20万元中，有甲和丁两人的财产份额，因此，就丁的份额，应按双方签订的借款协议处理，故选项B、C选项表述正确，不选。（3）根据《民法典》第303条规定，共有人约定不得分割共有的不动产或者动产，以维持共有关系的，应当按照约定，但是共有人有重大理由需要分割的，可以请求分割；没有约定或者约定不明确的，按份共有人可以随时请求分割，共同共有人在共有的基础丧失或者有重大理由需要分割时可以请求分割；因分割造成其他共有人损害的，应当给予赔偿。由此，甲有权基于重大理由要求分割与丁共

有财产，D项错误，当选。

11. 答案：C。《民法典》第1062条第1款规定："夫妻在婚姻关系存续期间所得的下列财产，为夫妻的共同财产，归夫妻共同所有：（一）工资、奖金、劳务报酬；（二）生产、经营、投资的收益；（三）知识产权的收益；（四）继承或者受赠的财产，但是本法第一千零六十三条第三项规定的除外；（五）其他应当归共同所有的财产。"本题中，小说稿费属于夫妻二人婚后所得的知识产权收益，属于夫妻共同财产。故C选项正确。《民法典》第1063条规定："下列财产为夫妻一方的个人财产：（一）一方的婚前财产；（二）一方因受到人身损害获得的赔偿或者补偿；（三）遗嘱或者赠与合同中确定只归一方的财产；（四）一方专用的生活用品；（五）其他应当归一方的财产。"本题中，转业费属于陈某的婚前财产，陈某、李某所得的房屋在遗嘱和赠与中确定只归一方，属于夫妻一方财产。故选项A、B、D错误。

✓ 多项选择题

1. 答案：ABCD。根据《民法典》第1055条至第1058条的规定，夫妻在婚姻家庭关系中地位平等；夫妻双方都有各自使用自己姓名的权利；夫妻双方都有参加生产、工作、学习和社会活动的自由，一方不得对另一方加以限制或者干涉；夫妻双方平等享有对未成年子女抚养、教育和保护的权利，共同承担对未成年子女抚养、教育和保护的义务。A、B、C、D均正确。

2. 答案：ABCD。根据《民法典》第1061条规定，夫妻有相互继承遗产的权利。第1127条第1款规定，遗产按照下列顺序继承：（1）第一顺序：配偶、子女、父母；（2）第二顺序：兄弟姐妹、祖父母、外祖父母。故A、B、C、D均当选。

3. 答案：ABC。根据《民法典》第1063条的规定，下列财产为夫妻一方的个人财产：（1）一方的婚前财产；（2）一方因受到人身损害获得的赔偿或者补偿；（3）遗嘱或者赠

与合同中确定只归一方的财产；（4）一方专用的生活用品；（5）其他应当归一方的财产。故A、B、C项当选。

4. 答案：ABCD。根据《民法典》第1065条的规定，男女双方可以约定婚姻关系存续期间所得的财产以及婚前财产归各自所有、共同所有或者部分各自所有、部分共同所有。约定应当采用书面形式；没有约定或者约定不明确的，适用民法典第1062条、第1063条的规定；夫妻对婚姻关系存续期间所得的财产以及婚前财产的约定，对双方具有法律约束力；夫妻对婚姻关系存续期间所得的财产约定归各自所有，夫或者妻一方对外所负的债务，相对人知道该约定的，以夫或者妻一方的个人财产清偿。A、B、C、D选项内容均可由夫妻双方约定，故均当选。

5. 答案：ABCD。根据《民法典》第1067条的规定，父母不履行抚养义务的，未成年子女或者不能独立生活的成年子女，有要求父母给付抚养费的权利；成年子女不履行赡养义务的，缺乏劳动能力或者生活困难的父母，有要求成年子女给付赡养费的权利。故A、B、C、D项均当选。

6. 答案：ABC。根据《民法典》第1069条的规定，子女应当尊重父母的婚姻权利，不得干涉父母离婚、再婚以及婚后的生活；子女对父母的赡养义务，不因父母的婚姻关系变化而终止。故A、B、C项当选。

7. 答案：AB。（1）根据《民法典》第1061条的规定，夫妻有相互继承遗产的权利。故B项正确。（2）根据《民法典》第1070条的规定，父母和子女有相互继承遗产的权利。故A项正确。

8. 答案：BD。根据《民法典》第1071条的规定，非婚生子女享有与婚生子女同等的权利，任何组织或者个人不得加以危害和歧视；不直接抚养非婚生子女的生父或者生母，应当负担未成年子女或者不能独立生活的成年子女的抚养费。故B、D项正确。

9. 答案：BCD。（1）根据《民法典》第1073条的规定，对亲子关系有异议且有正当理由的，父或者母可以向人民法院提起诉讼，请求确认或者否认亲子关系；对亲子关系有异议且有正当理由的，成年子女可以向人民法院提起诉讼，请求确认亲子关系。A正确。（2）B项中，对亲子关系的异议无"正当理由"。（3）C项中应当是"成年"子女。（4）D项中，不能请求"否认"。故B、C、D项当选。

10. 答案：BD。根据《民法典》第1075条的规定，有负担能力的兄、姐，对于父母已经死亡或者父母无力抚养的未成年弟、妹，有扶养的义务；由兄、姐扶养长大的有负担能力的弟、妹，对于缺乏劳动能力又缺乏生活来源的兄、姐，有扶养的义务。故B、D项正确。

11. 答案：AD。根据《民法典》第1068条的规定，父母有教育、保护未成年子女的权利和义务；未成年子女造成他人损害的，父母应当依法进行承担民事责任。A选项中因子女已成年，父母无须为其对他人造成的损害承担民事责任；B、C、D选项中子女仍未成年，父母应当依法进行教育、引导，为其造成的损害承担民事责任。故A、D选项错误。

12. 答案：ABC。根据《最高人民法院关于适用〈中华人民共和国民法典〉婚姻家庭编的解释（一）》第78条规定，夫妻一方婚前签订不动产买卖合同，以个人财产支付首付款并在银行贷款，婚后用夫妻共同财产还贷，不动产登记于首付款支付方名下的，离婚时该不动产由双方协议处理；依前款规定不能达成协议的，人民法院可以判决该不动产归登记一方，尚未归还的贷款为不动产登记一方的个人债务；双方婚后共同还贷支付的款项及其相对应财产增值部分，离婚时应根据民法典第1087条第1款规定的原则，由不动产登记一方对另一方进行补偿。本题中，因双方离婚时未能达成协议，正确分割方式是判决房屋归陈某个人所有，陈某补偿小李房屋增值价款100万元。故A、B、C项不正确，当选；D项正确，不当选。

不定项选择题

1. 答案：B。（1）根据《民法典》的相关规定，夫妻一方因家庭日常生活需要而实施的民事法律行为，对夫妻双方发生效力，但是夫妻一方与相对人另有约定的除外。夫妻之间对一方可以实施的民事法律行为范围的限制，不得对抗善意相对人。夫妻在婚姻持续期间经常会签订一些协议条款，也属于符合意思自治原则的法律行为，但其有关内容应当符合"家庭日常生活需要"，并需要遵循民法公序良俗原则和《民法典》的特殊规定，否则无效。夫妻忠诚协议条款相当于用金钱负担换取法定忠诚义务的履行，有违公序良俗；若承认该条款的法律效力，无异于承认一方配偶可以用金钱财产换取出轨的机会，陷入法律的伦理困境，故 A 项错误。(2) 出轨者离婚时净身出户，是对离婚过错方的约定惩戒，《民法典》也规定了相关的离婚损害赔偿规则，该条款不违法，也不违背公序良俗，故 B 项正确。(3) 夫妻离婚后，子女的抚养问题由双方协议，协议不成的，由人民法院判决，该协议或者判决不妨碍子女在必要时向父母任何一方提出超过协议或者判决原定数额的合理要求。父母对未成年孩子的抚养义务属于法定义务，且不受离婚影响。抚养的权利人是第三人，夫妻不能通过协议免除自己对未成年子女的法定义务，故 C 项错误。(4) 不直接抚养子女的父或者母，有探望子女的权利，另一方有协助的义务。探望权是离婚后父母对不与自己一起生活的未成年孩子探视、陪伴的权利，是亲权的一项内容，同时，探望也是父母对孩子的法定义务，夫妻不能通过约定排除这类法定权利义务，故 D 项错误。

2. **答案：**AB。我国的法定夫妻财产制是婚后所得夫妻共同共有制。根据《民法典》第1062条第1款规定，夫妻在婚姻关系存续期间所得的下列财产，为夫妻的共同财产，归夫妻共同所有：(1) 工资、奖金、劳务报酬；(2) 生产、经营、投资的收益；(3) 知识产权的收益；(4) 继承或者受赠的财产，但是本法第1063条第3项规定的除外；(5) 其他应当归共同所有的财产。据此，夫妻一方生日宴请后获得的礼金属于该条第4项情形，而夫妻一方婚前创作的小说在婚后取得的版税，属于该条第3项情形，因此 A、B 项均为夫妻共同财产。C、D 项都涉及法定的夫妻一方个人财产。根据《民法典》第1063条规定，下列财产为夫妻一方的个人财产：(1) 一方的婚前财产；(2) 一方因受到人身损害获得的赔偿或者补偿；(3) 遗嘱或者赠与合同中确定只归一方的财产；(4) 一方专用的生活用品；(5) 其他应当归一方的财产。《最高人民法院关于适用〈中华人民共和国民法典〉婚姻家庭编的解释（一）》第25条进一步规定，婚姻关系存续期间，下列财产属于《民法典》第1062条规定的"其他应当归共同所有的财产"：(1) 一方以个人财产投资取得的收益；(2) 男女双方实际取得或者应当取得的住房补贴、住房公积金；(3) 男女双方实际取得或者应当取得的基本养老金、破产安置补偿费。据此，夫妻一方婚前取得的破产安置补偿费属于《民法典》第1063条第1项情形。而 C 项中，男方给女方父母支付的彩礼婚后被女方父母返还，但女方父母明示仅赠与女方，这一情形符合《民法典》第1063条第3项的规定，C、D 项均为夫妻一方的个人财产。

简答题

1. **答案：**根据《民法典》第1062条第1款的规定，夫妻在婚姻关系存续期间所得的下列财产，为夫妻的共同财产，归夫妻共同所有：(1) 工资、奖金、劳务报酬；(2) 生产、经营、投资的收益；(3) 知识产权的收益；(4) 继承或者受赠的财产，但是本法第1063条第3项规定（遗嘱或者赠与合同中确定只归一方的财产）的除外；(5) 其他应当归共同所有的财产。

2. **答案：**根据《民法典》第1063条的规定，下列财产为夫妻一方的个人财产：(1) 一方的婚前财产；(2) 一方因受到人身损害获得的赔偿或者补偿；(3) 遗嘱或者赠与合同中确定只归一方的财产；(4) 一方专用的生活用品；(5) 其他应当归一方的财产。

第三十四章 离婚制度

✓ **单项选择题**

1. 答案：A。 根据《民法典》第1076条的规定，夫妻双方自愿离婚的，应当签订书面离婚协议，并亲自到婚姻登记机关申请离婚登记；离婚协议应当载明双方自愿离婚的意思表示和对子女抚养、财产以及债务处理等事项协商一致的意见。故A项正确。

2. 答案：A。 根据《民法典》第1078条的规定，婚姻登记机关查明双方确实是自愿离婚，并已经对子女抚养、财产以及债务处理等事项协商一致的，予以登记，发给离婚证。故A项正确。

3. 答案：B。 根据《民法典》第1080条的规定，完成离婚登记，或者离婚判决书、调解书生效，即解除婚姻关系。故B项当选。

4. 答案：A。 根据《民法典》第1082条的规定，女方在怀孕期间、分娩后1年内或者终止妊娠后6个月内，男方不得提出离婚；但是，女方提出离婚或者人民法院认为确有必要受理男方离婚请求的除外。故A项正确。

5. 答案：C。 根据《民法典》第1084条的规定，父母与子女间的关系，不因父母离婚而消除；离婚后，子女无论由父或者母直接抚养，仍是父母双方的子女；离婚后，父母对于子女仍有抚养、教育、保护的权利和义务；离婚后，不满2周岁的子女，以由母亲直接抚养为原则；已满2周岁的子女，父母双方对抚养问题协议不成的，由人民法院根据双方的具体情况，按照最有利于未成年子女的原则判决；子女已满8周岁的，应当尊重其真实意愿。故C项正确。

6. 答案：D。 根据《民法典》第1086条的规定，离婚后，不直接抚养子女的父或者母，有探望子女的权利，另一方有协助的义务；行使探望权利的方式、时间由当事人协议，协议不成的，由人民法院判决；父或者母探望子女，不利于子女身心健康的，由人民法院依法中止探望；中止的事由消失后，应当恢复探望。故D项错误。

7. 答案：A。 根据《民法典》第1088条的规定，夫妻一方因抚育子女、照料老年人、协助另一方工作等负担较多义务的，离婚时有权向另一方请求补偿，另一方应当给予补偿；具体办法由双方协议；协议不成的，由人民法院判决。故A项错误。

8. 答案：B。 根据《民法典》第1090条的规定，离婚时，如果一方生活困难，有负担能力的另一方应当给予适当帮助。具体办法由双方协议；协议不成的，由人民法院判决。故B项正确。

9. 答案：B。 根据《民法典》第1092条的规定，夫妻一方隐藏、转移、变卖、毁损、挥霍夫妻共同财产，或者伪造夫妻共同债务企图侵占另一方财产的，在离婚分割夫妻共同财产时，对该方可以少分或者不分；离婚后，另一方发现有上述行为的，可以向人民法院提起诉讼，请求再次分割夫妻共同财产。故B项当选。

10. 答案：C。 本题考查《民法典》第1077条规定的离婚冷静期规则。该条规定："自婚姻登记机关收到离婚登记申请之日起三十日内，任何一方不愿意离婚的，可以向婚姻登记机关撤回离婚登记申请。前款规定期限届满后三十日内，双方应当亲自到婚姻登记机关申请发给离婚证；未申请的，视为撤回离婚登记申请。"据此，理解离婚冷静期规则应把握以下要点：（1）完整的协议离婚要求男女双方共同亲自前往婚姻登记机关两次（申请一次、离婚冷静期过后一次）；（2）离婚冷静期的期间为30日，自婚姻登记机关收到离婚登记申请之日起算；（3）在离婚冷静期内，任何一方不愿意离婚的，可以向婚姻登记机关撤回离婚登记申请，即任何一方均享有任意撤回权；（4）离婚冷静期满后 30 日内，如果双方没有共同亲自到婚姻登记机关申请发给离婚证，视为撤回离婚登记申请。据此，A 项对离婚冷静期的起算点判断有误，B、D 项对离婚冷静期过后的法律效果判断有误。A、B、D 项均错误，C 项正确。

☑ 多项选择题

1. **答案**：ABD。根据《民法典》第 1077 条的规定，自婚姻登记机关收到离婚登记申请之日起 30 日内，任何一方不愿意离婚的，可以向婚姻登记机关撤回离婚登记申请；前款规定期限届满后 30 日内，双方应当亲自到婚姻登记机关申请发给离婚证；未申请的，视为撤回离婚登记申请。故 A、B、D 项错误。

2. **答案**：ABCD。根据《民法典》第 1079 条第 3 款的规定，有下列情形之一，调解无效的，应当准予离婚：（1）重婚或者与他人同居；（2）实施家庭暴力或者虐待、遗弃家庭成员；（3）有赌博、吸毒等恶习屡教不改；（4）因感情不和分居满 2 年；（5）其他导致夫妻感情破裂的情形。故 A、B、C、D 项当选。

3. **答案**：AC。根据《民法典》第 1081 条的规定，现役军人的配偶要求离婚，应当征得军人同意，但是军人一方有重大过错的除外。故 A、C 项当选。

4. **答案**：AD。根据《民法典》第 1085 条的规定，离婚后，子女由一方直接抚养的，另一方应当负担部分或者全部抚养费；负担费用的多少和期限的长短，由双方协议；协议不成的，由人民法院判决；前款规定的协议或者判决，不妨碍子女在必要时向父母任何一方提出超过协议或者判决原定数额的合理要求。故 A、D 项正确。

5. **答案**：ABC。根据《民法典》第 1087 条的规定，离婚时，夫妻的共同财产由双方协议处理；协议不成的，由人民法院根据财产的具体情况，按照照顾子女、女方和无过错方权益的原则判决。对夫或者妻在家庭土地承包经营中享有的权益等，应当依法予以保护。故 A、B、C 项正确。

6. **答案**：AC。根据《民法典》第 1089 条的规定，离婚时，夫妻共同债务应当共同偿还。共同财产不足清偿或者财产归各自所有的，由双方协议清偿；协议不成的，由人民法院判决。故 A、C 项正确。

7. **答案**：ABCD。根据《民法典》第 1091 条的规定，有下列情形之一，导致离婚的，无过错方有权请求损害赔偿：（1）重婚；（2）与他人同居；（3）实施家庭暴力；（4）虐待、遗弃家庭成员；（5）有其他重大过错。故 A、B、C、D 项当选。

8. **答案**：AC。根据《民法典》第 1085 条规定，离婚后，子女由一方直接抚养的，另一方应当负担部分或者全部抚养费；负担费用的多少和期限的长短，由双方协议；协议不成的，由人民法院判决；前述规定的协议或者判决，不妨碍子女在必要时向父母任何一方提出超过协议或者判决原定数额的合理要求。根据《民法典》第 1086 条规定，离婚后，不直接抚养子女的父或者母，有探望子女的权利，另一方有协助的义务；行使探望权利的方式、时间由当事人协议；协议不成的，由人民法院判决；父或者母探望子女，不利于子女身心健康的，由人民法院依法中止探望；中止的事由消失后，应当恢复探望。故 A 选项表述正确，当选。探望是权利，而非义务，故 B 选项表述错误，不选。根据《最高人民法院关于适用〈中华人民共和国民法典〉婚姻家庭编的解释（一）》第 68 条规定，对于拒不协助另一方行使探望权的有关个人或者组织，可以由人民法院依法采取拘留、罚款等强制措施，但是不能对子女的人身、探望行为进行强制执行。由上述规定可知，本题中 C 选项表达正确，当选；D 选项错误，不选。

9. **答案**：AD。根据《民法典》第 1091 条的规定，有下列情形之一，导致离婚的，无过错方有权请求损害赔偿：（1）重婚；（2）与他人同居；（3）实施家庭暴力；（4）虐待、遗弃家庭成员；（5）有其他重大过错。本题中，甲发现乙因不愿生育曾数次擅自中止妊娠，为此甲多次殴打乙且致乙住院，属于家庭暴力，因此乙有权向甲请求损害赔偿。由此可知 A 选项说法正确。根据《最高人民法院关于适用〈中华人民共和国民法典〉婚姻家庭编的解释（一）》第 23 条规定，夫以妻擅自中止妊娠侵犯其生育权为由请求损害赔偿的，人民法院不予支持；夫妻双方因是否生育发生纠纷，致使感情确已破裂，一方请求离婚的，人民法院经调解无效，应依照《民法典》第 1079 条第 3 款第 5 项的规定处理。本题中，乙擅自中止妊娠既不侵害甲的生育权，也不侵害甲的人格尊严。由此可知 B、C 选项说法均错误，D 选项说法正确。

10. **答案**：ABCD。（1）根据《民法典》第 1086 条规定，离婚后，不直接抚养子女的父或者母，有探望子女的权利，另一方有协助的义务。行使探望权利的方式、时间由当事人协议；协议不成的，由人民法院判决。父或者母探望子女，不利于子女身心健康的，由人民法院依法中止探望；中止的事由消失后，应当恢复探望。探望权是亲权的延伸和应有之义，探望权的对象应当是未成年子女，故 A 项错误。（2）探望权的主体是不直接抚养子女的父或者母，祖父母、外祖父母没有探望权，故 B 项错误。（3）依据我国民事执行原则中的执行有限原则，人民法院的执行活动所指向的对象，包括被执行人的财产和行为两个方面，但不包括被执行人的人身，因此探望行为不能直接强制执行，故 C 项错误。（4）D 项错误之处在于否认了探望权的独立性和法定性，探望权可以单独起诉。

11. **答案**：BD。（1）根据《民法典》第 1084 条规定，离婚后，子女无论由父或母直接抚养，仍是父母双方的子女，父母对于子女仍有抚养和教育的权利和义务。探望权是父母基于特定身份地位对未成年子女进行看望、陪伴的权利和义务，既是离婚父母的法定权利，也是其法定义务。抚养义务也是内含于亲权的法定义务。夫妻不能通过约定放弃或免除对子女法定义务的履行。因此 A 项错误。（2）《民法典》第 1085 条规定："离婚后，子女由一方直接抚养的，另一方应当负担部分或者全部抚养费。负担费用的多少和期限的长短，由双方协议；协议不成的，由人民法院判决。前款规定的协议或者判决，不妨碍子女在必要时向父母任何一方提出超过协议或者判决原定数额的合理要求。"由此可知，离婚后，子女由一方直接抚养的，另一方应当负担部分或者全部抚养费。负担费用的多少和期限的长短，由双方协议；协议不成的，由人民法院判决。但该协议或者判决不妨碍子女在必要时向父母任何一方提出超过协议或者判决原定数额的合理要求。所以，如果丙对抚养费有合理请求，可以超过原定数额。即甲、乙父母之间的抚养费协议对丙的合理请求不具有对抗效力，故 B 项正确。（3）自然人应当随父姓或者母姓，父母给未成年子女取姓名或改姓名，是正当行使其亲权的行为，未经未成年子女同意更改子女的姓名，不构成对子女姓名权的侵害，故 C 项错误。（4）依据我国婚姻家庭法一般原理，父母对未成年子女的亲权，采"共同亲权"原则，在确定子女姓名时，双方享有"平等协商、共同决定权"，这也是配偶权的内容之一。本案中，妻子在婚姻尚持续期间擅自更改孩子姓氏，侵害了丈夫的"姓名商定权"，至少属于侵害亲权或配偶权中的合法利益，故 D 项正确。

12. **答案**：ACD。《民法典》第 1088 条规定："夫妻一方因抚育子女、照料老年人、协助另一方工作等负担较多义务的，离婚时有权向另一方请求补偿，另一方应当给予补偿。具体办法由双方协议；协议不成的，由人民法院判决。"本题中甲与乙结婚时签订书面协议，约定婚后所得财产归各自所有。甲婚后即辞去工作在家奉养公婆，照顾两个小孩，负担较多，有权要求乙给予补偿，故 A 项正确。我国民法学界通说认为，身份行为的调整不适用公平原则。甲与乙结婚时签订书面协议，约定婚后所得财产归各自所有，这是以婚姻关系为前提的财产约定，具有身份的从属性。因此，双方约定"婚后所得财产归各自所有"的约定不能适用公平原则进行调整，故 B 项错误。《民法典》第 1090

条规定:"离婚时,如果一方生活困难,有负担能力的另一方应当给予适当帮助。具体办法由双方协议;协议不成的,由人民法院判决。"由此可知,C项正确。《民法典》第1091条规定:"有下列情形之一,导致离婚的,无过错方有权请求损害赔偿:(一)重婚;(二)与他人同居;(三)实施家庭暴力;(四)虐待、遗弃家庭成员;(五)有其他重大过错。"本案中乙与丙长期同居并育有一子,属于违背婚姻忠诚义务的过错行为,甲有权要求乙承担过错离婚赔偿责任,故D项正确。

13. **答案**:BC。《民法典》第1091条规定:"有下列情形之一,导致离婚的,无过错方有权请求损害赔偿:(一)重婚;(二)与他人同居;(三)实施家庭暴力;(四)虐待、遗弃家庭成员;(五)有其他重大过错。"本题中,闫某殴打顾某导致其残疾构成家庭暴力,故B选项符合题意。闫某与婚外异性同居符合法条规定的与他人同居的情形,故C选项正确。其余两项不合题意。

简答题

1. **答案**:根据《民法典》第1077条的规定,自婚姻登记机关收到离婚登记申请之日起30日内,任何一方不愿意离婚的,可以向婚姻登记机关撤回离婚登记申请。前款规定期限届满后30日内,双方应当亲自到婚姻登记机关申请发给离婚证;未申请的,视为撤回离婚登记申请。

2. **答案**:根据《民法典》第1091条的规定,有下列情形之一,导致离婚的,无过错方有权请求损害赔偿:(1)重婚;(2)与他人同居;(3)实施家庭暴力;(4)虐待、遗弃家庭成员;(5)有其他重大过错。

第三十五章 收养制度

✓ 单项选择题

1. **答案：B**。根据《民法典》第1094条的规定，下列个人、组织可以作送养人：(1)孤儿的监护人；(2)儿童福利机构；(3)有特殊困难无力抚养子女的生父母。故B项当选。

2. **答案：C**。根据《民法典》第1096条的规定，监护人送养孤儿的，应当征得有抚养义务的人同意；有抚养义务的人不同意送养、监护人不愿意继续履行监护职责的，应当依照本法第一编的规定另行确定监护人。故C项正确。

3. **答案：D**。根据《民法典》第1098条的规定，收养人应当同时具备下列条件：(1)无子女或者只有1名子女；(2)有抚养、教育和保护被收养人的能力；(3)未患有在医学上认为不应当收养子女的疾病；(4)无不利于被收养人健康成长的违法犯罪记录；(5)年满30周岁。故D项当选。

4. **答案：C**。根据《民法典》第1100条第1款的规定，无子女的收养人可以收养2名子女；有子女的收养人只能收养1名子女。故C项当选。

5. **答案：D**。根据《民法典》第1102条的规定，无配偶者收养异性子女的，收养人与被收养人的年龄应当相差40周岁以上。

6. **答案：C**。根据《民法典》第1104条的规定，收养人收养与送养人送养，应当双方自愿。收养8周岁以上未成年人的，应当征得被收养人的同意。故C项正确。

7. **答案：B**。根据《民法典》第1106条的规定，收养关系成立后，公安机关应当按照国家有关规定为被收养人办理户口登记。根据《民法典》第1107条的规定，孤儿或者生父母无力抚养的子女，可以由生父母的亲属、朋友抚养；抚养人与被抚养人的关系不适用本章规定。根据《民法典》第1108条的规定，配偶一方死亡，另一方送养未成年子女的，死亡一方的父母有优先抚养的权利。故A、C、D项错误，B项正确。

8. **答案：C**。根据《民法典》第1105条第1款规定，收养应当向县级以上人民政府民政部门登记；收养关系自登记之日起成立。故C选项正确。

9. **答案：D**。根据《民法典》第1108条规定，配偶一方死亡，另一方送养未成年子女的，死亡一方的父母有优先抚养的权利。故D项正确。

10. **答案：B**。根据《民法典》第1112条的规定，养子女可以随养父或者养母的姓氏，经当事人协商一致，也可以保留原姓氏。故B项错误。

11. **答案：D**。根据《民法典》第1114条规定，收养人在被收养人成年以前，不得解除收养关系，但是收养人、送养人双方协议解除的除外；养子女8周岁以上的，应当征得本人同意；收养人不履行抚养义务，有虐待、遗弃等侵害未成年养子女合法权益行为的，送养人有权要求解除养父母与养子间的收养关系。送养人、收养人不能达成解除收养关系协议的，可以向人民法院提起诉讼。故D项正确。

12. **答案：B**。(1)根据《民法典》第1116条规定，当事人协议解除收养关系的，应当到民政部门办理解除收养关系登记。故A项正确，B项错误。(2)根据《民法典》第1114条第2款规定，送养人、收养人不能达成解除收养关系协议的，可以向人民法院提起诉讼。故C正确。(3)根据《民法典》第1115条的规定，养父母与成年养子女关系恶化、无法共同生活的，可以协议解除收养关系；不能达成协议的，可以向人民法院提起诉讼。故D项正确。

13. **答案：C**。根据《民法典》第1118条规定，收养关系解除后，经养父母抚养的成年养子女，对缺乏劳动能力又缺乏生活来源的养父母，应当给付生活费；因养子女成年后虐待、遗弃养父母而解除收养关系的，养父母可以要求养子女补偿收养期间支出的抚养费；生父母要求解除收养关系的，养父母可以要求生父母适当补偿收养期间支出的抚养费；但是，因养父母虐待、遗弃养子女而解除收养关系的除外。故C项正确。

14. **答案**：D。（1）根据《民法典》第1114条第1款规定，收养人在被收养人成年以前，不得解除收养关系，但是收养人、送养人双方协议解除的除外；养子女8周岁以上的，应当征得本人同意。据此A选项错误。（2）本题中，由于李某解除收养协议经过了张某的同意，因此无须承担违约责任，故B选项错误。（3）C选项，缺乏法律依据，错误。（4）收养协议解除后，李某收取的10万元丧失了法律根据，因此构成不当得利，应予返还，故D选项正确。

多项选择题

1. **答案**：ABC。根据《民法典》第1093条的规定，下列未成年人，可以被收养：（1）丧失父母的孤儿；（2）查找不到生父母的未成年人；（3）生父母有特殊困难无力抚养的子女。故A、B、C项当选。
2. **答案**：ABC。根据《民法典》第1095条的规定，未成年人的父母均不具备完全民事行为能力且可能严重危害该未成年人的，该未成年人的监护人可以将其送养。故A、B、C项当选。
3. **答案**：ABC。根据《民法典》第1097条的规定，生父母送养子女，应当双方共同送养；生父母一方不明或者查找不到的，可以单方送养。故A、B、C项当选。
4. **答案**：ABC。根据《民法典》第1099条的规定，收养三代以内旁系同辈血亲的子女，可以不受本法1093条第3项、第1094条第3项和1102条规定的限制；华侨收养三代以内旁系同辈血亲的子女，还可以不受本法第1098条第1项规定的限制。故A、B、C项当选。

当选。
5. **答案**：BCD。根据《民法典》第1100条第1款规定，无子女的收养人可以收养两名子女；有子女的收养人只能收养一名子女。根据《民法典》第1101条规定，有配偶者收养子女，应当夫妻共同收养。根据《民法典》第1102条规定，无配偶者收养异性子女的，收养人与被收养人的年龄应当相差40周岁以上。故B、C、D项正确。
6. **答案**：ABCD。根据《民法典》第1103条的规定，继父或者继母经继子女的生父母同意，可以收养继子女，并可以不受本法第1093条第3项、第1094条第3项、第1098条和第1100条第1款规定的限制。故A、B、C、D项当选。
7. **答案**：ABCD。根据《民法典》第1105条的规定，收养应当向县级以上人民政府民政部门登记。收养关系自登记之日起成立；收养查找不到生父母的未成年人的，办理登记的民政部门应当在登记前予以公告；收养关系当事人愿意签订收养协议的，可以签订收养协议；收养关系当事人各方或者一方要求办理收养公证的，应当办理收养公证；县级以上人民政府民政部门应当依法进行收养评估。故A、B、C、D均当选。
8. **答案**：ACD。根据《民法典》第1106条的规定，收养关系成立后，公安机关应当按照国家有关规定为被收养人办理户口登记。《民法典》第1107条规定，孤儿或者生父母无力抚养的子女，可以由生父母的亲属、朋友抚养；抚养人与被抚养人的关系不适用本章规定。故A、C、D项正确。
9. **答案**：BCD。根据《民法典》第1109条的规定，外国人依法可以在中华人民共和国收养子女；外国人在中华人民共和国收养子女，应当经其所在国主管机关依照该国法律审查同意；收养人应当提供由其所在国有权机构出具的有关其年龄、婚姻、职业、财产、健康、有无受过刑事处罚等状况的证明材料，并与送养人签订书面协议，亲自向省、自治区、直辖市人民政府民政部门登记；前款规定的证明材料应当经收养人所在国外交机关或者外交机关授权的机构认证，并经中华人民共和国驻该国使领馆认证，但是国家另有规定的除外。故 B、C、D 项正确。

10. **答案**：ABCD。根据《民法典》第 1111 条的规定，自收养关系成立之日起，养父母与养子女间的权利义务关系，适用本法关于父母子女关系的规定；养子女与养父母的近亲属间的权利义务关系，适用本法关于子女与父母的近亲属关系的规定；养子女与生父母以及其他近亲属间的权利义务关系，因收养关系的成立而消除。故 A、B、C、D 项正确。

11. **答案**：ABC。根据《民法典》第 1044 条第 2 款规定，禁止借收养名义买卖未成年人。根据《民法典》第 1104 条规定，收养人收养与送养人送养，应当双方自愿；收养 8 周岁以上未成年人的，应当征得被收养人的同意。根据《民法典》第 1112 条规定，养子女可以随养父或者养母的姓氏，经当事人协商一致，也可以保留原姓氏。根据《民法典》第 1113 条规定，有《民法典》总则编关于民事法律行为无效规定情形或者违反本编规定的收养行为无效；无效的收养行为自始没有法律约束力。故 A、B、C 项正确。

12. **答案**：BCD。根据《民法典》第 1114 条第 1 款规定，收养人在被收养人成年以前，不得解除收养关系，但是收养人、送养人双方协议解除的除外。根据《民法典》第 1115 条规定，养父母与成年养子女关系恶化、无法共同生活的，可以协议解除收养关系；不能达成协议的，可以向人民法院提起诉讼。故 B、C、D 项正确。

13. **答案**：ABD。根据《民法典》第 1117 条规定，收养关系解除后，养子女与养父母以及其他近亲属间的权利义务关系即行消除，与生父母以及其他近亲属间的权利义务关系自行恢复；但是，成年养子女与生父母以及其他近亲属间的权利义务关系是否恢复，可以协商确定。故 A、B、D 项正确。

14. **答案**：BD。（1）根据《民法典》第 1111 条规定，自收养关系成立之日起，养父母与养子女间的权利义务关系，适用本法关于父母子女关系的规定；养子女与养父母的近亲属间的权利义务关系，适用本法关于子女与父母的近亲属关系的规定；养子女与生父母以及其他近亲属间的权利义务关系，因收养关系的成立而消除。故 A、C 选项错误，B 选项正确。（2）根据《民法典》第 1112 条规定，养子女可以随养父或者养母的姓氏，经当事人协商一致，也可以保留原姓氏。D 选项正确。

简答题

1. **答案**：根据《民法典》第 1093 条的规定，下列未成年人，可以被收养：（1）丧失父母的孤儿；（2）查找不到生父母的未成年人；（3）生父母有特殊困难无力抚养的子女。

   根据《民法典》第 1094 条的规定，下列个人、组织可以作为送养人：（1）孤儿的监护人；（2）儿童福利机构；（3）有特殊困难无力抚养子女的生父母。

2. **答案**：根据《民法典》第 1098 条、第 1099 条第 2 款的规定，在我国，收养人办理收养的，应当同时具备下列条件：（1）无子女或者只有一名子女；（2）有抚养、教育和保护被收养人的能力；（3）未患有在医学上认为不应当收养子女的疾病；（4）无不利于被收养人健康成长的违法犯罪记录；（5）年满 30 周岁。华侨收养三代以内旁系同辈血亲的子女，还可以不受"无子女或者只有一名子女"的限制。

3. **答案**：根据《民法典》第 1111 条的规定，自收养关系成立之日起，养父母与养子女间的权利义务关系，适用本法关于父母子女关系的规定；养子女与养父母的近亲属间的权利义务关系，适用本法关于子女与父母的近亲属关系的规定；养子女与生父母以及其他近亲属间的权利义务关系，因收养关系的成立而消除。

第六编 继 承

第三十六章 继承概述

☑ **单项选择题**

1. 答案：D。根据《最高人民法院关于适用〈中华人民共和国民法典〉继承编的解释（一）》第35条规定，继承人放弃继承的意思表示，应当在继承开始后、遗产分割前作出。遗产分割后表示放弃的不再是继承权，而是所有权。故D选项正确。

2. 答案：B。根据《最高人民法院关于适用〈中华人民共和国民法典〉继承编的解释（一）》第35条的具体规定，继承人放弃继承的意思表示，应当在继承开始后、遗产分割前作出。遗产分割后表示放弃的不再是继承权，而是所有权。故B选项正确。

3. 答案：C。根据《民法典》第1121条第1款规定，继承从被继承人死亡时开始。本案中，张某的父亲未去世，该笔技术转让费并非遗产，张某和其兄并未开始继承。故C选项正确。

4. 答案：A。根据《民法典》第124条第1款规定，自然人依法享有继承权。《民法典》继承编规定是为了保护公民的合法财产继承权。

5. 答案：A。（1）根据《最高人民法院关于适用〈中华人民共和国民法典〉继承编的解释（一）》第33条规定，继承人放弃继承应当以书面形式向遗产管理人或者其他继承人表示。所以，A选项正确。（2）根据《民法典》第1124条第1款规定，继承开始后，继承人放弃继承的，应当在遗产处理前，以书面形式作出放弃继承的表示；没有表示的，视为接受继承。根据《最高人民法院关于适用〈中华人民共和国民法典〉继承编的解释（一）》第35条规定，遗产分割后表示放弃的不再是继承权，而是所有权。B选项中王某在遗产分割后放弃的为所有权而非继承权，所以，B选项错误。根据《民法典》第26条第2款规定，成年子女对父母负有赡养、扶助和保护的义务。（3）根据《最高人民法院关于适用〈中华人民共和国民法典〉继承编的解释（一）》第32条规定，继承人因放弃继承权，致其不能履行法定义务的，放弃继承权的行为无效。所以，C选项错误。（4）赵某与父亲共同发表书面声明断绝父子关系，并不能解除双方的父子关系，不足以导致继承权的放弃。所以，D选项错误。

☑ **多项选择题**

1. 答案：ABD。根据《民法典》第1122条规定，遗产是自然人死亡时遗留的个人合法财产。依照法律规定或者根据其性质不得继承的遗产，不得继承。根据《民法典》第1153条第1款规定，夫妻共同所有的财产，除有约定外，遗产分割时，应当先将共同所有的财产的一半分出为配偶所有，其余的为被继承人的遗产。据此可知，夫妻共同财产中只有一半属于死亡配偶一方的遗产，另一半属于生存配偶一方的个人财产。故C选项错误。A、B、D选项皆为公民个人合法财产，可以继承，因此当选。

2. 答案：ACD。根据《民法典》第1122条规定，遗产是自然人死亡时遗留的个人合法财产。依照法律规定或者根据其性质不得继承的遗产，不得继承。企业租赁权具有特定人身属性，依其性质不得继承。故B选项错误。A、C、D选项皆为公民个人合法财产，可以继承，因此当选。

3. 答案：ABCD。《民法典》第1127条第3款规定：" 本编所称子女，包括婚生子女、非婚生子女、养子女和有扶养关系的继子女。"

4. **答案**：ACD。《民法典》第1130条规定："同一顺序继承人继承遗产的份额，一般应当均等。对生活有特殊困难又缺乏劳动能力的继承人，分配遗产时，应当予以照顾。对被继承人尽了主要扶养义务或者与被继承人共同生活的继承人，分配遗产时，可以多分。有扶养能力和有扶养条件的继承人，不尽扶养义务的，分配遗产时，应当不分或者少分。继承人协商同意的，也可以不均等。"本案中，三儿子对甲尽到了主要扶养义务，分配遗产时可以多分；大儿子未尽到扶养义务，应当不分或少分遗产。故A、C、D选项正确。

5. **答案**：ABCD。根据《民法典》第1125条规定，遗产继承人有下列行为之一的，丧失继承权：（1）故意杀害被继承人；（2）为争夺遗产而杀害其他继承人；（3）遗弃被继承人，或者虐待被继承人情节严重；（4）伪造、篡改、隐匿或者销毁遗嘱，情节严重；（5）以欺诈、胁迫手段迫使或者妨碍被继承人设立、变更或者撤回遗嘱，情节严重。继承人有前款第3项至第5项行为，确有悔改表现，被继承人表示宽恕或者事后在遗嘱中将其列为继承人的，该继承人不丧失继承权。受遗赠人有本条第1款规定行为的，丧失受遗赠权。依照以上规定，乙、丙、丁、戊均不具有继承权，A、B、C、D选项均正确。

6. **答案**：ABCD。根据《最高人民法院关于适用〈中华人民共和国民法典〉继承编的解释（一）》第7条规定，继承人故意杀害被继承人的，不论是既遂还是未遂，均应当确认其丧失继承权。

7. **答案**：ABD。根据《最高人民法院关于适用〈中华人民共和国民法典〉继承编的解释（一）》第6条规定，继承人是否符合《民法典》第1125条第1款第3项规定的"虐待被继承人情节严重"，可以从实施虐待行为的时间、手段、后果和社会影响等方面认定。故A、B、D选项正确。

8. **答案**：ABC。（1）根据《最高人民法院关于适用〈中华人民共和国民法典〉继承编的解释（一）》第1条第1款规定，继承从被继承人生理死亡或者被宣告死亡时开始。故A、B选项正确。（2）死者留有遗产是继承权实现的前提，故C选项正确。（3）继承人是否有行为能力不影响继承权的实现，故D选项错误。

9. **答案**：ABC。（1）根据《民法典》第153条第2款规定，违背公序良俗的民事法律行为无效。在我国，人工授精是解决夫妻不孕不育问题的重要途径，并未违背公序良俗。本案中《人工授精协议书》不会因违背公序良俗而无效，故A项不正确。（2）根据《民法典》第1153条第1款规定，夫妻共同所有的财产，除有约定外，遗产分割时，应当先将共同所有的财产的一半分出为配偶所有，其余的为被继承人的遗产。据此可知，夫妻共同财产中只有一半属于死亡配偶一方的遗产，另一半属于生存配偶一方的个人财产。另外，遗嘱人以遗嘱处分了属于国家、集体或他人所有的财产，遗嘱的这部分，应认定无效。本案中，周某在遗嘱中将夫妻共有的房屋全部处分，其中涉及处分吴某财产的部分无效，故该遗嘱部分有效、部分无效，故B项不正确。（3）根据《民法典》第1071条第1款规定，非婚生子女享有与婚生子女同等的权利，任何组织或个人不得加以危害和歧视。本案中，在周某和吴某婚姻关系存续期间，双方一致同意由某医院为吴某进行人工授精，属于婚生子女，故C项不正确。（4）根据《民法典》第1155条规定，遗产分割时，应当保留胎儿的继承份额。本案中，周某于2024年5月去世时，吴某已怀有身孕，故在分割周某遗产时，应当为吴某腹中的胎儿保留继承份额，故D项正确。综上所述，本题选A、B、C项。

名词解释

1. **答案**：是指将死者生前所有的于死亡时遗留的财产依法转移给他人所有的制度。在这一制度中，生前享有财产因死亡而转移给他人的死者为被继承人；被继承人死亡时遗留的财产为遗产；依照法律规定或者被继承人的合法遗嘱承接被继承人遗产的人为继承人。

2. **答案**：继承人依照法律的直接规定或者被继承人所立的合法遗嘱享有的继承被继承人遗产的权利就是继承权。

3. **答案**：又称继承权的剥夺，是指依照法律规定在发生法定事由时取消继承人继承被继承人遗产的权利。继承权的丧失可分为绝对丧失与相对丧失。继承权的绝对丧失，又称继承权的终局丧失，是指因发生某种法定事由，继承人的继承权终局的丧失，该继承人绝对不得也不能享有继承权。继承权的相对丧失，又称继承权的非终局丧失，是指因发生某种法定事由继承人的继承权丧失，但在具备一定条件时继承人的继承权最终也可不丧失。

简答题

1. **答案**：被继承人的子女在继承法律上有着重要的法律地位。一方面，继承制度本身就是建立在财产私有制上的，而这种财产流转又总是与特定的亲属身份关系相联系，被继承人的子女作为与继承人有血缘关系（现代法律亦推之法律拟制的亲子关系，如收养等）的后代自然在继承制度中占据主体地位。另一方面，我国关于继承的基本原则之一是养老育幼、照顾弱者，如果被继承人死亡时，其子女尚未成年或没有独立生活能力，就需要得到一定的经济来源，故法律也非常重视此类子女的生活保障问题。

根据我国《民法典》的规定，被继承人的子女的重要法律地位如下所述：其一，被继承人的子女是法定继承中的第一顺位继承人，有权与被继承人的父母和配偶优先于其他继承人获得遗产；其二，被继承人的子女可以被指定为遗嘱继承人继承遗产。法律对被继承人的子女所给予的特殊法律保护主要表现在：第一，法律规定了胎儿特留份制度，即遗产分割时，应当保留胎儿的继承份额；胎儿出生时是死体的，保留的份额按照法定继承处理。这直接体现了法律对被继承人子女的特殊保护。第二，法律还规定了代位继承和转继承制度，代位继承又称间接继承、代袭继承或承祖继承，是指被继承人的子女先于被继承人死亡，由死亡子女的晚辈直系血亲继承其应继承的遗产份额，如果被继承人的兄弟姐妹先于被继承人死亡的，由被继承人的兄弟姐妹的子女代位继承。转继承又称转归继承、连续继承、再继承，是指被继承人死亡后，继承人在尚未实际接受遗产前死亡，该继承人的继承人代其实际接受其有权继承的遗产。实际上这两项制度都允许被继承人的子女所应继承的财产利益转归其后代享有，以解决其后代的抚养等问题，是对被继承人的子女利益的特殊保护。

2. **答案**：继承既得权，是指继承人已经确定地获得了继承人的身份，继承人依法享有的继承被继承人遗产的权利。继承期待权，是指遗嘱继承中，遗嘱人已经确定了继承人但是遗嘱人尚未死亡，遗嘱尚未生效时，继承人所具有的权利。

两者的区别主要在于：（1）继承既得权与继承期待权的成立条件不同。继承期待权的成立前提是遗嘱人在遗嘱中确定了继承人，而继承既得权的取得前提是被继承人死亡，继承开始。（2）继承既得权与继承期待权的范围不同。继承期待权只发生在遗嘱继承中，而继承既得权发生的条件包括：法律的规定或者立遗嘱人的合法有效的遗嘱的指定。（3）两者的法律效果不同。继承期待权是一种特殊的权利类型，当事人的权利的成立已经具有了若干要件，但是还欠缺其他要件，导致权利处于一种未臻完满的状态，所以也有人否认这是一种权利，而只是法律上的特殊地位，法律例外地给予当事人一定的法律保护。而继承既得权是一种完满的权利类型，具有权利的一切特征，法律予以的保护也是周全完满的。所以继承既得权与继承期待权性质的不同，导致了法律效果上的不同。两者的联系主要表现为：在遗嘱继承中，继承既得权与继承期待权是相连的权利取得过程的两个阶段。先有继承期待权，在遗嘱人死后，遗嘱生效，当事人确定地取得了继承权。

3. **答案**：（1）继承权是一种财产权。（2）继承权与一定的身份关系相联系。继承权发生在存在特定的血亲关系、婚姻关系的亲属之间。但继承权并非身份权。（3）继承权的权利主体只能是自然人，而不能是法人、其他社会组织或国家。（4）继承权的发生依据是法律的直接规定或者合法有效的遗嘱。（5）继承权的实现以一定的法律事实的出现为前提。继承人只有在下列情况下，才能依法取得遗产的所有权：一是被继承人死亡；二是被继承人留有合法的个人财产；三是继承人没有丧失继承权。

4. 答案：（1）故意杀害被继承人；（2）为争夺遗产而杀害其他继承人；（3）遗弃被继承人，或者虐待被继承人情节严重；（4）伪造、篡改、隐匿或者销毁遗嘱，情节严重；（5）以欺诈、胁迫手段迫使或者妨碍被继承人设立、变更或者撤回遗嘱，情节严重。继承人有前款第3项至第5项行为，确有悔改表现，被继承人表示宽恕或者事后在遗嘱中将其列为继承人的，该继承人不丧失继承权。受遗赠人有本条第1款规定行为的，丧失受遗赠权。

案例分析题

答案：（1）乙能享有继承权。《民法典》第1125条第1款规定："继承人有下列行为之一的，丧失继承权：（一）故意杀害被继承人；（二）为争夺遗产而杀害其他继承人；（三）遗弃被继承人，或者虐待被继承人情节严重；（四）伪造、篡改、隐匿或者销毁遗嘱，情节严重；（五）以欺诈、胁迫手段迫使或者妨碍被继承人设立、变更或者撤回遗嘱，情节严重。"乙虽受到刑事处罚，但并不属于《民法典》第1125条所规定的丧失继承权的情形。

（2）新生婴儿应享有继承权。民事权利能力是法律赋予公民终身享有的资格，始于出生，终于死亡。只要娩出时是活体，就具有民事权利能力，当然也就享有继承权。虽然本案中新生婴儿只活了几天，但仍具有民事权利能力，仍有权继承为他保留的应继份额。

根据《民法典》第1155条的规定，遗产分割时，应当保留胎儿的继承份额。又根据《最高人民法院关于适用〈中华人民共和国民法典〉继承编的解释（一）》第31条第2款的规定，为胎儿保留的遗产份额，如胎儿出生后死亡的，由其继承人继承。

第三十七章 法定继承

✓ **单项选择题**

1. **答案：C**。根据《民法典》第51条规定，被宣告死亡的人的婚姻关系，自死亡宣告之日起消除。本案中，甲与乙的婚姻关系因宣告死亡而结束，乙无权继承甲的遗产。故A选项错误。《民法典》第1127条第1款规定："遗产按照下列顺序继承：（一）第一顺序：配偶、子女、父母；（二）第二顺序：兄弟姐妹、祖父母、外祖父母。"甲与丙没有进行结婚登记，双方不属于法律意义上的配偶关系，因此丙无权继承甲的遗产，故B选项错误。丁作为甲的儿子是甲的遗产的法定继承人，故C选项正确。

2. **答案：D**。(1)根据《民法典》第1111条规定，自收养关系成立之日起，养父母与养子女间的权利义务关系，适用本法关于父母子女关系的规定；养子女与养父母的近亲属间的权利义务关系，适用本法关于子女与父母的近亲属关系的规定；养子女与生父母及其他近亲属间的权利义务关系，因收养关系的成立而消除。所以本题中，由于张某已被王某收养，张某无权继承其生父母的财产，但可以继承其养父王某的财产。故A项、B项、C项错误。(2)根据《民法典》第1131条规定，对继承人以外的依靠被继承人扶养的人，或者继承人以外的对被继承人扶养较多的人，可以分给适当的遗产。故D项正确。

3. **答案：C**。《民法典》第1127条规定："遗产按照下列顺序继承：（一）第一顺序：配偶、子女、父母……本编所称子女，包括婚生子女、非婚生子女、养子女和有扶养关系的继子女……"因此，李某对其生母、继母之遗产都有权继承。C选项正确。

4. **答案：B**。根据《民法典》第1121条第2款规定，相互有继承关系的数人在同一事件中死亡，又不能确定死亡先后时间的，一般推定没有其他继承人的人先死亡。据此可推定本案中王某先死，其遗产由李某继承，李某之遗产由李乙继承。故B选项正确。

5. **答案：C**。根据《民法典》第1128条规定，被继承人的子女先于被继承人死亡的，由被继承人的子女的直系晚辈血亲代位继承；被继承人的兄弟姐妹先于被继承人死亡的，由被继承人的兄弟姐妹的子女代位继承；代位继承人一般只能继承被代位继承人有权继承的遗产份额。本案中乙先于其父死亡，由甲的儿子乙的直系晚辈血亲乙之子代位继承。故C选项正确。

6. **答案：B**。《民法典》第1131条规定："对继承人以外的依靠被继承人扶养的人，或者继承人以外的对被继承人扶养较多的人，可以分给适当的遗产。"因此本案中丙可获得甲的适当遗产。B选项正确。

7. **答案：C**。《民法典》第1121条第2款规定："相互有继承关系的数人在同一事件中死亡，难以确定死亡时间的，推定没有其他继承人的人先死亡。都有其他继承人，辈份不同的，推定长辈先死亡；辈份相同的，推定同时死亡，相互不发生继承。"即所谓"无继承人的先死、长辈先死、同辈同死"。据此，本题中应推定甲先死，则甲的遗产20万元分别由女儿、儿子各得10万元；则女儿的遗产共30万元，应由女婿全部继承。即儿子应继承10万元的遗产，女婿应继承30万元的遗产。故C项正确。

8. **答案：D**。《民法典》第1123条规定："继承开始后，按照法定继承办理；有遗嘱的，按照遗嘱继承或者遗赠办理；有遗赠扶养协议的，按照协议办理。"据此，当几种继承方式发生冲突时，按其效力（由高到低）的排列顺序为：遗赠扶养协议，遗嘱继承，遗赠，法定继承。

9. **答案：B**。根据《最高人民法院关于适用

《中华人民共和国民法典》继承编的解释（一）》第44条规定，继承诉讼开始后，如继承人、受遗赠人中有既不愿参加诉讼，又不表示放弃实体权利的，应追加为共同原告；继承人已书面表示放弃继承、受遗赠人在知道受遗赠后60日内表示放弃受遗赠或者到期没有表示的，不再列为当事人。本案中孙乙、孙丙既不参加诉讼，又不表示放弃实体权利，应追加为共同原告。故B选项正确。

10. **答案：A**。根据《最高人民法院关于适用〈中华人民共和国民法典〉继承编的解释（一）》第10条规定，被收养人对养父母尽了赡养义务，同时又对生父母扶养较多的，除可依《民法典》第1127条的规定继承养父母的遗产外，还可依《民法典》第1131条的规定分得生父母的适当的遗产。本题中丙并未扶养其生母，不符合法定继承生父母遗产的条件。故A选项正确。

11. **答案：C**。《民法典》第1127条规定："遗产按照下列顺序继承：（一）第一顺序：配偶、子女、父母；（二）第二顺序：兄弟姐妹、祖父母、外祖父母。继承开始后，由第一顺序继承人继承，第二顺序继承人不继承；没有第一顺序继承人继承的，由第二顺序继承人继承。本编所称子女，包括婚生子女、非婚生子女、养子女和有扶养关系的继子女。本编所称父母，包括生父母、养父母和有扶养关系的继父母。本编所称兄弟姐妹，包括同父母的兄弟姐妹、同父异母或者同母异父的兄弟姐妹、养兄弟姐妹、有扶养关系的继兄弟姐妹。"本案中，李甲死亡后，其父母李某、刘某和其夫孙某作为第一顺位继承人有权继承李甲的财产；因李甲和李乙为姐弟关系，李乙作为第二顺位继承人不继承李甲的财产。故C选项正确。

12. **答案：B**。本题考查法定继承。（1）本题中，因能确定甲、乙的死亡顺序，即乙后于甲死亡，且甲、乙又没有遗嘱，故应适用《民法典》第1127条第1款、第2款关于法定继承的规定："遗产按照下列顺序继承：（一）第一顺序：配偶、子女、父母；（二）第二顺序：兄弟姐妹、祖父母、外祖父母。继承开始后，由第一顺序继承人继承，第二顺序继承人不继承；没有第一顺序继承人继承的，由第二顺序继承人继承。"故甲死后，甲之遗产应由乙继承，而不能由丙继承，因为乙是第一顺序继承人。而乙死后因无第一顺序继承人，则只能由丁来继承。故应选B。（2）A错误，选A的前提应是乙比丙先死亡。（3）本题不能选C，选C的前提是甲、乙同时死亡或不能确定死亡先后。（4）不能选D，因为甲、乙还有第二顺序继承人丙与丁。

13. **答案：D**。（1）根据《民法典》第230条规定，因继承取得物权的，自继承开始时发生效力。蔡永父母去世，蔡永已经取得房产的所有权，虽未办理房屋所有权变更登记，但该房屋的所有权人是蔡永。故A选项错误。（2）蔡永要求蔡花腾退的行为属于行使返还原物请求权，该权利属于房屋所有权返还请求权，不适用诉讼时效，再根据《民法典》第235条规定，无权占有不动产或者动产的，权利人可以请求返还原物。故B项错误。（3）蔡永父母去世前，该房由蔡永之姐蔡花借用，借用合同为无名合同，借用期未明确。根据《民法典》第511条规定，当事人就有关合同内容约定不明确，依据前条规定仍不能确定的，适用下列规定……（四）履行期限不明确的，债务人可以随时履行，债权人也可以随时要求履行，但是应当给对方必要的准备时间……蔡永继承房屋的所有权，也同时继承了该房屋上的义务，成为借用合同的当事人。借用期限不明确，债权人蔡永可以随时要求返还，但应当给对方必要的准备时间。故C项错误。

14. **答案：C**。A项考查代位继承。根据《民法典》第1128条规定，代位继承，是指在法定继承中，被继承人的子女先于被继承人死亡时，本应由该子女继承的遗产，由其晚辈直系血亲代位继承的法律制度，或者被继承人的兄弟姐妹先于被继承人死亡的，由被继承人的兄弟姐妹的子女代位继承。本题中，儿媳虽然属于拟制第一顺序继承人，但并非被继承人的"子女"。因此，不发生代位继承问题。故 A 项错误。B 项考查转继承。转继承，是指继承人在继承开始后，遗产分割前死亡，其应继承的遗产转由他的合法继承人继承的制度。根据《民法典》第 1152 条规定，继承开始后，继承人于遗产分割前死亡，并没有放弃继承的，该继承人应当继承的遗产转给其继承人，但是遗嘱另有安排的除外。本题中，儿媳先于被继承人死亡。因此不发生转继承问题。故 B 项错误。C 项考查继承权。因儿媳非被继承人的子女，不发生代位继承问题。因此，小田无权继承徐某的遗产。故 C 项正确。D 项考查适当分得遗产人。适当分得遗产人的情形有 3 种：(1) 对继承人以外的依靠被继承人扶养的缺乏劳动能力又没有生活来源的人；(2) 继承人以外的对被继承人扶养较多的人；(3) 养子女的生父母履行赡养义务的。本题中不存在上述 3 种情形。因此，小田无权适当分得遗产。故 D 项错误。

15. **答案**：C。本题中，甲先死亡，甲的财产由乙继承；乙在甲死亡后死亡，乙的遗产由乙的子女（丙、丁）继承；丙最后死亡，对于丙应继承的乙的遗产，其继承人戊可转继承。(1) A 项错误：甲有继承人乙，兄弟姐妹属于第二顺位继承人。(2) B 项错误：根据《民法典》第 1128 条规定，被继承人的子女先于被继承人死亡的，由被继承人的子女的直系晚辈血亲代位继承；被继承人的兄弟姐妹先于被继承人死亡的，由被继承人的兄弟姐妹的子女代位继承；代位继承人一般只能继承被代位继承人有权继承的遗产份额。本案中，甲作为被继承人，先于其继承人乙死亡，不符合代位继承的适用前提。(3) C 项正确：死亡赔偿金是一种特殊的财产，填补的是受害人近亲属因受害人死亡导致的生活资源的减少丧失，是对受害人家庭损失的弥补，对死者家庭利益的赔偿，不属于死者的遗产。(4) D 项错误：根据《民法典》第 1152 条规定，继承开始后，继承人于遗产分割前死亡，并没有放弃继承的，该继承人应当继承的遗产转给其继承人，但是遗嘱另有安排的除外。丙于乙后死亡，按照规则，可由丙的第一顺位继承人戊转继承乙的遗产（其中包括甲的遗产），并非由丁来转继承。

16. **答案**：C。根据《民法典》第 1153 条第 1 款规定，夫妻共同所有的财产，除有约定的外，遗产分割时，应当先将共同所有的财产的一半分出为配偶所有，其余的为被继承人的遗产。《民法典》第 1127 条第 1 款至第 3 款规定："遗产按照下列顺序继承：（一）第一顺序：配偶、子女、父母；（二）第二顺序：兄弟姐妹、祖父母、外祖父母。继承开始后，由第一顺序继承人继承，第二顺序继承人不继承；没有第一顺序继承人继承的，由第二顺序继承人继承。本编所称子女，包括婚生子女、非婚生子女、养子女和有扶养关系的继子女。"本题中，李某先死亡，其合法遗产为 15000 元，刘甲和李小明作为第一顺序继承人，每人平均继承李某的遗产 7500 元。后刘甲也去世，因其与李小明之间不存在扶养关系，刘乙作为唯一的第二顺序继承人继承刘甲的财产 22500 元。故 C 选项正确。

多项选择题

1. **答案**：ABCD。参见《民法典》第 1127 条、第 1128 条、第 1129 条、第 1131 条和第 1141 条的规定。

2. **答案**：ABCD。《民法典》第 1127 条规定："遗产按照下列顺序继承：（一）第一顺序：配偶、子女、父母；（二）第二顺序：兄弟姐妹、祖父母、外祖父母。继承开始后，由第一顺序继承人继承，第二顺序继承人不继承；没有第一顺序继承人继承的，由第二顺序继承人继承。本编所称子女，包括婚生子女、非婚生子女、养子女和有扶养关系的继子女。本编所称父母，包括生父母、养父母和有扶养关系的继父母。本编所称兄弟姐妹，包括同父母的兄弟姐妹、同父异母或者同母异父的兄弟姐妹、养兄弟姐妹、有扶养关系的继兄弟姐妹。"《民法典》第 1128 条规定："被继承人的子女先于被继承人死亡的，由被继承人的子女的直系晚辈血亲代位继承。

被继承人的兄弟姐妹先于被继承人死亡的，由被继承人的兄弟姐妹的子女代位继承。代位继承人一般只能继承被代位继承人有权继承的遗产份额。"《最高人民法院关于适用〈中华人民共和国民法典〉继承编的解释（一）》第 15 条规定："被继承人的养子女、已形成扶养关系的继子女的生子女可以代位继承；被继承人亲生子女的养子女可以代位继承；被继承人养子女的养子女可以代位继承；与被继承人已形成扶养关系的继子女的养子女也可以代位继承。"故 A、B、C、D 选项正确。

3. **答案**：ABC。我国《民法典》继承编是以婚姻关系、血缘关系和扶养关系而产生的亲属关系来确定法定继承人的范围，仅限于近亲属。根据《民法典》继承编第 1127 条、第 1128 条、第 1129 条的规定，法定继承人包括：配偶、子女及其晚辈直系血亲、父母、兄弟姐妹、祖父母、外祖父母，以及对公婆或岳父岳母尽了主要赡养义务的丧偶儿媳或女婿。据此，本题中甲的岳父岳母并不是其法定继承人，其岳父岳母不能继承其所留下的遗产。《民法典》第 1131 条规定："对继承人以外的依靠被继承人扶养的人，或者继承人以外的对被继承人扶养较多的人，可以分给适当的遗产。"据此，本题中对甲的岳父岳母可以适当分给一些遗产。

4. **答案**：ACD。本题考查法定继承人的顺序。《民法典》第 1127 条规定："遗产按照下列顺序继承：（一）第一顺序：配偶、子女、父母；（二）第二顺序：兄弟姐妹、祖父母、外祖父母。继承开始后，由第一顺序继承人继承，第二顺序继承人不继承；没有第一顺序继承人继承的，由第二顺序继承人继承。本编所称子女，包括婚生子女、非婚生子女、养子女和有扶养关系的继子女。本编所称父母，包括生父母、养父母和有扶养关系的继父母。本编所称兄弟姐妹，包括同父母的兄弟姐妹、同父异母或者同母异父的兄弟姐妹、养兄弟姐妹、有扶养关系的继兄弟姐妹。"据此，乙、丙作为甲的配偶和子女，应作为第一顺序继承人。但《民法典》第 1125 条规定："继承人有下列行为之一的，丧失继承权：（一）故意杀害被继承人；（二）为争夺遗产而杀害其他继承人；（三）遗弃被继承人，或者虐待被继承人情节严重；（四）伪造、篡改、隐匿或者销毁遗嘱，情节严重；（五）以欺诈、胁迫手段迫使或者妨碍被继承人设立、变更或者撤回遗嘱，情节严重。继承人有前款第三项至第五项行为，确有悔改表现，被继承人表示宽恕或者事后在遗嘱中将其列为继承人的，该继承人不丧失继承权。受遗赠人有本条第一款规定行为的，丧失受遗赠权。"据此，丙因虐待被继承人情形严重（数度虐待甲、乙，拒不赡养），而丧失继承权。故 A 选项正确，B 选项错误。《民法典》第 1129 条规定："丧偶儿媳对公婆，丧偶女婿对岳父母，尽了主要赡养义务的，作为第一顺序继承人。"故 C 选项正确。《民法典》第 1128 条规定："被继承人的子女先于被继承人死亡的，由被继承人的子女的直系晚辈血亲代位继承。被继承人的兄弟姐妹先于被继承人死亡的，由被继承人的兄弟姐妹的子女代位继承。代位继承人一般只能继承被代位继承人有权继承的遗产份额。"本题中戊因代位继承而成为第一顺序继承人。故 D 选项正确。

5. **答案**：ABCD。（1）选项 A 正确。根据《民法典》第 1128 条规定，被继承人的子女先于被继承人死亡的，由被继承人的子女的直系晚辈血亲代位继承；被继承人的兄弟姐妹先于被继承人死亡的，由被继承人的兄弟姐妹的子女代位继承；代位继承人一般只能继承被代位继承人有权继承的遗产份额。本题中，郭大爷女儿先于郭大爷去世，其儿子甲作为其晚辈直系血亲，可以代位继承其母亲即郭大爷女儿的份额。郭大爷的女儿属于第一顺序继承人，因此甲也作为第一顺序继承人参与继承。（2）选项 B 正确。根据《民法典》第 1129 条规定，丧偶儿媳对公婆，丧偶女婿对岳父母，尽了主要赡养义务的，作为第一顺序继承人。根据《民法典》第 1130 条第 3 款规定，对被继承人尽了主要扶养义务或者与被继承人共同生活的继承人，分配遗产时，可以多分。据此可知，乙在分配财产的时候可以多分。(3) 选项 C 正确。根据《民法典》第 1127 条第 3 款规定，享有继承权的继子女是有扶养关系的继子女。本题中，丙与郭大爷之间没有形成扶养关系，因此，丙无权继承遗产。(4) 选项 D 正确。根据《民法典》第 1130 条第 2 款规定，对生活有特殊困难又缺乏劳动能力的继承人，分配遗产时，应当予以照顾。本题中，丁是丧失劳动能力的继承人，分配遗产时应当予以照顾。

6. **答案**：BC。根据《民法典》第 1127 条第 1 款、第 3 款规定，遗产按照下列顺序继承：(1) 第一顺序：配偶、子女、父母；(2) 第二顺序：兄弟姐妹、祖父母、外祖父母。本编所称子女，包括婚生子女、非婚生子女、养子女和有扶养关系的继子女。根据《民法典》第 1105 条第 1 款规定，收养应当向县级以上人民政府民政部门登记。收养关系自登记之日起成立。根据《民法典》第 1111 条第 1 款规定，自收养关系成立之日起，养父母与养子女间的权利义务关系，适用本法关于父母子女关系的规定；养子女与养父母的近亲属间的权利义务关系，适用本法关于子女与父母的近亲属关系的规定。本题中，甲与丙结婚时，小明已 20 周岁，与丙之间不存在扶养关系，小明不能以继子女身份参与继承。甲与丙收养孤儿小光，并未办理收养手续，因此收养关系不成立，小光不能以养子女的身份参与继承。因此，丙的第一顺序继承人为配偶甲和儿子小亮。故 B、C 选项正确。

7. **答案**：ACD。(1) 根据《民法典》第 1127 条第 1 款、第 3 款规定，遗产按照下列顺序继承：(1) 第一顺序：配偶、子女、父母；(2) 第二顺序：兄弟姐妹、祖父母、外祖父母。本编所称子女，包括婚生子女、非婚生子女、养子女和有扶养关系的继子女。配偶和有扶养关系的继子女，都是第一顺序的法定继承人，故 A 项正确。(2) 根据《民法典》第 1152 条规定，继承开始后，继承人于遗产分割前死亡，并没有放弃继承的，该继承人应当继承的遗产转给其继承人，但是遗嘱另有安排的除外。女婴死亡后，产生转继承而不是代位继承，故 B 项错误。(3) 根据《民法典》第 1155 条规定，遗产分割时，应当保留胎儿的继承份额。胎儿娩出时是死体的，保留的份额按照法定继承办理。男婴出生时为死体，为男婴保留的遗产份额由熊某的继承人杨某、小强继承，故 C 项正确；女婴出生时为活体，但旋即死亡，为女婴保留的遗产份额由女婴的继承人杨某继承，故 D 项正确。

8. **答案**：AB。(1)《民法典》第 1127 条规定："遗产按照下列顺序继承：（一）第一顺序：配偶、子女、父母……"本案中，作为黄某的儿子，黄甲有权继承黄某的财产，故 A 选项正确。卢某作为黄某的女婿，不在法定继承人范围内，故 C 选项错误。(2)《民法典》第 1128 条第 1 款规定："被继承人的子女先于被继承人死亡的，由被继承人的子女的直系晚辈血亲代位继承。"享有代位继承权的主体为被继承人子女的晚辈直系血亲，而继子女属于由姻亲关系而来的法律拟制血亲关系，并不属于直系血亲。除此之外，《最高人民法院关于适用〈中华人民共和国民法典〉继承编的解释（一）》第 15 条规定："被继承人的养子女、已形成扶养关系的继子女的生子女可以代位继承；被继承人亲生子女的养子女可以代位继承；被继承人养子女的养子女可以代位继承；与被继承人已形成扶养关系的继子女的养子女也可以代位继承。"本条对享有代位继承权的主体所作的规定，也并未包含被继承人亲生子女的继子女的情况。本案中，赵丙是黄某子女的直系晚辈血亲，享有代位继承权，故 B 选项正确。(3) 卢丁是黄乙的继子，与黄某间属于姻亲关系而来的法律拟制血亲关系，不享有对黄某财产的代位继承权，故 D 选项错误。

名词解释

1. **答案**：是指根据法律直接规定的继承人的范围、继承人继承的顺序、继承人继承遗产的份额及遗产的分配原则继承被继承人的遗产。

2. **答案**：是指被继承人的子女先于被继承人死

亡时，由被继承人的死亡子女的晚辈直系血亲继承其应继承的遗产份额的制度；或者被继承人的兄弟姐妹先于被继承人死亡的，由被继承人的兄弟姐妹的子女代位继承。其中先于被继承人死亡的子女称为被代位人或被代位继承人，先于被继承人死亡的子女的晚辈直系血亲，或者被继承人的兄弟姐妹的子女称为代位人或代位继承人。

简答题

1. 答案：适用法定继承的有以下几种情况：（1）被继承人生前没有立遗嘱的；（2）遗嘱所指定的继承人先于被继承人死亡的；（3）遗嘱继承人放弃继承或者受遗赠人放弃受遗赠的；（4）遗嘱继承人丧失继承权的；（5）遗嘱无效或者部分无效，无效部分所涉及的遗产；（6）遗嘱只处分部分遗产，遗嘱未加处分的遗产。

2. 答案：（1）法定继承是遗嘱继承的补充。法定继承和遗嘱继承是两种不同的继承方式。在我国，法定继承是自然人继承遗产的主要方式。但是，在效力上，法定继承的效力低于遗嘱继承，只有在不适用遗嘱继承时才适用法定继承。法定继承是遗嘱继承的补充。（2）法定继承是对遗嘱继承的限制。遗嘱继承中，立遗嘱人不能违反法律的规定，如遗嘱人在遗嘱中必须为缺乏劳动能力又没有生活来源的人保留必要的遗产份额。因此，虽然遗嘱继承优先于法定继承而适用，但法定继承构成对遗嘱继承的限制。（3）继承人与被继承人之间具有一定的人身关系。法定继承权的取得根据，是被继承人与继承人之间存在婚姻关系、血缘关系或扶养关系等。（4）法定继承中有关继承人、继承顺序、遗产分配原则的规定具有强行性。这些规定属于强制性规范，除被继承人生前以遗嘱方式改变外，其他任何单位、组织和个人均无权变更。

3. 答案：（1）继承人死亡的时间不同。代位继承是继承人先于被继承人死亡；转继承是继承人后于被继承人死亡。（2）继承发生的根据不同。代位继承是基于继承人先于被继承人死亡的事实而发生，它是一个间接的继承；转继承是基于继承人后于被继承人死亡的事实而发生，它是两个相连的直接继承。（3）继承发生的范围不同。代位继承只发生于法定继承之中；转继承则发生在法定继承和遗嘱继承之中。（4）继承的主体不同。代位继承的继承人必须是原继承人的晚辈直系血亲；转继承的继承人既可以是被继承人的法定继承人，也可以是他的遗嘱继承人，不管与被继承人之间是否有血缘关系，都可以按照法定继承人的顺序进行继承。

案例分析题

答案：（1）张某、王乙、王小甲。其中，张某分得4间，王乙、王小甲各分得1间。因该6间房系王某与张某的共同财产，王某死后，张某应获得其中的3间，余下3间房在第一顺序继承人间平均分配。第一顺序的继承人有张某、王乙，因王甲先于王某死亡，其子王小甲享有代位继承权。故余下3间房张某、王乙、王小甲应各分得1间。张某与王某是夫妻关系，其二人婚后修建的面积相同的6间房屋是二人的共同财产。在婚姻关系存续期间，这些房屋是二人共同共有的财产，不能任意分割。在王某死后，夫妻关系不再存在，才能对这些房屋予以分割。张某应当拥有一半——其中的3间，而另3间应当作为王某的遗产。

王某有两个儿子，这两个儿子本应与张某一起作为第一顺序继承人对王某的遗产3间房屋平均分配。大儿子王甲在王某死前过世，其有一子作为被继承人的晚辈直系血亲，可以代位继承遗产。因此，王小甲代王甲之位与张某、王乙平分王某的遗产3间房，各占1间。

（2）曹某与朱某签订的协议有效。曹某与钱某签订的协议亦有效。王乙已经和曹某办理了过户登记手续，曹某成为房屋的所有权人。其与朱某签订了房屋转让协议符合合同是基于双方真实的意思表示，没有违反法律、行政法规的强制性规定，是有效的。

曹某在与朱某签订房屋转让合同后，尚

未办理过户登记，房屋的所有权没有发生转移。曹某此时对朱某只是负有交付房屋所有权的合同义务，即债上的义务。朱某不能直接支配房屋也不能支配曹某的行为，他只能请求曹某依约定向其履行。如果曹某不履行，其可以要求曹某承担违约责任。此时曹某仍是房屋的所有权人。作为标的物的所有权人，曹某仍有权处分自己的物。曹某与钱某签订的协议也是基于双方的真实的意思表示，没有违反法律、行政法规的强制性规定。因此也是有效的。

（3）不能。因曹某已与钱某办理了房屋过户登记手续，钱某已取得了该房屋的所有权，曹某已陷入对朱某债权的履行不能，朱某只能要求曹某承担违约责任。因为债具有平等性，曹某可以选择向朱某或者钱某履行，选择一方，就必须向另一方承担违约责任，赔偿给对方带来的损失。曹某最后选择了向钱某履行，和钱某办理了过户登记，钱某已经获得房屋的所有权。曹某此时已经无法向朱某履行，属于履行不能，朱某只能依据房屋买卖合同主张由曹某承担违约责任。

第三十八章 遗嘱继承、遗赠与遗赠扶养协议

✓ 单项选择题

1. **答案：D**。主要应当考虑遗嘱的效力。2022年李甲所立公证遗嘱指定李乙继承全部遗产，但在李乙死后，李甲在李乙遗嘱上的批注不具有法律效力。公证遗嘱的内容则因为继承人先于被继承人死亡而无效。所以，李甲的财产应当按照法定继承处理，其中李丁有代位继承权。正确答案为选项D。

2. **答案：D**。本题考查的是遗赠扶养协议。(1) 依《民法典》第1123条之规定，遗赠扶养协议的适用优先于遗嘱继承。但应注意，本案中的遗赠扶养协议中所涉及的财产是特定的，并未涉及王方的存款等其他遗产，故后来王方的自书遗嘱部分有效，即关于"存款1000元给孙女"的部分是有效的，而关于房屋部分的遗嘱则是无效的。据此分析，A、C项错误。(2) 对于遗赠扶养协议与遗嘱中均未涉及的遗产，依《民法典》第1154条等规定，应依法定继承办理。故B项错误。

3. **答案：C**。因李甲死于李某之前，故李某所立之遗嘱未生效；对李某的遗产应依法定继承处理，由李某的第一顺序继承人继承，其中李甲的份额由其子代位继承。

4. **答案：C**。王某同意接受遗赠，遗赠已生效，该房屋应为王某所有，故王某死后应由其继承人继承。

5. **答案：C**。根据《民法典》第1142条第3款规定，立有数份遗嘱，内容相抵触的，以最后的遗嘱为准。根据《民法典》第1138条规定，口头遗嘱在危急情况解除后，遗嘱人能以书面或其他形式立遗嘱时，原口头遗嘱无效。故本案中的口头遗嘱无效，其余三个遗嘱，代书遗嘱为最后一个，故应以之为准。

6. **答案：A**。根据《民法典》第1135条的规定，代书遗嘱应当有两个以上见证人在场见证，由其中一人代书，并由遗嘱人、代书人和其他见证人签名，注明年、月、日。根据《民法典》第1137条规定，以录音录像形式立的遗嘱，应当有两个以上见证人在场见证。遗嘱人和见证人应当在录音录像中记录其姓名或者肖像，以及年、月、日。根据《民法典》第1138条规定，遗嘱人在危急情况下，可以立口头遗嘱。口头遗嘱应当有两个以上见证人在场见证。危急情况消除后，遗嘱人能够以书面或者录音录像形式立遗嘱的，所立的口头遗嘱无效。

7. **答案：D**。根据《民法典》第1133条第2款规定，自然人可以立遗嘱将个人财产指定由法定继承人中的一人或者数人继承。根据《民法典》第1129条规定，丧偶儿媳对公婆，丧偶女婿对岳父母，尽了主要赡养义务的，作为第一顺序继承人。因此A、B、C选项均为法定继承人，属于遗嘱继承人。D选项符合题意。

8. **答案：C**。(1) 根据《民法典》第1133条规定，自然人可以依照本法规定立遗嘱处分个人财产，并可以指定遗嘱执行人。自然人可以立遗嘱将个人财产指定由法定继承人中的一人或者数人继承。自然人可以立遗嘱将个人财产赠与国家、集体或者法定继承人以外的组织、个人。自然人可以依法设立遗嘱信托。故甲的遗嘱不存在无效事由，A项错误。(2) 根据《民法典》第1124条第2款规定，受遗赠人应当在知道受遗赠后60日内，作出接受或者放弃受遗赠的表示；到期没有表示的，视为放弃受遗赠。故B项错误。(3) 根据《最高人民法院关于适用〈中华人民共和国民法典〉继承编的解释（一）》第38条规定，继承开始后，受遗赠人表示接受遗赠，并于遗产分割前死亡的，其接受遗赠的权利转移给他的继承人。故D项错误。(4) 对于保管行为，保管物意外灭失，保管人不承担责任，故本题选C。

9. **答案：D**。参见《民法典》第1133条第2款和第1134条。本题中李某的遗嘱属于自书遗嘱，有效且合法。

10. **答案：A**。《民法典》第1138条规定："遗嘱人在危急情况下，可以立口头遗嘱。口头遗嘱应当有两个以上见证人在场见证。危急情况消除后，遗嘱人能够以书面或者录音录像形式立遗嘱的，所立的口头遗嘱无效。"据此，口头遗嘱原则上无效，除非是在危急情况下。这里的"危急情况"一般是指遗嘱人生命垂危或者其他紧急情况。因此，本案中，乙生前未处于紧急情况下所立的口头遗嘱无效。《最高人民法院关于适用〈中华人民共和国民法典〉继承编的解释（一）》第33条规定："继承人放弃继承应当以书面形式向遗产管理人或者其他继承人表示。"因此，甲做出的放弃继承的口头表示也无效。故A选项正确。

11. **答案：C**。根据《民法典》第1154条规定，有下列情形之一的，遗产中的有关部分按照法定继承办理：（1）遗嘱继承人放弃继承或者受遗赠人放弃受遗赠；（2）遗嘱继承人丧失继承权或者受遗赠人丧失受遗赠权；（3）遗嘱继承人、受遗赠人先于遗嘱人死亡或者终止；（4）遗嘱无效部分所涉及的遗产；（5）遗嘱未处分的遗产。根据《最高人民法院关于适用〈中华人民共和国民法典〉继承编的解释（一）》第4条规定，遗嘱继承人依遗嘱取得遗产后，仍有权依照《民法典》第1130条的规定取得遗嘱未处分的遗产。据此，本案中对于遗嘱未处分的遗产，三个儿子作为法定继承人都享有继承权，应按照法定继承进行财产继承。故选项C正确。

12. **答案：B**。设立遗嘱的行为不能代理。

13. **答案：D**。根据《民法典》第1140条的规定，下列人员不能作为遗嘱见证人：（1）无民事行为能力人、限制民事行为能力人以及其他不具有见证能力的人；（2）继承人、受遗赠人；（3）与继承人、受遗赠人有利害关系的人。故D选项正确。

14. **答案：B**。根据《民法典》第1144条规定，遗嘱继承或者遗赠附有义务的，继承人或者受遗赠人应当履行义务。没有正当理由不履行义务的，经利害关系人或者有关组织请求，人民法院可以取消其接受附义务部分遗产的权利。故B选项正确。

15. **答案：A**。《民法典》第1124条第2款规定："受遗赠人应当在知道受遗赠后六十日内，作出接受或者放弃受遗赠的表示；到期没有表示的，视为放弃受遗赠。"本案中，如果乙是知道受遗赠后六十日内请求的，有权要求继承人给付。故A选项正确。

16. **答案：B**。根据《最高人民法院关于适用〈中华人民共和国民法典〉继承编的解释（一）》第25条规定，遗嘱人未保留缺乏劳动能力又没有生活来源的继承人的遗产份额，遗产处理时，应当为该继承人留下必要的遗产，所剩余的部分，才可参照遗嘱确定的分配原则处理。继承人是否缺乏劳动能力又没有生活来源，应按遗嘱生效时该继承人的具体情况确定。因此，本案中邹甲因尚未成年，缺乏劳动能力，没有生活来源，应分得遗产的部分份额。故B选项正确。

17. **答案：A**。根据《民法典》第1123条规定，继承开始后，按照法定继承办理；有遗嘱的，按照遗嘱继承或者遗赠办理；有遗赠扶养协议的，按照协议办理。因此，本案中遗赠扶养协议有效的，应先按遗赠扶养协议办理。故A选项正确。

18. **答案：C**。（1）甲、乙之间签订的合同属于附义务的赠与合同，乙在接受赠与的同时负有对甲生养死葬且不得擅自将受赠房屋用作经营活动的义务。甲已经依据合同将房屋移转于乙，赠与已经履行，并未附有任何条件，因此A项错误。（2）无论是赠与合同还是遗赠扶养协议，都是在甲生前就已经发生法律效力，因此B项错误。（3）乙不履行赠与合同所附义务，依《民法典》第663条第1款第3项规定，甲有权撤销赠与并请求返还房屋，因此 D 项错误，C 项正确。①

19. 答案：B。本题考查继承和遗赠的区别。《民法典》第 1124 条规定："继承开始后，继承人放弃继承的，应当在遗产处理前，以书面形式作出放弃继承的表示；没有表示的，视为接受继承。受遗赠人应当在知道受遗赠后六十日内，作出接受或者放弃受遗赠的表示；到期没有表示的，视为放弃受遗赠。"由此可见，对于继承人与受遗赠人，同样是沉默行为，但产生相反的法律效力。故 B 选项正确。

20. 答案：A。根据《民法典》第 1133 条第 3 款规定，自然人可以立遗嘱将个人财产赠与国家、集体或者法定继承人以外的组织、个人。故 A 选项正确。

21. 答案：A。《民法典》第 1074 条规定："有负担能力的祖父母、外祖父母，对于父母已经死亡或者父母无力抚养的未成年孙子女、外孙子女，有抚养的义务。有负担能力的孙子女、外孙子女，对于子女已经死亡或者子女无力赡养的祖父母、外祖父母，有赡养的义务。"本题中，孙子女和外孙子女在老人的子女都已经去世了的情况下，即使不作为遗赠扶养协议的扶养人，对于子女已经死亡或子女无力赡养的祖父母、外祖父母，也有赡养的义务。因此，如果让其他人做扶养人更有利于老人的生活。

22. 答案：A。根据《民法典》第 1123 条规定，继承开始后，按照法定继承办理；有遗嘱的，按照遗嘱继承或者遗赠办理；有遗赠扶养协议的，按照协议办理。据此可知，遗赠扶养协议的效力大于遗嘱或遗赠的效力，遗嘱或遗赠的效力大于法定继承。本题中，被继承人甲生前与村委会订立遗赠扶养协议，同时又立有遗嘱。因此，应该按照遗赠扶养协议的约定办理，遗产全部归村委会，无论是受遗赠人丙，还是法定继承人乙都不能分得遗产。

23. 答案：C。（1）本题中 60 万元的赔款是甲因侵权死亡后，甲的近亲属所获得的死亡赔偿金，不属于甲生前的合法财产，因此，不属于遗产的范围，故 A 项错误。（2）根据《民法典》第 1141 条规定，遗嘱应当为缺乏劳动能力又没有生活来源的继承人保留必要的遗产份额。此规定是出于人道主义考虑，出于保护缺乏劳动能力又没有生活来源的人的需要，对于被继承人在立遗嘱时的限制性规定，而且适用具有强制性，如果没有给这类人留下必要的份额，则在这类继承人应当获得份额的范围内遗嘱无效。B 项没有给丙这一缺乏劳动能力又没有生活来源的人保留必要份额会导致遗嘱全部无效的表述，是错误的。（3）根据《民法典》第 1153 条规定，夫妻共同所有的财产，除有约定的外，遗产分割时，应当先将共同所有的财产的一半分出为配偶所有，其余的为被继承人的遗产。遗产在家庭共有财产之中的，遗产分割时，应当先分出他人的财产。房屋和存款都是婚后所得财产，在没有特别约定的情况下，都应当认定为夫妻共同财产，在甲死亡后，继承之前，应当首先分出甲之配偶乙的财产，没有特别约定的，夫妻共同财产均分，故房屋和 20 万元存款中的一半属于乙，另一半属于甲的遗产，C 项正确。（4）根据《民法典》第 1123 条规定，继承开始后，按照法定继承办理；有遗嘱的，按照遗嘱继承或者遗赠办理；有遗赠扶养协议的，按照协议办理。因此，只有在没有遗嘱时，才按照法定继承进行，甲生前立有遗嘱，在给丙留出必要的份额后，其余均应当由甲之母丁继承，乙无权继承甲之遗产，D 项错误。

24. 答案：A。（1）根据《民法典》第 1135 条规定，代书遗嘱应当有两个以上见证人在场见证，由其中一人代书，并由遗嘱人、代书人和其他见证人签名，注明年、月、日。据此可知，代书遗嘱必须有两个见证人在场。而本题中，甲只请了张律师一人代书，没有其他见证人。因此，该代书遗嘱无效。另

---

① 本题考查的是附义务的赠与合同。附条件赠与和附义务赠与的区别是，通常前者所称条件是不以人的意志为转移的客观事实的发生或不发生，如果"条件"系相对人的行为，则实为附义务。

外，根据《民法典》第1138条规定，遗嘱人在危急情况下，可以立口头遗嘱。口头遗嘱应当有两个以上见证人在场见证。危急情况消除后，遗嘱人能够以书面或者录音录像形式立遗嘱的，所立的口头遗嘱无效。本题中，甲在危急情况解除后，未用书面或录音形式立遗嘱。因此，之前的口头遗嘱无效。所以，最后有效的遗嘱只有甲在2024年1月1日订立的自书遗嘱，即全部遗产由乙继承。故A选项正确。

25. **答案**：D。根据《民法典》第1134条规定，自书遗嘱由遗嘱人亲笔书写，签名，注明年、月、日。本题中，张某的遗嘱因未注明年月日而无效。根据《民法典》第1127条第1款规定，遗产按照下列顺序继承：（1）第一顺序：配偶、子女、父母；（2）第二顺序：兄弟姐妹、祖父母、外祖父母。第1127条第3款规定，本编所称子女，包括婚生子女、非婚生子女、养子女和有扶养关系的继子女。本题中，何某并非张某的配偶，因此无权继承。李某（配偶）、张甲（婚生子）和张乙（非婚生子）均是张某的第一顺序法定继承人。故A、B、C项正确。

✓ 多项选择题

1. **答案**：ABCD。根据《民法典》第1143条规定，无民事行为能力人或者限制民事行为能力人所立的遗嘱无效。遗嘱必须表示遗嘱人的真实意思，受欺诈、胁迫所立的遗嘱无效。伪造的遗嘱无效。遗嘱被篡改的，篡改的内容无效。故A、B、C、D选项均符合题意。

2. **答案**：CD。根据《民法典》第1128条规定，被继承人的子女先于被继承人死亡的，由被继承人的子女的直系晚辈血亲代位继承。本案中，乙作为李某的儿子甲的直系晚辈血亲，有权代位继承李某的财产。根据《最高人民法院关于适用〈中华人民共和国民法典〉继承编的解释（一）》第25条第1款规定，遗嘱人未保留缺乏劳动能力又没有生活来源的继承人的遗产份额，遗产处理时，应当为该继承人留下必要的遗产，所剩余的部分，才可参照遗嘱确定的分配原则处理。本案中，乙年纪尚幼，缺乏劳动能力且没有生活来源，因此遗嘱中应为乙保留必要的遗产份额再进行分配。故A、B选项错误，C选项正确。李某遗嘱中并未为戊分配遗产，且根据《民法典》第1127条规定，李某的儿媳戊并非法定继承人，因此戊无权继承李某的遗产，应由乙代甲继承李某的遗产。故D选项正确。

3. **答案**：BD。（1）根据《民法典》第1140条规定，下列人员不能作为遗嘱见证人：（1）无民事行为能力人、限制民事行为能力人以及其他不具有见证能力的人；（2）继承人、受遗赠人；（3）与继承人、受遗赠人有利害关系的人。本案中，方某第三子作为遗嘱的继承人和受遗赠人，不得作为遗嘱见证人，因此遗嘱无效。故A、C选项错误。（2）根据《民法典》第1161条规定，继承人以所得遗产实际价值为限清偿被继承人依法应当缴纳的税款和债务。超过遗产实际价值部分，继承人自愿偿还的不在此限。继承人放弃继承的，对被继承人依法应当缴纳的税款和债务可以不负清偿责任。根据《民法典》第1159条规定，分割遗产，应当清偿被继承人依法应当缴纳的税款和债务；但是，应当为缺乏劳动能力又没有生活来源的继承人保留必要的遗产。综上，B、D选项均正确。

4. **答案**：ACD。参见《民法典》第1140条和《最高人民法院关于适用〈中华人民共和国民法典〉继承编的解释（一）》第24条。（1）《民法典》第1140条规定："下列人员不能作为遗嘱见证人：（一）无民事行为能力人、限制民事行为能力人以及其他不具有见证能力的人；（二）继承人、受遗赠人；（三）与继承人、受遗赠人有利害关系的人。"《民法典》第1135条规定："代书遗嘱应当有两个以上见证人在场见证，由其中一人代书，并由遗嘱人、代书人和其他见证人签名，注明年、月、日。"据此，代书应由见证人实施，A项表述中甲大女儿、二女儿均为继承人，不能作为见证人，遗嘱无效。（2）《民法典》第1138条规定："遗嘱人在危急情况下，可以立口头遗嘱。口头遗嘱应当有两个以上见证人在场见证。危急情况消除后，遗嘱人能够以书面或者录音录像形式立遗嘱的，所立的口头遗嘱无效。"据此，犯人不属于不能作为见证人的情形，犯人可以作为见证人。B 项表述中的遗嘱有效。（3）C 项表述中 6 岁的外孙是无民事行为能力人，并且是与继承人有利害关系的人，不能作为见证人，遗嘱无效。（4）《民法典》第 1137 条规定："以录音录像形式立的遗嘱，应当有两个以上见证人在场见证。遗嘱人和见证人应当在录音录像中记录其姓名或者肖像，以及年、月、日。"故 D 项表述中的遗嘱无效。

5. 答案：BCD。（1）A 错，《最高人民法院关于适用〈中华人民共和国民法典〉继承编的解释（一）》第 28 条规定："遗嘱人立遗嘱时必须具有完全民事行为能力。无民事行为能力人或者限制民事行为能力人所立的遗嘱，即使其本人后来具有完全民事行为能力，仍属无效遗嘱。遗嘱人立遗嘱时具有完全民事行为能力，后来成为无民事行为能力人或者限制民事行为能力人的，不影响遗嘱的效力。"（2）B 对，《民法典》第 1162 条规定："执行遗赠不得妨碍清偿遗赠人依法应当缴纳的税款和债务。"（3）C 对，《最高人民法院关于适用〈中华人民共和国民法典〉继承编的解释（一）》第 37 条规定："放弃继承的效力，追溯到继承开始的时间。"（4）D 对，《最高人民法院关于适用〈中华人民共和国民法典〉继承编的解释（一）》第 31 条规定："应当为胎儿保留的遗产份额没有保留的，应从继承人所继承的遗产中扣回。为胎儿保留的遗产份额，如胎儿出生后死亡的，由其继承人继承；如胎儿娩出时是死体的，由被继承人的继承人继承。"

6. 答案：BD。平房和厨房已经构成主物与从物的关系，两者因继承所有权一起转移。

7. 答案：ABCD。《民法典》第 1133 条规定："自然人可以依照本法规定立遗嘱处分个人财产，并可以指定遗嘱执行人。自然人可以立遗嘱将个人财产指定由法定继承人中的一人或者数人继承。自然人可以立遗嘱将个人财产赠与国家、集体或者法定继承人以外的组织、个人。自然人可以依法设立遗嘱信托。"《民法典》第 1122 条规定："遗产是自然人死亡时遗留的个人合法财产。依照法律规定或者根据其性质不得继承的遗产，不得继承。"本题选项中的财产依照法律规定和其性质均可发生继承，故选项 A、B、C、D 均正确。

8. 答案：ABD。（1）《民法典》第 1138 条规定："遗嘱人在危急情况下，可以立口头遗嘱。口头遗嘱应当有两个以上见证人在场见证。危急情况消除后，遗嘱人能够以书面或者录音录像形式立遗嘱的，所立的口头遗嘱无效。"由此可知，在危急情况解除后，甲所立的口头遗嘱无效，因此，甲的口头遗嘱就不能撤销先前所立的自书遗嘱。甲死亡后，应当按照其自书遗嘱确定乙、丙遗嘱继承的份额，A、B 项错误，C 项正确。（2）根据《民法典》第 1124 条第 1 款规定，继承开始后，继承人放弃继承的，应当在遗产处理前，以书面形式作出放弃继承的表示；没有表示的，视为接受继承。D 项错误。

9. 答案：AC。（1）根据《民法典》第 1128 条规定，被继承人的子女先于被继承人死亡的，由被继承人的子女的直系晚辈血亲代位继承。本题中，乙先于甲死亡，乙的女儿戊有权代位继承甲的遗产。故 A 选项正确，B 选项错误。（2）因乙先于甲死亡，无法适用遗嘱继承，只能按照法定继承方式处分甲的遗产。根据《民法典》第 1127 条规定，丙为甲遗产的第一顺序继承人。故 C 选项正确，D 选项错误。

不定项选择题

答案：（1）C。根据《民法典》第 1123 条规定，继承开始后，按照法定继承办理；有遗嘱的，按照遗嘱继承或者遗赠办理；有遗赠扶养协议的，按照协议办理。因此，遗赠扶养协议的效力优先于遗嘱和法定继承。因甲与村委会已订立遗赠扶养协议，甲的遗嘱无法生效。故 C 选项正确。

（2）C。遗赠扶养协议的效力优先于遗

嘱和法定继承。因遗赠扶养协议的存在，乙无权继承遗产。

（3）B。《民法典》第1154条规定："有下列情形之一的，遗产中的有关部分按照法定继承办理：（一）遗嘱继承人放弃继承或者受遗赠人放弃受遗赠；（二）遗嘱继承人丧失继承权或者受遗赠人丧失受遗赠权；（三）遗嘱继承人、受遗赠人先于遗嘱人死亡或者终止；（四）遗嘱无效部分所涉及的遗产；（五）遗嘱未处分的遗产。"据此，本题中村委会放弃受遗赠的部分应由甲的法定继承人乙全部继承。应注意，丙所持遗嘱因与村委会的遗赠扶养协议有冲突而归于无效。

名词解释

1. 答案：是指继承开始后，按照被继承人所立的合法有效遗嘱继承被继承人遗产的继承制度。在遗嘱继承中，继承人按照被继承人的遗嘱继承遗产，立遗嘱的被继承人称为遗嘱人，依遗嘱的指定享有继承遗产权利的人称为遗嘱继承人。

2. 答案：是指自然人（遗赠人、受扶养人）与扶养人之间关于扶养人扶养受扶养人，受扶养人将财产遗赠给扶养人的协议。遗赠扶养协议具有以下主要法律特征：（1）遗赠扶养协议是双方的民事行为；（2）遗赠扶养协议是诺成性、要式民事行为；（3）遗赠扶养协议是双务、有偿行为；（4）遗赠扶养协议内容的实现有阶段性；（5）遗赠扶养协议不因扶养人的死亡而终止；（6）遗赠扶养协议中扶养人须无法定扶养义务。

3. 答案：是指自然人依法享有的以设立遗嘱方式依法自由处分自己财产的资格，亦即遗嘱人的行为能力。我国《民法典》第1143条规定，无民事行为能力人或者限制民事行为能力人所立的遗嘱无效。遗嘱必须表示遗嘱人的真实意思，受欺诈、胁迫所立的遗嘱无效。伪造的遗嘱无效。遗嘱被篡改的，篡改的内容无效。

简答题

1. 答案：遗嘱，是指被继承人生前按照法律规定的方式对其财产所作的处分，于死亡时发生效力的民事法律行为。而遗赠扶养协议是指由遗赠人（又称被扶养人）与扶养人签订的，由遗赠人立下遗嘱，将自己所有的合法财产指定在其死后转移给扶养人所有，而由扶养人承担遗赠人生养死葬义务的协议。我国《民法典》继承编对遗嘱继承和遗赠扶养协议这两种继承方式都作出了相应的规定，它们既有一定的相同点，又有很大的区别，其区别主要有：（1）遗嘱是单方法律行为，仅有遗嘱人一人的意思表示即可成立。而遗赠扶养协议则是合同关系，是双方法律行为，需要遗赠人与扶养人双方意思表示相一致。（2）遗嘱是一种无偿的法律行为，遗嘱继承人只享受接受财产的权利，而不承担财产上的义务，不必向对方为自己所受的利益支付任何代价。遗赠扶养协议是双务合同，双方当事人建立的是一种有偿、互利的关系，彼此的权利义务是对等的，遗赠人在将自己的财产指定于其死后转归扶养人所有的同时，便取得了扶养人对其生养死葬承担义务的权利。（3）遗嘱是一种死后法律行为，它虽然是遗嘱人生前设立的，但必须在遗嘱人死亡、继承开始之时才能发生法律效力。遗赠扶养协议是诺成性法律行为，协议一经签订，立即发生法律效力。虽然遗赠扶养协议所规定的财产所有权的转移要到遗赠人死亡后才能实现，但协议中的扶养部分，即扶养人在协议中承担的对遗赠人生养死葬义务的内容，则在协议达成之后，遗赠人死亡前即应履行，属于生前的法律行为。（4）遗嘱是不要式法律行为，可以采取口头遗嘱、书面遗嘱、公证遗嘱等方式，它们均具有相应的法律效力。遗赠扶养协议是要式法律行为，不仅要以书面形式签订，而且应当经过公证或请无利害关系人到场见证。（5）遗赠扶养协议的效力高于遗嘱。（6）遗嘱继承的继承人不需履行任何义务就能继承财产，而遗赠扶养协议的扶养人必须履行生养死葬的义务。

2. 答案：遗赠是自然人以遗嘱的方式将个人合法财产的一部分或全部赠送给国家、集体或法定继承人以外的组织、个人，并于遗嘱人死亡时发生执行力的单方法律行为。其法律特征主要表现为：（1）遗赠是给他人以财产利益的无偿行为。受遗赠人与遗赠人之间没有法律上的血缘关系、婚姻关系、扶养关系等，遗赠人给予他人的财产利益，是无偿的转让，不以受赠人应尽法律上的义务为前提。在遗赠中，虽然有时也附有某种义务，但这种义务不可能是对等的。遗赠人不能只将财产义务赠与他人，也不能使受赠人所负的义务超过其所享受的权利，所以遗赠必须是无偿的。（2）受遗赠人是国家、集体或法定继承人以外的组织、个人。法定继承人不能作为受遗赠人，而只能作为遗嘱继承人。法定继承人基于遗嘱取得的遗产也可能是无偿的，但属于遗嘱继承的遗产取得方式。法定继承人只是自然人，而受遗赠人不仅可以是自然人，也可以是法人和集体组织。（3）遗赠是遗嘱继承的一种特殊形式。

3. 答案：合法有效的遗嘱，必须具备以下条件：（1）遗嘱人立遗嘱时必须具有遗嘱能力。（2）遗嘱必须是遗嘱人的真实意思表示。（3）遗嘱内容必须合法。（4）遗嘱的形式符合法律规定的形式要件。我国《民法典》继承编规定的遗嘱的形式有：公证遗嘱、自书遗嘱、代书遗嘱、录音遗嘱、录像遗嘱、口头遗嘱、打印遗嘱。下列遗嘱无效：无民事行为能力人或者限制民事行为能力人所立的遗嘱；受欺诈、胁迫所立的遗嘱；伪造的遗嘱；遗嘱被篡改的，篡改的内容无效。（5）遗嘱没有对缺乏劳动能力又没有生活来源的继承人保留必要的遗产份额的，对应当保留的必要份额的处分无效。如果遗嘱人未保留缺乏劳动能力又没有生活来源的继承人的遗产份额，遗产处理时，应当为该继承人留下必要的遗产，所剩余的部分，才可参照遗嘱确定的分配原则处理。

4. 答案：（1）权利主体范围不同。在遗赠中，受遗赠的主体只能是国家、集体或法定继承人以外的组织、个人；而在遗嘱继承中，遗嘱继承权的主体只能是法定继承人范围以内的人。（2）权利客体范围不同。受遗赠权的客体只是遗产中的财产权利，而不包括财产义务。遗嘱继承权的客体是遗产，既包括被继承人生前的财产权利，也包括被继承人生前的财产义务。（3）权利行使方式不同。受遗赠人接受遗赠的，应于法定期间内作出接受遗赠的明确的意思表示。在遗嘱继承中，遗嘱继承人放弃继承的，应当在继承开始后遗产处理前，作出放弃继承的明确表示，没有表示的，视为接受继承。（4）权利人取得遗产的方式不同。受遗赠人无权直接参与遗产分配，而只能从遗嘱执行人或者法定继承人处取得遗产；遗嘱继承人有权直接参与遗产的分配。

论述题

答案：遗嘱不生效的情形主要有：（1）遗嘱违反了法律的规定；（2）遗嘱违背了社会主义道德准则和善良风俗；（3）遗嘱剥夺了法定继承人中需要赡养的老人和无独立生活能力又无生活来源的未成年子女，以及丧失劳动能力又无生活来源的病残者的必要的继承份额；（4）遗嘱没有采用法律规定的形式。

而无效遗嘱是指不符合遗嘱生效要件的遗嘱，它主要包括：（1）遗嘱人不具有遗嘱能力，即相应的民事行为能力；（2）遗嘱的内容违法；（3）遗嘱不是遗嘱人真实的意思表示。

由此可见，遗嘱不生效的情形和无效遗嘱存在如下主要区别：（1）前者主要是指遗嘱违反了现行法律的规定，违背了社会主义道德准则和善良风俗等，而后者则是指遗嘱人不具有相应的行为能力或遗嘱不是其真实意思的表示等；（2）前者还指遗嘱剥夺了应予以特殊照顾的人的特权，而后者不存在这个问题；（3）前者包括遗嘱的形式违法，而后者还包括遗嘱内容违法。

案例分析题

1. 答案：（1）刘季南的死亡时间应为2024年11月。因为虽然2016年8月刘季南被法院宣告死亡，但这只是一种法律上的拟制，并不说明刘季南已确实死亡。刘季南被宣告死亡后所为的民事法律行为依然有效。其民事权利能力与民事行为在 2024 年 11 月刘季南真正死亡之时才消灭，所以应将 2024 年 11 月确定为刘季南的死亡时间。

（2）刘季南被宣告死亡后赵玉芬等对刘季南遗产的继承有效。因为公民被宣告死亡后，发生与自然死亡同样的法律后果，其近亲属可以继承其遗产。只有在被宣告死亡人生还并经申请，法院撤销对其的死亡宣告的情况下，依继承取得其财产的公民才应当返还其财产。本案中刘季南死亡前并未撤销对其的死亡宣告，原来的继承仍为有效。

（3）该遗嘱有效。刘季南被宣告死亡而实际上仍然生存的情况下，仍有民事权利能力与民事行为能力，其所作的民事法律行为仍然有效。

（4）依刘季南 2023 年所立的遗嘱，其生前所积聚的 200 万元财产作为遗产由胡柔、刘冬冬、赵玉芬和刘裕和四人均分，由于刘裕和已于 2017 年死亡，其份额应按法定继承办理。

本题考查宣告死亡、法定继承、遗嘱继承及代位继承。

2. **答案**：张某的祖传房屋应由张甲继承。理由如下：

（1）本案因张某立遗嘱，故应用遗嘱继承。

（2）由张丙继承祖传房屋的遗嘱属于公证遗嘱，但之后张某又立下由长子张甲继承祖传房屋的遗嘱，该遗嘱为有效的书面遗嘱，相当于对之前的公证遗嘱予以变更。

（3）由次子张乙继承祖传房屋的遗嘱，属于代书遗嘱。但由于立遗嘱时没有两个以上见证人在场见证并在遗嘱上签名，故不发生法律效力。

《民法典》第 1142 条规定，立有数份遗嘱，内容相抵触的，以最后的遗嘱为准。综上，根据张某最后所立的有效遗嘱，张某的祖传房屋应由张甲继承。

第三十九章 遗产的处理

☑ **单项选择题**

1. **答案**：B。根据《民法典》第1124条第1款规定，继承开始后，继承人放弃继承的，应当在遗产处理前，以书面形式作出放弃继承的表示。没有表示的，视为接受继承。

2. **答案**：A。实物分割仅用于可分物。

3. **答案**：D。《民法典》第1125条规定："继承人有下列行为之一的，丧失继承权：（一）故意杀害被继承人；（二）为争夺遗产而杀害其他继承人；（三）遗弃被继承人，或者虐待被继承人情节严重；（四）伪造、篡改、隐匿或者销毁遗嘱，情节严重；（五）以欺诈、胁迫手段迫使或者妨碍被继承人设立、变更或者撤回遗嘱，情节严重。"注意，为争夺遗产而杀害其他继承人的，丧失继承权，为其他目的则不在此列。故D选项符合题意。

4. **答案**：C。张某之遗产，应由其配偶丁继承，丁之遗产则由其二子继承，虽然张某与王甲、王乙无任何血缘关系，但其遗产间接地归王甲、王乙所有。王甲、王乙二人之生父因与其生母配偶关系的解除，对丁的遗产不享有继承权。

5. **答案**：C。胎儿出生后又死亡的，则为其保留的遗产份额由其继承人继承。本题中只有母亲为法定继承人。故C选项正确。

6. **答案**：B。根据《民法典》第1124条第2款规定，受遗赠人应当在知道受遗赠后60日内，作出接受或者放弃受遗赠的表示；到期没有表示的，视为放弃受遗赠。本案中，丙知道受遗赠后60日内未表态，视为放弃受遗赠，遗产归甲、乙所有。故B选项正确。

7. **答案**：A。《民法典》第1121条第1款规定："继承从被继承人死亡时开始。"《最高人民法院关于适用〈中华人民共和国民法典〉继承编的解释（一）》第1条规定："继承从被继承人生理死亡或者被宣告死亡时开始……"故A选项正确。

8. **答案**：B。《民法典》第1121条规定："继承从被继承人死亡时开始。相互有继承关系的数人在同一事件中死亡，难以确定死亡时间的，推定没有其他继承人的人先死亡。都有其他继承人，辈分不同的，推定长辈先死亡；辈分相同的，推定同时死亡，相互不发生继承。"本案中，各死者在同一事件中死亡，且都有其他继承人，且辈分不同，因此推定最为年长的丁先死亡。故B选项正确。

9. **答案**：B。根据《民法典》第1154条第5项的规定，对于遗嘱未处分的遗产，按照法定继承办理。据此，本题中丙在继承房屋后有权继承其他遗产。

10. **答案**：B。根据《最高人民法院关于适用〈中华人民共和国民法典〉继承编的解释（一）》第38条的规定，继承开始后，受遗赠人表示接受遗赠，并于遗产分割前死亡的，其接受遗赠的权利转移给他的继承人。

11. **答案**：D。转继承是在继承人接受遗产后，分割遗产前死亡，由其继承人进行继承的制度，法定和遗嘱继承都可以产生这种情况。

12. **答案**：D。根据《民法典》第1154条第1项规定，遗嘱继承人放弃继承或者受遗赠人放弃受遗赠的，按照法定继承办理。

13. **答案**：B。根据《最高人民法院关于适用〈中华人民共和国民法典〉继承编的解释（一）》第25条规定，遗嘱人未保留缺乏劳动能力又没有生活来源的继承人的遗产份额，遗产处理时，应当为该继承人留下必要的遗产，所剩余的部分，才可参照遗嘱确定的分配原则处理。继承人是否缺乏劳动能力又没有生活来源，应当按遗嘱生效时该继承人的具体情况确定。故B选项正确。

14. **答案**：C。《最高人民法院关于适用〈中华人民共和国民法典〉继承编的解释（一）》

第25条规定:"遗嘱人未保留缺乏劳动能力又没有生活来源的继承人的遗产份额,遗产处理时,应当为该继承人留下必要的遗产,所剩余的部分,才可参照遗嘱确定的分配原则处理。继承人是否缺乏劳动能力又没有生活来源,应当按遗嘱生效时该继承人的具体情况确定。"本题中,在遗嘱生效时,继承人均有劳动能力和生活来源,因此应当按照遗嘱的内容进行遗产继承,由继承人乙获得全部遗产。

15. 答案:B。(1) 当遗嘱继承人先于被继承人死亡时,遗嘱无效,遗嘱所涉及的财产按照法定继承进行继承。只有在法定继承中才存在代位继承,故 A 项错误。(2) 王某死亡,其法定继承人为李某、甲、丙、丁,其中丁是代位继承乙的遗产份额,每人继承存款 100 万元,故 B 项正确。根据李某的遗嘱,甲继承三栋房屋,丙继承两辆汽车,因乙先于李某死亡,所以存款 200 万元进入法定继承。李某从王某处继承的 100 万元事先未作安排,同样进入法定继承。300 万元存款的法定继承人为甲、丙、丁,其中丁是代位继承乙的遗产份额,每人继承存款 100 万元。因此,甲、丙、丁各继承 200 万元,故 C、D 项错误。

多项选择题

1. 答案:AD。《民法典》第 1125 条规定:"继承人有下列行为之一的,丧失继承权:(一)故意杀害被继承人;(二)为争夺遗产而杀害其他继承人;(三)遗弃被继承人,或者虐待被继承人情节严重;(四)伪造、篡改、隐匿或者销毁遗嘱,情节严重;(五)以欺诈、胁迫手段迫使或者妨碍被继承人设立、变更或者撤回遗嘱,情节严重。"C中,张某杀害其弟(其他继承人)并非出于争夺遗产之目的。注意:法条中所列之五种情形,主观上均为故意。另外,法条中所称之杀害,既包括既遂,也包括未遂(如A),但未付诸行为,仅停留在犯意阶段(如B),不能认为是杀害。故 A 选项正确,B 选项错误。D 选项中丁故意杀害被继承人,丧失继承权,因

此 D 选项当选。

2. 答案:ABC。《民法典》第1154条规定:"有下列情形之一的,遗产中的有关部分按照法定继承办理:(一)遗嘱继承人放弃继承或者受遗赠人放弃受遗赠;(二)遗嘱继承人丧失继承权或者受遗赠人丧失受遗赠权;(三)遗嘱继承人、受遗赠人先于遗嘱人死亡或者终止;(四)遗嘱无效部分所涉及的遗产;(五)遗嘱未处分的遗产。"本案中,对于遗嘱中未处分的遗产,应按法定继承办理,甲的妻子、长子、次子和女儿都有权继承。(2)根据《民法典》第1161条规定,继承人以所得遗产实际价值为限清偿被继承人依法应当缴纳的税款和债务。超过遗产实际价值部分,继承人自愿偿还的不在此限。继承人放弃继承的,对被继承人依法应当缴纳的税款和债务可以不负清偿责任。根据《民法典》第1163条规定,既有法定继承又有遗嘱继承、遗赠的,由法定继承人清偿被继承人依法应当缴纳的税款和债务;超过法定继承遗产实际价值部分,由遗嘱继承人和受遗赠人按比例以所得遗产清偿。因此本案中,作为法定继承人的甲的妻子、长子、次子和女儿应首先以其所得遗产清偿债务,超过法定继承遗产实际价值的部分由遗嘱继承人乙和受遗赠人丙清偿。故 A、B、C 选项正确。

3. 答案:BD。《民法典》第1161条规定:"继承人以所得遗产实际价值为限清偿被继承人依法应当缴纳的税款和债务。超过遗产实际价值部分,继承人自愿偿还的不在此限。继承人放弃继承的,对被继承人依法应当缴纳的税款和债务可以不负清偿责任。"本案中,如乙继承甲的财产,则应承担偿还债务的义务;如放弃继承,则可以不负清偿责任。故 B、D 选项正确。

4. 答案:ABCD。(1) 根据《民法典》第1130条规定,同一顺序继承人继承遗产的份额,一般应当均等。对生活有特殊困难又缺乏劳动能力的继承人,分配遗产时,应当予以照顾。对被继承人尽了主要扶养义务或者与被继承人共同生活的继承人,分配遗产时,可

以多分。有扶养能力和有扶养条件的继承人，不尽扶养义务的，分配遗产时，应当不分或者少分。继承人协商同意的，也可以不均等。因此，甲由于有扶养能力而不尽扶养义务应不分或少分遗产，乙由于丧失劳动能力又无其他生活来源应多分遗产，丙长期和唐某共同生活可以多分遗产，故A、B、C项正确。（2）由于未办理收养登记，唐某和丁之间的收养关系不成立，故丁不能继承唐某的遗产，但根据《民法典》第1131条的规定，对继承人以外的依靠被继承人扶养的人，或者继承人以外的对被继承人扶养较多的人，可以分给适当的遗产。因此丁可以分得适当的遗产，故D项正确。

5. 答案：CD。（1）根据《民法典》第1127条第1款规定，配偶的一方享有对另一方遗产的继承权。本题中，胡某虽然以前与钱某有婚姻关系，但是钱某去世时，他们已经离婚，胡某不再是钱某的配偶，则胡某不享有对钱某遗产的继承权。因此，A项错误。（2）根据《民法典》第1127条第4款规定，本编所称父母，包括生父母、养父母和有扶养关系的继父母。本案中，胡某与吴某结婚时，甲已参加工作且独立生活，而乙未成年跟随胡某与吴某居住。由此可知，甲与吴某之间没有形成扶养关系，而乙与吴某之间形成了扶养关系，即甲无权继承吴某的遗产，乙有权继承吴某的遗产。因此，B项错误。（3）吴某去世时，胡某是吴某的配偶，根据《民法典》第1127条第1款的规定，胡某有权继承吴某的遗产。丙是胡某与吴某的婚生子女，享有吴某遗产的继承权。因此，C项正确。（4）吴某是丁的生父，丁享有对吴某遗产的继承权，乙与吴某形成了有扶养关系的继子女关系，乙有权继承吴某的遗产。因此，D项正确。

不定项选择题

1. 答案：D。《民法典》第1127条第1款、第2款规定："遗产按照下列顺序继承：（一）第一顺序：配偶、子女、父母；（二）第二顺序：兄弟姐妹、祖父母、外祖父母。继承开始后，由第一顺序继承人继承，第二顺序继承人不继承；没有第一顺序继承人继承的，由第二顺序继承人继承。"本题中，余海已经死亡，所以不能作为继承人，同时余明虽然可以代位继承，但也不属于法定继承人。

2. 答案：ABCD。（1）根据《民法典》1152条规定，继承人于遗产分割前死亡，并没有放弃继承的，该继承人应当将继承的遗产转给其继承人；但是遗嘱另有安排的除外。转继承前提是继承人在继承开始后、遗产分割前死亡，本案王二在王某死亡前死亡，所以不发生转继承。同时，王二是王某的遗嘱继承人，因王二先于遗嘱人王某死亡，王某对王二的遗嘱失效，王某的财产转为法定继承。在王某死亡时，其遗产由其所有的法定继承人继承，而非由王二的继承人继承，故A项错误。（2）根据《民法典》第1128条第1款规定，被继承人的子女先于被继承人死亡的，由被继承人的子女的晚辈直系血亲代位继承。只有王四可以通过代位继承取得王某遗产的相应份额，王二的其他继承人无权参与王某的遗产分割，故B项错误。（3）根据《民法典》第1161条规定，继承人以所得遗产实际价值为限清偿被继承人依法应当缴纳的税款和债务。超过遗产实际价值部分，继承人自愿偿还的不在此限。继承人放弃继承的，对被继承人依法应当缴纳的税款和债务可以不负清偿责任。继承遗产应当清偿被继承人的债务，清偿债务以遗产实际价值为限，并非无须承担，故C项错误。（4）王二的妻子并非王某的法定继承人，而王四因代位继承成为法定继承人，也参与了王某的遗产分割，应与王大、王三共同承担债务清偿责任，故D项错误。

名词解释

答案：是继承法律关系的客体，即继承权的标的。遗产具有以下主要法律特征：第一，遗产只能是自然人死亡时遗留的财产，具有时间上的特定性。第二，遗产的内容具有财产性和包括性。第三，遗产范围上的限定性和合法性。

简答题

答案：（1）遗产是自然人死亡时遗留的财产。只能以被继承人死亡时所遗留的财产状况来确定其遗产的范围，被继承人死亡之前的财产不为遗产，不发生继承。（2）遗产是自然人死亡时遗留的个人财产。遗产在范围上具有限定性，只有在被继承人生前属于被继承人个人所有的财产，才能成为遗产。虽为被继承人生前所有的财产，但具有人身专属性的，也不为遗产。（3）遗产是自然人死亡时遗留的合法财产。（4）遗产是自然人死亡时遗留的全部财产权利和财产义务。继承人对遗产的继承既包括对遗产权利的享有，也包括对遗产义务的承担。但遗产只包括财产权利和财产义务，而不包括人身权利和人身义务。

案例分析题

1. 答案：（1）甲的遗嘱部分无效，部分有效，一是处分了夫妻共同财产；二是未给丧失劳动能力缺乏生活来源的父母特留份。

（2）甲的女儿的要求合理，根据《最高人民法院关于适用〈中华人民共和国民法典〉继承编的解释（一）》第42条规定，人民法院在分割遗产中的房屋、生产资料和特定职业所需要的财产时，应当依据有利于发挥其使用效益和继承人的实际需要，兼顾各继承人的利益进行处理。

（3）应该先清偿债务，再分割财产。

（4）甲的父母丧失劳动能力，缺乏生活来源，应分得遗产。根据《最高人民法院关于适用〈中华人民共和国民法典〉继承编的解释（一）》第25条第1款规定，遗嘱人未保留缺乏劳动能力又没有生活来源的继承人的遗产份额，遗产处理时，应当为该继承人留下必要的遗产，所剩余的部分，才可参照遗嘱确定的分配原则处理。

（5）甲的儿子应追加为共同原告，根据《最高人民法院关于适用〈中华人民共和国民法典〉继承编的解释（一）》第44条规定，继承诉讼开始后，如继承人、受遗赠人中有既不愿参加诉讼，又不表示放弃实体权利的，应当追加为共同原告；继承人已书面表示放弃继承、受遗赠人在知道受遗赠后60日内表示放弃受遗赠或者到期没有表示的，不再列为当事人。

2. 答案：（1）李树纲、李全喜、李山为被继承人，遗产为三人所有房屋共18间。

根据《最高人民法院关于适用〈中华人民共和国民法典〉继承编的解释（一）》的规定，推定长辈先死，因此应认定，李树纲先死亡，李全喜次之，李山再次之。

（2）根据《民法典》第1070条"父母和子女有相互继承遗产的权利"的规定，李玲享有对李树纲遗产的继承权。任平与何慧不属李树纲法定继承人范围，也不属丈夫早丧，与公公一起生活尽主要赡养义务的人，所以不能继承李树纲房产。李明星之父李全兴先于李树纲死亡，李明星对李树纲享有代位继承权。李全喜即李树纲的继承人。其死后，其继承李树纲的一份房产由李山和李林转继承。宋明3个月后未表示接受李树纲的遗赠，应视为放弃受遗赠。

李全喜的遗产应由任平、李林、李山共同继承；因李山死亡其继承李全喜的该份遗产，应转归何慧和李洁共同继承。任平是李山的继母，但与李山未形成实际扶养关系，依法不能继承李山的遗产。

3. 答案：（1）孙光死亡时未留有遗嘱，应按法定继承方式继承。

（2）孙光的法定继承人有张承熊、孙明和孙军，但张承熊是孙光的亲生子女，属第一顺序法定继承人，孙明、孙军是第二顺序法定继承人，在有第一顺序法定继承人的条件下，第二顺序的法定继承人不能继承。为此，孙光的遗产应由张承熊继承。孙光的儿子虽然改姓张，但并不影响其与生父的血缘关系，孙军的理由是不成立的。

（3）考虑到孙光离婚后，长期与其弟孙军共同生活，根据权利义务一致的原则，应当适当分给孙军部分遗产。

4. 答案：（1）本案涉及的法律问题有以下四个方面：①李梅对李天志、朱兰的财产继承问题；②李天志、朱兰两人与债权人信用社等的债务清偿问题；③监护人的设定问题；④李梅的行为能力问题。

（2）依民法规定，本案应作如下处理：

①李天志、朱兰遗留的遗产共有 2000 元存款、房屋和家庭生活用品，应由唯一的继承人李梅继承。李梅为未成年人，又无其他生活来源，故应为其保留必要的财产份额，以满足其基本生活需要。

②在为李梅保留必要的遗产份额以后，剩余遗产应用于清偿信用社、张海、邻村人、刘江等人的债务。由于这些债权均没有担保，故应平等受偿，且债务清偿以剩余遗产为限，未清偿部分李梅不再承担清偿责任。

③关于李梅的监护问题，如果李天容愿意承担监护职责，经村委会同意，其可为李梅的监护人。如果不能征得李天容的同意，则应由村委会作为李梅的监护人。

④该协议对李梅没有拘束力，因为她是限制民事行为能力人，根据其年龄和智力，不能独立实施民事行为。

5. **答案**：（1）张军有继承权。因为张军的亲生父亲王新是王某的养子，《民法典》第 1127 条规定，"遗产按照下列顺序继承：（一）第一顺序：配偶、子女、父母；（二）第二顺序：兄弟姐妹、祖父母、外祖父母。继承开始后，由第一顺序继承人继承，第二顺序继承人不继承；没有第一顺序继承人继承的，由第二顺序继承人继承。本编所称子女，包括婚生子女、非婚生子女、养子女和有扶养关系的继子女。本编所称父母，包括生父母、养父母和有扶养关系的继父母。本编所称兄弟姐妹，包括同父母的兄弟姐妹、同父异母或者同母异父的兄弟姐妹、养兄弟姐妹、有扶养关系的继兄弟姐妹。"《民法典》第 1111 条第 1 款则进一步指出："自收养关系成立之日起，养父母与养子女间的权利义务关系，适用本法关于父母子女关系的规定……"按此规定，基于收养的拟制效力，养父母养子女关系与自然血亲的父母子女关系具有同等的法律意义，两者在亲子间的权利义务上是完全相同的。例如，《民法典》继承编中有关父母与子女互为第一顺序的法定继承人的

规定，均适用于养父母与养子女。所以王新作为王某的养子，是其第一顺序的法定继承人。王新死亡，其妻又与张某结婚，其子王军与母亲、继父共同生活，与张某形成继子与继父的关系，并受到张某的抚养，与之形成抚养的权利义务关系，《民法典》第 1072 条第 2 款规定："继父或者继母和受其抚养教育的继子女间的权利义务关系，适用本法关于父母子女关系的规定。"但这种拟制血亲关系并不解除继子女与其生父母间的权利义务关系。因此张军虽然成为张某的继子，但他与亲生父亲王新之间的权利义务关系并没有改变，他仍然是王新的第一顺序法定继承人，享有继承王新财产的权利。

根据《民法典》继承编的相关规定，张军享有代位继承权。所谓代位继承，是指被继承人的子女先于被继承人死亡时，由被继承人子女的晚辈直系血亲代替先亡的长辈直系血亲继承被继承人遗产的一项法定继承制度，或者被继承人的兄弟姐妹先于被继承人死亡的，由被继承人的兄弟姐妹的子女代位继承。它须具备如下条件：①享有继承权的被代位继承人于继承开始前死亡；②被代位继承人须为被继承人的直系晚辈血亲，或者被继承人的兄弟姐妹的子女；③代位继承只能发生在法定继承方式中；④代位继承人一般只能继承被代位继承人有权继承的遗产份额；⑤代位继承也适用于养父母与养子女及形成扶养关系的继父母、继子女之间。本案中王新早于被继承人王某死亡，符合代位继承的构成要件，因此张军可基于代位继承权继承王某的遗产。

（2）王某的遗产应按照以下方法处理：①因王某立有遗嘱将一栋祖传房屋留给生活比较困难又照顾自己较多的女儿王樱，按照遗嘱继承先于法定继承的原则，该房屋应由王樱继承。②由于王某的遗嘱对其他财产未作处分，所以其他财产按照法定继承原则继承。但又由于王樱提出自己只要房屋，所以其他财产（价值约 15 万元）应由同作为第一顺序法定继承人的王琴与张军继承，每人各得 7.5 万元。

第七编 侵权责任

第四十章 侵权责任概述

不定项选择题

1. 答案：BCD。依据《民法典》第1199条、第1222条、第1248条、第1255条的规定。

2. 答案：ABD。本题属于侵犯他人隐私权的事件。《民法典》第1195条规定："网络用户利用网络服务实施侵权行为的，权利人有权通知网络服务提供者采取删除、屏蔽、断开链接等必要措施。通知应当包括构成侵权的初步证据及权利人的真实身份信息。网络服务提供者接到通知后，应当及时将该通知转送相关网络用户，并根据构成侵权的初步证据和服务类型采取必要措施；未及时采取必要措施的，对损害的扩大部分与该网络用户承担连带责任。权利人因错误通知造成网络用户或者网络服务提供者损害的，应当承担侵权责任。法律另有规定的，依照其规定。"隐私照片被广泛且持续传播，说明网络平台属于明知而为，因此应与乙构成共同侵权，承担连带责任。故A、B、D项正确，C项错误。

名词解释

答案：是指行为人由于过错侵害他人的财产权和人身权，依法应当承担民事责任的不法行为，以及依法律特别规定应当承担民事责任的其他侵害行为。侵权行为的主要法律特征概括如下：第一，侵权行为是侵害他人合法权益的行为。第二，侵权行为是行为人基于过错而实施的非法行为，在法律规定的特定情况下没有过错也构成侵权的行为。第三，除非存在免责事由，否则侵权行为是应当承担民事责任的行为。

论述题

1. 答案：侵权行为是民事主体违反民事义务，侵害他人合法的民事权益，依法应承担民事法律责任的行为。侵权行为按照不同的标准可以有不同的分类。

（1）根据侵权行为的构成要件不同可分为一般侵权行为与特殊侵权行为。

一般侵权行为，是指行为人基于主观过错实施的，应适用侵权责任一般构成要件和一般责任条款的致人损害的行为。特殊侵权行为，是指由法律直接规定，在侵权责任的主体、主观构成要件、举证责任的分配等方面不同于一般侵权行为，应适用民法上特别责任条款的致人损害的行为。

（2）根据侵害对象的不同可分为侵害财产权行为和侵害人身权行为。

侵害财产权行为，是指行为人侵害他人财产权包括所有权、知识产权等的行为。侵害人身权是指行为人不法侵害他人的生命健康权、姓名权、肖像权、名誉权与荣誉权等。

（3）根据致害人的人数不同可分为单独侵权行为与共同侵权行为。

单独侵权行为，是指损害行为是由1人实施的侵权行为。共同侵权行为，是指损害行为是由2人或2人以上实施的侵权行为。共同侵权行为的构成表现在：其一，主体的复数性，加害人为2人或2人以上。其二，行为的共同性，多个加害人的行为彼此关联共同导致损害后果的发生。其三，结果的单一性，数个加害行为共同产生一个损害后果。

（4）根据侵权行为的具体形态不同可分为作为的侵权行为与不作为的侵权行为。

作为的侵权行为，是指行为人违反对他

人的不作为义务，以一定的行为致人损害的行为。

不作为的侵权行为，是指行为人违反对他人负有的作为义务，以一定的不作为致人损害的行为。如建筑施工中未安放警示标志致他人损害。

（5）依侵权行为是否以过错为构成要件，可分为过错侵权行为和无过错侵权行为。

第四十一章 侵权责任的归责原则

✓ 单项选择题

1. **答案**：C。《民法典》第1245条规定："饲养的动物造成他人损害的，动物饲养人或者管理人应当承担侵权责任；但是，能够证明损害是因被侵权人故意或者重大过失造成的，可以不承担或者减轻责任。"甲、乙无故意和重大过失，故由王家承担全部责任。

2. **答案**：C。《民法典》第1198条规定："宾馆、商场、银行、车站、机场、体育场馆、娱乐场所等经营场所、公共场所的经营者、管理者或者群众性活动的组织者，未尽到安全保障义务，造成他人损害的，应当承担侵权责任。因第三人的行为造成他人损害的，由第三人承担侵权责任；经营者、管理者或者组织者未尽到安全保障义务的，承担相应的补充责任。经营者、管理者或者组织者承担补充责任后，可以向第三人追偿。"

3. **答案**：B。过错推定是过错责任原则的一种特殊适用形式，它仍然以行为人有过错为承担责任的基础，是在确认行为人对造成的损害有过错时才适用的一种归责方式，其并非与过错归责原则相并列的独立归责原则，其特殊性仅在于受害人不必举证证明加害人有过错，也不是如同无过错责任原则那样不考虑加害人是否有过错，而是在能够推定其有过错时使其承担责任，故B正确。

4. **答案**：B。A项考查一般侵权。一般侵权责任的构成需同时满足四要件：（1）侵害行为（加害行为）；（2）损害后果；（3）因果关系；（4）主观过错。本题中，大强追赶牛三系为了保护翠花的财产权，属于见义勇为，并非侵害行为，且大强对于牛三的死亡并不存在法律意义上的过错。因此，大强的行为不构成一般侵权，无须对牛三的死亡承担赔偿责任。故A项说法错误，不当选。B项考查见义勇为。见义勇为，是指在没有法定或约定义务的前提下，为保护他人的人身、财产权益，制止各种侵权行为、意外事件的救助行为。因保护他人民事权益使自己受到损害的，受益人可以给予适当补偿。本题中，大强为了保护翠花的财产权造成骨折且侵权人牛三已死亡。因此，受害人大强依法可请求受益人翠花给予适当补偿。故B项说法正确，当选。C、D项考查公平补偿规则，公平补偿规则，是指受害人和行为人对损害的发生都没有过错的，依照法律的规定由双方分担损失。公平补偿规则是一种损失分担方法，适用前提系双方均无过错。本题中，牛三抢夺翠花的钱包构成一般侵权，主观上存在过错。因此，无论是翠花还是大强均无需承担损失。故C、D项均错误，不当选。综上所述，本题的正确答案为B。

✓ 多项选择题

1. **答案**：BCD。见《民法典》第1165条、第1179条、第182条。

2. **答案**：BD。本题考查侵权行为的免责事由，以及公平责任的运用。《民法典》第180条规定："因不可抗力不能履行民事义务的，不承担民事责任。法律另有规定的，依照其规定。不可抗力是不能预见、不能避免且不能克服的客观情况。"李某突发癫痫属于不可抗力，无须承担民事责任，故A错误。《民法典》第1190条规定："完全民事行为能力人对自己的行为暂时没有意识或者失去控制造成他人损害有过错的，应当承担侵权责任；没有过错的，根据行为人的经济状况对受害人适当补偿。"故B、D正确。

3. **答案**：ABCD。依据《民法典》第1253条关于物件脱落、坠落致人损害责任的规定，适用过错原则（过错推定）。另外，《民法典》第307条规定，因共有的不动产或者动产产生的债权债务，在对外关系上，共有人享有连带债权、承担连带债务，但是法律另有规定或者第三人知道共有人不具有连带债权债务关系的除外；在共有人内部关系上，除共有人另有约定外，按份共有人按照份额享有债权、承担债务，共同共有人共同享有债权、承担债务。偿还债务超过自己应当承担份额的按份共有人，有权向其他共有人追偿。

名词解释

1. **答案**：又称过失责任原则，它以行为人的过错作为归责的根据和最终要件。过错责任原则的主要特点有：（1）它以行为人的过错作为责任的构成要件，加害行为人主观上具有故意或过失才可能承担侵权责任。（2）它以行为人的过错程度作为确定责任范围、责任形式的依据。（3）它贯彻的是"谁主张，谁举证"的原则，受害人在主张加害人承担民事责任时，要举证证明加害人对损害的发生具有主观过错，如不能举证证明，则其主张不成立。

2. **答案**：又称衡平责任，是指在当事人双方对损害的发生均无过错，法律又无特别规定适用无过错责任原则时，由法院根据民法的公平原则，依法责令加害人对受害人的财产损害给予适当的补偿，由当事人合理地分担损失的一种方法。

简答题

答案：过错责任，是指一个人只有在有过失的情况下才对其造成的损害负责，在不涉及过失范围之内，行为人享有充分的自由；如果一个人已尽其注意义务，即使造成对他人的损害，也可以被免除责任，此为"无过错即无责任"。过错责任体现了民法上的意思自治原则。

过错推定，是指损害事实发生后，法律推定加害人存在过失，如果加害人能够证明自己无过失，则可被免除责任。这种推定运用了举证责任倒置的法律技术，多适用于受损害方不便或难以举证的情况。

无过错责任，是不以过失存在为构成要件的责任。这种责任的确立是对工业社会反思的结果。在存在严重工业灾害的当代社会，事故一旦发生，后果严重，受害人众多，且受害人往往不能证明加害人的过失，甚至不可能证明，但又不可能废止新技术，于是法律对这种情形下的致害采用了无过错责任予以救济。

公平责任是在分配损害时以民法上的"公平"原则为指导的一种损失负担办法，多在以上诸原则不足以公平解决争议和纠纷时采用。

案例分析题

答案：（1）燃气公司、用具厂与贾某之间存在侵权法律关系，红宇餐厅与贾某之间存在餐饮服务合同法律关系。

（2）承担，是在红宇餐厅就餐，虽红宇餐厅在提供服务时不存在过错，但仍应承担，可以在承担责任后向燃气公司、用具厂追偿。

（3）应承担，因其提供的产品不合格，应对该产品的瑕疵致人损害承担侵权责任。

（4）应当，因为燃气公司、用具厂提供的产品不合格是共同造成贾某的损害的原因。

（5）取得请求用具厂偿还依其过错应当承担的数额的权利。

第四十二章 损害赔偿

✓ 单项选择题

1. **答案**：D。根据《民法典》第 183 条规定，因保护他人民事权益使自己受到损害的，由侵权人承担民事责任，受益人可以给予适当补偿。没有侵权人、侵权人逃逸或者无力承担民事责任，受害人请求补偿的，受益人应当给予适当补偿。

2. **答案**：B。根据《民法典》第 1253 条规定，对于建筑物或者其他设施以及建筑物上的搁置物、悬挂物发生倒塌、脱落、坠落造成他人损害的，其管理人或者所有人应当承担侵权责任，但能够证明自己没有过错的除外。甲没有过错，乙属于管理人，有过错，应承担医药费。

3. **答案**：A。根据《民法典》第 182 条规定，因紧急避险造成损害的，由引起险情发生的人承担民事责任。如果危险是由自然原因引起的，紧急避险人不承担民事责任，可以给予适当补偿。紧急避险采取措施不当或者超过必要的限度，造成不应有的损害的，紧急避险人应当承担适当的民事责任。本题说法是不慎失火，陈某有责任。

4. **答案**：B。《民法典》第 1240 条规定："从事高空、高压、地下挖掘活动或者使用高速轨道运输工具造成他人损害的，经营者应当承担侵权责任；但是，能够证明损害是因受害人故意或者不可抗力造成的，不承担责任。被侵权人对损害的发生有重大过失的，可以减轻经营者的责任。"特别要注意这种民事责任采用无过错归责原则，故应当由供电局承担民事责任。免责事由是因受害人故意或者不可抗力造成。

5. **答案**：B。根据《民法典》第 1258 条规定，在公共场所道旁或者通道上挖坑、修缮安装地下设施等，没有设置明显标志和采取安全措施造成他人损害的，施工人应当承担侵权责任。本题中市政公司已尽到义务，由于第三人过错而引起损害，市政公司主观上无过错，应由许某承担责任。

6. **答案**：B。根据《民法典》第 1191 条第 1 款规定，用人单位的工作人员因执行工作任务造成他人损害的，由用人单位承担侵权责任，用人单位承担侵权责任后，可以向有故意或者重大过失的工作人员追偿。用人单位承担的责任为无过错责任。

7. **答案**：D。本题中甲违章驾驶的行为是在履行职务过程中发生的，其给乙所造成的损害应由华玉公司承担。本题中乙横穿马路，也有过错。又根据《民法典》第 1173 条的规定，被侵权人对同一损害的发生或者扩大有过错的，可以减轻侵权人的责任。据此应认定甲、乙是混合过错，乙与华玉公司应根据各自的过错程度共同承担责任。

8. **答案**：D。A 项考查违约责任，违反借用合同的违约责任的构成要件有三：（1）存在合法有效的合同；（2）存在违约行为；（3）不存在法定或约定的免责事由。本题中，王某和张某之间存在合法有效的借用合同，借用人王某违反与出借人张某的约定驾车上高速存在违约行为且不存在免责事由。因此，借用人王某构成违约，依法应当承担违约责任。故 A 项说法正确，不当选。B、C、D 项考查机动车交通事故责任，因租赁、借用等情形机动车所有人、管理人与使用人不是同一人时，发生交通事故造成损害，属于该机动车一方责任的，由机动车使用人承担赔偿责任；机动车所有人、管理人对损害的发生有过错的，承担相应的赔偿责任（按份责任）。机动车交通事故责任的责任主体确定采"危险控制理论"，通俗而言，"谁开的车，谁承担侵权责任"。本题中，借用人王某驾车造成丁某受伤，依法应当由借用人王某承担损害赔偿责任。出借人张某将车借给有驾驶证的王某，主观上不存在过错，无须承担侵权责任。故B、C项说法正确，不当选；D项说法错误，当选。

9. 答案：D。本题考查的是混合过错。根据《民法典》第1173条的规定，被侵权人对同一损害的发生或者扩大有过错的，可以减轻侵权人的责任。在本题中，刘华在浴池洗澡发生的损害应当由浴池承担，但是刘华是喝酒以后的行为，并且在隔板上睡觉，而且事后刘华没有去医院就诊，而是采用土法治疗，扩大了损失的范围，所以刘华自己也应当承担部分过错责任，而浴池可以适当减轻其民事责任。故D项为正确答案。

10. 答案：B。根据《最高人民法院关于审理生态环境侵权责任纠纷案件适用法律若干问题的解释》第9条规定，两个以上侵权人分别排放的物质相互作用产生污染物造成他人损害，被侵权人请求侵权人承担连带责任的，人民法院应予支持。甲、乙、丙三家公司排放的污水混合发生化学反应，产生有毒物质致使丁养殖场鱼类大量死亡，每个侵权人的行为都是损害发生的原因，应当承担连带责任。故A、D不当选。环境污染案件的诉讼时效期间为3年而非2年，故C项错误。

11. 答案：C。自担风险，又称自甘冒险，是指受害人自愿参加某种可能发生风险的活动时，除非组织者或其他参加者存在过错，受害人自己承担由此产生的损害后果。如相约打篮球、踢足球、去水库游泳、相约骑马等。本题中，甲、乙、丙、丁四人作为"资深"骑马爱好者，应当预见到骑马系一种危险活动，仍"相约"去草原骑马。四人的行为系"自担风险"。在骑马过程中，只要参与者对损害的发生主观上不存在过错（故意或过失）就无须承担侵权责任，即不产生民事法律关系。乙的马被"突然"出现的野兔惊吓，属于意外事件，其他三人不存在过错，无须对乙的受伤承担赔偿责任，即由乙自行承担。

12. 答案：B。本题中，对于骨灰盒本身，胡某在送骨灰盒的时候稍有不慎将盒子磕破，存在过错，导致该骨灰盒损坏，负有侵权责任。但是，《民法典》第1191条第1款规定："用人单位的工作人员因执行工作任务造成他人损害的，由用人单位承担侵权责任。用人单位承担侵权责任后，可以向有故意或者重大过失的工作人员追偿。"据此，由于胡某作为甲公司的员工，其磕破骨灰盒的行为是在执行工作任务过程中发生的，甲公司作为用人单位应承担无过错的替代责任。因此，对于骨灰盒本身的损坏，甲公司是有义务赔偿的。对于精神损害赔偿部分，《民法典》第1183条规定："侵害自然人人身权益造成严重精神损害的，被侵权人有权请求精神损害赔偿。因故意或者重大过失侵害自然人具有人身意义的特定物造成严重精神损害的，被侵权人有权请求精神损害赔偿。"据此可知，侵害特定物而负担精神损害赔偿时要求具有故意或重大过失，而本题中，胡某仅稍有不慎，属于一般过失，而非重大过失，因此精神损害赔偿并不构成。除此以外，张某并无其他损害，无权请求其他损害的赔偿，故A、C、D项错误，B项正确。

多项选择题

1. 答案：ABCD。根据《民法典》第182条关于紧急避险责任承担的具体规定。

2. 答案：AD。根据《民法典》第1179条、第1181条的规定，侵害公民身体造成伤害的，应当赔偿医疗费、因误工减少的收入、残疾人生活补助费等费用；造成死亡的，应当支付丧葬费，死者生前抚养的人必要的生活费用。

3. 答案：ABC。D选项中，祖传的景泰蓝花瓶不具有人格象征意义，因此，不适用精神损害赔偿。

4. 答案：ABC。《民法典》第181条规定："因正当防卫造成损害的，不承担民事责任。正当防卫超过必要的限度，造成不应有的损害的，正当防卫人应当承担适当的民事责任。"正当防卫行为，是指根据法律规定，为了保护公共利益、自身或他人的合法利益，对于正在进行非法侵害的人给予适当的还击，以排除或减轻违法行为可能造成的损害。《民法典》第182条规定："因紧急避险造成损害的，由引起险情发生的人承担民事责任。危险由自然原因引起的，紧急避险人不承担民事责任，可以给予适当补偿。紧急避险采取措施不当或者超过必要的限度，造成不应有的损害的，紧急避险人应当承担适当的民事责任。"紧急避险，是指为了使公共利益、本人或者他人的财产、人身或者其他合法权益免受正在发生的危险，而不得已采取的致他人较小损害的行为。正当防卫与紧急避险的共同点主要在于：两者的目的都是保护公共利益、本人或他人的合法权益；两者的前提都必须是合法权益正在遭受侵害；两者都不能超过必要的限度，构成不应有的损害等。但正当防卫与紧急避险的危险来源不同，正当防卫的危险来源于侵害人的不法侵害行为；紧急避险的危险来源于现实存在的某种有可能立即对合法权益造成损害的紧迫事实状态。

5. **答案**：BCD。《民法典》第1183条规定："侵害自然人人身权益造成严重精神损害的，被侵权人有权请求精神损害赔偿。因故意或者重大过失侵害自然人具有人身意义的特定物造成严重精神损害的，被侵权人有权请求精神损害赔偿。"学界通说认为，"具有人身意义的特定物"一般指具有人格象征意义的纪念物品，其价值是精神慰藉。本题中宠物狗作为宋老太太的伴侣型动物，没有人身意义，因此宋老太太无权请求精神损害赔偿。损失一般指侵权行为造成的财产的不利后果，损失与侵权行为之间有必然因果关系。宋老太太安葬狗花费13000元属于其自愿进行的财产处分行为，与金某的侵权行为没有因果关系，金某不承担赔偿责任。承担恢复原状的民事责任要求有恢复原状的可能性，否则不能要求承担恢复原状的民事责任，即法律不强人所难。狗作为有生命的动物，被撞死后根据现有技术不可能起死回生。

名词解释

1. **答案**：是指为了使公共利益、本人或者他人的财产或人身免受正在遭受的不法侵害而对行为人本身采取的防卫措施。

2. **答案**：是指不能预见、不能避免并不可克服的现象，包括某些自然现象，如地震、台风等；也包括某些社会现象。

3. **答案**：某种违反民事义务的行为，符合多种民事责任的构成要件，从而在法律上导致多种责任形式存在并相互冲突，此种现象常被称为"责任竞合"或"民事责任竞合"。

简答题

答案：惩罚性赔偿，又称为示范性的赔偿或报复性的赔偿，是指由法庭所作出的赔偿数额超出实际损害数额的赔偿。惩罚性损害赔偿的特点主要在于：其一，其功能并非仅在于弥补受侵害人的损失，还具有惩罚和制裁严重过错行为的性质；其二，确定惩罚性损害赔偿的数额时，除考虑受侵害人所遭受的损失外，还要特别考虑加害人的主观过错程度、主观动机、赔偿能力等；其三，惩罚性损害赔偿的数额往往高于受侵害人的实际损失；其四，惩罚性赔偿的适用范围须由法律规定。

惩罚性赔偿在我国立法中亦有体现。其立法理由主要在于，传统补偿性赔偿制度的威慑力是有限的，不能阻止某些存在巨大经济利益的违法行为，而对此类违法行为适用惩罚性的损害赔偿制度，有助于遏制其发生。此外，有些侵权行为虽然不会对当事人造成太大的经济损失，但是可能性质非常恶劣，给当事人的精神造成难以弥合的痛苦，此种情况下适用惩罚性的损害赔偿制度亦有助于对受侵害人加以抚慰，而且让侵权人意识到此类行为的后果非常严重，从而减少或杜绝此类侵权行为的发生，以保障社会良好秩序。

第四十三章 一般侵权责任

单项选择题

1. 答案：C。 赵某作为乘客与公交公司形成客运合同关系。客运公司负有将乘客安全送到目的地的义务。赵某在安全下车后身体受到伤害，公交公司不应当承担违约责任。另外，售票员因个人私怨使赵某身体受到伤害，并不是职务行为，而是其个人行为构成侵权，应当由其自身承担侵权责任。还有动手的行人也应当承担责任。因为这些行人听到有人喊"打小偷"时没有认清事实，就将赵某扑倒，主观上存在过失，因此也符合侵权行为的构成要件，应当对赵某身体的损害承担责任。

2. 答案：D。 根据《民法典》第1165条第1款规定，行为人因过错侵害他人民事权益造成损害的，应当承担侵权责任。刘婆婆好意赠送香蕉给小勇，小勇分享一根香蕉给小囡，都是正常的社会交往行为。4岁孩子一般具备独立进食香蕉的能力，所以刘婆婆、小勇不存在过错。肖婆婆带着小囡和小勇玩，按照生活经验，小囡具备独立进食香蕉的能力，所以对于小勇正常分享香蕉的行为，法律当予以鼓励且并不要求肖婆婆阻拦。小囡吞食香蕉误入气管，属于不可预见的意外事件，所以不产生相关人员的过错责任。

多项选择题

1. 答案：ABD。 由于甲已经事先告知，所以，不属于不可抗力；《民法典》第288条规定："不动产的相邻权利人应当按照有利生产、方便生活、团结互助、公平合理的原则，正确处理相邻关系。"乙的行为属于普通的侵犯财产权的行为，而非侵犯相邻权的行为，因此，应当由乙赔偿全部损失。

2. 答案：ABD。 本题考查客运合同中双方当事人权利义务关系以及侵权行为的损害赔偿。根据《民法典》第811条规定，承运人应当在约定期限或者合理期限内将旅客、货物安全运输到约定的地点。根据《民法典》第823条第1款规定，承运人应当对运输过程中旅客的伤亡承担赔偿责任；但是，伤亡是旅客自身健康原因造成的或者承运人证明伤亡是旅客故意、重大过失造成的除外。因此，王某可以向运输公司要求违约或者侵权的赔偿。钱某作为司机，是履行职务行为，其行为应由运输公司负责，不应向钱某提起诉讼。又因为朱某的行为导致事故的发生，其负完全的责任。他的行为是造成王某受伤的原因，构成了对王某的人身侵权，王某也有权对他提起侵权之诉。

3. 答案：AD。 （1）A项考查"违约责任"。承揽合同，是指承揽人按照定作人的要求完成工作，交付工作成果，定作人支付报酬的合同。承揽包括加工、定作、修理、复制、测试、检验等工作。本题中，赵某将照片交照相馆翻拍，二者形成合法有效的承揽合同关系，因照相馆雇员乱扔烟头导致火灾，照片被毁，照相馆存在违约行为，且不存在法定或约定的免责事由。因此，定作人赵某可以请求承揽人照相馆承担违约责任。需要注意的是：照相馆的行为亦侵犯了赵某对照片的所有权。即照相馆的行为，本质上系"加害给付"，既构成违约又构成侵权。违约，违的是承揽合同之约；侵权，侵的是照片的所有权（物权/财产权）。故A项说法正确。（2）B项考查健康权侵权。健康权，是指自然人维护其机体生理和心理机能正常运行和机能（功能）正常发挥，从而维持人体生命活动的人格权。健康权的侵权形态系"生理或心理机能（功能）的正常运转和发挥"。本题中，因照相馆的行为导致仅有的一张合照毁损并未侵犯赵某生理或心理机能（功能）的正常运转和发挥。因此，不侵犯赵某的健康权。故B项说法错误。(3) C项考查肖像权侵权。肖像权，是指自然人所享有的以自己的肖像所体现的人格利益为内容的一种人格权。肖像权的侵权形态通常有丑化、污损、伪造、制作、使用和公开。本题中，照相馆导致照片毁损的行为，不属于上述的任何一类。因此，照相馆的行为不构成肖像权的侵权。故C项说法错误。(4) D项考查精神损害赔偿，因故意或者重大过失侵害自然人具有人身意义的特定物造成严重精神损害的，被侵权人有权请求精神损害赔偿。本题中，赵某与父母仅有的一张合照具有"人身象征意义"。因照相馆雇员重大过失造成永久性毁损，造成赵某严重的精神损害（十分痛苦）。因此，赵某依法有权请求照相馆赔偿其精神损失。故D项说法正确。

不定项选择题

答案：(1) A。这属于典型的侵权行为，由侵权人张明承担责任。

(2) D。本题中王梅的行为属于教唆行为，根据《民法典》第1169条的规定，应当承担连带责任。

名词解释

答案：是指因一定的行为或者事件对他人的财产或者人身造成的不利影响，包括财产损失、人身伤害及精神损害。一般来说，作为侵权行为构成要件的损害事实必须具备以下特征：（1）损害是侵害合法权益的结果。(2) 损害具有可补救性。(3) 损害具有确定性。

简答题

答案：侵权民事责任的一般构成要件，是指在一般情况下，构成侵权行为民事责任所必须具备的条件，包括主观要件和客观要件。

侵权民事责任的一般构成要件中的客观要件是指：（1）侵权损害事实。所谓损害，是指一定行为或事件造成人身或财产上的不利益，即不良后果或不良状态。损害依其性质和内容分，有物质上的财产损害和心理上的精神损害。损害也可以分为直接损害和间接损害。(2) 加害行为的违法性。造成损害事实的行为，必须有违法性质，行为人才负有赔偿责任，否则，即使有损害事实，也不能使行为人承担赔偿责任。违法的行为有两种表现形式，即作为的违法行为和不作为的违法行为。(3) 违法行为与损害结果间有因果关系。① 民事责任只有在侵权的违法行为与损害结果间存在因果关系时，才能构成。在认定侵权民事责任的因果关系时，须研究特定的损害事实是否系行为人的行为所必然引起的结果，如果是，则违法行为与损害之间有因果联系，否则就没有因果联系。

确定行为人是否应负侵权民事责任，不仅要看其客观因素，而且要看其主观因素——行为人是否有行为能力及其主观是否有过错。所以，行为人的行为能力及主观过错，是侵权民事责任的一般构成要件中的又一要件。

---

① 如何判断因果关系，在诸多的学说中，应采用通说的"相当因果关系说"。相当因果关系是由"条件关系"及"相当性"构成，即某一原因仅于现实情况发生某结果时，才能认定该条件与该结果间有因果关系。

第四十四章 数人侵权责任

单项选择题

1. **答案：A**。根据《民法典》第1168条的规定，二人以上共同侵权造成他人损害的，应当承担连带责任。

2. **答案：C**。根据《民法典》第19条、第1169条第2款规定，教唆、帮助限制民事行为能力的人实施侵权行为的人，为共同侵权行为人，应当承担侵权责任；限制民事行为能力人的责任由其监护人承担。

3. **答案：C**。本题考查道路施工致人损害的民事责任、共同侵权的构成条件。甲的行为和施工单位的行为都是致乙损害的原因，但不存在主观上的意思联络。对于共同侵权行为是否以侵权人之间有意思联络为要件，理论和实践中存在争议。根据司法解释的规定，在无意思联络的数人侵权中，如果侵害行为直接结合产生同一损害结果的，为共同侵权，而数人的侵害行为间接结合导致同一损害结果，不是共同侵权。

4. **答案：B**。参见《民法典》第1165条、第1166条以及第1171条。《民法典》第1165条规定："行为人因过错侵害他人民事权益造成损害的，应当承担侵权责任。依照法律规定推定行为人有过错，其不能证明自己没有过错的，应当承担侵权责任。"《民法典》第1166条规定："行为人造成他人民事权益损害，不论行为人有无过错，法律规定应当承担侵权责任的，依照其规定。"《民法典》第1171条规定："二人以上分别实施侵权行为造成同一损害，每个人的侵权行为都足以造成全部损害的，行为人承担连带责任。"

5. **答案：D**。参见《民法典》第1168条关于共同侵权行为的规定。另外注意：共同实施侵权行为中的"共同"可以是共同故意，也可以是共同过失，还可以是故意行为与过失行为相结合。本题中甲违章酒后超速驾驶，乙逆向驾驶摩托车，两人都存在过错，两人的行为相结合造成了行人丙受伤的结果，甲、乙要承担连带责任。

6. **答案：A**。根据《民法典》第1202条规定，因产品存在缺陷造成他人损害的，生产者应当承担侵权责任。根据《民法典》第1203条规定，因产品存在缺陷造成他人损害的，被侵权人可以向产品的生产者请求赔偿，也可以向产品的销售者请求赔偿。产品缺陷由生产者造成的，销售者赔偿后，有权向生产者追偿。因销售者的过错使产品存在缺陷的，生产者赔偿后，有权向销售者追偿。根据以上规定，因产品质量问题造成侵权的，生产者、销售者应当向受害人赔偿，生产者在一般情况下承担的都是最终责任，销售者在因自身过错导致产品缺陷产生或者不能指明产品生产者是谁的情况下，承担最终责任。对于受害人来说，可以选择生产者，也可以选择销售者来承担责任。本题中，乙是生产者，甲商场是销售者，因此，可以任选其一主张赔偿损失500元。

多项选择题

1. **答案：ABD**。参见《民法典》第1168条、第1169条和第1173条。《民法典》第1168条规定："二人以上共同实施侵权行为，造成他人损害的，应当承担连带责任。"第1169条规定："教唆、帮助他人实施侵权行为的，应当与行为人承担连带责任。教唆、帮助无民事行为能力人、限制民事行为能力人实施侵权行为的，应当承担侵权责任；该无民事行为能力人、限制民事行为能力人的监护人未尽到监护职责的，应当承担相应的责任。"第1173条规定："被侵权人对同一损害的发生或者扩大有过错的，可以减轻侵权人的责任。"

2. **答案：BC**。参见《民法典》第1169条。

3. 答案：ABC。本题考查违约责任、职务行为、共同危险行为。(1) 甲与 A 公司之间的合同属于承揽合同。因此，当 A 公司不履行义务时，当然有权要求其承担违约责任，故选项 B 正确。(2) B、C、D 是 A 公司的职员，根据《民法典》第 62 条的规定，公司应当对其职员的职务行为承担民事责任，故选项 A 正确。(3) B 偷藏掌上电脑的行为属于个人行为，非职务行为，因此，A 公司不承担责任，故选项 D 错误。(4) 因为不清楚是谁把花盆碰下，甲、C、D 的行为构成共同危险行为，应当对路人 E 承担连带责任，故选项 C 正确。

4. 答案：CD。(1) 根据《民法典》第 1245 条规定，饲养的动物造成他人损害的，动物饲养人或者管理人应当承担侵权责任；但是，能够证明损害是因被侵权人故意或者重大过失造成的，可以不承担或者减轻责任。可见，除因被侵权人故意或重大过失造成可以不承担或减轻责任外，饲养动物造成他人损害应承担无过错责任。本题中，甲、乙饲养的羊走脱，将丙辛苦栽培的珍稀药材悉数啃光，给丙造成了损害，应当承担无过错责任。且证明自己已经尽到管理职责不是免除或减轻责任的事由，所以，甲、乙不能各自通过证明自己已尽到管理职责而免责。A 项错误。(2) 共同致害行为要求各侵权人具有意思联络的要件，甲、乙二人并未实施意思联络，且根据《民法典》第 1171 条规定，二人以上分别实施侵权行为造成同一损害，每个人的侵权行为都足以造成全部损害的，行为人承担连带责任。即承担连带责任的情况是单个侵权人的行为足以造成全部损害。但是，本题中，羊吃光药材的行为并非此种情况，所以甲、乙不应承担连带责任。B 项错误。(3) 根据《民法典》第 1172 条规定，二人以上分别实施侵权行为造成同一损害，能够确定责任大小的，各自承担相应的责任；难以确定责任大小的，平均承担责任。本题中，甲、乙两人的羊分别啃食给丙造成损害，如能确定二羊各自啃食的数量，则属于能够确定责任大小的情况，甲、乙各自承担相应的赔偿责任。如不能确定二羊各自啃食的数量，则属于难以确定责任大小的情况，甲、乙平均承担赔偿责任。C、D 项正确。

5. 答案：ABC。(1)《民法典》第 1254 条规定："禁止从建筑物中抛掷物品。从建筑物中抛掷物品或者从建筑物上坠落的物品造成他人损害的，由侵权人依法承担侵权责任；经调查难以确定具体侵权人的，除能够证明自己不是侵权人的外，由可能加害的建筑物使用人给予补偿。可能加害的建筑物使用人补偿后，有权向侵权人追偿。物业服务企业等建筑物管理人应当采取必要的安全保障措施防止前款规定情形的发生；未采取必要的安全保障措施的，应当依法承担未履行安全保障义务的侵权责任。发生本条第一款规定的情形的，公安等机关应当依法及时调查，查清责任人。"《民法典》第 1188 条规定："无民事行为能力人、限制民事行为能力人造成他人损害的，由监护人承担侵权责任。监护人尽到监护职责的，可以减轻其侵权责任。有财产的无民事行为能力人、限制民事行为能力人造成他人损害的，从本人财产中支付赔偿费用；不足部分，由监护人赔偿。"因此 A 项正确。(2) 五楼以上（含五楼）共计 12 户居民，承担按份补偿责任符合法律规定，因此 B 项正确。(3)《民法典》第 1170 条规定了共同危险行为侵权责任的承担主体和方式，二人以上实施危及他人人身、财产安全的行为，其中一人或者数人的行为造成他人损害，能够确定具体侵权人的，由侵权人承担责任；不能确定具体侵权人的，由行为人承担连带责任。因此 C 项正确。(4) 小区物业公司的行为符合合理性原则，采取的措施恰当，没有侵害业主的隐私权。根据《民法典》第 1032 条规定，不得以刺探、侵扰、泄露、公开等方式侵害他人的隐私权。隐私是自然人的私人生活安宁和不愿为他人知晓的私密空间、私密活动、私密信息。因此 D 项错误。

名词解释

答案：又称准共同侵权行为，是指两个或两

个以上的民事主体共同实施了有侵害他人权利危险的行为，并造成实际损害，但不能判明损害是由何人造成的侵权行为。

简答题

1. 答案：共同侵权行为也叫共同过错、共同致人损害，是指两个或两个以上的行为人，基于共同的故意或过失致他人损害。共同侵权行为包括共同危险行为、教唆和帮助行为等。

共同侵权行为的构成要件包括：（1）共同侵权行为的主体是数人（自然人、法人或者非法人组织），也就是说，行为人必须是两个或两个以上的人，如仅为一个人，则只构成单独侵权，而不构成共同侵权。（2）数个行为人之间具有共同的过错，也就是说行为人具有共同致人损害的故意或过失。共同的过错是共同侵权行为的本质特征，共同侵权行为的构成必须具有共同的过错，如果某人的行为与他人的行为偶然结合而造成共同的损害后果，因各行为人之间无共同过错，故不能认为损害结果是单一的，而必须根据各人的过错程度使其分别负责。（3）行为的共同性。即数人的行为相互联系，构成一个统一的致人损害的原因。共同致害行为既可能是共同的作为，也可能是共同的不作为。在数个行为人中，可能事先具有明确的分工，也可能事先并没有分工，但数个行为人的行为都是统一的、不可分割的致人损害的行为。（4）数个行为人的行为与损害结果之间具有因果关系。在数个行为人的行为中，各人的行为可能对损害结果所起的作用是不相同的，但都是损害发生的原因。当然，关于因果关系的证明责任原则上应当由原告承担。

《民法典》第1168条规定："二人以上共同实施侵权行为，造成他人损害的，应当承担连带责任。"所以，共同侵权行为人对受害人所应负的连带责任，是指受害人有权向共同侵权人中的任何一人或数人请求赔偿全部损失，而任何一个共同侵权人都有义务向受害人负全部的赔偿责任。共同侵权人中的一人或数人已全部赔偿了受害人的损失，则免除了其他侵权人向受害人应负的赔偿责任。

2. 答案：本条是关于共同危险行为的规定。学说上的共同危险行为，是指数人的危险行为对他人的合法权益造成了某种危险，但对于实际造成的损害又无法查明是危险行为中的何人所为，法律为保护被侵权人的利益，数个行为人视为侵权行为人。共同危险行为的构成要件：一是二人以上实施危及他人人身、财产安全的行为。行为主体是复数，这是最基本的条件，这才有可能不能确定谁是具体加害人。二是其中一人或者数人的行为造成他人损害。虽然实施危及他人人身、财产行为的是数人，但真正导致受害人损害后果发生的只是其中一个人或者几个人的行为。三是不能确定具体加害人。须补充一点，本条规定"能够确定具体侵权人的，由侵权人承担责任"一句，目的在于方便实践操作及明确"共同危险行为"与其他侵权行为的界限。如"能够确定具体侵权人"，则已不属于"共同危险行为"的范围。这种情形，如确定的具体加害人为一人，应属于单独侵权行为，由该行为人对受害人承担侵权责任；如确定的具体加害人为二人以上，则构成"共同侵权行为"，应依据本法第1168条、第1171条的规定，由各行为人对受害人承担连带责任。该法条适用情况举例如下：（1）甲、乙、丙在楼顶聊天时见丁从远处走来，三人决定看谁能拿石头打中丁。丁被其中的一块石头击中，现不知该石头为何人所扔，三人亦均否认系自己所扔。（2）路旁停靠的甲之A车的侧部被经过的车辆撞坏，肇事车无法查明。可以明确的是，于损害发生的时间段，乙驾驶的B车曾在该路上出现过。当时，乙处于醉酒状态，超速且蛇形经过A车。（3）旅馆某房间中不知何人所扔的未熄灭之烟蒂引发火灾。能够确定的是，在火灾的可能发生时段内甲、乙、丙、丁四人曾出入过该房间。

案例分析题

答案：甲应向A医院要求赔偿。本题中关于任何责任事故医院均不承担责任的约定无效。根据《民法典》第1218条、第1221条之规定，虽然直接造成甲身体损害的是乙医生，但乙医生是A医院的员工，对于员工履行职务致人损害的行为，应由医院负赔偿责任。《民法典》第506条规定："合同中的下列免责条款无效：（一）造成对方人身损害的；（二）因故意或者重大过失造成对方财产损失的。"如果免责条款涉及上述情形（如故意违约、重大过失导致对方财产损失），则该条款无效。

第四十五章　各类侵权责任

✓ 单项选择题

1. **答案**：A。本题主要涉及雇主责任的问题。《民法典》第1192条规定："个人之间形成劳务关系，提供劳务一方因劳务造成他人损害的，由接受劳务一方承担侵权责任。接受劳务一方承担侵权责任后，可以向有故意或者重大过失的提供劳务一方追偿。提供劳务一方因劳务受到损害的，根据双方各自的过错承担相应的责任。提供劳务期间，因第三人的行为造成提供劳务一方损害的，提供劳务一方有权请求第三人承担侵权责任，也有权请求接受劳务一方给予补偿。接受劳务一方补偿后，可以向第三人追偿。"根据我国的民法理论，雇员从事雇佣工作时发生的侵权行为，应当由雇主承担责任。因为雇员没有独立性，只是相当于雇主的"手臂"。

2. **答案**：C。根据《民法典》第1188条第1款规定，无民事行为能力人、限制民事行为能力人造成他人损害的，由监护人承担侵权责任。根据《民法典》第1201条规定，无民事行为能力人或者限制民事行为能力人在幼儿园、学校或者其他教育机构学习、生活期间，受到幼儿园、学校或者其他教育机构以外的第三人人身损害的，由第三人承担侵权责任；幼儿园、学校或者其他教育机构未尽到管理职责的，承担相应的补充责任。幼儿园、学校或者其他教育机构承担补充责任后，可以向第三人追偿。

3. **答案**：C。根据《民法典》第1188条和第18条的规定，限制民事行为能力人造成损害的，由其监护人承担民事责任。考虑到侵害人已满16岁，要看他是否被视为完全民事行为能力人。

4. **答案**：A。根据《民法典》第1253条规定，建筑物、构筑物或者其他设施及其搁置物、悬挂物发生脱落、坠落造成他人损害，所有人、管理人或者使用人不能证明自己没有过错的，应当承担侵权责任。所有人、管理人或者使用人赔偿后，有其他责任人的，有权向其他责任人追偿。由此可见，只要所有人或者管理人能够证明自己没有过错，即可以免除责任，该规定采用的是过错推定的方法。特殊侵权行为中适用过错推定责任的还有道路施工未设置安全装置致人损害等。

5. **答案**：C。根据《民法典》第1253条、第1252条规定，建筑物、构筑物或者其他设施及其搁置物、悬挂物发生脱落、坠落造成他人损害，所有人、管理人或者使用人不能证明自己没有过错的，应当承担侵权责任。所有人、管理人或者使用人赔偿后，有其他责任人的，有权向其他责任人追偿。建筑物、构筑物或者其他设施倒塌、塌陷造成他人损害的，由建设单位与施工单位承担连带责任，但是建设单位与施工单位能够证明不存在质量缺陷的除外。建设单位、施工单位赔偿后，有其他责任人的，有权向其他责任人追偿。因所有人、管理人、使用人或者第三人的原因，建筑物、构筑物或者其他设施倒塌、塌陷造成他人损害的，由所有人、管理人、使用人或者第三人承担侵权责任。大华商场作为该广告牌的所有人，其负有管理的责任，应由其承担损害赔偿责任。但是鉴于该损害是由于飞达公司安装质量问题所致，因此该损害赔偿责任由大华商场承担后，其有权向有过错的飞达公司追偿。因此，正确答案为C。

6. **答案**：A。本题考查特殊侵权行为的民事责任承担，属于其中的产品责任。根据《民法典》第1203条规定，因产品存在缺陷造成损害的，被侵权人可以向产品的生产者请求赔偿，也可以向产品的销售者请求赔偿。产品缺陷由生产者造成的，销售者赔偿后，有权向生产者追偿。因销售者的过错使产品存在缺陷的，生产者赔偿后，有权向销售者追偿。因此，无论是甲还是乙、丙，都可以要求销售者或者制造者承担侵权责任。但是需要注意选项D不是正确答案，因为甲对乙、丙的伤害要承担责任的前提必须符合一般侵权行为的构成要件。而在本题中，甲并没有任何过错，所以不承担责任。

7. **答案**：A。（1）根据《民法典》第1229条规定，因污染环境、破坏生态造成他人损害的，侵权人应当承担侵权责任。因受害人过错而造成损失是免责事由，工厂已经公告，但甲是看管不严，因此应承担责任。（2）数日后该河段水质接近正常，故村民乙的牛患病的损害与排放污水的行为之间没有因果关系，B错误。（3）技术员张某为工厂员工，其因错误操作造成的损失由工厂承担无过错责任，根据《最高人民法院关于适用〈中华人民共和国民事诉讼法〉的解释》第56条规定，法人或者非法人组织的工作人员执行工作任务造成他人损害的，该法人或者非法人组织为当事人。故C错误。（4）排污造成大量经济损失，情节恶劣有可能构成刑法中的污染环境罪。故D错误。

8. **答案**：C。本题考查产品质量不合格致损的民事责任。根据《民法典》第1203条规定，因产品存在缺陷造成他人损害的，被侵权人可以向产品的生产者请求赔偿，也可以向产品的销售者请求赔偿。产品缺陷由生产者造成的，销售者赔偿后，有权向生产者追偿。因销售者的过错使产品存在缺陷的，生产者赔偿后，有权向销售者追偿。虽然最后运输企业和仓储企业要承担民事责任，但是只能由生产企业或销售企业向其主张，而不能由消费者主张。

9. **答案**：C。本题考查动物致人损害的民事责任、混合过错。动物致人损害属于特殊侵权，免责事由是受害人的过错。关键问题是本题情形是否属于受害人过错造成损害。对于这种受害人过错造成损害，必须是受害人的原因导致动物发起攻击。在本题中，乙并无挑逗甲的动物及其他行为，因此，不能认为是由受害人的过错引起的。所以，动物饲养人或者管理人仍应当承担民事责任。但是由于甲事先告知了乙一些情况，可以认定乙对结果的发生也有一定的过错，即本题属于混合过错的情形。所以，正确答案应当为选项C。

10. **答案**：D。本题考查饲养动物致人损害的民事责任、紧急避险的责任承担。最重要的是能够将案例情节还原为具体的知识点，特别是认识到"丙躲闪的行为"属于紧急避险。既然是紧急避险，由于险情是第三人引起的，故丁的损失应当由第三人甲承担责任。由此可知，A、B、C选项的说法均错误。另外，根据《民法典》第1250条规定，因第三人的过错致使动物造成他人损害的，被侵权人可以向动物饲养人或者管理人请求赔偿，也可以向第三人请求赔偿。动物饲养人或者管理人赔偿后，有权向第三人追偿。由该规定可知，丙可以向第三人甲也可以向饲养人乙主张赔偿。综上，本题应当选D。

11. **答案**：B。（1）根据《民法典》第1245条、第1250条规定，饲养的动物造成他人损害的，动物饲养人或者管理人应当承担侵权责任，但是，能够证明损害是因被侵权人故意或者重大过失造成的，可以不承担或者减轻责任。因第三人的过错致使动物造成他人损害的，被侵权人可以向动物饲养人或者管理人请求赔偿，也可以向第三人请求赔偿。动物饲养人或者管理人赔偿后，有权向第三人追偿。甲养的蜜蜂在客观上造成了丁的损害，虽然这是因为第三人丙的过错造成的，但丁既可以向饲养人甲请求赔偿，也可以向第三人请求赔偿。据此，A选项说法错误。《最高人民法院关于审理人身损害赔偿案件适用法律若干问题的解释》第4条规定："无偿提供劳务的帮工人，在从事帮工活动中致人损害的，被帮工人应当承担赔偿责任。被帮工人承担赔偿责任后向有故意或者重大过失的帮工人追偿的，人民法院应予支持。被帮工人明确拒绝帮工的，不承担赔偿责任。"本题中，丙属于无偿帮工人，故被帮工人乙应当承担帮工人丙对丁造成的损害赔偿责任。由此，C、D选项说法错误。

12. 答案：B。本题考查赠与人就赠与物瑕疵所承担责任的限制。根据《民法典》第1245条、第1250条规定，饲养的动物造成他人损害的，动物饲养人或者管理人应当承担侵权责任；但是，能够证明损害是因被侵权人故意或者重大过失造成的，可以不承担或者减轻责任。因第三人的过错致使动物造成他人损害的，被侵权人可以向动物饲养人或者管理人请求赔偿，也可以向第三人请求赔偿。动物饲养人或者管理人赔偿后，有权向第三人追偿。本题中，赠与人赵某不对马匹瑕疵承担责任，因为《民法典》第662条规定："赠与的财产有瑕疵的，赠与人不承担责任……赠与人故意不告知瑕疵或者保证无瑕疵，造成受赠人损失的，应当承担赔偿责任。"因此李某是唯一的责任人，B项正确。

13. 答案：B。本题考查无民事行为能力人的侵权责任、混合过错。甲将乙的脑袋打破，故甲从事了侵权行为，依据《民法典》第1188条的规定，无民事行为能力人、限制民事行为能力人造成他人损害的，由监护人承担侵权责任。监护人尽到监护责任的，可以减轻其侵权责任。有财产的无民事行为能力人、限制民事行为能力人造成他人损害的，从本人财产中支付赔偿费用；不足部分，由监护人赔偿。因此本题中应当由甲的监护人承担责任。甲的监护人尽到了监护职责，可以减轻责任。同时如果乙有过错，则属于受害方有过错，按照混合过错原则处理，减轻甲的责任。①

14. 答案：C。根据《民法典》第1201条规定，无民事行为能力人或者限制民事行为能力人在幼儿园、学校或者其他教育机构学习、生活期间，受到幼儿园、学校或者其他教育机构以外的第三人人身损害的，由第三人承担侵权责任；幼儿园、学校或者其他教育机构未尽到管理职责的，承担相应的补充责任。另参见《民法典》第1188条规定确定监护人如何承担责任。

15. 答案：D。本题考查监护人责任。依《民法典》第1188条规定，小杰父母应当承担无过错责任，B、C项错误。陈某对未成年人的监管属于执行职务行为，其监管不周，应依《民法典》第1191条的规定，由其所属的学校承担相应责任，A项错误。根据《民法典》第1201条规定，无民事行为能力人或者限制民事行为能力人在幼儿园、学校或者其他教育机构学习、生活期间，受到幼儿园、学校或者其他教育机构以外的第三人人身损害的，由第三人承担侵权责任；幼儿园、学校或者其他教育机构未尽到管理职责的，承担相应的补充责任。幼儿园、学校或者其他教育机构承担补充责任后，可以向第三人追偿。可见，对于小涛因小杰的侵权行为而遭受的损害，学校应当承担与其过错相应的补充责任，D项正确。

16. 答案：A。本题考查的是建筑物致损的责任承担问题。根据《民法典》第1253条规定，建筑物、构筑物或者其他设施及其搁置物、悬挂物发生脱落、坠落造成他人损害，所有人、管理人或者使用人不能证明自己没有过错的，应当承担侵权责任。所有人、管理人或者使用人赔偿后，有其他责任人的，有权向其他责任人追偿。饭店作为建筑物的所有人或管理人，对建筑物的悬挂物脱落致人损害应承担责任。如果能证明是由第三人的过错造成的，则可以免责，应由第三人承担赔偿责任。另外，莫小明与饭店还存在合同关系，莫小明还可以违约之诉请求饭店承担赔偿责任。装修公司有过错，应承担赔偿责任，饭店承担了赔偿责任后可向装修公司追偿。

17. 答案：B。本题考查的是特别侵权责任。高度危险作业致人损害只有受害人故意造成时才能免责。戴详的监护人虽有过错，但不属于故意的过错，电力公司应承担全部赔偿责任。林某违反工作规程，对戴详的损害有过

---

① 解答此题应注意：(1) 分清谁是侵权人，谁是受害方。虽然顽童乙挑逗甲，但是这属于受害方的过错，可以减轻甲的监护人的责任，但不能由乙的监护人承担主要责任。(2) 注意混合过错与共同过错的区别。混合过错是指害人与受害人均有过错，而共同过错则指侵害人为多人，侵害人多人均有过错的情形。

错，电力公司承担责任后可以向林某部分追偿。

18. **答案**：A。参见《民法典》第 1203 条关于产品侵权责任的规定。《民法典》第 1203 条规定："因产品存在缺陷造成他人损害的，被侵权人可以向产品的生产者请求赔偿，也可以向产品的销售者请求赔偿。产品缺陷由生产者造成的，销售者赔偿后，有权向生产者追偿。因销售者的过错使产品存在缺陷的，生产者赔偿后，有权向销售者追偿。"

19. **答案**：C。参见《民法典》第 1197 条关于网络侵权责任的承担。《民法典》第 1197 条规定："网络服务提供者知道或者应当知道网络用户利用其网络服务侵害他人民事权益，未采取必要措施的，与该网络用户承担连带责任。"

20. **答案**：D。《民法典》第 1201 条规定了教育机构以外人员对未成年人的侵权责任承担问题。

21. **答案**：B。根据《民法典》第 1191 条规定，用人单位的工作人员因执行工作任务造成他人损害的，由用人单位承担侵权责任。用人单位承担侵权责任后，可以向有故意或者重大过失的工作人员追偿。劳务派遣期间，被派遣的工作人员因执行工作任务造成他人损害的，由接受劳务派遣的用工单位承担侵权责任；劳务派遣单位有过错的，承担相应的责任。本题中，李某作为派遣员工，在工作期间造成他人损害，应当由用工单位甲公司承担侵权责任，同时，甲公司曾因类似事故要求乙公司另派他人，但乙公司未予更换，派遣单位也有过错，乙公司应当承担责任。另外，对王某的赔偿责任承担应采用无过错责任原则，而非过错责任原则。

22. **答案**：D。根据《民法典》第 1245 条规定，饲养的动物造成他人损害的，动物饲养人或者管理人应当承担侵权责任，但是，能够证明损害是因被侵权人故意或者重大过失造成的，可以不承担或者减轻责任。王某作为动物的饲养人，请戴某代为看管其饲养的宠物狗，所以戴某系管理人。宠物狗咬伤张某给张某造成损害，作为饲养人的王某或作为管理人的戴某应当承担侵权责任。但是，张某作为被侵权人，其被狗咬是因偷狗的行为造成的，属于故意或重大过失造成损害。所以王某或张某可以不承担或减轻责任。因此，王某或戴某不应对张某承担全部责任。A、B、C 项错误。

23. **答案**：D。根据《民法典》第 1198 条第 1 款规定，宾馆、商场、银行、车站、机场、体育场馆、娱乐场所等经营场所、公共场所的经营者、管理者或者群众性活动的组织者，未尽到安全保障义务，造成他人损害的，应当承担侵权责任。据此可知，安保义务人责任系过错责任。本题中，陈某的损害系其玩手机失足摔倒导致，学校（安保义务人）对损害的发生不存在过错。因此，陈某应自负全部责任。故 A、B、C 项错误。

24. **答案**：C。本题侵权事实属于一般侵权，其责任是否成立应结合《民法典》第 1165 条第 1 款分析。（1）钱某按照正常的篮球比赛规则运球，其无法预见赵某的突然闯入，对于赵某的人身损害，钱某并无过错，因此钱某的侵权责任并不成立。故 D 项错误。（2）《民法典》第 1198 条第 1 款规定："宾馆、商场、银行、车站、机场、体育场馆、娱乐场所等经营场所、公共场所的经营者、管理者或者群众性活动的组织者，未尽到安全保障义务，造成他人损害的，应当承担侵权责任。"结合本题，题干中明确交代，学校对该篮球场并未设围栏，学校的这一不作为可以被评价为学校未尽到安全保障义务，且未设置围栏和赵某被钱某撞伤之间有法律上的相当因果关系，故学校对于赵某的损害应当承担一定的赔偿责任。同时，赵某作为一个正常的成年人，不论有没有围栏，都应当预见到突然穿过正在进行篮球比赛的篮球场可能存在的风险，仍然突然穿过以致被撞伤，应当对自己的损害承担主要的责任。综上所述，对于赵某的人身损害，应由赵某和学校共同承担，因此 A、B、D 项错误，C 项正确。

25. **答案**：B。（1）《民法典》第 1206 条规定："产品投入流通后发现存在缺陷的，生产者、销售者应当及时采取停止销售、警示、召回等补救措施；未及时采取补救措施或者补救措施不力造成损害扩大的，对扩大的损害也应当承担侵权责任。依据前款规定采取召回措施的，生产者、销售者应当负担被侵权人因此支出的必要费用。"《民法典》第1207条规定："明知产品存在缺陷仍然生产、销售，或者没有依据前条规定采取有效补救措施，造成他人死亡或者健康严重损害的，被侵权人有权请求相应的惩罚性赔偿。"本案中，丙对于胶囊存在的危害不知情，甲知情，因此对乙造成的伤亡，甲需要承担惩罚性赔偿责任，故A项错误。（2）《产品质量法》第41条规定："因产品存在缺陷造成人身、缺陷产品以外的其他财产（以下简称他人财产）损害的，生产者应当承担赔偿责任。生产者能够证明有下列情形之一的，不承担赔偿责任：（一）未将产品投入流通的；（二）产品投入流通时，引起损害的缺陷尚不存在的；（三）将产品投入流通时的科学技术水平尚不能发现缺陷的存在的。"本案中，属于产品尚未流通的情形，生产者甲可以免责，故B项正确。（3）《民法典》第1204条规定："因运输者、仓储者等第三人的过错使产品存在缺陷，造成他人损害的，产品的生产者、销售者赔偿后，有权向第三人追偿。"本案中，因运输者丙的过错导致产品侵权，生产者乙和销售者超市不能因此免责，需要先向甲承担无过错责任，然后向第三人丙追偿，因此，甲可请求乙或者超市承担责任，故C、D项错误。

多项选择题

1. **答案**：ABD。根据《民法典》第1245条、第1250条规定，饲养的动物造成他人损害的，动物饲养人或者管理人应当承担侵权责任，但是，能够证明损害是因被侵权人故意或者重大过失造成的，可以不承担或者减轻责任。因第三人的过错致使动物造成他人损害的，被侵权人可以向动物饲养人或者管理人请求赔偿，也可以向第三人请求赔偿。动物饲养人或者管理人赔偿后，有权向第三人追偿。由此，B、D正确，C错误。关于A项，动物侵权适用无过错原则，更何况饲养人或管理人有过错的，更应当承担民事责任。

2. **答案**：AB。根据《民法典》第1240条："从事高空、高压、地下挖掘活动或者使用高速轨道运输工具造成他人损害的，经营者应当承担侵权责任；但是，能够证明损害是因受害人故意或者不可抗力造成的，不承担责任。被侵权人对损害的发生有重大过失的，可以减轻经营者的责任。"

3. **答案**：ACD。根据《民法典》第1202条规定，因产品存在缺陷造成他人损害的，生产者应当承担侵权责任。根据《民法典》第1203条规定，因产品存在缺陷造成他人损害的，被侵权人可以向产品的生产者请求赔偿，也可以向产品的销售者请求赔偿。产品存在缺陷由生产者造成的，销售者赔偿后，有权向生产者追偿。因销售者的过错使产品存在缺陷的，生产者赔偿后，有权向销售者追偿。根据《民法典》第1204条规定，因运输者、仓储者等第三人的过错使产品存在缺陷，造成他人损害的，产品的生产者、销售者赔偿后，有权向第三人追偿。《产品质量法》第43条规定："因产品存在缺陷造成人身、他人财产损害的，受害人可以向产品的生产者要求赔偿，也可以向产品的销售者要求赔偿。属于产品的生产者的责任，产品的销售者赔偿的，产品的销售者有权向产品的生产者追偿。属于产品的销售者的责任，产品的生产者赔偿的，产品的生产者有权向产品的销售者追偿。"

   B错，生产厂家在经检查后发现是运输部门在运输过程中损坏热水器从而引起损害发生的，其可以在对消费者进行赔偿后，向运输部门追偿。但不能以此为由，拒绝消费者的赔偿请求。

4. **答案**：ABC。本题考查产品质量不合格致人损害的民事责任、侵权责任与违约责任的区别。先要理解产品责任属于侵权责任的范畴，而产品质量瑕疵则属于违约责任的范畴。然后比较侵权责任与违约责任的差别。很多参考书认为选项D也是正确答案，这是不正确的。因为无论是侵权行为还是违约行为，都可以直接向法院起诉，也可以向相对人要求采取补救措施或赔偿。

5. **答案**：ABCD。参见《民法典》第1191条关于用人单位的工作人员侵权责任承担的规定。《民法典》第1191条规定："用人单位的工作人员因执行工作任务造成他人损害的，由用人单位承担侵权责任。用人单位承担侵权责任后，可以向有故意或者重大过失的工作人员追偿。劳务派遣期间，被派遣的工作人员因执行工作任务造成他人损害的，由接受劳务派遣的用工单位承担侵权责任；劳务派遣单位有过错的，承担相应的责任。"

6. **答案**：ACD。参见《民法典》第1245条关于饲养动物致人损害责任承担的规定。《民法典》第1245条规定："饲养的动物造成他人损害的，动物饲养人或者管理人应当承担侵权责任；但是，能够证明损害是因被侵权人故意或者重大过失造成的，可以不承担或者减轻责任。"

7. **答案**：ABCD。根据《民法典》第1191条第2款规定，劳务派遣期间，被派遣的工作人员因执行工作任务造成他人损害的，由接受劳务派遣的用工单位承担侵权责任；劳务派遣单位有过错的，承担相应的责任。本题中，丙作为被派遣人员在执行工作任务时造成他人损害，由接受劳务派遣的用工单位即乙公司承担侵权责任。乙公司要求甲公司更换丙或对其教育管理，甲公司不予理会，说明劳务派遣单位甲公司也有过错，应当承担相应的责任。

8. **答案**：CD。（1）丙被小偷甲撞倒而摔成重伤，小偷甲应承担赔偿责任，这是没有疑问的，A项正确。（2）对于B项，《民法典》第1198条规定，宾馆、商场、银行、车站、机场、体育场馆、娱乐场所等经营场所、公共场所的经营者、管理者或者群众性活动的组织者，未尽到安全保障义务，造成他人损害的，应当承担侵权责任。因第三人的行为造成他人损害的，由第三人承担侵权责任；经营者、管理者或者组织者未尽到安全保障义务的，承担相应的补充责任。经营者、管理者或者组织者承担补充责任后，可以向第三人追偿。商场有义务保障顾客的人身安全，商场地面湿滑，说明商场并未尽到安全保障义务，应对丙的损失承担补充赔偿责任，B选项的表述正确。（3）对于C项，乙对丙的损害不存在过错，也不属于法律规定应当承担责任的情形，所以乙不需要补偿丙的损失，C项的表述错误。（4）B项正确则D项错误。综上，本题答案为C、D。

9. **答案**：ABD。（1）根据《民法典》第1203条第1款规定，因产品存在缺陷造成他人损害的，被侵权人可以要求产品的生产者赔偿，也可以要求产品的销售者赔偿，所以A、B选项正确。（2）根据《民法典》第1207条规定，明知产品存在缺陷仍然生产、销售，或者没有依照前条规定采取有效补救措施，造成他人死亡或者健康严重损害的，被侵权人有权请求相应的惩罚性赔偿。因此，生产者、销售者仅在故意且给被侵权人造成严重健康损失时，才承担惩罚性赔偿责任，所以C选项错误。（3）根据《民法典》第1202条规定，生产者承担无过错赔偿责任，所以D选项正确。

10. **答案**：BC。机动车对非机动车和行人致害时，适用无过错责任原则。（1）发生交通事故时，原则上由机动车的实际控制人承担责任。本题中，乙驾车撞上丙，并且经认定乙负全责，通常均应由乙承担责任。A项中，乙与甲是好友，乙代驾，此时乙为实际控制人，故应当乙承担责任，A项错误。（2）B项中，乙是代驾公司的驾驶员，代驾是从事职务行为，此时发生的损害，根据《民法典》第1191条第1款规定，用人单位的工作人员因执行工作任务造成他人损害的，由用人单位承担侵权责任。用人单位承担侵权责任后，可以向有故意或者重大过失的工作人员追偿。应当由代驾公司承担，故B正确。（3）C项虽然表述为"雇用"，但应当理解为用人单位的工作人员侵权，适用上述规定，由酒店承担责任，故C项正确。（4）D项中，工作人员的职责范围的大小，某行为是否为用人单位禁止，一般都是通过用人单位的内部规定来加以明确的，原则上其不能对抗用人单位之外的第三人。如果某项行为被用人单位明文禁止，而社会一般观念并不认为属于禁止行为，则仍然要由用人单位承担责任。但如果社会一般观念也认为通常应当被禁止，则该行为应当认定为个人行为。公司虽然明文禁止代驾，但第三人并不知情，乙是出租车公司的驾驶员，是公司的工作人员，对于第三人来说，工作人员的代驾行为，完全是常理之中的行为，此时，公司应当承担责任，故 D 项错误。

11. **答案**：AC。（1）根据《最高人民法院关于审理人身损害赔偿案件适用法律若干问题的解释》第 5 条第 1 款规定，无偿提供劳务的帮工人因帮工活动遭受人身损害的，根据帮工人和被帮工人各自的过错承担相应的责任；被帮工人明确拒绝帮工的，被帮工人不承担赔偿责任，但可以在受益范围内予以适当补偿。本题中，丙因自己失误从高处摔下受伤，属于帮工人因帮工活动遭受人身损害的情况，应由被帮工人甲对此承担赔偿责任。但因丙个人存在过失，甲可以减轻其责任。A 项正确，B 项错误。（2）根据《最高人民法院关于审理人身损害赔偿案件适用法律若干问题的解释》第 4 条规定，无偿提供劳务的帮工人，在从事帮工活动中致人损害的，被帮工人应当承担赔偿责任。被帮工人承担赔偿责任后向有故意或者重大过失的帮工人追偿的，人民法院应予支持。被帮工人明确拒绝帮工的，不承担赔偿责任。据此可知，帮工人乙在从事帮工活动中致第三人丁损害的，由被帮工人甲承担赔偿责任。C 项正确，D 项错误。

12. **答案**：ABCD。（1）依《民法典》第 1203 条第 1 款的规定，因产品存在缺陷造成他人损害的，被侵权人可以向产品的生产者请求赔偿，也可以向产品的销售者请求赔偿。赵某和甲公司没有合同关系，所以可以要求甲公司承担侵权损害赔偿责任。鉴于赵某和商店有合同关系，所以赵某可以要求商店承担违约责任，由此可知 A、B、C 选项正确。

（2）而叶轮飞出造成严重人身损害，属于侵权造成严重后果的情形，法院对精神损害的诉讼请求应予支持。故 D 当选。

13. **答案**：ACD。（1）根据《民法典》第 1247 条规定，禁止饲养的烈性犬等危险动物造成他人损害的，动物饲养人或者管理人应当承担侵权责任。该规定系指，禁止饲养的危险动物致人损害的，饲养人承担绝对无过错责任，无免责事由，即便受害人挑逗动物对损害的发生具有故意或者重大过失，也不得减轻或者免除饲养人的责任。本案中的藏獒就是禁止饲养的危险动物，虽然甲的儿子具有重大过失，但是仍然不能免除动物饲养人的责任，故 A 项正确。（2）动物致人损害的侵权行为包括积极的侵害行为和消极的侵害行为，C 项中，小猪趴在路上造成丁的侵权属于消极的侵害行为，丁因未尽到注意义务存在过失，但并不能因此而免除动物饲养人邻居的侵权责任。故 C 项正确。（3）根据《民法典》第 1250 条规定，因第三人的过错致使动物造成他人损害的，被侵权人可以向动物饲养人或者管理人请求赔偿，也可以向第三人请求赔偿。动物饲养人或者管理人赔偿后，有权向第三人追偿。B 项中，因第三人丙逗狗，狗咬伤乙，由动物饲养人王平和第三人丙承担不真正连带责任。故 B 项错误。（4）根据《民法典》第 1248 条规定，动物园的动物造成他人损害的，动物园应当承担侵权责任；但是，能够证明尽到管理职责的，不承担侵权责任。可知，动物园动物侵权的，动物园承担过错推定责任，即动物园不能证明自己无过错的，应承担侵权责任。D 项中，动物园饲养的老虎从破损的虎笼蹿出咬伤戊女儿，动物园具有过错，应承担侵权责任。故 D 项正确。

14. **答案**：ABD。（1）根据《民法典》第 1198 条规定，宾馆、商场、银行、车站、机场、体育场馆、娱乐场所等经营场所、公共场所的经营者、管理者或者群众性活动的组织者，未尽到安全保障义务，造成他人损害的，应当承担侵权责任。因第三人的行为造成他人损害的，由第三人承担侵权责任；经营者、管理者或者组织者未尽到安全保障义务的，承担相应的补充责任。经营者、管理者或者组织者承担补充责任后，可以向第三人追偿。据此可知，安保义务人的责任属于过错责任，在第三人侵权的情形下且安保义务人无过错的，无须承担责任。小区物业没有过错，无须承担侵权责任。故A项错误。(2)根据《民法典》第1245条规定，饲养的动物造成他人损害的，动物饲养人或者管理人应当承担侵权责任；但是，能够证明损害是因被侵权人故意或者重大过失造成的，可以不承担或者减轻责任。据此可知，饲养动物损害责任的责任主体系饲养人或管理人。本题中，张某系宠物狗的管理人，不听李某提醒将宠物狗放在阳台砸伤路人赵某，依法应承担主要赔偿责任。故C项正确，B、D项错误。

15. 答案：BC。(1)根据《民法典》第1188条第1款规定，无民事行为能力人、限制民事行为能力人造成他人损害的，由监护人承担侵权责任。监护人尽到监护职责的，可以减轻其侵权责任。本题中，小冯系限制民事行为能力人，其将小崔打伤，小冯的父母作为监护人依法应当承担赔偿责任；而小刘仅邀请二人吃饭，并未实施侵权行为，其监护人无须承担赔偿责任。故A项错误，B项正确。(2)根据《民法典》第1198条规定，宾馆、商场、银行、车站、机场、体育场馆、娱乐场所等经营场所、公共场所的经营者、管理者或者群众性活动的组织者，未尽到安全保障义务，造成他人损害的，应当承担侵权责任。因第三人的行为造成他人损害的，由第三人承担侵权责任；经营者、管理者或者组织者未尽到安全保障义务的，承担相应的补充责任。经营者、管理者或者组织者承担补充责任后，可以向第三人追偿。本题中，饭店老板孟某见到小冯与小崔打斗而未上前制止，有过错，依法应承担相应的补充赔偿责任。故C项正确。最后，小冯的监护人和饭店并不存在共同侵权，无须承担连带责任。故D项错误。

16. 答案：AB。(1)承运人对旅客"自带物品"的损失承担过错责任。因此，如班车司机能证明对交通事故的发生没有过错，则对于唐某的手机损失，客运公司可以免责。唐某可向蒋某主张侵权损害赔偿。故A项正确。(2)根据《民法典》第823条规定，承运人应当对运输过程中旅客的伤亡承担赔偿责任；但是，伤亡是旅客自身健康原因造成的或者承运人证明伤亡是旅客故意、重大过失造成的除外。前款规定适用于按照规定免票、持优待票或者经承运人许可搭乘的无票旅客。因此承运人对旅客人身承担相对无过错损害赔偿责任，即使对于免票或持优待票的乘客亦需承担赔偿责任。所以免票的小唐有权请求客运公司承担赔偿责任。故B项正确，C项错误。(3)根据《民法典》第1172条规定，二人以上分别实施侵权行为造成同一损害，能够确定责任大小的，各自承担相应的责任；难以确定责任大小的，平均承担责任。客运公司和轿车驾驶者蒋某事先并不存在"意思联络"，且任何一方的单独行为均不足以导致危害结果的发生。因此，二者系无意思联络的数人共同侵权中的原因力结合而非竞合，依法应承担按份责任，而非连带责任。故D项错误。

17. 答案：AD。(1)A、D项考查与有过失的认定。与有过失，又称过失相抵，根据《民法典》第1173条规定，被侵权人对同一损害的发生或者扩大有过错的，可以减轻侵权人的责任。本题中，老人曹某骨质疏松的因素不构成过错。因此，不减轻快递公司的责任，老人曹某不承担责任。故A、D项正确。(2)B、C项考查用工责任。根据《民法典》第1191条第1款规定，用人单位的工作人员因执行工作任务造成他人损害的，由用人单位承担侵权责任。用人单位承担侵权责任后，可以向有故意或者重大过失的工作人员追偿。用工责任系替代责任，本题中，甲系快递公司的员工，在送快递（执行职务）过程中造成他人损害，依法应由用人单位即某快递公司承担侵权损害赔偿责任。故B、C项错误。

18. 答案：AB。(1)根据《消费者权益保护法》第55条第2款规定，经营者明知商品或者服务存在缺陷，仍然向消费者提供，造成消费者或者其他受害人死亡或者健康严重损害的，受害人有权要求经营者依照本法第49条、第51条等法律规定赔偿损失，并有权要求所受损失2倍以下的惩罚性赔偿。因此A项正确。（2）根据《消费者权益保护法》第19条规定，经营者发现其提供的商品或者服务存在缺陷，有危及人身、财产安全危险的，应当立即向有关行政部门报告和告知消费者，并采取停止销售、警示、召回、无害化处理、销毁、停止生产或者服务等措施。采取召回措施的，经营者应当承担消费者因商品被召回支出的必要费用。因此B项正确。

19. 答案：AB。（1）根据《消费者权益保护法》第23条第3款规定，经营者提供的机动车、计算机、电视机、电冰箱、空调器、洗衣机等耐用商品或者装饰装修等服务，消费者自接受商品或者服务之日起6个月内发现瑕疵，发生争议的，由经营者承担有关瑕疵的举证责任。因此A项正确。（2）根据《产品质量法》第43条规定，因产品存在缺陷造成人身、他人财产损害的，受害人可以向产品的生产者要求赔偿，也可以向产品的销售者要求赔偿。属于产品的生产者的责任，产品的销售者赔偿的，产品的销售者有权向产品的生产者追偿。属于产品的销售者的责任，产品的生产者赔偿的，产品的生产者有权向产品的销售者追偿。因此B项正确。

20. 答案：BCD。因"促销赠品"的价金已经包含在所促销的商品价金中，故"促销赠品"本质为买卖，而非赠与。本题中，商场构成加害给付，应承担违约责任或侵权责任，故A项错误，B、C项正确；产品缺陷致人损害的，产品的生产者需承担侵权责任，故D项正确。

21. 答案：CD。（1）根据《民法典》第1191条的规定，用人单位的工作人员因执行工作任务造成他人损害的，由用人单位承担侵权责任。本题中，客车司机乙系单位用工中的工作人员，无须对外承担侵权责任。故B项错误，不当选。（2）同理，个人之间形成劳务关系，提供劳务一方因劳务造成他人损害的，由接受劳务一方承担侵权责任。本题中，货车司机甲系个人用工中提供劳务的一方，无须对外承担侵权责任，依法应当由接受劳务一方丁对外承担替代侵权责任。故A项错误，不当选；C项说法正确，当选。（3）套牌机动车发生交通事故造成损害的，属于该机动车一方责任，当事人请求由套牌机动车的所有人或管理人承担赔偿责任的，法院应予支持；被套牌机动车所有人或管理人同意套牌的，应当与套牌机动车的所有人或管理人承担连带责任。本题中，戊对套牌事实知情，依法应当与丁对乘客丙的损害承担连带责任。故D项正确，当选。综上所述，本题的正确答案为C、D。

✕ 不定项选择题

1. 答案：（1）D。根据《民法典》第1169条规定，教唆、帮助他人实施侵权行为的，应当与行为人承担连带责任。教唆、帮助无民事行为能力人、限制民事行为能力人实施侵权行为的，应当承担侵权责任；该无民事行为能力人、限制民事行为能力人的监护人未尽到监护责任的，应当承担相应的责任。本题中甲教唆乙去扎车胎，甲是教唆人，乙是被教唆人，甲、乙均为限制民事行为能力人，因此两人构成共同侵权。根据上述法律规定，对于甲、乙造成的损失，应由甲的监护人与乙的监护人共同承担。

（2）A。戊的损失是由于乙的侵权行为造成的，甲对乙撞倒戊不可能预料，无主观上的过错。因而对损失没有责任，因此应由乙独自承担。又根据《民法典》第1188条规定，无民事行为能力人、限制民事行为能力人造成他人损害的，由监护人承担侵权责任。监护人尽到监护职责的，可以减轻其侵权责任。有财产的无民事行为能力人、限制民事行为能力人造成他人损害的，从本人财产中支付赔偿费用；不足部分，由监护人赔偿。乙作为限制民事行为能力人，同时又无财产，给他人造成的损失应由其监护人承担责任。

2. **答案**：D。（1）饲养动物造成他人损害的，动物饲养人或者管理人应当承担侵权责任，但能够证明损害是因被侵权人故意或者重大过失造成的，可以不承担或者减轻责任。动物园的动物造成他人损害的，动物园应当承担侵权责任，但能够证明尽到管理职责的，不承担责任。本案属于"动物园动物"侵权，适用"过错推定"归责制度。动物园虽进行了警示，但对老虎咬人并未尽到有效的"防范"义务，通常应禁止游客私自进入危险动物出没区域，动物园存在管理的疏忽，应承担侵权责任。游客甲故意置身于危险之中，所以可以减轻或免除动物园的侵权责任，因此A、B项错误，D项正确。（2）自愿参加具有一定风险的文体活动，因其他参加者的行为受到损害的，受害人不得请求其他参加者承担侵权责任，但是其他参加者对损害的发生有故意或者重大过失的除外。乙作为游玩活动的参与人，不属于侵权责任法上的"集体活动的组织者"，而且事发前也进行了必要的劝阻，甲也并非因乙的行为受伤，事发后也无力实施救助，不成立侵权责任，因此C项错误。

3. **答案**：ABC。（1）《消费者权益保护法》第55条规定，"经营者提供商品或者服务有欺诈行为的，应当按照消费者的要求增加赔偿其受到的损失，增加赔偿的金额为消费者购买商品的价款或者接受服务的费用的三倍；增加赔偿的金额不足五百元的，为五百元。法律另有规定的，依照其规定。经营者明知商品或者服务存在缺陷，仍然向消费者提供，造成消费者或者其他受害人死亡或者健康严重损害的，受害人有权要求经营者依照本法第四十九条、第五十一条等法律规定赔偿损失，并有权要求所受损失二倍以下的惩罚性赔偿"。根据《民法典》的相关规定可知，因当事人一方的违约行为，损害对方人格权并造成严重精神损害，受损害方选择请求其承担违约责任的，不影响受损害方请求精神损害赔偿。侵害他人造成人身损害的，应当赔偿医疗费、护理费、交通费、营养费等为治疗和康复支出的合理费用，以及因误工减少的收入。造成残疾的，还应当赔偿辅助器具费和残疾赔偿金；造成死亡的，还应当赔偿丧葬费和死亡赔偿金，因此A项正确。（2）根据《民法典》第1000条第1款规定可知，行为人因侵害人格权承担消除影响、恢复名誉、赔礼道歉等民事责任的，应当与行为人的具体方式和造成的影响范围相当。本题中，甲的故意侵权行为造成乙健康权损害，乙有权要求甲赔礼道歉，因此B项正确。（3）根据《食品安全法》第148条规定："消费者因不符合食品安全标准的食品受到损害的，可以向经营者要求赔偿损失，也可以向生产者要求赔偿损失。接到消费者赔偿要求的生产经营者，应当实行首负责任制，先行赔付，不得推诿；属于生产者责任的，经营者赔偿后有权向生产者追偿；属于经营者责任的，生产者赔偿后有权向经营者追偿。生产不符合食品安全标准的食品或者经营明知是不符合食品安全标准的食品，消费者除要求赔偿损失外，还可以向生产者或者经营者要求支付价款十倍或者损失三倍的赔偿金；增加赔偿的金额不足一千元的，为一千元。但是，食品的标签、说明书存在不影响食品安全且不会对消费者造成误导的瑕疵的除外。"因此C项正确。（4）民事责任以补偿性为原则。《民法典》第186条规定："因当事人一方的违约行为，损害对方人身权益、财产权益的，受损害方有权选择请求其承担违约责任或者侵权责任。"可见，当法律责任竞合时，当事人只能择一适用而主张权利，因此D项错误。

4. **答案**：ACD。（1）《消费者权益保护法》第55条第1款规定："经营者提供商品或者服务有欺诈行为的，应当按照消费者的要求增加赔偿其受到的损失，增加赔偿的金额为消费者购买商品的价款或者接受服务的费用的三倍；增加赔偿的金额不足五百元的，为五百元。法律另有规定的，依照其规定。"《消费者权益保护法》第51条规定："经营者有侮辱诽谤、搜查身体、侵犯人身自由等侵害消费者或者其他受害人人身权益的行为，造成严重精神损害的，受害人可以要求精神损害赔偿。"因此，甲最多可请求价款三倍的赔偿而不是二倍；由于经营者不存在侮辱诽谤、搜查身体、侵犯人身自由等侵害消费者或者其他受害人人身权益的行为，故消费者甲无权请求精神损害赔偿，故 A 项错误，当选。（2）《消费者权益保护法》第 24 条规定："经营者提供的商品或者服务不符合质量要求的，消费者可以依照国家规定、当事人约定退货，或者要求经营者履行更换、修理等义务。没有国家规定和当事人约定的，消费者可以自收到商品之日起七日内退货；七日后符合法定解除合同条件的，消费者可以及时退货，不符合法定解除合同条件的，可以要求经营者履行更换、修理等义务。依照前款规定进行退货、更换、修理的，经营者应当承担运输等必要费用。"故 B 项正确，不当选。（3）《消费者权益保护法》第 23 条第 3 款规定："经营者提供的机动车、计算机、电视机、电冰箱、空调器、洗衣机等耐用商品或者装饰装修等服务，消费者自接受商品或者服务之日起六个月内发现瑕疵，发生争议的，由经营者承担有关瑕疵的举证责任。"故 C 项错误，当选。（4）《消费者权益保护法》第 47 条规定："对侵害众多消费者合法权益的行为，中国消费者协会以及在省、自治区、直辖市设立的消费者协会，可以向人民法院提起诉讼。"故 D 项错误，当选。综上所述，本题的正确答案为 A、C、D 项。

5. **答案**：ABC。（1）《食品安全法》第 148 条规定："消费者因不符合食品安全标准的食品受到损害的，可以向经营者要求赔偿损失，也可以向生产者要求赔偿损失。接到消费者赔偿要求的生产经营者，应当实行首负责任制，先行赔付，不得推诿；属于生产者责任的，经营者赔偿后有权向生产者追偿；属于经营者责任的，生产者赔偿后有权向经营者追偿。生产不符合食品安全标准的食品或者经营明知是不符合食品安全标准的食品，消费者除要求赔偿损失外，还可以向生产者或者经营者要求支付价款十倍或者损失三倍的赔偿金；增加赔偿的金额不足一千元的，为一千元。但是，食品的标签、说明书存在不影响食品安全且不会对消费者造成误导的瑕疵的除外。"由此可见，《食品安全法》规定了食品生产者及经营者对受害消费者的"首负责任制"，实现了对消费者的"无缝"救济，所以 A、B 项作为经营者的超市的抗辩不能支持。（2）对于不符合食品安全标准的食品的生产者和经营者应当对消费者承担的责任，《食品安全法》明确对消费者的救济为"退实际损失，增加惩罚性赔偿"。而增加的部分可以由消费者自行选择为"十倍价款"或"三倍损失"且规定了最低惩罚性赔偿额为 1000 元，本案中无论十倍价款还是三倍损失金额均较小，所以甲可要求最低 1000 元的惩罚性赔偿，D 项正确。（3）题目中所述情形，并没有严重身体损害达到精神损害的程度，所以精神损害赔偿无法支持，C 项错误。

名词解释

1. **答案**：或称职务侵权损害行为，是指国家机关或者国家机关工作人员，在执行职务中侵犯他人合法权益并造成损害的行为。职务侵权行为具有以下主要特点：（1）行为主体的特定性。（2）行为的特殊性。（3）承担责任范围的限制性。

2. **答案**：高度危险作业，是指对周围环境具有较大危险性的活动和高度危险物。根据《民法典》的规定，高度危险作业包括占有或者使用易燃、易爆、剧毒、高放射性、强腐蚀性、高致病性等高度危险物；从事高空、高压、地下挖掘活动或者使用高速轨道运输工具等。高度危险作业致人损害适用无过错责任原则，旨在促使从事高度危险作业的组织提高责任心和不断改进技术安全措施。

简答题

1. **答案**：根据《民法典》的规定，特殊侵权的民事责任主要有以下几种：

第一，用人单位的工作人员因执行工作任务造成他人损害的，由用人单位承担侵权责任。这体现了用人单位责任是无过错责任，目的是减少用人单位侵权行为，保护受害人权益，使用人单位的损害赔偿请求权更易实现。用人单位承担侵权责任的前提是工作人员的行为构成侵权，且该行为是执行工作任务的行为，与工作任务有关或在执行工作任务过程中造成他人损害。如果工作人员的行为与执行工作任务无关，用人单位不承担侵权责任。用人单位承担侵权责任后，可以向有故意或者重大过失的工作人员追偿。这明确了用人单位的追偿权，避免了相关争议。不过，用人单位只能向因故意或者重大过失造成损害的工作人员追偿，体现了内部求偿关系中的过错原则，以平衡保障劳动者权益与兼顾公平。

劳务派遣期间，被派遣的工作人员因执行工作任务造成他人损害的，由接受劳务派遣的用工单位承担侵权责任；劳务派遣单位有过错的，承担相应的责任。这将劳务派遣中劳务派遣单位的责任定性为与其过错相对应的责任，而不再是补充责任，明确了劳务派遣关系中三方主体的责任承担。

第二，产品质量不合格致人损害的民事责任，适用无过错责任原则，产品制造者、销售者应依法承担民事责任。运输者、仓储者对此负有责任的，产品制造者、销售者有权要求赔偿损失。

第三，从事高度危险作业致人损害的民事责任，适用无过错责任原则，其构成要件只要存在损害事实及行为与损害结果有因果关系即可，当然如果行为人能够证明损害是由受害人故意造成的，则行为人不承担民事责任。

第四，污染环境致人损害的民事责任，亦适用无过错责任。违反国家保护环境防止污染的规定，污染环境造成他人损害，应依法承担民事责任。但污染环境造成损害者系不可抗力或受害人自己及第三者故意或过失所致者，行为人不承担民事责任。

第五，被监护人致人损害的民事责任，由对他们负有监护义务的监护人来承担，但对于能够证明自己已尽到了监护责任的人，可以酌情减轻或者免除责任。有财产的无民事行为能力人、限制民事行为能力人造成他人损害的，从本人财产中支付赔偿费用；不足部分，由监护人赔偿。

第六，饲养动物及其他原因致人损害的民事责任，由其所有人或管理人承担，但如果是由受害人的过错造成的，则动物所有人或管理人可免责。

第七，建筑物或者其他设施以及建筑物上的搁置物、悬挂物发生倒塌、脱落、坠落致人损害的，其所有人或者管理人应当承担民事责任，但能够证明自己没有过错的除外。此外，道路、桥梁、隧道等人工建造的构筑物因维护、管理瑕疵致人损害，堆放物品滚落、滑落或者堆放物倒塌致人损害，树木倾倒、折断或者果实坠落致人损害等情况，也在此列。

第八，在公共场所、道旁或者通道上挖坑、修缮安装地下设施等，因施工工作危及行人安全，且有损害事实存在，施工人有过错，施工行为与损害结果有因果关系，施工人需承担民事责任。

第九，雇员在从事雇佣活动中致人损害，雇主应承担赔偿责任；雇员因故意或重大过失致人损害，应当与雇主承担连带赔偿责任。

第十，为他人无偿提供劳务的帮工人，在从事帮工活动中致人损害，被帮工人应承担民事赔偿责任。被帮工人明确拒绝帮工的，不承担赔偿责任。

第十一，从事住宿、餐饮、娱乐等经营活动或者其他社会活动的自然人、法人、非法人组织，未尽合理限度范围内的安全保障义务致使他人遭受人身损害，应依法承担民事赔偿责任。

2. **答案：**（1）产品存在缺陷。产品有缺陷，是指产品存在危及人身、他人财产安全的不合理的危险，以及产品不符合相关的国家标准、行业标准或企业标准等不合格的产品。前者是一般标准，后者是法定标准。在法律未明确规定产品标准时，适用一般标准。

（2）有损害后果。产品缺陷致人损害包括人身损害、财产损失和基于人身伤害而产生的精神损害，但不包括单纯的缺陷产品自身的损害。在缺陷产品造成他人的人身或其他财产损害时，除了要赔偿人身损害和其他财产损失之外，还应赔偿缺陷产品本身的损失；如果仅是缺陷产品自身损坏了，则应按合同违约责任处理。

（3）产品缺陷与损害后果有因果关系。产品责任中的因果关系，表现为产品缺陷与损害后果之间的相互联系，而不是某种具体行为与损害后果之间的因果关系。而且确定产品责任中的因果关系往往要通过因果关系的推定才能实现。

3. 答案：构成要件有：（1）须是饲养的动物造成的损害。饲养的动物包括家禽、家畜，也包括驯养的野兽。凡是人工喂养和管理的动物都属于饲养的动物。如果不是为人们所占有和控制的动物，则为野生动物。

（2）须有饲养动物的致害行为。动物的侵害行为包括直接侵害行为，如狗咬伤路人；也包括间接侵害行为。需要注意的是，该致害行为必须是基于动物的本能，而非在人类的主观指导下进行的。

（3）须有损害事实。损害事实包括人身损害、财产损害和精神损害。

（4）饲养动物的致害行为与损害事实有因果关系：指他人的人身或财产损害，系由饲养动物的致害行为所引起。

免责事由主要有：（1）受害人的故意或者重大过失。前者如受害人有意挑逗动物致自己受害；后者如受害人明知有被动物致害的危险却自信不会招致危险而不予躲避致自己受害。如果动物饲养人或者管理人不能证明受害人有故意或重大过失行为，则仍应承担责任。

（2）动物园尽到管理职责：对于动物园的动物致人损害，动物园如果能够证明尽到了管理职责，可以不承担责任。

（3）第三人的过错。因第三人的过错致使动物造成他人损害的，被侵权人可以向动物饲养人或者管理人请求赔偿，也可以向第三人请求赔偿。动物饲养人或者管理人赔偿后，有权向第三人追偿。但第三人过错并非完全免除饲养人或管理人的责任，而是在受害人向其请求赔偿时，饲养人或管理人先承担赔偿责任，之后再向第三人追偿。

需注意，违反管理规定，未对动物采取安全措施造成他人损害，以及饲养禁止饲养的烈性犬等危险动物造成他人损害的情形，动物饲养人或者管理人不可以受害人故意或者有重大过失作为抗辩理由，仍应当承担侵权责任。

案例分析题

1. 答案：（1）这是因饲养的动物致人损害的民事责任。本案王大妈受到的伤害虽然不是狗咬伤的，但是狗扑向王大妈的动作与王大妈躲闪摔伤之间有直接的因果关系，因此，石女士作为狗的饲养人，其饲养的动物致使王大妈损害，构成侵权民事责任。

（2）根据《民法典》第1245条的规定，饲养的动物造成他人损害的，动物饲养人或者管理人应当承担侵权责任；但是，能够证明损害是因被侵权人故意或者重大过失造成的，可以不承担或者减轻责任。本案王大妈出门看狗的行为没有过错，狗扑向王大妈也不是其故意或有重大过失造成的，狗的主人没有免责的理由；石女士是狗的所有人，有义务承担民事责任。

2. 答案：（1）甲如果以该商场为被告提起诉讼，其可以选择的诉讼请求是：请求赔偿损害，即赔偿其因治疗重伤而花费的医疗费、误工费、伙食补助费、亲属陪伴费。

（2）本案中甲所得的1万元构成不当得利。所谓不当得利，是指没有法律根据而获取的利益，本案中商场已经依法院判决向甲支付了赔偿金，其受到的损害已经获得了极为合理的补偿。某厂给他的1万元已超出了其受到的损害，因而属于额外获取的利益，故甲应将这1万元不当得利返还给某厂。

（3）如果甲还没有获得赔偿，他不可以向广告公司索赔。因为该广告条幅是厂家委托某广告公司制作并悬挂的，广告公司只是代理人，而该厂家则是被代理人，按照代理的原理，代理的后果应由被代理人承担，所以甲不能向广告公司索赔。

(4) 建筑物上的悬挂物坠落致人伤害的民事责任之所以属于特殊侵权责任，是因为在该损害发生的情况下，受害人往往难以知晓悬挂物的设置继而证明侵权人的过错，为了保护处于弱者地位的被害人的合法利益，对其损害给予及时有效充分的补偿，并减轻其举证义务，所以适用过错推定责任或无过错责任。

(5) 本案中，如果商家、厂家及广告公司对于损害的发生均有过错，其应承担的责任应当是连带责任，因为该损害属于特殊侵权，商家、厂家和广告公司相对于受害人来说，处于强者地位，因此应承担较强的责任，受害人可以向商家、厂家和广告公司中的任何一方申请赔偿，由此才能更好地保护其合法利益。

3. **答案**：(1) 甲公司自己承担责任，因为损失是由于不可抗力造成的，根据《民法典》规定，因不可抗力不能履行合同或者造成他人损害的，不承担民事责任，法律另有规定的除外。

(2) 丙家鱼塘自己承担损失。因为根据《民法典》第1239条规定，占有或者使用易燃、易爆、剧毒、高放射性、强腐蚀性、高致病性等高度危险物造成他人损害的，占有人或者使用人应当承担侵权责任；但是，能够证明损害是因受害人故意或者不可抗力造成的，不承担责任。被侵权人对损害的发生有重大过失的，可以减轻占有人或者使用人的责任。受害人故意和不可抗力是免责事由，因此该损失应由丙家鱼塘自己承担。

(3) 丙承担，因为丙作为出卖人，违反了质量瑕疵担保责任，应当对丁中毒承担责任。

(4) 庚的行为构成无因管理，其所受到的损失应当由戊和丁承担。根据《民法典》第979条第1款之规定，管理人没有法定的或者约定的义务，为避免他人利益受损失而管理他人事务的，可以请求受益人偿还因管理事务而支出的必要费用；管理人因管理事务受到损失的，可以请求受益人给予适当补偿。庚没有法定或者约定的义务，为避免他人利益受损失进行管理，其行为构成无因管理，有权要求受益人偿付由此而支付的必要费用。

(5) 由戊和B医院对丁的死亡承担连带责任。根据《民法典》第1171条规定，二人以上分别实施侵权行为造成同一损害，每个人的侵权行为都足以造成全部损害的，行为人承担连带责任。C作为医院的工作人员，其履行职责过程中造成的责任由医院承担。B医院的行为和戊的行为均足以造成丁的死亡，两方行为直接结合，构成共同侵权，应当对丁的死亡承担连带责任。

综合测试题一

☑ 单项选择题

1. 答案：C。 民法调整平等主体的自然人、法人和非法人组织之间的人身关系和财产关系。A选项政府罢免官员属于行政隶属关系，由行政法调整；B选项李某被罚款属于行政处罚，由行政法调整；C选项甲、乙两村的土地所有权纠纷属于平等主体间的财产关系，由民法调整；D选项专利局宣告专利无效属于行政确认行为，由行政法调整。

2. 答案：C。 本题中，姚某试戴手镯经唐某同意，构成借用关系，摔断手镯属于过失侵害他人财产权，应赔偿损失。根据《民法典》第1184条规定，财产损失按损失发生时的市场价格计算，故唐某的实际损失以市场价值为准（市价9万元），而非进货价或报价。因为无合同约定，也不涉及违约责任（排除A项）。

3. 答案：D。 根据《民法典》第526条规定的先履行抗辩权的适用条件，先履行抗辩权的行使需满足主给付义务对应关系。本题中，甲的付款义务与乙交付房屋（主给付义务）对应，交付房屋使用说明书属于从给付义务，不构成主给付义务的对价。从给付义务未履行不影响主给付义务的履行，故甲无权行使先履行抗辩权，由此排除A选项。

4. 答案：C。 根据《民法典》第1034条规定，个人信息受法律保护。本题中，张某出售孙某个人信息，侵害其个人信息权益。A选项的身份权以特定身份为前提（如亲属权），本题不涉及；B选项的名誉权需存在侮辱、诽谤等贬损行为，本题未体现；D选项的某公司作为买方，若明知信息非法仍购买，需承担连带责任。

5. 答案：D。 根据《民法典》第208条规定的物权公示原则，动产所有权转移以交付为标志；根据《民法典》第321条规定的孳息归属原则，除另有约定外，天然孳息归属与原物所有权一致。本题中，双方约定9月15日所有权转移给乙（简易交付），小牛属于天然孳息，归所有权人乙所有。

☑ 多项选择题

1. 答案：CD。 根据《民法典》第172条规定的表见代理的构成要件，构成表见代理需满足"相对人有理由相信行为人有代理权"。本题中，C选项的授权委托书载明仅限投标，吴某签订借款合同超出授权范围，温某明知则不构成表见代理；D选项的授权委托书已过期，温某未核实即签约，不构成合理信赖。

2. 答案：AB。 本题中，甲公司在宣传资料中明确承诺健身馆存在，构成合同条款，根据《民法典》第563条规定的根本违约解除权，本题中无健身馆导致合同目的无法实现，构成根本违约，故张某有权根据《民法典》第577条规定的违约责任请求退房，A选项表述正确。甲公司在宣传资料中明确承诺健身馆存在，结果收房时张某发现小区没有健身馆，为此，张某也可以不主张违约责任而主张缔约过失责任，故B选项当选。本题给定信息看不出甲公司有恶意误导，故C选项不选。缔约过失责任与违约责任只能择一行使，但并非退房和违约责任只能择一行使，故D选项不选。

3. 答案：ABCD。 根据《民法典》第1142条规定的遗嘱效力冲突规则，以及第1133条确立的遗嘱自由原则，本题A选项中，虽然第二份遗嘱的出现否定了第一份遗嘱中关于股权和字画的继承权归属，但第一份遗嘱只是相应部分失去效力，其余部分仍然有效，属于部分有效的遗嘱，故表述错误，当选；B选项中第二份遗嘱为自书遗嘱，合法有效，表述错误，当选；C选项中遗产所有权自继承开始转移，韩大有权处分房屋，合同有效，而且，即便韩大无权处分房屋，房屋买卖合同也不因无权处分而无效，故表述错误，当选；D 选项中股权可由未成年人继承，婷婷取得股东资格，故表述错误，当选。

4. **答案**：ACD。根据《民法典》第 417 条关于建设用地抵押与新增建筑物关系的规定，本题 A 选项中，建设用地使用权抵押后，新增建筑物不属于抵押财产，但抵押权人可一并处分并优先受偿建设用地部分，故当选；B 选项中住宅楼为新增建筑物，乙银行对其无抵押权，不选。根据《最高人民法院关于审理建设工程施工合同纠纷案件适用法律问题的解释（一）》第 36 条关于工程款优先权的规定，本题 C 选项中承包人工程款优先受偿权优先于抵押权，当选；D 选项中丙公司的优先受偿权不得对抗已经交付了 80% 购房款的丁对房屋的权利，当选。

5. **答案**：CD。根据《民法典》第 716 条关于转租责任以及《民法典》第 1165 条关于侵权责任的规定，本题 A 选项中的装修费用补偿需有约定，无约定则无权请求，故 A 选项错误；B 选项中因甲与丙无合同关系，无权主张违约责任，故 B 选项错误；C 选项中基于丙侵害房屋所有权，甲可主张侵权责任，故 C 选项正确；D 选项中基于乙作为承租人，对转租人行为负责，甲可主张违约责任，故 D 选项正确。

不定项选择题

1. **答案**：CD。善意占有为无权占有，但占有人误认为自己有权占有。本题中，A、B 选项中乙、甲均为善意误信占有，属于善意占有，不选；C 选项中抢劫属于非法占有，为恶意占有，当选；D 选项中被指出后仍占有，转为恶意占有，当选。

2. **答案**：BD。根据《民法典》第 1192 条关于"个人劳务中的侵权责任"的规定，本题中，小李为张大爷提供劳务，因第三人（小王）过错致赵某损害，由小王承担责任，故 A 选项正确，B 选项错误；张大爷心脏病发作因小王侵权导致，与小李无关，故 C 选项正确；小李因执行工作任务受伤，由张大爷承担责

任，故 D 选项错误。

3. **答案**：（1）AC。根据《民法典》第 562 条关于约定解除权的规定，本题《合作协议一》约定未获土地使用权可终止协议，属于约定解除权，故 A 选项正确；合同解除后，甲公司应返还 4000 万元。故 C 选项正确。

（2）ABCD。张某、方某与乙公司无合同关系，仅对甲公司承担股权过户义务等责任，不直接向乙公司、丙公司或某自然资源主管部门担责，故全部选项均错误，当选。

（3）A。甲公司回函反对乙公司解除合同，提出异议，A 选项正确；但乙公司行使约定解除权合法，异议不成立，B 选项错误。

（4）A。《合作协议二》为三方合意，题目未给出该协议无效因素，故对继续合作开发房地产项目做出的新的安排有效，故 A 选项正确，B、C 选项错误；但约定"本协议签订之日，《合作协议一》自动作废"的内容无效，因为两个协议的主体不同，D 选项错误。

（5）AC。根据《民法典》第 552 条关于并存的债务承担的规定，本题中，丁公司单方承诺代替还款，构成并存的债务承担，其加入债务，与甲公司连带担责，属于单方允诺，A、C 选项正确。

简答题

1. **答案**：按照传统民法理论，自然人的民事权利能力始于出生终于死亡，因此胎儿并非法律主体，亦无可能享有权利。但是由于胎儿是一个正在形成的生命体，如果在很多问题上如继承权等，都无视胎儿利益之存在，会造成不公平、不合理的后果，使胎儿应获得的利益受到损害。因此应从以下方面对胎儿的利益进行保护：第一，关于继承权。我国《民法典》继承编中已经规定了为胎儿保留遗产份额，如果胎儿娩出时为死体，则再按照法定继承分配此遗产。第二，关于胎儿的损害赔偿权。现实生活中存在大量的针对正处于妊娠期间的母亲发生的侵害行为，该侵害行为可能会给胎儿带来终身难以治愈或难以矫正的伤害，如果因为胎儿没有民事权利

能力而不予以赔偿,将是极不公平的,因此,法律也应当确立胎儿在特定情形下的损害赔偿请求权。第三,法律还应当对胎儿利益的保护予以概括性的规定,以防给社会发展带来新的问题。如《瑞士民法典》就规定,胎儿以将来非死产为限,关于其个人利益的保护,视为既已出生。我国《民法典》第16条也原则性赋予胎儿法律地位,对胎儿利益予以保护。

2. **答案**:承诺是受要约人作出的同意要约以成立合同的意思表示。承诺应具备以下要件:

(1) 承诺必须由受要约人作出。要约和承诺是一种相对人的行为,只有受要约人享有承诺的资格,因此,承诺须由受要约人作出。受要约人为特定人时,承诺由该特定人作出;受要约人为不特定人时,承诺由该不特定人中的任何人作出。受要约人的代理人可代为承诺。受要约人以外的第三人即使知晓要约内容并作出同意的意思表示,也不以承诺论。

(2) 承诺必须向要约人或者要约人的代理人作出。受要约人承诺的目的在于同要约人订立合同,故承诺只有向要约人或者要约人的代理人作出才有意义。在要约人死亡,合同不需要约人亲自履行的情况下,受要约人可以向要约人的继承人作出承诺。

(3) 承诺的内容应当与要约的内容一致。承诺是受要约人愿意按照要约的内容与要约人订立合同的意思表示,所以欲取得成立合同的法律效果,承诺就必须在内容上与要约的内容一致。如果受要约人在承诺中对要约的内容加以扩张、限制或变更,便不构成承诺,而应视为对要约拒绝而构成反要约。有关合同标的、数量、质量、价格或者报酬、履行期限、履行地点和方式、违约责任和解决争议的方法等变更,构成对要约的实质性变更,不为承诺,而为新要约。

(4) 承诺必须在要约的存续期间内作出。要约在其存续期间内才有效力,一旦受要约人承诺便可成立合同的效力,因此承诺必须在此期间内作出。

论述题

答案:我国《民法典》第271条规定:"业主对建筑物内的住宅、经营性用房等专有部分享有所有权,对专有部分以外的共有部分享有共有和共同管理的权利。"

该条是规定我国建筑物区分所有权的含义或曰法律构成。即当一幢建筑物被区分为数个部分时,其中有专有部分,也有共有部分,这种在专有部分上成立的所有权,与对专有部分以外的共有部分享有的共有权和共同管理权,共同构成建筑物的区分所有权。

(1) 对专有部分的单独所有权

专有部分是在一栋建筑物内区分出的住宅或者商业用房等单元。该单元须具备构造上的独立性与使用上的独立性。区分所有人对其专有部分享有单独所有权,即对该部分为占有、使用、收益和处分的排他性的支配权,性质上与一般的所有权并无不同。但此项专有部分与建筑物上其他专有部分有密切的关系,因此就专有部分的使用、收益、处分不得违反各区分所有权人的共同利益。

(2) 对共有部分的共有权

共有部分是指区分所有的建筑物及其附属物的共同部分,即专有部分以外的建筑物的其他部分。根据我国物权立法的规定,区分所有人对建筑物专有部分以外的共有部分,享有权利并承担义务,但不得以放弃权利为由不履行义务。共有部分为相关区分所有人所共有,均不得分割,也不得单独转让。区分所有人转让建筑物内的住宅、经营性用房,其对建筑物共有部分享有的共有权和共同管理权也一并转让。区分所有人依据法律规范、合同以及区分所有人公约,对共有部分享有使用、收益、处分权,并按照其所有部分的价值,分担共有部分的修缮费以及其他负担。

(3) 对共有部分的管理权

基于区分所有建筑物的构造,区分所有人在建筑物的权利归属以及使用上形成了不可分离的共同关系,并基于此共同关系而享有管理权。该管理权的内容主要为:第一,有权设立业主大会并选举业主委员会；第二，有权决定区分建筑物相关事项；第三，享有知情权；第四，可以自行管理建筑物及其附属设施，也可以委托物业服务企业或者其他管理人管理。对建设单位聘请的物业服务企业或者其他管理人，区分所有人有权依法更换。物业服务企业或者其他管理人根据区分所有人的委托管理建筑区划内的建筑物及其附属设施，并接受区分所有人的监督。区分所有人对侵害自己合法权益的行为，可以依法向人民法院提起诉讼。

综合测试题二

☑ 单项选择题

1. **答案**：B。民法调整平等主体间的人身关系和财产关系。本题 A 选项中甲与税务机关的退税关系属于行政法律关系，由行政法调整；根据《民法典》第 499 条关于悬赏广告的法律效力的规定，B 选项中乙发布寻物启事构成悬赏广告，由民法调整；C 选项中丙对女友的承诺属于道德义务，不产生法律约束力，不由民法调整；D 选项中丁作为志愿者帮工属于情谊行为，无法律上的权利义务关系，不由民法调整。

2. **答案**：C。乙经甲同意转委托，转委托有效，排除 A 选项；丙以自己名义与丁签订合同，属于隐名代理，根据《民法典》第 926 条关于隐名代理的披露义务及介入权的规定，若丙因第三人（戊）原因无法履行义务，应向委托人甲披露第三人丁，甲可介入行使丙对丁的权利，C 选项正确；丁与戊无合同关系，不得直接向戊主张权利，可排除 D 选项。

3. **答案**：B。根据《民法典》第 1019 条关于肖像权侵权认定的规定，蔡某未经丁某同意，将其照片用于营利性网站，侵害丁某的肖像权；根据《著作权法》第 10 条关于著作权内容的规定，本题中李某对照片享有著作权，蔡某擅自上传侵犯其著作权；身体权以身体完整性为客体，本案不涉及，可排除 A、C 选项。

4. **答案**：C。根据《民法典》第 525 条的规定，当事人互负债务，没有先后履行顺序的，应当同时履行。一方在对方履行之前有权拒绝其履行要求。一方在对方履行债务不符合约定时，有权拒绝其相应的履行要求。

5. **答案**：A。（1）首先，进行死亡顺序推定：根据《民法典》第 1121 条规定，相互有继承关系的数人在同一事件中死亡，推定没有继承人的人先死亡。丙（14 岁）无配偶及子女，推定先于甲、乙死亡；甲、乙，推定长辈先死亡，故乙先于甲死亡。（2）其次，看戊从乙处获得遗产数额：乙和戊的共同财产 3 万元，一半（1.5 万元）归戊，剩余 1.5 万元为乙的遗产。乙的继承人为配偶戊和儿子甲，乙死亡，其 1.5 万元遗产由戊、甲各得 0.75 万元。（3）再次，看戊从甲处获得遗产数额：甲从戊处继承的 0.75 万元转为甲、丁夫妻共同财产，加上原本 3 万元共同财产，为 3.75 万元，其中的一半 1.875 万元归甲，作为甲的遗产。丙无配偶、子女，继承人为甲和丁，丙死亡，其 2000 元遗产由甲、丁各一半 0.1 万元。由此，甲的遗产为 1.875 万元+0.1 万元 = 1.975 万元。甲的继承人有妻子丁和母亲戊，戊得 1.975 万元的一半，即 0.9875 万元。（4）综上，戊最终获得遗产数额：来自乙的遗产 0.75 万元+来自甲的遗产 0.9875 万元 = 1.7375 万元。

☑ 多项选择题

1. **答案**：ABC。根据《民法典》第 392 条关于混合担保的清偿顺序的规定，本题中，丙、丁分别提供抵押，属于第三人提供的物保，且未约定担保顺序，乙银行可就任一房产行使抵押权，在担保人承担责任后，可向债务人追偿，但不能要求其他担保人清偿其应承担的份额，故 A、B 选项正确。根据《民法典》关于保证责任的规定和《最高人民法院关于适用〈中华人民共和国民法典〉有关担保制度的解释》第 13 条的规定，本题中戊、己分别向乙银行出具承担全部责任的担保函，乙银行可要求其承担全部责任，但不能认定为连带保证责任，故 C 选项正确，D 选项错误。

2. **答案**：ABCD。根据《民法典》第 537 条关于代位求偿的规定，第 67 条关于企业合并、分立的规定，第 1161 条关于继承遗产债务的规定，第725条关于买卖不破租赁的规定，本题各选项的情形均为由法律直接规定的债权债务转移。

3. **答案：** AC。法定孳息是基于法律关系产生的收益，如租金、利息；鸡蛋、果实属于天然孳息。

4. **答案：** ABC。根据《民法典》第527条关于不安抗辩权的规定及《最高人民法院关于审理商品房买卖合同纠纷案件适用法律若干问题的解释》第9条、第10条、第11条的规定，出卖人迟延交付房屋，经催告后在三个月的合理期限内仍未履行的，以及出卖人在订立合同后未告知买受人又抵押房屋，可能导致合同目的无法实现，房屋主体结构质量不合格，这些均构成根本违约。故本题中A、B、C选项均正确；但保期内出卖人拒绝修复的，买受人仅能主张修复费用及损失，而不能直接解除合同，因为解除合同需满足"质量问题严重影响正常居住使用"这一额外条件，本题未提及，因此D选项错误。

5. **答案：** AC。根据《民法典》第230条关于继承导致物权变动的规定，以及第1123条关于遗嘱优先原则的规定，本题中，张某遗嘱指定李某继承房产，李某依遗嘱取得所有权，故A选项正确；张甲先于张某死亡，其女丙代位继承张某的法定遗产，但张某已立遗嘱，遗嘱继承优先于法定继承，丙无权代位继承，故排除B选项；物权变动自继承开始时发生效力，无须登记，故C选项正确，D选项错误。

不定项选择题

答案：（1）CD。遗产为被继承人死亡时遗留的个人合法财产。提前搬家奖励款、搬迁补助费属于对在世居住者的补偿，不属于遗产；货币安置奖励费、使用权补偿款基于房屋所有权产生，属于遗产。

（2）B。根据《民法典》第1063条关于个人财产范围的规定，以及第1062条关于夫妻共同财产的规定，本题中伤残补助金属于个人财产，因其具有人身专属性；集资入股收益为婚姻关系存续期间所得，属于夫妻共同财产。

（3）BC。根据《民法典》第1131条对于酌情分得遗产权利的规定，对继承人以外的依靠被继承人扶养的人，或者继承人以外的对被继承人扶养较多的人，可以分给适当的遗产。本题中常生作为扶养人，对张桦尽了主要扶养义务，可分得适当遗产，法律未规定"适当遗产"的数额必须"小于法定继承人的"，所以数额可等于或大于法定继承人的，故A选项错误，B选项正确。法律未规定"要求参与分割遗产"的期限为"继承开始后1年内"，故常生的请求权适用一般诉讼时效规定，而非特定1年期限，同时，常生是否明知法定继承人分割遗产，不影响其在一般诉讼时效期间内行使遗产分配请求权，由此C选项正确，排除D选项。

（4）ABD。根据《民法典》第1129条规定，丧偶儿媳对公婆，丧偶女婿对岳父母，尽了主要赡养义务的，作为第一顺序继承人。本题中，胡芳作为马明的妻子（改嫁儿媳），在张桦长期患病期间承担了主要赡养义务，可以作为第一顺序继承人，A选项正确。根据《民法典》第1128条第1款的规定，被继承人的子女先于被继承人死亡的，由被继承人的子女的直系晚辈血亲代位继承。本题中，马明先于张桦死亡，其子马飞代位继承张桦的遗产，由此B选项正确。胡芳再婚后所生子女与张桦之间既无血缘关系，也未形成扶养关系，不属于张桦的法定继承人，更不享有代位继承权。由此排除C选项。马明作为马俊的子女，有权继承马俊的遗产。在马明病故前，马俊的遗产未予分割，马明之子马飞对马明可以从马俊处获得的遗产享有转继承权，故D选项正确。

名词解释

1. **答案：** 意思自治也称为私法自治，是指民事主体依法享有在法定范围内的广泛的行为自由，并可以根据自己的意志产生、变更、消灭民事法律关系。尽管在民法的各部分中强度不同，但意思自治原则作为民法的一项基本原则，贯彻于整个民法之中，体现民法最基本的精神。它具体体现为结社自由、所有权行使自由、合同自由、婚姻自由、家庭自由、遗嘱自由以及过错责任等民法的基本理念。

2. **答案：** 紧急避险是指为了防止公共利益、本人或者他人的合法权益免受正在遭受的紧急危险，不得已而采取的损害另一较小利益的行为。

3. **答案：** 隐名合伙是大陆法系的特殊规定，是指以由两方以上当事人约定一方仅对他方的经营活动出资并分享由该项经营所生收益为内容的合伙。在这种合伙存续期间，一部分合伙人既出资又参加经营，其为出名营业人；另一部分合伙人则仅以实物或现金出资而不参加经营，其为隐名合伙人。隐名合伙人负责向企业提供一定数额的资金，并相应地参与企业的利润分配，分担企业的亏损。隐名合伙人不参与企业的经营管理，对企业的债权人不承担个人责任。在隐名合伙中，只有出名合伙人才具有经营者的身份，才是商事经营当事人。

案例分析题

答案：（1）甲公司。因为大蒜是动产，除合同有特别约定外，以交付作为其所有权转移的标志。甲公司和乙公司约定，大蒜交给丙公司时视为完成交付，故此时甲公司是大蒜所有权人。

（2）有效。大蒜在交付之前，甲公司仍有所有权，享有处分权，出卖人就同一标的物订立的多重买卖合同，合同的效力相互之间是不排斥的。

（3）戊公司承担。在途货物的买卖，自买卖合同签订之日起，标的物意外毁损灭失的风险由买方承担。故大蒜毁损灭失的风险由买方戊公司承担。

（4）不能。因为合同具有相对性，甲、乙公司是大蒜购销合同的当事人，甲公司不能因为第三人戊公司的原因拒付尾款。

（5）不能。因为甲公司和乙公司在大蒜购销合同中既约定了定金又约定了违约金，乙公司只能选择适用违约金或者定金。

（6）有效。因为甲公司通过向乙公司支付50万元绿豆货款的行为，表示其已对张某无权代理行为进行了追认。

（7）无效。丙公司的转卖行为属无权处分（效力待定）行为，因为甲公司拒绝追认丙公司行为。

（8）无权。因为己公司构成善意取得。

综合测试题三

✓ 单项选择题

1. **答案**：C。根据《民法典》第2条的规定，民法调整平等主体的自然人、法人和非法人组织之间的人身关系和财产关系。A选项中，甲与乙之间的恋爱关系属于道德规范调整的范畴，不产生民事法律后果，不属于民法调整对象。B选项中，税务机关对丙企业的征税，是行政机关对企业之间的行政管理行为，税务机关和企业不是平等主体，两者关系属于行政法调整范畴，不属于民法调整对象。C选项中，丁与戊之间的租赁关系，是平等主体之间的财产关系，属于民法调整对象。D选项中，某公安局对己的行政拘留，是行政机关对行政相对人的行政处罚，属于行政法调整范畴，不属于民法调整对象。

2. **答案**：A。形成权是指权利人依单方意思表示就能使民事法律关系发生、变更与消灭的权利。A选项中，甲通过单方意思表示就能使无权代理行为产生法律效力，属于形成权。B选项中，诉权是一种程序性权利，不是形成权。C选项中，丙可以通过单方意思表示撤销合同，使合同关系自始消灭。但是，根据《民法典》第148条的规定，撤销权的行使需通过法院或仲裁机构，经诉讼或仲裁程序行使，属于"形成诉权"不属于单纯形成权，故C选项不选。D选项中，请求权是要求他人为一定行为或不为一定行为的权利，不是形成权。

3. **答案**：A。根据《民法典》第604条的规定，标的物毁损、灭失的风险，在标的物交付之前由出卖人承担，交付之后由买受人承担，但是法律另有规定或者当事人另有约定的除外。本题中，双方约定乙第二天付清余款后拿走手机，说明手机尚未交付，所以手机被盗的风险由甲承担。由此，A选项正确，B、C选项错误。手机被盗，甲无法交付，导致

合同目的无法实现，乙有权解除合同，请求返还价款。故D选项错误。

4. **答案**：C。诉讼时效期间届满，债务人因此而取得抗辩权，并非直接导致债权人实体权利消灭，故A选项错误。一般诉讼时效期间为3年，《民法典》颁行后，原《民法通则》规定的特殊诉讼时效期间为1年的情形已被废止，故B选项错误。诉讼时效的中断是指在诉讼时效期间进行中，因发生一定的法定事由，致使已经经过的时效期间统归无效，待时效中断的事由消除后，诉讼时效期间重新起算。中断的法定事由可以多次发生，从而导致诉讼时效中断可以多次发生，故C选项正确。诉讼时效中止的事由消除后，诉讼时效期间继续计算，而不是重新计算，故D选项错误。

5. **答案**：B。相邻权是法定的，是基于法律规定而产生的对相邻不动产的利用和限制，无须当事人约定，且相邻权的取得一般是无偿的。本题中，甲与乙是通过约定设立的权利，且是有偿的，所以不属于相邻权。A选项错误。地役权是指地役权人按照合同约定，利用他人的不动产，以提高自己的不动产的效益的权利。本题中，甲为了自己房屋采光方便，与乙约定限制乙修建房屋的高度，并支付费用，符合地役权的特征，故甲享有的权利是地役权。B选项正确。建设用地使用权是在国家或者集体所有的土地上建造建筑物、构筑物及其附属设施的权利，与本题情形不符。C选项错误。宅基地使用权是农村集体经济组织成员依法享有的，在集体所有的土地上建造住宅及其附属设施的权利，本题不涉及宅基地相关内容。D选项错误。

📖 名词解释

1. **答案**：民事权利能力是指自然人、法人和非法人组织依法享有民事权利和承担民事义务

的资格，它是民事主体参与民事法律关系的前提条件，始于出生（法人等始于成立），终于死亡（法人等终于终止）。

2. 答案：可撤销法律行为是指因意思表示不真实，通过享有撤销权的当事人行使撤销权，使已经生效的法律行为归于无效的法律行为。可撤销的原因包括重大误解、欺诈、胁迫、乘人之危以致显失公平等。

3. 答案：建筑物区分所有权是指区分所有人对建筑物内的住宅、经营性用房等专有部分享有所有权，对专有部分以外的共有部分享有共有和共同管理的权利。包括专有所有权、共有所有权和成员权三部分。

4. 答案：选择之债是指债的关系成立时有数个标的，当事人须从中选择一个来履行的债。选择之债一经选择确定，便转化为简单之债。

案例分析题

答案：1. 乙公司的行为构成违约。甲公司与乙公司签订的买卖合同合法有效，双方应按照合同约定履行义务。合同约定乙公司应在2023年4月1日前交付100台电脑，但乙公司仅交付50台，未按照合同约定全面履行自己的义务，违反了合同约定，构成违约。

2. 甲公司拒绝支付任何货款的行为不合理。乙公司虽构成违约，但甲公司已接收50台电脑，对于这50台电脑，甲公司应支付相应货款。甲公司不能以乙公司部分违约为由拒绝支付任何货款，其可就乙公司未交付的50台电脑主张违约责任，要求赔偿损失。

3. 乙公司以不可抗力为由主张不承担违约责任，不能得到支持。乙公司称因原材料供应问题无法按时交付货物，原材料供应问题不属于不可抗力。不可抗力是不能预见、不能避免且不能克服的客观情况，原材料供应问题通常是可以通过合理安排和商业运作避免或克服的，所以乙公司应承担违约责任。

论述题

1. 答案：该法条规定了过错责任原则。"行为人因过错侵害他人民事权益造成损害的，应当承担侵权责任"，本句明确了侵权责任的一般构成要件，包括行为人实施了侵害行为、造成了损害结果、侵害行为与损害结果之间存在因果关系以及行为人主观上有过错。只有同时满足这些要件，行为人才需承担侵权责任。例如，甲故意损坏乙的财物，甲主观上有过错，实施了损坏行为，造成乙财物受损的结果，且二者存在因果关系，甲应承担侵权责任。

"依照法律规定推定行为人有过错，其不能证明自己没有过错的，应当承担侵权责任"一句，规定的是过错责任原则的特殊形式。在某些特定情形下，法律直接推定行为人有过错，行为人需证明自己没有过错才能免责。比如，建筑物、构筑物或者其他设施及其搁置物、悬挂物发生脱落、坠落造成他人损害，所有人、管理人或者使用人不能证明自己没有过错的，应当承担侵权责任。这一规定减轻了受害人的举证负担，更有利于保护受害人的合法权益。

2. 答案：代理是指代理人在代理权限内，以被代理人名义实施的民事法律行为，其法律后果直接归属于被代理人。例如，甲委托乙帮自己购买一台电脑，乙在甲授权的范围内以甲的名义与电脑销售商签订合同，合同的权利义务由甲承担。

代理主要有委托代理、法定代理和指定代理。委托代理是基于被代理人的委托授权而产生的代理，委托授权可以采用书面形式，也可以采用口头形式或者其他形式。如律师接受当事人委托代理诉讼案件。法定代理是根据法律的直接规定而产生的代理，主要适用于无民事行为能力人和限制民事行为能力人。如未成年人的父母是未成年人的法定代理人。指定代理是按照人民法院或者有权机关的指定而产生的代理。在特定情况下，为保护无民事行为能力人、限制民事行为能力人的合法权益，由相关机关指定代理人。

不同的代理类型代理权的产生基础不同：在委托代理中，代理权基于被代理人的授权行为产生；在法定代理中，代理权基于法律规定产生；在指定代理中，代理权基于有权机关的指定产生。

代理人应在代理权限内行使代理权，亲

自代理，谨慎、勤勉地履行代理职责，维护被代理人的利益，不得滥用代理权。滥用代理权包括自己代理、双方代理和恶意串通等情形。

不同类型的代理的代理权消灭原因不同：委托代理终止的情形包括代理期限届满或者代理事务完成、被代理人取消委托或者代理人辞去委托、代理人丧失民事行为能力、代理人或者被代理人死亡、作为代理人或者被代理人的法人、非法人组织终止等；法定代理终止的情形包括被代理人取得或者恢复完全民事行为能力、代理人丧失民事行为能力、代理人或者被代理人死亡、法律规定的其他情形。

代理制度在民事活动中起着重要作用：其一，有助于扩大民事主体的活动范围。对于个人而言，在精力、知识、能力有限的情况下，通过代理制度可以借助他人的能力和专业知识参与更多的民事活动，如委托律师处理复杂的法律事务；对于法人等组织，能够突破自身人力、地域等限制，拓展业务范围。其二，提高交易效率。代理制度使民事主体无须事事亲为，能够快速有效地完成交易。例如，在国际贸易中，企业可以委托代理商处理货物采购、销售等事务，节省时间和成本，提高交易效率。其三，有助于保护弱势群体利益。法定代理制度为无民事行为能力人和限制民事行为能力人提供了必要的法律保护，确保他们在民事活动中的合法权益得到维护。其四，可以促进社会分工和专业化发展。代理制度促使人们根据自身的专业知识和技能从事代理活动，推动了社会分工的细化和专业化发展。如专业的房产中介代理房屋买卖业务，提高了房产交易的专业性和规范性。

综合测试题四

案例分析题

答案：（1）乙银行对甲公司的生产设备享有抵押权。根据《民法典》第403条的规定，动产抵押权自抵押合同生效时设立，未经登记不得对抗善意第三人。甲公司与乙银行于2023年5月10日签订抵押合同，抵押权依法设立。但因未办理抵押登记，乙银行的抵押权不得对抗善意第三人。

乙银行不能要求丁公司腾退设备以实现抵押权。根据《民法典》第405条及《最高人民法院关于适用〈中华人民共和国民法典〉有关担保制度的解释》的规定，抵押权设立后抵押财产出租的，该租赁关系原则上不得对抗已登记的抵押权。本案中，抵押合同于2023年5月10日签订，租赁发生在同年6月1日，抵押权设立在先。但由于抵押权未登记，丁公司作为承租人已实际占有设备，其租赁权构成"善意第三人"，乙银行的抵押权无法对抗租赁权，故不能要求丁公司腾退设备。

（2）丙公司的保证期间为主债务履行期限届满之日起6个月，即自2025年5月11日起至2025年11月10日止。根据《民法典》第692条的规定，当事人未约定保证期间的，保证期间为主债务履行期限届满之日起6个月。

若乙银行未在上述期间内对丙公司以提起诉讼或申请仲裁的方式主张保证责任，丙公司不再承担保证责任。因为保证期间经过的法律后果是保证债务消灭。

（3）清偿顺序为：首先看当事人是否有约定，有约定则按照约定；没有约定则应当先就债务人甲公司的生产设备实现抵押权，不足部分由丙公司承担保证责任。根据《民法典》第392条的规定，被担保的债权既有债务人自己提供的物担保，又有第三人保证的，在没有约定的情况下，债权人应当先就该物的担保实现债权。本案中，甲公司以自有设备提供抵押，属于债务人自身提供的"物保"，乙银行应优先以该设备实现抵押权。若设备变现价值不足以清偿800万元债务，剩余部分由丙公司承担连带责任。

论述题

1. 答案：（1）规范目的。

《民法典》第615条是关于买卖合同中出卖人质量瑕疵担保责任的核心条款，其立法目的在于通过明确出卖人的质量保证义务，平衡交易双方的利益，维护市场交易的公平性与稳定性。

（2）规范内容与逻辑。

首先，明确了双重质量义务的叠加约束：一则为约定质量义务，即出卖人需严格按照合同约定的质量标准交付标的物，包括但不限于规格、性能、材质等具体要求。例如，出卖人和买受人可以在奶粉买卖合同中约定蛋白质含量比例，出卖人交付的奶粉必须达到该比例，否则构成根本违约。二则为质量说明义务，即如果出卖人在缔约过程中提供了产品说明书、宣传资料、样品等质量说明，即使该说明未明确写入合同，仍构成对标的物质量的默示担保。例如，手机销售广告中宣称电池续航10小时，实际仅8小时，买受人可依据此条主张违约责任。

其次，明确了质量标准的层级关系。当合同约定与质量说明存在冲突时，应遵循以下原则：其一，约定优先，即如果合同对质量要求有明确约定，即使质量说明中的标准更高，仍以合同约定为准；但若质量说明被纳入合同条款，则需同时满足两者。其二，说明补充，即在合同约定不明确时，质量说明可作为补充依据。例如，如果某设备买卖合同未约定噪声标准，但说明书注明小于等于60分贝，则此标准自动成为合同内容。

（3）实践适用该规范需要注意的问题。

在实践中适用本条规定，首先需要注意质量说明的形式与效力。就形式而言，质量说明不限于书面文件，口头承诺、样品展示、网络宣传等均可构成。例如，家具展厅展示的样品存在甲醛超标的隐蔽瑕疵，出卖人即使未提供有关的书面说明，仍需承担责任。

其次，需要注意举证责任的分配规则。一般而言，买受人需证明合同约定、质量说明的存在，以及标的物的实际瑕疵。例如，买受人主张电缆米数不足，需提供合同、质量说明及第三方检测报告。

综上，《民法典》第615条通过构建"约定+说明"的双重质量担保体系，为买受人提供了多层次的法律保护。在实践中，准确把握质量标准的认定规则、举证责任分配及违约责任形式，是维护交易安全与公平的关键。

2. 答案：《民法典》对法律行为效力的规定构建了多层次的评价体系，涵盖有效、无效、可撤销和效力待定四种类型。

（1）有效法律行为。

有效法律行为是私法自治的核心体现。根据《民法典》第143条的规定，法律行为有效需满足三项要件：其一，行为人具备相应民事行为能力：如完全民事行为能力人签订的房屋买卖合同有效，而限制民事行为能力人独立签订的大额投资合同则需追认。其二，意思表示真实：不存在欺诈、胁迫等瑕疵。例如，甲明知乙急需用钱而以市场价购买其房产，属真实意思表示，合同有效。其三，内容合法且不违背公序良俗。例如，借贷合同约定利率不超过法定上限即有效，但若约定"赌债偿还"则因违法无效。

有效法律行为对当事人具有法律约束力。例如，甲乙签订货物买卖合同后，甲有交付货物的义务，乙有支付价款的权利，任何一方违约均需承担违约责任。

（2）无效法律行为。

无效法律行为是法律对违法行为的根本否定。

①无民事行为能力人实施的行为：规定于《民法典》第144条。如6岁儿童独立购买电脑的行为自始无效。

②虚假意思表示：根据《民法典》第146条的规定，双方通谋实施的表面行为无效。例如，为逃避债务签订的虚假房屋赠与合同无效。

③违法或违背公序良俗：根据《民法典》第153条的规定，违反法律强制性规定或违背公序良俗的行为无效。如"代孕"协议因违背伦理道德无效。

④恶意串通损害他人权益：规定于《民法典》第154条。如甲、乙串通低价转让丙的房产，该行为无效。

无效法律行为自始不产生约束力，当事人需返还财产或折价补偿。例如，甲、乙签订土地买卖协议，法院认定协议无效后，买方需返还土地，卖方需返还价款。若因过错导致损失，过错方需赔偿。

需要注意的是，根据《民法典》第156条的规定，法律行为部分无效不影响其他部分效力。例如，遗嘱中处分他人财产的条款无效，但其他条款仍有效。

（3）可撤销法律行为。

可撤销法律行为实质上是法律对意思表示瑕疵的救济。

①重大误解情形：规定于《民法典》第147条。如甲误将镀金项链当作纯金购买，可撤销合同。

②欺诈情形：规定于《民法典》第148条至第149条。如乙隐瞒车辆事故史出售车辆，甲可撤销交易。

③胁迫情形：规定于《民法典》第150条。如丙以泄露隐私威胁丁低价转让店铺，丁可撤销合同。

④乘人之危以致显失公平：规定于《民法典》第151条。如戊利用己危困状态以明显低价收购其房产，己可撤销合同。

撤销权人需在法律规定或者当事人约定的除斥期间内行使权利。撤销后，行为自始无效，双方返还财产。例如，9岁的未成年人充值游戏账户，其家长可主张因未成年人为限制民事行为能力而撤销充值行为,要求平台退款;若家长未主张撤销,则充值行为继续有效。

(4)效力待定法律行为。

效力待定法律行为是法律规定法律行为的效力处于需第三方确认的临时状态。

①限制民事行为能力人超出能力范围的行为:规定于根据《民法典》第145条。如13岁学生购买奢侈品需监护人追认。

②无权代理:规定于《民法典》第171条。如甲未经乙授权以乙名义签订合同,需乙追认。

效力待定期间,行为暂不生效。例如,甲未经乙授权以乙名义与丙签订设备买卖合同。丙不知甲无代理权,且甲持有乙的公章和空白合同。甲的行为即构成无权代理,合同效力待定。

综上,《民法典》通过多层次的效力类型设计,既保障私法自治,又维护交易安全。准确把握各类行为效力的认定标准及法律后果,对民事主体权利义务的实现至关重要。在实践中,需结合具体案情,综合运用法律解释,确保法律行为的效力符合立法目的。

图书在版编目（CIP）数据

民法配套测试 / 教学辅导中心组编. -- 12 版.
北京：中国法治出版社，2025.8. --（高校法学专业核心课程配套测试）. -- ISBN 978-7-5216-5309-0

Ⅰ. D923.04

中国国家版本馆 CIP 数据核字第 2025EV4605 号

责任编辑：贺鹏娟　　　　　　　　　　　　　　　封面设计：杨泽江　赵博

民法配套测试
MINFA PEITAO CESHI

组编/教学辅导中心
经销/新华书店
印刷/三河市紫恒印装有限公司
开本/787 毫米×1092 毫米　16 开　　　　　　　印张/ 37.5　字数/ 773 千
版次/2025 年 8 月第 12 版　　　　　　　　　　2025 年 8 月第 1 次印刷

中国法治出版社出版
书号 ISBN 978-7-5216-5309-0　　　　　　　　　　　　　　定价：89.00 元

北京市西城区西便门西里甲 16 号西便门办公区
邮政编码：100053　　　　　　　　　　　　　　传真：010-63141600
网址：http://www.zgfzs.com　　　　　　　　　编辑部电话：010-63141791
市场营销部电话：010-63141612　　　　　　　　印务部电话：010-63141606

（如有印装质量问题，请与本社印务部联系。）